U0448259

中國社會科學院
歷史研究所學刊

Annals of Institute of History, Chinese Academy of Social Sciences

中國社會科學院歷史研究所學刊編委會　編

第十集

商務印書館

2017年·北京

所刊編委會名單
（按姓氏筆畫爲序）

卜憲群　王啓發　王震中　阿　風　李錦繡　宋鎮豪
孫　曉　閆　坤　高　翔　張　彤　張兆裕　彭　衛
楊　珍　楊振紅　楊艷秋　雷　聞　劉　曉

主　　編：卜憲群
副 主 編：王震中
執行編輯：楊艷秋　張　彤

目　次

中國古代的土地所有制與共同體..................李錫厚（1）

先秦兩漢刺繡論考..................馬怡（35）

韓非"存韓"事蹟考..................安子毓（57）

秦東門瑣議..................曾磊（67）

漢代菜蔬志..................彭衛（83）

晉宋之際的王權與僧權

　　——以沙門不敬王者之争爲中心..................陳志遠（243）

孫綽《喻道論》的儒佛一致論..................鄭任釗（261）

敦煌文書《張淮深碑》及其卷背詩文重校補注..................楊寶玉（281）

唐代中書省翻書譯語直官輯考..................李錦繡（313）

中古舉哀儀溯源..................吴麗娛（337）

也説澶淵之盟..................林鵠（361）

《馬可·波羅遊記》海路部分譯注（一）..................李鳴飛（389）

美國國會圖書館藏《浙江輿圖》

　　初步研究..................薛樵風　成一農（427）

道教聖地崆峒山考..................何海燕（443）

CONTENTS

Land Ownership and Community in Ancient China...........Li Xihou（1）

On Embroidery: From Pre-Qin to Han China.......................Ma Yi（35）

Han Fei's Spying for Saving Han .... An Ziyu（57）

A Study on the Qin's Eastern Gate .... Zeng Lei（67）

The Record of Vegetables in Han Dynasty .... Peng Wei（83）

The Imperial Authority vs. the Monastic Autonomy in the 4-5th Centuries:

    Rereading the Controversy on Whether the śramaṇas Should Pay

    Homage to the Ruler ....Chen Zhiyuan（243）

Sun Chuo's View on the Coincidence of Confucianism and Buddhism in

    Yudaolun（喻道論）.. Zheng Renzhao（261）

Intensive Annotation on the Dunhuang Manuscripts:

    the Inscription of *Zhang Huaishen Monument*（張淮深碑）and

    the Poems Backside ....Yang Baoyu（281）

On the Auxiliary Officials for Translation and Interpretation in the

    Secretariat during Tang Times .... Li Jinxiu（313）

The Origin of the Mourning Ceremony in the

    Mediaeval China .... Wu Liyu（337）

The Chanyuan Treaty: A New Study .... Lin Hu（361）

Translation and Annotation of the Maritime Part of

  The Description of the World（1）............................. Li Mingfei（389）

On The Road Map of Zhejiang Province of the Qing Dynasty Preserved in

  Library of Congress ....Xue Qiaofeng and Cheng Yinong（427）

A Study on Kongtong Mount: the Taoist Sacred Site ...... He Haiyan（443）

中國古代的土地所有制與共同體

李 錫 厚

內容提要：本文根據馬克思的所有制學說，探討了應當如何評價侯外廬先生土地制度史研究的問題，論證了血緣共同體是中國古代土地所有制的前提和基礎，並指出蘇聯理論界否認資本主義以前的私有制與資本主義私有制的本質區別的理論觀點，與馬克思的所有制學說絕不相容。我國學術界由於不能區分上述兩種私有制，致使土地所有制性質的研究難以取得進展。日本學者谷川道雄的共同體理論，雖然受到馬克思共同體理論的"啓發"，但與之並無共同之處。此外，本文還討論了亞細亞所有制形式與中國封建所有制的關係問題。

關鍵詞：所有制 自由私有權 共同體

關於中國古代土地所有制性質的問題，史學界一直爭論不休，莫衷一是。學者們重構所有制理論的種種嘗試之所以不能獲得廣泛認同，我認爲其關鍵就在於未能區別開資本主義的所有制與資本主義以前的所有制。馬克思和恩格斯都認爲，資本主義以前的所有制，其前提和基礎是自然形成的共同體。在這一重大理論問題上，我們只有走出蘇聯理論界的認識誤區，所有制性質問題的研究才有可能取得突破。

一、勇闖理論禁區的"土地國有"論

1954年侯外廬先生在《歷史研究》創刊號上發表《中國封建社會土地所有制形式的問題》一文，從而開啓了我國歷史學界關於土地制度史廣泛而深入研究的序幕。侯外廬先生最先提出中國封建土地國有制説，他在文章中寫道：

— 1 —

中國中古封建是以皇族地主的土地壟斷制爲主要內容，而土地私有權的法律觀念是没有的。這裏所謂法律觀念是指著所有權在法律上的規定，至於法律之外的事實，如由於特權而得的佔有權，是另外一件事。①

我們暫且先將中國中古時期是否没有私有權的法律觀念——因此就只能是土地國有的問題放在後面討論，而首先考察一下這一觀點的提出在理論上有何意義。爲了弄清楚這一問題，則需要先回顧一下當時的歷史背景。

1952年斯大林《蘇聯社會主義經濟問題》一書出版，其中包括兩篇論文和兩篇書信，都是針對蘇聯正在編寫的《政治經濟學》教科書内容所做的指示。兩年後，這部完全體現斯大林理論觀點的教科書正式出版，翌年——1955年中文版也在中國出版發行。侯外廬先生上述文章一開頭就引述了斯大林《蘇聯社會主義經濟問題》一書關於所有制具有"決定性作用"的論述，表明當時關於"中國封建土地所有制性質"的討論其實是與斯大林經濟學理論的廣泛傳播有關。侯外廬文章面世時，雖然《政治經濟學》教科書中文版尚未正式發行，但書中對於資本主義私有制與資本主義以前的私有制——這兩種私有制的性質不加區別的理論闡述，斯大林早在1938年9月發表的《論辯證唯物主義和歷史唯物主義》中就已經表達了同樣的觀點。該文認爲，在奴隸制度下，"生產資料和産品的公有制也没有了。代替它的是私有制。這裏，奴隸主是第一個和基本的十足的私有者"；在封建制度下，生產關係的基礎是封建主佔有生產資料和不完全地佔有生產工作者——農奴，"私有制在這裏得到進一步的發展"。②

什麽是"基本的十足的私有者"，應當如何理解私有制"進一步的發展"呢？學術界通常引用馬克思在《資本論》第三卷第六篇《超額利潤轉化爲地租》第三十七章《導論》中的一段話來論證什麽是所有權："土地所有權的前提是，一些人壟斷一定量的土地，把它作爲排斥其他一切人的、只服從自己個人意志的領域。"有人認爲"這個定義，不論是對個體經營的小土地所有者或是佔有地租的大土地所有者，也不論是對近代的土地所有者或是對封建主義時期的土地所有者說來，都是同樣適用的"。持這種觀點的學者還引用《史學譯叢》1955年第6期第61頁上蘇聯學者斯卡兹金的一段話："因爲壟斷地佔有地球上某一部分的土地，是資本主義以及通過各種形式來剥削群衆的一切生産方式的歷史前提和永恆的基礎，所以在這方面封建所有制與資産

---

① 侯外廬：《中國封建社會史論》，人民出版社1979年版，第10頁。該文收入《侯外廬史學論文選集》時，"而土地私有權的法律觀念是没有的"改爲"而土地所有權的法律觀念是比較缺乏的"。見該書上册，人民出版社1987年版，第242頁。

② 《斯大林選集》下卷，人民出版社1979年版，第446—447頁。

階級所有制絲毫没有區别。"我國學術界也曾有人贊同這種結論，認爲"這是完全正確的"。①

然而我們緊接著上引《資本論》那段話繼續讀下去，就會發現原來馬克思所説的土地所有權的前提是"一些人壟斷一定量的土地，把它作爲排斥其他一切人的、只服從自己個人意志的領域"，其實只適用於資本主義生産，而斯卡兹金正是用斯大林的理論觀點曲解《資本論》。馬克思是這樣説的：

> 土地所有權的前提是，一些人壟斷一定量的土地，把它作爲排斥其他一切人的、只服從自己個人意志的領域。在這個前提下，問題就在於説明這種壟斷在資本主義生産基礎上的經濟價值，即這種壟斷在資本主義生産基礎上的實現。用這些人利用或濫用一定量土地的法律權力來説明，是什麽問題也解決不了的。這種權力的利用，完全取決於不以他們的意志爲轉移的經濟條件。法律觀念本身只是説明，土地所有者可以像每個商品所有者處理自己的商品一樣去處理土地；並且，這種觀念，這種關於土地自由私有權的法律觀念，在古代世界，只是在有機的社會秩序解體的時期才出現；在現代世界，只是隨著資本主義生産的發展才出現。在亞洲，這種觀念只是在某些地方由歐洲人輸入的。②

"土地自由私有權的法律觀念"就是前面所説的"一些人壟斷一定量的土地，把它作爲排斥其他一切人的、只服從自己個人意志的領域"的觀念。要實現這種法律觀念，需要有一定的經濟條件，這種條件在資本主義以前的歷史時期並不具備。也就是説，只有在資本主義生産存在的經濟條件下，這種法律觀念才能實現。"在古代世界，只是在有機的社會秩序解體的時期才出現"，即只有在例如羅馬帝國後期，商品經濟發達、境內擁入大量移民並且擁有大量財富，從而導致天然形成的共同體——血緣共同體解體時才會出現。

"自由私有權"只是一種在特定歷史條件下出現的私有權，是一種確定的社會關係——資本主義的社會關係，然而黑格爾却把它看作是絕對的、亘古不變的東西。爲了論證這種唯心主義歷史觀，他把所有權説成是抽象的"人格"與物的關係。馬克思曾這樣批駁黑格爾：

---

① 李埏：《論我國的"封建土地國有制"》，載《中國歷代土地制度問題討論集》，生活·讀書·新知三聯書店1957年版，第23頁。
② 《馬克思恩格斯全集》第25卷下册，人民出版社2001年版，第695—696頁。

土地的自由私有權，——一種十分現代的產物，——據黑格爾説，不是一種確定的社會關係，而是人作爲人格對於"自然界"的關係，是"人對一切物的絶對佔有權"（黑格爾《法哲學》1840年柏林版第79頁）。……"當我佔有某物時，理智立即推想到，不僅我直接佔有的東西是我的，而且與此有聯繫的東西也是我的。實在法必須作出各種規定，因爲從概念中已不能進一步作出推斷。"（第91頁）這是"概念"的異常天真的自白，並且證明這個概念對土地所有權的實際性質"一竅不通"，因爲這個概念從一開始就錯了，就把一個完全確定的、屬於資產階級社會的、關於土地所有權的法律觀念，看作絶對的東西。[①]

　　令人十分不解的是，在馬克思和恩格斯的唯物史觀創立一百多年以後，蘇聯理論家斯卡兹金在所有制問題上的觀點，竟然與黑格爾的觀點一模一樣，他也是把一個完全確定的、屬於資產階級社會的、關於土地所有權的法律觀念，看作絶對的東西，從而表明了他雖然讀了馬克思著作，但是對於土地所有權的實際性質却還是"一竅不通"。

　　"自由土地私有權"只是資本主義的所有權，我們既不應該刻舟求劍，以它爲標準去鑒别歷史上是否存在私有權，更不應該把歷史上存在過的私有權都視爲與自由私有權爲同一物。在歷史上，只有隨著社會經濟條件的變化而改變其性質的私有者，並没有什麽"基本的十足的私有者"。

　　私有制自從在人類歷史上出現以來，不是一成不變的，歸結起來可以説到目前爲止存在過兩種性質完全不同的私有制：一種是以天然形成的共同體——血緣共同體爲前提的私有制，它存在於資本主義以前的歷史時期；另一種是以個人爲前提的私有制，它只存在於資本主義時期。

　　關於資本主義以前的歷史時期土地所有權的前提和基礎，馬克思在《資本主義生產以前的各種形式》中曾做過詳盡論述。當時每個人都把自己看成是土地的佔有者，勞動者與生產資料相脱離的情況還不曾發生。不過，這種"佔有"並不是由個人實現的。那時的人們只有屬於某一共同體，才能佔有土地財產。"就單個的人來説，很清楚，他只是作爲某一人類共同體的天然成員，才把語言看作是自己的。把語言看作單個人的產物，這是荒謬絶倫的。同樣，財產也是如此。"[②] 因此，天然形成的共同體就

[①] 《馬克思恩格斯全集》第25卷下册，第695頁，注26。馬克思引用的那段話，在黑格爾著作中文本中的譯文是這樣的："當我佔有某物時，理智立即推想到，不僅我所直接佔有的東西是我的，而且與此有聯繫的東西也是我的。實定法必須把這一點規定下來，因爲從概念中得不出更多的東西來。"（《法哲學原理》，商務印書館1979年版，第63頁）

[②] 《馬克思恩格斯全集》第46卷上册，人民出版社2003年版，第489頁。

成了人們佔有土地財產的前提和基礎。馬克思認爲原始的以共同體爲基礎和前提的所有制形式，有三種：亞細亞的公有制、古代的（羅馬、希臘）私有制以及日耳曼的公有與私有相結合的所有制。"奴隸制、農奴制等等總是派生的形式，而決不是原始的形式，儘管它們是以共同體爲基礎的和以共同體下的勞動爲基礎的那種所有制的必然的和當然的結果。"① 奴隸制時代和封建時代，那時的私有制也同樣是以共同體爲前提和基礎。這裏需要加以解釋的是《馬克思恩格斯全集》第46卷上册第472—473頁上這樣一段話：

> 通過勞動過程而實現的實際佔有是在這樣一些前提下進行的，這些前提本身並不是勞動的產物，而是表現爲勞動的自然的或神授的前提。這種以同一基本關係［即土地公有制］爲基礎的形式，本身可能以十分不同的方式實現出來。例如，跟這種形式完全不矛盾的是，在大多數亞細亞的基本形式中，凌駕於所有這一切小的共同體之上的總合的統一體表現爲更高的所有者或唯一的所有者，實際的公社卻只不過表現爲世襲的佔有者。

資本主義生產以前的各種形式下，人們的實際佔有都具有同樣的前提，這個前提"不是勞動的產物，而是表現爲勞動的自然的或神授的前提"。"群體"或共同體是人們佔有財產的前提和基礎。"自然形成的部落共同體（血緣、語言、習慣等等的共同性），或者也可以說群體，是人類佔有他們生活的客觀條件和佔有再生產這種生活自身並使之物化的活動（牧人、獵人、農人等的活動）的客觀條件的第一個前提。"② 所謂"這種以同一基本關係爲基礎的形式，本身可能以十分不同的方式實現出來"，也就是馬克思在同一篇著作中所說的那三種所有制形式，即亞細亞的公有制、古代的（羅馬、希臘）私有制以及日耳曼的公有與私有相結合的所有制，這三種形式的基礎都是所謂自然的或神授的前提，即血緣關係。"在古代世界中，一個社會的本地公民常常自以爲是由於血統而結合在一起的；他們反對外來人民主張平等權利，認爲這是對於他們生來固有權利的一種篡奪。早期羅馬共和國在'憲令'中規定有絕對排斥外國人的原則，在'市民法'中也有同樣規定。外國人或歸化者在'國家'利益休戚相關的任何機構

---

① 《馬克思恩格斯全集》第46卷上册，第496頁。包括《資本主義生產以前的各種形式》在內的經濟學手稿，寫於1857—1858年，而路易斯·亨利·摩爾根的《古代社會，或人類從蒙昧時代經過野蠻時代到文明時代的發展過程的研究》直至1877年才出版，這就是說，馬克思當時還不能確切地知道以天然形成的共同體爲前提和基礎的所有制的最初形式是原始共產主義。
② 《馬克思恩格斯全集》第46卷上册，第472頁。

中，是不能參與的。他不能享受'公民法'（Quiritarian law）的利益。"① 亞細亞的和日耳曼的所有制也同樣是維護共同體成員的權益。但是爲什麽又説"這種以同一基本關係[即土地公有制]爲基礎的形式，本身可能以十分不同的方式實現出來"呢？原來方括號中的文字並不是馬克思原稿就有的。方括號注釋是蘇共中央馬克思恩格斯列寧著作研究院在整理文稿時加上的。注釋將公有制這一種所有制説成是其他所有制形式的基礎，與馬克思的原意完全不符，邏輯上也不通。② 在公有制基礎上怎能再建立私有制呢？頭腦被斯大林理論束縛的蘇聯理論家讀不懂馬克思著作，毫不奇怪。

馬克思同時代的英國法學家梅因在馬克思《資本主義生產以前的各種形式》手稿寫成三年後的1861年出版了他的名著《古代法》，他在書中也闡述了與馬克思相同的觀點。他説：

"古代法律"幾乎全然不知"個人"。它所關心的不是"個人"而是"家族"，不是單獨的人而是集團。即使到了"國家"的法律成功地透過了它原來無法穿過的親族的小圈子時，它對於"個人"的看法還是和法律學成熟階段的看法顯著地不同的。每一個公民的生命並不認爲以出生到死亡爲限；個人生命只是其祖先生存的一種延續，並在其後裔的生存中又延續下去。③

熟讀馬克思著作，同時又親自接觸近代西方社會並且通曉西方語言的侯外廬先生，十分瞭解什麽是資本主義，也知道絕對沒有什麽亙古不變的"私有"。他很清楚，這種觀念與馬克思的理論完全不能相容。繼1954年論土地所有制的文章之後，1959年侯先生又在《新建設》第4期上發表了《封建主義生產關係的普遍原理和中國的封建主義》，這篇文章除了回應一些學者對國有制説提出的質疑，同時在理論觀點上還有更深層的含義，後經修改，作爲《中國思想通史》第二、三、四卷的《序論補》編入該書。文章"結論"部分寫道：

區別開封建的所有權、佔有權、使用權的性質，區別開封建的土地所有權和資本主義的自由的土地私有權，規定了封建的所有權的歷史特點，不是白費心思的工作，而是對於我們的歷史研究的深入有關的工作……如果不明確封建

---

① 〔英〕梅因著，沈景一譯：《古代法》，商務印書館1996年版，第28頁。
② 關於這個問題，20世紀80年代初我曾和亡友趙葆寓反復討論過，後來趙良玉教授也參與了討論。我們得出的上述結論，還得到了老同學、世界史專家龐卓恒教授的明確支持。
③ 〔英〕梅因著，沈景一譯：《古代法》，第146頁。

的土地所有權的"非運動"的性質，"穩定的壟斷"的性質，基於"婚姻關係"或"榮譽名分"關係的性質，溫情脈脈的宗法的性質，那就容易使我們忘記掩蓋在"階級即等級"之下的階級對抗形式……明確了封建的土地所有權及其私有財產的實質，是對於封建制社會的經濟規律以及階級分析提供著理論説服力；而否定其性質，甚至以之和資本主義的自由的土地私有權混同，不能説在理論研究上是嚴肅的。①

把封建土地所有制與資本主義的自由的私有制相混同，不僅僅是中國歷史學界在討論土地所有制過程中暴露出的問題，同時也是蘇聯理論界以及斯大林本人的問題。因此，侯先生在這裏提出的批評，不僅僅是針對中國史學界、理論界在所有制問題上的糊塗觀念，同時也是針對這種理論觀點的來源——蘇聯理論界的。他認爲這種膚淺的、庸俗的觀點在理論研究上是"不嚴肅的"。

按照邏輯順序，本來應當是首先厘清資本主義以前的私有與資本主義的私有在性質上的區別，深入分析什麼是基於"婚姻關係"或"榮譽名分"關係的性質，溫情脈脈的宗法的性質，指出蘇聯理論界的錯誤是曲解了馬克思關於資本主義以前的所有制前提和基礎是天然形成的共同體的觀點。應當説侯外廬先生已經把問題擺出來了，但是只差"臨門一腳"。大師的這一腳爲什麼終究沒有踢出，完全可以理解，其原因正在於理論上的困惑：他雖然不認可中國古代封建私有如同資本家的私有一樣，但他不能直接説出來——因爲這與斯大林的理論觀點相違背。不吐不快，但欲言又止，於是越過了關鍵的第一步：不是辨析前資本主義私有制與資本主義私有制的本質區別，而是將其觀點納入"所有權"、"佔有權"、"使用權"等一系列概念的辨析中。

1978 年以後春回神州大地，侯外廬先生本來有了直截了當地闡明自己理論觀點和學術見解的機會，但他很快就進入了人生的暮年，先是忙於《宋明理學史》等書的寫作，其後則是重病纏身，早已是心有餘而力不足了。記得 1979 年《中國封建社會史論》出版後，他送給鄧恭三先生一本。恭三先生和我談起這本書時也關切地談到了作者的健康狀況，指著作者的贈書簽名説："你看，他的手都哆嗦了。"新的歷史時期開始以後，侯外廬先生雖然未能繼續推進他的土地制度史的研究，但他數十年來以歷史學家特有的執著，勇闖理論禁區，爲我們繼續深入揭示中國古代土地所有制的性質所留下的幫助和啓迪，是永遠不會被遺忘的。

---

① 侯外廬：《中國封建社會史論》，第 52—53 頁。

二、"國有"、"私有"之爭與侯氏"國有論"的合理内核

20世紀50年代開始的中國古代土地所有制性質的討論中，形成兩種截然不同的觀點：一種觀點認爲土地國有制在歷史上一直佔主導地位，另一種觀點則認爲土地私有制是所有制的基本形態。侯外廬先生主張"國有論"的文章發表以後，李埏先生於1956年6月15日撰文《論我國的"封建土地國有制"》，肯定侯外廬先生"封建的土地國有制曾在我國封建主義時期存在的説法，是很正確的"[1]，同時又對其"皇族土地所有制"説提出異議：

> 侯先生把我國的土地國有制名之爲"皇族土地所有制"，在這裏，"國家"、"專制帝王"、"君王"和"皇族"等概念顯然是被等同起來了。而"皇族"是指什麽呢？和我們習慣上瞭解的一樣，是指的一個集團——"皇族地主集團"。從我們的觀點看來，這個集團可以包括君王在内，但不能等於"國家"。它之所以能包括"君王"在内，是因爲君王也具有私有主的性質；其所以不能等於"國家"，是因爲國家是整個"地主階級底馴良的僕人"，國有土地還不是皇帝個人的私產。[2]

差不多是在李埏先生文章發表的同時，胡如雷先生於1956年9月13日在《光明日報》上發表《試論中國封建社會的土地所有制形式》一文，也針對"皇族土地所有制"問題提出了批評，不同的是胡先生不僅不贊成以"皇族"代替"國家"，而是根本否定"國有制"佔主導地位。該文寫道：

> 我認爲中國封建土地所有制包括國家土地所有制及地主土地所有制，而佔支配地位的却是地主土地所有制。我這裏所以用"國家"代替了"皇族"是因爲：我覺得中國的地主政權是在地主土地所有制基礎之上產生的駕乎整個地主階級之上，同時又代表整個地主階級的政權，皇族只是地主階級中雖然地位很高，但人數很少的一個集團。所謂國家土地所有制也就是地主政權代表了全部地主階級（包括皇族）的土地所有制。[3]

---

[1] 原載《歷史研究》1956年第8期；又見《中國歷代土地制度問題討論集》，第21頁。
[2] 《中國歷代土地制度問題討論集》，第30頁。
[3] 《中國歷代土地制度問題討論集》，第55頁。

胡如雷先生的文章發表後，侯紹莊先生于 1957 年 1 月 3 日在《光明日報》發表《試論我國封建主義時期的自耕農與國家佃農的區别》，提出商榷，認爲"從土地所有權上看來，自耕農在我國漫長的封建社會中曾長期的存在著。它和國家佃農是有區别的"[①]。胡如雷先生閱讀此文後，在他的《試論中國封建社會的土地所有制形式》一文編入論文集時，添加"附記"，認爲侯紹莊的意見基本上是正確的，而且"侯紹莊先生肯定自耕農土地的私有性質就更有力地證明了，皇族土地所有制或國家土地所有制在我國歷史上並不佔有支配地位"[②]。

　　在討論中，主張私有制佔主導地位的一方，不贊成教條主義地對待馬克思關於東方没有土地私有制的論述，並且最終突破了斯大林關於只有統治階級、只有封建主才有生産資料（包括土地）所有權的理論觀點的束縛，實事求是地認識歷史上的土地所有制性質問題。

　　在回應對"國有論"諸多質疑時，侯外廬先生在《封建主義生産關係的普遍原理與中國封建主義》一文中，進一步申明了他的觀點，認爲在中國封建時代，土地權利是一種"品級結構"，君王是主要的土地所有者，官僚、權貴有佔有權，而農民則只有使用權。在這種情況下，"所有權"只不過是一種"法律虛構"。他在文章中這樣寫道：

　　　　土地所有權的"法律虛構"是馬克思論述前資本主義社會時常用的術語，這裏指的是：在古代，在中世紀，統治者總是企圖借法律的規定，從實際的佔有中描繪出有利於那一時代支配階級的合法佔有或所有權的神聖性。中國封建社會的法定化了的政權、族權、神權、夫權四條繩索也是"愚蠢的所有權底神秘所媒介的方式"或土地權力的法律虛構。[③]

田昌五先生不同意用"法律虛構"對土地所有權進行簡單化的解釋，他在一篇文章中對於自己所理解的土地佔有的"法律虛構"做了這樣的説明：

　　　　法律虛構一詞適用於各種土地所有制，包括國家的、集團的和個人的，其意概指對土地的獨佔權和壟斷權。由於土地屬於自然財富，不是人們創造出來的，所以任何對土地的獨佔權和壟斷權以及對這種獨佔權和壟斷權的繼承、轉讓和買

---

① 《中國歷代土地制度問題討論集》，第 73 頁。
② 《中國歷代土地制度問題討論集》，第 68 頁。
③ 《侯外廬史學論文選集》（上），第 186—187 頁。

賣，都只能是一種虛構，正如土地價格是其虛構的價值表現形式一樣。①

將古代的土地所有權說成是與資本主義所有權一樣的"獨佔權和壟斷權"，本文作者對此實在不敢苟同，理由已見前述。此外，說土地（指耕地）的價值是虛構的，也未必盡然。誠然，在資本主義時代，土地買賣的價格並不是按照土地本身的價值計算的，實際上是按一塊土地年收益若干倍即年租金若干倍計算的。"在英國，土地的購買價格，是按年收益若干倍來計算的，這不過是地租資本化的另一種表現。實際上，這個購買價格不是土地的購買價格，而是土地所提供的地租的購買價格，它是按普通利息率計算的。"② 但是土地——已開墾的耕地並非沒有價值。開墾荒地，使其成爲耕地，需要平整土地、施肥、改良土壤和修建灌渠等，所有投入土地上的這一切勞動，最終都轉化爲這塊已經得到開墾的土地的價值。"一塊已耕土地，和一塊具有同樣自然性質的未耕土地相比，有較大的價值。"③ 在這裏，勞動同樣創造價值。土地所有權被稱爲"法律虛構"，並不是因爲土地本身沒有價值，而是因爲經由法律確定的所有權——這種權利，只有在具備一定的經濟條件時才能實現，否則就是"虛構"的，這與土地的價值與價格的關係無關。

"法律虛構"亦稱"法律幻想"，馬克思和恩格斯在他們合著的《德意志意識形態》一書中對此曾做過這樣的解釋：

在所有制關係進一步發展的情況下，必然會造成這樣的現象：某人在法律上可以享有對某物的佔有權，但實際上並沒有佔有某物。例如，假定由於競爭的緣故，某一塊土地不再提供地租，可是這塊土地的所有者在法律上仍然享有佔有權利以及 jus utendi et abutendi〔使用和濫用的權利〕。但是這種權利對他毫無用處：他作爲這塊土地的所有者，如果除此之外沒有足夠的資本來經營他的土地，就一無所有。④

法律上規定某人可以享有對某物的佔有權，但是這種佔有權的實現，需要以一定的經濟條件爲前提，如果不具備這樣的前提，"佔有權"、所有權都只能是一種法律虛構。

不過，田昌五先生指出"法律虛構"並非只適用於封建土地所有制，則是正確

---

① 田昌五：《一位史學大師的得與失》，《中國史研究》1994 年第 1 期。
② 《馬克思恩格斯全集》第 25 卷下册，第 703 頁。
③ 《馬克思恩格斯全集》第 25 卷下册，第 699 頁。
④ 《馬克思恩格斯全集》第 3 卷，人民出版社 1995 年版，第 72 頁。

的。説"法律虚構"是馬克思在"論述前資本主義社會時常用的術語"——似乎只是資本主義以前各種社會形態下的土地所有權才是"法律虚構",顯然不盡符合事實。關於土地佔有的"法律虚構",馬克思在《資本論》第三卷第三十七章中曾提及,但這一章開頭即指出:"對土地所有權的各種歷史形式的分析,不屬於本書的範圍。我們只是在資本所產生的剩餘價值的一部分歸土地所有者所有的範圍内,研究土地所有權的問題。"[①] 人所共知,正是在資本主義制度下勞動者的剩餘勞動才轉化成被資本家秘密佔有的剩餘價值。這就是説,《資本論》這一章所研究的正是資本主義制度下的土地所有權。因此,這裏所説的"法律虚構"也正是針對資本主義制度下的土地所有權説的,並不是專門針對古代和中世紀時期的。

關於土地佔有的"法律虚構",馬克思還在論及研究地租"有三個妨礙我們進行分析的主要錯誤"時論述過。他所指出的這方面的第一個錯誤就是人們容易"把適應於社會生產過程不同發展階段的不同地租形式混同起來":

> 不論地租有什麽獨特的形式,它的一切類型有一個共同點:地租的佔有是土地所有權藉以實現的經濟形式,而地租又是以土地所有權,以某些個人對某些地塊的所有權為前提……不同地租形式的這種共同性——地租是土地所有權在經濟上的實現,即不同的人藉以獨佔一定部分土地的法律虚構在經濟上的實現,——使人們忽略了其中的區别。[②]

在這裏,馬克思是把土地所有權與"不同的人藉以獨佔一定部分土地的法律虚構"相等同的。簡單地説,土地佔有的"法律虚構"就是指土地所有權,它是土地所有權的另一種表述方式。同時馬克思還提醒人們不要因為各種地租形式有這種共同點就忽視了各種不同性質的土地私有制之間的區别。這裏還應順便説一説:只有所有權才是"法律虚構",因為它的實現需要有一定的經濟前提;至於政權、族權、神權和夫權這四條繩索,雖然也是封建經濟基礎之上的上層建築,但是並不像所有權那樣,直接以一定的經濟條件為前提。因此,這些權力,似乎並不是屬於"法律虚構"。

侯外廬先生的土地國有論在理論上和史實根據上的確都有不盡令人信服的地方,但是,對"國有論"提出質疑的一方,也曾陷入理論的誤區,即如前所述,這種質疑,往往是將資本主義私有制當作亙古不變的私有制,並以此當作衡量歷史上

---

① 《馬克思恩格斯全集》第 25 卷下册,第 693 頁。
② 《馬克思恩格斯全集》第 25 卷下册,第 714—715 頁。

的所有制關係是不是"私有"的標準。除此之外,對侯氏國有論的質疑,還包含著誤解——將其簡單化、絕對化。侯外廬先生在《中國封建社會土地所有制形式的問題》一文中説:

> 這種主要的土地所有制形式("皇族所有制"——徵引者注),是和許多領主佔有制以及一定的私有制並存的,首先是所謂豪强地主(即《史記》、《漢書》所謂豪傑武斷于鄉曲)的"佔有權",其次是農民當做自己土地的"使用權",甚至有一定的土地買賣權。①

與國有制並存的還有"一定的私有制",先生的這一觀點,許多對"國有論"持反對立場的學者,多半有意或無意地予以忽略。此外,這篇文章"中國中古封建是以皇族地主的土地壟斷制爲主要內容,而土地私有權的法律觀念是沒有的",收入《侯外廬史學論文選集》(上)時,"土地私有權的法律觀念是沒有的"已改爲"土地所有權的法律觀念是比較缺乏的"(這一點,本文前面引用這段話時已經出注)。"比較缺乏的"顯然不像"沒有的"那樣絕對化。這都説明,侯外廬先生晚年更是在遣詞用字上注意儘量避免引起誤解,誤以爲他主張的"國有論"即是乾脆不承認中國古代存在著私有土地。

此外,更應予以重視的則是侯氏"國有論"的"合理內核",那就是它提出了要區分開資本主義與資本主義以前的兩種私有制、特別是第一次從基礎上區別了這兩種所有制的不同性質。正是在這一問題上,"私有論"者——甚至還有其他"國有論"者,誤解了侯外廬先生的觀點。例如他們都不願深入瞭解在"品級結構"中"皇族地主集團"與整個地主階級的關係,以及皇帝與皇族的關係。在侯外廬先生看來,單獨一個人不能有財產,皇帝也不例外。包括皇帝家庭在內,皇族集團中的每一個家庭擁有土地財產的前提和基礎,就是他們隸屬的皇族集團這個血緣共同體;地主和農民的家庭擁有土地財產也同樣要以他們各自隸屬的血緣共同體作爲前提和基礎。侯外廬先生説:

> 農村公社的組織是封建的土地國有制的物質條件,最高所有者君主正是全國宗主的大宗主,大家長。地租的剝削方式也是通過農村公社的組織(鄉社),特別由於軍事組織的影響,更在農村公社的戶口制之上,强加了這一土地所有制的作

---

① 侯外廬:《中國封建社會史論》,第11頁。《侯外廬史學論文選集》(上),第242頁。

用，更易使農民成爲國家農奴，最突出的例子是軍屯之下的"軍户"這一農奴身分的階級。①

侯外廬先生這裏講的是國有制、"皇族所有制"，但是公社——共同體不僅是"皇族所有制"的基礎，也是整個資本主義以前時期人們擁有一切土地財産的前提和基礎。馬克思指出："在這兩種形式（自由的小土地所有，以及以東方公社爲基礎的公共土地所有制）中，勞動者把自己勞動的客觀條件看作自己的財産。"② 那時，勞動者與土地還不曾分離，天然形成的共同體即是他們佔有土地財産的前提和基礎。中國古代，小土地所有制一直存在著——雖然説不上"自由"，同時以公社——共同體爲基礎的公共土地所有制也是長期存在的，不僅井田制時期如此，實施均田制時期也是如此。即使是在均田制廢止以後，私有田宅的典賣、繼承也還是受到親鄰關係——血緣共同體的制約。

農村居民的共同體具有很強的生命力，原始公社解體以後，它不斷被破壞，同時又不斷重新產生。馬克思針對19世紀俄國的農村公社曾經做過這樣的説明：

> 地球的太古結構或原生結構是由一系列不同時期的沉積組成的。古代社會形態也是這樣，表現爲一系列不同的、標誌著依次更迭的時代的階段。俄國農村公社屬於這一鏈條中最新的類型。在這種公社裏面，農民已經根據私人所有權佔有了他所居住的房屋和作爲房屋附屬物的菜園。③

在中國，這種農村居民共同體也同樣一直是古代農民佔有土地的前提。殷周時期，我國也曾經實行土地公有制。到了春秋戰國之際，土地公有制遭到破壞，原來作爲共同佔有土地的基礎的共同體，伴隨著土地公有制的瓦解而趨於解體，並在與新的所有制關係相適應的條件下重建，個人作爲所有者，仍然必須是某一共同體的成員。在這種情況下，鄰里、鄉黨這類基層行政組織作爲居民共同體，繼續成爲人們佔有土地財産的前提和基礎。侯外廬先生提醒人們注意這樣一類重要史實。這是一個事關研究中國古代土地所有制、揭示其性質的重大理論問題。

---

① 《中國封建社會史論》，第21—22頁。收入《侯外廬史學論文選集》（上）時，將這一段刪除了，因爲這個問題不是三言兩語可以説清楚的，《中國封建社會史論》中的《秦漢社會的研究》一篇則有詳盡論述。
② 《馬克思恩格斯全集》第46卷上册，第471頁。
③ 《馬克思恩格斯全集》第19卷，人民出版社2006年版，第444頁。

三、關於所謂"道德共同體"及"歐洲模式的發展史觀"

20世紀70年代，日本學者谷川道雄先生將"共同體"這一概念應用於中國史研究，在日本學術界產生了廣泛而持久的影響。論及共同體，人們自然會聯想起他的名著《中國中世社會與共同體》。這本書所論涉及中國古代經濟、政治、思想文化以至道德、倫理諸領域。據谷川道雄說，戰後日本翻譯出版的馬克思手稿《資本主義生産以前的各種形式》使他"特別感興趣"，"我對共同體論的提倡，其中這部文獻潛在的影響是無法否定的"。[①] 限於本文主題，這裏不能全面評論谷川先生的大作，僅就其使用的"共同體"概念的内涵與馬克思著作中同一概念的區别，略陳淺見，藉以明確本文作者與谷川先生對"共同體"這一概念的不同理解。

谷川先生視"共同體"研究爲中國史研究最重要的課題，認爲"中國史研究中的未知世界，首當其衝的要算是以各種各樣形態出現的共同體世界了"[②]。他的共同體論受到馬克思著作的啓發，是顯而易見的。然而，他使用的"共同體"這一概念的内涵，却與馬克思少有共同之處。

馬克思《資本主義生産以前的各種形式》中論及的共同體，是天然形成的共同體——血緣共同體，以此作爲所有制的前提和基礎，是資本主義以前歷史時期各種生産方式的基本特徵，不論是歐洲古代的、日耳曼的所有制，還是東方世界的亞細亞所有制形式，莫不如此。谷川先生研究西晉—北朝時期"各種各樣"的"共同體"，却唯獨否認當時有天然形成的共同體——血緣共同體的存在。他發現西晉—北朝時期各地的塢壁存在非血緣關係的要素，於是强調這類共同體不是"純粹的血緣集團"。他在書中這樣寫道：

> 西晉末的庾袞集團的"同族及庶姓"（《晉書》卷88"孝友"本傳）成分，以及郗鑒集團的"宗族及鄉曲"（同上卷67本傳）都具有相同的構成。再參之以其他塢集團的例子來看，這些集團在成分構成上，均以統率者的宗族爲核心，然後是同鄉的異姓各家，及遠近投靠而來的民衆和各種隸屬民。也就是説，這不是一種純粹的血緣集團，而是非血緣要素雜多的集團，而且它愈是膨脹，這一傾向特

[①]〔日〕谷川道雄著，馬彪譯：《中國中世社會與共同體·中文版自序》，中華書局2002年版。
[②]〔日〕谷川道雄著，馬彪譯：《中國中世社會與共同體》，第29頁。

徵就理所當然地愈加明顯。①

　　谷川先生發現塢壁當中除了"宗族"、"同族"之外，還有"庶姓"和"鄉曲"以及"遠近投靠而來的民衆"，於是就得出結論説"這不是一種純粹的血緣集團，而是非血緣要素雜多的集團"。在這裏，谷川先生其實是把"宗族"或"同族"關係與血緣關係混爲一談了。"宗族"、"同族"是血緣關係，但並非一切血緣關係都構成宗族、同族關係。因爲從原始社會形成氏族的時候起，人類就開始實行族外婚——氏族外婚制。從那時起，"同族"就只是構成血緣關係的一半。在母系時代，同族是排除父系親屬關係的；進入父系時代以後，"同族"則排除了母系。如果説包括了"非同姓"者，即是"非血緣要素雜多的集團"，那麼谷川先生所説的"純粹的血緣集團"，就只能到蒙昧時代早期實行族內婚的原始人群中去發現。"實際否定氏族成員間的任何親屬關係，從而把氏族變爲純粹虛構和幻想的產物，這是只有'觀念的'、亦即蟄居式的書齋學者才能幹得出來的事情。"②

　　晉庾元規云："臣歷觀庶姓在世，無黨於朝，無援於時，植根之本，輕也薄也；苟無大瑕，猶或見容。"注曰："庶姓謂與國無親者，朝無黨援，豈非輕薄也，然且小過或見寬容。"③"無親"即非親屬關係。父系雖出自同一祖先，但出五服則親盡，亦類同庶姓。南宋樓寅亮，高宗朝上書云："自太宗傳子之後，至今太祖之後有類庶姓者。今金未悔過，中原未復，乞立太祖後承大統。"④高宗喜，遂用樓爲察院。宋孝宗爲宋太祖七世孫，與宋高宗早已出五服，已親盡，故有類庶姓。但却不能説孝宗與高宗無血緣關係。至於異姓之間的婚姻關係，同樣不能否認其血緣關係。否則就無法理解在講究親疏有等差的西晉末年艱難時世中，郗鑒爲何對"宗族及鄉曲"之孤老一例予以救助。《晉書》卷六七《郗鑒傳》載：

　　　　于時所在饑荒，州中之士素有感其恩義者相與資贍，鑒復分所得，以贍宗族及鄉曲孤老，賴而全濟者甚多，咸相謂曰："今天子播越，中原無伯，當歸依仁德，可以後亡。"遂共推鑒爲主，舉千餘家，俱避難于魯之嶧山。

所謂"鄉曲"多指當鄉異姓。《史記》卷七〇《張儀列傳》記載陳軫對秦惠王説：

---

① 〔日〕谷川道雄著，馬彪譯：《中國中世社會與共同體》，第88頁。
② 《馬克思恩格斯全集》第21卷，人民出版社2003年版，第118頁。
③ 《六臣注文選》卷三八《讓中書令表》，四部叢刊影印宋刊本，第20册，第6頁。
④ 《朱子語類》卷一二七，影印文淵閣四庫全書第702册，第579頁。

— 15 —

> 昔子胥忠於其君而天下爭以爲臣，曾參孝於其親而天下願以爲子。故賣僕妾不出閭巷而售者，良僕妾也；出婦嫁於鄉曲者，良婦也。

陳軫的這番話證明，當鄉之異姓——鄉曲，在一般情況下正是締結婚姻關係的對象。"鄉曲"並非儘是"非血緣要素"。可以算作"非血緣要素"者，只是那些"遠近投靠來的民衆"——如果我們可以將構成民族這一共同體的血緣關係忽略不計的話。

至於因塢壁集團非血緣因素"雜多"，就強調它不是"純粹的血緣集團"，我想谷川先生是忽視了這樣一個基本事實：自原始時代以來，人類歷史上從來就不曾有過"純粹的血緣集團"。美國人類學家亨利·摩爾根發現易洛魁人的氏族成員有"一個奇特的權利就是收養外人爲本氏族的新成員"：

> 從戰爭中捉來的俘虜或者被殺死，或者被某個氏族收養。被俘獲的婦女和小孩通常都是得到被收養這種寬大待遇。收養外人不僅賜以氏族成員的權利，而且還賜以本部落的部籍……俘虜被收養之後，往往被分派在家中代替本家在戰爭中死亡的人，以便彌補戰死者在親屬關係中原有的缺位。一個人口日益減少的氏族可以通過收養的辦法來補充成員，雖然這種例子比較稀少。從前有一個時期，塞內卡部的鷹氏族人口減到了爲數很少的程度，絕滅之禍眼見就要到來。爲了拯救這個氏族，他們和狼氏族彼此協商同意，把狼氏一部分人以收養方式集體轉移到鷹氏來。①

不僅易洛魁人的氏族相互收養、融合，古代希臘和古代羅馬人的氏族也規定其成員有收養外人爲本氏族成員的權利，美國歷史學家認爲甚至早期的英格蘭移民在遭遇生存危機時，可能也有個別群體被土著吸收。上古時期的華夏先民，也是在不斷吸收蠻、夷、戎、狄成分的過程中而壯大起來的。在南北朝民族遷徙、融合的大背景下，宗族集團吸收"庶姓"、"鄉曲"甚至流民，壯大了防守、劫掠的能力，但其作爲血緣集團的性質並未因此而改變，因爲它的核心始終是宗族血緣關係，而吸收的新成員很快也就與這個血緣集團融爲一體了。

谷川先生由於否認塢壁作爲血緣集團的性質、天然形成的性質，進而就在道德領域和精神領域尋找共同體形成的原因，認爲"這其中各人的道德意識，就成爲了結成共同體的可能性……這是一個由各種非血緣要素組成的集團，僅此一點，我們就能想

---

① 〔美〕路易斯·亨利·摩爾根：《古代社會》，商務印書館1981年版，第78頁。

象出維持集團成員之間強烈的道德自覺是何等的重要"①。原來所謂當時"維持集團成員之間強烈的道德自覺",我們只能在谷川先生的引導下想象出來。讀到這裏,我們自然會產生這樣的問題:究竟是先有以宗族集團爲基礎的塢壁共同體,還是先有維持這個共同體所必須的"强烈的道德自覺"?人們對這一問題做出怎樣的回答,完全取决於各不相同的歷史觀。谷川先生在書中還寫道:

> 不以生産所有制關係爲直接媒介的階級關係究竟是怎樣存在的呢?我以爲這其中正包含著能够明確解釋中國史特殊結構的重要綫索。爲此近年來我提出了六朝社會的基礎中存在著中世共同體的主張……與財産、權勢的世俗欲望相對,是士大夫的自我抑制精神實現了家族、宗族、鄉黨,以及稱爲士大夫世界的人們的共同體的結合。而從這種精神的對象世界反饋的人格評價即鄉論,又賦予士大夫以社會指導者的資格。②

谷川先生的大作告訴我們有這樣一條"能够明確解釋中國史特殊結構的重要綫索":中國歷史的"特殊結構"就在於存在著一種"不以生産所有制關係爲直接媒介的階級關係",其證據就是六朝時代的士大夫擺脱了"財産、權勢的世俗欲望",以其"自我抑制精神實現了家族、宗族、鄉黨,以及稱爲士大夫世界的人們的共同體的結合"。而這種精神之所以能完成"共同體的結合"這一歷史使命,是因爲有鄉論對這種精神的評價,從而使具有這種精神的士大夫被賦予社會指導者的資格。"鄉論"是對士大夫的"人格評價",在谷川先生看來,這種評價不是來自掌控"鄉論"的士大夫,而是來自"這種精神的對象世界反饋",即來自因他們的"自我抑制精神"而受惠的普通民衆。果真如此,這倒的確是一個公平、正義得以伸張的和諧社會。遺憾的是這樣一個美妙的歷史境界,只是存在于谷川先生的想象當中。

關於共同體與人們結合爲一體的精神之間的關係,谷川先生明確認定不是先有"共同體",而是先有能將人們結合爲一體的士大夫作爲共同體的領袖,先有他們的"自我抑制精神"。谷川先生説:

> 所謂村落共同體,多是以土地及生産手段共有或共同利用爲基礎,並由此形成村落爲規律的。然而,在六朝時代這種村落的存在是無法得到強有力的認證的。

---

① 〔日〕谷川道雄著,馬彪譯:《中國中世社會與共同體》,第91頁。
② 〔日〕谷川道雄著,馬彪譯:《中國中世社會與共同體》,第92—93頁。

當時將農村中各家族結合爲一體的力量，來自於那種特定的有實力家族的領導性，以及民衆各家對於這種領導性的信賴之心。在這裏與其說是經濟關係，不如說是精神關係，形成了人與人之間相互結合的更加強有力的紐帶。①

谷川先生所說"村落共同體，多是以土地及生產手段共有或共同利用爲基礎，並由此形成村落爲規律"，其實是因果倒置了。"共同體"是天然形成的，所有制關係是建立在這個基礎之上的，而不是相反。六朝時代公有制的村落共同體的存在得不到"有力的證實"，並不奇怪，這是因爲自戰國——秦漢以來，這種所有制關係就在逐漸解體，但天然形成的血緣共同體却是一直存在著。谷川先生認爲村落共同體既然不是公有制的共同體，便是"道德共同體"，而這種共同體的形成是因爲有六朝貴族"成爲道德共同體的領袖"。如果我們對此還有懷疑，那就應當拋棄"歐洲模式的發展史觀"，而真正瞭解"以儒家理念爲核心的中國獨特的文人官僚社會的實際情況"②。

谷川道雄所說的"歐洲模式的發展史觀"不是別的，正是馬克思和恩格斯共同創立的唯物史觀，這種歷史觀告訴我們："人們首先必須吃、喝、住、穿，然後才能從事政治、科學、藝術、宗教等等。"③"不以生產所有制關係爲媒介"的階級關係，換一種通俗的說法，就是不以是否佔有生產資料、不以是否擁有多少財產爲根據劃分階級。對於谷川先生的這一理論觀點，當代中國知識界其實並不陌生，因爲我國在消滅了生產資料私有制以後，曾有一大批人僅僅因爲他們頭腦中比勞動群衆多了一點知識，就被"四人幫"戴上"資產階級知識份子"的"高帽子"，不同的是六朝士大夫雖然擁有大地產，但谷川先生却認爲可以忽略不計；他們高高在上，錦衣玉食，却仍然不失爲"道德"楷模和不食人間煙火的精神貴族。

谷川道雄先生還將自己的"共同體理論"納入中國古代史的分期法。他說：

上古周代宗法的宗族結合，是憑藉嚴密的宗子制運作的，所以社會組織與血緣組織是完全一致的。那時，祭祖成爲一切的中心是理所當然的。從這一意義上說，當時宗族得以結合的契機，如果說在於對神靈的歸依，應該是不錯的吧。另一方面，近世的宗族制……是通過宗族內部制定的制度，來保證其團結的產物。六朝的宗族則與上古及近世都有所不同，成爲宗族結合中心的，是一族中卓越的家的指導性，特別是可以作爲一家之長的，基於道德心的指導性。也就是說，以

---

① 〔日〕谷川道雄著，馬彪譯：《中國中世社會與共同體·中文版自序》。
② 〔日〕谷川道雄著，馬彪譯：《中國中世社會與共同體》，第93頁。
③ 《馬克思恩格斯選集》第3卷，人民出版社1995年版，第776頁。

家爲背景的個人人格，成爲了宗族結合的關節點。如此看來，上古的神靈、中世的人格、近世的制度構成了各自的時代特色。[①]

不能不指出的是，谷川道雄單純在精神領域探索共同體的變化，尋找歷史發展的終極原因，是不能令人信服的。上古時期人們爲了維護當時的血緣組織和社會制度創造了神靈、六朝時期的社會現實造就了士大夫的人格，同樣，是宋元以來的宗族共同體造就了這個共同體的族譜、家規等制度，神靈、人格和制度都屬於社會意識，都是由社會存在決定的，而不是相反。因此，我們只能從共同體與所有制的相互聯繫中探索其發生變化的根本原因。

關於共同體與所有制的關係，我國學術界具有代表性的觀點認爲：“中國封建社會時期土地關係的變化是制約宗法宗族制發展變化的根源。”[②] 如果單說宗族，作爲血緣共同體顯然是先於封建社會而存在，而且在20世紀50—60年代歷經土地改革、合作化和公社化運動，封建所有制已被徹底摧毀，但宗族關係和宗族觀念在我國某些地方的農村社會中，却仍然頑强地存在著。這樣的現實情況就足以使我們有理由對於“封建社會時期土地關係的變化是制約宗法宗族制發展變化的根源”的觀點發生懷疑。人民網2006年7月4日發表李民昌文章《農村宗族勢力與農村基層組織建設》，該文寫道：

> 隨著社會主義市場經濟的不斷發展和農村社會結構的深刻變動，我國農村曾經衰微的宗族勢力，近年來重新抬頭，並有蔓延之勢。在宗族勢力强大、經濟不發達的農村地區，基層組織往往受到宗族勢力的把持和脅迫。農村宗族勢力使農村許多矛盾和問題難以得到公正、公平、合理解決，嚴重削弱了農村基層組織的合法地位和管理能力，損害了農村基層政權建設。

經濟不發達的農村地區，宗族勢力會强大起來，因爲所有制關係雖然經歷了翻天覆地的變革，但是建立在落後生產力基礎上的自給自足的自然經濟並沒有根本變化，因此依附於宗族共同體的傳統也沒有改變。社會主義市場經濟的發展不但不是造成宗族勢力重新抬頭的原因，而且可以說只有發展市場經濟，才能在商品交換中造就具有獨立人格的個人，才能從根本上瓦解宗族共同體和宗族勢力。“人的孤立化，只是歷史過程

---

① 〔日〕谷川道雄著，馬彪譯：《中國中世社會與共同體》，第331—332頁。
② 李文治、江太新：《中國宗法宗族制和族田義莊》，社會科學文獻出版社2000年版，第1頁。

的結果……交換本身就是造成這種孤立化的一種主要手段。它使群的存在成爲不必要，並使之解體。"[1]

四、所謂"亞細亞生産方式"的"普遍性"與"原始性"

馬克思《政治經濟學批判·序言》説："大體説來，亞細亞的、古代的、封建的和現代資產階級的生産方式可以看作是社會經濟形態演進的幾個時代。"[2] 學術界曾普遍認爲，這就是馬克思關於社會經濟形態演進的幾個時代的最初論述，其實這裏包含著誤解。應當説，造成這種誤解，是有客觀歷史原因的。《政治經濟學批判·序言》是馬克思1859年1月間在倫敦寫成的，同年，該書在柏林出版。但是在此之前，1857年10月至1858年5月，馬克思寫了一部内容豐富的經濟學手稿，這部手稿也就是後來出版的政治經濟學巨著《資本論》和《政治經濟學批判》的草稿。在這部手稿中，有一篇題爲《資本主義生産以前的各種形式》的著作[3]，其中對資本主義生産以前的各種所有制形式做了詳細論述。但是，這一事實長期以來不爲人所知。因爲馬克思的這部經濟學手稿在他生前一直没有發表，直至1939年和1941年，才用原文——德文先後分兩册在莫斯科出版，書名爲《政治經濟學批判大綱（草稿）》。郭沫若先生1928年寫成的《詩書時代的社會變革與其思想上之反映》一文，在引述了本文這一節開頭所引用的《序言》那段話之後説：

> 他這兒所説的"亞細亞的"，是指古代的原始公社社會，"古典的"是指希臘羅馬的奴隸制，"封建的"是指歐洲中世紀經濟上的行幫制，政治表現上的封建諸侯，"近世資產階級的"那不用説就是現在的資本制度了。這樣的進化的階段在中國的歷史上也是很正確的存在著的。[4]

在這裏，郭老根據《政治經濟學批判·序言》中那段話，已經得出了這樣兩點結論：

---

[1] 《馬克思恩格斯全集》第46卷上册，第497頁。
[2] 《馬克思恩格斯選集》第2卷，人民出版社1972年版，第83頁。
[3] 這個標題是馬克思在《我自己的筆記本的提要》中加上的，見《馬克思恩格斯全集》第46卷上册，第553—554頁，注釋205。
[4] 郭沫若：《中國古代社會研究》，《郭沫若全集（歷史編）》第1卷，人民出版社1982年版，第154頁。

第一，馬克思這裏所說的"亞細亞的、古代的、封建的和現代資產階級的生產方式"是依次演進的幾個時代；第二，由於"古代的"是在"亞細亞的"之後，而且又知道"古代的生產方式"是奴隸制，所以在它之前的"亞細亞生產方式"必然是指"古代的原始社會"。郭老在寫《中國古代社會研究》一書時，馬克思1857—1858年的經濟學手稿尚未發表，所以他和當時許多外國學者一樣，認爲《政治經濟學批判·序言》中的那段話最先提出了亞細亞生產方式問題。

馬克思《資本主義生產以前的各種形式》出版以後，早已爲中國學術界所知，20世紀50年代以來，且已有多種中文譯本[①]，書中較爲詳盡地闡述了亞細亞所有制形式——構成這一生產方式重要方面的問題，在這種情況下，應當說，馬克思並不是在《政治經濟學批判·序言》中最先提出"亞細亞生產方式"問題，這已是不辯自明了。但是令人不解的是直至近年，好些論著還在重複關於這一問題幾十年前的舊説。例如1981年出版的《世界上古史綱》下册就仍然這樣寫道：

> 亞細亞生產方式是馬克思於1859年1月在《政治經濟學批判》的《序言》中提出來的。它具有兩個明顯的特點：一是它的原始性，指的是人類社會歷史上最初的一個社會經濟形態，屬於人類歷史的發軔期；一是它的普遍性，即它是全人類歷史發展的必經階段，決不因有"亞細亞的"之名而局限於某一特定地域，諸如亞洲，或者東方，或者歐洲以外的某一地區。這裏的"亞細亞的"決不是什麽地理名稱，而是基於對世界歷史作了概括而加以抽象的一個形容詞，用以泛指一切文明民族在其歷史初期都曾經經歷過的一個階段。這是從《政治經濟學批判》的《序言》直接得來的理解。亞細亞生產方式在這裏是列在"社會經濟形態演進的幾個時代"的第一個時代，而且是在"古代的"生產方式之前。從原文讀來，無論如何不能理解爲古代文明世界奴隸制社會的兩分法，把"亞細亞的"同"古代的"平列起來（所謂"古代東方"和"古典世界"）。馬克思的許多其他有關的著作都證明，上面這種對亞細亞生產方式的理解是正確的，是符合馬克思原著的原意的。[②]

這裏，首先應當指出，亞細亞生產方式是在《政治經濟學批判·序言》中提出的説法不符合歷史事實。因爲1857—1858年經濟學手稿已經先於《序言》論述了這個問題。

[①] 如日知譯：《資本主義生產以前各形態》，人民出版社1956年版；劉瀟然譯：《政治經濟學批判大綱（草稿）》第3分册，人民出版社1963年6月版；《馬克思恩格斯全集》第46卷上册，人民出版社1979年版。
[②] 《世界上古史綱》編寫組編：《世界上古史綱》下册，人民出版社1981年版，第286—287頁。

馬克思的《政治經濟學批判》其實是一部未完成的著作，這一點，我們只要看看那篇內容幾乎涉及資本主義社會生活一切領域的《政治經濟學批判·導言》就清楚了。現在我們看到的《政治經濟學批判》只是馬克思擬議中的這部巨著第一册的第一分册。而 1857—1858 年經濟學手稿的發表則告訴我們，馬克思不僅計劃要在《政治經濟學批判》以下的部分中闡述亞細亞生産方式問題，而且關於這個問題的意見，已經寫成了草稿。在手稿已經公開發表並廣泛傳播的情況下，抛開馬克思在手稿中闡明的關於亞細亞形式的基本思想而從《序言》高度概括的論述中"直接"得出"理解"，這無異於不要整部著作而只取序言。

其次，説到"亞細亞生産方式"的"原始性"，説它"指的是人類社會歷史上最初的一個社會經濟形態"，顯然是疏於考證。《共産黨宣言》中説"至今一切社會的歷史都是階級鬥争的歷史"。恩格斯在 1888 年英文版上爲這句話加了一個注：

> 這是指有文字記載的全部歷史。在 1847 年，社會的史前史，成文史以前的社會組織，幾乎還没有人知道。後來，哈克斯特豪森發現了俄國的土地公有制，毛勒證明了這種公有制是一切條頓族的歷史起源的社會基礎，而且人們逐漸發現，村社是或者曾經是從印度到愛爾蘭的各地社會的原始形態。最後，摩爾根發現了氏族的真正本質及其對部落的關係，這一卓絶發現把這種原始共産主義社會的内部組織的典型形式揭示出來了。隨著這種原始公社的解體，社會開始分裂爲各個獨特的、終於彼此對立的階級。關於這個解體過程，我曾經試圖在《家庭、私有制和國家的起源》（1886 年斯圖加特第 2 版）中加以探討。①

從上引這段文字，我們可以知道 1847 年的《共産黨宣言》之所以要説"至今一切社會的歷史都是階級鬥争的歷史"，是因爲社會的史前史、成文史以前的社會組織，在那時幾乎還没有人知道。從那時起，學術研究雖然在進步，但在恩格斯看來，哈克斯特豪森、毛勒以及後來的人們逐漸發現的"村社是或者曾經是從印度到愛爾蘭的各地社會的原始形態"，也只是殘留在中世紀直至近代的歐洲及印度社會中的"原始形態"，至於原始共産主義社會的内部組織的典型形式——原始社會的氏族公社，當時則尚未被發現。

關於文明時代爲什麽會繼續存在以"村社"爲代表的"原始形態"，恩格斯在《家庭、私有制和國家的起源》中做了這樣的説明：

---

① 《馬克思恩格斯選集》第 1 卷，人民出版社 1995 年版，第 251 頁。

由於被征服者和征服者差不多處於同一經濟發展階段，從而社會的經濟基礎仍然和從前一樣，所以，氏族制度還能够以改變了的、地區的形式，即以馬爾克制度的形式，繼續存在幾個世紀；甚至在以後的貴族氏族和城市望族的氏族中，甚至在農民的氏族中，例如在迪特馬爾申，還以削弱了的形式復興了一個時期。①

由於征服，原來以血緣共同體爲基礎的形式產生了派生形式——奴隸制和封建制，但氏族制度、馬爾克組織還在這種階級社會中繼續存在，因此，毛勒等人的著作研究的是中世紀直至近代在歐洲各地存在的氏族組織——村社，這些著作並不能證明那時已經知道有"史前史"和原始社會史。毛勒的著作：《馬爾克制度、農户制度、鄉村制度、城市制度和公共政權的歷史概論》是 1854 年在慕尼黑出版的，1856 年在厄蘭根又出版了《德國馬爾克制度史》。此後，直到 1871 年他又陸續出版了《德國地主家庭、農民家庭和農户制度史》、《德國鄉村制度史》和《德國城市制度史》。這些著作都出版在摩爾根《古代社會》之前。

不僅如此，在摩爾根以前，古代希臘史和古代羅馬史研究也同樣不瞭解史前史。恩格斯説：

> 不僅格羅特，而且尼布爾、蒙森以及先前的其他一切古典古代歷史家，都没有解決氏族問題。不論他們多麽正確地叙述了氏族的許多特徵，但是他們總是把氏族看做家庭集團，因此便不能理解氏族的本性和起源。在氏族制度之下，家庭從來不是，也不可能是一個組織單位，因爲夫與妻必然屬於兩個不同的氏族。氏族整個包括在胞族内，胞族整個包括在部落内；而家庭却是一半包括在丈夫的氏族内，一半包括在妻子的氏族内。②

格羅特《希臘史》有 1869 年倫敦版（新版）。尼布爾《羅馬史》第一版於 1811 年在柏林出版。蒙森《羅馬史》，該書第一卷第一版於 1854 年在萊比錫出版。以上事實都證明了直到 19 世紀 60 年代末，古代希臘史和古代羅馬史的研究並不知道曾經經歷過史前史或原始社會的歷史階段。應當指出，馬克思 1857—1858 年寫成的《資本主義生産以前的各種形式》證明了，當時他也不知道原始時代的氏族組織是怎麽一回事。他説：

---

① 《馬克思恩格斯全集》第 21 卷，第 193 頁。
② 《馬克思恩格斯全集》第 21 卷，第 116 頁。

> 在這種土地所有制的第一種形式中，第一個前提首先是自然形成的共同體：家庭和擴大成爲部落的家庭，或通過家庭之間互相通婚［而組成的部落］，或部落的聯合。①

當時馬克思與其他學者一樣，都認爲部落——共同體是家庭的擴大，並不知道氏族是如何構成的。對此，《馬克思恩格斯全集》第46卷第206號置於全書正文之後的附註做了這樣的解釋：

> 《Stamm》這一術語在1857—1858年手稿的這一部分中譯爲"部落"。這一術語在十九世紀中葉的歷史科學中比現在具有更廣泛的涵義。它表示淵源於同一祖先的人們的總體，包括現在通用的"氏族"（Gens）和"部落"（Stamm）兩個概念。在路·亨·摩爾根的著作《古代社會》（1877）中第一次把這兩個概念區分開來，並下了準確的定義。在傑出的美國民族學家和歷史學家的這部主要著作中，第一次闡明了氏族作爲原始公社制度的主要基層單位的意義。在總結了摩爾根的研究成果的基礎上，恩格斯在他的《家庭、私有制和國家的起源》（1884）這一著作中全面地揭示了"氏族"和"部落"這兩個概念的內容。

這一注釋説得很清楚，當馬克思還不知道氏族爲何物的情況下，他怎麼會確認亞細亞生產方式就是原始社會形態、就是"人類歷史的發軔期"呢？

關於原始公社這一"卓絶的發現"，屬於美國著名民族學家路易士·亨利·摩爾根。他的《古代社會，或人類從蒙昧時代經過野蠻時代到文明時代的發展過程的研究》1877年由倫敦麥克米倫公司出版。恩格斯是這樣評價摩爾根和他這部著作的：

> 摩爾根的偉大功績，就在於他在主要特點上發現和恢復了我們成文歷史的這種史前的基礎，並且在北美印第安人的血族團體中找到了一把解開古代希臘、羅馬和德意志歷史上那些極爲重要而至今尚未解決的啞謎的鑰匙。但是，他的著作決不是一朝一夕的勞動。他研究自己所得的材料，到完全掌握爲止，前後大約有四十年。然而也正因爲如此，他這本書才成爲今日劃時代的少數著作之一。②

---

① 《馬克思恩格斯全集》第46卷上册，第472頁。
② 這段話原來見於1884年寫的《家庭、私有制和國家的起源》第一版序言，見《馬克思恩格斯全集》第21卷，第30頁。

《古代社會》的出版是"劃時代的",由於摩爾根"發現和恢復了我們成文歷史的這種史前的基礎,並且在北美印第安人的血族團體中找到了一把解開古代希臘、羅馬和德意志歷史上那些極爲重要而至今尚未解決的啞謎的鑰匙",歷史學研究才能明確認定在成文史之前,人類曾經經歷了漫長的史前階段——原始共產主義階段。

關於毛勒的研究與摩爾根的偉大發現的區別,恩格斯還曾在《家庭、私有制和國家的起源》中這樣說過:

> 易洛魁人在其中生活了四百餘年、而且直至今日還生活於其中的社會制度,就是如此。我依據摩爾根,詳細地叙述了這種制度,因爲我們在這裏有可能去研究還不知有國家的社會組織。國家是以一種與全體經常有關的成員相脱離的特殊的公共權力爲前提的,所以毛勒憑其正確的直覺,確認德意志的馬爾克制度是一種純粹社會的制度,雖然它以後大部分成了國家的基礎,但在本質上它是和國家不同的。因此,毛勒在他的一切著作中所研究的,是公共權力逐漸從馬爾克、村落、田莊、城市等最初的組織中產生,並與之並行而產生的情形。①

摩爾根發現的易洛魁人氏族——部落組織與毛勒確認的德意志人的馬爾克組織雖然都是自然形成的共同體,都是純粹的社會組織,但是前者是存在於不知有國家的時代,而後者却大部分成了國家的基礎。總之,兩者是分別存在於不同的歷史發展階段上。

近年有人從馬克思致恩格斯的一封信中,又有了新發現。他們說:

> 1868年3月14日,馬克思在看到了毛勒寫的關於馬爾克等等的材料之後,寫信給恩格斯,其中說到,他先前提出的"歐洲各地的亞細亞的或印度的所有制形式都是原始形式"這個觀點,在毛勒這裏"再次得到了證實"。有"歐洲各地的"亞細亞所有制或印度所有制。十分清楚,按馬克思的見解,亞細亞生產方式並非亞洲所特有,而是一切文明民族在其歷史初期所共有;它不僅在歐洲的某一地區有過,而且在歐洲各地都曾經有過。②

---

① 《馬克思恩格斯全集》第21卷,第110頁。
② 《世界上古史綱》編寫組編:《世界上古史綱》下册,第288—289頁。

爲了驗證上述理解是否正確，我們有必要將1868年3月14日馬克思致恩格斯的信中相關的一段話引述如下：

> 現在有意思的恰好是，俄國人在一定時期內（在德國起初是每年）重分土地的習慣，在德國有些地方一直保留到十八世紀，甚至十九世紀。我提出的歐洲各地的亞細亞的或印度的所有制形式都是原始形式，這個觀點在這裏（雖然毛勒對此毫無所知）再次得到了證實。這樣，俄國人甚至在這方面要標榜其獨創性的權利也徹底喪失了。他們所保留的，即使在今天也只不過是老早就被他們的鄰居抛棄了的形式。①

要正確解讀馬克思致恩格斯的這封信，關鍵是首先要弄清楚信中所說"我提出的"，是什麼時候、在哪里提出的，以及其具體觀點是怎樣的。關於這個問題，《全集》第32卷編者特意在書信那段話中加了一個附註，提示讀者參閱1859年出版的《政治經濟學批判》中一條注釋：

> 近來流傳著一種可笑的偏見，認爲原始的公社所有制是斯拉夫族特有的形式，甚至只是俄羅斯的形式。這種原始形式我們在羅馬人、日耳曼人、賽爾特人那裏都可以見到，直到現在我們還能在印度遇到這種形式的一整套圖樣，雖然其中一部分只留下殘跡了。仔細研究一下亞細亞的、尤其是印度的公社所有制形式，就會得到證明，從原始的公社所有制的不同形式中，怎樣產生出它的解體的各種形式。例如，羅馬和日耳曼的私人所有制的各種原型，就可以從印度的公社所有制的各種形式中推出來。②

所謂"我提出的"，正是指馬克思寫那封信的九年以前寫下的這條注釋。這裏並沒有提及"歐洲各地的亞細亞的或印度的所有制形式"。那封信是私人通信，並不是準備出版、發表的，而且收信人恩格斯作爲馬克思最親密的戰友，對他的全部研究活動都早已瞭若指掌，通信中或有表達不完善、不清楚之處，但也絕不可能使收信人恩格斯產生誤解。根據那封信的一段話，就得出理解，說這裏的"亞細亞的""決不是什麼地理名稱"，那麼則還應把印度也算上——在這裏連印度也"決不是什麼地理名稱"。若要

---

① 《馬克思恩格斯全集》第32卷，人民出版社1998年版，第43頁。
② 《馬克思恩格斯全集》第13卷，人民出版社1998年版，第22頁。1867年出版的《資本論》第一卷引用了這條注釋，見《馬克思恩格斯全集》第23卷，人民出版社2006年版，第94—95頁。

使這種理解得以成立，則必須在馬克思和恩格斯其他著作及書信中找到"歐洲各地的亞細亞"的說法。因爲考據學的一條十分重要的原則是：孤證不立。因此陳寅恪先生推崇王國維的"二重證據法"。攻其一點，不及其餘，是得不出正確結論的。

科學研究——特別是社會科學研究的確離不開抽象，但是，我們不能忘記列寧在《黑格爾邏輯學一書摘要》中告誡我們的：

> 思維從具體的東西上升到抽象的東西時，不是離開——如果它是正確的——真理，而是接近真理。物質的抽象，自然規律的抽象，價值的抽象等等，一句話，一切科學的（正確的、鄭重的、不是荒唐的）抽象，都更深刻、更正確、更完全地反映自然。從生動的直觀到抽象的思維，並從抽象的思維到實踐，這就是認識真理、認識客觀實在的辯證途徑。[①]

把"亞細亞"這樣一個地理名稱抽象成"決不是什麽地理名稱，而是……一個形容詞"，以便讓亞細亞在歐羅巴暢通無阻，對於這樣的"抽象"，筆者確實發現不了其"鄭重"究竟體現在哪里。馬克思、恩格斯著作中從來不曾有過這樣的抽象。

研究資本主義生產以前的各種形式，同全部政治經濟學研究一樣，的確也需要運用抽象。馬克思將古代希臘和古代羅馬的全部所有制關係——"原始部落更爲動盪的歷史生活、各種遭遇以及變化的產物"[②]，將這一切抽象爲"古代的所有制"。這種所有制雖然同亞細亞的所有制一樣，也要以共同體作爲第一個前提，但在這裏沒有高居於一切共同體之上的總和的統一體——專制君主。至於在日耳曼人那裏，則"公社只是在這些個人土地所有者本身的相互關係中存在著……日耳曼的公社本身，一方面，作爲語言、血統等等的共同體，是個人所有者存在的前提；但另一方面，日耳曼的公社事實上只存在於公社爲著公共目的而舉行的實際集會上"[③]。最後，對於亞細亞的、古代的和日耳曼的這三種資本主義生產以前的所有制形式，馬克思又進行了抽象，將其都歸入以天然形成的共同體——血緣共同體爲前提和基礎的所有制中。在這裏，馬克思已充分運用了"抽象"這一研究手段，拋開馬克思上述科學的抽象，而以那三種所有制形式中的一種——亞細亞的形式，凌駕於其餘二者之上，則完全破壞了馬克思資本主義生產以前的各種形式研究的科學體系。

認真研讀馬克思的那部手稿，我們可以發現他對亞細亞生產方式的明確定性。手

---

① 《列寧全集》第55卷，人民出版社1990年版，第142頁。
② 《馬克思恩格斯全集》第46卷上册，第474頁。
③ 《馬克思恩格斯全集》第46卷上册，第482頁。

稿指出:

> 在大多數亞細亞的基本形式中,凌駕於所有這一切小的共同體之上的總合的統一體表現爲更高的所有者或唯一的所有者,實際的公社卻只不過表現爲世襲的佔有者……因爲這種財產,是由作爲這許多共同體之父的專制君主所體現的統一總體,通過這些單個的公社而賜予他的。因此,剩餘產品(其實,這在立法上被規定爲通過勞動而實際佔有的成果)不言而喻地屬於這個最高的統一體。[①]

"總合的統一體"既是唯一的所有者,又是專制君主,而剩餘產品不言而喻地也屬於他。這樣的社會形式與公有制的原始共產主義社會當然不屬於同一類型。在人類進入文明時代以前的原始公社,應當說不論何時何地,其性質都是一樣的,都是公有制的、沒有階級、沒有剝削的原始共產主義社會。在原始公社解體以後直到資本主義產生以前,馬克思則發現有過亞細亞的、古代的和日耳曼的三種所有制形式。雖然後兩種存在於歐洲,前者存在於歐洲以外,不過它們仍有共同之處,即都是以天然形成的共同體爲前提——不論是公有、私有還是公有和私有並存。

五、中國封建所有制的亞細亞特色

天然形成的血緣共同體,在東、西方人類歷史上雖然都長期存在過,但作爲所有制的前提和基礎,其形式和規模卻並不是一成不變的。恩格斯在他的遺著《法蘭克時代》中說:

> 最早的公社,我們知道,是包括整個民族的。全部佔有的土地當初都屬於整個民族。以後,彼此之間具有較近親屬關係的一個區的全體居民,成爲他們所移住的地方的佔有者,而民族本身就只有處置餘下來的無主土地的權利了。區的居民又將他們的耕地馬爾克和林地馬爾克讓給各個農村公社(這些農村公社同樣是由近親組成的),同時也把剩餘的土地留給區支配。幹村在從原始村的舊馬爾克中

[①] 《馬克思恩格斯全集》第46卷上册,第473頁。

分出土地、成立新的移民村時，情形也是一樣。①

在這裏，恩格斯告訴我們，作爲佔有土地的前提和基礎的農村居民共同體，其規模是在逐漸縮小的：由全民族，進而變成具有較近親屬關係的一個區，再到近親組成的、更小的農村公社，直至再從中分出移民村。中國歷史上的情況正是如此。我們也有過全部的土地都屬於整個民族佔有的時代，大約即是井田制得以普遍推行的時代。耕地是以共同體爲前提和基礎的公有制，而居住園宅則逐漸實現了私有。起源於黃河流域的華夏先民，需要合力治理洪水和防範北方遊牧部落的劫掠，因此很早就實現了各氏族、部落的聯合，並通過征服形成了總合的統一體，形成了有專制君主高居於一切共同體之上的亞細亞類型的國家。專制君主即是"總合的統一體"——國家的代表，同時又擁有土地財產的最高所有權。

亞細亞形式的所有制只是一種基本形式，正如古代形式曾產生派生形式一樣，奴隸制、封建制作爲派生的形式，在世界各地的文明民族中都存在過，東方國家、中國也不例外。一位法國學者説："就像母系氏族或父系氏族甚或某些類型的經濟體，以十分相同的形式出現於非常不同的社會中一樣，與我們的社會不同的一些社會，會經歷很相似於我們所描述的這個時期的一個階段，這絕非不可能。果真如此，我們就有理由稱處於這一階段的這些社會爲封建社會。""封建主義並不是'在世界上只發生一次的事件'。像歐洲一樣，日本也經歷了這一階段，儘管帶有一些必然的、根深蒂固的差別。"②

我國的封建所有制關係究竟普遍形成於何時雖然是一個尚待深入探討的問題，但秦漢以來的歷代王朝都堅持"普天之下莫非王土，率土之濱莫非王臣"的觀念，這種觀念正是亞細亞形式之下，專制君主擁有最高所有權的觀念。儘管家庭已擁有田宅的私有權，田宅先已在民，但是統治者仍然要行使傳統觀念上的最高所有者的權力，通過法律手續，確認官民的田宅產業都是受自於國家——受自於專制君主。

《漢書·食貨志》記載的受田之制，與西周以來實行的井田制度基本上是一致的，於是有一種意見認爲，那只是描述秦漢以前的制度。其實，這一記載與先秦文獻的記載並不完全一致。不一致之處，正表明秦漢以後的新變化。《漢書·食貨志》云：

> 民受田：上田夫百畝，中田夫二百畝，下田夫三百畝。歲耕種者爲不易上

---

① 《馬克思恩格斯全集》第 25 卷，人民出版社 2001 年版，第 257 頁。
② 〔法〕馬克·布洛赫著，張緒山等譯：《封建社會》（下），商務印書館 2004 年版，第 705—706 頁。

田；休一歲者爲一易中田；休二歲者爲再易下田，三歲更耕之，自爰其處。農民戶人己受田①，其家衆男爲餘夫，亦以口受田如比。士、工、商家受田，五口乃當農夫一人。此謂平土可以爲法者也。若山林、藪澤、原陵、淳鹵之地，各以肥磽多少爲差。有賦有稅。稅謂公田什一及工、商、衡虞之入也。賦共車馬、甲兵、士徒之役，充實府庫、賜予之用。稅給郊、社、宗廟、百神之祀，天子奉養、百官禄食庶事之費。民年二十受田，六十歸田。七十以上，上所養也；十歲以下，上所長也；十一以上，上所强也。

以上説的是戰國以來根據農田的優劣，農夫受田的辦法。農夫一人受田百畝，是西周以來的通例。②如果是受中田二百畝或下田三百畝，就要輪換休耕，即"自爰其處"，即在自己所受耕地範圍之內輪流休耕，而不再"爰土易居"，説明當時耕地已無需如更早時期的共同體成員那樣定期重新分配。"二十受田，六十歸田"，耕地是歸共同體成員終身使用的。

在實行井田制時期，生産勞動在相當程度上是集體進行的。《漢書·食貨志》載：

> 出入相友，守望相助，疾病相救，民是以和睦，而教化齊同，力役生産可得而平也。

近年出土的《二年律令·户律》簡三〇五有"居處相察，出入相司"的規定。③所謂"相司"亦即連坐。"出入相友"與"出入相司"義同，不許個人單獨行動，是爲了相司連坐。

作爲公社成員的庶人，人身自由雖然受到限制，但在法律上，其身份不是奴隸。④雖然還有"總合的統一體"高居於一切共同體——公社之上，"統一體本身能够表現爲一種淩駕於這許多實際的單個共同體之上的特殊東西，而在這些單個的共同體中，每

---

① 按"己"當爲"已"。王先謙《漢書補注》引王念孫説，應是"農民户一人已受田"，今本脱"一"字。其家衆男爲餘夫，"餘夫"亦依例受田。
② 西周井田制下"一夫百畝"，按1周畝約爲0.276市畝，一夫百畝約當27.6市畝，這應當是當時一個男丁所能承擔的耕地的標準。戰國秦漢之際，畝的單位面積雖然擴大了，但受田百畝的標準不變。這是因爲自私有田宅出現以來，"百畝"已不再是實受額，而是成了以名佔田的法定限額。關於這一問題，容當另文詳論。
③ 《張家山漢墓竹簡〔二四七號墓〕》（釋文修訂本），文物出版社2006年版，第51頁。
④ 《秦律十八種·軍爵律》：欲歸爵級以免親父母爲隸臣妾者一人，及隸臣斬首爲公士，謁歸公士而免故妻隸妾一人者，許之，免以爲庶人。參見《睡虎地秦墓竹簡·釋文》，文物出版社1990年版，第55頁。《二年令·賊律》："奴婢毆庶人以上，黥顏，畀主。"參見《張家山漢墓竹簡〔二四七號墓〕》（釋文修訂本），第13頁，簡30。這表明，庶人以上在法律上，其身份與奴婢有嚴格區别。

一個單個的人在事實上失去了財産","在東方專制制度下以及那裏從法律上看似乎並不存在財産的情況下,這種部落的或公社的財産事實上是作爲基礎而存在的"。① 這也就是說,東方公社的成員——中國上古時期的庶人,在事實上,他們是以公社成員的身份集體佔有公共財産的,在這一點上,他們完全不同於其自身是主人財産的奴隸。

隨著生産力的提高和人口不斷增加,井田制下原有的受田日漸不能滿足需求,人們在井田之外開闢私田日多。秦漢雖然繼續實行建立在土地公有制之上的受田制度,却是在私有土地業已普遍存在、土地買賣業已盛行的情況下實行的,於是,在受田制度之外,又有名田宅之制,藉以明確田宅産權。法律所規定的各個不同等級之人"名田宅"數額,不是官府給授的標準,而是他們將其所擁有的田宅經登記而取得合法所有權的最高限額。登記在册的農户,要依次等待受田宅,就說明一般情況下不可能按照一夫百畝的標準足額受田。

受田之制不廢,故作爲受田前提和基礎的居民共同體也一如既往,仍然存在著,而且通過户籍制度得以強化。《秦律雜抄》規定:"游士在,亡符,居縣貲一甲;卒歲,貴之。有爲故秦人出,削籍,上造以上爲鬼薪,公士以下刑爲城旦。"(游士居留而無憑證,所在的縣罰一甲;居留滿一年者,應加誅責。有幫助秦人出境,或除去名籍的,上造以上罰爲鬼薪,公士以下刑爲城旦。)② 漢初吕后《二年令·户律》載:"自五大夫以下,比地爲伍"簡三〇六。③ "五大夫"是第九等爵。④ "比地爲伍"即就其居住之地——田宅所在之地,編入鄉、里組織。"五大夫"以下直至庶人,其户籍都隸屬居民共同體。古人聚族而居,故民里作爲居民共同體,其基礎是血緣關係。只有屬於某一"民里"的成員,並在户籍上單獨爲户,才有權依次受田宅。

均田制繼承了秦漢魏晉以來的計口受田的制度,同時承認私有田宅合法,並且從法律上限制大土地所有者無限擴張其産業。國家企圖以此維持擁有足够數量的自耕農,以便由他們承擔租調、科差和兵役。均田制下的村社共同體成員,其私有財産已經超越了中世紀歐洲以及十九世紀俄羅斯農村公社成員的水準。均田制下的農民作爲村社成員,不僅對居住園宅擁有所有權,而且還對一部分耕地——桑田(世業田)有了所有權。農民對於分得的露田,在法律上是沒有所有權的。他們對露田只有使用權,身終則要還田,即退還給本人所屬的鄉、里,以便在同一範圍之内重新分授。這就是說,

---

① 《馬克思恩格斯全集》第46卷上册,第473頁。
② 《睡虎地秦墓竹簡·釋文》,第80頁。
③ 《張家山漢墓竹簡〔二四七號墓〕》(釋文修訂本),第51頁。
④ 《漢書》卷八《宣帝紀》:"(本始元年)五月鳳皇集膠東、千乘,赦天下,賜吏二千石、諸侯相、下至中都官、宦吏、六百石爵,各有差,自左更至五大夫。""師古曰:左更,第十二爵也,五大夫第九爵也。"

露田的所有權實際上是在鄉、里這類農村居民共同體。因此，在均田制推行的地區，就形成了公有和私有並存的局面。

不過，在均田制下，不論是私田還是公田，其所有權還不具有與動產所有權同等的權利。這一點反映在法律上就是土地財產與其他動產不能受到同等的保護。例如《唐律疏議》卷一三《户婚律》規定："諸盜耕公私田者，一畝以下笞三十，五畝加一等，過杖一百，十畝加一等，罪止徒一年半。"《疏議》云："田地不可移徙，所以不同真盜。"同卷還規定："諸妄認公私田，若盜貿賣者，一畝以下笞五十，五畝加一等，過杖一百，十畝加一等，罪止徒二年。"《疏議》云："地既不離常處，理與財物有殊，故不計贓爲罪，亦無除、免、倍贓之例。"在這裏，作爲不動產的土地，與其他財物、動產，是嚴格加以區別的。耕地作爲私有財產，與動產、與園宅不同，它的主人還脱離不了共同體的"臍帶"。人們只有屬於某種共同體，才能佔有土地財產。耕地的所有權在一定程度上是由共同體成員共有的。

同一鄉、里的居民依田令都享有在本鄉、本里境内受田的權利，因此，他們事實上就成了土地財產的共同擁有者。這種情況隨著土地買賣的盛行和土地兼併的發展，受田事實上成爲不可能，因此居民共同擁有部分耕地的地緣性質的共同體事實上也就不存在了，代之而起的是唐末五代以後以宗族共同體爲基礎的私有田宅。

均田制度事實上已廢止以後的鄰里、鄉黨組織雖仍然存在，但已經不再具有授田、還田的功能，不再是作爲所有制基礎的共同體了，而變成單純的行政組織。但是，個體家庭作爲私有者，仍然不能脱離共同體的臍帶，於是更加縮小了規模的宗族共同體——親鄰就成了新的歷史時期私有制的前提和基礎。土地典賣、繼承都要受到宗族共同體的制約。唐中期以後，宗族——親鄰取代鄰里、鄉黨這類地緣組織成爲私有制的前提和基礎，標誌著中古時期的歷史已經進入了一個新階段。[①]

明清時期，情況又有了新變化。《大明律》卷五《典買田宅》載：

> 凡典買田宅不稅契者，笞五十，仍追田宅價錢一半入官；不過割者，一畝至五畝笞四十，每五畝加一等，罪止杖一百，其田入官。若將已典賣與人田宅朦朧重復典賣者，以所得價錢計贓准竊盜論，免刺追價還主，田宅從原典買主爲業。若重復典買之人及牙保知情者，與犯人同罪，追價入官；不知者，不坐。[②]

---

① 關於均田制及唐末五代以後的私有田宅，正待刊行的拙著《五—十三世紀的世業與田宅》，另有詳論。
② 《續修四庫全書》第 0862 册，第 457 頁。

明律的規定與宋元時期的法律規定明顯有別：宋元法律規定典賣田宅要事先征得親鄰同意——親鄰不要，方得與他人交易。明清法律，主要是規定在買得田宅之後要稅契、過割。對於賣主，只是要求不得重復典賣。

　　我們從現存的土地買賣文書內容和形式的變化中即可以發現，宗族共同體、親鄰關係對土地買賣的干預和制約正在被排除，自由的土地所有權正在逐步確立。宋元時期，買賣土地需經親鄰批退，而正統四年（公元1439年）《徽州李進興賣墓林地契》[①]、弘治十五年（公元1502年）《徽州府江宗漢賣山田契》[②]，以上兩件明代的土地買賣契約文書，均未涉及賣方親鄰意向。前件只有賣主及中人簽押，後件多一"奉書男"即賣主之子簽押。出賣人在有的契約文書上又書"立契人"。這都表明田主出賣產業，已可享有充分處置權。

　　清代山西襄汾丁村的賣地契約，形式和內容與前兩件徽州文書基本相同，如乾隆二十九年（公元1764年）《侯懷瑜賣地契》稱："立賣地契人侯懷瑜，因爲使用不便，今將自己村東祖遺坡地一段……立契賣與本里甲丁世新名下永遠爲業，同中作時值價銀陸拾伍兩捌錢貳分半，本日銀業兩清，並無短欠。日後如有一切違礙，賣主一面承當。"其下由"立賣地契人"及三位"中人"簽押。[③] 與此相類者，還見於河北滄州的清代契約文書。[④] 但閩北地區，清代賣地契約，仍有寫明"先盡問親房伯叔兄弟等各不願就"及"與親房伯叔兄弟侄人等各無相干"字樣[⑤]，説明偏遠地區，土地買賣仍遵循宋元舊規，須先問親鄰。但總的看來，明清以來，親鄰權利對土地買賣的制約已明顯開始瓦解。不過，明清時期開始確立的自由的土地私有權，並沒有導致勞動者與土地財產的分離，沒有導致農民脫離土地而成爲自由的勞動者，也就是説，封建所有制的性質依舊。

收稿日期：2015年5月

---

① 《續修四庫全書》第0862册，第457頁。
② 陳學文：《明清徽州土地契約文書選輯及考釋》，《中國農史》2002年第3期。
③ 張正明、陶富海：《清代丁村土地文書選編》，《中國社會經濟史研究》1989年第4期。
④ 參見《中國社會經濟史研究》1988年第1期朱文通《滄州土地文書輯存》（二）中的清代及民國文書，内容與上引山西及安徽明清文書基本相同。
⑤ 楊國楨輯：《清代閩北土地文書選編（一）》，《中國社會經濟史研究》1982年第2期。

先秦兩漢刺繡論考

馬　怡

内容提要：在印花技術尚未充分發展的時代，要想製取品質精良的花色織物，刺繡與織錦爲最主要的手段。因刺繡能够造作生動複雜、色彩繁多且又精細的大型紋樣，故刺繡生產在先秦至兩漢的織繡業中佔有獨特的地位。又因技巧性强，費工費時，故其製品的藝術價值和經濟價值一般都超過織錦和其他紡織品。本文將傳世的文獻資料與出土的考古實物、文字資料相結合，對先秦至兩漢時期的刺繡工藝、從業者、官府刺繡業與民間刺繡業的形成和分佈等進行了研究。

關鍵詞：先秦兩漢　古代手工業　古代刺繡　女工　鎖繡

一

刺繡在中國有悠久的歷史。[①] 早在新石器時代，先民已大量使用骨針。[②] 今所見先秦兩漢的出土刺繡實物頗不少。西周的例子，如 1974 年在陝西寶雞茹家莊西周前期墓葬出土的刺繡印痕，其色彩鮮艷，針跡明顯，"採用的是辮子股繡的針法"[③]。漢代的例子，如 1960 年在新疆民豐大沙漠第一號東漢墓出土的繡品，刺繡"整齊匀稱，秀麗纖

[①] 關於中國刺繡的起源和對鎖繡的研究，可參看馬怡：《説粉米》，載清華大學出土文獻研究與保護中心編：《出土文獻》第三輯，中西書局 2012 年版，第 305—315 頁。
[②] 如陝西西安半坡新石器時代遺址曾出土 280 餘枚骨針，其中最細者直徑不到 2 毫米，針孔約 0.5 毫米。中國科學院考古研究所、陝西省西安半坡博物館編：《西安半坡——原始氏族公社聚落遺址》，文物出版社 1963 年版，第 81—82 頁，圖版壹零零（C）；陳維稷主編：《中國紡織科學技術史》（古代部分）》，科學出版社 1984 年版，第 16 頁。
[③] 李也貞、張宏源、盧連成、趙承澤：《有關西周絲織和刺繡的重要發現》，《文物》1976 年第 4 期。圖版見中國美術全集編輯委員會編：《中國美術全集》工藝美術編 6 印染織繡（上），文物出版社 1985 年版，第 2 頁，圖二。

图 1　陝西寶雞茹家莊西周前期墓葬出土的刺繡印痕

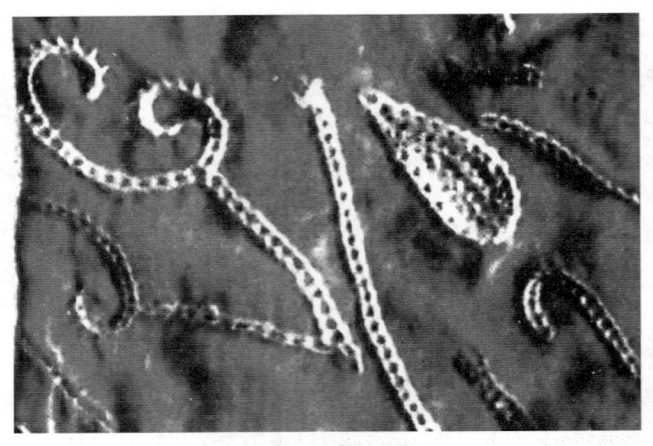

图 2　新疆民豐大沙漠第一號東漢墓雲紋襪帶（局部）

巧",針法爲"鎖繡"。① "辮子股繡"即"鎖繡"。鎖繡是中國最古老的刺繡針法之一,從殷周到兩漢,這種針法一直在刺繡工藝中佔據最主要的地位。② 除以上所舉兩例外,

---

① 武敏:《新疆出土漢——唐絲織品初探》,《文物》1962年第Z2期。圖版見新疆維吾爾自治區博物館出土文物展覽工作組編:《絲綢之路　漢唐織物》,文物出版社1973年版,圖八。
② 參見武敏:《新疆出土漢——唐絲織品初探》,《文物》1962年第Z2期;王亞蓉:《中國民間刺繡發展概況》,《中國民間刺繡》,(香港)商務印書館1981年版;陳娟娟:《中國刺繡針法》,《中國織繡服飾論集》,紫禁城出版社2005年版,第179頁;孫佩蘭:《中國刺繡史》,北京圖書館出版社2007年版,第20頁。

該時期的出土刺繡實物還有二十批以上，其針法幾乎一律是鎖繡。①

《說文解字·黹部》釋"黹"："黹，箴縷所紩衣。从㡀，丵省。凡黹之屬皆从黹……臣鉉等曰：丵，眾多也，言箴縷之工不一也。"段玉裁注："从㡀，丵省，象刺文也……丵者，叢生艸也，鍼縷之多象之。"又，《爾雅·釋言》："黹，紩也。"郭璞注："今人呼縫紩衣爲黹。"邢昺疏："謂縫刺也……鄭注《司服》云：黼黻希繡，希讀爲黹。謂刺繡也。"② 是"黹"字可指刺繡。而且，从"黹"的字大抵同刺繡有關。《說文解字·黹部》共有六個字，除黹外，還有黼（"合五采鮮色，从黹虘聲。《詩》曰：'衣裳黼黼。'"）、黼（"白與黑相次文，从黹甫聲"）、黻（"黑與青相次文，从黹犮聲"）、黺（"會五采繒色，从黹綷省聲"）、黺（"袞衣山龍華蟲。黺，畫粉也。从黹，从粉省"），它們都用來表示刺繡，或其顏色，或其紋樣，或其技法。

在甲骨文、金文中，"黹"字象針縷刺繡衣物所成之文，如：

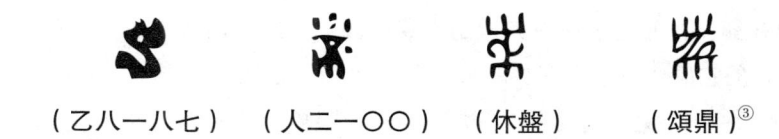

（乙八一八七）　（人二一〇〇）　（休盤）　（頌鼎）③

學者們多將該字解釋爲刺繡。孫詒讓並指出，金文裏的"黹屯"即"《書·顧命》'黼純'之省"，但他未做進一步解說。④ 按，前引《說文解字·黹部》釋"黼"曰"白與黑相次文"；《爾雅·釋器》曰"斧，謂之黼"⑤；《古文尚書·益稷》"黼黻絺繡"僞孔傳曰"黼若斧形"⑥。按此，"黼"應當是白黑相間的"斧"形花紋，似與金文中的"黹"

---

① 先秦的例子，除上文所述外，還有西周的山西絳縣衡水倗伯夫人墓的刺繡荒帷，春秋早期的河南信陽光山黃國墓的"竊曲紋"刺繡殘片，春秋戰國之際的湖南長沙楚墓的刺繡殘片，春秋末期至戰國早期的山東臨淄郎家莊一號殉人墓的刺繡殘片，戰國時期的湖北隨州擂鼓墩曾侯乙墓的繡品、湖北江陵馬山一號楚墓的繡品、湖北江陵望山二號楚墓的刺繡殘片，公元前5世紀的蘇聯阿爾泰地區巴澤雷克五號墓的繡品；秦代的例子，如陝西咸陽一號宮殿遺址的刺繡殘片；漢代的例子，如長沙馬王堆一號、三號墓的繡品，河北滿城一號、二號墓的刺繡殘片，北京豐臺區大葆臺墓的刺繡殘片，廣州南越王墓的刺繡殘片，江蘇高郵神居山二號墓的繡品，江蘇連雲港尹灣二號墓的繒繡，山東日照海曲漢墓的繡品，北京石景山區老山漢墓的繡品，蒙古諾音烏拉山漢代匈奴王族墓的繡品，新疆和闐地區洛浦縣山普拉漢代墓群一號墓毛織品上的刺繡，河北懷安五鹿充墓的刺繡殘片，甘肅武威磨嘴子二十二號墓的"織錦刺繡針黹篋"，以及新疆尉犂縣營盤十五、十九、二十二號墓的繡品，新疆且末縣扎滾魯克四十九號墓的繡品等。詳見馬怡：《說粉米》。
② 《爾雅注疏》卷三《釋言》，《十三經注疏》，中華書局1980年影印本，第2584頁下欄。
③ 方述鑫等：《甲骨金文字典》，巴蜀書社1993年版，第569—570頁。
④ 孫詒讓：《宰辟父敦》，《古籀拾遺》卷上，《石刻史料新編》第4輯第2冊，新文豐出版公司2006年版，第331頁。
⑤ 《爾雅注疏》卷五《釋器》，第2601頁上欄。
⑥ 《尚書正義》卷五《益稷》，《十三經注疏》，第141頁下欄、第142頁中欄。

字所象徵的物事無干。

　　王國維、屈萬里、金祥恒的看法與孫詒讓不同。王國維認爲，該字"殆黻字，所謂兩己相背者形當如此"[1]。屈萬里認爲，"黹當是某種花紋的象形字，這從甲骨文和金文中黹的字形看來，當可斷定"，"丗、丗、丗等字形中間的花紋，顯然地象徵兩己相背、或相鉤連之形；但它們上下的四直筆或三直筆是象徵什麽呢？我以爲那是象徵上下緣邊之外的飾紋"[2]。金祥恒認爲，"'鍼縷之多'指黹之山而言"，其中間的花紋"與輝縣出土漆棺飾紋黻文'　　'相似"，"爲虺龍形"。[3]

　　關於"兩己（或"兩已"）相背"之形，《爾雅·釋言》曰"黼、黻，彰也"，郭璞注："黻文如兩已相背。"[4]《古文尚書·益稷》"黼黻絺繡"僞孔傳："黻爲兩已相背。"孔穎達疏："黻謂兩已相背，謂刺繡爲已字，兩已字相背也。《考工記》云：黑與青謂之黻。刺繡爲兩已字，以青黑綫繡也。"[5]從文獻記載看，"黻"的紋樣確爲"兩已相背"之形。揆之考古實物，這種紋樣大概就是通常所説的"雲紋"、"雷紋"，見於殷周時的陶器和銅器，亦見於石雕人像的衣緣裝飾。[6]該紋樣與"黻"有關聯的説法大致是不錯的，但它與"黹"字有否關聯却需進一步分析和討論。

　　第一，在甲骨文、金文中，"黹"字最顯眼處是它們都有上下對稱的幾條細畫。這些細畫清楚而穩定，當如金祥恒所言，是象徵針縷之多。屈萬里認爲它們是象徵上下緣邊外的飾紋，其説似嫌牽強。反之，與這些細畫相比較，"黹"字中間的花紋不很突出，且有變化，顯得不夠穩定。第二，今所見先秦兩漢的刺繡實物數量不少，出土地點遍及全國，包括各種不同等級的墓葬，但似乎尚未發現完全符合"兩已相背"之形的紋樣，故疑此紋樣在繡品中或不很流行。有學者認爲，湖北江陵馬山一號楚墓所出繡品的大型花紋骨架多取"己"字或"弓"字形，它們或許就是"著名'黼黻'繡文的基本面目"。[7]該意見是否正確尚可斟酌，但此亦表示"黼黻"似與象徵針縷之多的"黹"的字形無干。第三，如前所述，先秦兩漢的出土刺繡實物幾乎全部是鎖繡，而將鎖繡的針跡同甲骨文、金文中的"黹"的字形比對，二者似略能相合。

---

[1] 商承祚編：《殷虛文字類編》七卷十七葉引，見于省吾主編：《甲骨文字詁林》第四册，中華書局1996年版，第2890頁。
[2] 屈萬里：《釋黹屯》，"中研院"《歷史語言研究所集刊》第三十七本上册，1976年，第72、75頁。屈文認爲，《西清古鑑》中《周蟠虺甂》的花紋"邊緣上下的尖形飾紋，似乎就是丗字上下三出或四出之形所象徵的物事"。
[3] 金祥恒：《説　　》，《金祥恒先生全集》第四册，臺北藝文印書館1990年版，第1752—1753頁。
[4] 《爾雅注疏》卷三《釋言》，第2582頁上欄。
[5] 《尚書正義》卷五《益稷》，第141頁下欄、第142頁中欄。
[6] 參見屈萬里：《釋黹屯》，"中研院"《歷史語言研究所集刊》第三十七本上册，1976年，第73—74、77—78頁。
[7] 參見沈從文：《中國古代服飾研究》（增訂本），上海書店出版社1997年版，第104頁。

鎖繡的針跡及針法見下圖：

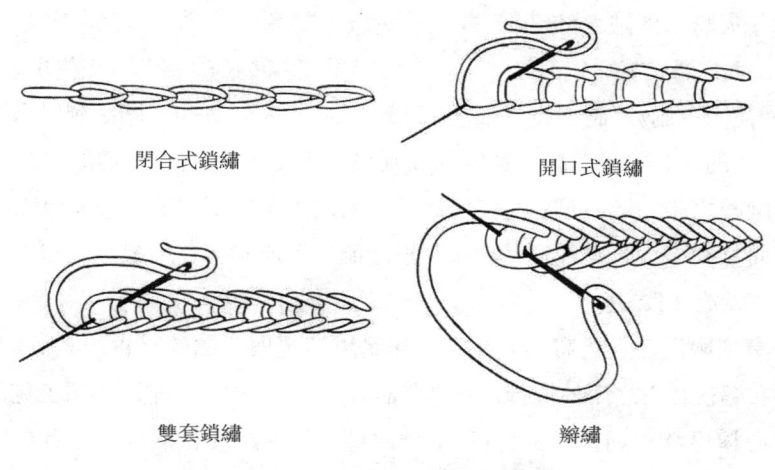

閉合式鎖繡　　　　　開口式鎖繡

雙套鎖繡　　　　　　辮繡

圖 3　鎖繡的針跡及針法示意[①]

如圖所示，鎖繡針跡的主體爲整齊排列的"辮子股"，此與甲骨文、金文中"黹"字的上下對稱的細畫有相似之處；在"辮子股"的中央，有用繡針與繡綫勾連而形成的圈套，這種圈套連同針法則略似"黹"字中間的花紋。據此推測，甲骨文、金文中的"黹"字之"象針縷刺繡衣物所成之文"，或許就是指鎖繡的針跡。

在印花技術尚未充分發展的時代，要想製取品質精良的花色織物，刺繡與織錦當爲最主要的手段。刺繡與織錦的工藝不同，前者純出自手工，後者則出自機織。兩相比較，因刺繡的創作自由度較大，能製造生動複雜、色彩繁多且又精細的大型紋樣，加之技巧性强，費工費時，故其製品往往貴重，不僅藝術價值較高，經濟價值一般亦超過織錦。[②]

刺繡製品一般爲高等級身份者享用。天子、后妃穿著刺繡之服。賈誼曰："爲之繡衣絲履偏諸緣……是古天子后服……白縠之表，薄紈之裏，緁以偏諸，美者黼繡，是古天子之服。"[③] 桓寬《鹽鐵論·散不足》亦曰："夫羅紈文繡者，人君后妃之服也。"[④]

---

① 王亞蓉：《中國民間刺繡發展概況》，《中國民間刺繡》，附圖。
② 王㐨指出："自古雖然錦繡並稱，但由於刺繡完全是手工技巧作品，藝術價值和經濟價值都比當時的織錦高出許多。"王㐨：《王㐨與紡織考古》，杭州東聯圖文公司 2001 年版，第 47 頁。孫毓棠亦指出："繡是織成繒帛以後再加工的另一種工藝……在古代繡比錦還要珍貴。"孫毓棠：《戰國秦漢時代的紡織業》，《孫毓棠學術論文集》，中華書局 1995 年版，第 213 頁，注 214。
③ 《漢書》卷四八《賈誼傳》，第 2242 頁。本文所引《漢書》，皆中華書局標點本，下同。
④ ［漢］桓寬撰，王利器校注：《鹽鐵論校注》（增訂本）卷六《散不足》，天津古籍出版社 1983 年版，第 352 頁。

中國古代服飾制度中有所謂"十二章"，爲帝王及高級官員禮服上裝飾的紋樣。《周禮・春官宗伯・司服》鄭玄注："《書》曰：'予欲觀古人之象，日月星辰山龍華蟲作繢，宗彝藻火粉米黼黻絺繡。'此古天子冕服十二章……次六曰藻，次七曰粉米，次八曰黼，次九曰黻，皆絺以爲繡。"①"絺繡"，即"絺繡"。"絺"，陸德明《釋文》："刺也。"②《禮記・王制》"制三公一命卷"孔穎達疏："絺，紩也，謂紩刺以爲繡文。"③則"十二章"中的藻、粉米、黼、黻等都以刺繡方法製作。《晉書・輿服志》："魏明帝以公卿袞衣黼黻之飾，疑於至尊，多所減損，始制天子服刺繡文，公卿服織成文。及晉受命，遵而無改。"④此亦可證"袞衣黼黻之飾"等原本多爲刺繡，且知"刺繡文"的地位高於"織成文"。

從先秦到兩漢，人們將"衣繡"當作足堪誇耀與榮顯的富貴的表徵。"富貴不歸故鄉，如衣繡夜行"之語的流行，就是其證。《史記・項羽本紀》："項王見秦宮皆以燒殘破，又心懷思欲東歸，曰：'富貴不歸故鄉，如衣繡夜行，誰知之者！'"《華陽國志・巴志》："秦地既定……帝嘉其功而難傷其意，遂聽還巴。謂（范）目曰：'富貴不歸故鄉，如衣繡夜行耳。'"《漢書・朱買臣傳》："上謂買臣曰：'富貴不歸故鄉，如衣繡夜行。'"《後漢書・景丹傳》："帝謂丹曰：'……夫"富貴不歸故鄉，如衣繡夜行"，故以封卿耳。'"⑤

漢時，奉皇帝詔命外出督察的侍御史穿著繡衣，稱爲"繡衣直指"、"繡衣御史"。《漢書・百官公卿表》："侍御史有繡衣直指，出討姦猾，治大獄。"師古曰："衣以繡者，尊寵之也。"《漢書・王訢傳》："武帝末，軍旅數發，郡國盜賊羣起，繡衣御史暴勝之使持斧逐捕盜賊，以軍興從事，誅二千石以下。"《漢書・趙充國傳》："一旦不合上意，遣繡衣來責將軍。"⑥這些人聲勢顯赫，以繡衣爲標誌而昭示"尊寵"，故又被徑稱爲"繡衣"。

今所知有關先秦兩漢的錦、繡價格的具體記載甚少。姑試以下述零散文字，參以後世資料，做大致的估算：

---

① 《周禮注疏》卷二一《春官宗伯・司服》，《十三經注疏》，第 781 頁中欄至下欄。
② 《尚書注疏》卷五《益稷》，第 141 頁下欄。
③ 《禮記注疏》卷一一《王制》，《十三經注疏》，第 1326 頁上欄至中欄。
④ 《晉書》卷二五《輿服志・中朝大駕鹵簿》，第 757 頁。本文所引《晉書》，皆中華書局標點本，下同。
⑤ 分見《史記》卷七《項羽本紀》，第 315 頁；《華陽國志校補圖注》卷一《巴志》，上海古籍出版社 1987 年版，第 14 頁；《漢書》卷六四《朱買臣傳》，第 2792 頁；《後漢書》卷二二《景丹傳》，第 773 頁。本文所引《史記》、《後漢書》皆中華書局標點本，下同。
⑥ 分見《漢書》卷一九《百官公卿表》，第 725—726 頁；卷六六《王訢傳》，第 2887 頁；卷六九《趙充國傳》，第 2984 頁。

（1）正月奉帛二匹，直九百。（居延漢簡 89.12）

二千八百六十二，趙丹所買帛六匹直。（居延漢簡 168.13）

出河内廿兩帛八匹一丈三尺四寸大半寸，直二千九百七十八。（居延漢簡 303.5）①

（2）又取縑二匹，直錢千一百。（江蘇儀徵胥浦 101 號漢墓出土木方）②

今有縑一丈，價直一百二十八。（《九章算術·衰分》）③

（3）其趙郡、中山、常山國輸縑當絹者，及餘處常輸疏布當綿絹者，縑一疋當絹六丈。（《初學記·寶器部·絹》引《晉令》）④

（4）上錦一疋直絹九疋，中錦一疋直絹七疋，下錦一疋直絹四疋。（《張邱建算經》）⑤

（5）繡細文出齊，上價匹二萬，中萬，下五千也。（《初學記·寶器部·繡》引《范子計然》）⑥

第（1）條，"帛"是單絲、平織的普通絲織品，又稱作"繒"。《説文解字·帛部》："帛，繒也。"此條中的帛，1 匹價爲 450 錢（900÷2=450 錢）、477 錢（2862÷6=477 錢）、357 錢（1 匹＝4 丈，2978 錢÷33.347（丈）×4≈357 錢），平均爲 428 錢。第（2）條，"縑"是雙絲的繒。《説文解字·糸部》釋"縑"："并絲繒也。"此條中的縑，1 匹價爲 550 錢（1100 錢÷2=550 錢）、512 錢（1 匹＝4 丈，128 錢×4=512 錢），平均爲 531 錢。第（3）條，"絹"同帛，即本色（麥稭色）的繒。《説文解字·糸部》釋"絹"："繒如麥稭。"《晉令》規定趙郡等地的縑 1 疋（匹）可當絹 6 丈（1.5 匹），按此並參第（2）條，則絹 1 匹價爲 354 錢。該價低於第（1）條所推算的 428 錢，蓋因第（1）條中的諸例皆出自居延漢簡，而居延地區的帛價高於内地。第（4）條出自《張邱建算經》，按此並參第（1）條、第（3）條，上錦價是絹的 9 倍，則 1 疋（匹）爲 3852 錢或 3186 錢；中錦價是絹的 7 倍，則 1 疋（匹）爲 2996 錢或 2478 錢；下錦價是絹的 4 倍，則 1 疋（匹）爲 1712 錢或 1416 錢。第（5）條出自《范子計然》。按此，知齊地的精細繡品的 1 匹價是 5000 錢或 10000 錢或 20000 錢，值錢最多。以上分析顯示，這幾種

---

① 謝桂華、李均明、朱國炤：《居延漢簡釋文合校》，文物出版社 1987 年版，第 155、269、496 頁。
② 揚州博物館：《江蘇儀徵胥浦 101 號西漢墓》，《文物》1987 年第 1 期，第 9、12 頁。
③ 郭書春匯校：《〈九章算術〉匯校本》卷三《衰分》，遼寧教育出版社 1990 年版，第 242—243 頁。
④ ［唐］徐堅等：《初學記》卷二七《寶器部·絹第九》，中華書局 1962 年版，第 658 頁。
⑤ ［北魏］張邱建：《張邱建算經》卷下，《四庫全書》子部，天文算法類，算書之屬，上海古籍出版社影印文淵閣本，第 797 册，第 287—288 頁。
⑥ ［唐］徐堅等：《初學記》卷二七《寶器部·繡第七》，第 656 頁。

絲織品的價位可由低到高排列爲：帛（絹），縑，錦，繡。必須說明，以上只是極粗略的計算。由於所徵引的資料的來源、時代、地區各有差異，相互間的可比性受限①，故這些價錢僅可作爲評估上述幾種絲織品之貴賤的參考，其具體數值在此並不具有太多的意義。

還應指出，除了帝王和貴者，民間的富人亦享用刺繡製品。《鹽鐵論·散不足》："今富者縟繡羅紈，中者素綈冰錦。"② 富者繡，中者錦，此亦表明繡的地位在錦之上。又《釋名·釋采帛》："錦，金也。作之用功重，其價如金。"③ 由此錦價，亦以可推想繡價之昂。

二

據周代的銅器銘文，在周王賞賜臣下的物品中，往往可見"黹屯"。例如，《休盤》："易休玄衣黹屯、赤市朱黄。"《弭伯簋》："易女玄衣黹屯。"《此鼎（甲）》："易女玄衣、黹屯、赤市、朱黄、鑾旂。"④ "黹"，如前所述，在甲骨、金文中象針縷刺繡衣物所成之文。"屯"通"純"。《爾雅·釋器》："緣謂之純。"郭璞注："衣緣飾也。"⑤ 則"玄衣黹屯"似是指飾有刺繡緣邊的玄衣。⑥ 或説，"玄衣"、"黹屯（純）"各是一物，兩者之間當斷開，而"黹屯（純）"是指整段的繡料。⑦《史記·蘇秦列傳》："乃飾車百乘，黄金千溢，白璧百雙，錦繡千純，以約諸侯。"《集解》："純，匹端名。《周禮》

---

① 例如，《晉書》卷一〇五《石勒載記》："乃出公絹市錢，限中絹匹一千二百，下絹八百。然百姓私買中絹四千，下絹二千。" 又《宋書》卷八二《沈懷文傳》："民間買絹一匹，至二三千。" 則不同時、地的絹價有別。他種絲織品的情況亦當如是。
② ［漢］桓寬撰，王利器校注：《鹽鐵論校注》（增訂本）卷六《散不足》，第352頁。
③ ［清］王先謙撰集：《釋名疏證補》卷四《釋采帛》，上海古籍出版社1984年版，第225頁。
④ 以上金文的釋讀及其斷句，分見郭沫若《兩周金文辭大系考釋》一五二，《郭沫若全集》考古編第八卷，科學出版社2002年版，第321頁；應新、子敬：《記陝西藍田縣出土的西周銅簋》，《文物》1966年第1期；岐山縣文化館、陝西省文管會等：《陝西省岐山縣董家村西周銅器窖穴發掘簡報》，《文物》1976年第5期。
⑤ 《爾雅註疏》卷五《釋器第六》，第2599頁下欄。
⑥ 孫詒讓認爲"黹屯"是"以黼文爲玄衣之緣也"，見孫詒讓：《宰辟父》，《古籀拾遺》卷上，《石刻史料新編》第4輯第2册，第331頁；屈萬里認爲"玄衣黹屯"是"玄色衣服，而用黹形花紋飾著它的邊緣"，見屈萬里：《釋黹屯》，"中研院"《歷史語言研究所集刊》第三十七本上册，1976年，第75頁。
⑦ 李也貞等認爲，屯、端二字古音相近，可以通假，"所謂黹屯應即黹端或黹段，是刺繡製成的一段段的繡料"。見李也貞、張宏源、盧連成、趙承澤：《有關西周絲織和刺繡的重要發現》，《文物》1976年第4期。其說可參。

曰：'純帛不過五兩。'"《索隱》："高誘注《戰國策》音屯。屯，束也。"①《史記·張儀列傳》："（秦王）乃以文繡千純、婦女百人，遺義渠君。"《索隱》："凡絲絮布帛等一段爲一純。純音屯。"②則"屯（純）"是"匹端名"，略如"束"、"段"。又《戰國策·秦二》："（秦王）因以文繡千匹、好女百人，遺義渠君。"③此條與上引《史記·張儀列傳》大致相同，而"文繡千純"作"文繡千匹"。則"屯（純）"、"匹"皆可作繡料的量詞。漢時多用"匹"。例如，《史記·匈奴列傳》載漢文帝賜匈奴單于之物："繡袷長襦、錦袷袍各一……繡十匹，錦三十匹，赤綈、綠繒各四十匹。"④又《漢書·匈奴傳》："單于上書願朝河平四年正月，遂入朝，加賜錦繡繒帛二萬匹。""元壽二年，單于來朝，加賜衣三百七十襲，錦繡繒帛三萬匹。"⑤

考古資料表明，漢代確實製作成段成匹的刺繡製品。如廣州南越王墓曾發現"成匹的織物"，"多爲平紋絹上以'辮子針'法繡出卷雲紋等圖案，有似'信期繡'者"。其中，C161層、C08層"爲深棕黃色絹地，以朱綫統一加繡"；C158—Ⅰ層"估計堆疊約近200層"。⑥衣衾等則往往用這種整幅的繡料剪裁加工。⑦例如，湖北江陵馬山一號楚墓出土的"一鳳一龍相蟠紋繡紫紅單衣（N13）"，其上衣6片，下裳5片，皆用同一種繡料剪裁⑧；該墓所出的"緅衣"，用整塊的"鳳鳥踐蛇紋繡紅棕絹"製作⑨；該墓所出的"蟠龍飛鳳紋繡淺黃絹衾（N2）"衾面，用25片不同花紋的繡料拼成；該墓所出的"對鳳對龍紋繡淺黃絹衾（N7）"衾面，用5塊"以整幅絲綢加工刺繡"的繡料拼成，而將各幅花紋錯位排列，或倒置排列⑩。成段成匹的刺繡製品的存在，顯示出刺繡生產在當時有不小的規模。

在出土繡品的絲地上，大多花紋遍佈，疏密有致，顯然是經過精細設計的。成段成匹的刺繡製品，其紋樣要求規整一致，故須在繡地上預作圖稿。刺繡紋樣的內容相當豐富。《急就篇》曰："錦繡縵純離雲爵，乘風縣鐘華洞樂，豹首落莫兔雙鶴，春草雞翹鳧翁濯。"這些句子描寫了織錦與刺繡紋樣的內容，很是生動。刺繡紋樣的構圖往

---

① 《史記》卷六九《蘇秦列傳》，第2250頁。
② 《史記》卷七〇《張儀列傳》，第2303、2304頁。
③ 諸祖耿：《戰國策集注彙考》卷四《秦》二，江蘇古籍出版社1985年版，第224頁。
④ 《史記》卷一一〇《匈奴列傳》，第2897頁。
⑤ 《漢書》卷九四下《匈奴傳》，第3808、3817頁。
⑥ 王㐨：《王㐨與紡織考古》，第118頁。
⑦ 此承參加過江陵馬山一號楚墓、長沙馬王堆一號漢墓出土物的復原與研究工作的王亞蓉先生提示。並參見湖北省荆州地區博物館：《江陵馬山一號楚墓》，文物出版社1985年版，第57頁。
⑧ 湖北省荆州地區博物館：《江陵馬山一號楚墓》，第22頁，圖二七，1；彩版五，2。
⑨ 湖北省荆州地區博物館：《江陵馬山一號楚墓》，第24頁，彩版七，1、2。
⑩ 王㐨：《王㐨與紡織考古》，第49頁；湖北省荆州地區博物館：《江陵馬山一號楚墓》，第25頁，彩版九，1。

往頗爲縟麗。例如，江陵馬山一號楚墓繡品中的"蟠龍飛鳳紋繡"，其紋樣單元甚大，長72、寬44釐米，內有大龍、小龍、高冠展翅的鳳鳥和花枝，構圖緊湊而華美。① 又如，湖南長沙馬王堆一號漢墓繡品中的"長壽繡"，其紋樣單元所包含的穗狀流雲可多達二十餘朵。② 如此豐富、複雜的紋樣，亦顯示出預作圖稿的必要。

《周禮·冬官考工記·畫繢》曰："凡畫繢之事，後素功。"③ "繢"，同"繪"，一指繪畫，一指五彩的繡花，此處爲後者。按《漢書·食貨志》："乃以白鹿皮方尺，緣以繢，爲皮幣。"師古曰："繢，繡也，繪五采而爲之。"④ 《文心雕龍·總術》："視之則錦繢，聽之則絲簧。"⑤ 《文選·潘岳〈夏侯常侍誄〉》："如彼錦繢，列素點絢。"呂延濟注："繢，繡也。"⑥ 所謂"畫繢之事"，是指用彩色來描畫、綴繡紋樣。"素"，指畫地、繡地。全句的大意是，在素地上製作圖案之後，纔可以彩畫、彩繡。⑦ 《周禮·冬官考工記·畫繢》"五采備，謂之繡"條賈公彥疏："凡繡，亦須畫乃刺之，故畫、繡二工共其職也。"⑧ 出土實物亦可以爲證：在江陵馬山一號楚墓出土的許多繡品上，"還保留著原來描繪的圖稿，大多數是用較淡的墨繪出，只有少數圖稿是用朱紅色繪出的"⑨；在長沙馬王堆一號漢墓出土的四十件繡品中，"有不少相當明顯的保留著綉製前用細綫條勾畫圖樣的痕跡"⑩；北京大葆臺漢墓出土的刺繡殘片，也是"在絹底上先以墨綫繪出底稿，然後全部採用鎖法繡成"⑪。

---

① 湖北省荆州地區博物館：《江陵馬山一號楚墓》，第57頁、第58頁圖四五；金維諾總主編：《中國美術全集·紡織品》，黃山書社2010年版，第17頁。
② 湖南省博物館、中國科學院考古研究所編：《長沙馬王堆一號漢墓》上集，文物出版社1973年版，第58頁、第61頁圖五〇"長壽繡"紋樣之二；金維諾總主編：《中國美術全集·紡織品》，第43頁。
③ 《周禮注疏》卷四〇《冬官考工記·畫繢》，《十三經注疏》，第919頁上欄。
④ 《漢書》卷二四下《食貨志》，第1163—1164頁。
⑤ 周振甫：《文心雕龍今譯（附詞語簡釋）》，中華書局1986年版，第388頁。
⑥ 《六臣注文選》卷五七《誄》下，浙江古籍出版社1999年版，第1032頁下欄。
⑦ 《周禮·冬官考工記·畫繢》"凡畫繢之事，後素功"鄭玄注："素，白采也。後布之，爲其易漬汙也。"（第919頁上欄）鄭氏以爲"素"是"白采"，在圖案繪成後布之，疑誤。
⑧ 《周禮注疏》卷四〇《冬官考工記·畫繢》，第918頁下欄。
⑨ 湖北省荆州地區博物館：《江陵馬山一號楚墓》，第57頁。
⑩ 湖南省博物館、中國科學院考古研究所編：《長沙馬王堆一號漢墓》上集，第62頁。
⑪ 大葆臺漢墓發掘組、中國社會科學院考古研究所編輯：《北京大葆臺漢墓》，文物出版社1989年版，第58頁。筆者按：因北京老山漢墓的發掘報告尚未發表，故未詳其所出刺繡實物的進一步的情況。暫附記於此。另，筆者承王亞蓉先生賜教：在江陵馬山一號楚墓、馬王堆一號漢墓、北京大葆臺漢墓、北京老山漢墓所出繡品的繡地上，往往可見用淡墨或紅色描畫的圖稿，其筆意流暢、細緻，顯然是用小毛筆手繪的；當時的繡工依據圖稿綉製紋樣，但亦往往加以修正或補充，故今可在繡地上見到餘留的部份畫稿，並知繡工有"再創造"之功。謹此向王亞蓉先生致謝。

圖4　江陵馬山一號楚墓繡品之"蟠龍飛鳳紋繡"局部紋樣單元

圖5　長沙馬王堆一號漢墓繡品之"長壽繡"局部紋樣單元

在繪製墨稿、朱稿之前，可能要先用細粉或土筆作粉稿。清人方薰《山靜居畫論》："畫稿謂粉本者，古人於墨稿上加描粉筆，用時撲入縑素，依粉痕落墨，故名之也。今畫手多不知此義，惟女紅刺繡上樣，尚用此法。"又曰："今人作畫，用柳木炭起稿……古有九朽一罷之法，蓋用土筆爲之。以白色土淘澄之，裏作筆頭，用時可逐

— 45 —

次改易，數至九而朽定，乃以淡墨就痕描出，拂去上跡。"① 繪製刺繡圖稿的方法或與此略似。清代女刺繡家丁佩《繡譜·取材》"粉墨"條記載："選樣既定，即用墨筆臨摹者爲上，次則用粉過之。粉須極細，但有形模可辨，即以墨筆蓋之。墨筆易細粉筆較難，肥瘦稍有出入，便覺意失形乖。故用粉須在有無之間，有未愜意處，仍可以墨筆正之耳。素縑上有用朱者，法亦與用粉同。"② 但是，因粉稿易消，即便其當初曾有，今日也很難在那些古老的繡品實物上覓得遺痕。

　　刺繡圖案的設計有很强的技巧性。當時的做法，通常是把紋樣單元填入"龜背格"的框架中進行組合，運用起來能够千變萬化。例如，可將紋樣單元組成"帶飾"圖案，再將相鄰的"帶飾"平行錯移三分之一或二分之一單元，拼成"面飾"圖案；或反轉對稱搭接勾連，形成新的聯合單元。後者"能以最小單位紋樣造成大出幾倍的花紋"③。刺繡圖案的設計或許還包括配色。《周禮·冬官考工記·畫繢》曰："畫繢之事，雜五色……青與白相次也，赤與黑相次也，玄與黄相次也。青與赤，謂之文。赤與白，謂之章。白與黑，謂之黼。黑與青，謂之黻。五采備，謂之繡。"④《論衡·量知篇》曰："加五采之巧，施針縷之飭，文章炫耀，黼黻華蟲，山龍日月。學士有文章，猶絲帛之有五色之巧也。"⑤ 一些紋樣並有其專名。如長沙馬王堆一號漢墓出土的記載隨葬物的竹簡上，就有"乘雲繡"、"長壽繡"、"信期繡"等名：

　　　　白綃乘雲繡郭中緆度一（簡252）
　　　　素乘雲繡枕巾一（簡252）
　　　　素長壽繡机巾一（簡255）
　　　　素長壽繡小檢戴一（簡257）
　　　　素長壽【繡】鏡衣一（簡264）
　　　　素信期繡檢戴一（簡256）
　　　　素信期繡尉一兩（簡268）
　　　　白綃信期繡熏囊一（簡269）

---

① ［清］方薰撰，鄭拙廬標點註釋：《山静居畫論》，人民美術出版社1959年版，第36—37頁。或説"朽"應爲"杇"，《説文解字·木部》釋"杇"："所以涂也。"參見沙武田：《敦煌畫稿研究》，中央編譯出版社2007年版，第22頁。
② ［清］丁佩：《繡譜》卷上，《續修四庫全書》子部，譜録類，上海古籍出版社2002年版，第1115册，第180頁。
③ 王㐨：《王㐨與紡織考古》，第48、50頁。並參見黎忠義：《絹地長壽繡殘片紋樣及色彩的復原》，《東南文化》1996年第1期。
④ 《周禮注疏》卷四〇《冬官考工記·畫繢》，第918頁中欄至下欄。
⑤ 黄暉：《論衡校釋》卷一二《量知篇》，中華書局1990年版，第550頁。

紺綺信期繡熏囊一（簡 270）
　　素信期繡熏囊一（簡 271）①

　　據簡文記載，該墓所出的繡有這些紋樣的物件，多用精緻的絲織品"素"和"白綃"爲繡地，其顏色爲白色。但也有個別物件用彩色的絲織物（"紺綺"）爲繡地。②

　　由紋樣構圖的複雜和一些紋樣具有專名來看，當時應存在不少較爲固定的"標準化"的稿樣。相關的文獻記載，如《吕氏春秋·仲秋紀》："文繡有常，制有小大，度有短長，衣服有量，必循其故。"③又如，《禮記·月令》："文繡有恆。"④考古實物的例子，如湖北荆州謝家橋一號漢墓的錦緣絹地荒幃，其頂部的刺繡紋樣爲"變形極强的鳥紋，與長沙馬王堆漢墓出土的的乘雲繡圖案十分相近"，因而研究者稱之爲"乘雲繡荒幃"。⑤又如，在出土的漢代繡品中，常見這樣一類的紋樣：頗似雲紋，又似某種植物；有"如意頭"，從"如意頭"的下部甩出若干飛起的絲穗，具有較强的旋轉運動感。有研究者認爲，這可能是某種藤本植物的花樓或花鬚的圖案，其原始形態尚不清楚。⑥該紋樣見於長沙馬王堆一號、三號漢墓的繡品⑦，滿城二號漢墓的繡品⑧，江蘇高郵神居山二號漢墓的繡品⑨，江蘇連雲港尹灣二號墓的繒繡⑩，山東日照海曲漢墓的繡品等。⑪甚至在遥遠的蒙古諾音烏拉漢代匈奴王族墓的繡品上，也能覓得。⑫在上述

---

① 湖南省博物館、中國科學院考古研究所編：《長沙馬王堆一號漢墓》上集，第 58、62 頁，第 149—151 頁。除了簡文所記的三種紋樣，該墓所出的繡品中還可見茱萸紋、方棋紋、雲紋等紋樣。
② 《説文解字·素部》釋"素"："白緻繒也。"又，《説文解字·糸部》釋"綃"："生絲也。"段玉裁注："以此生絲織繒曰綃……或云綺屬。"釋"紺"："帛深青揚赤色。"釋"綺"："文繒也。"馬王堆一號漢墓的整理者認爲，該墓所出的繡品之底地的材質，爲綺、羅綺和絹。參見湖南省博物館、中國科學院考古研究所編：《長沙馬王堆一號漢墓》上集，第 64 頁《繡品用地及針腳情況表》。
③ 《吕氏春秋》卷八《仲秋紀》，《諸子集成》六，中華書局 1986 年版，第 75 頁。
④ 《禮記正義》卷一六《月令》，《十三經注疏》，第 1373 頁下欄。
⑤ 樓淑琦：《謝家橋一號漢墓出土"錦緣絹地乘雲繡荒幃"的修復》，《文物保護與考古科學》第 22 卷第 3 期，2010 年 8 月，第 55 頁。
⑥ 王㐨：《王㐨與紡織考古》，第 112 頁。
⑦ 湖南省博物館、中國科學院考古研究所編：《長沙馬王堆一號漢墓》上集，第 57—65 頁；湖南省博物館、湖南省文物考古研究所編著：《長沙馬王堆二、三號漢墓》第一卷《田野考古發掘報告》，文物出版社 2004 年版，第 215—216、228—229 頁。
⑧ 中國社會科學院考古研究所、河北省文物管理處編：《滿城漢墓發掘報告》上，文物出版社 1980 年版，第 307—310 頁。
⑨ 黎忠義：《絹地長壽繡殘片紋樣及色彩的復原》，《東南文化》1996 年第 1 期。
⑩ 連雲港市博物館等編：《尹灣漢墓簡牘》，中華書局 1997 年版，圖 7（1—7）；武可榮：《試析東海尹灣漢墓繒繡的内容與工藝》，《文物》1996 年第 10 期。
⑪ 何德亮、鄭同修、崔聖寬：《日照海曲漢代墓地考古的主要收穫》，《文物世界》2003 年第 5 期，第 45—46 頁。
⑫ 王㐨認爲，這些繡品"可能是西漢時期民族間禮聘交换的遺物"。王㐨：《王㐨與紡織考古》，第 65 頁、第 113 頁注 1。

諸例中，江蘇高郵神居山二號漢墓的繡品與山東日照海曲漢墓的繡品不僅紋樣極爲相似，紋樣的單元大小也幾乎相等：前者爲 21.5×15.7 釐米，後者爲 21.5×15 釐米。考慮到實物經兩千多年的存放和出土整理所帶來的形變，可以認爲它們原來的尺寸是相等的。① 出現這一情況應當不是巧合，而很可能是由於兩者用了雷同的稿樣。②

| 滿城二號漢墓繡品紋樣 | 諾音烏拉墓葬繡品紋樣 | 新疆出土的漢代繡錦紋樣 |

圖 6　漢代繡品紋樣示例③

先秦兩漢的刺繡工藝往往頗爲巧緻。例如，江陵馬山一號楚墓出土的繡品，所用繡綫的直徑爲 0.1 毫米—0.2 毫米，在 10 毫米的長度内可繡出 10 個鎖扣。④ 長沙馬王堆一號漢墓出土的繡品，所用繡綫的直徑多爲 0.5 毫米—1 毫米，個別爲 0.1 毫米左右。⑤ 河北滿城一號漢墓出土的繡羅殘片（F—11），所用繡綫的直徑爲 0.2 毫米，在 10 毫米的長度内可以繡出 14—15 個鎖扣，1 毫米的寬度内可並列 2 行紋綫，針腳齊整、嚴密而準確。⑥ 高郵神居山二號漢墓的繡品，在 10 毫米的長度内可以繡出 9—11 個鎖扣，1 毫米的寬度内可並列 2 行紋綫。⑦ 這樣高超的技巧，當出自具有專業訓練和豐富經驗的繡工之手。

從刺繡製品的成段成匹，紋樣設計、繪製繡地的機巧複雜，稿樣的存在和具有專名，以及繡工的精細來看，刺繡業在當時應是一個成熟的行業，擁有能够進行較大規模生産的作坊或工匠團體。在較大的作坊或工匠團體内，或許存在一定的分工。如前

---

① 參見張翠：《漢代長壽繡的技法和紋樣研究》，青島大學碩士學位論文，2008 年，第 34 頁。該作者認爲此紋樣爲"長壽繡"。
② 刺繡的稿樣，後世又稱作"花樣子"。《紅樓夢》第七回《送宫花賈璉戲熙鳳　宴寧府寶玉會秦鍾》："只見薛寶釵穿著家常的衣服……坐在炕裏邊，伏在小炕桌上同丫鬟鶯兒正描花樣子呢。見他進來，寶釵纔放下筆。"馮其庸：《瓜飯樓重校評批〈紅樓夢〉》，遼寧人民出版社 2005 年版，第 108—109 頁。
③ 圖中 3 個紋樣，見中國社會科學院考古研究所、河北省文物管理處編：《滿城漢墓發掘報告》上，第 309 頁。
④ 此承王亞蓉先生告知。並參湖北省荆州地區博物館：《江陵馬山一號楚墓》，第 71 頁，表一二。
⑤ 湖南省博物館、中國科學院考古研究所編：《長沙馬王堆一號漢墓》上集，第 62 頁。
⑥ 中國社會科學院考古研究所、河北省文物管理處編：《滿城漢墓發掘報告》上，第 160 頁。
⑦ 張翠：《漢代長壽繡的技法和紋樣研究》，第 25 頁。

引《考工記·畫繢》賈公彦疏"凡繡，亦須畫乃刺之，故畫、繡二工共其職也"，那些有能力在繡地上繪製繁難圖稿和主管配色的人，可能同時也是設計和掌握稿樣的人，其職責當有別於其他工匠。除了分工，也有合作的情況。例如，在江陵馬山一號楚墓出土的實物中，有的繡品的大型紋樣上可以見到不同的用針風格，這表明該紋樣非由一人繡製，而是由多人參與完成的。① 有的繡品的繡地尺幅頗巨，最長可長達181釐米，這表明當時使用了大型的繡綳、繡架，否則難以製作這樣的繡品。② 有的繡品上可見到朱印文，如該墓所出的對龍對鳳紋繡淺黃絹面錦袍（N14），其絹裏上有朱印文"囟"。③ 這似乎表明，刺繡作坊或許也加工衣服，而該印文可能是作坊的負責人或工師之名，與"物勒工名"制度有關。

三

刺繡業的工匠主要爲女性，這是紡織業與刺繡業所共有的一個特點，故人們通常以"女功"、"女紅"、"女工"等作爲織繡活計、技藝和工匠的統稱。《史記·貨殖列傳》："於是太公勸其女功，極技巧……故齊冠帶衣履天下。"④《漢書·景帝紀》："雕文刻鏤，傷農事者也；錦繡纂組，害女紅者也。"⑤《後漢書·皇后紀·和熹鄧皇后》："不習女工以供衣服。"⑥《後漢書·公孫述傳》："（蜀地）女工之業，覆衣天下。"⑦ 不過，紡織、刺繡等雖皆可稱爲"女功"、"女紅"、"女工"，而其實各有專業。有的工種可以兼跨，有的工種却界綫分明。如《論衡·程材篇》曰："刺繡之師能縫帷裳，納縷之工不能織錦。"⑧ 此外，由於刺繡大抵爲女子手工，不用機器，又是細巧勞動，故該行業中女性所佔比例或較紡織業更高。

在先秦兩漢時代，手工業者的技藝和師承大約都是世代相襲的。《周禮·冬官考工記》："知者創物，巧者述之，守之世，謂之工。"鄭玄注："父子世以相教。"⑨《荀

---

① 彭浩：《楚人的紡織與服飾》，湖北教育出版社1996年版，第89頁。
② 彭浩：《楚人的紡織與服飾》，第89頁。
③ 湖北省荆州地區博物館：《江陵馬山一號楚墓》，第71頁。
④ 《史記》卷一二九《貨殖列傳》，第3255頁。
⑤ 《漢書》卷五《景帝紀》，第151頁。
⑥ 《後漢書》卷一〇上《皇后紀上·和熹鄧皇后》，第418頁。
⑦ 《後漢書》卷一三《公孫述傳》，第535頁。
⑧ 黃暉：《論衡校釋》卷一二《程材篇》，第543頁。
⑨ 《周禮注疏》卷三九《冬官考工記》，第905頁下欄—906頁上欄。

子·儒效》："工匠之子，莫不繼事。"①《國語·齊語》："工之子恒爲工。"② 刺繡業以女子爲主體，與以男子爲主體的其他手工業相比，其傳承方式或自有特點，只是相關資料缺乏，很難在這方面做細緻的探討。③ 對於古人來説，尤其是古代的勞動婦女，專業技藝的學習和積累基本要靠口傳手教、耳濡目染。刺繡業的女性多，且操作需眼明、手巧，故學藝和從業的起始年齡或應較早。《禮記·內則》："女子十年不出，姆教婉娩聽從。執麻枲，治絲繭，織紝組紃，學女事，以共衣服。"④《樂府詩集·焦仲卿妻》："十三能織素，十四學裁衣。""阿母大拊掌：'……十三教汝織，十四能裁衣。'"⑤ 可知一般女子自十歲起便在家中學習"女事"，有人到十三四歲時已能紡織和裁製衣服。而屬於高技巧行業的刺繡女工，其技藝的訓練當不遲於上述年齡。按此推測，無論是民間還是官府的手工業作坊，刺繡女工的技藝傳承都很可能是在親屬間進行的，至少在其從業之初當如是。有一點特別值得注意：秦律裏有禁止從事文繡女紅和製作衣服的女子贖身的規定（詳後）。這表明，官府對此類有技藝的女工的控制相當嚴格。這同時也表明，此類女工（她們應是在官府的刺繡、製衣作坊中勞作）可能是世代相襲爲業。這種頗爲封閉的傳承方式，對於保有從業者的數量，維護刺繡工藝的水準和穩定，乃至長時期地延續傳統，都會有一定的影響。⑥

　　古代手工業中，稍具規模的行業（即所謂"百工"）在早期大體是以官府手工業爲主。⑦《論語·子張》："百工居肆，以成其事。"邢昺疏引《正義》："肆，謂官府造作之處也。"⑧《國語·齊語》："處工，就官府。"⑨《國語·晉語四》："士食田，庶人食力，工商食官。"⑩ 與"女功"相關的行業，可能也是如此。《管子·問》："問男女有巧伎能利備用者幾何人？處女操工事者幾何人？"尹知章注："能操女工之事，謂綺繡之屬也。"⑪

---

① ［清］王先謙：《荀子集解》卷四《儒效篇》，《諸子集成》二，中華書局1986年版，第92頁。
② 徐元誥撰，王樹民、沈長雲點校：《國語集解》，《齊語第六》，中華書局2002年版，第220頁。
③ 《新唐書》卷八四《百官志》中有關於唐代少府管理和培訓"百工"的記載，或可參看："少府……掌百工技巧之政……細鏤之工，教以四年；車路樂器之工，三年；平漫刀矟之工，二年，矢鏃竹漆屈柳之工半焉；冠冕弁幘之工，九月。教作者傳家技，四季以令丞試之，歲終以監試之，皆物勒工名。"
④ 《禮記正義》卷二八《內則》，《十三經注疏》，第1471頁中欄。
⑤ ［宋］郭茂倩編：《樂府詩集》卷七三《雜曲歌辭·焦仲卿妻》，中華書局1979年版，第1034、1036頁。
⑥ 筆者認爲，"儘管社會經濟、生產工具和紡織業自春秋戰國以來有了很大的進步，但刺繡工藝却長期延續傳統，只在'鎖繡'的基礎上進行拓展。參見馬怡：《説粉米》。
⑦ 童書業指出："所謂'百工'主要是指有官長率領的官府手工業者。"童書業：《中國手工業商業發展史》，齊魯書社1981年版，第6頁。
⑧ 《論語注疏》卷一九《子張》，《十三經注疏》，第2532頁上欄。
⑨ 徐元誥撰，王樹民、沈長雲點校：《國語集解》，《齊語第六》，第219頁。
⑩ 徐元誥注："工，百工。商，官賈也……食官，官廩之。"徐元誥撰，王樹民、沈長雲點校：《國語集解》，《晉語四》，第350頁。
⑪ ［清］戴望：《管子校正》卷九《問》，《諸子集成》五，中華書局1986年版，第147頁。

可知統治者頗注意掌握有技能的女子的情況，以供使用。刺繡業的產生，大概是始於官府的刺繡作坊。《管子·輕重篇》："昔者桀之時，女樂三萬人……是無不服文繡衣裳者。伊尹以薄之游女工文繡纂組，一純得粟百鍾於桀之國。"①《周禮·天官冢宰》："縫人：奄二人，女御八人，女工八十人，奚三十人。"鄭玄注："女工，女奴曉裁縫者。"②《周禮·冬官考工記》："設色之工五……設色之工：畫、繢、鍾、筐、慌。"賈公彥疏："畫、繢二者別官同職，共其事者，畫、繢相須故也。"③刺繡製品多是奢侈之物，一般供應社會上層使用，故由官府統轄生產。與此相關聯，刺繡女工（或女工奴）有時會被當做國家進行外交活動的禮物。《左傳》成公二年："楚侵及陽橋，孟孫請往賂之。以執斲、執鍼、織紝，皆百人。"杜預注："執斲，匠人；執鍼，女工；織紝，織繒布者。"④此是用於賄賂。《國語·晉語七》："公伐鄭，鄭伯嘉來，納女工妾三十人。"⑤此是用於求和。

在秦律中，有關於計量從事刺繡的隸妾與女工的勞動量的規定，見《秦律十八種·工人程》：

> 冗隸妾二人當工一人，更隸妾四人當工【一】人，小隸臣妾可使者五人當工一人。隸妾及女子用箴（針）爲繢繡它物，女子一人當男子一人。⑥

"冗隸妾"，疑指做零散雜活的隸妾；"更隸妾"，當指以部份時間爲官府服役的隸妾；"小隸臣妾可使者"，當指可役使的未成年的隸臣妾。⑦"繢"，讀爲"文"，"繢繡"即文繡。⑧按此可知，從事刺繡的隸妾與女工的勞動量的計量同男子一樣，是做零散雜活的隸妾的2倍，是以部份時間爲官府服役的隸妾的4倍，是可役使的未成年的隸臣妾的5倍。⑨這表明，從事刺繡的隸妾和女工所需要的技藝、所付出的辛苦和所創造的價值都是比較高的。在秦律中，還有禁止從事刺繡的女子用他人來贖身的規定，見《秦律

---

① ［清］戴望：《管子校正》卷二三《輕重甲》，第389頁。
② 《周禮注疏》卷一《天官冢宰》，第643頁中欄。
③ 《周禮注疏》卷三九《冬官考工記》，第906頁中欄至下欄。
④ 《春秋左傳正義》卷二五，《十三經注疏》，第1897頁中欄。
⑤ 徐元誥撰，王樹民、沈長雲點校：《國語集解》，《晉語七》，第413頁。
⑥ 睡虎地秦墓竹簡整理小組編：《睡虎地秦墓竹簡》，文物出版社1978年版，第74—75頁。
⑦ 參睡虎地秦墓竹簡整理小組編：《睡虎地秦墓竹簡》，第74頁《工人程》注文，第50頁《倉律》注文。
⑧ 參睡虎地秦墓竹簡整理小組編：《睡虎地秦墓竹簡》，第75頁注文。
⑨ 此條《工人程》或與廩給相關。男女、大小勞作者的廩給不同，可參看《秦律十八種·倉律》："隸臣妾其從事公，隸臣月禾二石，隸妾一石半；其不從事，勿禀。小城旦、隸臣作者，月禾一石半石；未能作者，月禾一石。小妾、舂作者，月禾一石二斗半斗。"睡虎地秦墓竹簡整理小組編：《睡虎地秦墓竹簡》，第49頁。

十八種·倉律》：

> 隸臣欲以人丁粼者二人贖，許之。其老當免老、小高五尺以下及隸妾欲以丁粼者一人贖，許之。贖者皆以男子，以其贖爲隸臣。女子操敃紅及服者，不得贖。①

"丁粼者"，壯年人。"敃"疑同"緡"，亦讀爲"文"。"女子操敃紅及服者"，即從事文繡女紅和製作衣服的女子。②按此，隸臣妾中的普通男子、已當免老的"老"、身高五尺以下的"小"和普通女子，皆允許用壯年男子來贖身，而從事文繡女紅和製作衣服的女子則不准。這表明，有刺繡技藝的女子屬於重要的人力資源和財富，受到官府的特別重視與控制。

漢代官府的織、繡和服飾製作，由"織室"、"服官"等機構管理。"織室"屬少府。《漢書·百官公卿表》："（少府）屬官有……東織、西織……河平元年省東織，更名西織爲織室。"③應劭曰："舊時有東、西織室，織作文繡郊廟之服。"④又《漢書·貢禹傳》："方今齊三服官作工各數千人，一歲費數鉅萬。蜀廣漢主金銀器，歲各用五百萬。三工官官費五千萬，東西織室亦然。"⑤據《漢書·地理志》，陳留郡的襄邑、齊郡的臨淄有服官。⑥臨淄的"服官"，即"齊三服官"。李斐曰："齊國舊有三服之官。春獻冠幘緌爲首服，紈素爲冬服，輕綃爲夏服，凡三。"如淳曰："《地理志》曰齊冠帶天下。胡公曰：'服官主作文繡，以給袞龍之服。'"⑦又《三國志·魏書·司馬芝傳》："（司馬芝）遷大理正。有盜官練置都廁上者，吏疑女工，收以付獄。"⑧練，經過煮漂的熟繒。⑨此處提到的被懷疑偷盜"官練"的"女工"，應是在"都"內的此類官府作坊勞作的人。而此類作坊中的勞作者應以"女工"爲多。

明人謝肇淛《五雜組》記載："漢時宮中女工，每冬至後一日，多一綫，計至夏至，當多一百八十綫……不知每綫尺寸若何？又不知繡工繁簡若何？律之於今，恐無復此針絕也。"⑩但謝氏未說明此段文字的出處。梁人宗懍《荊楚歲時記》記載："晉魏

---

① 睡虎地秦墓竹簡整理小組編：《睡虎地秦墓竹簡》，第53—54頁。
② 參見睡虎地秦墓竹簡整理小組編：《睡虎地秦墓竹簡》，第54頁注文。
③ 《漢書》卷一九《百官公卿表》，第731頁。
④ 《漢書》卷八《宣帝紀》地節四年條注引，第252頁。
⑤ 《漢書》卷七二《貢禹傳》，第3070頁。
⑥ 《漢書》卷二八《地理志》，第1558、1583頁。
⑦ 《漢書》卷九《元帝紀》初元五年條注引，第286頁。
⑧ 《三國志》卷一二《魏書·司馬芝傳》，第387頁。本文所引《三國志》，皆中華書局標點本，下同。
⑨ 《說文解字·糸部》釋"練"："湅繒也。"
⑩ [明] 謝肇淛：《五雜組》卷二《天部》二，上海書店出版社2001年版，第29頁。

間，宮中以紅綫量日影，冬至後日影添長一綫。"①"紅綫"，當指女紅之綫，同《五雜組》之"綫"。《五雜組》亦曰："晉、魏宮中女工，至後日長一綫，故婦於舅姑以是日獻履、襪，表女工之始也。"②此外，《明皇雜錄》記載："唐宮中以女功揆日之長短，冬至後比常日增一綫之功。"③可知"女工"勞作大抵要依賴日光。刺繡是精細的活計，在夜晚是很難進行的，尤其是在照明條件不良的古代的夜晚。按此，從漢到唐，宮中的女工每天都有勞作定額，夏季日長時當最爲忙碌。

　　自春秋戰國以來，生產工具有了很大的進步。《管子·海王篇》："一女必有一鍼一刀，若其事立；耕者必有一耒一耜一銚，若其事立。"④此處女子所"必有"的"一鍼"，指縫、繡之鍼；"一刀"，指剪刀；皆金屬工具。經濟的發展，財富的積累，助長了社會對奢侈品的需求，民間的刺繡生產遂興盛起來。《荀子·榮辱篇》："人之情，食欲有芻豢，衣欲有文繡，行欲有輿馬，又欲夫餘財蓄積之富也。"⑤《韓詩外傳》："人有六情：目欲視好色，耳欲聽宮商，鼻欲嗅芬香，口欲嗜甘旨，其身體四肢欲安而不作，衣欲被文繡而輕暖。此六者，民之六情也。"⑥《鹽鐵論·散不足》："今民間雕琢不中之物，刻畫玩好無用之器，玄黃雜青，五色繡衣。"⑦民間的富人逐漸成了刺繡製品的重要消費者。《漢書·賈誼傳》："今民賣僮者，爲之繡衣絲履偏諸緣……富民牆屋被文繡。"⑧《東觀漢記·桓譚傳》："賈人多通侈靡之物，羅紈綺繡，雜采玩好，以淫人耳目。"⑨這種俗尚並染及普通民衆，延續到漢末。《三國志·吳書·華覈傳》："今事多而役繁，民貧而俗奢，百工作無用之器，婦人爲綺靡之飾，不勤麻枲，並繡文黼黻，轉相倣效，恥獨無有。兵民之家，猶復逐俗，内無儋石之儲，而出有綾綺之服，至於富賈商販之家，重以金銀，奢恣尤甚。"⑩曹操《内式令》："吏民多製文繡之服。"⑪世風之追求靡麗，使民間的刺繡業成了一項頗具代表性的手工業。《史記·貨殖列傳》："夫用貧求富，農不如工，工不如商，刺繡文不如倚市門，此言末業，貧者之資也。"⑫由此

---

① 王毓榮：《荆楚歲時記校注》，臺北文津出版社1992年版，第226頁。
② ［明］謝肇淛：《五雜組》卷二《天部》二，第29頁。
③ ［宋］祝穆：《古今事文類聚前集》卷一二《天時》"添宮綫"條引《雜錄》，《四庫全書》子部，類書類，上海古籍出版社影印文淵閣本，1989年，第925册，第190頁上欄。
④ ［清］戴望：《管子校正》卷二二《海王》，第358—359頁。
⑤ ［清］王先謙：《荀子集解》卷二《榮辱篇》，第42頁。
⑥ ［漢］韓嬰撰，許維遹校釋：《韓詩外傳》卷五，中華書局1980年版，第184頁。
⑦ ［漢］桓寬撰，王利器校注：《鹽鐵論校注》（增訂本）卷六《散不足》，第351頁。
⑧ 《漢書》卷四八《賈誼傳》，第2242頁。
⑨ ［漢］劉珍等撰，吴樹平校注：《東觀漢記校注》卷一四《桓譚傳》，中州古籍出版社1987年版，第534頁。
⑩ 《三國志》卷六五《吴書·華覈傳》，第1468頁。
⑪ 《太平御覽》卷六九七《服章部》一四，中華書局1960年版，第3110頁。
⑫ 《史記》卷一二九《貨殖列傳》，第3274頁。

語可知，"刺繡文"的收益雖不如經商，但超過了務農。

不過，對於先秦兩漢時期是否存在私營的民間刺繡作坊，目前尚無直接的證據。《漢書·張湯傳附張安世傳》記載："安世尊爲公侯……夫人自紡績，家童七百人，皆有手技作事，内治産業，累積纖微，是以能殖其貨。"① 知張安世家當有由其妻子管理的"紡績"作坊，故"能殖其貨"。"家童七百人，皆有手技作事"，這其中或許包括了從事刺繡的女工。又《西京雜記》記載："霍光妻遺淳于衍蒲桃錦二十四匹，散花綾二十五匹。綾出鉅鹿陳寶光家。寶光妻傳其法，霍顯召入其第，使作之。機用一百二十躡，六十日成一匹，匹值萬錢。"② 綾是在斜紋或變形斜紋地上起提花的絲質織物。《釋名·釋采帛》："綾，凌也，其文望之如冰凌之理也。"③ 配備了複雜的織機、能夠成批量地生産高價的提花織物"散花綾"的陳寶光家，自當擁有從事織造的作坊。按此，漢代的確可能存在私營的民間紡織業作坊，但未確知此類作坊中是否包括了刺繡作坊。

今所見先秦兩漢的刺繡實物皆來自墓葬。或許可作這樣的猜測：那些出於高等級墓葬的刺繡實物，尤其是成段成匹的繡料，或以此類繡料剪裁縫製的衣物，爲官府刺繡作坊製品的可能性較大，如上述廣州南越王墓、長沙馬王堆一號漢墓和三號漢墓、河北滿城一號漢墓、北京大葆臺漢墓、江蘇高郵神居山二號漢墓的繡品等。而那些出於非高等級墓葬的刺繡實物，其零散繡品恐多爲民間家庭女紅；其大件的或以整幅繡料剪裁縫製的衣物，則可能爲民間刺繡作坊的産品。例如，本文多次提到的江陵馬山一號楚墓，其墓坑設有墓道，葬具爲一棺一槨，墓葬形制表明墓主的身份是"士階層中地位較高者"④，而該墓隨葬的大量用繡料剪裁縫製的衣衾等就有可能是來自民間刺繡作坊，或者部份是來自民間刺繡作坊。其中，那件印有疑似作坊負責人或工師之名的朱印文的刺繡錦袍，則很可能是此種産品。

查看那些非高等級墓葬所出的隨葬物清單，亦可略知繡品的一般使用情況。例如，湖北江陵鳳凰山八號漢墓竹簡載有"繡小複裙一"，"新□繡衾一"，"繡坐巾一"，"黃卷橐一，白繡"，"黃卷橐一，赤繡"；⑤ 湖北江陵鳳凰山一六七號漢墓竹簡載有"赤繡橐一"，"繡橐一"，"五穀橐一，繡"，"素繡橐七"；⑥ 湖北江陵鳳凰山一六八號漢墓竹

---

① 《漢書》卷五九《張湯傳附子安世》，第2652頁。
② ［晉］葛洪：《西京雜記》卷一，吉林大學出版社1992年影印本，第303頁中欄。
③ ［清］王先謙撰集：《釋名疏證補》卷四《釋采帛》，第226頁；並參陳維稷主編：《中國紡織科學技術史（古代部分）》，第317—318頁。
④ 湖北省荆州地區博物館：《江陵馬山一號楚墓》，第95頁。
⑤ 湖北省文物考古研究所編：《江陵鳳凰山西漢簡牘》，中華書局2012年版，第20頁，簡27、簡28；第22頁，簡36；第49—50頁，簡140、簡141。
⑥ 湖北省文物考古研究所編：《江陵鳳凰山西漢簡牘》，第170頁，簡51；第171頁，簡54；第172頁，簡55、簡56。

簡載有"小繡橐八","□繡巾";①江蘇連雲港市海州西漢侍其繇墓木牘載有"繡復被一"②;江蘇連雲港市尹灣六號漢墓木牘載有"繡被二領",二號漢墓木牘載有"繡被一","繡手衣二□";③江蘇連雲港市陶灣黃石崖西郭寶墓木牘載有"紅繻(繡)複被一領"④;江蘇連雲港市海州雙龍村漢墓(M1)三號棺木牘載有"繡被一"⑤,等等。上述墓葬的墓主大致是處在社會中層或中層以上地位的人物。⑥儘管其隨葬品清單可能含有虛誇的成分,但它們不會全無所本,故仍具參考價值。在這些繡品中,衣服之類不多,⑦而繡橐和繡被、繡衾較爲常見。隨葬之橐的大小、規制等情況不詳。而被、衾一般是棺內最大、最表層的衣物,故多用華美貴重的繡品。被、衾的幅面寬博、規整,適合以手工刺繡複雜的大花紋的圖案,這大概也是一個原因。而它們皆當以整幅的繡料縫製爲善。

---

① 湖北省文物考古研究所編:《江陵鳳凰山西漢簡牘》,第194頁,簡46、簡48。
② 李均明、何雙全:《散見簡牘合輯》,文物出版社1990年版,第95頁,簡1044。
③ 連雲港市博物館等編:《尹灣漢墓簡牘》,第129頁,簡12正;第151頁,簡1正;第152頁,簡1反。
④ 連雲港市博物館:《連雲港市陶灣黃石崖西漢西郭寶墓》,《東南文化》1986年第2期。
⑤ 連雲港市博物館:《江蘇連雲港市海州西漢墓發掘簡報》,《文物》2012年第3期,第15頁,圖31。
⑥ 例如,江陵鳳凰山一六八號漢墓的墓主可能是一位五大夫(參見該墓所出告地書。五大夫是二十等爵的第九級),見湖北省文物考古研究所《江陵鳳凰山西漢簡牘》,第181頁;尹灣六號漢墓的墓主是東海郡功曹史,見連雲港市博物館等編:《尹灣漢墓簡牘》,第165頁;西郭寶墓的墓主是東海郡太守,見連雲港市博物館:《連雲港市陶灣黃石崖西漢西郭寶墓》,第21頁;海州雙龍村漢墓的墓主是三百石以上的地方官員,見連雲港市博物館:《江蘇連雲港市海州西漢墓發掘簡報》,《文物》2012年第3期。
⑦ 此外,江陵鳳凰山167號西漢墓出土遣冊載有"責侍女子二人,繡衣大婢"、"養女子二人,繡衣大婢"、"女子二人侍瓞枕,繡大婢"(湖北省文物考古研究所:《江陵鳳凰山西漢簡牘》,第154、155頁),此類"大婢"皆隨葬之俑,故不論。

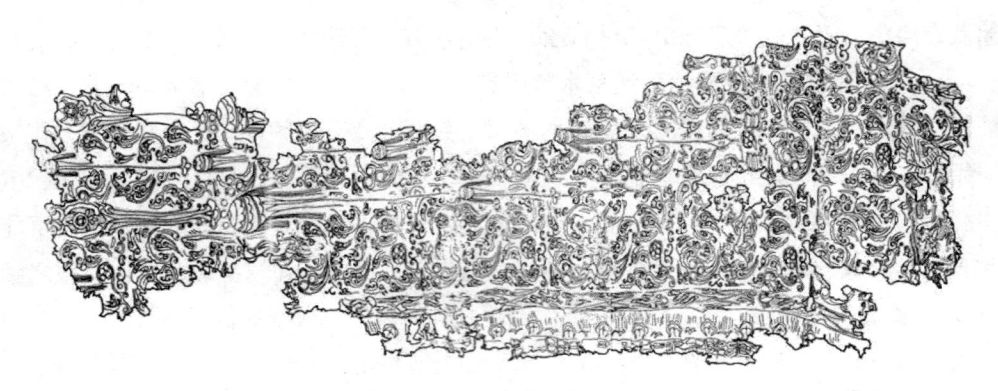

图 7　江蘇省連雲港市尹灣二號漢墓繡被（局部）、圖案摹本①

　　從文獻記載看，大約山東、四川、河南及河北地區的織、繡業最爲發達。《漢書·地理志》："太公以齊地負海爲鹵，少五穀而人民寡，乃勸以女工之業，通魚鹽之利，而人物輻湊。後十四世，桓公用管仲，設輕重以富國……故其俗彌侈，織作冰紈綺繡純麗之物，號爲冠帶衣履天下。"②《史記·貨殖列傳》："齊帶山海，膏壤千里，宜桑麻，人民多文綵布帛魚鹽。"③《論衡·程材篇》："齊部（郡）世刺繡，恒女無不能；襄邑俗織錦，鈍婦無不巧。日（目）見之，日爲之，手狎也。"④齊地在今山東省。《後漢書·公孫述傳》："蜀地沃野千里，土壤膏腴……女工之業，覆衣天下。"⑤蜀地在今四川省。左思《魏都賦》："錦繡襄邑，羅綺朝歌，綿纊房子，縑緫清河。"⑥襄邑、朝歌、房子、清河，分別爲今河南省睢縣、淇縣，河北省高邑縣，山東省臨清縣。然而考古資料顯示，楚地的織、繡製品也並不遜色。例如，湖北地區的戰國中期至晚期的江陵馬山一號楚墓所出的大量織、繡實物，其華美精緻程度甚至超過了中原地區一些漢代王侯墓葬的同類隨葬物。這一文字資料同考古資料不相符的情況，恐與傳世文獻的失載和該地區的時代變遷有關。

2010 年 8 月初稿，2012 年 8 月修訂，2015 年 8 月再次修訂

收稿日期：2014 年 6 月

---

① 連雲港市博物館等編：《尹灣漢墓簡牘》，第 41 頁，圖 7（4）；書末附圖《尹灣漢墓二號墓繡繒 B 圖案摹本》。
② 《漢書》卷二八《地理志》，第 1660 頁。
③ 《史記》卷一二九《貨殖列傳》，第 3265 頁。
④ 黃暉：《論衡校釋》卷一二《程材篇》，第 539 頁。
⑤ 《後漢書》卷一三《公孫述列傳》，第 535 頁。
⑥ ［梁］蕭統編，［唐］李善注：《文選》卷六《賦丙·左太沖〈魏都賦〉》，上海古籍出版社 1986 年版，第 290 頁。

韓非"存韓"事蹟考

安子毓

内容提要：在韓國末代君主韓王安即位後，韓非受到重用，親自入秦離間秦、趙關係，導致了秦、趙交兵，之後聯趙抗秦，延緩了韓國的滅亡。這段史事當本載於《史記·秦始皇本紀》，後爲"尉繚評秦王"這段竄亂文字所掩蓋，遂曖昧至今。

關鍵詞：韓非 李斯 《韓非子》《史記》 尉繚子

韓非作爲集大成的法家人物，其學説倍受學界重視。相較而言，對其生平的研究却備受冷落。古今之研究者，多僅以《史記·老子韓非列傳》的簡短記載爲主，認爲韓非一生雖專精於政治學説，但因不受韓王重視，"不得進用"[①]。後秦始皇因喜愛韓非之著作，遂攻韓而得韓非。李斯、姚賈因嫉韓非之才，稱其"終爲韓不爲秦"，最終譖殺韓非。[②]

然《老子韓非列傳》所載，既過簡略，亦頗有不可靠之處。關於韓非生平的記載，除《史記·老子韓非列傳》外，還散見於《史記·秦始皇本紀》、《史記·韓世家》、《戰國策·秦策》等篇章中。此外，《韓非子》中的部分篇章亦透露了韓非生平的重要信息。以上文字雖隻鱗片爪，然其或補本傳之闕，或糾本傳之謬，絶難忽視。結合前人研究，綜合分析這些記載，重新勾勒韓非生平，可以發現，本傳所載並不盡合史實，韓非在戰國末期實曾縱橫捭闔，對當時政治格局產生了重大的影響。

[①] [清]王先慎撰，鍾哲點校：《韓非子集解》，中華書局1998年版，序第2頁。
[②] 梁啓超：《要籍解題及其讀法》，岳麓書社2010年版，第49頁。胡適：《中國哲學史大綱》，岳麓書社2010年版，第273頁。馮友蘭：《中國哲學史》，重慶出版社2009年版，第262頁。范文瀾：《中國通史》第一册，人民出版社1995年版，第250—258頁。白壽彝總主編：《中國通史》第三卷，上海人民出版社1995年版，第1372—1373頁。施覺懷：《韓非評傳》，南京大學出版社2002年版，第47—49頁。張分田：《秦始皇傳》，人民出版社2003年版，第114—116頁。謝無量：《韓非》，中華書局1916年版，第6—7頁。周勳初：《韓非》，南京大學出版社2008年版，第104—105頁。

一、"爲韓"與"爲秦"

首先需要明確的是，韓非到底是"爲韓"還是"爲秦"。《韓非子·初見秦》一文建議秦國攻韓，宋人司馬光據此認爲，韓非是"爲秦"的，責其"爲秦畫謀，而首欲覆其宗國，以售其言，罪固不容於死矣，烏足湣哉"[①]！然《初見秦》之内容，却又見於《戰國策》，而其作者則被署爲張儀。[②] 近人梁啓超、錢穆、容肇祖、劉汝霖、郭沫若等更進一步指出，《初見秦》一文中所反映的歷史背景與韓非生活的年代不符，絶非韓非所作。[③] 時至今日，關於《初見秦》的作者爲誰雖還有争議，但其非韓非所作却已成爲學界共識。除《初見秦》以外，剩餘史料中再無韓非"爲秦"的記載，而在《戰國策》以及《韓非子·存韓》中却不難看到其"爲韓"的謀劃。由此看來，韓非確實是"爲韓"的，這一點已基本成爲學界共識。

值得注意的是，相關研究中雖多已承認韓非爲韓國之忠臣，却又多受其本傳影響，仍稱李斯、姚賈妒殺韓非。這些研究者顯然没有注意到：韓非既然確是"爲韓"，則李、姚稱韓非"終爲韓不爲秦"[④]豈可謂誣？《老子韓非列傳》稱李斯、姚賈因嫉妒而陷害韓非的說法實不攻自破。近現代學者如錢穆、曹謙、馬非百、王舉忠等對此事多有考辨，皆指出韓非實死於各爲其主的政治鬥争，而非所謂妒殺。[⑤] 諸位先生所論甚是，"韓非忠於韓國"與"李、姚誣陷韓非"，此二命題在邏輯上勢難同時成立，其間道理亦甚淺顯。然而因爲《史記》影響深遠[⑥]，如開篇所言，衆多著作依然多仍本傳之舊説，甚至一面贊揚韓非忠於韓國，一面責難李斯"誣陷"韓非，完全陷入了混亂。鑒於此，錢穆等先生的論述仍有重申的必要。

---

① 《資治通鑑》，中華書局1956年版，第222頁。
② 何建章注釋：《戰國策注釋》卷三《秦策》一之《張儀說秦王章》，中華書局1990年版。
③ 梁啓超：《要籍解題及其讀法》，第50頁。錢穆：《先秦諸子繫年》卷四之《李斯韓非考》，商務印書館2002年版，第552—553頁。容肇祖：《韓非的著作考》，載《古史辨》第四册，上海古籍出版社1982年版。容肇祖：《〈韓非子·初見秦篇〉考》，載《古史辨》第四册。劉汝霖：《〈韓非子·初見秦篇〉作者考》，載《古史辨》第四册。郭沫若：《〈韓非子·初見秦篇〉發微》，《青銅時代》，中國人民大學出版社2005年版。
④ 《史記》卷六三《老子韓非列傳》，中華書局1959年版，第2155頁。
⑤ 錢穆：《先秦諸子繫年》卷四之《李斯韓非考》，第553頁。曹謙：《韓非法治論》，中華書局1948年版，第136頁。馬非百：《秦集史》人物傳二十一之二《姚賈》、人物傳二十五之六《韓非》，中華書局1982年版。王舉忠：《李斯殺韓非原因考辨》，《遼寧大學學報》（哲學社會科學版）1981年第1期。王舉忠：《李斯殺韓非原因再考辨》，《遼寧大學學報》（哲學社會科學版）1985年第4期。
⑥ 東漢王充已云"傳書□：'李斯妒同才，幽殺韓非於秦……'"，可見當時李斯妒殺韓非之說已極其流行。見黄暉：《論衡校釋》，中華書局1990年版，第279頁。參見白壽彝總主編：《中國通史》第三卷，第1372頁。

二、離間秦趙

　　史籍所見韓非"爲韓"的謀劃中，既有研究關注較多的是《戰國策·秦策》所載其譖姚賈一事，此事馬非百、王舉忠等先生論述甚詳①，本文不再贅述。事實上，除此事之外，韓非的另一起更爲重要的謀劃是離間秦、趙關係，令秦攻趙而存韓，此事見於《韓非子·存韓》。②《存韓》大致可分爲三個部分。第一部分是"韓非上秦王書"，内容爲韓非建議秦王放棄攻韓的計劃，轉而攻趙。第二部分爲"李斯上秦王書"，内容爲李斯對韓非建議的駁斥。第三部分爲"李斯上韓王書"，内容爲李斯建議韓王不要與趙國聯盟，安心事秦。

　　一些研究著作提到了這一記載，但對此事發生的時間卻存在分歧。由於《韓非子》並未記載此事發生的時間，因而大多數學者很自然的將此事與韓非使秦身死一事視爲一體，亦定在了秦始皇十四年。③然近人馬非百先生卻獨具慧眼，將此事與《史記·秦始皇本紀》的記載相聯繫：

　　　　（秦始皇）十年……大索，逐客，李斯上書說，乃止逐客令。李斯因說秦王，請先取韓以恐他國，於是使斯下韓。韓王患之，與韓非謀弱秦。④

　　按此記載，秦既用李斯"先取韓"之策，則當時韓國局勢自當極其危急，是有韓王與韓非"謀弱秦"之事，然對"弱秦"之謀的詳細内容，《史記》卻付諸闕如。更蹊蹺的是，秦攻韓之危機卻就此無端化解，此後數年之記載皆與此計劃無涉。

　　馬非百先生認爲，《史記》所載韓王與韓非"謀弱秦"一事的具體策劃與行動，即《韓非子·存韓》之內容，將此事整合，載入其名作《秦集史》中。⑤不過，馬先生對此並未進行詳細論證，遂令此論斷淹於書中，未受到重視。

---

① 馬非百：《秦集史》人物傳二十一之二《姚賈》、人物傳二十五之六《韓非》。王舉忠：《李斯殺韓非原因考辨》，《遼寧大學學報》（哲學社會科學版）1981年第1期。
② ［清］王先慎撰，鍾哲點校：《韓非子集解》卷一之《存韓》第二，第13—20頁。
③ 謝無量：《韓非》，第6—7頁。胡適：《中國哲學史大綱》，第273頁。錢穆：《先秦諸子繫年》，第553頁。曹謙：《韓非法治論》，第133—136頁。楊寬：《秦始皇》，上海人民出版社1956年版，第47頁。周勳初：《韓非》，第104—105頁。李斯：《韓人"間秦"——韓非之死的歷史真相》，《文史知識》2013年第3期。
④ 《史記》卷六《秦始皇本紀》，第227、230頁。
⑤ 參見馬非百：《秦集史》人物傳三之十《李斯》，第218—221頁；人物傳二十一之二《姚賈》，第379—381頁；人物傳二十五之六《韓非》，第454—456頁。

今人李福泉先生作《韓非入秦辨》再申此説。[1] 是後，馬世年先生作《韓非二次使秦考》，對此事重加論證。[2] 馬先生定《存韓》之事於秦始皇十年，主要有兩個有力論據：其一，始皇十一年秦、趙之戰事[3]與"李斯上韓王書"所言秦、趙爲敵之背景吻合；其二，"韓非上秦王書"中"韓事秦三十餘年"[4]一句與始皇十四年時間不符，故當爲韓非在始皇十年所上。[5]

事實上，除這兩條論據外，《存韓》篇中還有一句鐵證。篇中韓非云"今臣竊聞貴臣之計，舉兵將伐韓"[6]，這與《史記·秦始皇本紀》中"李斯因説秦王，請先取韓以恐他國，於是使斯下韓"一句幾爲同義轉述。這一點李福泉、馬世年先生本已提及，惜未加深論。事實上，《史記·韓世家》已云：

王安五年，秦攻韓，韓急，使韓非使秦，秦留非，因殺之。[7]

是知韓非使秦身死之時秦已大舉伐韓，由此方有其使秦一事。若《存韓》篇作於此時，又何來"將"伐韓一説？則此篇文字非作於秦始皇十四年甚明。

這樣看來，《存韓》實是秦始皇十年韓國"弱秦"之行動，當無疑義。不過這就引出一個疑問，本傳稱韓非不受重用，而在《秦始皇本紀》中他却是被韓王親自問策的重要謀臣，這其中原委又當如何解釋？事實上，這是一個"因名亂實"的誤會，雖然同稱"韓王"，却並非一人。查《史記·六國年表》，秦始皇十年正當韓國末代君主韓王安登基的第二年，則起用韓非當是新王登基除舊佈新的重要舉措。"不能用"韓非，令韓非"悲廉直不容於邪枉之臣"[8]，寫出《孤憤》、《説難》的當是苟且事秦三十餘年的上一任韓王——韓桓惠王，與韓王安無涉。

不過，韓非此書到底是以何種方式上達的，尚有不同的觀點。馬非百先生認爲，"韓非上秦王書"係韓非"從韓上書秦王"[9]，並未親至秦國；馬世年先生則認爲，韓非

---

[1] 李福泉：《韓非入秦辨》，《求索》1981 年第 4 期。
[2] 馬世年：《韓非二次使秦考》，《中國文化研究》2008 年第 4 期。
[3] 參見《史記》卷六《秦始皇本紀》，第 231 頁；卷一五《六國年表》，第 753 頁。
[4] [清] 王先慎撰，鍾哲點校：《韓非子集解》卷一之《存韓》第二，第 13 頁。
[5] 除馬非百、李福泉、馬世年外，李斯：《韓人"間秦"——韓非之死的歷史真相》亦注意到了秦始皇十年韓國"謀弱秦"的記載，然似未注意到韓非使秦身死一事發生在秦始皇十四年，相差四年之久，仍將二事混爲一談。另，錢穆先生也已注意到此記載，並意識到此記載與秦始皇十四年使秦事不合，然其據此輕斷始皇十年之記載有誤，亦未能得史事之真。參見錢穆：《先秦諸子繫年》，第 553 頁。
[6] [清] 王先慎撰，鍾哲點校：《韓非子集解》卷一之《存韓》第二，第 13 頁。
[7] 《史記》卷四五《韓世家》，第 1878 頁。
[8] 《史記》卷六三《老子韓非列傳》，2147 頁。
[9] 馬非百：《秦集史》人物傳二十五之六《韓非》，第 454 頁。

是親自赴秦的,但兩人對此皆未説明理由。事實上,正如李福泉先生所論,從"李斯上秦王書"中"非之來也"①、"韓客"②等語來看,韓非是親赴秦國上書的。

但李福泉、馬世年二位先生對此事理解亦有一誤,韓非雖於始皇十年赴秦,但此行並非是"使秦"。"韓非上秦王書"中,韓非聲言"二國事畢,則韓可以移書定也"③,絶非使者所當言,而"李斯上秦王書"中更稱韓非爲"韓客"而非"韓使",可知韓非此行隱去了其官方身份,而以爲秦效忠的面目出現,是以游士而非使者身份赴秦的。則韓非此行,並非"使秦"當説客,而是冒著生命危險赴秦爲間諜,其膽略實令人感佩。馬非百先生稱此事爲"古代國際間諜戰之一幕"④,稱韓非爲"韓之第五縱隊"⑤,甚得其實。

韓非能順利入秦爲間,與當時秦國"止逐客令"亦有關聯。按《李斯列傳》所載,秦行逐客令的理由是:

> 諸侯人來事秦者,大抵爲其主游間於秦耳……⑥

秦既用李斯説,止逐客令,則對諸侯游士之甄別自不得不放鬆些許。在此大背景下,韓非游秦爲間之策方得以順利進行。

三、聯趙擊秦

韓非此次赴秦的目的是禍水北引,離間秦、趙之間的關係,建議秦放棄伐韓,轉而"從韓而伐趙"⑦。這一點在韓非的上書中叙述甚明。此計被李斯識破並上書反對,其最終結果如何,馬非百、李福泉、馬世年等先生皆言之不詳,似以爲無果而終。研究者之所以持此觀點,很大程度上當是受到了《韓非子》編纂者意見的嚴重誤導。

---

① [清]王先慎撰,鍾哲點校:《韓非子集解》卷一之《存韓》第二,第17頁。
② [清]王先慎撰,鍾哲點校:《韓非子集解》卷一之《存韓》第二,第16頁。
③ [清]王先慎撰,鍾哲點校:《韓非子集解》卷一之《存韓》第二,第14頁。
④ 馬非百:《秦集史》人物傳二十一之二《姚賈》,第380頁。
⑤ 馬非百:《秦集史》人物傳二十一之二《姚賈》,第381頁。
⑥ 《史記》卷八七《李斯列傳》,第2541頁。
⑦ [清]王先慎撰,鍾哲點校:《韓非子集解》卷一之《存韓》第二,第14頁。

"李斯上秦王書"中，李斯請繆使韓，編纂者受此影響，遂想當然的認爲"李斯上韓王書"爲李斯踐行此議的上疏。於是在"李斯上秦王書"與"李斯上韓王書"之間，加説明語云：

> 秦遂遣斯使韓也。李斯往詔韓王，未得見，因上書曰……①

依編纂者的意見，李斯使韓一事係踐行"上秦王書"中的提議，歷來《韓非子》之研究者多同此説，馬非百《秦集史》、李福泉《韓非入秦辨》亦依此議。若依此説，秦王自當採納了李斯的意見，則韓非之謀自然也就沒有成功了。

但事實上，結合《史記》的記載，可知此判斷並不正確。根據相關記載，始皇十年，趙、齊遣使至秦，秦國置酒招待②，可知秦、趙在始皇十年時關係尚好。但從始皇十一年至始皇十三年，秦、趙却連年交兵。③可見秦始皇並未採納李斯的意見而聽信了韓非的話，韓非"禍水北引"之策完全成功。

如果我們進一步細品"李斯上秦王書"與"李斯上韓王書"，即可發現編纂者所言實爲誤解，這兩篇文章並無直接關聯。編纂者此誤不但遮蔽了韓非之謀導致秦趙交兵的效果，更使韓非之謀的第二步——"聯趙擊秦"的計劃亦曖昧難明。

"上秦王書"中李斯的提議是：

> 臣斯請往見韓王，使來入見；大王見，因内其身而勿遣，稍召其社稷之臣。以與韓人爲市，則韓可深割也。④

一介使臣便可"使"韓王"入見"，可見此時的韓儼然是秦之附庸，秦可以予取予求。⑤而到了"上韓王書"裏面，李斯根本没敢提出這一要求，反而極盡卑微之態：

> 臣斯願得一見，前進道愚計，退就菹戮，願陛下有意焉！今殺臣於韓，則大

---

① 〔清〕王先慎撰，鍾哲點校：《韓非子集解》卷一之《存韓》第二，第18頁。
② 參見《史記》卷六《秦始皇本紀》，第227頁；卷一五《六國年表》，第753頁。值得注意的是，齊國在"韓非上秦王書"中被稱作趙國的後援，秦、齊關係亦是被離間的對象。
③ 參見《史記》卷六《秦始皇本紀》，第231—232頁；卷一五《六國年表》，第753頁。
④ 〔清〕王先慎撰，鍾哲點校：《韓非子集解》卷一之《存韓》第二，第17頁。
⑤ 韓桓惠王以來，韓國確已淪爲秦國之附庸。秦昭襄王卒，諸侯皆使將相來吊唁，獨韓王親自赴秦，"衰絰入吊祠"。見《史記》卷五《秦本紀》，第219頁。"韓非上秦王書"云："韓事秦三十餘年，出則爲扞蔽，入則爲席薦……韓人貢職，與郡縣無異也。"這是韓桓惠王以來秦、韓關係的真實寫照。參見〔清〕王先慎撰，鍾哲點校：《韓非子集解》卷一之《存韓》第二，第13頁。

王不足以強……臣斯暴身於韓之市，則雖欲察賤臣愚患之計，不可得已。①

此上書中李斯貶稱自己爲"賤臣"，絶無一毫"使來入見"的霸氣，足見此時韓國已無附庸之態。文中又以"退就葅戮"，"殺臣於韓"爲言，更可見此時韓對秦頗有敵意，李斯此行冒著極大的生命危險。上述背景與"李斯上秦王書"大相徑庭，可見兩書所言斷非一事，編撰者稱李斯"詔"韓王並不合實際。

細讀"李斯上韓王書"，可知韓王此時已在謀劃聯趙抗秦，甚至冒著被假途滅虢的風險，打算允許趙國借道擊秦，對秦使李斯則極不尊重。而李斯此行的目的也只是在離間韓、趙聯盟而已，與所謂"往見韓王，使來入見"無半分干係：

今趙欲聚兵士卒，以秦爲事，使人來借道，言欲伐秦……秦王使臣斯來而不得見，恐左右襲囊奸臣之計……臣斯不得見，請歸報，秦、韓之交必絶矣……今使臣不通，則韓之信未可知也。夫秦必釋趙之患而移兵於韓……②

由此更可見"韓非上秦王書"中所謂"從韓"等語全繫詐語，其目的就是令秦、趙交戰，然後聯趙擊秦，使韓國免除滅國之禍。

韓非的計策取得了相當的效果，給秦國造成了很大麻煩。自始皇十一年秦、趙交兵後，李斯"先取韓"的計劃完全被擱置，直到始皇十四年才再次實施，延緩了三年以上。雖然最終韓、趙聯盟失敗了，但主要還是國力懸殊的原因，而不是韓非計謀本身的問題。從李斯上韓王書離間韓、趙關係一事來看，秦對韓、趙聯盟顯然是有所顧忌的。可以想見，正因爲韓非這一計策的成功，造成了秦廷君臣對韓非的忌憚，遂有始皇十四年"韓非使秦，秦用李斯謀，留非，非死雲陽"③一事。

按，《老子韓非列傳》稱秦始皇因愛韓非之書而攻韓國，荒唐近於兒戲，錢穆先生即云：

天下寧有愛好其國一公子之書，因遂急攻其國者？④

可謂一語中的。由上面的梳理可知，秦之伐韓，既是對李斯"先取韓"計劃的繼續，

---

① ［清］王先慎撰，鍾哲點校：《韓非子集解》卷一之《存韓》第二，第19頁。
② ［清］王先慎撰，鍾哲點校：《韓非子集解》卷一之《存韓》第二，第18—20頁。
③ 《史記》卷六《秦始皇本紀》，第232頁。
④ 錢穆：《先秦諸子繫年》卷四之《李斯韓非考》，第553頁。

亦是對韓國欺詐秦國的報復。然本傳此説之起亦非無因，秦攻韓得韓非，既得"元兇"，却未直接殺之以消仇恨，却仍用爲謀士，可見秦始皇對韓非確實是十分欣賞的。只是這種欣賞應當不僅是因爲韓非之文，更是因爲韓非之謀、韓非之膽。然秦王雖欲釋射鉤之仇，韓非却不改忠韓之心，悲劇自終不能免。

韓非雖身死，"聯趙擊秦"之策却被韓王安繼承下來。《秦始皇本紀》載秦始皇平六國後之詔令云：

> 異日韓王納地效璽，請爲藩臣，已而倍約，與趙、魏合從畔秦，故興兵誅之，虜其王。

又云：

> 魏王始約服入秦，已而與韓、趙謀襲秦……①

可見韓王安雖於始皇十四年被迫稱臣，但仍在謀劃合縱抗秦，然大勢已去，終不免國滅身擒。從史籍所載其不多的事蹟可以看出，這位末代君主志向遠大，頗有反抗精神，其與韓非風雲際會，爲"存韓"殫精竭慮，奈何大廈將傾，終難挽危局，其志其情，亦頗令人感佩。

四、結語

綜上所述，當可勾勒韓非生平之大略。在韓桓惠王在位的三十餘年中，韓非不受重用，只好退而著書，遂有《説難》、《孤憤》等篇之作。韓王安即位後，即重用韓非，與之"謀弱秦"。秦始皇十年，韓非以游士身份入秦，離間秦、趙關係，導致秦、趙交兵，之後又令韓國聯趙擊秦，欲以此存韓。始皇十四年，秦國在擊敗趙國後再次攻韓，韓王稱臣，韓非使秦。秦王不計前嫌，仍欲用非，然韓非"終爲韓不爲秦"，毀姚賈之謀，欲沮秦統一之策。最終秦王乃用李斯、姚賈之議，將韓非下獄，非死於獄中。按，韓非實際參與政事時間甚短，不過韓王安即位後的三五年而已，然觀其謀略、膽識，

---

① 以上兩條見《史記》卷六《秦始皇本紀》，第235頁。

不在蘇、張、犀首之下，法家人物絕少紙上談兵之徒，信矣。

蹊蹺的是，韓非間秦導致秦趙交兵一事，算得上是戰國末期的一件大事，何以在《史記》中缺載呢？馬非百先生曾責怪司馬遷不記載韓非"謀弱秦"的具體內容，以致使後人誤解這段史事。但細讀《史記》原文，可以發現在"韓王患之，與韓非謀弱秦"一句之後，插入的是與前後文無半分干係的"尉繚評秦王"一事，之後又冒出一句不知所云的"而李斯用事"，竄亂痕跡非常明顯。拙作《〈史記〉秦代史事辨疑三題》已論證了尉繚爲梁惠王時人，"尉繚評秦王"一事並非史實，當係後人竄入[1]，則此處之原文或即當爲韓非間秦一事，否則"謀弱秦"三字竟無從著落了。

"韓非間秦"一事若置於此，亦解決了此段結尾"而李斯用事"一句不知所云的問題。對秦廷而言，李斯在這一事件中起的無疑是積極作用。其"上秦王書"明確反對韓非的建議，無論該上書是否被秦王採納，對秦國都稱得上是功勞一件。至於其"上韓王書"是否達到目的，從《韓非子》、《史記》中無法直接看出來。個人推測，這一上書應該是達到了一定的目的，否則流傳下來的可能性不大。其後秦、趙交兵之地主要集中在趙地，而非韓地，可爲一證。這兩大功勞當即"李斯用事"之原因。

綜上，《史記》原文在"謀弱秦"和"而李斯用事"之間恐怕是記載了"韓非間秦"一事的，唯其原文已不可得。由於這段記載被竄入的尉繚事所代，遂造成了尉繚生活年代不明和韓非謀秦事不彰兩大問題，貽誤至今。

收稿日期：2015 年 4 月

---

[1] 由於種種原因，《史記》在面世未久即遭遇了脫漏、竄亂的問題。西漢元帝、成帝間博士褚少孫已謂"求龜策列傳不能得"，見《史記》卷一二八《龜策列傳》，第 3226 頁。東漢班固《漢書》更謂"十篇缺，有錄無書"，見《漢書》卷六二《司馬遷傳》，中華書局1962年版，第 2724 頁。十篇所缺爲何，後人尚有爭議，然所謂"十篇缺"只是指原稿完全遺失的部分，後人增補以及傳抄錯誤的篇章絕不止此十篇而已。由於當時書籍流傳全憑手抄，增補刪改極易，因而相關的訛誤、竄亂也就極多。就今本《史記》而言，部分內容爲褚少孫所補，其所補內容多已注明"褚先生曰"，較易識別。除此之外，明顯的竄亂處還有很多。如《秦始皇本紀》篇尾載班固答東漢明帝書（參見《史記》卷六《秦始皇本紀》，第 290—293 頁）、《孝武本紀》全抄《封禪書》（參見《史記》卷一二《孝武本紀》，第 451—486 頁；卷二八《封禪書》，第 1355—1404 頁）、《張丞相列傳》篇尾載昭帝至元帝時丞相事（參見《史記》卷九六《張丞相列傳》，第 2686—2689 頁）、《平津侯主父列傳》篇尾載平帝時太皇太后詔（參見《史記》卷一一二《平津侯主父列傳》，第 2963—2964 頁）、《司馬相如列傳》篇尾載揚雄語（參見《史記》卷一一七《司馬相如列傳》，第 3073 頁），皆爲其顯例。此外，關於秦代史料，因爲秦廷與儒生結怨太深，很可能存在以捏造史事、醜化秦廷爲目的的惡意篡改，參見拙作《李斯"督責之書"係僞作辨》，《史學月刊》2013 年第 7 期；《〈史記〉秦代史事辨疑三題》，《形象史學研究（2013）》，人民出版社 2014 年版；《〈史記〉所載秦二世史事辨疑》，《形象史學研究（2015 上半年）》，人民出版社 2015 年版；《秦二世"望夷之禍"時間考辨》，《中國史研究》2016 年第 1 期。

秦東門瑣議

曾　磊

内容提要：朐縣秦東門是秦始皇樹立在東海之濱的地標建築。然而，作爲秦始皇功業象徵的秦東門，却遭到了後人的批評。秦東門的具體位置一直存有爭議，根據相關史料來看，秦東門當在漢代東海廟附近。朐縣秦東門與黄河秦東門共同組成了秦帝國的東方門闕。秦東門留下了久遠的歷史影響，今山東榮成境内的成山角也有所謂"秦東門"，是歷代附會而成的文化遺跡。

關鍵詞：秦東門　朐縣　東海廟　孔望山　成山

秦始皇在修長城、通直道、築阿房宫、建驪山陵墓之後，又於秦始皇三十五年（公元前212年）在東海之濱的朐縣修造秦東門。《史記·秦始皇本紀》載："立石東海上朐界中，以爲秦東門。"① 秦東門修築之後，秦帝國再無重大建築工程開工。秦東門的落成，似乎宣告着秦帝國地標建築藍圖的基本完成。然而長久以來，這座地目標具體位置却衆説紛紜。作爲秦政的象徵，秦東門也留下了久遠的文化影響。

---

① 《史記》卷六《秦始皇本紀》，中華書局1959年版，第256頁。類似記載又見《漢書》卷二八上《地理志上》："朐，秦始皇立石海上以爲門東闕。"（中華書局1962年版，第1588頁）又《博物記》："（朐）縣東北海邊植石，秦所立之東門。"（《續漢書·郡國志三》劉昭注補引，中華書局1965年版，第3458頁）《水經注》卷三〇《淮水》："（游水）又徑朐山西。山側有朐縣故城。秦始皇三十五年，於朐縣立石海上，以爲秦之東門。"清人趙一清以爲《漢書》"闕"字爲後人妄加。對此，楊守敬以爲："《隸釋》二漢《東海廟碑》陰云：'闕者，秦始皇所立，名之秦東門闕，事在《史記》。'則《史記》本有'闕'字，故《漢志》因之，亦作'東門闕'[《寰宇記》同]。今本《史記》但作'東門'，乃傳抄脱'闕'字……又《後漢書·劉永傳》注、《通典》作'東闕門'，雖誤倒，然亦本有'闕'字之證，趙氏失考。"[北魏] 酈道元注，楊守敬、熊會貞疏，段熙仲點校，陳橋驛復校：《水經注疏》卷三〇《淮水》，江蘇古籍出版社1989年版，第2563—2564頁）今按，《説苑》卷二〇《反質》："立石闕東海上朐山界中，以爲秦東門。"[漢] 劉向撰，向宗魯校證：《説苑校證》，中華書局1987年版，第517頁）將秦東門稱作"石闕"，看來，秦東門當是石質門闕的形制。

— 67 —

一

　　有學者指出，西漢時期存在一條超長南北向建築基綫。這條基綫通過西漢都城長安中軸綫延伸，自北向南通過天井岸禮制建築遺址（天齊祠）、清河大回轉段、漢長陵、漢長安城、子午谷，總長度達74公里。這條建築基綫具有極高的直度與精確的方向性，與真子午綫的夾角僅爲0.33°，其南北延長綫又直達漢代的漢中郡和朔方郡郡治。[①] 對這些地理空間設計，不能僅用巧合加以解釋。西漢超長建築基綫可能是對秦人規劃的繼承。[②] 而秦東門所在的朐縣所屬的緯綫，竟然與這條基綫大體垂直。論者指出：

　　我們以《中國歷史地圖集》所定咸陽與上朐位置量測，上朐位於咸陽東約900公里，其緯度約爲北緯34°32′，咸陽城位於北緯34°25′，兩地東西基本成一直綫。與緯度相較，兩地連綫東端微向北側偏1°左右。[③]

　　與此類似，"漢長安城正對南山子午谷口與秦人'自殿下直抵南山，表南山之巓以爲闕'很是相象"[④]。如果以咸陽作爲秦帝國地理坐標系的原點，秦東門則可以視作坐標系橫軸上的端點。這個端點就在東方大地的盡頭，與西方的咸陽城遙遙相應。

　　門闕常常是國土界綫的標誌。《華陽國志·蜀志》説杜宇稱帝後，"乃以褒斜爲前門，熊耳、靈關爲後户，玉壘、峨眉爲城郭，江、潛、綿、洛爲池澤；以汶山爲畜牧，南中爲園苑"[⑤]。這一疆域規劃在王國的邊界有"前門"、"後户"的設計。《淮南子·墬形》説，大地的邊界是八極，八極所在，就是蒼門、開明之門、陽門、暑門、白門、閶闔之門、幽都之門、寒門等八座大門。[⑥] 而秦東門正在秦帝國東方國土的盡頭。

---

① 秦建明、張在明、楊政：《陝西發現以漢長安城爲中心的西漢南北向超長建築基綫》，《文物》1995年第3期。
② 王子今：《秦直道的歷史文化觀照》，《人文雜志》2005年第5期。
③ 秦建明、張在明、楊政：《陝西發現以漢長安城爲中心的西漢南北向超長建築基綫》。該文據"立石東海上朐界中"一句，誤將朐縣理解爲上朐縣，但此處筆誤並不影響朐縣與秦都咸陽東西相對的結論。
④ 秦建明、張在明、楊政：《陝西發現以漢長安城爲中心的西漢南北向超長建築基綫》。
⑤ ［晉］常璩撰，任乃強校注：《華陽國志校補圖注》卷三《蜀志》，上海古籍出版社1987年版，第118頁。
⑥ 何寧撰：《淮南子集釋》卷四《墬形》，中華書局1998年版，第335—336頁。

門闕還是政治威權的象徵。①從秦國的疆域來看，西方是秦人故地，南方巴蜀在秦惠文王時已經併入秦國版圖。東方六國併入秦王朝版圖的時間較晚，秦始皇需要向這裏的人民宣示帝國的威儀。矗立於東海之濱的秦東門，與秦刻石一樣，是對新佔據土地的人民宣示所有權的表達形式，是疆域一統的象徵。②有學者認爲，朐縣秦東門的設置對於我們考察秦政治格局中海洋的地位有重要意義。秦執政集團的管理重心地域向東擴展至於"東海"的行政趨向，也因此顯現。③

崔琰《述初賦》説："倚高艫以周眄兮，觀秦門之將將。"④秦東門高聳在東海之濱，展示了秦始皇併吞四海的雄心壯魄。然而，作爲秦始皇功業象徵的秦東門，却遭到了後代文人的批評。

宋人夏竦有《秦東門銘》一文，批評秦始皇"取之不以道，守之不以德信，任胸臆慕於權勢，峻文酷法樂於誇大"。樹立秦東門的目的無非是"表其功業"。他說："秦無東門，秦不爲小。兵革既喪，禮樂既壞。秦有東門，秦不爲大。天厭秦荒，禍起蕭牆。"民心的得失，不在於門闕的大小，而在於統治者的執政方針。秦始皇暴崩之後，"匹夫大呼，社稷綫絶"，夏竦由此發出"爲國之弊，一至於此"的感歎。⑤與此相類，明人謝肅的《過秦門》詩也對秦始皇的暴政提出了嚴苛的批評：

秦帝何多欲，勞民不暫閒。開關吞六國，臨海望三山。仙舸將風解，延輿載鮑還。空令朐石闕，相對愧蒼顔。⑥

詩人批評秦始皇"何多欲"，使人民"不暫閒"，併吞六國之後又妄想求仙長生，最終落得"延輿載鮑還"的悲慘下場，而立於東海之濱的"石闕"，只能無言愧對"蒼顔"。

清人凌廷堪也作有《秦東門銘》一文，其中說秦東門"俯蟠地軸，仰極天根"，有"回天倒日之概，拔山超海之勢"。凌廷堪對秦始皇的霸業發出"盛矣哉"的感歎，但

---

① 參見王子今：《門祭與門神崇拜》，陝西人民出版社 2006 年版，第 298—321 頁；劉增貴：《門户與中國古代社會》，《"中央研究院"歷史語言研究所集刊》第 68 本第 4 分，1997 年，第 817—897 頁；曾磊：《"壯麗"與"重威"：試說闕的政治宣教功用》，載高大倫、王本川、何本祿主編：《漢闕與秦漢文明學術討論會論文集》，中國文史出版社 2014 年版，第 37—47 頁。
② 曾磊：《秦代的國門規劃》，待刊。
③ 王子今：《"秦東門"與秦漢東海郡形勢》，載《史林揮麈——紀念方詩銘先生學術論文集》編輯組編：《史林揮麈——紀念方詩銘先生學術論文集》，上海古籍出版社 2015 年版。
④ ［北魏］酈道元注，楊守敬、熊會貞疏，段熙仲點校，陳橋驛復校：《水經注疏》卷三〇《淮水》引崔琰《述初賦》，第 2564 頁。
⑤ ［宋］夏竦：《文莊集》卷二五，文淵閣四庫全書本。
⑥ ［明］謝肅：《密庵稿》丙卷，張元濟輯《四部叢刊三編》影明洪武刻本，商務印書館 1936 年版。

也有"其志可謂荒矣,其心可謂侈矣"的批評。他以爲秦始皇"不師往古","奈何恃力",使得"遺黎凋敝,疲氓孱弱",最終霸業凋零。所謂"剛極則折,堅極則缺",只剩"雙石之峙,東門之名,閲千年而不改"。①

看來,在後人眼中,"峩峩"卓立的秦東門竟成爲標識暴虐秦政的恥辱柱。

上引幾文雖然都以秦東門爲主題,但對於秦東門的確切位置却並未加以考證。那麼,秦東門的具體位置到底在哪裏呢?

二

朐縣,屬今江蘇連雲港。連雲港境内山峰自西南向東北依次爲錦屏山、南雲臺山(又稱前雲臺山)、中雲臺山、北雲臺山(又稱後雲臺山)和東西連島。錦屏山在清康熙十三年(公元1674年)前稱朐山。雲臺山古稱郁州、郁州山、蒼梧山,明嘉靖以後始稱雲臺山。此外,錦屏山東北部還有一座孤立小山——孔望山。孔望山唐宋時期名龍興山,南宋以後名古城山,又名巡望山,明代始稱孔望山(圖1)。②

圖1③

---

① [清]凌廷堪著,王文錦點校:《校禮堂文集》卷一三《秦東門銘(並序)》,中華書局1998年版,第105—106頁。
② 中國國家博物館田野考古研究中心、南京博物院考古研究所、連雲港市文物管理委員會辦公室、連雲港市博物館編著:《連雲港孔望山》,文物出版社2010年版,第6—8頁。
③ 據谷歌地圖改繪,http://www.google.cn/maps/@34.6497704,119.2671612,11z/data=!5m1!1e4?hl=zh-Hans-CN。

秦東門瑣議

一種觀點認爲，秦東門在朐山馬耳峰。隆慶《海州志》載：

> 去州城南四里，二峰如削，俗呼爲馬耳峰……始皇曾立石其上，以爲秦東門。①

顧炎武《天下郡國利病書》也有相同記載。② 凌廷堪《秦東門銘》又載："海州南四里朐山上，有雙峰如削，俗呼馬耳峰。志地者咸以是爲秦東門之遺址。"凌廷堪曾到此遊玩，《秦東門銘》載："乾隆戊戌歲，余遊其地，憑眺遺址，徘徊故墟。"又説秦東門"歷千百載，厥跡尚存"。③

支持這一觀點的較早文獻又有上引《説苑·反質》："（秦始皇）立石闕東海上朐山界中，以爲秦東門。"但此條引文存在值得商討之處。若秦東門立在朐山上，則此句當作"立石闕東海上朐山中"，不加"界"字。可見，《説苑》的"朐山"當指朐山縣。但據《漢書·地理志上》和《續漢書·郡國志三》，秦漢時代連雲港地區稱朐縣，不稱朐山縣。《隋書·地理志下》載："朐山舊曰朐，置琅邪郡。後周改縣曰朐山，郡曰朐山。"④ 可見朐山縣之稱始自北周，《説苑》稱"朐山"，疑誤。

另一種觀點認爲，秦東門應當在海岸綫近旁的雲臺山，不在朐山馬耳峰。乾隆《江南通志》説："或謂秦立石朐山之上，誤。"⑤ 道光《雲臺新志》的説法更爲詳細：

> 《史記》言"立石東海上朐界中"，明非立石朐山也。班固亦只言立石海上。劉昭注《郡國志》"朐"下，一引《山海經》，明指爲郁州；一引《博物記》，以爲縣東北海邊。考郁州本在漢朐縣東北，則始皇立石東海上，當爲今之雲臺無疑。⑥

---

① [明]張峰纂修，陳復亨補輯：隆慶《海州志》卷二《山川志》，《天一閣藏明代方志選刊》第 14 册，上海古籍書店 1981 年版，第 51 頁。類似記載又見[清]唐仲冕修，[清]汪梅鼎等纂：嘉慶《海州直隸州志》卷二八《金石》，《中國地方志集成·江蘇府縣志輯》第 64 册，江蘇古籍出版社、上海書店、巴蜀書社 1991 年版，第 462 頁。
② [清]顧炎武：《天下郡國利病書》，張元濟輯《四部叢刊三編》影昆山圖書館藏稿本。類似記載又見顧炎武《肇域志》"淮南府海州"："朐山在州南四里，二峰如削，俗呼爲馬耳峰。秦始皇東巡至此，立石其上，以爲秦東門。"（上海古籍出版社 2004 年版，第 58 頁）清張穆《殷齋詩文集》卷一《淮有三洲考》："（秦東門）在今海州南二里，俗名馬耳峰。"（清咸豐八年祁寯藻刻本）清楊賓《鐵函齋書跋》卷二："往歲家弟楚萍客海州，親見李斯'秦東門'三字，在馬耳山石壁間。次日同客再往，遍尋不得。"（叢書集成初編本，中華書局 1985 年版，第 20 頁）楊賓此説來自其弟轉告，且無確證，可信度並不高。
③ [清]凌廷堪著，王文錦點校：《校禮堂文集》卷一三《秦東門銘（並序）》，第 105、106 頁。
④ 《隋書》卷三一《地理志》下，中華書局 1973 年版，第 871 頁。
⑤ [清]趙弘恩等監修：乾隆《江南通志》卷一四《輿地志》，文淵閣四庫全書本。
⑥ [清]謝元淮總修，[清]許喬林纂輯：道光《雲臺新志》卷一四《金石》，《中國地方志集成·江蘇府縣志輯》第 64 册，第 701 頁。

— 71 —

然而，持這一觀點的學者忽視了一個重要問題。清代海州地區的海岸綫是明代以來才形成的。明代黃河改由淮河入海，導致海州灣迅速淤積，海岸綫也隨之東移。至清代時，雲臺山系才與大陸相連爲一體。秦漢時代的雲臺山系（郁州）還是海中群島。[1] 上引《博物記》載，秦始皇在"（朐）縣東北海邊植石"，可見秦東門當在大陸的海岸綫上，不在海島中。另外，《太平寰宇記》載，秦東門附近的東海廟"在（朐山）縣北四里"[2]。據現探查宋代朐山縣故城位置，秦東門不可能遠至雲臺山（見下文）。

還有一種觀點認爲，秦東門在漢代東海廟附近。漢代曾在秦東門附近修建東海廟，並立碑記頌。《隸釋》卷二有《東海廟碑》殘文，中有"□闕倚傾，於鑠桓君，是繕是修"之句。其後又載：

> 闕者，秦始皇所立，名之秦東門闕，事在《史記》。

洪适據碑文考論説：

> 右《東海廟碑》，靈帝熹平元年立。在海州。永壽元年東海相南陽（桓）君，崇飾殿宇，起三樓作兩傳。其掾屬何俊、左榮欲爲鑴石，而南陽（桓）君止之。厥後山陽滿君踵其武，嘉歎勳績，爲作碑頌，而二君名皆淪滅矣。別有數句載秦東門事，乃頌所謂倚傾之闕者。《碑録》："朐山有秦始皇碑，云漢東海相任恭修祠，刻於碑陰"，似是此也。任君當又在滿君之後。南陽之役更十八年後，人猶頌其美，則規模決非苟然者。[3]

洪适所考大致可信，南陽桓君、山陽滿君、任恭三任東海相曾先後修葺東海廟和秦東門。《碑録》即《天下碑録》，著者已不可考，洪适曾引其漢碑目録於《隸釋》卷二七：

> 《漢秦始皇碑》東海相任恭修理祠，於碑背刻，在朐山。

---

[1] 中國國家博物館田野考古研究中心、南京博物院考古研究所、連雲港市文物管理委員會辦公室、連雲港市博物館編著：《連雲港孔望山》，第6—8頁。

[2] ［宋］樂史撰，王文楚等點校：《太平寰宇記》卷二二《海州》，中華書局2007年版，第459頁。

[3] ［宋］洪适：《隸釋》卷二，中華書局1986年版，第30—31頁。"規模"，原作"模樵"，黃丕烈《汪本隸釋刊誤》指出："'規'誤作'模'。"（新文豐出版公司編輯部輯：《石刻史料新編》第1輯第9册，新文豐出版公司1977年版，第7050頁）

《漢東海祠碑》永壽元年東海相桓君。①

從這一記載看，所謂的《漢秦始皇碑》刻於某碑之碑陰，但是否是《漢東海祠碑》的碑陰却不能肯定，洪适"似是此也"的用語，也表現出他的謹慎態度。②

樂史《太平寰宇記》將東海廟稱作"植石廟"：

> 植石廟，在（朐山）縣北四里。《史記》曰："始皇三十五年，立石東海上朐界中，以爲秦東門。"今門石猶存，頃倒爲數段，在廟北百步許，今尚可識，其文曰："漢桓帝永壽元年，東海相任恭修理此廟。"③

"植石廟"的得名，應本自上引《博物志》"縣東北海邊植石"的説法。辛德勇和胡海帆指出，永壽元年（公元155年）修整東海廟的是東海相桓君而非任恭。任恭修整東海廟的時間還要在熹平元年（公元172年）的山陽滿君之後。因此，"漢桓帝永壽元年，東海相任恭修理此廟"的刻辭是存在問題的。④ 此外，刻辭出現"漢桓帝"謚號，説明刻辭絕不可能是在桓帝時所刻。如果刻辭是任恭修祠時刊刻，任恭不會將時間錯記爲"永壽元年"，並且也不可能採用"某帝＋年號＋某年"的格式，而是與《東海廟碑》的"熹平元年"一樣，徑刻爲"年號＋某年"。因此，此段刻辭只能是後人追述前事時補刻於秦東門殘石之上的，並將任恭修祠的時間誤記爲"永壽元年"。樂史在撰寫《太平寰宇記》時並未覺察，將秦東門狀況與其上刻辭一併錄之。而"闕者，秦始皇所立，名之秦東門闕，事在《史記》"十七字當爲《天下碑錄》所載任恭所立《漢秦始皇碑》中的內容，刻於《東海廟碑》碑陰。

《太平寰宇記》所載雖有疏誤，但其中明確説秦東門"門石猶存"，"在廟北百許步"，爲我們提供了秦東門具體位置的寶貴信息。看來，只要明確了東海廟的方位，就可以大致推測秦東門的位置。遺憾的是，《隸釋》説："予官京口日，將士往來朐山者，

---

① [宋]洪适：《隸釋》卷二七，第288頁。
② 《隸辨》卷七《碑考》上"東海廟碑陰"條："一行十七字。其文曰：'闕者，秦始皇所立，名之秦東門闕。事在《史記》。'按碑有云'□闕倚傾'，即此闕也。《天下碑錄》云：'《秦始皇碑》，東海相任恭修理祠，於碑背刻，在朐山。'此陰是也。碑缺任君之名，趙氏、洪氏皆以爲惜，乃於此得之。"[清]顧藹吉編撰：《隸辨》，中華書局1986年版，第260頁）也認爲所謂《秦始皇碑》在《東海廟碑》碑陰。
③ [宋]樂史撰，王文楚等點校：《太平寰宇記》卷二二《海州》，第459頁。
④ 參見辛德勇：《越王句踐徙都琅邪事析義》，《文史》2010年第1輯；胡海帆：《漢〈東海廟碑〉及存世摹本考》，載鎮江焦山碑刻博物館、文物出版社編：《全國第二屆碑帖學術研討會論文集》，文物出版社2012年版，第55—79頁。

云海廟一椽不存。"①

《水經注·淮水》載:"(游水)又徑朐山西。山側有朐縣故城。"②《後漢書·桓帝紀》李賢注:"朐,山名也,在今海州朐山縣南。"③又《太平寰宇記》載:"朐山在(朐山)縣南二里。"④今錦屏山(朐山)正在連雲港海州區的海州故城之南1公里左右,以此推知,唐宋朐山縣故城當在今海州故城附近。

《中國文物地圖集·江蘇分冊》認爲,海州城始築於秦,名"朐"城,漢沿用。以後歷代相繼修葺並不斷擴大。南宋寶祐三年(公元1255年)又加築,分東西二城。現存海州城遺址,即明初所建之磚城。今海州鼓樓以東臺地爲秦、漢朐縣故城。⑤然這一說法尚需進一步討論。《後漢書·龐萌傳》李賢注說:"今海州朐山縣西有故朐城。"⑥《通典》也說:"漢朐縣故城在今縣西南。"⑦可見秦漢時期的朐縣故城應當在今海州故城的西南方向上(圖2)。⑧對於《中國文物地圖集·江蘇分冊》所說今海州鼓樓以東臺地遺址的性質,當需要做進一步的考古工作。

結合《博物記》所載漢東海廟在"(朐)縣東北海邊"和《太平寰宇記》中"(朐山)縣北四里"的記載可知,漢東海廟當在秦漢朐縣故城的東北方向上。

目前多數學者認爲東海廟在連雲港孔望山南麓的摩崖造像群之前的臺地上,並將孔望山摩崖造像群和附近石碑座、象石、蟾蜍石等遺物都認定爲東海廟遺物。《孔望山

---

① [宋]洪适:《隸釋》卷二,第31頁。所幸《東海廟碑》拓本及摹本殘片仍有留存。葉昌熾《語石》卷二載:"海州古朐山縣地。明以前尚有漢刻《東海廟碑》,吾鄉顧氏藝蕓樓尚藏孤本,而原石之亡久矣。"(中華書局1994年版,第107頁)趙之謙《補寰宇訪碑錄》卷一載:"《東海廟殘碑》,八分書,熹平元年。石在海州久佚。江蘇長洲顧氏藏本。《東海廟殘碑陰》,八分書。江蘇長洲顧氏藏本。"(新文豐出版公司編輯部輯:《石刻史料新編》第1輯第27冊,第20197頁)長洲顧氏,即清代藏書家顧沅(號湘舟)。顧氏藏本後由歸安吳雲所得,今藏國家圖書館,有學者以爲此本亦非原拓。吳雲又據此有雙鉤刻本,見吳雲藏集:《漢東海廟碑殘字》,新文豐出版公司編輯部輯:《石刻史料新編》第2輯第9冊,新文豐出版公司1979年版,第7061—7065頁。相關研究參見胡海帆:《漢〈東海廟碑〉及存世摹本考》,載鎮江焦山碑刻博物館、文物出版社編:《全國第二屆碑帖學術研討會論文集》,第55—79頁。
② [北魏]酈道元注,楊守敬、熊會貞疏,段熙仲點校,陳橋驛復校:《水經注疏》卷三〇《淮水》,第2563頁。
③ 《後漢書》卷七《桓帝紀》,第299頁。
④ [宋]樂史撰,王文楚等點校:《太平寰宇記》卷二二《海州》,第460頁。
⑤ 王慧芬主編:《中國文物地圖集·江蘇分冊》,中國地圖出版社2008年版,第660頁。類似觀點又見丁義珍:《漢東海廟今地考》,《文博通訊》1983年第4期。
⑥ 《後漢書》卷一二《龐萌傳》,第497頁。類似記載又見《後漢書》卷一上《光武帝紀》上李賢注:"縣名,屬東海郡,故城在今海州朐山縣西。"(第40頁)
⑦ 《通典》卷一八〇《州郡》十,中華書局1988年版,第4783頁。
⑧ 參見王庭槐、張傳藻:《連雲港歷史地理概述》,《南京師大學報》(社會科學版)1981年第2期;信立祥、王睿:《連雲港孔望山遺址群的調查與發掘》,載國家文物局主編:《2001中國重要考古發現》,文物出版社2002年版;作者不詳:《關於朐山縣與朐山戍及海州古朐縣》,《連雲港人文》2009年第1期,轉引自http://www.lygwh.gov.cn/item/Print.asp?m=1&ID=15668。

摩崖造像的年代考察》一文説：

> 連雲港市博物館的丁義珍同志已考出山腳下的石碣形碑座原來是《金石録》和《隸釋》卷二著録的東漢熹平元年（172年）《東海廟碑》之座。碑座周圍正有漢代繩紋瓦片和雲紋瓦當出土，可知孔望山摩崖造像和山腳下的大象、蟾蜍，原是桓靈時期的東海廟内之物。

該文又引相關文獻考論東海廟當即"東海君"之廟，是一處道教廟宇。[①]但現在所見的《東海廟碑》碑文中並未提到"東海君"，該廟是否與道教有關也並不明確。趙明誠《金石録》説《東海廟碑》"大略記修飭祠宇事，而其銘詩有云：'浩浩倉海，百川之宗。'知其爲海廟碑也"[②]。從殘存的"經落八極，潢（缺二字）洪波，潤（下缺）物，雲雨出焉"，以及"凡尊靈祇，敬鬼神，寔爲黔黎祈福"，"齊肅致力，四時奉祠"，"敬恭明神"等詞句來看，趙明誠的推斷大致無誤，東海廟當爲祭祀東海神的祠廟，與道教神仙"東海君"無關。[③]

所謂"石碣形碑座"，位於孔望山南麓，當地俗稱"饅頭石"，丁義珍的考證見於《漢東海廟今地考》：

> 巨石頂部有一隸刻"光"字，東西長28、上下寛15釐米……據"光"字的寫法，巨石應是漢碑之座。碑座周圍有漢代繩紋瓦片和雲紋瓦當出土，也爲認識碑座時代提供了旁證。據歷代金石書籍所録海州漢碑，只有熹平元年的東海廟碑，所以，它只能是《東海廟碑》之座。[④]

可以看出，此説並没有確切證據證明該石就是《東海廟碑》的碑座。該石頂部確有一長方形凹槽，可能是碑座的榫槽，但在2008年出版的《中國文物地圖集·江蘇分册》和2010年出版的《連雲港孔望山》考古報告中，都没有提及巨石頂部有

---

① 俞偉超、信立祥：《孔望山摩崖造像的年代考察》，《文物》1981年第7期。類似觀點又見丁義珍：《漢東海廟今地考》；信立祥：《漢代畫像石綜合研究》，文物出版社2000年版，第351—353頁；王慧芬主編：《中國文物地圖集·江蘇分册》，第660—661頁。
② [宋]趙明誠撰，金文明校證：《金石録校證》卷一五，廣西師範大學出版社2005年版，第252頁。
③ 參見胡海帆：《漢〈東海廟碑〉及存世摹本考》，載鎮江焦山碑刻博物館、文物出版社編：《全國第二届碑帖學術研討會論文集》，第55—79頁。
④ 丁義珍：《漢東海廟今地考》。

"光"字,從《連雲港孔望山》所録巨石照片看,其頂部也未見有文字痕跡。① 退一步講,即使該字是整理者疏誤漏收,也不能僅據此字就判定此石碑座爲《東海廟碑》之座。②

丁義珍又説,石碑座所在的孔望山南麓附近臺地上,曾發現一些漢代繩紋瓦片和雲紋瓦當碎塊,足證其附近有漢代建築遺跡,該建築就是漢東海廟,但該建築基址可能在唐代被破壞。③ 據2000—2003年的考古發掘可知,該臺地的地層堆積主要屬於近現代和隋唐兩個時期,其中出土的古代遺物絶大多數屬於隋唐時期,少量屬於漢魏時期,也有零星宋代遺物。出土的少量漢魏時期遺物主要爲殘瓦,夾雜在隋唐時期地層之中。而本次發掘的1號臺基屬於隋唐時期,2、3號臺基叠壓於1號臺基之下,年代上限不明。1號臺基之上的房址,極可能是隋唐時期的寺院類宗教建築基址。據2號臺基叠壓的基岩石縫中出土的一枚東漢銅錢推斷,2號臺基的年代可能爲東漢時期。比較來看,《連雲港孔望山》一書的結論更爲嚴謹:

> 本次發掘未發現早於隋唐時期的文化層,但出土的大量建築材料中,有少量屬於漢代的雲紋瓦當和繩紋筒瓦以及漢代的石研和五銖錢等,隋唐建築基址中的部分石材也發現有早期使用的痕跡,推測此地或附近應該有早於隋唐時期的建築。未見早期建築遺跡的原因,一方面由於此區域是附近唯一的平坦開闊地帶,不同時期的建築在此反復修建導致早期建築基址被破壞;另一方面,也是爲保護最上層基址的完整,未做進一步揭露清理。④

孔望山的地望與文獻記載的東海廟位置基本相符。不過,從目前考古發掘的情況來看,並没有切實證據證明漢東海廟就在孔望山南麓的臺地。關於東海廟的位置,還需要進一步的考古調查和發掘。

比較以上三種觀點,秦東門在漢東海廟附近説最爲可靠,但東海廟的具體位置尚

---

① 參見王慧芬主編:《中國文物地圖集·江蘇分册》,第661頁;中國國家博物館田野考古研究中心、南京博物院考古研究所、連雲港市文物管理委員會辦公室、連雲港市博物館編著:《連雲港孔望山》,第103—104頁。
② 2005年,有學者在孔望山石象腿部又發現有"永平四年四月"的題記。《連雲港孔望山》報告整理者認爲,"經仔細辨識,所謂字體應是製作時施鑿痕跡疏密不均造成的視覺誤差所致"(中國國家博物館田野考古研究中心、南京博物院考古研究所、連雲港市文物管理委員會辦公室、連雲港市博物館編著:《連雲港孔望山》,第260頁)石碑座風化嚴重,丁義珍所説的"光"字,可能也是類似誤判,但也不排除因巨石風化原字磨滅的可能。
③ 丁義珍:《漢東海廟今地考》。
④ 中國國家博物館田野考古研究中心、南京博物院考古研究所、連雲港市文物管理委員會辦公室、連雲港市博物館編著:《連雲港孔望山》,第257頁。

需更加明確的證據予以確認。①

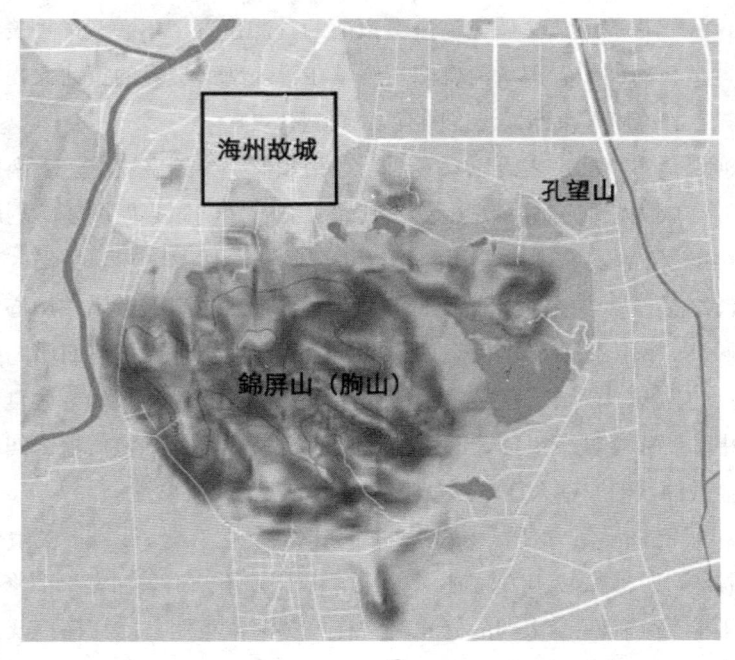

図2②

三

除了東海之濱的朐縣，關中的黄河之畔還有一座秦東門。《三輔舊事》説：

> 始皇表河以爲秦東門，表汧以爲秦西門，表中外殿觀百四十五，後宮列女萬

---

① 除了以上幾種觀點外，還有學者認爲史籍中記載的朐縣石碑和其北面百里之外的贛榆秦始皇碑以及它們所在的高山，共同組成了秦帝國的東門（辛德勇：《越王句踐徙都琅邪事析義》，《文史》2010年第1輯）。不過《史記》及後世文獻中，都明確記載秦東門的位置在"朐界中"，而贛榆屬琅邪郡，朐縣屬東海郡，二者並非一地。贛榆秦始皇碑並不能作爲秦東門的組成，秦東門應該在朐縣境內。還有人將秦琅邪臺、連雲港蘇馬灣漢代界石與秦東門混爲一談。如熊曜《琅邪臺觀日賦並序》："秦築東門於海岸，曰琅邪臺。"（《全唐文》卷三五一，文淵閣四庫全書本）寇彬堂：《尋找秦東門》，http://www.lygtour.com/lyg_content/lywh/llcx/2009/03-08/content_200903081142.shtml；寇彬堂：《重測始皇碑，再論秦東門》，http://www.lygtour.com/lyg_content/lywh/llcx/2009/03-08/content_200903081143.shtml。
② 據谷歌地圖改繪，http://www.google.cn/maps/@34.5543948,119.1415909,13z/data=!5m1!1e4?hl=zh-Hans-CN。

餘人，氣上沖於天。①

因材料有限，我們目前還無法確知這座秦東門的具體位置。不過，從"表河"和"東至河"來看，秦東門的位置與黃河有關，應是在晉陝南部交界的黃河大拐彎處，附近即是函谷關。也許這座秦東門與函谷關有某種聯繫。②

與"表河以爲秦東門，表汧以爲秦西門"相類似，秦始皇還有"表南山之巔以爲闕"的舉動。在咸陽正北有甘泉宮殿區，其北又有石門關。石門關雙峰對峙，也類似一座石闕。《廟記》說秦宮殿區的範圍是"北至九嵕、甘泉，南至長楊、五柞，東至河，西至汧渭之交"③。如果我們將視野擴大，可以發現，秦宮殿區的中心區域大致在河東門、汧西門、南山關和石門關這四方門關之內，我們可以把這四座門關視作秦帝國中心宮殿區的界標。賈誼《過秦論》說："關中之固，金城千里。"④張良勸劉邦建都關中也說關中"所謂金城千里，天府之國"⑤。都將關中視爲一座城池。四座門關也可以視爲關中金城的城門。進入四門，就進入了秦帝國的核心區域。

那麼又如何解釋爲何會存在兩座秦東門呢？對此，有學者以爲，"始皇表河以爲秦東門"的説法，可能是起初的規劃。⑥不過，我們並不知道黃河秦東門修築的具體時間，因此並不能確定朐縣秦東門的修建一定晚於黃河秦東門。前文已提及，我們可以把黃河秦東門視作秦帝國中心宮殿區的東方界標，而朐縣的秦東門，則可以視作秦帝國的面向東方海洋的國門。⑦

除了以上兩座秦東門，今天山東榮成境內的成山角，竟然還有一座"秦東門"。乾隆《山東通志》卷九《古跡志》載，榮成縣有"秦東門"刻石，"在縣東成山巔。秦丞相李斯所書，並有'訟獄公所'四字"。同卷"成山秦篆"條引《文登縣志》："成山石

---

① 《史記》卷六《秦始皇本紀》張守節《正義》引，第241頁。
② 獨孤及《古函谷關銘》："崛起重險，爲秦東門。"（《毘陵集》卷七，文淵閣四庫全書本）將函谷關視作秦東門。
③ 《史記》卷六《秦始皇本紀》張守節《正義》引，第241頁。類似的記錄又見《三輔黃圖》："北至九嵕、甘泉，南至鄠、杜，東至河，西至汧渭之交，東西八百里，南北四百里，離宮別館，相望聯屬。"（陳直校證：《三輔黃圖校證》卷一，陝西人民出版社1980年版，第7頁）
④ 《史記》卷六《秦始皇本紀》，第281頁。
⑤ 《史記》卷五五《留侯世家》，第2044頁。
⑥ 王子今：《史記的文化發掘——中國早期史學的人類學探索》，湖北人民出版社1997年版，第272頁。王子今：《"秦東門"與秦漢東海郡形勢》，載《史林揮麈——紀念方詩銘先生學術論文集》編輯組編：《史林揮麈——紀念方詩銘先生學術論文集》，上海古籍出版社2015年版。
⑦ 《史記》卷六《秦始皇本紀》："三十二年，始皇之碣石，使燕人盧生求羨門、高誓。刻碣石門。"（第251頁）碣石門在遼寧省綏中縣碣石宫遺址對面的海水中。楊鴻勳將碣石門比作秦代的國門。但從碣石宮與碣石門的關係來看，碣石宮的中軸綫正對碣石門，碣石門應是碣石宮的門闕，與國門無關。參見楊鴻勳：《宮殿考古通論》，紫禁城出版社2009年版，第217—227頁。

刻,有秦李斯篆書,曰'天盡頭',曰'秦東門',曰'詔獄公所',今山入榮成縣。"① 光緒《增修登州府志》也說"(秦東門)在成山上。舊有秦丞相李斯書,並有'訟獄公所'四字,今亡"②。這座"秦東門"不僅位置確定,還有李斯刻石爲證,言之確鑿,似毫無疑問。

乾隆《山東通志》有清人王苹的《秦橋行》詩,其中有"觀碑風雨碎文字,殿壁龍蛇昏蠛蠓。秦東門刻相斯篆,磨厓漫滅成山椒"之句。③該遺跡在清人王培荀的《鄉園憶舊錄》中也有記載:

> 秦橋在大海中,從日主祠。望之怪石嵯峨,忽斷忽聯,相去丈許,如人力爲之紛列者。蒼茫莫極,不知所届。日主祠在海東岸盡處。王秋史《秦橋行》有云:"秦東門刻相斯篆,磨崖漫滅成山椒。"似李斯篆在成山衛。諸城臧中州云:"秦修長城入海,砌石甚長,幾二百里,有李斯篆。"④

秦始皇曾兩次巡行成山,其中秦始皇二十八年(公元前219年),"並勃海以東,過黃、腄,窮成山,登之罘,立石頌秦德焉而去"⑤。秦始皇三十七年(公元前210年),"自琅邪北至榮成山"⑥,未見有刻石的記載。後人又有秦始皇在此"鞭石成橋"的故事流傳。⑦從《史記》文意來看,秦始皇二十八年巡行所立之石,更可能在之罘,而不是成山。王苹所觀之碑是否確爲秦始皇所立尚存疑問,並且,從王苹詩句來看,該碑已成"風雨碎文字",而所謂"秦東門刻相斯篆"也早已"漫滅",不復可觀。也就是說,王苹並未見到"秦東門"刻石。

道光《榮成縣志》錄李天騭《偕馮芝圃成山觀日出》詩,其中説:"嗟乎祖龍勤遠巡,不守中原守海濱。蓬島神仙無藥餌,東門嚴峻亡齒唇。焚書煨爐灰猶熱,斯相篆刻墨痕新。至今日主祠邊望,只有荒橋屬嬴秦。"⑧其中提到"東門嚴峻"和"斯相

---

① [清]岳濬等監修,[清]杜詔等編纂:乾隆《山東通志》卷九《古跡志》,文淵閣四庫全書本。相同記載又見於[清]和珅等纂修:乾隆《大清一統志》卷一三七《登州府》,文淵閣四庫全書本。
② [清]方汝翼、[清]賈瑚修,[清]周悦讓、[清]慕榮幹纂:光緒《增修登州府志》卷四《古跡》,《中國地方志集成·山東府縣志輯》第48冊,江蘇古籍出版社、上海書店、巴蜀書社2004年版,第63頁。
③ [清]岳濬等監修,[清]杜詔等編纂:乾隆《山東通志》卷三五之一上《藝文志》,文淵閣四庫全書本。
④ [清]王培荀著,蒲澤校點,嚴薇青審定:《鄉園憶舊錄》卷一,齊魯書社1993年版,第58頁。
⑤ 《史記》卷六《秦始皇本紀》,第244頁。
⑥ 《史記》卷六《秦始皇本紀》,第263頁。
⑦ 任昉《述異記》卷上:"秦始皇作石橫橋於海上,欲過海觀日出處。有神人驅石去,不速,神人鞭之,皆流血。今石橋其色猶赤。"(叢書集成初編本,中華書局1985年版,第9頁)
⑧ [清]李天騭修,[清]岳廣廷纂:道光《榮成縣志》卷九《藝文》,《中國地方志集成·山東府縣志輯》第56冊,第565頁。

篆刻",但只是出於詩人的想象,他所見到的其實只有"日主祠"旁的所謂"秦橋"遺跡。那麼成山到底有沒有李斯"秦東門"刻石呢?

其實,這座"秦東門"完全是後人附會而成的。

需要注意的是,前引幾部提及"秦東門"刻石的方志所載石刻文字並不一致。"詔獄公所",有作"訟獄公所"者。明嘉靖《寧海州志》載:"相傳山頂舊有李斯篆'獄訟所公'四字,今亡。"[①] 此處又作"獄訟所公",並且沒有提及"天盡頭"、"秦東門"六字。更重要的是,這些刻辭的由來只是傳言,並且在明代嘉靖年間就已無跡可尋。看來,乾隆《山東通志》和光緒《增修登州府志》所記成山李斯石刻也只是道聽途説。

據筆者目力所及,最早稱成山角有"秦東門"的是唐人獨孤及。他的《觀海》詩起首便是"北登渤澥島,回首秦東門"[②]。該詩雖言及"秦東門",但並未提到"秦東門"刻石。

陳文述《頤道堂集》有《答王仲瞿見贈之作》詩,中有"曾摹秦相餘三字,未坐張寬第七車"句。其下注曰:"君補李斯書'秦東門'三字於成山。"[③] 王仲瞿即清代詩人王曇。陳詩明確説"秦東門"三字是王曇所補,並非李斯原作。舒位《瓶水齋詩集》卷一〇《答示仲瞿話舊之作十首》,其一"徑從花外揚鞭走,排出金銀太半臺"句下自注:"仲瞿自吳門至登州,登蓬萊閣,觀海市。又浮海,至大小欽山、沙門島。所撰七言律詩若《秦東門》、《望仙門》及《海市》諸作,皆奇偉可喜。"[④] 可見,王曇確曾有以《秦東門》爲題的詩作。清咸豐本《仲瞿詩録》中有《海上雜詩》數首,其中確有《秦東門李斯刻石》一詩:

長城一面飲朝暾,又噉滄瀛闢一閽。中國果然秦萬世,相公能免蔡東門。
祖龍文字真奇僻,牽犬功名太老昏。欲取蒙恬新不律,重書三字與招魂。[⑤]

---

① [明]李光先修,[明]焦希程纂:嘉靖《寧海州志》卷之上《地里》一,上海書店輯:《天一閣藏明代方志選刊續編》第 57 册,上海書店 1990 年版,第 694 頁。嘉靖《山東通志》與此同,見[明]陸釴等纂修:嘉靖《山東通志》卷六《山川》下,《天一閣藏明代方志選刊續編》第 51 册,第 444 頁。
② [唐]獨孤及:《昆陵集》卷一,文淵閣四庫全書本。全詩如下:"北登渤澥島,回首秦東門。誰尸造物功,鑿此天地源。澒洞吞百谷,周流無四垠。廓然混茫際,望見天地根。白日自中吐,扶桑如可捫。迢遥蓬萊峰,想像金臺存。秦帝昔經此,登臨冀飛翻。揚旌百神會,望日群山奔。徐福竟何成,羨門徒空言。惟見石橋足,千年潮水痕。"
③ [清]陳文述:《頤道堂集》"詩選"卷九,清嘉慶十二年刻道光增修本。
④ [清]舒位著,曹光甫點校:《瓶水齋詩集》卷一〇,上海古籍出版社 2009 年版,第 400 頁。
⑤ 徐渭仁輯:《仲瞿詩録》,清咸豐元年徐渭仁刻本。

可見，王曇自己在詩中也提到"重書三字"，這三字應該就是"秦東門"。①

與前代方志不加考證地承襲前説相比，對於成山所謂的"秦東門"刻石，道光《榮成縣志》的作者保持了難得的清醒，該書卷一《疆域》載：

> 始皇東遊立石成山，又有"獄訟公所"四字，皆李斯傳。相傳明季以上，官拓索不勝其擾，因沉於海。舊志又云有"秦東門"三字，誤。《史記》明云在"東海上朐界中"。②

綜上來看，榮成成山角的"秦東門"源自唐人獨孤及的《觀海》詩，此詩所論"秦東門"事，可能取自當地傳説，也可能是獨孤及自創。這一説法在後世繼續流傳，又產生了李斯手書"秦東門"的説法。也許後人曾仿刻"秦東門"三字於成山，但從史籍記載來看，並没有人一睹刻石真容。後來，清人王曇又在成山補寫了"秦東門"三字，但王曇補寫今亦無存。

附記：本文的寫作，得到重慶大學人文社會科學高等研究院董濤、北京大學歷史學系熊長雲，渤海大學政治與歷史學院王海的幫助。匿名審稿專家對本文提出了寶貴的修改意見。謹此致謝！

收稿日期：2015 年 9 月

---

① 《頤道堂集》卷一四又有《和王仲瞿海上雜詩》，其一爲《秦東門李斯刻石》，其後亦録王曇原詩。
② ［清］李天驚修，［清］岳廣廷纂：道光《榮成縣志》卷一《疆域》，《中國地方志集成·山東府縣志輯》第 56 册，第 445—446 頁。

漢代菜蔬志

彭　衛

內容提要：本文對漢代蔬菜的基本構成和生長狀態進行了系統考辨，基本判斷如下：漢代的人取食的蔬菜種類約有百種，其中人工栽培的種類近50種，後者較之前代增加了3倍左右。在地域廣袤的漢帝國境內，蔬菜分佈呈現出地域性差別。漢代延續並發展了春秋戰國的蔬菜格局，其表現是努力使野生菜蔬轉為人工栽培的菜蔬，蔬菜的專業化經營和商品化程度增強，以及隨著大一統王朝的建立和中外交往的增加，異域的菜蔬進入內地，為人們所接受並成為古代中國蔬菜的重要組成部分。這三個方面也開啟了此後至明清時期蔬菜獲取的基本模式。在禮制規定的食物序列中，肉類食品是"美物"，因此它的出現方式體現的是人際之間等級上的差異。蔬菜是"小物"，其本身並不具備區分等級的意義，它承擔的是調和人與自然的關係，即備"陰陽之物"和"四時之氣"，它們與穀類一起，共同構建起食物的禮儀規範。

關鍵詞：漢代　菜蔬種植　農業文化

一、序説

《説文》"艸部"對菜的解釋是"草之可食者"。[1] 這是傳世秦漢文獻對蔬菜性質的最早定義。儘管漢代的蔬菜種類還有一些是不屬於"草"的灌木或喬木類植物，但蔬菜的主要內容確乎是由"可食"之草組成，因此《説文》的這個定義大致不誤。[2]

---

[1] ［清］段玉裁撰：《説文解字注》，中華書局2013年版，第48頁。
[2] 漢代人對蔬菜的稱謂包括"蔬菜"、"菜蔬"、"菜茹"、"蔌"等，如《太平御覽》卷八四七引《東觀漢記》謂趙孝夫婦"共茹蔬菜"；《太平御覽》卷八四七引《東觀漢記》説茅容"自以菜蔬與（郭）林宗同飯"；漢董仲舒《春秋繁露‧四祭》："菜茹瓜果。"［清］蘇輿撰，鍾哲點校：《春秋繁露義證》，中華書局1992年版，

"可食"與"不可食"並不直接等同於人工栽培和野生。如同漢代人的肉類食物來源於家飼和野生，蔬菜類食物同樣來自於人工栽培和野生採摘兩個方面。其基本態勢是，以人工栽培的十餘種主要蔬菜品種爲核心，向外伸展出包括人工栽培和野生在內的大量植物。按成書時代先後，戰國漢代文獻集中記錄蔬菜種類的著作主要見諸小學類書、農書和醫書，按成書時間順序依次是《爾雅》30種，《急就篇》15種，《説文》21種[①]，《四民月令》14種，《金匱要略》20種，共計蔬菜38種（見表1）。其中，5部著作中全有的蔬菜有葵和蓼，4見者有葱、薤、薑、蒜、芥、蕪菁，3見者有蘇、荼、蓂、莧，兩見者有蘘荷。《靈樞經・五味》説"五菜"是葵、韭、藿、薤、葱。[②]研究者通常將"五菜"作爲漢代最常見的蔬菜。但在上述文獻中，"五菜"中衹有3種蔬菜即葵（5次）、葱（4次）和薤（4次）出現頻次較多，另兩種蔬菜即韭見於《急就篇》和《四民月令》，而藿則僅見於《四民月令》，這與非"五菜"的蓼、薑、蒜、芥、蕪菁等見於4書者，在出現頻次上頗有距離；也與《尹都尉書》所存《種芥》、《種葵》、《種蓼》、《種薤》、《種葱》諸篇目不盡相同。[③]如何看待這一多少有些不協調的情形？《靈樞經・五味》所説的"五菜"是按五行説排列而成，以葵應甘，以韭應酸，以藿應鹹，以薤應苦，以葱應辛，並與其他事物配合（見表2）。蓼、薑、蒜、芥均爲辛菜，與葱性質相同，這或許是這些菜蔬未入"五菜"的主要原因。換言之，《靈樞經》所説的"五菜"並不完全代表當時常見的種植蔬菜種類。還值得注意的是，《爾雅》所録蔬菜多爲野生植物，按照郭璞注文，它們雖"可食"，却多生長在道邊或山野，這不僅與農書《四民月令》和醫書《金匱要略》中蔬菜全是或主要是人工種植的蔬菜不同，也和與它性質相類的小學著作《急就篇》和《説文》大有差異。

第407頁）《爾雅・釋器》："菜謂之蔌。"郭璞注："蔌者，菜茹之總名。"（[清]郝懿行：《爾雅義疏》，上海古籍出版社1983年影印同治四年郝氏家刻本，第693頁）此外還有單稱"菜"或"蔬"，此類例子甚多，不贅引。在出土文字資料中，"菜"或簡寫爲"采"。湖北江陵鳳凰山167號漢墓遺册簡73"采（菜）笿一枚"即是（吉林大學歷史系考古專業赴紀南城開門辦學小分隊：《鳳凰山一六七號漢墓遺册考釋》，《文物》1976年第10期）。又，明人李時珍《本草綱目》卷二六《菜部》云"凡草木之可茹者謂之菜"（劉衡如點校：《本草綱目》，人民衛生出版社1982年版，第1575頁），將蔬菜範圍擴展到木本類植物。較之《説文》，這個表述自然更爲準確。又，有研究者認爲，"蔬"字從漢代成爲對人工栽培蔬菜的稱謂（李艷：《〈説文解字〉所收蔬菜及糧食作物詞疏解》，浙江大學博士學位論文，2006年，第24頁），此言不確。《爾雅・釋天》："蔬不熟爲饉。"郭璞注："凡草菜可食者，通名爲蔬。"（[清]郝懿行：《爾雅義疏》，第739頁）《國語・鄭語》："周棄能播殖百穀蔬。"韋昭注："蔬，草菜之可食者。"（上海師範學院古籍整理組校點：《國語》，上海古籍出版社1978年版，第511頁）既言"通名"，則野生與栽培兼具明矣。
① 有研究者認爲《説文》記録了56種蔬菜（李艷：《〈説文解字〉所收蔬菜及糧食作物詞疏解》，第23頁），本文以《説文》明確指明的"草之可食者"爲限，確定《説文》記録21種蔬菜。
② 河北醫學院校釋：《靈樞經校釋》下册，人民衛生出版社1982年版，第137頁。
③ 《太平御覽》卷九八〇引劉向《別録》："《尹都尉書》有《種芥》、《葵》、《蓼》、《薤》、《葱》諸篇。"《藝文類聚》卷八二引劉向《別傳》（《別傳》似爲《別録》之訛）："都尉有《種葱書》。"《太平御覽》卷九七八引《別録》記《尹都尉書》有《種瓜篇》、《種蓼篇》。知前文《葱》下諸篇均省"種"和"篇"（或"書"）兩字。

類似的情形也來自考古資料。在没有出土文字佐證的情形下，與蔬菜有關的考古材料存在兩方面的困難。其一，在嚴格意義上的植物考古學出現和發展之前，一些古植物遺存没有得到準確的鑒定，從而影響了其價值。其二，遺址和墓葬中的植物遺存具有一定程度的偶然性，它們是否能够代表或者在多大程度上代表其所屬時代和所處地域的蔬菜構成，也存有疑問。①

總之，《爾雅》等書籍雖較爲集中的記録了漢代蔬菜的種類，却因編纂考慮的不同而各有側重，其價值在於爲後人瞭解漢代菜蔬家譜提供了一個模糊的輪廓；植物考古提供了重要的實物資料，但對這些資料價值的研判仍需慎重。明晰和擴展文獻和文物所展示的漢代蔬菜輪廓，是本文著力的重點之一。

傳世和出土的一些漢代資料與蔬菜價格有關，反映了蔬菜種植和銷售狀況以及蔬菜在漢代人食物結構中的位置，其價值自不待言。其局限則在於這類資料或籠統限於概括，如《史記·貨殖列傳》所論薑、韭；或集中於某個地區，如居延漢簡所見的多種蔬菜價格，可能祇是當地蔬菜之價，與其他地區容或有别；或在换算爲重量單位存在困難，如"束"、"把"等。因而，我們難以對漢代蔬菜價格以及商品化程度進行較爲精準的分析，並由此推測漢代人的蔬菜消費狀況。本文試圖在一個較爲模糊的框架中，對此進行討論，以期最大可能接近歷史真實。

人類的飲食活動從來都不僅僅是一種單純的果腹行爲。不僅在物質意義上的食材的選取和培育，而且對蔬菜價值的文化方面認定同樣也要受到多種因素的影響。古代中國人對食物的分類從根本上決定了蔬菜在食物鏈環中的位置，但這種位置却又是模糊和變動的。在這個前提下，物質意義上的蔬菜和文化意義上的蔬菜既有聯繫又有區别。

要之，學界關於漢代蔬菜種類和栽培狀況的研究成果不少，然系統討論者尚未見到。作者的預設目標是構建漢代菜蔬譜系，並對前述的相關問題進行討論。本文於前人今賢所論者在文中均有説明，此處不贅。

表 1　傳世漢代相關文獻記録的菜蔬

《爾雅·釋草》	《急就篇》②	《説文》"艸部"	《四民月令》	《金匱要略》③
葵	葵	葵	葵	葵
	韭		韭	

---

① 例如，安徽六安雙墩西漢六安王劉慶墓隨葬的蔬菜只有葵和芸薹兩種（趙志軍、汪景輝：《雙墩一號漢墓出土植物遺存的鑒定和分析》，《農業考古》2016 年第 1 期），没有其他蔬菜品種，這種情形可能與墓主人個人的飲食偏好有關，是否能作爲這個地區漢代所有或主要蔬菜品種的依據，是不能輕易斷言的。
② ［漢］史游著，［唐］顔師古注：《急就篇》，文淵閣四庫全書本。
③ 包括《禽獸魚蟲禁忌並治》、《果實菜穀禁忌並治》兩篇。李克光主編：《金匱要略譯釋》，上海科學技術出版社 1993 年版，第 709—746 頁。

續表

《爾雅·釋草》	《急就篇》	《説文》"艸部"	《四民月令》	《金匱要略》
	葱	葱	大葱、小葱、胡葱	葱
薤	薤		薤	薤
蓼	蓼	蓼	蓼	蓼
			藿	
	蘇	蘇	蘇	
	薑	薑	薑	薑
				蜀椒
	蕪菁	蕪菁	蕪菁	蕪菁
	芸蒿	芸蒿		
	蒜	蒜	雜蒜	蒜、小蒜
			瓠	
		芷（芹）		芹
薺蒬（大薺）	薺			
	芥	芥	芥	芥
	茱萸	茱萸		茱萸
	蘘荷	蘘荷		
蘆萉		蘆萉		
瓠				
竹筍				
蓁				
				蕈
		木耳		木耳
菌		菌		菌
				肉桂
				黄瓜
				胡荽
				白苣
				香蒲
藿（山韭）				
茖（山葱）				
蒚（山蒜）				
蒻（山薤）				
拜（蔏藋）				
蒿（蔵）				

續表

《爾雅·釋草》	《急就篇》	《說文》"艸部"	《四民月令》	《金匱要略》
荼				
茭（牛蘄）				
鬼目				
荇				
				野苣
蕢		蕢		
苶苣		苶苣		
		蓡		
莧		莧		莧
		薇		
菲				
蒇				
蒿蓄				
須				
蕍蔘				
鉤				
柱夫				
蒡				
		萑		
		葰		
		菹		
		芙		
		薑		
		蘘		

表2　五行觀念中的菜蔬種類及對應

五穀	五菜	五果	五畜	五色	五味	五臟	病者五宜	病者五忌
米	葵	棗	牛	黃	甘	肝	脾病	腎病
大豆	韭	李	犬	青	酸	心	腎病	脾病
麻	藿	栗	豬	黑	鹹	脾	肝病	心病
麥	薤	杏	羊	赤	苦	肺	心病	肺病
黃黍	葱	桃	雞	白	辛	腎	肺病	肝病

資料來源：《靈樞經·五味》，並參同書《五味論》。河北醫學院校釋：《靈樞經校釋》下冊，第137、140、189頁

二、概説

（一）葵（附蔏葵）

葵又名蘬①，是歷史悠久的人工栽培蔬菜。《詩·豳風·七月》有"七月烹葵及菽"語，"葵"與"菽"並稱，可見其在食物序列中位置不凡。由於野生採集似難以供應較大的需求，故葵的人工培育可能不晚於西周時期已基本完成。但《鹽鐵論·崇禮》賢良引《春秋》曰："山有虎豹，葵藿爲之不採。"②類似表達在漢代文獻《淮南子·説山》中寫作"山有猛獸，林木爲之不斬；園有螫蟲，葵藿爲之不採"③。玩文義，先秦時人們似尚以野生之葵爲採食對象。大約戰國以降，食用葵則全由人工栽培了。睡虎地秦墓竹簡《日書》甲種"禾忌日"云："稷龍寅，秫丑，稻亥，麥子，菽、答卯，麻辰，葵癸亥。各常口忌，不可種之及初穫出入之。"（簡18正三—22正三）④葵和麻是其中不屬於廣義範圍的禾的作物，"葵"之所以與其他重要的栽培作物並列（這些作物多是"五穀"的組成部分）⑤，可能意味著葵是蔬菜的代表，也表示出葵在此時種植的廣泛程度。楚辭《七諫·怨世》云："蓼蟲不知徙乎葵菜。"⑥《七諫》傳爲東方朔作品，雖未必確實，但作爲漢代文獻則没有問題。《金匱要略·果實菜穀禁忌並治》認爲"黄背赤莖"之葵傷人，不能食用。又説："四季勿食生葵，令人飲食不化，發百病，非但食中，藥中皆不可用，深宜慎之。"⑦這些知識不見今天有關葵菜的栽培和藥理資料，它自然來自於漢代或更早時代人對葵菜的細緻觀察。

---

① 《太平御覽》卷九七九引《廣雅》："蘬，葵也。"
② 王利器校注：《鹽鐵論校注》，中華書局1992年版，第438頁。《漢書·蓋寬饒傳》鄭昌云："臣聞山有猛獸，藜藿爲之不采。"（《漢書》卷七七，中華書局1962年版，第3247頁）其出處亦應是賢良所引之《春秋》。
③ 張雙棣：《淮南子校釋》，北京大學出版社1997年版，第1954頁。
④ 睡虎地秦墓竹簡整理小組編：《睡虎地秦墓竹簡》，文物出版社1990年版，第184頁。這種作物結構在睡虎地秦簡《日書》其他部分也有所顯示，如睡虎地秦簡《日書》乙種云："五穀龍日，子麥、丑黍、寅稷、辰麻、申戌叔（菽）、壬辰瓜、癸葵。"（簡65，第235頁）這個"五穀"序列與常見的黍、稷（粟）、麥、菽、稻或黍、稷（粟）、麥、菽、麻有異，即在"五穀"之外添加了瓜和葵，揆其意，當是將瓜作爲果類代表，將葵作爲蔬類代表。而《日書》甲種"五種忌"云"丙及寅禾，甲及子麥，乙巳及丑黍，辰麻，卯及戌叔（菽），亥稻"（簡151背，第227頁），排除了葵。可知葵在秦時不僅是種植蔬菜，且是最重要的蔬菜。
⑤ 關於戰國秦漢時期"五穀"的範圍，參見彭衛：《由文物資料看漢代之"五穀"説》，載北京大葆臺西漢墓博物館編：《漢代文明國際學術研討會論文集》，燕山出版社2009年版。
⑥ [宋]洪興祖：《楚辭補注》，中華書局1983年版，第244頁。
⑦ 李克光主編：《金匱要略譯釋》，第738、735頁。

然而，在出土資料中，與其他一些蔬菜相比，葵或葵屬類植物的實物的出現頻率似乎與文獻記錄並不完全契合。筆者所見史前相關考古報告如下：内蒙古赤峰西遼河上游二道井子遺址①，青海河湟地區齊家文化遺址、辛店文化遺址和卡約文化遺址②，河南洛陽盆地新石器時代遺址出土③，河南博愛兩金城龍山文化遺址④，以及山東臨沭東盤新石器時代遺址⑤。漢代有關考古報導更少，目前所知如下：河南登封漢代聚落和安徽六安西漢中期墓葬，且數量也不多⑥，這兩個地區位於黄河和淮河流域。但引人注目的是，在長江流域，葵菜却相當明顯地表現出它的重要性。長沙馬王堆1號漢墓遺册記有"葵穜（種）五斗布囊一"（簡548），整理小組説隨葬麻袋中盛放有葵子，即指此。⑦其説是。湖北江陵鳳凰山8號漢墓遺册有"葵々笞一"（簡157）。⑧"葵々"係連寫文。笞，竹籠。此笞中所盛應是供食用的葵菜，這與馬王堆1號漢墓隨葬的用於種植的葵種有所不同。如下面徵引的文獻資料所見，漢代黄河流域葵菜種植其實也十分普遍，目前漢代考古發掘所見葵的實物不多，大概是發掘中的某些偶然因素如未隨葬葵或葵的種實未能保留所致。

葵的種屬本來不應該存有疑問，但自明代以後，關於這個曾盛極一時的菜蔬是何物的分歧一直存在，並延續至今。《爾雅·釋草》提到了蕭（菟葵）、芹（楚葵）和菺（戎葵）三種植物。其中，"蕭"即旱芹，荆葵即水芹，菺即蜀葵。⑨《太平御覽》卷九七九引陸璣《毛詩草木鳥獸蟲魚疏》説苨又名楚葵，與郭璞所言相合。清人吴其濬認爲這些都是葵類植物，也可食用。⑩實際上它們與冬葵並不是同種屬植物。明人方

---

① 孫永剛：《西遼河上游地區新石器時代至早期青銅時代植物遺存研究》，内蒙古師範大學博士學位論文，2014年，第82頁。
② 楊穎：《河湟地區金蟬口和李家坪齊家文化遺址植物大遺存分析》，蘭州大學碩士學位論文，2014年，第36頁。賈鑫：《青海省東北部地區新石器——青銅時代文化演化過程與植物遺存研究》，蘭州大學博士學位論文，2012年，第88、90、92頁。
③ 張俊娜、夏正楷、張小虎：《洛陽盆地新石器——青銅時期的炭化植物遺存》，《科學通報》第59卷第34期，2014年10月。
④ 陳雪香、王良智、王青：《河南博愛縣兩金城遺址2006—2007年浮選結果分析》，《華夏考古》2010年第9期。
⑤ 王海玉、劉延常、靳桂雲：《山東省臨沭縣東盤遺址2009年度炭化植物遺存分析》，《東方考古》第8集，科學出版社2011年版。
⑥ 吴文婉、張繼華、靳桂雲：《河南登封南窪遺址二里頭到漢代聚落農業的植物考古證據》，《中原文物》2014年第1期。趙志軍、汪景輝：《雙墩一號漢墓出土植物遺存的鑒定和分析》，《農業考古》2016年第1期。
⑦ 湖南省博物館、中國科學院考古研究所編：《長沙馬王堆一號漢墓》上集，文物出版社1973年版，第142頁。
⑧ 金立：《江陵鳳凰山八號漢墓竹簡試釋》，《文物》1976年第6期。
⑨ 《爾雅·釋草》："蕭，菟葵。"郭璞注："頗似葵而小葉，狀如藜，有毛。""芹，楚葵。"郭璞注："今水中芹菜也。""菺，戎葵。"郭璞注："今蜀葵也。似葵，華如木槿華。"參見[清]郝懿行：《爾雅義疏》，第999、1012頁。
⑩ [清]吴其濬：《植物名實圖考》卷三"蜀葵"、"錦葵"、"菟葵"條，商務印書館1957年版，第48—50頁。

以智以爲葵爲"菘菜、野菜之通稱"①，近人尹桐陽以爲葵菜即"原荽"（通作"芫荽"，俗稱"香菜"），屬於辛菜②，還有人認爲以爲茈是蕎麥③，這些都是誤解。葵自春秋以降就是一種家種蔬菜，而非野菜；它與白菜的前身之一菘以及漢代方進入中土的芫荽並非同屬。戰國秦漢人將葵菜視爲甘菜而非辛菜，《靈樞經》説"葵甘"④，《素問》説"棗、葵皆甘"⑤，是其證。

　　現代農學史家石聲漢和鄧裕洹曾懷疑包括先秦和漢代在內的古代文獻中的"葵"可能與冬葵是兩種植物⑥，魏文麟指明其非，力倡葵即冬葵⑦。馬王堆 1 號漢墓出土的葵菜種實爲錦葵科錦葵屬中的冬葵（Malva Vrticilldtd L.），與今長沙地區所產之冬莧菜相似。⑧這個實物資料確認了魏氏判斷是正確的。下面對關於葵的其他爭議略作辨析。

　　其一，祁振聲通過對古代文獻關於葵性狀的揣摩，認爲從周開始直到南北朝的葵菜是菾葵⑨，其研究下了不小的功夫，但在研究方法上，其局限性也顯而易見。首先，他所使用的資料基本限於醫書和字書，且多係唐宋之後的文獻，其結論的説服力因而也不夠周全。其次，文獻描述總會有觀察角度和語言表述模糊性的限制，從中曲迂考索，以想像代替實證，難以接近事物本相。最後也最爲重要的是，馬王堆 1 號漢墓出土有葵的實物，證據鑿鑿，却未受到應有的關注。其結論不能成立，自在情理之中。

　　其二，漢代的葵並非明代引入中土的向日葵是學界的定見。《淮南子·覽冥》雖有"葵之鄉日"之言⑩，但向日葵傳入中國之後，明清學者沒有把"鄉日"的古代之"葵"誤判爲向日葵。但現代有的研究者却對漢代"葵"的身份提出異議。其根據是（1）《居延新簡》⑪E.P.T44：8A 中"葵二斗"的計量單位爲"斗"，一般用斗計量均爲顆粒

---

① ［明］方以智：《通雅》卷四四《植物·穀蔬》，文淵閣四庫全書本。
② 馬非百：《管子輕重篇新詮》引，中華書局 1979 年版，第 530 頁。
③ 陳有清：《説"茈"》，《中國農史》1996 年第 4 期。
④ 《靈樞經·五味》。河北醫學院校釋：《靈樞經校釋》下冊，第 137 頁。
⑤ 《素問·藏氣法時論篇》、《黄帝内經素問》，人民衛生出版社 1963 年版，第 148 頁。
⑥ 石聲漢：《從〈齊民要術〉看中國古代農業科學知識》，科學出版社 1957 年版，第 45 頁。鄧裕洹：《公元前我國食用蔬菜的種類探討》，科學出版社 1960 年版，第 14—17 頁。但石、鄧二人並未明示"葵"是何種植物。
⑦ 魏文麟：《葵菜的初步考證》，《園藝學報》第 3 卷第 2 期，1964 年 5 月。
⑧ 湖南農學院等：《農產品鑒定報告》，《長沙馬王堆一號漢墓出土動植物標本的研究》，文物出版社 1978 年版，第 16 頁。
⑨ 祁振聲：《"葵"的演化及其原植物考證》，《河北林果研究》第 25 卷第 3 期，2010 年 9 月。
⑩ 張雙棣：《淮南子校釋》，第 653 頁。《三國志·魏書·任城陳蕭王傳·陳思王植》陳思王植曹植上疏："若葵藿之傾葉，太陽雖不爲之回光，然向之者誠也。"（《三國志》卷一九，中華書局 1959 年點校本，第 571 頁）顯然，古人所說的葵之向日指的是葵花向日，這與向日葵的葵花向日完全不同。
⑪ 甘肅省文物考古研究所等編：《居延新簡》，文物出版社 1990 年版。

狀的糧食作物，故"葵"應爲向日葵籽粒。①（2）徵集的漢代畫像磚有"向日葵"圖案②；或說發現了漢代"葵紋"瓦當，圖案類向日葵，說明漢代確有向日葵③。按，"葵二斗"應指葵菜種子並非葵葉，簡文中省去"子"字。《居延新簡》簡 E.P.T2:5B 記"葵子一升"以及前引馬王堆 1 號漢墓遺冊"葵種（種）五斗布囊一"可以爲證。至於徵集而來的漢代"向日葵"畫像磚沒有得到專業鑒定，疑問多多，而"葵紋"瓦當亦有牽強之嫌，二者均不能成爲漢代的葵菜是向日葵的證據。總之，漢代沒有向日葵這種植物，漢代人所說的"葵"是冬葵菜是可以肯定的。

葵可以在不同季節種植，故又有秋葵、冬葵和春葵之說。《本草綱目》卷一六《草部》"葵"條云："四五月種者可留子；六七月種者爲秋葵；八九月種者爲冬葵，經年收採。正月復種者爲春葵，然宿根至春亦生。"④李時珍生活時代，葵的種植已大不如以前，正如《本草綱目》"葵"條所引錄的那樣，李氏的說法來自於陶弘景的《名醫別錄》。陶氏對種葵的描述也非其所創，而是他對前人和當時人經驗的引錄和轉述。在漢代人對葵的稱呼中，"冬葵"最爲常見，春葵和"秋葵"幾無蹤跡，在很大程度上可以說"冬葵"即是"葵"。《四民月令》"六月"條所說該月中伏後"可種冬葵"，時間早於七八月份種植冬葵的常例，大概因氣候原因，不同地區種植冬葵的時間也有差異。

蔜葵即落葵（*Basella rubra*），與冬葵相似，係落葵科一年生藤蔓植物，原產亞熱帶地區。又有"藤葵"、"藤菜"、"天葵"、"繁露"、"御菜"、"燕脂菜"⑤、"木耳菜"⑥等稱謂。《本草綱目》卷二七《菜部》"落葵"條云："落葵葉冷滑如葵，故得葵名。釋家呼爲'御菜'，亦曰'藤兒菜'。《爾雅》云：'蔜葵，繁露也。'一名承露。其葉最能承露，其子垂垂亦如綴露，故得'露'名。而蔜、落二字相似，疑落字乃蔜字之訛也。"⑦陶弘景說："人家多種之。葉惟可鉦鮓食，冷滑。"⑧則蔜葵性味與葵相類，食法亦相類。《太平御覽》卷九九八引《陳留耆舊傳》云："梁垣牧爲郡功曹，與君歸鄉，爲赤眉所得。賊將啖之。牧求先。賊長義而釋牧，送蘩露實一斛。"可知蔜葵也是漢代人食用之物，赤眉能送梁垣牧"一斛"蔜葵子，其量猶在前引居延簡記錄的葵子二斗

---

① 何雙全：《居延漢簡所見漢代農作物小考》，《農業考古》1986 年第 2 期。薛英群、何雙全、李永良：《居延漢簡釋粹》，蘭州大學出版社 1988 年版，第 40 頁。
② 俄比解放：《四川省昭覺縣出土的漢代畫像磚石》，《考古與文物》1994 年第 3 期。
③ 西北大學文博學院考古專業編：《百年學府聚珍——西北大學歷史博物館藏品選》，文物出版社 2002 年版，第 98 頁。
④ 劉衡如校：《本草綱目》，第 1038—1039 頁。
⑤ ［明］李時珍：《本草綱目》卷二七《菜部》"落葵"條。劉衡如點校：《本草綱目》，第 1666 頁。
⑥ ［清］吳其濬：《植物名實圖考》卷四"蔜葵"條，第 83 頁。
⑦ 劉衡如點校：《本草綱目》，第 1666 頁。
⑧ ［明］李時珍：《本草綱目》卷二七《菜部》"落葵"條引。劉衡如點校：《本草綱目》，第 1666 頁。

或一升之上,若非種植之物,平日斷不可能有如此之多的積蓄。因此,蒸葵在漢代也應當如南北朝時期一樣,是"人家多種之",我懷疑漢代人所説的"葵"可能在廣義上也包括了蒸葵。蒸葵的現代産量是1市畝1500公斤—2500公斤,折合爲1漢畝(换算詳後)1036公斤—1727公斤,折半計之也有500公斤—800公斤,是一種有著較高産量的作物,這或許也是漢代人以此爲人工菜蔬的原因之一。

相傳春秋時魯相公儀休不與民争利,拔其園葵而棄之。①《管子·輕重篇甲》説齊桓公憂北郭民貧,詢問管子如何處理。管子答曰:令"去市三百步者,不得樹葵菜",並説如此則"北郭之甿,有所讎其手搔之功,唐園之利。故有十倍之利"。②《晉書·愍懷太子傳》説晉惠帝太子司馬遹令西園賣葵菜而受其利。③可見從春秋戰國以來下至西晉,葵是菜農經營的重要蔬種,有專門的葵園,有專種葵菜的農人,販售葵菜有著不小的利潤空間。《居延漢簡釋文合校》簡506·10A 記録的一處由12個菜畦套種的菜地,其中葵7畦,葱和韭菜共5畦。葵的種植面積超過了葱和韭的總和。看來漢代人所説的"地種葵"爲"美園"④,園圃中"葵菜繁茂"⑤的情形不是誇張之辭。《四民月令》"九月"條説該月作葵菹和乾葵,葵菹和乾葵均可長期保存,在缺少新鮮蔬菜的冬季,這應是北方地區普通人家的主要蔬菜。長江流域蔬菜品類雖較多,但以馬王堆1號漢墓隨葬數量衆多的葵子推想,當地居民在冬季大概也以儲存的葵菜佐食。⑥葵莖、葵子可以入藥。⑦《風俗通義》佚文云:"鐮刀自葵,積芻葹之效。"王利器引《拾補》云:"'自'疑'刈'。"⑧按,《淮南子·人間》:"宫人得戟則以刈葵","不知所施之也";⑨鮑照《代東武吟》:"腰鐮刈葵藿,倚杖牧鷄豚。"⑩《拾補》説是。如此,葵菜

---

① 《史記》卷一一九《公儀休傳》,中華書局1959年點校本,第3102頁。
② 黎鳳翔撰,梁運華整理:《管子校注》,中華書局2004年版,第1421頁。
③ 又見《晉書·江統傳》。二《傳》均作"西園賣葵菜、藍子、鷄、麪之屬"(《晉書》卷五三、卷五六,中華書局1974年版,第1458、1539頁)。《太平御覽》卷八二七引作"西園賣醯、□、茶、菜、藍子之屬",其中的"菜"當爲葵菜省文。
④ 黄暉:《論衡校釋》,中華書局1990年版,第546頁。
⑤ 《太平御覽》卷九七四引應璩《與尚書諸郎書》。
⑥ 馬王堆1號漢墓遺册有"葵種(種)五斗布囊一"(簡148),與粟、麥、葱等作物種子同出。《五十二病方》除"陳葵種"外,還有"陳葵莖"(馬王堆漢墓帛書整理小組編:《馬王堆漢墓帛書》第四輯,文物出版社1985年版,第66頁),看來漢代人似乎是將葵整體儲存,而不限於葵種和葵菜。《太平御覽》卷九七九引《荆楚歲時記》:仲冬之月,"菜結霜,蕪菁、葵等雜菜乾,並爲鹹菹",則時至南朝長江流域居民冬季亦以乾葵爲常菜。
⑦ 《五十二病方》以葵莖入藥療疣、以葵種入藥療癃(馬王堆漢墓帛書整理小組編:《馬王堆漢墓帛書》第四輯,第40、45頁)。
⑧ 王利器:《風俗通義校注》,中華書局1981年版,第614頁。
⑨ 張雙棣:《淮南子校釋》,第1916頁。
⑩ [南朝·宋]鮑照:《鮑明遠集》卷三,《四部叢刊》景宋本。

應當還是家畜的飼料①，因而其利用價值就更爲廣闊。

葵具有特殊的品性。它的生長時間較長，一年中大部分時間都可以獲利。在綠葉蔬菜中，它有較強的抗病蟲害能力，能夠有效地抵禦曲條甲蟲和菜蚜的危害。②因此，自新石器時代以來，葵在黃河和長江流域能夠得到先民的高度關注並最終成爲種植最爲廣泛、地位最爲重要的蔬菜，絕非偶然。

關於種植葵菜的盈利量，漢代文獻無載，《齊民要術》卷三《種葵》有如下一段文字：

> 近州郡都邑有市之處，負郭良田三十畝，九月收菜後即耕……三月初，葉大如錢，逐概處拔大者賣之。一升葵，還得一升米……一畝得葵三載，合收米九十車。車準二十斛，爲米一千八百石。
>
> 自四月八日以後，日日剪賣。其剪處，尋以手拌斫，斸地令起，水澆，糞覆之。比及剪遍，初者還復，周而復始，日日無窮。至八月社日止，留作秋菜。九月，指地賣，兩畝得絹一匹。③

文中的"載"通常作"車"解，"三載"即3車。④"合收米九十車"中的"米"，一種意見認爲係"菜"字錯刻⑤，另一種意見認爲文中"米"字均不誤⑥。其實對這個字是"米"還是"菜"判斷，並不影響對這段話的整體理解，即相同重量的"葵"和"米"價格相等。這段文字大意是在都邑有市附近用良田30畝種葵菜，九月開始種植，來年三月初葵葉初生，賣其大者，1升葵秧的價格相當於1升粟米。一畝可得葵秧3車，30畝相當於粟米90車。1車秧苗重20斛，90車葵秧價格相當於1800石粟米。四月以後，葵可日日剪賣，旋剪旋生，直至八月社日。至九月，可將葵菜全部賣掉，2畝地的葵菜可換得1匹絹。前文所述自先秦以來，葵菜一直是一種有著較高利潤空間的穩定的作物，若考慮這一背景，賈思勰的描述似可作爲我們推測漢代葵菜收益的依據。

---

① ［漢］韓嬰：《韓詩外傳》卷二魯監門之女嬰云："昔者，宋之桓司馬得罪於宋君，出奔於魯，其馬佚而騵吾園，而食吾園之葵。是歲，吾閒園人亡利之半。"（許維遹校釋：《韓詩外傳集釋》，中華書局1980年版，第33頁）由此而觀，古人將葵作爲牲口飼料的可能的確存在。
② 魏文麟：《葵菜的初步考證》，《園藝學報》第3卷第2期，1964年5月。
③ 繆啓愉、繆桂龍：《齊民要術譯注》，上海古籍出版社2006年版，第174—175頁。
④ 高敏主編：《魏晉南北朝經濟史》，上海人民出版社1996年版，第749頁。繆啓愉、繆桂龍：《齊民要術譯注》，第175頁。石聲漢校釋：《齊民要術今釋》，中華書局2009年版，第219頁。
⑤ 石聲漢校釋：《齊民要術今釋》，第219頁。
⑥ 高敏主編：《魏晉南北朝經濟史》，第749頁。

《齊民要術》的上述文字包含著大量信息，值得研讀。

首先，漢武帝以前，漢行秦田和東田兩種畝制，秦田即大畝（240步），合今畝 0.692 市畝，行于洛水以西的漢西北和西南地區；東田即小畝（百步），合今畝 0.288 市畝，行於戰國六國故地。武帝後期全國統一行大畝，這個制度延續到魏晉南北朝。一大畝相當於 0.691 市畝，30 畝即 20.73 市畝。北魏權衡大約是漢代的兩倍，1 斤在 440 克—480 克之間。[1] 若以 440 克計，則每畝產葵秧是 17.6 市斤。南北朝糧食單位面積產量與漢代相近，漢代糧食產量大致爲 110 市斤/市畝，一大畝糧食產量是 76 市斤。這樣，同一單位面積種植的葵菜雖價格與米相同，但收穫量較少，比例約略爲 0.23（葵）：1（粟米）。就此而言，葵的種植似乎不及種植粟有利，但如果考慮到粟是單季作物，一年只能收穫一次，而葵則可"日日剪賣"。如以一月銷售以此計，自3月至8月至少有5次銷販，這樣二者種植總量的比例就是 1.15（葵）：1（粟）。葵的優勢盡顯無遺。

其次，按照賈思勰的以上估算，1畝地的葵菜1年的收益包括四部分，即（1）三月至四月初，可得 60 斛粟米；（2）四月初至八月可以日日剪賣（所得不詳）；（3）家庭自用冬菜；（4）九月將葵全部賣掉，可得半匹絹。假定三至四月初的賣葵量是1個月葵收穫量的常數，則四至八月的5個月中1畝地就應產葵 240 斛；再假定種植者將其中的 1/3 用於冬儲蔬菜，則每年每畝葵的毛收益爲 240 斛粟米＋半匹絹。漢代常平時期粟價是 1 斛 30 錢—80 錢，素、縑、帛的價格 1 匹均在 500 錢左右。[2] 假定漢代葵菜種植收益與《齊民要術》的描述相近（晉南北朝雖晚於漢代，但這兩個時代的人都以葵菜爲常菜，故司馬遹之事和賈思勰之説也可視爲漢代社會的寫照），則葵每斛價格在 30 錢—80 錢之間，種植 1 畝地毛盈利在 5000 錢以上（不包括沒有用於銷售的自用蔬菜）。

再次，漢和南北朝時期 1 斛容量約爲 20000 毫升，折合粟米重量約爲 10 市斤。在漢代，作爲容量計量單位元的斛與作爲重量計量單位的石是相同的，即 1 斛相當於 1 石。根據《齊民要術》葵、粟同量等價的説法，則在正常情形下，1 石葵菜的價格就是 30 錢—80 錢。

上述關於葵菜盈利率和價格的估算，基於的是一個特定的空間範圍和自然條件，

---

[1] 三國至隋權衡考古和文獻資料均很少，孔穎達云："魏、齊斗稱于古二爲一。"（《春秋左傳正義》卷五五定公八年《傳》孔穎達疏，文淵閣四庫全書本）文中的"古"通常被視爲漢制，則北魏權衡一斤合 440 克。參見丘光明：《中國歷代度量衡考》，科學出版社 1992 年版，第 440 頁。也有學者據零散的權衡實物資料推測北朝每斤重約 480 克。參見郭正忠：《三至十四世紀中國的權衡度量》，中國社會科學出版社 1993 年版，第 12 頁。

[2] 林甘泉主編：《中國經濟通史·秦漢經濟卷》，經濟日報出版社 1999 年版，第 570、578 頁。

即賈思勰所説的"近州郡都邑有市之處"和"負郭良田",前者指明這裏的葵菜的種植主要是用於都邑非農業人口的消費,後者指明種植葵菜的土地是良田,如果考慮到這一背景,没有這一空間範圍和自然條件的葵菜種植的盈利率和價格,應該低於上述資料。從這個角度考慮,漢代葵菜種植範圍的擴展和盈利量的增加,應當與城市的發展以及非農業人口數目的增加有著相當程度的關聯性。

最後,葵何以能成爲先秦以來最爲重要的蔬菜。有研究者指出:葵含有粘液質,煮後肥嫩滑膩,在植物油還未得到發展,動物油來源有限的情形下,自然受到人們青睞。① 這個推測似有未盡之義。"滑"是葵菜的基本特徵,但這個特徵至少在醫家看來"不利於人"②。植物油在南北朝以後逐漸普及,從南北朝到明以前的漫長的時間段中,葵菜依然是重要的蔬菜(詳後)。因此用口感解釋葵菜的普及程度是不完備的。由《齊民要術》提供的相關數字可以看到,葵屬於高產量和高收益的菜蔬,對葵的種植,既能滿足一般家庭的日常佐食需求,也能賺取貼補家庭生活的收入。在我看來,這才是葵菜成爲漢代和漢代以後許多朝代最重要蔬菜的首要原因。

新鮮葵菜日常食法是烹煮作羹和鹽漬作菹,乾葵的食用也不外乎此。③ 由於種植時節的緣故,普通人家冬季只能吃到曬乾儲存的葵菜——據《四民月令》"八月"條"可乾葵"和"九月"條"作葵菹乾葵",曬葵的時間在秋季④;只有富人貴族才能在冬天享受新鮮的葵菜⑤。葵與其他蔬菜混合烹製似乎很少,與肉類食物搭配做肴也不多。馬

---

① 羅桂環:《從歷史上植物性食物的變化看我國飲食文化的發展》,《飲食傳播與文化交流》,臺北,2009 年。
② 《太平御覽》卷九八〇引蘇敬《新修本草》。
③ 漢詩中有"烹穀持作飯,采葵持作羹"的描寫(《樂府詩集》卷二五《紫騮馬歌辭》)。用小米做主食,以葵羹下飯,正是漢代普通人家日常的一份食物搭配。《齊民要術》卷三"種葵"引崔寔曰:"九月,作葵菹,乾葵。"《齊民要術》卷九"作菹、藏生菜法"記葵菜有鹽菹和酸菹兩種方法,前者先用極鹹的鹽水洗葵菜,復以鹽水醃之,食時"以水洗去鹹汁,煮爲茹",據説其口感"與生菜不殊"。後者以酢漿煮葵菜,"擘之,下酢,即成菹矣"。此外還有一種比較複雜的葵菹做法:"擇燥葵五斛,鹽二斗,水五斗,大麥乾飯四斗,合瀨:案葵一行、鹽、飯一行,清水澆滿。七日黄,便成矣。"(《齊民要術》卷九《作菹、藏生菜法》引《食經》,繆啓愉、繆桂龍:《齊民要術譯注》,第 668 頁)賈思勰專門指出:"世人作葵菹不好,皆由葵大脆故也。"(《齊民要術》卷九《作菹、藏生菜法》。繆啓愉、繆桂龍:《齊民要術譯注》,第 669 頁)按照崔寔的説法,葵菹在九月製作,如當年氣候溫暖,應推遲至十月(《齊民要術》卷九《作菹、藏生菜法》引。繆啓愉、繆桂龍:《齊民要術譯注》,第 669 頁)看來葵菹在各類蔬菜製作的菹中,具有一定難度,這也在一定程度上限制了葵菜的食用空間。
④ [漢]崔寔原著,石聲漢校注:《四民月令校注》,中華書局 1965 年版,第 62、65 頁。
⑤ 東漢靈帝建寧二年(公元 169 年)《肥致碑》云:方士肥致"以十一月中旬,上思生葵,君却入室,須臾之頃,抱兩束葵出"(河南省偃師縣文物管理委員會:《偃師縣南蔡莊鄉漢肥致墓發掘簡報》,《文物》1992 年第 9 期)。有研究者認爲,肥致十一月奉葵可能是一種傳説而非事實(崔建華:《漢代反季節栽培與"不時不食觀念"》,《人文雜誌》2011 年第 6 期)。然《鹽鐵論·散不足》賢良批評世風奢靡,其中有"今富者……冬葵溫韭"語(王利器校注:《鹽鐵論校注》,第 349 頁),即利用溫室栽培方式可以在冬季吃上葵菜。可知漢代民間的溫室栽培並不罕見。肥致能夠"須臾之頃"從家中"抱兩束葵出",或許就是使用了溫室栽培技術。

王堆1號漢墓食物遣册和長沙砂子塘西漢墓封泥匣文字未見葵的蹤影，而馬王堆3號漢墓隨葬食物遣册中僅有鮮鯉葵羹一種（簡94），在蔬菜與肉類食物的配合程度上不及蕪荑、筍等。① 這可能與葵菜味性寒滑的特點有關。《金匱要略》中多處提到對葵菜的限食和其他禁忌，包括與其他食物搭配，如"四季勿食生葵，令人飲食不化，發百病，非但食中，藥中皆不可用，深宜慎之"；"葵心不可食，傷人；葉尤冷，黃背赤莖者勿食之"；"白黍米……不可合葵食之"；② "豬肉和葵食之，少氣"③。《金匱要略》沒有説鯉魚不能和葵相配，這與馬王堆3號漢墓遣册的記録是一致的。不過這種情形在後代醫家的眼中却發生了變化。④

葵菜在戰國秦漢時代盛極一時，它在後代在何時以及爲何衰落，學界雖有討論，却仍有明晰化的必要。一種意見認爲漢代以後葵菜逐漸退出蔬菜家族⑤，這種説法的根據是《太平御覽》卷九七八引陶弘景《名醫別録》云："葵菜猶冷利，不可多食"；《太平御覽》卷九八〇引蘇敬《新修本草》云：葵菜"性滑利，不利人"；以及李時珍《本草綱目》卷一六"葵"條所言"今之種者頗鮮"、"今人不復食之，亦無種者"。⑥ 李時珍且因這一原因，將葵從傳統的"菜"類移入"草"類。⑦ 而方以智則對"葵有何味，而古人動言烹葵"⑧，大感困惑。實際上，陶弘景等人的説法反映的只是醫家的意見，與實際生活未必絲絲相扣。南北朝以降，葵菜仍然在一個相當長的歷史時段中處於重要地位。《齊民要術》將葵菜列爲諸菜之首，其中的紫莖葵、白頸葵和鴨脚葵等爲當時開發的新品種。⑨ 唐代葵菜仍屬大衆蔬菜，爲一般民衆所常食。⑩ 宋人有"葵處處有之。苗葉作菜茹，更甘美"之語。⑪ 内蒙古巴彦塔拉遼代遺址出土了一定數量的錦葵科

---

① 參見湖南省博物館、湖南省文物考古研究所編著：《長沙馬王堆二、三號漢墓》第一卷《田野考古發掘報告》，文物出版社2004年版。蕪荑見簡149、150；筍見簡175、107。
② [漢] 張仲景：《金匱要略·果實菜穀禁忌並治》，李克光主編：《金匱要略譯釋》，第735、738、741頁。
③ [漢] 張仲景：《金匱要略·禽獸魚蟲禁忌並治》，李克光主編：《金匱要略譯釋》，第719頁。
④ [漢] 張仲景：《金匱要略·禽獸魚蟲禁忌並治》，李克光主編：《金匱要略譯釋》，第719頁。
⑤ 張孟倫：《漢魏飲食考》，蘭州大學出版社1988年版，第94頁。
⑥ 劉衡如點校：《本草綱目》，第1038、1039頁。按，葵因"性滑"特點，自漢以後成爲治療癃閉、淋證等疾病的藥物。如《備急千金要方》卷二一"淋閉""治諸種淋方"以葵根、大麻根、甘草、石首魚頭石、通草、茆根和貝子入藥。同卷"治小便不通方"以滑石、葵子、榆白皮入藥。
⑦ [明] 李時珍：《本草綱目》卷一六《草部》"葵"條："古者葵爲五菜之主，今不復食之，故移入此。"劉衡如點校：《本草綱目》，第1038頁。
⑧ [明] 方以智：《通雅》卷四四《植物·穀蔬》，文淵閣四庫全書本。
⑨ [北魏] 賈思勰：《齊民要術》卷三《種葵》。繆啓愉、繆桂龍：《齊民要術譯注》，第170頁。《全宋文》卷四六鮑照《園葵賦》説葵園中種植有"白莖紫蒂，豚耳鴨掌，"其中的白頸、紫蒂和鴨掌葵即《齊民要術》所説的白頸葵、紫莖葵和鴨脚葵。豚耳葵則未入《齊民要術》。
⑩ 載徐海榮主編：《中國飲食史》第3卷，華夏出版社1999年版，第43—44頁、第307頁。
⑪ [明] 李時珍：《本草綱目》卷一六《草部》"葵"條引蘇頌語。劉衡如點校：《本草綱目》，第1038頁。

種實，在全部植物比例上僅次於粟黍大麻、藜和和狗尾巴草屬，超過了蓼等其他 13 種植物①，吉林白城孫長青遼金遺址亦有錦葵科植物的報導②，這些均顯示了其葵爲蔬菜的可能性。元人王禎（公元 1271—1368 年）對葵褒揚有加："葵爲百菜之主，備四時之饌，本豐而耐旱，味甘而無毒，供食之餘可爲菹臘，枯柿之遺可爲榜簇。子若根則能療疾，咸無棄材，誠蔬茹之上品，民生之資助也。"③ 元代朝鮮漢文讀本《朴通事諺解》卷中說："聽的賣菜子的過去麼，買些菜子兒，後園裏種時好，夜來個都收割了麻，種菜來，麻骨一邊收拾下著用著，種甚麼菜來？蘿蔔、蔓菁、萵苣、葵菜、白菜、赤根菜、園荽、蓼子、葱、蒜、薤、荆芥、薄荷、茼蒿、水蘿蔔、胡蘿蔔、芋頭、紫蘇都種來。"④ 這是朝鮮人眼中的元代中原地區的一份蔬菜清單，記錄的應是當時人常食的菜蔬，葵菜名在前列，可爲王禎所述的注腳。明代小說《檮杌閑評》有"平畦種麥栽葵"的描寫⑤，一般認爲此書是江蘇興化人李清所撰，而明代方志和其他文獻不見黄河流域種植葵菜的記錄，這可能意味著大約不晚於明代，葵已經逐漸退出了江北菜圃。不過明清時期葵菜依然是長江以南一些地區的常見蔬菜。吳其濬目睹江西、湖南皆種葵菜的實情後，批評李時珍結論不確，指出："今人不復食（葵）"，乃是"以一人所未知而曰今人皆不知，以一人所未食而曰今人皆不食。"⑥ 清人袁昶《積雨》詩寫道："滿院栽葵蓼，沈沈一窗绿。"⑦ 袁昶生活在晚清，此詩寫于他擔任江寧布政使期間，正可與吳其濬所論相呼應。實際上近現代湖南、重慶、上海等地仍有栽培和食用葵菜的情形。⑧ 這表明一種長期居於重要地位的蔬菜品種是不會消失得無影無蹤。

然而，自明代開始，葵菜出現衰落以至基本退出家種蔬菜行列確是不爭的事實，原因何在一直未得確解，因而被研究者視爲中國蔬菜史上的"難解之謎"。⑨ 前引葵菜性寒傷人是一種解釋。不過，從《名醫別錄》到《千金要方》再到《本草綱目》，在中國古代多數醫藥家眼中，幾乎没有一種植物百分之百有利於人體，它們都兼有"利"、

---

① 孫永剛：《巴彦塔拉遼代遺址植物遺存及相關問題研究》，《赤峰學院學報》（哲學社會科學版）2013 年第 8 期。
② 楊春、徐坤等：《吉林省白城市孫長青遺址浮選結果分析報告》，《北方文物》2010 年第 4 期。
③ ［元］王禎：《農書》卷三○《穀譜》四《蔬屬》"葵"條，武英殿刻本。
④ 《老乞大諺解·朴通事諺解》，臺北聯經出版事業公司 1978 年影印日本奎章閣叢書，第 204 頁。
⑤ 《檮杌閑評》第六回《客印月初會明珠　石林莊三孽聚義》。
⑥ ［清］吳其濬：《植物名實圖考》卷三"冬葵"條，商務印書館 1957 年版，第 45—46 頁。
⑦ ［清］袁昶：《安般簃集》詩續己，清光緒袁氏小温巢刻本。
⑧ 湖南見勞榦：《何炳棣〈黄土與中國農業的起源〉跋》，何炳棣：《黄土與中國農業的起源》，香港中文大學 1969 年版，第 196 頁。重慶見重慶市農業局等：《重慶蔬菜品種志》上集，重慶人民出版社 1961 年版，第 156—158 頁。上海見上海市農業科學研究所編：《上海蔬菜品種志》，上海科學技術出版社 1959 年版，第 177 頁。又，據 20 世紀 50 年代調查，山西將葵菜作爲觀賞植物，而廣東一帶則采其嫩葉或嫩莖炒食或拌食。參見李長年：《齊民要術研究》，農業出版社 1959 年版，第 7 頁。
⑨ 魏文麟：《葵菜的初步考證》，《園藝學報》第 3 卷第 2 期，1964 年 5 月。

"弊"二重性。中國古代醫藥學的成熟以及由此表達的對各種植物的評估,與葵菜佔據蔬菜首位位置在時間上是同步的。我們看到,漢唐人並未因醫藥家對葵菜的一些負面評價而放棄這個菜種。因此很難用這個理由説明葵菜的被捨棄。

人類食物攝取對象的一般規律是,當一種有用的食物出現後,它會在原有的食物體系中佔據一席之地;當這種有用的食物價值更大時,它就有可能後來居上。兩漢時期小麥尤其是冬小麥在黄河流域大部分地區逐漸取代原本的主食"老大"粟的位置,就是一個有著代表性的例證。①

有研究者注意到葵菜的衰落和白菜的興起在時間上的一致性,指出白菜在産量、品質、儲藏加工等方面,更多的滿足了中國人的需求,這是白菜取代葵菜的根本原因。②這個看法值得重視。下面做進一步討論。

白菜的人工栽培是中國植物史上一個有重要意義的事件,其起源有兩種假説:一説起源於蕪菁與原始白菜(菘)的雜交後代;一説起源於野生或半栽培類型的芸薹植物。從分化程度看,大白菜(結球白菜)和小白菜(青菜)的兩個亞種,它們在自然情形下極易雜交,雜種高度能育能稔。③中國古代白菜種植過程中所出現的多種稱謂和對其形態的不同描述,正體現了這個植物的特徵。④南北朝時期,白菜的始祖野生的菘開始成爲家種菜蔬,並得到迅速發展,時人謂"有數種,猶是一類,止論其美與不美,菜中最爲常食"⑤。在《名醫别録》中被列爲上品。唐宋時期,菘的栽培又有新的了進展。北宋蘇頌《圖經本草》云:"揚州一種菘葉,圓而大,或若蓮,啖之無渣,絶勝他土者,疑即牛肚菘也。"⑥據其所述,此時揚州所産菘菜體形趨大,品質亦佳。元末明初人陶宗儀的記述也顯示了揚州地區白菜品種的優良:"揚州至正丙申丁酉間,兵燹之餘,城中屋址遍生白菜。大者重十五斤,小者亦不下八九斤,有膂力人,所負才四五棵耳。"⑦南宋人吳自牧則談到了包括臺心矮菜、矮黄、大白頭、小白頭和夏菘黄芽在內的多個白菜品種。

至明代菘的培育更爲普及和成熟,幾乎現存的明代所有地方志中,都記録了對白

---

① 彭衛:《關於小麥在漢代推廣的再考察》,《中國經濟史研究》2010年第4期。
② 曾雄生:《史學視野中的蔬菜與中國人的生活》,《古今農業》2011年第3期。
③ 譚其猛:《試論大白菜品種的起源、分佈和演化》,《中國農業科學》1979年第4期。
④ 按植物形態和細胞遺傳學區分,現代的白菜有6個種類,即大白菜(*pekinensis Rupr.*)、小白菜(*R.chinensis*)、烏塌菜(*B.narinosa Bailey.*)、菜薹(*B.parachinensis Bailey.*)、白菜型油菜(*B.campestris L.*)和蕪菁(*B.rapa L.*)。參見山東農學院主編:《蔬菜栽培學各論》(北方本),農業出版社1979年版,第3頁。這些類型都可以在中國古代白菜的選種、栽培和進化史中找到源頭。
⑤ [明]李時珍:《本草綱目》卷二六《菜部》"菘"條引陶弘景語。劉衡如點校:《本草綱目》,第1605頁。
⑥ [明]李時珍:《本草綱目》卷二六《菜部》"菘"條引。劉衡如點校:《本草綱目》,第1605頁。
⑦ [元]陶宗儀:《輟耕録》卷二三"揚州白菜"條,《四部叢刊》三編景元本。

菜的栽培，其地域由北及南，遍佈黃河和長江流域。① 李時珍寫道：

> 菘 (即今人呼爲白菜者) 有二種：一種莖圓厚微青，一種莖扁薄而白。其葉皆淡青白色。燕、趙、遼陽、揚州所種者，取肥大而厚，一本有重十餘斤者。南方之菘畦內過冬，北方者多入窖內。燕京圃人又以馬糞入窖壅培，不見風日，長出苗葉皆嫩黃色，脆美無滓，謂之黃芽菜，豪貴以爲嘉品，蓋亦仿韭黃之法也。菘子如芸薹子而色灰黑，八月以後種之。二月開黃花，如芥花，四瓣。三月結角，亦如芥。其菜作葅食尤良，不宜蒸曬。②

按照李時珍的叙述，選種即"取肥大而厚"者是白菜種植的前提，此時體大質優的白菜已由原產地揚州擴展到燕、趙、遼陽等北方地區。由此推想，在一個較大的空間範圍中，白菜的單產量也有了相當幅度的提高。現代農業條件下白菜的每市畝產量一般爲5000公斤，考慮技術因素，折半計之，明代白菜每市畝產2500公斤。根據前述葵菜畝產和1年收割5次計，其產量爲1市畝所得12.16市斤×5 = 60.81市斤 = 30.4公斤。單位面積白菜產量較葵菜高80餘倍。就品質而言，白菜尤其是佳種黃芽白菜頗爲當時人所青睞。明人史玄和李時珍分別用"狀如環、色如肪"和"脆美無滓"讚譽這個品種。③ 與其大致同時的明人顧起元談及南京名蔬時也專門提到白菜，稱其"爲尤美"④。明末清初美食家李漁對白菜更是讚不絕口："菜類甚多，其傑出者則數黃芽。此菜萃於京師，而產于安肅，謂之'安肅菜'，此第一品也。每株大者可數斤，食之可忘肉味。"⑤ 產量的提高，使得白菜很快成爲大衆化的食物。⑥ 這樣，無論在產量抑或品質抑或消費的競爭力上，白菜在明代的蔬菜家族中均具有很大的優勢。

明代是異域作物進入中土的重要時期，但新來的物品並沒有解決北方地區冬季蔬菜的供應問題。謝肇淛曾比較了新鮮蔬菜短缺的冬季黃河流域及以北地區與江南地區的明顯差異：

---

① 此類資料甚多，如 [明] 栗祁：萬曆《湖州府志》卷三、[明] 王鏊：正德《姑蘇志》卷一四《菜之屬》、[明] 陳道：弘治《八閩通志》卷二五《食貨》等。不贅舉。
② [明] 李時珍：《本草綱目》卷二六《菜部》"菘"條。劉衡如點校：《本草綱目》，第1605頁。
③ [明] 史玄撰，駢宇騫整理：《舊京遺事》，北京古籍出版社1986年版，第22頁；[明] 李時珍：《本草綱目》卷二六《菜部》"菘"條。劉衡如點校：《本草綱目》，第1605頁。
④ [明] 顧起元撰，譚棣華、陳家禾點校：《客座贅語》卷一"珍物"，中華書局1987年版，第13頁。
⑤ [清] 李漁：《閒情偶寄》卷一二《飲饌部》"菜"條。安肅治所在今河北徐水。
⑥ 清人云："京師蔬菜……至如菠菜、白菜，數錢即可滿筐，食白菜者僅取其心而棄甲於外，狼藉道上。"參見 [清] 闕名撰，駢宇騫整理：《燕京雜記》，第173頁。

燕、齊之民，每至饑荒，木實樹皮，無不啖者。其有草根爲菹，則爲厚味矣。其平時如柳芽、榆莢、野蒿、馬齒莧之類，皆充口食。圃有餘地，不能種蔬，競拔草根醃藏，以爲寒月之用。《毛詩》所謂"我有旨蓄"以禦冬者，想此類耳。彼詎知南方有凌冬彌茂之蔬耶？①

更往南的嶺南地區因氣候濕熱，物産豐富，可以常年提供新鮮蔬菜，且較長江流域更爲豐富。②但在黃河流域及以北地區，冬季蔬菜依然單調。按照前引李時珍的叙述，白菜是當時重要的冬季儲藏蔬菜。北方大抵以地窖儲藏；南方用菜蓬過冬。據清天津寶坻人李光庭所述，冬季地窖儲存白菜在北方地區十分普遍，對於保護白菜效果顯著。③明人陸容還提到了醃製儲藏方式，他説："今京師每秋末，比屋醃藏（白菜——引者）以禦冬。"④可見白菜是明代人冬季存儲的主打菜蔬。無論南北之地，所儲藏之白菜較之古代的葵菜有一個很大的優點，即蔬菜保持了一定程度的新鮮度，而不必完全曬乾。這樣冬季食用的蔬菜加工的空間更大，口感也更好。《齊民要術》有一條學界注意不多的資料："世人作葵菹不好，皆由葵大脆故也。"⑤葵菜受到重視的一個原因是它的冬儲價值，但由於葵本身"大脆"特點，增加了加工難度，白菜的進入則改變了這種局面。因此這種狀況一直延續到近現代。⑥

較之此前時代，明代人口總數增長迅速，從洪武二十六年（公元1393年）的7270萬人口到崇禎三年（公元1630年）的19250萬人口，在這段時間中，明代人口增長了1.65倍，年平均增長率4.1‰。而中國歷史上可信的突破1億人口大關的時代即在明代中期以後。⑦人口大幅度增加的一個後果是對食物需求量的增高，昔日最重要的冬季蔬菜葵菜的産量在滿足現有人口需求壓力時遭遇到困難，而在品質上不處下風、在單位

---

① ［明］謝肇淛：《五雜俎》卷一一《物部》三。明萬曆四十四年潘膺祉如韋館刻本。
② 據清人屈大均觀察，廣東地區"隆冬時，常得鮮蔬十餘種，故人家絶少鹹菹。諺曰：'冬不藏菜。'賓客至，以菹薦之，謂之不敬"。參見［清］屈大均：《廣東新語》卷一四《食語》"菹"條，中華書局1985年點校本，第394頁。標點筆者有所改動。
③ 李光庭："立冬出白菜，家有隙地，掘深數尺，用橫櫟覆以柴土，上留門以貯菜，草簾蓋之。俗以豆腐爲白虎，白菜爲青龍，遂曰青龍入洞。梯以出入，不凍不腐，此鄉村之法也。市集用菜之家，亦有仿而行之者。"參見［清］李光庭著，石繼昌點校：《鄉言解頤》卷四《物部》上"消寒十二事·菜窖"條。
④ ［明］陸容：《菽園雜記》卷六，文淵閣四庫全書本。
⑤ 《齊民要術》卷九《作菹、藏生菜法》。繆啟愉、繆桂龍：《齊民要術譯注》，第669頁。
⑥ 據20世紀30年代的調查，北平郊區農戶種植16種植蔬菜16種，計44229畝，白菜種植面積最大，爲16874.5畝，佔蔬菜總面積的38.1%，接近穀類作物中的大豆種植面積（17769畝）。參見《北平市四郊農村調查》，北平市政府1934年9月刊行。李文海主編：《民國時期社會調查叢編》二編《鄉村社會卷》，福建教育出版社2009年版，第27—28頁。
⑦ 參見葛劍雄主編，曹樹基著：《中國人口史》第4卷，復旦大學出版社2000年版，第247、281頁。

面積産量上具有明顯優勢的白菜，則可以大爲改善冬季菜蔬食用狀況。

白菜與葵菜雖非同一種屬，却在形態上和葵菜的近似度較之韭、蕪菁、蘆菔等作物更多，而被替代的物品通常都是相似者。這也是白菜能够茁壯成長的一個原因。總之，至晚由春秋始至保守估計的南北朝時期，葵菜居於諸菜之首經歷千年，它與後起之秀菘的並存由南北朝計至明代以前也有千年。白菜之所以能後來居上取代了葵菜的位置，是産量、人口和儲存方式等多種因素的結果。從這個意義上説，葵菜的生態史也是古代中國人生態史的一個縮影。

（二）韭（附烏韭、木韭、山韭）

韭是古代中國傳統蔬菜，《詩經・豳風・七月》"四之日其蚤，獻羔祭韭"是人們所熟知的詩句。"羔"即飼養的羊羔，"韭"是種植的韭菜。《穀梁傳》宣公十五年："古者公田爲居。井灶葱韭盡取焉。"①《大戴禮記・夏小正》："囿有見韭。"②《説苑》："衛有五丈夫，俱負缶而入井灌韭，終日一區。"③這些描寫都是將韭作爲人工種植的菜蔬。秦漢人所食之韭自然也是人工種植，在《靈樞經》"五菜"和《急就篇》十五菜中均名居次席。據現代植物栽培研究，韭菜對温度和土壤適應性以及耐肥力都較强，種植容易，在現代精細栽培條件下，壽命可達20年—30年，一年可割取4次—6次。④古人也觀察到此點。《説文》"艸部"云："韭……一種而久者，故謂之韭。"同時，韭春、秋兩季均可食用⑤，食物利用率較高。韭的這些特性爲漢代人種植這個蔬菜增添了積極因素。韭割後可復生⑥的特點暗合了長生，令古人印象深刻。《十問》中署名文摯與齊威王的對話，是西漢初年人對韭的頌詞：

> 威王曰："子之長韭何邪？"文執（摯）合（答）曰："后稷（稷）半鞣，草千歲者唯韭，故因而命之。亓（其）受天地氣也蚤（早），亓（其）受地氣也葆，故辟轟（懾）懸胠（怯）者，食之恒張；目不蔡（察）者，食之恒明；耳不聞者，食之恒苾（聰）；春三月食之，苛（屙）疾不昌，筋骨益强，此胃（謂）百

---

① ［清］阮元校刻：《十三經注疏》，上海古籍出版社1997年版，第2415頁。
② ［清］王聘珍：《大戴禮記解詁》，中華書局1983年版，第26頁。
③ ［漢］劉向：《説苑》卷二〇《反質》，《四部叢刊》景明鈔本。
④ 山東農學院主編：《蔬菜栽培學各論》（北方本），第79、86頁。
⑤ 《禮記・内則》："豚，春用韭。"［清］孫希旦撰，沈嘯寰、王星賢點校：《禮記集解》，中華書局1989年版，第748頁）《文選》張衡《南都賦》："秋韭冬菁。"
⑥ 《太平御覽》卷九七六引崔寔《政論》記東漢末民謡："小民髮如韭，剪復生。"

草之王。"①

《十問》是具有濃厚黃老色彩的養生著作，文中的齊威王是戰國黃河下游人，文摯是戰國宋國名醫，二人不是同一時代人②，故文摯對齊威王當屬託名之作。《十問》出現在長江流域的楚國故地，表達的應是楚地的觀念。韭爲"百草之王"的説法在這個時期黃河流域居民的觀念中則未曾見到。③據《靈樞經·五味》，韭在"五菜"之列，性酸，宜肝，配合青色④，這種排序顯然與最早出現在黃河下游齊國的五行學説有著直接聯繫。"百草之王"和"五菜"之一是戰國時期出現在長江和黃河流域對韭的兩種解讀。我們注意到傳世漢代文獻没有類似於《十問》文摯論韭的文字，《金匱要略·果實菜穀禁忌並治》還提到韭對人身體的不良之處，如"五月勿食韭，令人乏氣力"、"葱韭初生芽者，食之傷人心氣"、"飲白酒食生韭，令人病增"、韭"不可共牛肉作羹食之，成瘕病"。⑤看來入漢之後，楚人對韭的看法没有成爲主流觀念。

儘管漢代人没有將韭置於百菜至尊的位置，但由於韭可反復割取，既可熟食也能生食，是那個時代人佐食的重要菜蔬⑥，並因其生長早而成爲春祀的重要食物⑦，因此種植相當廣泛。在黃河流域和以北地區，韭與葵、葱等成爲漢代人的當家蔬菜。宣帝時渤（"渤"或作"勃"）海郡太守龔遂治郡的重要措施是勸民務農桑。《漢書·循吏傳·龔遂》云：

遂見齊俗奢侈，好末技，不田作，乃躬率以儉約，勸民務農桑，令口種一樹榆、百本薤、五十本葱、一畦韭，家二母彘、五雞。民有帶持刀劍者，使賣劍買

---

① 馬王堆漢墓帛書整理小組編：《馬王堆漢墓帛書》第四輯，第150頁。
② 一般認爲齊威王的生卒年代是公元前378—公元前320年。據《吕氏春秋·至忠》，文摯曾給齊閔王田地（公元前323—公元前284年）治病（陳奇猷校釋：《吕氏春秋校釋》，學林出版社1984年版，第578頁）。
③ 《春秋繁露》雖提到韭生長早，如《祭義》篇云"韭也，春之所始生也"（[清]蘇輿撰，鍾哲點校：《春秋繁露義證》，第440頁），《四祭》篇云"以正月始食韭也"（[清]蘇輿撰，鍾哲點校：《春秋繁露義證》，第406頁），却未由此衍生出類似於《十問》的説法。
④ 河北醫學院校釋：《靈樞經校釋》下册，第137頁。
⑤ 李克光主編：《金匱要略譯釋》，第734、736、737頁。
⑥ 睡虎地秦簡《傳食律》規定御史卒人隨長官出行，"食稗米半，醬四升一，菜羹，給之韭葱"（睡虎地秦墓竹簡整理小組編：《睡虎地秦墓竹簡》，文物出版社1978年版，第101頁）。《藝文類聚》卷五〇引司馬彪《續漢書》説孔奮"妻子飲食但葱、韭"。
⑦ 《春秋繁露·祭義》："春上豆實……豆實，韭也，春之所始生也。"（[清]蘇輿撰，鍾哲點校：《春秋繁露義證》，第440頁）《春秋繁露·四祭》："祠者，以正月始食韭也。"（[清]蘇輿撰，鍾哲點校：《春秋繁露義證》，第406頁）《四民月令》二月條："二月祠大社之日，薦韭、卵于祖禰。"（[漢]崔寔原著，石聲漢校注：《四民月令校注》，第15頁）《公羊傳》桓公八年："春曰祠。"何休注："薦上韭、卵……春物始生，孝子思親，繼嗣而食之。"（[清]阮元校刻：《十三經注疏》，第2218頁）

牛，賣刀買犢，曰："何爲帶牛佩犢！"春夏不得不趨田畝……①

按《漢書·地理志上》，"勃海郡，高帝置。莽曰迎河。屬幽州"，郡治浮陽（今河北滄州）②，在今河北東南部瀕臨渤海地區，並非青州齊地。本《傳》何以稱這裏是"齊俗"？《漢書·地理志下》："齊地，虛、危之分野也。東有甾川、東萊、琅邪、高密、膠東，南有泰山、城陽，北有千乘，清河以南，勃海之高樂、高城、重合、陽信，西有濟南、平原，皆齊分地。"③則《史》、《漢》所說的"齊地"大致指戰國時齊之故土，與九州分野不同，勃海郡正在其中，故言"齊俗"。這個措施針對的是當地"奢侈，好末技，不田作"的生產和生活特點。龔遂是山陽（郡治今山東金鄉）人，他提出的種韭方案或許是以當時黃河下游乃至更大範圍的菜蔬種植情形爲藍本。齊地是否不曾種韭，文獻已然點明，那些不種韭的居民是"末技"即從事商業活動人口，並不包括農業人群。龔遂命令中的"口"應是成年人。若每口"一畦韭"的安排就是齊地農户的常態，每户成年人口按 3 口計，則 1 户人家就要種植 3 畦韭。據《漢書·地理志上》，西漢末勃海郡有 256377 户，905119 人④，宣帝時人口數大約略低於這個數字，姑以成年人口 60 萬人計，則勃海郡韭的種植數量是 60 萬畦。

"畦"是泛指一塊地還是有特定面積，學界主要有三種意見。其一，《史記·貨殖列傳》裴駰《集解》引徐廣《史記音義》曰："千畦，二十五畝。"即 1 畦爲 1/40 漢畝。其二，1 畦爲 50 漢畝。三國吳人韋昭云："圲中畦猶隴也，謂五十畝也。"陳連慶據《史記·貨殖列傳》索隱引劉熙注《孟子》"今俗以二十五畝爲小畦，五十畝爲大畦"，認爲一畦是 50 漢畝。⑤其三，畦不是確定的土地計量單位。丁邦友認爲根據《史記·貨殖列傳》描寫，種植千畦韭的收益與種植千畝糧食等接近，如果 1 畦爲 50 畝，則種植韭的收益只有糧食等的 1/50，於情理很難説得通。故 1 畦是對一塊地的稱謂，面積大概是 1 畝地的若干分之一。⑥今按，若以 1/40 畝計，60 萬畦是 1.5 萬（150 頃）漢畝。若以 50 畝計，則 60 萬畦是 3000 萬（3000 頃）漢畝。尹灣上計文書木牘所記東海郡的墾田情況是：（1）種宿麥 17 萬 3 千多頃（木牘一反）；（2）春種樹 676094 畝（木牘一反）。宿麥應是當地最重要的糧食作物，而"春種樹"指的應是包括菜蔬和果類植物在

---

① 《漢書》卷八九，第 3640 頁。
② 《漢書》卷二八上，第 1578 頁。
③ 《漢書》卷二八下，第 1659 頁。
④ 《漢書》卷二八上，第 1578—1579 頁。
⑤ 陳連慶：《〈史記·貨殖列傳〉所記的西漢物價》，載東北師範大學歷史系中古史教研室編：《中國古代史論叢》，黑龍江人民出版社 1983 年版。
⑥ 丁邦友：《漢代物價新探》，中國社會科學出版社 2009 年版，第 134—135 頁。

内的其他作物。東海郡治所郯（今山東郯城），與渤海郡鄰近，其人口和地域規模較渤海郡更大。① 與此相應，東海郡的耕地面積也應超過渤海郡。如按 1 畦 50 畝計，墾地面積低於東海郡的渤海郡種韭菜的面積是前者蔬菜瓜果種植面積的 44 倍，這是難以令人置信的。因此，1 畦爲 50 畝的説法確實可能有誤。徐廣（公元 351—425 年），東晉東莞姑幕人（今山東莒縣），史稱"家世好學，至廣尤精，百家數術，無不研覽"，又稱其"博學"。② 裴駰引錄的文字没有指明這個説法的依據。我的推測是徐廣的説法來自典籍所記的可能性最大，也不排除家世口耳相傳提供的知識。在缺乏更多資料之前，"千畦，二十五畝"之説似乎較爲妥帖。龔遂時全國畝制已統一爲大畝，則 1.5 萬漢畝合今畝 10380 市畝。這個數字自然不能作爲黄河流域及以北地區韭菜種植的常數；或龔遂雖有令制，却並非人人遵行，但以此窺察韭菜種植量之大，還是有説服力的。

　　黄河以北地區和黄河上游隴西地區種韭的記録集中在《四民月令》和居延漢簡中。在該書規劃的農事安排中，韭的位置引人注目，如正月上辛日"掃除韭畦中枯葉"③，種韭④；七月"藏韭菁"；八月"收韭菁，作擣齏"⑤。據居延漢簡，韭在黄河上游的隴西地區的種植非常普遍，這應與中原人口進入這一地區有關。居延漢簡記録一處菜畦套種韭、葱和葵菜，包括 3 畦韭菜、2 畦葱和 7 畦葵。⑥ 在一通與韭有關的簡文中有"園不得水出口恐乏"文字⑦，可能是對韭菜種植情况的官方記録。居延漢簡提到"省卒廿二人，其二人養，四人擇韭"⑧，"擇"當作"取"解，這表明種植和收穫韭是邊塞戍卒的工作之一。居延簡又有"卒宗取韭十六束其三束爲中舍二束掾舍十一束卒史"簡文⑨，這應是一份領取物品的登記，戍卒宗從相關部門取走了分配給若干人等的韭，自然是這些人佐食之物。反映了戍卒平日食韭的分配狀况。

　　蘇頌説韭一歲三四割，李時珍説韭"一歲不過五剪"⑩。現代農業條件下韭 1 年收

---

① 《漢書·地理志》下：西漢末東海郡户 358414，口 1559357，縣 38。參見《漢書》卷二八上，第 1588 頁。
② 《宋書·徐廣傳》。《宋書》卷五五，中華書局 1974 年點校本，第 1547、1548 頁。
③ ［漢］崔寔原著，石聲漢校注：《四民月令校注》，第 15 頁。
④ 《齊民要術》卷三《種䪥》引。參見繆啓愉、繆桂龍：《齊民要術譯注》，第 192 頁。
⑤ ［漢］崔寔原著，石聲漢校注：《四民月令校注》，第 56、60 頁。
⑥ 謝桂華、李均明、朱國炤：《居延漢簡釋文合校》簡 506·10A，文物出版社 1987 年版。"葱"《合校》作"二畦"。邢義田釋作"三畦"（邢義田：《香港大學馮平山圖書館藏居延漢簡整理檔調查記》，《地不愛寶：漢代的簡牘》，中華書局 2011 年版，第 556 頁），邢説是。
⑦ 甘肅省文物考古研究所等編：《居延新簡》EPT51·325A。
⑧ 謝桂華、李均明、朱國炤：《居延漢簡釋文合校》簡 269·4。
⑨ 甘肅省文物考古研究所等編：《居延新簡》EPT51·325A。
⑩ ［明］李時珍：《本草綱目》卷二六《菜部》"韭"條引《圖經本草》及本，劉衡如點校：《本草綱目》，第 1575 頁。

割4次—6次。可知古今相近。現代種植韭菜，1畝地1次可收割韭菜500公斤，畝産約2000公斤—3000公斤。①折合爲漢畝是1年1畝産韭菜1384公斤—2076公斤。考慮到漢代韭菜畝産量可能不及現代，折半計之，則每漢畝韭菜年産量應在692公斤—1038公斤之間。漢代1斤約合248克，②則1漢畝每年産韭2790漢斤—4183漢斤。《居延漢簡釋文合校》簡32.16記韭價云："出十八韭六束。"即一束韭價3錢。肩水金關簡有"買韭卌束直卅"簡文（73EJT23:299）。③即一束韭價1.3錢。二者價格相去一倍，或與季節等因素有關。"一束"重量不詳，姑以2市斤（漢制4斤）計之。以此推算，從理論上説經營韭菜一年每漢畝的毛收益是2092錢—3137錢（按束3錢計），或1817錢—2718錢（按束1.3錢計），千畦即25漢畝年毛收益是52125錢—78431錢（按束3錢計），或45425錢—67950錢。另據《説文》"艸部"，韭菜花稱"菁"，它是漢代人的食材，同樣也是種植韭菜的收益部分。上述資料均來自居延邊地，包括韭菜在内的蔬菜價格可能要略高於農業經濟較爲發達的黄河流域地區。儘管如此，我們依然可以體味到《史記・貨殖列傳》説種植"千畦薑、韭"者銷售薑、韭後的收入"與千户侯等"，應該不是誇張之言。經營千畦韭的人，應當是以銷售爲目的專營蔬菜種植者。而按照司馬遷記述漢代富商和産業主的通則，這樣的人絶非個别。

里耶秦簡食物簿所記蔬菜有韭（簡8:1664）④，應是當地種植之物。《論衡・量知》："地種葵、韭，山樹棗、栗，名曰美園茂林。"⑤同書《自紀》："調和葵韭，不俟狄牙。"⑥《金匱要略》屢屢提到韭，除前引者外，《禽獸魚蟲禁忌並治》治食肉脯中毒方有"飲生韭汁三升"；《雜療方》以"韭根一把"⑦，配以他藥治猝死。王充是會稽人，張仲景是南陽人，其著述多少也反映出長江流域及其邊緣地帶韭菜在漢帝國遼闊的南部地區的種植也相當普遍。

《十問》有"毒韭"之名，説食之可以養生。⑧整理小組認爲"毒韭"是滋味濃厚

---

① 丁邦友：《漢代物價新探》，第134頁。
② 根據對45件漢代權衡實測，西漢平均約爲248克，新莽時期爲238克，東漢平均爲220克（丘光明：《中國歷代度量衡考》，第428—429頁）。本文以248克計之。
③ 甘肅簡牘博物館等編：《肩水金關漢簡》第二輯，中西書局2012年版。
④ 陳偉主編：《里耶秦簡牘校釋》，武漢大學出版社2012年版，第375頁。
⑤ 黄暉：《論衡校釋》，第546頁。
⑥ 黄暉：《論衡校釋》，第546頁。
⑦ 漢晉人稱韭根爲"荄"。《方言》卷三："荄，杜，根也。"郭璞注："今俗名韭根爲荄。"（[清]錢繹撰集，李發順、黄建中點校：《方言箋疏》，第118頁）《説文》"艸部"："荄，艸根也。"
⑧ 馬王堆漢墓帛書整理小組編：《馬王堆漢墓帛書》第四輯，第150頁。

的韭菜。① 按《説文》"艸部":"毒,厚也。"將"毒"理解爲味厚一般來説是準確的。不過《十問》中的"毒韭"與"醇酒"並提。漢代人説的醇酒是可以和美酒劃等號的。醇酒與毒韭相對,則毒韭有可能也指品質較好的韭菜。參以相傳諸葛亮有"萎韭不入園"之語②,似乎漢代韭菜已有品質之分。然而到目前爲止尚未發現漢代韭優良品種的記載。根據現代植物栽培學觀察,韭菜具有較低的遺傳多樣性,其品種間遺傳距離衹有 0.02—0.2。③ 韭菜本身所具有的這個特徵或許也影響了漢代韭菜品種的改良和培育。

據《漢書·循吏傳·召信臣》,西漢元帝竟寧元年(公元前33年)少府召信臣奏罷太官園冬季種植葱、韭的溫室。④《後漢書·皇后紀上·和熹鄧皇后》"凡供薦新味,多非其節,或郁養強孰,或穿掘萌芽……豈所以順時育物乎"⑤,指的也是使用溫室栽培的非季節蔬菜。前引《鹽鐵論·散不足》賢良批評世風奢靡,舉例有"溫韭"。⑥ 葱、韭是易得之物,並非奢侈品。只有那些不易得到的非時之物才有資格成爲被批評的對象。由此看"溫韭"指的就是冬季在溫室中培植的韭菜。換言之,溫室種韭技術至晚在西漢中期的昭帝時就已被民間掌握。因此我們有理由認爲,西漢後期的"溫韭"是不限於皇帝太官園中的,這進一步擴大了韭菜的食用時間。⑦

《四民月令》三月條説三月三日可采烏韭。⑧ 按,烏韭(*Stenoloma chusanum ching*)係蕨類植物,與韭不同種屬,漢代和後世一般作爲藥用。《神農本草經》卷四"烏韭"條云:"主治皮膚往來寒熱,利小腸、膀胱氣。"⑨《四民月令》三月三日與烏韭同采之物還有艾、瞿麥和柳絮。看來漢代人也是將烏韭作爲藥物而非蔬菜。阜陽漢簡《萬物》有書寫"烏韭"殘簡,其背有文字云:"□與甑帶之。"(W081)⑩ 似是將烏韭攜帶於身邊。據研究,《萬物》是與《淮南萬畢術》相似的方術、本草類著作⑪,在這裏烏韭或許有某種辟邪的意義。

---

① 馬王堆漢墓帛書整理小組編:《馬王堆漢墓帛書》第四輯,第 151 頁。
② 《太平御覽》卷九七六引諸葛亮《教張君嗣》。
③ 潘敏、楊建平等:《韭菜栽培品種遺傳多樣性的 ISSR 和 PARD 研究》,《中國農學通報》第 21 卷第 4 期,2005 年 4 月。
④ 《漢書》卷八九,第 3642—3643 頁。
⑤ 《後漢書》卷一〇上,第 425 頁。
⑥ 王利器校注:《鹽鐵論校注》,第 349 頁。
⑦ [明]謝肇淛:《五雜俎》卷一一《物部》三:"京師隆冬有黄芽菜、韭黄,蓋富室地窖火坑中所成,貧民不能辦也。"(明萬曆四十四年潘膺祉如韋館刻本)這與漢代民間的情形十分相似。溯其源頭,當不晚於西漢中期。
⑧ [漢]崔寔原著,石聲漢校注:《四民月令校注》,第 15 頁。
⑨ 馬繼興主編:《神農本草經輯注》,第 375 頁。
⑩ 阜陽漢簡整理組:《阜陽漢簡〈萬物〉》,《文物》1988 年第 4 期。
⑪ 胡平生、韓自强:《〈萬物〉略説》,《文物》1988 年第 4 期。

文獻還有木韭和雀（山韭）[①]，它們大約是野生韭類，也可入蔬。根據現代植物學觀察，在營養成分上，韭菜栽培種和野生種之間沒有明顯差別[②]，漢代人可能也意識到了野生韭菜與菜圃中的家韭的相似。江陵167號漢墓遣冊簡74："笲笞一枚。"此笞中所放置的"笲"應是食物類隨葬品。或釋爲"萑"[③]。按，萑有三義：一爲專指之"萑苻之澤"，《左傳》昭公二十年《傳》："鄭國多盜，取人於萑苻之澤。"杜預注："萑苻，澤名。於澤中劫人。"[④]一爲蘆類植物。《儀禮·特牲饋食禮》："盛兩敦，陳於西堂，藉用萑，幾席陳於西堂，如初。"鄭玄注："萑，細葦。"[⑤]一爲益母草。《爾雅·釋草》："萑，蓷。"郭璞注："今茺蔚也……又名益母。"[⑥]葦不是食物，而在現有漢代文獻中亦未見益母草入菜蔬的記載。江陵漢簡遣冊中的"笲"字，或即"萑"異寫。只是到了後代人們對這類野生韭的知識就較爲模糊了。[⑦]

（三）葱（附格或茖、胡葱）

漢代葱的家族包括人工種植的大葱和小葱，野生的山葱（茖）[⑧]，以及外來的胡葱。馬王堆1號漢墓遣冊有"莧穜（種）五斗布囊一"（簡150），整理者推測"莧"即"葱"[⑨]，說是。其種子量與同墓遣冊所記葵種相同，顯示了它的重要性。

《後漢書·馬融傳》馬融《廣成頌》："其土毛則……桂、荏、鳧、葵、格、韭、菹於。"李賢注："'格'與'茖'古字通。"[⑩]文中"格"與葵、韭等並提，大約也是漢人

[①]《太平御覽》卷九七四引劉楨《清虛賦》："仰稱木韭，俯拔廉薑。""木韭"與"薑"並提，當爲食用植物。《爾雅·釋草》："萑，山韭。"又，《山海經·山經·北山經》："又北二百里，曰丹熏之山……其草多韭薤。"（袁珂校注：《山海經校注》，中華書局1980年版，第71頁）《山海經·山經·中山經·中次九經》："又東北一百四十里，曰崃山……其草多薤韭。"（袁珂校注：《山海經校注》，第71頁）"視山，其上多韭。"歷代注家都認爲這些"韭"就是《爾雅》說的山韭，不贅引。
[②] 王勤禮、許耀照等：《河西地區韭菜營養品質分析》，《草業科學》第27卷第10期，2010年10月。
[③] 吉林大學歷史系考古專業赴紀南城開門辦學小分隊：《鳳凰山一六七號漢墓遣冊考釋》，《文物》1976年第10期。
[④]〔晉〕杜預集解：《春秋左傳集解》，上海人民出版社1977年版，第1467頁。
[⑤]〔清〕阮元校刻：《十三經注疏》，第1181頁。
[⑥]〔清〕郝懿行：《爾雅義疏》，第942頁。
[⑦] 李時珍和吳其濬均不清楚萑是何物，前者坦言"未詳"。他引蘇頌《圖經本草》云："萑，山韭也。山中往往有之，而人多不識。形性亦與家韭相類，但根白，葉如燈心苗耳。韓詩云'六月食鬱及薁'，謂此也。"（並見《本草綱目》卷二六"菜部""韭"條。劉衡如點校《本草綱目》，第1575頁）《詩》中的鬱是李，薁是野葡萄，與萑無關。李時珍並未對此提出異議。後者除援引蘇頌等人語，僅限推測（《植物名實圖考》卷三"山韭"條），是萑在宋代以降已不爲常人所知。
[⑧]《山海經·山經·北山經》："邊春之山，多葱、葵、韭、桃、李。"郭璞注："山葱，名茖，大葉。"
[⑨] 湖南省博物館、中國科學院考古研究所編：《長沙馬王堆一號漢墓》上集，文物出版社1973年版，第142頁。
[⑩]《後漢書》卷六〇上，中華書局1965年版，第1956頁。

所食之物。湖南郴州蘇仙橋西晉簡記物産有"蒳"（簡2—153）①，疑即格（蒳）之異寫。查漢代文獻，無記錄人工種植蒳者。《齊民要術》也未談及種蒳之法。這些跡象都顯示了蒳的野生狀態。《本草綱目》卷二六"蒳葱"條："蒳葱，野葱也，山原平地皆有之。生沙地者名沙葱，生水澤者名水葱……開白花，結子如小葱頭。"②吴其濬認爲即《救荒本草》所説的鹿耳葱，生長于山石原澤間。又説《後漢書·章帝紀》李賢注引《西河舊事》所言葱嶺上的葱也是山葱。③前説可從，後説尚難認定。蒳爲百合科葱屬多年生草本植物，廣佈於現代中國的東北、華北、中原、西北和浙江等地，這種植物的繁殖較爲困難，現代應用生長調節劑予以催生④，而漢代自無此種技術，這大約是蒳在漢代未能發展起來的根本原因。

　　種植葱是多數農户每年不可缺少的工作。王褒《僮約》規定的奴僕活計中即有"別落披葱"。⑤據《四民月令》，一年有三個月份與葱有關，即正月種大葱和小葱；六月"別大葱"，即對大葱進行分根移植；七月種葱子，爲來年種葱做準備。⑥今存的《四民月令》是殘輯本，其中可能遺漏了收穫（農曆八月）和儲藏葱的内容。《尹都尉書》有《種葱篇》⑦，内容雖不可知，論及種葱的方法則應無疑的。《五十二病方》有"乾葱"⑧，反映了漢代人對葱的儲存。在一年的大部分時間裏，漢代人食用的葱都應是"乾葱"。葱因味辛能通九竅，還被漢代人入藥療疾。⑨

　　葱味辛辣，能刺激食欲，故是漢代人的當家蔬菜之一，普通人常以此佐食。《禮記·曲禮上》："凡進食之禮，左殽右胾。食居人之左，羹居人之右。膾炙處外，醯醬處内，葱處末，酒漿處右，以脯脩置者，作胊右末。"⑩在這份食單中，蔬菜只有葱一種。秦律規定，御史卒人隨長官出行，進食要"給之韭、葱"⑪、傳世文獻記載孔奮

---

① 湖南省文物考古研究所、郴州市文物處：《湖南郴州蘇仙橋遺址發掘簡報》，《湖南考古輯刊》第8集，岳麓書社2009年版。
② 劉衡如點校：《本草綱目》，第1588頁。
③ ［清］吴其濬：《植物名實圖考》卷三"山葱"條，第61—62頁。《章帝紀》元和二年（公元85年）詔："葱領之西。"李賢注："《西河舊事》曰：'葱領，山名，在敦煌西。其山高達多葱，故以爲名焉。'"《後漢書》卷三，第150、151頁。
④ 曲繼松：《蒳葱研究進展》，《特産研究》2006年第4期。
⑤ 《藝文類聚》卷三五引王褒《僮約》。
⑥ ［漢］崔寔原著，石聲漢校注：《四民月令校注》，第51、56頁。
⑦ 《太平御覽》卷九八〇引。
⑧ 馬王堆漢墓帛書整理小組編：《馬王堆漢墓帛書》第四輯，第44頁。
⑨ 如《金匱要略·五臟風寒積聚病脈證並治》療風寒的旋覆花湯方用葱十四莖。李克光主編：《金匱要略譯注》，第292頁。
⑩ ［清］孫希旦撰，沈嘯寰、王星賢點校：《禮記集解》，第51—52頁。
⑪ 《傳食律》。睡虎地秦墓竹簡整理小組編：《睡虎地秦墓竹簡》，第101頁。

"惟母極膳，妻子飲食但葱韭"[①]、信陽侯陰就故意爲隱士井丹設"麥飯葱葉之食"[②]，均是顯例。龔遂治理渤海郡，規定每人須種"五十本葱"[③]，居延漢簡記邊地戍卒以葱給社[④]，也反映了葱在飲食生活中所具有的重要地位。

《金匱要略·果實菜穀禁忌並治》多處提到食生葱（詳後文）。《五十二病方》："踐而涿（瘃）者……即□葱封之，若烝（蒸）葱熨之。"[⑤]"葱涤"鄭玄釋爲蒸葱[⑥]，則漢代有食蒸葱之俗。按照《五十二病方》的描述，蒸葱是將葱單獨蒸製。但很難想像可以將葱爲單一的食材蒸製食用。作爲食物的蒸葱，或許與《齊民要術》卷九《素食》"薤白蒸"所説的秫米與豉同煮，入葱、薤、胡芹等重蒸相似。[⑦]《禮記·內則》中的葱多爲肉類食物的配料，如"膾，春用葱"、"脂用葱"[⑧]、"麋、鹿、魚爲菹，麋爲辟雞，野豕爲軒，兔爲宛脾，切葱若薤，實諸醢以柔之"[⑨]。陸續説其母作羹，"截肉未嘗不方斷，葱寸寸無不同"[⑩]。是爲實例。要之，在漢代葱大體有兩種食法，普通人以生葱或蒸葱直接佐食，肉類菜肴則每以葱爲佐物搭配。

河西漢簡有兩通簡文涉及葱的價格。敦煌簡有"葱一石直百"簡文（245.3A）[⑪]，則是一漢斤葱（約 250 克）的價格爲 1 錢。肩水金關漢簡有"買葱一直十五"簡文（73EJT23:299）。[⑫]"一"所指不詳，似非敦煌簡所言的一石或折算出的一斤的葱價。這裏有兩種可能，第一，"買葱一"前接"買韭卅束直卅"，簡文中的"一"或爲一束即一捆葱，重量不詳。第二，"一"後省"斗"，即一斗葱的價格爲 15 錢，即肩水金關簡記錄的葱價比敦煌簡高 0.5 倍。

或許由於葱是漢代人的常蔬，故其進食忌避在菜蔬中名列前茅。《金匱要略·果實菜穀禁忌並治》所記相關內容包括進食葱的時間如"正月勿食生葱，令人面生遊風"、"夜食諸薑蒜葱等，傷人心"；葱的生長期如"葱、韭初生芽者，食之傷人心氣"；與葱相配合的食物如"生葱不可共蜜，食之殺人"、"棗和生葱食之，令人病"、"生葱

---

① 《藝文類聚》卷五〇引司馬彪《續漢書》。
② 《後漢書·逸民列傳·井丹》。《後漢書》卷八三，第 2765 頁。
③ 《漢書·循吏傳·龔遂》。《漢書》卷五九，第 3640 頁。
④ 謝桂華、李均明、朱國炤：《居延漢簡釋文合校》簡 32·6、簡 269·4。
⑤ 馬王堆漢墓帛書整理小組編：《馬王堆漢墓帛書》第四輯，第 73 頁。
⑥ ［清］孫希旦撰，沈嘯寰、王星賢點校：《禮記集解》，第 51 頁。
⑦ 繆啓愉、繆桂龍：《齊民要術譯注》，第 660 頁。
⑧ ［清］孫希旦撰，沈嘯寰、王星賢點校：《禮記集解》，第 748 頁。
⑨ ［清］孫希旦撰，沈嘯寰、王星賢點校：《禮記集解》，第 751 頁。
⑩ 《太平御覽》卷八六一引謝承《後漢書》。
⑪ 甘肅省文物考古研究所編：《敦煌漢簡》，中華書局 1991 年版。
⑫ 甘肅簡牘博物館等編：《肩水金關漢簡》第二輯，中西書局 2012 年版。

和雄雞、雉、白犬肉食之，令人七竅經年流血"、"食糖蜜後，四日內食生蔥蒜，令人心痛"。[①] 配食禁忌集中在甘味食物（蜜、糖、棗）以及雞、雉、犬等動物方面。按照《靈樞經》五行排序（表2），五臟中肝忌辛而宜甘味，這應是生蔥忌蜜、糖、棗的依據。但蔥宜肺病（白、辛、雞），《金匱要略》的禁忌却指明生蔥不能與雞、雉肉共食，這表明《靈樞經》菜蔬與健康的五行安排，在漢代並非一成不變——或許因時間流變而調整，或許因地域不同而相別，其間的走向還需要更多的資料。

《四民月令》七月條說該月可種胡蔥[②]，這是漢文文獻對胡蔥的最早記錄，也是現存漢代文獻對這個植物的唯一記錄。《齊民要術》卷三《種蔥》引《廣志》說"蔥有冬、春二蔥。有胡蔥、木蔥、山蔥"[③]。冬蔥和春蔥均是大蔥，胡蔥與其並列，可知三國時胡蔥已是蔥的一個常見品種。胡蔥（Allium ascalonicum L.）爲百合科蔥屬二年生草本植物，中亞是其原產地，因未發現野生種，被認爲是洋蔥的變種。胡蔥狀貌與野蔥相似，曾被古人混淆，李時珍辨之甚詳。[④] 胡蔥傳入中土的確切時間不詳[⑤]，《四民月令》成書於東漢晚期，胡蔥既已成爲北方一些農户的栽培作物，它進入中國的時間理應在此之前。自張騫西使之後，中亞物品大規模進入中原大致有兩個時期，一是西漢中後期；一是東漢中期之後。[⑥] 考慮到在傳世文獻中胡蔥僅見於《四民月令》，似可說東漢後期傳入中國的可能性最大。

又，國外學界認爲大蔥的原產地在伊朗及其相鄰的高加索地區。[⑦] 先秦文獻對蔥的記述不多。《詩經》無蔥，《莊子》雜篇《徐無鬼》："食芧栗，厭蔥韭"[⑧]，此處的蔥是大蔥抑或小蔥不詳。漢代文獻明確提到大蔥的是《四民月令》，這也是傳世文獻對大蔥的最早記錄。然則東漢後期以前的"蔥"蓋小蔥歟？待考。

---

① 李克光主編：《金匱要略譯注》，第734、736、737頁。
② [漢]崔寔原著，石聲漢校注：《四民月令校注》，第56頁。
③ 繆啓愉、繆桂龍：《齊民要術譯注》，第193頁。
④ [明]李時珍：《本草綱目》卷二六《菜部》"胡蔥"條："胡蔥即蒜蔥也……非野蔥也。野蔥名茗蔥，似蔥而小。胡蔥乃人種蒔，八月下種，五月收取，葉似蔥而根似蒜，其味如薤，不甚臭。江西有水晶蔥，蒜根蔥葉，蓋其類也……今俗皆以野蔥爲胡蔥，因不識蒜蔥，故指茗蔥爲之，謬矣。"劉衡如點校：《本草綱目》，第1589頁。
⑤ 《太平御覽》卷九九六引《博物志》說張騫通西域得胡蔥。此說係後人附會，不取。
⑥ 一般而言，中亞物品由西域人（商人、來使和移民）以及歸來的西域漢人帶入，而前者的可能性更大。在西漢中期即漢武帝"鑿空"西域後西域人來華始終存在，並在東漢中期後形成了一個高潮。馬雍指出此時由於貴霜王國發生動亂，包括月支人、康居人、安息人和北天竺人在內的中亞地區居民陸、海兩道進入中國，集中洛陽一帶（馬雍：《東漢後期中亞人來華考》，《新疆大學學報》1984年第2期）。胡蔥進入中土或許就與這些移民有關。
⑦ 李家文：《中國蔬菜作物的來歷和變異》，《中國農業科學》1981年第1期。
⑧ [清]郭慶藩：《莊子集釋》，中華書局2012年版，第819頁。

（四）生薑（附高良薑、蒪）

一般認爲中國是生薑的原産地之一[①]，栽培歷史悠久。與後代相同，生薑在漢代蔬菜中的重要位置主要依賴於其調味價值而確定。但與其他一些具有調味性質的蔬菜不同，它不能單獨佐食，無論生熟。漢代人可以用生葱、生韭、生蒜等直接伴隨主食，完成一餐進食，如前面提到的孔奮"妻子飲食但葱韭"的故事，却没有單用生薑或熟薑來佐食。[②]根據現代藥理學研究，生薑的化學成分主要包括揮發油、辛辣成分和二苯基庚烷。其中的辛辣味成分主要是薑酮醇（Gingerol）、薑烯酚（Shogaol），也是薑的主要藥理活性成分。[③]它對運動中樞及呼吸中樞有興奮作用，對消化道也有輕度刺激作用，能令患有胃疾者食欲增強。[④]漢代人將薑作爲"禦濕"[⑤]之物，正是察覺了薑的這個特性。濃烈的刺激性，可能還要加上口味的緣故，使得薑難以單獨入食；也由於同樣的原因，古代中國多數肉類菜肴都要借助薑的力量。《禮記·內則》："爲熬：捶之，去其皽，編萑，布牛肉焉。屑桂與薑，以洒諸上而鹽之，乾而食之。施羊亦如之。施麋、施鹿、施麕、皆如牛羊。"[⑥]在這裏用薑和桂對付的肉類不僅有家畜牛、羊，也有野生的麋、鹿、麕。湖南沅陵漢簡食譜有"玼"，係肉類食物調料[⑦]，"玼"當爲紫薑之省稱。[⑧]在這裏薑和桂成爲與肉類食物相配合的蔬菜家族的代表。

馬王堆1號漢墓隨葬的薑分置3處。包括陶罐中的與豉混合的薑以及絹藥袋中的

[①] 關於"薑"的起源，學術界有不同的説法。中國學者的基本主張是中國是薑的原産地之一，或謂在雲貴及西部高原地區（李璠：《中國栽培植物發展史》，科學出版社1984年版，第103頁），或謂在黄河流域和長江流域之間（吳德鄰：《薑的起源初探》，《農業考古》1985年第2期）。也有人認爲薑原産於印度（吳耕民：《中國蔬菜種植學》，科學出版社1957年版，第3頁。〔日〕星川清親著，段傳德、丁法元譯，蕭位賢校：《栽培植物的起源與傳播》，第138頁）。據澱粉粒分析，江西贛江中游地區新石器時代晚期（距今5kaBP—4 kaBP）薑科植物在當時居民的日常生活中的位置就比較重要（萬智巍、楊曉燕、葛全勝等：《澱粉粒分析揭示的贛江中游地區新石器晚期人類對植物的利用情况》，《中國科學：地球科學》第42卷第10期，2012年10月）。看來，薑的人工栽培起源有進一步研究的必要。
[②] 《論語·鄉黨》有"不撤薑"語（[清] 阮元校刻：《十三經注疏》，第2495頁）。這是指在進食的多種菜肴中要使用薑，而非單獨以薑伴食。又文獻中薑常與桂或椒組合，稱"薑桂"或"薑椒"，如《韓詩外傳》卷七"夫薑桂因地而生，不因地而辛"（許維遹：《韓詩外傳集釋》，第259頁）；《全後漢文》卷五五張衡《七辯》："芳以薑椒。"與另一類常見的"葱韭"組合相異，也反映前者是調味物，後者則是兼具調味與蔬菜。
[③] 李計萍、王躍生等：《乾薑與生薑主要化學成分的比較研究》，《中國中藥雜誌》2001年第11期。
[④] 吳葆傑主編：《中草藥藥理學》，人民衛生出版社1983年版，第132頁。江蘇新醫學院編：《中藥大辭典》"生薑"條，上海科學技術出版社1977年版。
[⑤] 《説文》"艸部"：薑，"禦濕之菜也"（[清] 段玉裁：《説文解字注》，第24頁）。《太平御覽》卷九七七引《援神契》："薑，禦温菜也。"
[⑥] [清] 孫希旦撰，沈嘯寰、王星賢點校：《禮記集解》，第757—758頁。
[⑦] 發掘者命名爲《美食方》。湖南省文物考古研究所等：《沅陵虎溪山一號漢墓發掘簡報》，《文物》2003年第1期。
[⑧] 《漢書·司馬相如傳上》司馬相如《上林賦》有"玼薑"（《漢書》卷五七上，第2553頁）。《全後漢文》卷五三張衡《南都賦》："蘇毹紫薑，拂徹羶腥。"

高良薑和乾薑。前者是調味食物，後二者則是藥物。①陶罐中的薑和絹藥袋中的乾薑均爲蘘荷科薑屬中的薑（Zingiber officinale Roscoe），而高良薑則是薑科植物高良薑（Alpiniae Officinarum Hance）。馬王堆 3 號漢墓也隨葬高良薑，形態與 1 號漢墓接近。②高良薑生長於亞熱帶和熱帶地區，漢代這兩種薑的分佈情形應當是生薑的生長遍及各地，而高良薑則主要在長江流域和嶺南地區。在傳世文獻中，高良薑的記錄首見於南朝梁人陶弘景的《名醫别録》③，馬王堆漢墓出土的高良薑實物則改變了我們對中國古代高良薑種植和使用的認識。還有一種意見認爲，"生薑"和"乾薑"的提法出現在漢代以後，這與歷史實際是有偏差的。馬王堆 3 號漢墓出土的《五十二病方》即有"乾薑（薑）"之名。④《金匱要略·奔豚氣病脈證治》桂枝加桂湯方也有"生薑"名⑤，而《神農本草經》卷三有"乾薑"條，謂其"味辛，溫"，"治胸滿，咳逆上氣"⑥等。馬王堆漢墓的乾薑也是作爲藥物出現。可知漢代人對生薑和乾薑已有明晰區別，前者主要是食物，後者則可能更多是藥物。⑦

馬王堆漢墓隨葬植物中薑的數量引人注目。長沙東牌樓東漢木牘雜賬記有"蔣十五枚"（簡 110）。整理者説"蔣"爲"漿"之假借⑧，不妥。漿爲液體，何能以枚相計？"蔣"應是"薑"的同音假借。走馬樓吳簡有地名"薑丘"⑨，或以種植薑而得名。湖北江陵鳳凰山 8 號漢墓遣册有"薑々笥一"（簡 154），隨葬竹笥中有薑的實物。可知"薑"爲"薑"之假借。⑩由此推想，今湖南長沙和湖北江陵大概都是漢代產薑的重

---

① 湖南農學院等：《長沙馬王堆一號漢墓出土動植物標本的研究》，第 16—18、28—29、36 頁。
② 劉麗仙：《長沙馬王堆三號漢墓出土藥物鑒定報告》，湖南省博物館、湖南省文物考古研究所編著：《長沙馬王堆二、三號漢墓》第一卷《田野考古發掘報告》，第 275—276 頁。
③ ［明］李時珍：《本草綱目》卷一四《草部》"高良薑"條："陶隱居言此薑始出高良郡，故得此名。"劉衡如點校：《本草綱目》，第 862 頁。
④ 馬王堆漢墓帛書整理小組編：《馬王堆漢墓帛書》第四輯，第 55 頁。里耶秦簡和《五十二病方》另有"枯檀（薑）"（簡Ⅱ 8—1221）和"枯薑（薑）"（馬王堆漢墓帛書整理小組編：《馬王堆漢墓帛書》第四輯，第 67 頁），或釋爲"乾薑"另名（陳偉：《里耶秦簡牘校釋》，第 293 頁）。可爲一説。
⑤ 李克光主編：《金匱要略譯釋》，第 203 頁。
⑥ 馬繼興主編：《神農本草經輯注》，第 192 頁。
⑦ ［明］李時珍：《本草綱目》卷二六《菜部》"乾薑"引陶弘景曰："乾薑今惟出臨海、章安，數村解做之。蜀漢薑舊美，荆州有好薑，而並不能做乾者。"（劉衡如點校：《本草綱目》，第 1625 頁）臨海今浙江台州，章安屬臨海。漢代未見此地出薑記錄，或許當時仍以蜀地等地的生薑製作乾薑。
⑧ 長沙市文物考古研究所、中國文物研究所：《長沙東牌樓東漢簡牘》，文物出版社 2006 年版，第 116 頁。
⑨ 長沙市文物考古研究所、中國文物研究所、北京大學歷史學系編著：《長沙走馬樓三國吳簡》第一輯，簡 8270，文物出版社 2003 年版。
⑩ 金立：《江陵鳳凰山八號漢墓竹簡試釋》，《文物》1976 年第 6 期。又，長沙砂子塘西漢墓封泥匣文字有"菝"（32），發掘者推測爲"玫"的繁或古文（湖南省博物館：《長沙砂子塘西漢墓發掘簡報》，《文物》1963 年第 2 期）。據該報告，該墓隨葬大量的薑。該墓隨葬植物多能與封泥匣文字相應，但封泥匣文字却未見"薑"字，"菝"是否即"薑"的異寫，待考。

要地區。《呂氏春秋·本味》說"和之美者"有"陽樸之薑"①，漢人也以陽樸之薑爲美物。②陽樸地望不詳，高誘以爲在蜀地，雖祇是一家之言，但由於古代中國西南地區可能是薑的栽培發源地之一，其可能性是存在的。漢時及漢代以後，蜀地仍是薑的重要產地。《史記·貨殖列傳》謂巴蜀"地饒巵薑"；揚雄說其家鄉物產"往往薑、梔"③，形象地展示出蜀地薑生長的繁茂；《藝文類聚》卷三五蜀人王襃《僮約》有"種薑養芋"語。芋爲蜀地名產，芋薑並提，似表明當時蜀地薑的品種較優。曹操食魚，欲得調味物，有"恨無蜀中生薑"之慨④，也可證蜀地薑的地位。陶弘景《名醫別錄》也提到生薑"生犍爲川谷"⑤，可見漢代的流韻遺風。東鄰和北鄰巴蜀的南陽與關中，薑的種植也很普遍。張衡《南都賦》談到了薑在當地園圃的栽培。⑥《漢書·司馬相如傳上》司馬相如《上林賦》在描述這裏物產時專門提到"茈薑"⑦，而東方朔則直言關中"土宜薑、芋"⑧。

"茈薑"又作"紫薑"。《文選》卷四張衡《南都賦》："蘇椴紫薑。"李善注："司馬彪《上林賦》注曰：'紫薑，紫色之薑也。'"《本草綱目》卷二六《菜部》"薑"條云："初生嫩者其尖微紫，名紫薑；或作子薑，宿根謂之母薑也。"⑨是紫姜或茈姜即初生之嫩薑，漢人頗重紫薑，蓋取其鮮嫩。這個食俗也延及後代。⑩

《四民月令》兩處提到種植生薑，一是三月條，文云：清明節後十日"封生薑。至立夏後，芽出，可種之"；一是四月條，文云："四月立夏節後……可種生薑。"⑪薑性喜溫暖，在16℃—18℃以上才能發芽，現代一般是在一般農曆5月播種，漢代薑的種植時間早於現代，可能與當時氣候較今溫暖有關。

《墨子·天志下》："今有人於此，入人之場園，取人之桃李瓜薑者，上得且罰之，衆聞則非之。"⑫這是戰國時期種植薑的記錄。在《墨子》所舉的上述4類植物中，只有薑是蔬菜。我們自然不應狹隘地理解戰國人的菜圃中只種薑，但若說薑是當時人家種植的重要蔬菜，則合乎情理。漢代薑的種植較前代似乎有所發展，最明顯的表現是

---

① 陳奇猷校釋：《呂氏春秋校釋》，第741頁。
② 《藝文類聚》卷七五崔駰《七依》："滋以陽樸之薑。"
③ [清]嚴可均輯：《全後漢文》卷五一揚雄《蜀都賦》。
④ 《後漢書·方術列傳下·左慈》。《後漢書》卷七二下，第2747頁。
⑤ [明]李時珍：《本草綱目》卷二六《草部》"生薑"條引。劉衡如點校：《本草綱目》，第1620頁。
⑥ 《文選》卷四張衡《南都賦》。
⑦ 《漢書》卷五七上，第2553頁。
⑧ 《漢書》卷六五《東方朔傳》，第2849頁。
⑨ 劉衡如點校：《本草綱目》，第1620頁。
⑩ 清嚴可均《全梁文》卷一七梁元帝《與蕭諮議等書》："青筍紫薑，固栗霜棗。適口充腸，無索弗獲。"
⑪ [漢]崔寔原著，石聲漢校注：《四民月令校注》，第26、31頁。
⑫ [清]孫詒讓：《墨子閒詁》，中華書局1986年版，第157頁。

出現了薑農。《史記·貨殖列傳》説"千畦薑、韭,此其人皆與千户侯等"。據前文對"畦"面積的推測,千畦相當於 17.3 市畝。現代生薑畝產量在 1000 公斤以上。漢代應低於這個數字,折半以 500 公斤計之,則漢代"千畦"薑的産量大約是大概爲 8600 公斤。據漢簡 1 升薑價格 20 錢(詳下引居延漢簡),升是容積單位,薑是莖塊物體,置之容器中必有空隙,這與以密度换算重量的液體不同故,難以準確對應其重量。故以 1 升相當於 1 斤計之,則 1 漢斤(約 250 克)薑 20 錢,千畦薑的毛收益近 70 萬錢,收益狀況猶過前文論及的韭。即使除去各項農業資料和人工成本,千畦薑的純收入也應是一個龐大的數字。可知司馬遷所論並非虛言。這樣的大種植業主的供應目標可能主要是大中都市居民食用和藥用薑的消費。《居延漢簡釋文合校》有用於貿易的薑的簡文:

二月壬子置佐遷市薑二斤　　簡 300.8
薑二升　值　簡 505.16

第一通簡文反映了邊地戍吏購買薑,第二通簡文可能是對戍卒的食物分配簿,它們顯示在流通或分配過程中,薑的計量單位是斤或升,這表明即使是那些人口相對不夠稠密的邊遠地區,仍然有生薑貿易。

《文選》卷五左思《吴都賦》云:"草則藿蒳豆蔲,薑匯非一。"注引楊孚《異物志》:"薑匯,大如累,氣猛,近于臭,南土人搗之以爲虀。蔆,一名廉薑,生沙石中,薑類也。其累大,辛而香,削皮以黑梅並鹽汁漬之則成也,始安有之。"蔆,《説文》作茙,段玉裁以爲茙(蔆)即《儀禮·即夕禮》所説的"綏"和《吴都賦》所説的薑匯。[1]或許受段氏影響,有的《異物志》校注本將"南土人搗之以爲虀。蔆,一名廉薑"中的"虀"、"蔆"連讀。[2]按,《異物志》分薑匯和蔆爲二物,前者的特性是"大如累,氣猛,近於臭",後者的特性是"其累大,辛而香"。其實,段玉裁等人的説法是不準確的。《説文》"艸部"云:"茙,薑屬。可以香口。"[3]與《異物志》所述相同。《齊民要術》卷一〇《五穀、果蓏、菜茹非中國物産者》"廉薑"條引《廣雅》:"蔟茙,廉薑也。"又引《吴録》:"始安多廉薑。"又引《食經》:"藏薑法:蜜煮烏梅,去滓,以漬廉薑,再三宿,色黄赤如琥珀。多年不壞。"[4]所述亦與《異物志》相同或

---

[1]　[清]段玉裁:《説文解字注》,上海古籍出版社 1981 年版,第 26 頁。
[2]　[漢]楊孚撰,吴永章輯佚校注:《異物志輯佚校注》,廣東人民出版社 2010 年版,第 92 頁。
[3]　[清]段玉裁:《説文解字注》,第 26 頁。
[4]　繆啓愉、繆桂龍:《齊民要術譯注》,第 746 頁。

相類，其所本大約就是《異物志》。李時珍曾誤將此作芫荽。[1]《本草綱目》卷一四《草部》"廉薑"條以爲蒛即是廉薑。[2] 廉薑後世又稱三蘋、三蒻、山柰。[3] 按現代植物學分類，廉薑是薑科植物華良薑的根莖。今多分佈於中國東南部和西南部[4]，與漢代分佈情形相似。《太平御覽》卷九七四引劉楨《清慮賦》："仰稱木韭，俯拔廉薑。"未言及食法。《異物志》說廉薑可搗薑佐食，《說文》則僅言其可以清口氣，似並非蔬菜，這或許是嶺南與中原食俗的差異。

（五）蒜（附蒚、雜蒜、黃蒜）

蒜因味辛辣而被漢代人歸入"葷菜"之列。[5] 漢代的蒜有大小蒜之分。小蒜是中國本土所產之蒜，而大蒜則來自西域。[6] 小蒜鱗莖細小如薤，僅有1個鱗球，《大戴禮記·夏小正》所言之"納卵蒜"說的就是小蒜。[7] 關於大蒜傳入中國的時間，以往多歸於張騫。這個說法最早見於東漢人王逸和延篤。王逸說："張騫周流絕域，始得大蒜。"[8] 延篤說："折張騫大宛之蒜。"[9] 漢以後人也多沿用其說。[10] 大蒜因來自異域，漢人又稱其爲胡蒜（葫蒜），直到晉時仍被稱爲"西域之蒜"[11]。我們注意到漢代文獻對大蒜的記錄不早於東漢中期。前面提到的王逸活動在東漢安順時期（公元107—144年），

---

[1] 明李時珍《本草綱目》卷二六《菜部》"胡荽"條："荽，許氏《說文》作蒛，云薑屬，可以香口也。"劉衡如點校：《本草綱目》，第1630頁。
[2] 劉衡如點校：《本草綱目》，第860頁。
[3] 清屈大均《廣東新語》卷二七草語"三蘋"條："三蘋，一名山柰，亦曰廉薑。"清李調元《南越筆記》卷一五"三蒻"條作"三蒻"。
[4] 高明乾、李景元、劉萍：《薑科植物古漢名考證》，《河南師範大學學報》（自然科學版）第26卷第3期，1998年8月。
[5] 《說文》"艸部"："蒜，葷菜也。"[清]段玉裁：《說文解字注》，第45頁。
[6] 晉人崔豹《古今注》卷下《草木》："蒜，卵蒜也，俗謂之爲小蒜。胡國子有蒜十許子共一株，二蕚幕裹之，爲名'胡蒜'，尤辛於小蒜，俗亦呼之爲'大蒜'。"直至西晉仍有人將異域的"西戎之蒜"視爲佳物（《太平御覽》卷九七七引潘尼《釣賦》。瑞典植物學家林奈（Carl Linnaeus）在《植物志種》中認爲西西里島係大蒜的原產地。後經更多研究，大蒜人工栽培是古代埃及人的貢獻，參見〔瑞士〕德亢朵爾（A.P. De Candolle）著，俞德浚、蔡希陶譯：《農藝植物考源》，商務印書館1940年版，第50—51頁。
[7] 《大戴禮記·夏小正》："卵蒜也者，本如卵者也。"[清]王聘珍：《大戴禮記解詁》，第47頁）蓋以形狀命名。《太平御覽》卷九二六曹植《鷂雀賦》所言之"果蒜"亦指小蒜。小蒜亦稱"䔉"。《文選》卷四張衡《南都賦》："若其園圃，則有……䔉。"李善注："字書曰：'䔉，小蒜也。'"
[8] [北魏]賈思勰：《齊民要術》卷三《種蒜》引。繆啓愉、繆桂龍：《齊民要術譯注》，第185頁。
[9] 《太平御覽》卷四三一引延篤《與李文德書》。
[10] 北魏賈思勰《齊民要術》卷三《種蒜》引《博物志》："張騫使西域，得大蒜。"（繆啓愉、繆桂龍：《齊民要術譯注》，第185頁）宋羅願《爾雅翼》卷五"蒜"條云："葫，又稱胡蒜。陸法言《切韻》曰：'張騫使西域，得大蒜、胡荽。'則此物漢始有之。以自胡來，故名胡蒜。"（文淵閣四庫全書本）
[11] [北魏]賈思勰：《齊民要術》卷三《種蒜》引西晉人潘尼語。繆啓愉、繆桂龍：《齊民要術譯注》，第186頁。

延篤（公元？—167年）時代略晚。《史記》和《漢書》没有記録張騫攜大蒜以歸，中國古人慣于將一些重要發現歸於某位英雄人物，張騫將大蒜帶至中土的説法可能也是如此。① 總之，由於資料所限，目前還不能確認大蒜傳入中國的確切時間。由於一個物種的出現通常早於它被記録於書册，因此大蒜在東漢前期必爲中土所知；由於西漢中後期西域與中原地區的交往較爲頻繁，許多物種在此期間傳播到黄河流域，大蒜在此時開始在中土種植的可能性也是存在的。②

馬王堆號1漢墓食物未見大蒜，這自然是此時大蒜尚未進入中土的緣故。但居延漢簡中亦未見大蒜的記録，這就有些蹊蹺了。按説大蒜自中亞輸入中國，途徑應是絲路，而隴西一帶正是其必經的路綫。何以如此，令人費解。同樣來自中亞的小麥，屢見於今甘肅新石器時代遺址中，清晰地顯示出其輸入路徑。西漢武帝以後隴地没有大蒜是否由於輸入中土的大蒜經由漠北匈奴控制地區進入中原，抑或有其他我們還不知曉的原因，還需更多資料。東漢時期大蒜的種植範圍如何？有兩個相類故事可供窺豹。《太平御覽》卷二五六引《東觀漢記》：「李恂爲兖州刺史，所種小麥、葫蒜，悉付從事。」《太平御覽》卷九七七引謝承《後漢書》：「江夏費遂字子奇，爲揚州刺史，悉出前刺史所種小麥、胡蒜付從事。」葫（胡）蒜即大蒜。如果這兩件事的相似不是一種巧合，可以説不晚於東漢中期，大蒜的種植在黄河和長江流域均可見及，範圍已相當廣泛。③ 漢代人無分南北，均喜氣味較濃之蔬菜，外來大蒜得以很快植根中土，與這種飲食習慣不無關聯。④ 南北朝出現了以培育辛辣大蒜的產地⑤，漢代無此類資料，或許與大蒜栽培時間不夠長久有關。品種退化是大蒜栽培過程中存在的主要問題，表現爲植

---

① 石聲漢對此有細緻分析，參見石聲漢：《試論我國從西域引入的植物與張騫的關係》，《科學史集刊》第5期，科學出版社1963年。
② 《急就篇》："芸蒜薺芥茱萸香。"顏師古注："蒜，大小蒜也。"按，《急就篇》所説的"蒜"是否包括了大小蒜不得而知，顏師古的判斷以後代知識進行解釋，未妥。《全後漢文》卷五一揚雄《蜀都賦》有"往往薑、梔、附子、巨蒜"語，小蒜鱗球較小，與之相比能稱之爲"巨蒜"的只有大蒜。如果《蜀都賦》中的"巨蒜"説的不是小蒜的特異品種，這便是大蒜在西漢後期在中土栽培的直接資料。
③ 《太平御覽》卷三四引《廣州志》曰："南方地暑熱，交阯……蒜不生。"這必是在交阯郡做過栽培的實踐。一般認爲《廣州記》的作者是晉人顧微，在嶺南地區種植蒜（包括大小蒜）的努力可能從東漢就開始了。
④ 《金匱要略‧中風歷節病脈證並治》説"禁一切魚肉大蒜"（李克光主編：《金匱要略譯釋》，第121頁）。可見食大蒜頗爲常見。又，漢人多生食蒜佐食。或搗爲蒜齏。《後漢書》卷五三《周黃徐姜肱申屠列傳序》"太原閔仲叔者，世稱節士，雖周黨之潔清，自以弗及也。黨見其含菽飲水，遺以生蒜，受而不食"（《後漢書》卷五三，第1740頁）、《金匱要略‧黃疸病脈證並治》"酒疸下之，久久爲黑疸，目青面黑，心中如啖蒜齏狀"（李克光主編：《金匱要略譯釋》，第491頁）、《三國志‧魏書‧方技傳‧華佗》"向來道邊有賣餅家蒜齏大酢"（《三國志》卷二九，第800頁），均其證。
⑤ 北魏賈思勰《齊民要術》卷八《八和齏》："朝歌大蒜，辛辣異常，宜分破去心"，"不然辣則失其食味也"。繆啓愉、繆桂龍：《齊民要術譯注》，第572頁。

株矮小，小瓣蒜和獨頭蒜增多，產量減低。①但由漢至南北朝，大蒜一直是重要的蔬菜，並產生出良種。這似乎表明，從大蒜傳入中土的漢代開始，古代中國人對大蒜的栽培逐步積累了經驗，其中應當有漢代人的貢獻。

《齊民要術》卷三《種蒜》："條拳而軋之。"注："不軋則獨科。"②繆啓愉等認爲這説的是打蒜薹。③漢代文獻雖未有這類記録，但蒜薹是大蒜生長中必有之事，即鱗芽膨大前期時間約30天④，漢人食用蒜薹似乎也有可能。

大蒜引入中土後，逐漸成爲蒜類家族的主角，但小蒜並没有立刻衰落。《四民月令》的農事安排中，大小蒜的種植呈現的是均衡狀態："布穀鳴，收小蒜。六月、七月，可種小蒜。八月，可種大蒜。"⑤《金匱要略》的相關描寫也顯示出同樣的情形，如其中提到小蒜的有《果實菜穀禁忌並治》説："三月勿食小蒜，傷人志性"；"小蒜多食，傷人心力"。提到大蒜的有《禽獸魚蟲禁忌並治》説："雞不可共葫蒜食之"；《中風歷節病脈證並治》説："禁一切魚肉大蒜。"⑥但後代小蒜在與來自異域大蒜的競爭中落了下風。《朴通事諺解》卷中將小蒜與薺菜、苔菜等並列爲"野菜"⑦，即爲一證。

除大、小蒜外，漢代還有《爾雅》所説的蒚（山蒜），這應是一種野生蒜。⑧今山西地區稱薤爲山蒜⑨，與這裏所説的山蒜並非一物。

《齊民要術》卷三《種蒜》引《廣志》云："黄蒜，長苗無科，出哀牢。"⑩繆啓愉等云："未詳。"嘉靖《南寧府志》所記録的蒜有獨頭蒜、小蒜和黄蒜⑪，看來黄蒜應是生長在中國西南地區的一種蒜。按，屬於百合綱石蒜科植物的黄花石蒜花蕊鮮黄色，主要生長於中國長江以南地區，根莖可食。⑫《廣志》和《南寧府志》所説的黄蒜或即

---

① 山東農學院主編：《蔬菜栽培學各論》（北方本），第114頁。
② 繆啓愉、繆桂龍：《齊民要術譯注》，第187頁。
③ 繆啓愉、繆桂龍：《齊民要術譯注》，第187頁。
④ 山東農學院主編：《蔬菜栽培學各論》（北方本），第125頁。
⑤ ［北魏］賈思勰：《齊民要術》卷三《種蒜》引。繆啓愉、繆桂龍：《齊民要術譯注》，第190頁。
⑥ 李克光主編：《金匱要略譯釋》，第734、739、722、121頁。
⑦ 《老乞大諺解·朴通事諺解》，第205頁。
⑧ 《爾雅·釋草》曰："蒚，山蒜。"郭璞注："今山中多有此菜，皆以人家所種者。"（［清］郝懿行：《爾雅義疏》，第927頁）蘇頌説："《本草》謂大蒜爲葫，小蒜爲蒜，而《説文》所謂䔉萊者，乃大蒜也，蒚即小蒜也。"（［明］李時珍：《本草綱目》卷二六《菜部》"蒜"條引。劉衡如點校：《本草綱目》，第1594頁）羅願援申此説（《爾雅翼》卷五《草部》"蒚"條），並誤。李時珍辯之甚詳，見《本草綱目》卷二六《菜部》"蒜"條（劉衡如點校：《本草綱目》，第1594頁）。李氏未盡義者，蒚蓋野生之小蒜。
⑨ 蔡虹、劉金銅：《太行山區山野菜資源與開發利用探討》，《中國生態農業學報》第10卷第1期，2002年3月。
⑩ 繆啓愉、繆桂龍：《齊民要術譯注》，第175頁。
⑪ ［明］方瑜纂修：嘉靖《南寧府志》卷三《田賦志》"蒜"條，明嘉靖四十三年刻本。
⑫ 中國科學院中國植物志編輯委員會編：《中國植物志》第16卷第1分册，科學出版社1989年版，第16—17頁。

此物。

《四民月令》正月條謂可種"雜蒜"①。"雜蒜"僅見於《四民月令》，後世文獻如《齊民要術》、《農政全書》（卷二八《授藝》）、《授時通考》（卷三《天時》）所記"雜蒜"均引自此書。按《四民月令》，"雜蒜"種植時間與大蒜（通常在農曆九月種植）和小蒜（通常在農曆六七月種植）不合，應是漢代人栽培的一種不爲後人所知的蒜種，可能因爲大蒜地位日益重要，對先秦以來"蒜"的家族進行了清理和重置，"雜蒜"很快消失了。

（六）藿（附鹿藿）

漢代文獻中常與葵並提的是藿（豆葉）。與漢代絕大多數蔬菜不同的是，藿不是一個專門種植的蔬菜品種，而是豆類作物在其基本經濟價值之外提供的附加值。漢代的豆類作物主要有大豆和小豆，青木正兒認爲大豆和小豆葉均可食用②，所言是。小豆葉作爲菜蔬的例子很多。如《齊民要術》卷二《種瓜》引《氾勝之書》說："又可種小豆於瓜中，畝四五升，其藿可賣。"③同卷《小豆》引《氾勝之書》說"大豆、小豆不可盡治也"④。《金匱要略·禽獸魚蟲禁忌並治》說"鯉魚鮓不可合小豆藿食之"⑤。其中"大豆、小豆不可盡治"是說不要過多採摘豆葉而影響豆的生長，而這採摘的大小豆葉就是大小豆藿。《四民月令》"正月"條謂該月種豍豆。《齊民要術》卷二《大豆》引《廣雅》："豍豆，豌豆，留豆也。"⑥是豍豆（胡豆）即豌豆，原產於北非和西亞地區，大約在西漢中期以後由域外傳入。⑦儘管文獻未載以豍豆葉入菜，但以漢代人對藿的

---

① 〔漢〕崔寔原著，石聲漢校注：《四民月令校注》，第 13 頁。
② 〔日〕青木正兒著，范建明譯：《葵藿考》，《中華名物考（外一種）》，中華書局 2005 年版，第 137 頁。
③ 繆啓愉、繆桂龍：《齊民要術譯注》，第 156 頁。
④ 繆啓愉、繆桂龍：《齊民要術譯注》，第 110 頁。
⑤ 李克光主編：《金匱要略譯釋》，第 724 頁。
⑥ 繆啓愉、繆桂龍：《齊民要術譯注》，第 102 頁。
⑦ 豌豆栽培初見于古埃及、古代希臘和羅馬，其傳播途徑大抵由西漸東。參見〔瑞士〕德亢朵爾（A.P. De Candolle）著，俞德浚、蔡希陶譯：《農藝植物考源》，第 187 頁。有權威工具書認爲《爾雅》所言之"戎菽"即豌豆（蔣先明主編：《中國農業百科全書·蔬菜》"豌豆"條（馬光灼撰寫），農業出版社 1989 年版，第 279 頁），"戎"當訓"大"，戎菽即大豆。《爾雅》成書時，尚無豌豆傳入中土的跡象，故此說欠妥。《齊民要術》卷二《大豆》引《本草經》云："張騫使外國，得胡豆。"（繆啓愉、繆桂龍：《齊民要術譯注》，第 102 頁）漢代文獻未記此事。此說晚出，恐不可信。河西漢簡有"胡豆三"簡文（謝桂華、李均明、朱國炤：《居延漢簡釋文合校》簡 488.1），該簡文的時間是西漢後期。《齊民要術》卷二《大豆》引《四民月令》說正月"可種豍豆"，時間在種植大豆的二月之前（繆啓愉、繆桂龍：《齊民要術譯注》，第 175 頁），是一年之中豆類植物最早種植者。豍豆即河西簡所言之胡豆。這是傳世漢文文獻關於豌豆的最早著錄。漢代大規模的中西交往始于武帝時，在西漢後期和東漢中後期兩度繁盛，儘管豍豆之名不見於《方言》、《說文》，但上引漢簡已證豌豆在西漢

偏愛，將食用豍豆苗歸入藿中是有可能的。馬王堆漢墓帛書《五十二病方》："女子瘻（癃），取三歲陳霍（藿），烝（蒸）而取其汁，□而飲之。"① "陳藿"含意顯豁，看來藿與葵相似，也可曬乾後長期儲存。

《四民月令》説"八月收豆藿"，即在豆類作物將收穫之時採摘豆葉。實際上只要在生長期中，豆葉都可採摘爲菜，故前引《氾勝之書》有"大豆、小豆不可盡治"，以避免過早或過度採摘對豆類作物傷害的勸誡。② 又，《齊民要術》卷二《種瓜》説小茄"大小如彈丸，中生食，味如小豆角"③，則北朝人以豆莢入菜，漢代是否如此，待考。

《神農本草經》卷四"鹿藿"條云："鹿藿，味苦，平。無毒……生山谷。"④ 據説"豆葉曰藿，鹿喜食之，故名"⑤。《説文》"艸部"："荳，鹿藿之實名也。"是漢代鹿藿子又名"荳"。按，同屬豆科植物的鹿藿（Rhynchosia volubilis Lour）漢晉時有薦、鹿豆之稱。⑥ 今亦有野黃豆、老鼠豆、野毛豆、大葉野緑豆等名稱。據現代植物學，鹿藿爲多年生纏繞草本，莖蔓長。多生於山坡，曠野溪邊，路旁灌叢中，廣佈於今中國長江以南地區。《本草綱目》卷二七《菜部》"鹿藿"條引唐人蘇恭語曰："此草所在有之。苗似豌豆，而引蔓長粗。人采爲菜，亦微有豆氣，山人名爲鹿豆也。"⑦ 又，敦煌文獻有"野豆"，或以爲即鹿藿，當是。⑧ 是唐人以其苗葉、種實爲菜，在野蔬之列。同書卷李時珍説鹿藿"苗葉似緑豆而小，引蔓生，生、熟皆可食。三月開淡粉紫花，結小莢。其子大如椒子，黑色。可煮食，或磨面作餅蒸食"；又云：明人王磐《野菜譜》稱其"野緑豆"⑨，可見晚至 16 世紀，鹿藿的食用價值依然不低。漢代文獻未見食用鹿藿記録，而《齊民要術》也未言及鹿藿的食用方法，只是在《五穀、果蓏、菜茹非中國

後期至少在河西地區已成爲栽培植物。到了崔寔生活的東漢後期，豌豆在内地普及，成爲北方一些地區農家的常見種植蔬菜。又，最近雖有中國雲南地區新石器時代遺址發現野豌豆的報導，但據報導稱，野豌豆種實僅佔遺址中植物種實的 0.4%（金和天、劉旭等：《雲南元謀大墩子遺址浮選結果及分析》，《江漢考古》2014 年第 3 期）。由文獻記録推測，這種野生豌豆並爲發展成爲人工栽培和馴化的植物。

① 馬王堆漢墓帛書整理小組編：《馬王堆漢墓帛書》第四輯，第 48 頁。
② 漢焦延壽《易林》卷一四《乾》云："旦種菽豆，暮成藿羹。心之所願，志快意愜。"（士禮居叢書景刻陸校宋本）這似乎顯示了漢代人對嫩豆苗的喜好。
③ 繆啓愉、繆桂龍：《齊民要術譯注》，第 159 頁。
④ 馬繼興主編：《神農本草經輯注》，第 376 頁。
⑤ ［明］李時珍：《本草綱目》卷二七《菜部》"鹿藿"條。劉衡如點校：《本草綱目》，第 1670 頁。
⑥ 《説文》"艸"部："薦，鹿藿也。"（［清］段玉裁：《説文解字注》，第 33 頁）《爾雅·釋草》："蔨，鹿藿，其實荳。"郭璞注："今鹿豆也，葉似大豆，根黃而香，蔓延生。"（［清］郝懿行：《爾雅義疏》，第 985 頁）
⑦ 劉衡如點校：《本草綱目》，第 1671 頁。
⑧ 王守雲：《敦煌文獻中三種植物新考》，《絲綢之路》2013 年第 22 期。
⑨ 吴其濬以爲"野緑豆"的説法有誤，但未説明依據。見吴其濬：《植物名實圖考》卷三"鹿藿"條。

物産者》中徵引《爾雅》和郭璞注對鹿藿的描寫。① 漢代人是否以鹿藿爲菜蔬，有待新的資料。

（七）藜（附秦荻藜）

藜爲莧科藜屬植物，廣佈於今中國各地，古時亦然。《齊民要術》卷一〇《五穀、果蓏、菜茹非中國物産者》引陸璣《毛詩草木鳥獸蟲魚疏》云："萊，藜也。"② 明人方以智説"萊"與"藜"係一音之轉。③ 何炳棣推想《詩經》中的"萊"是藜科植物的代稱，上古"田萊制"是指農耕地要定時拋荒，以恢復地力，拋荒地上最常見的植物最爲普遍的植被就是"萊"（藜）。④ 據《莊子》"夫逃虛空者，藜藋柱乎鼪鼬之徑"云云⑤，藜是野生棄用之物。

但考古資料顯示，藜的故事並非如此簡單。目前所知藜最早成爲華夏地區居民種植的植物可能是河南内黄三楊莊古代遺址，據相關研究報告稱：早全新世時期（距今 10200—7200 年）地層中開始出現一些體積較大、可能爲人工種植的禾本科花粉，同時松、樺和櫟等喬木植物花粉含量減少，而蒿、藜等草本植物花粉含量升高，這"可能暗示三楊莊地區在全新世早期已經有人類通過毀林開荒從事早期的農業生産"⑥。在黄河和長江流域以及其間的淮河流域的許多新石器至春秋戰國時代遺址中可見藜蹤影，某些跡象顯示早期歷史時期的藜可能是人工栽培的作物，而非用於恢復地力的野草。目前所見考古資料，藜的種植散佈在黄河上中下游地區，尤以山東半島、中原地區和青海東北部河湟地區最爲突出。表3是筆者所録藜的出土遺址資料，時間從新石器時代至漢代，所顯示的藜的分佈從東經101°至118°，北緯25°至41°廣大地區，這與藜廣泛分佈於現代中國各地的情形是一致的。這也是藜之所以受到先民重視的自然背景。進一步看，這些資料所反映的各地情況不盡相同，這45處遺址大致可以分爲兩種類型。一種類型是藜的種實不多，計21處，如果假定這些遺址所浮選出的藜的數量就是當時的實際情

---

① 繆啓愉、繆桂龍：《齊民要術譯注》，第804頁。
② 繆啓愉、繆桂龍：《齊民要術譯注》，第810頁。
③ ［明］方以智：《通雅》卷四四《植物》"萊"條。
④ 何炳棣：《黄土與中國農業的起源》。
⑤ 《莊子》雜篇《徐無鬼》。成玄英疏："夫時遭暴亂，逃避波流，於虛園宅，唯有藜藋野草，柱塞門庭。"［清］郭慶藩：《莊子集釋》，第816—817頁。
⑥ 劉耀亮、許清海、李曼玥、張生瑞、劉海旺、朱建佳、Tristram Kidder：《河南省内黄縣三楊莊全新世以來的孢粉學記録》，《第四紀研究》第33卷第3期，2013年5月。

形[①]，那麼這種類型可能主要反映的是藜屬植物在當地的生長，而與人們經濟生活關聯不大。這些地區包括內蒙古哈民忙哈、青海民和官亭、陝西西安半坡、陝西扶風周原（仰韶、龍山文化遺址）、四川成都、四川郫縣、四川閬中鄭家壩、湖北天門、雲南元謀大墩子、河南登封王城崗、河南鶴壁劉莊、河南博愛兩金城、河南鄧州八里崗、山東日照兩城鎮、山東聊城茌平、山東濟南長清、山東濟南唐冶、山東濟南張馬屯、山東淄博房家、山東臨沐東盤、浙江餘姚田螺山等。另一種類型是藜的種實較多，計24處，它們在植物品種中的數量或儲存方式顯示了其特別的價值，表明了人工栽培這種植物並以之爲食物的可能，這些地區包括內蒙古赤峰興隆溝和魏家窩鋪、青海民和喇家、青海東北部河湟地區、陝西華陰桃下鎮、陝西扶風周原（先周、兩周時期遺址）、陝西扶風案板傍龍寺、陝西扶風案板張家壕（新石器時期和西周時期）、陝西南鄭龍崗寺、四川冕寧高坡、四川茂縣營盤山、新石器時代遺址、河南洛陽盆地、河南西部伊洛河流域、河南禹州瓦店、河南新密古城寨、河南新密新砦、河南淅川溝灣、河南淅川吳營、山東即墨北阡、山東濟南長清、山東高青陳莊、山東濟南章丘西河、山東淄博高青陳莊。

　　藜在史前不同地區位置不同的原因比較複雜。浙江餘姚田螺山河姆渡文化遺址藜的數量很少（2粒），與此形成鮮明對比的是包括芡實（4093粒）、菱（13518粒）在內的植物數量衆多。[②] 田螺山文化遺址中的植物與先民生活關係密切。芡實和菱之所以成爲先民的重點選擇對象，一個值得考慮的原因可能在於這兩種植物能夠提供澱粉，而這一點也恰是藜的表現。因此，藜被田螺山先民所捨棄，可能有著自然環境的因素。

　　由表3可見，取食藜或出現在同一地區，如內蒙古赤峰興隆溝和魏家窩鋪；青海河湟地區卡約文化的新村遺址、拉木嘴遺址、鹽溝遺址、巴燕遺址、卡拉石樹灣遺址和龍山遺址；河南淅川溝灣和吳營、河南新密古城寨、河南新密新砦；有的則相距較近，如陝西華陰桃下鎮和陝西白水下河村、河南洛陽盆地和河南西部伊洛河流域；有的是孤立的點，如陝西南鄭龍崗寺、四川冕寧高坡、四川茂縣營盤山、河南登封王城崗等；有的表現爲同一或相近地區取食和非取食的區別，最典型的是山東濟南，這裏有藜的遺址有4處，取食和非取食的遺址各有兩處，前者是濟南長清和濟南章丘西河，

---

① 雲南元謀大墩子遺址中的藜的種實僅佔出土植物種實的 0.8%，表面上有火燒痕跡。發掘者推測是與稻、粟等農作物一同帶回遺址（金和天、劉旭等：《雲南元謀大墩子遺址浮選結果及分析》，《江漢考古》2014年第3期）。由於火痕因素，還可進一步推測它是用作燃料。

② 潘艷：《長江三角洲與錢塘江流域距今10000—6000年的資源生產：植物考古與人類生態學研究》表8.2《田螺山遺址植物遺存絕對數量》，復旦大學博士學位論文，2011年。

後者是濟南唐冶和濟南張馬屯。淄博高青陳莊與濟南相鄰，情形與濟南長清等相同，與濟南唐冶等有異。其他的例子還有青海民和喇家（取食藜）和青海民和官亭（不取食藜）。按照我們前面這些遺址所浮選出的藜的數量就是當時的實際情形的假定，似乎可以說先民對藜的目標的差異不完全取決於自然環境，也與不同文化或同一文化的不同聚落的選擇有著密切關係。在陝西扶風周原的例子中，仰韶、龍山文化遺址藜的數量很少，先周、兩周時期藜的數量則大幅度增加；在陝西白水南山頭遺址中，藜科種實數量在半坡晚期最多，隨後的西王村文化時期有了大幅度減少，而到了龍山至戰國時期遺址中又有了明顯回升[①]；在舞陽賈湖例子中，藜的種實則集中於一期遺址中，而在其後的二、三期遺址中，則未見藜的跡象——這是否意味著不同時期居民對藜的態度發生了變化，值得進一步研究。根據目前資料，取食藜的遺址主要分佈於黃河流域，亦見於長江上游地區。在黃河流域，上游地區最少，中游地區較多，下游地區更多，而尤以豫西和山東濟南一帶最為密集。看來新石器時代以來，豫西和山東半島居民對藜的重視程度超過了其他地區。附帶指出，有的研究者推測藜較多的原因是先民用於飼豬，立論的根據是當地今天的生活經驗[②]，似需慎重。根據現代植物學觀察，藜對適度乾旱有一定的適應性。[③] 在技術條件相對落後的歷史早期時代，植物本身是否易於生長是一個十分重要的因素。或許有理由認為，在新石器時代晚期農作物栽培範圍中，藜是許多部落或族群選擇的一個重要對象。

表3　出土的藜科植物（包括孢粉和炭化種籽）

地點及地理緯度	時代	出土狀況	資料出處
內蒙古赤峰興隆溝、魏家窩鋪、二道井子，東經116°，北緯41°	新石器時代遺址	興隆溝遺址藜科種實在十餘種植物中低於黍高於粟位列次席，魏家窩棚遺址藜種實在浮選植物中居第4位	孫永剛：《西遼河上游地區新石器時代至早期青銅時代植物遺存研究》，內蒙古師範大學博士學位論文，2014年，第22、45頁；孫永剛、趙志軍等：《內蒙古二道井子遺址2009年度浮選結果分析報告》，《農業考古》2014年第6期
內蒙古通遼科左中旗哈民忙哈，東經123°，北緯44°	新石器時代遺址	佔所有植物總數的9.3%	付萍、孫永剛：《哈民忙哈遺址生業方式研究》，《農業考古》2015年第4期
青海民和喇家，東經101°，北緯36°	新石器時代遺址	藜的種實得到先民有意識的收集	張晨：《青海民和喇家遺址浮選植物遺存分析》，西北大學碩士學位論文，2013年，第23頁

---

① 王欣、尚雪、蔣洪恩等：《陝西白水河流域兩處遺址浮選結果初步分析》，《考古與文物》2015年第2期。
② 劉曉媛：《案板遺址2012年發掘植物遺存研究》，西北大學碩士學位論文，2014年，第40頁。
③ 孫存華、李揚等：《藜對乾旱脅迫的生理生化反應》，《生態學報》第25卷第10期，2005年10月。

續表

地點及地理緯度	時代	出土狀況	資料出處
青海民和官亭盆地，東經101°，北緯36°	齊家文化和辛店文化遺址		張小虎：《青海官亭盆地植物考古調查》，《考古與文物》2012年第3期。賈鑫：《青海省東北部地區新石器—青銅時代文化演化過程與植物遺存研究》，蘭州大學博士學位論文，2012年，第48頁
青海東北部	卡約文化遺址	多處發現大量的藜科種實。其中，新村遺址藜54粒，次於粟（230粒）、粟（133粒），超過了大麥（27粒）和小麥（1粒）。拉木嘴遺址藜43粒，僅次於大麥（60粒）。鹽溝遺址藜29粒，僅次於粟（42粒），超過了黍（15粒）和大麥（6粒）。巴燕遺址藜科58粒，超過了大麥（30粒）和小麥（5粒）。卡拉石樹灣遺址藜168粒、次於大麥（317粒），超過黍（14粒）和小麥（79粒）。龍山遺址藜505粒，超過了大麥（212粒）和黍（9粒）。	賈鑫：《青海省東北部地區新石器—青銅時代文化演化過程與植物遺存研究》，蘭州大學博士學位論文，2012年，第92、93、94、97、98頁
陝西西安半坡，東經107°北緯33°	仰韶化遺址		楊亞長：《半坡文化先民之飲食考古》，《考古與文物》1994年第3期
陝西華陰桃下鎮，東經109°，北緯34°	仰韶文化遺址	出土絕對數量高於水稻，低於粟和黍，出土概率81.8%	劉煥、胡松梅、張鵬程等：《陝西兩處仰韶時期遺址浮選結果分析及其對比》，《考古與文物》2013年第4期
陝西白水下河村，東經109°，北緯35°	仰韶文化遺址	出土絕對數量低於粟高於黍，出土概率52.4%	劉煥、胡松梅、張鵬程等：《陝西兩處仰韶時期遺址浮選結果分析及其對比》，《考古與文物》2013年第4期
陝西白水南山頭，東經109°，北緯35°	半坡文化晚期至戰國	藜科種實佔總數的12.2%，係野生植物中中最多者	王欣、尚雪、蔣洪恩等：《陝西白水河流域兩處遺址浮選結果初步分析》，《考古與文物》2015年第2期
陝西扶風周原，東經107°，北緯34°	仰韶、龍山文化遺址		周原考古隊：《周原遺址（王家嘴地點）嘗試性浮選的結果及初步分析》，《文物》2004年第10期
陝西扶風周原，東經107°，北緯34°	先周、兩周時期遺址	藜的數量僅次於狗尾草屬，佔野生植物種子的10%。超過了其他所有植物	周原考古隊：《周原遺址（王家嘴地點）嘗試性浮選的結果及初步分析》，《文物》2004年第10期；劉曉媛：《案板遺址2012年發掘植物遺存研究》，西北大學碩士學位論文2014年，第16頁
陝西扶風案板傍龍寺遺址，東經107°，北緯34°	新石器時代遺址	藜科植物在草本植物中佔75%—94%	王世和、張宏彥、傅勇：《案板遺址孢粉分析》，《環境考古研究》第1輯，科學出版社1991年版

續表

地點及地理緯度	時代	出土狀況	資料出處
陝西扶風案板張家壕遺址，東經107°，北緯34°	新石器時代遺址	藜科植物在草本植物中佔94%	王世和、張宏彥、傅勇：《案板遺址孢粉分析》，《環境考古研究》第1輯，科學出版社1991年版
陝西扶風案板張家壕遺址，東經107°，北緯34°	西周遺址	藜科植物在草本植物中佔94%	王世和、張宏彥、傅勇：《案板遺址孢粉分析》，《環境考古研究》第1輯，科學出版社1991年版
陝西南鄭龍崗寺，東經106°，北緯32°	半坡文化遺址	藜的種實儲存在窖中	楊亞長：《半坡文化先民之飲食考古》，《考古與文物》1994年第3期
大連旅順口王家村，東經121°，北緯38°	新石器時代至漢代	藜科植物數量最多。從新石器時代到漢代的各個時期，均超過了相同時期的粟、稻、豆類等農作物，且與農作物同出	馬永超、吳文婉等：《大連王家村遺址炭化植物遺存研究》，《北方文物》2015年第2期
河南禹州瓦店，東經113°，北緯33°	龍山文化遺址	藜種實較多	劉昶、方燕明：《河南禹州瓦店遺址出土植物遺存分析》，《南方文物》2010年第4期
河南舞陽賈湖，東經113.5°，北緯33.5°	新石器時代遺址	種實集中於一期遺址，二、三期遺址未見種實	趙志軍、張居中：《賈湖遺址2001年度浮選結果分析報告》，《考古》2009年第8期
河南登封王城崗，東經113°，北緯34.5°	龍山晚期至春秋時期遺址		趙志軍、方燕明：《登封王城崗遺址浮選結果及分析》，《華夏考古》2007年第2期
河南洛陽盆地，東經112°，北緯34°	新石器時代至青銅時代24個遺址	藜的種實低於粟、黍，高於大豆和小麥	張俊娜、夏正楷、張小虎：《洛陽盆地新石器—青銅時期的炭化植物遺存》，《科學通報》第59卷第34期，2014年10月
河南西部伊洛河流域，東經111°—112°，北緯34°—35°	新石器時代早期裴李崗文化至二里崗期早商文化	藜的數量在較晚的二里頭和二里崗時期有了明顯增加，超過了同時期黍、稻和大豆數量	李炯娥等：《華北地區新石器時代早期至商代的植物和人類》，《南方文物》2008年第1期
河南鶴壁劉莊，東經114°，北緯36°	仰韶文化遺址		王傳明、趙新平、靳桂雲：《河南鶴壁市劉莊遺址浮選結果分析》，《華夏考古》2010年第3期
河南博愛兩金城，東經113°，北緯35°	龍山文化遺址		陳雪香、王良智、王青：《河南博愛縣兩金城遺址2006—2007年浮選結果分析》，《華夏考古》2010年第9期
河南博愛兩金城，東經113°，北緯35°	漢代遺址		陳雪香、王良智、王青：《河南博愛縣兩金城遺址2006—2007年浮選結果分析》，《華夏考古》2010年第9期
河南鄧州八里崗，東經112°，北緯33°	新石器時期遺址		鄧振華、高玉：《河南鄧州八里崗遺址出土植物遺存分析》，《南方文物》2012年第1期
河南新密古城寨，東經113°，北緯39°	龍山文化至殷墟時代遺址	藜的數量次於粟和黍，高於小麥	陳微微、張居中、蔡全法：《河南新密古城寨城址出土植物遺存分析》，《華夏考古》2012年第1期

續表

地點及地理緯度	時代	出土狀況	資料出處
河南新密新砦，東經113°，北緯39°	龍山末期至新砦期	藜的數量高於大豆和小麥	鍾華、趙春青等：《河南新密新砦遺址2014年浮選結果及分析》，《農業考古》2016年第1期
河南淅川溝灣，東經111°，北緯33°	新石器時代遺址	在非農作物種實中位居第三位，出土概率近18%	王育茜、張萍、靳桂雲：《河南淅川溝灣遺址2007年度植物浮選結果與分析》，《四川文物》2011年第2期
河南淅川吳營，東經111°，北緯33°	新石器時代—春秋時期	屈家嶺文化遺址數量很少，春秋時期數量較多，是粟的兩倍，大豆的39倍	王育茜、趙海洲、靳桂雲：《河南淅川吳營遺址植物考古初步結果》，《東方考古》第7集，科學出版社2010年版
山東日照兩城鎮，東經118°，北緯35°	龍山文化遺址		〔加〕Gary W. Crawford、趙志軍等：《山東日照市兩城鎮遺址龍山文化植物遺存的初步分析》，《考古》2004年第9期
山東茌平，東經116°，北緯36.5°	龍山文化遺址		靳桂雲、趙敏、孫淮生、孫建波：《山東茌平龍山文化遺址植物考古調查》，《東方考古》第6集，科學出版社2009年版
山東即墨北阡，東經121°，北緯36.5°	龍山文化遺址	藜種子數量較多，超過了粟	靳桂雲、王育茜等：《山東即墨北阡遺址（2007）炭化種子果實遺存研究》，《東方考古》第10集，科學出版社2013年版。趙敏：《山東省即墨北阡遺址炭化植物遺存研究》，山東大學碩士學位論文，2009年。王海玉：《北阡遺址史前生業經濟的植物考古學研究》表4.2《北阡遺址出土炭化植物遺存統計表》，山東大學碩士學位論文，2012年，第24—25頁
山東濟南長清，東經117°，北緯36°	新石器時期遺址	藜種實的數量和密度僅次於黍，位居第二位	〔加〕Gary W. Crawford、陳雪香等：《山東濟南長清月莊遺址植物遺存的初步分析》，《江漢考古》2013年第2期
山東濟南唐冶，東經117°，北緯36°	新石器時代遺址		趙敏、陳雪香等：《山東省濟南市唐冶遺址浮選結果分析》，《南方文物》2008年第6期
山東濟南張馬屯，東經117°，北緯36°	新石器時代遺址		吳文婉：《中國北方地區裴李崗時代生業經濟研究》，山東大學博士學位論文，2014年，第70頁
山東濟南章丘西河，東經117°，北緯36°	後李文化遺址	出土絕對數量約為21.29%，低於稻（36.63%），高於其他植物，出土概率為80%	吳文婉：《中國北方地區裴李崗時代生業經濟研究》，山東大學博士學位論文，2014年，第84頁

續表

地點及地理緯度	時代	出土狀況	資料出處
山東淄博高青陳莊，東經117°，北緯37°	新石器時代遺址	藜科種子佔非農作物種子數量的12.6%，僅次於野生大豆（27.3%），遠高於莧科（3.5%）、錦葵科（1%）、蓼科（0.4%）和葫蘆科（0.1%）種子	王傳明：《山東高青陳莊遺址炭化植物遺存分析》，山東大學碩士學位論文，2010年
山東淄博房家，東經118°，北緯36°	新石器時代遺址		靳桂雲、王傳明等：《淄博市房家龍山文化遺址植物考古報告》，山東省文物考古研究所編：《海岱考古》第4輯，科學出版社2011年版
山東臨沭東盤，東經119°，北緯35°	新石器時代遺址		王海玉、劉延常、靳桂雲：《山東省臨沭縣東盤遺址2009年度炭化植物遺存分析》，《東方考古》第8集
江蘇高郵龍虬莊，東經119.43°，北緯32.78°	新石器時代遺址		龍虬莊遺址考古隊：《龍虬莊——江淮東部新石器時代遺址發掘報告》，科學出版社1999年版，第413頁
浙江餘姚田螺山，東經121°，北緯30°	新石器時代遺址	數量極少	潘艷：《長江三角洲與錢塘江流域距今10000—6000年的資源生產：植物考古與人類生態學研究》表8.2《田螺山遺址植物遺存絕對數量》
湖北天門，東經103°，北緯31°			鄧振華、劉輝、孟華平：《湖北天門市石家河古城三房灣和譚家嶺遺址出土植物遺存分析》，《考古》2013年第1期
四川成都，東經104°，北緯30°	新石器時代遺址		四川文物考古研究所：《成都市中海國際社區遺址浮選結果及初步分析》，成都文物考古研究所編著：《成都考古發現（2012）》，科學出版社2014年版
四川郫縣，東經104°，北緯31°	新石器時代遺址		成都文物考古研究所：《郫縣鳳梨村遺址"寬錦"地點2011年浮選結果及分析》，成都文物考古研究所編著：《成都考古發現（2012）》
四川冕寧高坡，東經102°，北緯28°	商末至西周早期遺址	藜屬種實數量超過了黍	姜銘等執筆：《冕寧縣高坡遺址2011年度浮選結果鑒定簡報及初步分析》，成都文物考古研究所編著：《成都考古發現（2011）》，科學出版社2013年版
四川閬中鄭家壩，東經106°，北緯32°	新石器時代遺址		閆雪、郭富等：《四川閬中市鄭家壩遺址浮選結果及分析——兼談四川地區先秦時期炭化植物遺存》，《四川文物》2013年第4期
四川茂縣營盤山，東經102°，北緯31°	新石器時代遺址	藜屬植物種子數量最多，佔出土植物種子總數的30.1%。超過了粟和黍	趙志軍、陳劍：《四川茂縣營盤山遺址浮選結果及分析》，《南方文物》2011年第3期

續表

地點及地理緯度	時代	出土狀況	資料出處
雲南元謀大墩子，東經101°，北緯25°	新石器時代遺址		金和天、劉旭等：《雲南元謀大墩子遺址浮選結果及分析》，《江漢考古》2014年第3期

　　《史記》和《漢書》都提到"藜藿之羹"，唐代注家如司馬貞、顏師古的解釋比較簡單，均以"草"名之。① 李時珍說藜"藜處處有之。即灰藋之紅心者，莖、葉稍大。河朔人名落藜，南人名胭脂菜，亦曰鶴頂草，皆因形色名也"②。差近現代植物學的描述。

　　漢代的藜是否是栽培植物？文獻中有一些明確的否定性證詞，劉向《潛命》賦"甘棠枯於豐草兮，藜棘樹於中庭"③、《易林》卷一《噬嗑》："堅冰黃鳥，啼哀悲愁；不見甘粒，但見藜蒿"均其證。但相傳劉向又有"耘藜、藿與蘘荷，惜今世其何殊兮"之語④，似乎當時也有栽種藜者。不過這篇文字只是在抱怨作者懷才不遇，以耕耘"藜"摹狀貧賤，果若如此，此條資料能在多大程度上反映漢代真實的情況恐怕就要打折扣了。

　　然而近年來發現的兩處考古資料卻對文獻的上述描寫提出了挑戰。其一，漢景帝陽陵DK15外藏坑中有4種數量頗大的植物種籽，即粟、黍、稻和藜，它們分別放置在木箱之中，並進行了封緘。⑤ 其二，河南登封新石器時代至漢代遺址發現的農作物種籽有粟、菽和藜，其中，3442粒藜實集中在3個單位，即二里頭二期的06DNI H46（2435粒，佔70.74%）、春秋的05DNI H51（712粒，佔20.1%）和漢代的06DNI H17（147粒，佔4%）。⑥ 儘管漢代藜實數量最少，但集中放置方式，不僅與當地此前的新石器和春秋時期相同，也與景帝陽陵外藏坑的置放方式相仿——這種置放方式表明，藜的種實是被有意識地保留下來，而保留的目的則是用於種植。

　　如何看待與傳世文獻相扞格的這兩個新資料？首先，陽陵外藏坑植物中的粟、黍和稻無疑是栽培的作物，藜種籽與其並列，且精心安排放置，表明它應當也是人工栽

---

① 《史記·孔子世家》司馬貞《索隱》："藜，音藜，藜，草名也。"《史記》卷四七，第1946頁。《漢書·司馬遷傳》："藜藿之羹。"顏師古曰："藜，草似蓬也。"《漢書》卷六二，第2712頁。
② 〔明〕李時珍：《本草綱目》卷二七《菜部》"藜"條。劉衡如點校：《本草綱目》，第1672頁。
③ 《全漢文》卷三五。
④ 《全漢文》卷三五劉向《九歎》。
⑤ 焦南峰：《漢陽陵叢葬坑初探》，《文物》2006年第7期。楊曉燕、劉長江等：《漢陽陵外藏坑農作物遺存分析及西漢早期農業》，《科學通報》第54卷第13期，2009年7月。
⑥ 吳文婉、張繼華、靳桂雲：《河南登封南窪遺址二里頭到漢代聚落農業的植物考古證據》，《中原文物》2014年第1期。

培而非野生的植物。登封漢代遺址的情形與陽陵相似。這樣，劉向"耘藜藿"似乎就不宜被視爲文字的誇張或別有他指，而是漢代歷史實況的一個剪影。其次，文獻對藜的描述不能因這條資料而被漠視和否定。將藜作爲野生植物在漢代人的筆下屢屢出現，倘若藜果真就被廣泛或大量栽培，對目見此事的漢代人來説豈非就是一個笑話？我們可否對現有資料做出這樣的解讀：藜在歷史早期即新石器時代即開始了人工栽培，且數量較多；商周時期人工栽培藜的數量開始下降，至漢代則逐漸放棄了對藜的種植。因此漢代的藜主要是一種野生植物，但也存在人工種植的情形。漢代人雖將"藜"、"藿"並提，但前者多來自野生，而後者則是栽培植物。

據傳世文獻，藜自古就是惡食象徵，漢代亦然。《鹽鐵論·散不足》賢良説"古者，庶人糲食藜藿，非鄉飲酒臘臘祭祀無酒肉"①，《漢書·王褒傳》王褒上對宣帝："羹藜唅糗者，不足與論大牢之滋味"②，等等；均可爲證。但出土資料却提出了疑問。挑戰依然來自陽陵出土的藜。據發掘者觀察，DK15外藏坑是象徵炊事場所的"廚"③，在這個皇家"廚房"中，主食有粟、黍和稻，而佐食的菜蔬自然就是藜了。有學者據此認爲，這些遺存表明，當時日常所食之主食爲粟、黍、稻，而藜則是當時的主要蔬菜。④後一個判斷與我們從傳世文獻中所獲得的知識大相徑庭：藜在漢代只是下層百姓的食物而非常見蔬菜，對一個普通的漢代家庭來説，葵、韭、葱等才是他們的常蔬。但何以被視作下等食品的藜成爲皇帝的蔬菜而且是唯一的蔬菜？這確實令人費解。藜的食物品格可能是我們解釋這個疑點的一個路徑。

藜在漢代人生活中的用途並不單一。⑤作爲食物，人們食用藜的嫩苗和種籽。《齊民要術》卷一〇《五穀、果蓏、菜茹非中國物產者》引陸璣《毛詩草木鳥獸蟲魚疏》："萊，藜也……今兖州人蒸以爲茹，謂之'萊蒸'。譙、沛人謂雞蘇爲萊，故《三倉》云：'萊，茉荑'，此二草異而名同。"⑥漢代人有兩種食法。一是蒸，即漢代兖州方言所説的"萊蒸"。如段玉裁所言，"萊蒸"即"蒸藜"的倒讀。⑦《白虎通義·諫諍·隱

---

① 王利器校注：《鹽鐵論校注》，第351頁。
② 《漢書》卷六四下，第2822頁。
③ 焦南峰：《漢陽陵叢葬坑初探》，《文物》2006年第7期。
④ 楊曉燕、劉長江等：《漢陽陵外藏坑農作物遺存分析及西漢早期農業》，《科學通報》第54卷第13期，2009年7月。
⑤ 藜頸粗壯，高可達150釐米，或鋪屋，如《鹽鐵論·毀學》説"包丘子飯麻蓬藜，修道白屋之下，樂其志，安之於廣廈芻豢"（王利器校注：《鹽鐵論校注》，第229頁）；或做杖，如《三輔黃圖》卷六説"劉向于成帝之末，校書天禄閣，專精覃思。夜有老人著黃衣，植青藜杖，叩閣而進"（何清谷撰：《三輔黃圖校釋》，中華書局2005年版，第340頁）。
⑥ 繆啓愉、繆桂龍：《齊民要術譯注》，第810頁。孔穎達疏和文淵閣四庫全書本《毛詩草木鳥獸蟲魚疏》卷上"北山有萊"條："萊，草名，其葉可食。今兖州人蒸以爲茹，謂之'萊蒸'。"無以下文字。
⑦ ［清］段玉裁：《説文解字注》，第46頁。

惡之義》："夫妻相爲隱乎？《傳》曰：'曾去妻，藜蒸不熟。問曰：婦有七出，不蒸亦預乎？曰：吾聞之也，絕交令可友，棄妻令可嫁也。黎蒸不熟而已。何問其故？'此爲隱之也。"①《隸釋》卷三《楚相孫叔敖碑》（延熹三年五月立碑）："堊枯粟乏，愛育藜蒸。"②《潛夫論·實貢》："夫說粱飯食肉，有好於面目，而不若糲粢藜烝之可食於口也。"③可見蒸藜先秦時期已有，漢代依然繼承。另一種方法即煮羹可能更爲普遍。《風俗通義·窮通》："孔子困于陳、蔡之間，七日不嘗粒，藜羹不糝。""糝"即在藜湯中添加少許穀類。《鹽鐵論·通有》："而鄒、魯、周、韓，藜藿蔬食。"④"蔬食"即以蔬菜爲食。⑤此處藜藿作爲主食與蔬菜相對，與《漢書·項籍傳》"今歲饑民貧，卒食半菽"（顏師古引臣瓚曰："士卒食蔬菜以菽雜半之。"）⑥同例。揚雄《逐貧賦》："人皆稻粱，我獨藜飧。"⑦也是將藜作爲主食。這與近代甘肅貧窮人家將藜子"同糜、麥面伴食"⑧的考慮相同。要之，無論是蒸是煮，藜都兼具了主食和菜蔬的雙重身份。對於貧窮人家來說，將藜象穀物一樣蒸熟取食，或在藜葉湯中放些粟米，就可以對付一下饑餓。登封新石器時代聚落遺址中藜種實數量僅次於粟（10564），超過了黍（878）、稻（10）、麥（6）和大豆（96）；春秋時期聚落遺址藜種實數量僅次於粟（1859），超過了黍（14）、稻（1）、麥（2）和大豆（2）；這些跡象顯示了藜的主食價值。登封漢代聚落遺址中，藜種實總數儘管較之此前時期有了大幅度降低，但與同時期同出的其他作物相比，少於粟（540）而與菽接近（182）。這個跡象同樣顯示了藜也是主食的組成部分。如此來說，陽陵外藏坑中的藜可能就不是作爲菜蔬而是作爲與粟、黍相同的主食類食物隨葬。這樣，我們可以對"藜藿"並稱的含義進行新的解讀，即藜是主食而藿是蔬菜，二者組成了簡陋的"飯"、"菜"。無獨有偶，藜科植物在美洲被馴化後也曾成爲重要的作物。⑨據現代植物學營養成分分析，藜的維生素C含量分別是芹菜和大白菜

---

① ［清］陳立撰，吳則虞點校：《白虎通疏證》，中華書局1994年版，第242頁。
② ［宋］洪适：《隸釋 隸續》，中華書局1985年版，第38頁。
③ ［漢］王符著，［清］汪繼培箋，彭鐸校正：《潛夫論箋》，中華書局1979年版，第153頁。
④ 王利器校注：《鹽鐵論校注》，第42頁。
⑤ 或將"蔬食"等同"素食"，不確。《白虎通義·喪服·倚廬》"始食菜果，反素食"（［清］陳立撰，吳則虞點校：《白虎通疏證》，第517頁），明言"素食"不同於食菜。《太平御覽》卷八四七引《東觀漢記》："趙孝，字長平，建武初，天下新定，穀食尚少，孝得穀，炊將熟，令弟禮夫妻使出，比還，孝夫妻共茹蔬菜，禮夫妻來歸，告言已食，輒獨飯之。積久，禮心怪疑，後掩伺見之，亦不肯複出，遂共蔬菜。"此爲"蔬食"是僅食蔬菜之證。
⑥ 《漢書》卷三一，第1802頁。
⑦ 《全漢文》卷五二。
⑧ 張維著，吳生貴校注：《肅州新志校注》，中華書局2006年版，第103頁。
⑨ Smith, B. D.,*Chenopodium as a Prehistoric Do-mesticate in Eastern North America: Evidence from Russell Cave, Alabama*,226(4671):165-167, 1984. 轉引自〔加〕Gary W. Crawford、陳雪香等：《山東濟南長清月莊遺址植物遺存的初步分析》，《江漢考古》2013年第2期。

的11和5倍,含有7種人體必需的氨基酸,種子含油量高且具有高含量的不飽和脂肪酸。[①] 藜長期被栽培並成爲食物,或許與古人或多或少感受到藜的這些價值有關。

　　漢代以後很長時期,藜不僅仍然出現人們的飲食生活中,如敦煌出土文書P.26095《俗務要名林》記錄的蔬菜即有藜[②];而且藜作爲主食類食物的跡象依然存在。內蒙古赤峰巴彥塔拉遼代遺址浮選的植物種實中,藜佔植物總數14.6%,居粟（24.6%）、黍（23.6%）、大麻（19.3%）之後位列第四,超過了大麥（0.3%）、栽培稗（0.3%）和蕎麥（0.5%）[③],吉林白城孫長青遼金遺址也有藜的種實[④],這些都顯示了它成爲主食的可能性。在近代中國甘肅和今天中國臺灣高山族,藜仍是人工栽培的植物,《肅州新志》云:藜家種者名"舜王穀"[⑤],而高山族則將藜混種在粟田裏以期獲得澱粉食物[⑥]。我們由此可對藜的食物價值有更多地瞭解。總之,在漢代藜兼具主食和菜蔬的雙重價值,這一點與豆類、蘿蔔等作物相類。

　　至於爲何在景帝陵墓中隨葬藜這種較爲低等的食物,目前還難以解釋,或許與景帝個人口味有關,這有待更多資料的確認。

　　秦荻藜是一種與藜相似的植物。《本草綱目》卷二七《菜部》"秦荻藜"條云:"按《山海經》云:'秦山有草,名曰藜,如荻,可以爲菹。'此即秦荻藜也。蓋亦藜類,其名亦由此得之。"又引唐孟詵《食療本草》:"此物於生菜中最香美。"引宋蘇恭《圖經本草》:"秦荻藜生下濕地,所在有之。人所啖者。"[⑦] 元末明初人賈銘(號華山老人)在《飲食須知》中也談到秦荻藜的烹飪方法。[⑧] 近代山東東平方言稱秦荻藜爲"秦椒"[⑨],與辣椒同名而異物。據前引《山海經》説秦荻藜"可以爲菹",知漢代人也以此物爲菜蔬。

（八）薤（附藠）

　　薤爲百合科葱屬植物,中國是其原産地。薤在後代有"藠頭"、"藠子"之名,是

[①] 孫存華、李揚等:《藜的營養成分及作爲新型蔬菜資源的評價》,《廣西植物》第25卷第6期,2005年11月。
[②] 黃永武主編:《敦煌寶藏》第122册,新文豐出版公司1981年版,第428頁。
[③] 孫永剛:《巴彥塔拉遼代遺址植物遺存及相關問題研究》,《赤峰學院學報》（哲學社會科學版）2013年第8期。
[④] 楊春、徐坤等:《吉林省白城市孫長青遺址浮選結果分析報告》,《北方文物》2010年第4期。
[⑤] 張維著,吳生貴校注:《肅州新志校注》,第103頁。
[⑥] 李炅娥、蓋瑞·克勞福德、劉莉、陳星燦:《華北地區新石器時代早期至商代的植物和人類》,《南方文物》2008年第1期。
[⑦] 劉衡如點校:《本草綱目》,第1673頁。
[⑧] ［明］賈銘:《飲食須知》"秦荻藜"條,三秦出版社2005年版。
[⑨] 胡乂尹:《辣椒名稱考釋》,《古今農業》2013年第4期。

漢代常見家種蔬菜。吳其濬説他生活的清代中期，薤的種植在"江西、湖南極多"。①現代中國薤的種植也集中於在長江流域的江西、兩湖一帶，在秦漢時代，薤在今山東半島、隴東、冀南、湖南等地都有明確種植的記録。黄河流域多有種薤的記録。如渤海太守龔遂勸民務農，令每人種一畦韭外，還要種"百本薤"。②漢陽（今甘肅天水）民任棠以一大本薤和一盎水見視太守，喻打擊豪强，開門恤孤③，可知薤爲家中常見之物。肩水金關漢簡亦有買賣薤的簡文（詳下）。

據漢代文獻，薤的計算單位爲本、根、束、莖、把等，均是指顆④，未見以重量計算的事例。《尹都尉書》有《種薤篇》，惜内容全佚。《氾勝之書·種瓜篇》云："種薤十根，令周回甕，居瓜子外。"即是説薤是利用瓜田空隙插種。看來龔遂勸民種薤没有像韭菜那樣指明用地，大約不是偶然的。⑤《種瓜篇》還指出"至五月瓜熟，薤可拔賣之"。可知薤也是商品蔬菜。《太平御覽》卷九七七引《魏略》説漢末巨鹿人李孚"爲諸生，當種薤"，"本郡人民饑困……有從索者，亦不與一莖，亦不自食"。李孚平日種薤大約是以此作爲生活之資⑥，饑饉時亦可度荒。肩水金關漢簡有"薤束六"簡文（73EJT2:27A）⑦，即1束薤6錢，若漢代文獻中蔬菜計量單位的"束"重量是相同的，則這個價格要高於同在居延地區的韭的價格。究其原因可能是漢代的薤多爲見縫插針式栽種，而非大面積種植，收穫量不是很大。加之薤不耐0℃以下低温⑧，而河西地區冬季和初春寒冷，此時正是薤的生長期，氣候對當地薤的生長造成影響。現代薤的畝產量是1千公斤⑨，漢代情形不詳。

《禮記·少儀》："爲君子擇葱、薤，則絶其本末。"⑩掐根去尖大約是漢代人擇治葱、薤等菜蔬的習見方法。薤的食法與韭相仿。《太平御覽》卷八五五引《通俗文》曰："淹韭曰'齏'，淹薤曰'䪥'。""齏"指將食物搗成碎末狀。醃薤稱"䪥"，與"齏"

---

① ［清］吳其濬：《植物名實圖考》卷三"薤"條，第62頁。
② 《漢書·循吏傳·龔遂》。《漢書》卷五九，第3640頁。
③ 《後漢書·龐參傳》。《後漢書》卷五一，第1689頁。
④ 本、根、束、莖見正文所引諸書。《五十二病方》有"薤一把"語（馬王堆漢墓帛書整理小組編：《馬王堆漢墓帛書》第四輯，第31、47頁）。
⑤ 《漢書·循吏傳·龔遂》，《漢書》卷八九，第3640頁。漢以後是否有專辟田種薤不詳。《本草綱目》卷二六《菜部》"薤"條引《齊諧志》云："安陸郭坦兄，得天行病後，遂能大餐……一日大饑，至一園，食薤一畦，大蒜一畦。"（劉衡如點校：《本草綱目》，第1691—1692頁）《太平御覽》卷八四九引《齊諧記》記此事，"薤"作"韭"。《本草綱目》引文或有誤植。
⑥ 《氾勝之書·瓜》："至五月瓜熟，薤可拔賣之。"（萬國鼎輯釋：《氾勝之書輯釋》，中華書局1957年版，第152頁）是薤爲銷售的蔬菜。
⑦ 甘肅簡牘博物館等編：《肩水金關漢簡》第一輯，中西書局2011年版。
⑧ 王夫玉、楊金明等：《薤的種植技術研究》，《中國蔬菜》2002年第1期。
⑨ 張天柱：《名稀特野蔬菜栽培技術》，中國輕工業出版社2011年版，第216頁。
⑩ ［清］孫希旦撰，沈嘯寰、王星賢點校：《禮記集解》，第948頁。

相對，蓋亦取搗碎之意。《全後漢文》卷六九蔡邕《短人賦》："脱椎枘兮褥薤杵"，即是説將薤用杵搗壓爲末。《釋名》卷二《釋飲食》："生瀹葱、薤曰兑，言其柔滑，兑兑然也。"① 這是將生葱和薤放入醯、鹽等調味料合拌生食。② 《世説新語·黜免》有"蒸薤"。③ 《齊民要術》卷九《素食》"薤白蒸"法，大略謂秔米與豉同煮，入葱、薤、胡芹等重蒸，④ 或即《世説新語》所説的"蒸薤"。這種與後世"菜飯"相類的做法，未見漢人著述。薤也用於肉類食物的調味。《禮記·内則》云："膏用薤。"⑤ 又云："肉腥，細者爲膾，大者爲軒。或曰：麋鹿魚爲菹，麋爲辟雞。野豕爲軒，兔爲宛脾，切葱若薤，諸醯以柔之。"⑥ 在很大程度上，它既可與葱並用，使菜肴滋味更爲濃烈，也可成爲葱的替代品。漢代人在口味上的這種傾向性，是薤一直受到重視的根本原因。

　　漢代人對薤的品性頗有心得。里耶秦簡有"𥂲（薤），日壹更，尉（熨）熱"簡文（簡Ⅱ8—1620）⑦，大概是説將薤加熱後熨敷患處。醫書如《五十二病方》、《神農本草經》、《金匱要略》以薤入藥治療破傷風、蠍蜇傷、癰病⑧，以及腹痛泄利⑨、胸痹、心痛、短氣⑩；同時也對薤的忌食給予關注，如説"十一月、十二月勿食薤，令人多涕唾"、"薤不可共牛肉作羹食之，成瘕病"⑪，等等。

　　漢代以後的很長時期，薤依然是種植蔬菜。筆者所見明清方志如《八閩通志》（弘治）、《贛州府志》（嘉靖）、《南安府志》（嘉靖）、《雲南通志》（雍正）、《福州府志》（乾隆）等均記録了薤菜。值得注意的是，這些記録多見於長江流域以南地區，而黄河流域地區的方志中的物產部分對薤的記述極少。王禎《農書》稱薤"今處處有之"⑫，出生在山東棲霞的郝懿行在《爾雅義疏》中引録了《農書》，卻不提及王禎的這句話，且云："古葱、薤並稱……今惟用葱，不用薤矣。"⑬ 這似乎表明，元代以後薤已逐步退出北方地區的菜蔬家族。

---

① ［清］王先謙撰集：《釋名疏證補》，上海古籍出版社1984年影印光緒二十二年本，第213頁。
② 《釋名》畢沅注："《御覽》引兑皆作甕，未知孰是。孫詒讓曰：《一切經音義》引《通俗文》云：淹韭曰䪡，淹薤曰䪥。兑疑即䪥，音近字通。"［清］王先謙撰集：《釋名疏證補》，第213頁。
③ 徐震堮：《世説新語校箋》，中華書局1984年版，第462頁。
④ 繆啓愉、繆桂龍：《齊民要術譯注》，第660頁。
⑤ ［清］孫希旦撰，沈嘯寰、王星賢點校：《禮記集解》，第749頁。
⑥ ［清］孫希旦撰，沈嘯寰、王星賢點校：《禮記集解》，第751頁。
⑦ 陳偉主編：《里耶秦簡牘校釋》，第369頁。
⑧ 《五十二病方》"傷脛（痙）"、"瘨（厲）"、"瘻（癰）"（馬王堆漢墓帛書整理小組編：《馬王堆漢墓帛書》第四輯，第31、36、47頁）。《神農本草經》卷三"薤"條："治金創創敗。"馬繼興主編：《神農本草經輯注》，第291頁。
⑨ ［漢］張仲景：《傷寒論》卷上《辨陽明病脈證並治》"四逆散方"。
⑩ ［漢］張仲景：《金匱要略·胸痹心痛短氣病脈證治》。李克光主編：《金匱要略譯釋》，第213、217、218頁。
⑪ ［漢］張仲景：《金匱要略·果實菜穀禁忌並治》。李克光主編：《金匱要略譯釋》，第735、737頁。
⑫ ［元］王禎：《農書》卷三〇《穀譜》四"薤"條，武英殿刻本。
⑬ ［清］郝懿行：《爾雅義疏》，第929頁。

在人工栽培之外，又有野生山薤"蔰"[1]，其性狀與薤相類，"葉比家薤較小，味亦辛"[2]；"莖葉與家薤相類，而根差長，葉差大，僅若鹿葱，體性亦與家薤同"[3]。《爾雅·釋草》："蔰，山薤也"。山薤後世異名頗多，《野菜博録》稱鼠菊、鼠尾草[4]，《農書》稱野薤、天薤。《本草綱目》卷二六《菜部》"薤"條云：蕎蒿"亦山薤之類，方名不同耳"[5]。《植物名實圖考》卷三"山薤"條以爲山薤是味苦體小的苦薑頭。總之，觀漢以後傳世文獻，山薤是野生薤的總稱，時代不同、地域有異，而其名稱也多有差别。《爾雅》稱爲山薤，《本草綱目》卷二六《菜部》"薤"條引蘇頌曰：蔰"生山中"[6]。然王禎《農書》描述説：野薤係"麥原中自生者"[7]，則是山薤或野薤生長在山谷平地中。《野菜博録》記明人食法曰："採葉，煠熟，水浸去苦味，淘淨，油鹽調食。"[8] 漢代尚無植物油，山薤食法或與多數菜蔬一樣，煮而食之。

又，《太平御覽》卷三八七引《三齊略》云："鄭司農常居其城南山中教授。黄巾亂，乃遣生徒崔琰，諸賢於此揮涕而散。所居山下，草如薤葉，長尺餘許，堅紉異常，時人名爲'康成書帶'。"山薤可食，與這種與薤相似的堅韌異常的物品當非一物。

（九）蓼（附野蓼、莫、羊蹄、萹蓄）

蓼即香蓼，屬一年生草本植物，生長水邊，中國境内最常見的蓼屬植物是是酸模葉蓼、水蓼等，有喜潮濕傍水特性，故古人有"蓼、蘇出溝渠"[9]之説。野生蓼科植物在是華夏早期歷史時期植被系統中的一個成員。其種屬種子在内蒙古、遼寧、青海、陝西、河南、山東、浙江、江西、湖北、四川和重慶等地新石器時代一些遺址中已有所見。[10] 這種自然背景爲蓼的早期人工培育提供了必要條件。

---

[1] 《爾雅·釋草》："蔰，山薤也。"[清] 郝懿行：《爾雅義疏》，第927頁。
[2] [元] 王禎：《農書》卷三〇《穀譜》四"薤"條。
[3] [明] 李時珍：《本草綱目》卷二六《菜部》"薤"條引蘇頌語。劉衡如點校：《本草綱目》，第1590頁。
[4] [宋] 鮑山：《野菜博録》卷二"草部""鼠菊"條，四部叢刊本。
[5] 劉衡如點校：《本草綱目》，第1593頁。
[6] 劉衡如點校：《本草綱目》，第1590頁。
[7] [元] 王禎：《農書》卷三〇《穀譜四》"薤"條。
[8] [宋] 鮑山：《野菜博録》卷二"草部""鼠菊"條，四部叢刊本。
[9] 《太平御覽》卷八六七引《出歌》。
[10] 已報導的發現蓼實物地區如下：内蒙古赤峰二道井子（孫永剛、趙志軍等：《内蒙古二道井子遺址2009年度浮選結果分析報告》，《農業考古》2014年第6期）；遼寧大連王家村（馬永超、吳文婉等：《大連王家村遺址炭化植物遺存研究》，《北方文物》2015年第2期）；青海官亭盆地（賈鑫：《青海省東北部地區新石器—青銅時代文化演化過程與植物遺存研究》，蘭州大學博士學位論文，2012年，第48頁）；陝西扶風案板（劉曉媛：《案板遺址2012年發掘植物遺存研究》，西北大學碩士學位論文2014年，第16頁）；河南洛陽盆地（張俊娜、夏正楷、張小虎：《洛陽盆地新石器—青銅時期的炭化植物遺存》，《科學通報》第59卷第34期，2014年10月）、

學界或以蓼爲野生蔬菜。①按，蓼的人工栽培始於何時不詳。②《詩·周頌·良耜》："畟畟良耜，俶載南畝。播厥百穀，實函斯活。或來瞻女，載筐及筥。其饟伊黍，其笠伊糾。其鎛斯趙，以薅荼蓼。荼蓼朽止，黍稷茂止"，是將蓼作爲雜草。然觀《晏子春秋》卷三《内篇問上》"晏子辭不爲臣，退而窮處，堂下生蓼藿，門外生荆棘"語③，"蓼藿"並舉，則蓼似已爲栽培植物。由此推測，大約不晚於春秋戰國之際，蓼可能就已是園圃中的菜蔬了。

　　漢代有野生之蓼，稱"野蓼"或"澤蓼"。④大連王家村和河南淅川漢代遺址有野蓼種實⑤，是爲實物之證。但漢人食用的蓼主要來自人工栽培。《淮南子·詮言》和《泰族》將園圃中"蓼菜成行"作爲"治家"要素之一。⑥南陽人家園圃中，蓼是重要作物。⑦有的貴族園圃也種植蓼⑧，供其飲食之需。這些都顯示出了蓼菜在漢代人日常生活中的重要性。《太平御覽》卷九八〇引《尹都尉書》有《種蓼》篇，與前已述及的《尹都尉書》其他各篇一樣，是對種蓼的經驗總結。漢代文獻中屢屢提及蓼蟲，除前引楚辭《七諫·怨世》，尚有孔臧《蓼蟲賦》和仲長統《昌言》，前文云："猗那隨風，綠

　河南禹州（劉昶、方燕明：《河南禹州瓦店遺址出土植物遺存分析》，《南方文物》2010年第4期）、河南登封（趙志軍、方燕明：《登封王城崗遺址浮選結果及分析》，《華夏考古》2007年第2期。吳文婉、張繼華、靳桂雲：《河南登封南窪遺址二里頭到漢代聚落農業的植物考古證據》，《中原文物》2014年第1期）；山東茌平（靳桂雲、趙敏、孫淮生、孫建波：《山東茌平龍山文化遺址植物考古調查》，《東方考古》第6集）；浙江有餘姚河姆渡（孫湘君、杜乃秋等：《河姆渡先民生活時期的古植被、古氣候》，浙江省文物考古研究所：《河姆渡——新石器時代遺址考古發掘報告》上册，文物出版社2003年版，第462頁）；江西新幹（陳雪香、周廣明、宫瑋：《江西新幹牛城2006—2008年度浮選植物遺存初步分析》，《江漢考古》2015年第3期）；湖北孝感（吳傳仁、劉輝等：《從孝感葉家廟遺址浮選結果談江漢平原史前農業》，《南方文物》2010年第2期）、湖北天門（鄧振華、劉輝、孟華平：《湖北天門市石家河古城三房灣和譚家嶺遺址出土植物遺存分析》，《考古》2013年第1期）、湖北大冶（唐麗雅、羅運兵、陶洋、趙志軍：《湖北省大冶市蟹子地遺址炭化植物遺存研究》，《第四紀研究》第34卷第1期，2014年1月）；四川成都（四川文物考古研究所：《成都市中海國際社區遺址浮選結果及初步分析》，成都文物考古研究所編：《成都考古發現（2012）》）；重慶中壩遺址（趙志軍等：《中壩遺址浮選結果分析報告》，《中國鹽業考古》第3集，科學出版社2013年版）。其中成都遺址蓼種實數量較大，是否已進入人們生活值得考慮。

① 李家文：《中國蔬菜作物的來歷和變異》，《中國農業科學》1981年第1期。
② 據考古報告，在屈家嶺以後各時期的出土概率均較高，而在仰韶和龍山晚期的個别單位出土蓼科種子的數量遠遠高於其他單位。似乎表明這個植物也曾成爲早期歷史中先民對栽培作物的一個選擇（鄧振華、高玉：《河南鄧州八里崗遺址出土植物遺存分析》，《南方文物》2012年第1期）。但目前證據尚不夠充分。
③ 吳則虞編著：《晏子春秋集釋》，中華書局1962年版，第175頁。
④ 《太平御覽》卷九七九引吳普《本草》說蓼實一名"野蓼"，一名"澤蓼"。
⑤ 馬永超、吳文婉等：《大連王家村遺址炭化植物遺存研究》，《北方文物》2015年第2期。王育茜、張萍等：《河南淅川溝灣遺址2007年度植物浮選結果與分析》，《四川文物》2011年第2期。
⑥ 張雙棣：《淮南子校釋》，第1520、2069頁。
⑦ 《文選》卷三張衡《南都賦》。
⑧ 《太平御覽》卷九七九引任昉《述異記》："長沙定王故宫，有蓼園，云定王故園也。"長沙定王劉發，景帝子，係劉秀之祖。《太平御覽》卷八三四引曹植《藉田賦》："大凡人之爲圃，各植其所好焉……好辛者植乎蓼。至於寡人之圃，無不植也。"

葉紫莖。爰有蠕蟲，厥狀似螟。群聚其間，食之以生。"①後文云："鮑魚之肆，不自以氣爲臭，四夷之人，不自以食爲異，生習然也。居積習之中，見生然之事，熟自知也。斯何異蓼中之蟲，而不知藍之甘乎？"②漢人論蓼蟲雖有"寓物托事"之意③，但從中可以看出蟲災對蓼生長的破壞和種植者觀察的細緻。

現代中國境內蓼種屬的分佈呈現出較爲明顯的地區差異，其中長江中下游地區的代表性蓼是酸模葉蓼和水蓼，指示著當地多水和濕潤的環境；而西北地方的代表性蓼是木蓼和沙拐棗型，指示著當地乾旱荒漠的環境。④值得注意的是，我們看到的漢代文獻關於蓼種植的實例多在長江流域或長江與黃河之間。龔遂治齊，未令民種蓼，居延漢簡中沒有蓼的記錄，《四民月令》只有一處（正月）提到了蓼，遠不及該書論及的其他蔬菜重要。通過現代中國境內蓼屬的分佈特徵啓示，可以說，由於蓼的生長需要更多的水分，黃河以南地區水網縱橫，氣候更加潮濕，具備了適合蓼的成長的條件，由此推測，漢代黃河以南地區蓼的其種植比北方地區更爲普遍。

蓼味辛香，屬漢人所說的辛菜⑤，味道濃烈⑥，是重要的調味菜蔬，許多肉類都要用它來對付。《禮記·內則》說："濡豚包苦實蓼，濡雞醢醬實蓼，濡魚卵醬實蓼，濡鱉醢醬實蓼。"孔穎達疏："四者皆破開其腹，實蓼其中，更縫而合之以煮也。"⑦這四種動物包括畜、禽和水產品，用於搭配的蔬菜只有蓼，其在烹飪中的特殊位置於是可見。《內則》又說："豚，春用韭，秋用蓼。"⑧這是根據韭和蓼的生長時間確定其使用時間。由此我們可以明瞭鹽鐵會議上，賢良指抨富者以蓼爲食⑨，並非是說單以蓼菜進食，而是說他們用蓼作爲肉類食物的佐料，享受著肉食的奢侈生活——實際上漢代許多蔬菜地位的不凡是因爲它對肉類食物的烹製有著特殊的貢獻，蓼不過是這種食材差序行列中的一個例子。

---

① 《藝文類聚》卷八三引孔臧《蓼蟲賦》。
② ［清］嚴可均輯：《全後漢文》卷八九。
③ 《藝文類聚》卷八三引孔臧《蓼蟲賦》。
④ 周忠澤、李玉成等：《中國蓼科花粉類型的地理分佈格局及其與生態因數的關係》，《地理科學》第23卷第2期，2003年4月。
⑤ 《說文》"艸部"：蓼，"辛菜"（［清］段玉裁：《說文解字注》，第24頁）。陳蕃說"荼蓼之苦"（《後漢書》卷六六《陳蕃傳》，第2168頁），《文選》卷二八引鮑照《放歌行》亦云："蓼蟲避葵堇，習苦不言非。"蓼味辛微苦，故二說並不矛盾。
⑥ 漢焦延壽《易林》卷一四"益"："去辛就蓼，毒愈苦甚。"
⑦ ［清］孫希旦撰，沈嘯寰、王星賢點校：《禮記集解》，第744、745頁。
⑧ ［清］孫希旦撰，沈嘯寰、王星賢點校：《禮記集解》，第748頁。
⑨ 《鹽鐵論·散不足》賢良曰："今富者……鮮羔（羗），幾胎肩，皮黃口。春鵝秋鶵，冬葵溫韭，浚茈蓼蘇，豐薺耳菜，毛果蟲貉。"王利器校注：《鹽鐵論校注》，第349頁。

清康熙《商丘縣志》將蓼歸入"草類"。① 吳其濬說：蓼"魏晉前皆爲茹……不知何時擯於食單？……《千金方》屢著食蓼之害，或以此不登鼎鼐矣"。② 可知蓼不再成爲菜蔬不是商丘一地的情形，在有清一代是普遍現象，而吳其濬將蓼沒落的源頭溯之唐。按，《嶺表錄異》謂嶺南居民用蓼等辛味蔬菜製作活蝦，謂之"蝦生"，說"鄙俚重之，以爲異饌"。③ 是唐代至少在粵地蓼仍是常見家蔬。宋《毗陵志》說蓼"味辛辣，可和麴蘖"④，未言及可爲菜蔬。元《鎮江志》更明言蓼"土人但以之作麴，不以供蔬茹"⑤。但《朴通事諺解》却說："種甚麽菜來，蘿蔔，蔓菁，萵苣，葵菜，白菜，赤根菜，園荽，蓼子，葱，蒜，薤，荆芥，薄荷，茼蒿，水蘿蔔，胡蘿蔔，芋頭，紫蘇都種來。"⑥《本草綱目》卷二六《菜部》"五辛菜"條云："五辛菜，乃元旦立春，以葱、蒜、韭、蓼、蒿、芥辛嫩之菜，雜和食之，取迎新之義，謂之五辛盤，杜甫詩所謂'春日春盤細生菜'是矣。"⑦ 毗陵即今江蘇常州，鎮江即今江蘇鎮江，均在長江流域。我的推測是，蓼退出蔬菜行列大約在宋元之時，但各地情況不一。江南地區蓼的消失可能要早於黄河流域。《朴通事諺解》所說的情形表明，元末明初，北方一些地方依然將蓼作爲蔬菜栽培。李時珍提到的"五辛菜"是對古代文獻的解釋，而非明人食蓼之證。看來大概在明代前期，蓼即已由蔬菜轉爲藥物。

《詩·魏風·汾沮洳》："彼汾沮洳，言采其莫。"陸璣云："莫，莖大如箸，赤節，節一葉，似柳葉厚而長，有毛刺"，"味酢而滑，始生可以爲羹，又可生食，五方通謂之'酸迷'，冀州人謂之'乾絳'，河汾之間謂之'莫'"。⑧ 知漢人以此入菜。馬瑞辰《毛詩傳箋通釋》辨析甚詳，文云："《本草》'羊蹄'，陶隱居《注》云：'又一種，極相似而味酸，呼爲酸模。'又《本草拾遺》云：'酸模，葉酸，美人亦折食其英。葉似羊蹄。'與陸《疏》言酸迷者同。是酸迷一名酸模，省言之則曰'莫'。《爾雅·釋草》'須，蔌蕪'，郭注：'似羊蹄，葉細，味酢，可食。'蔌蕪即酸模之轉音，正此《詩》莫菜也。或疑《爾雅》不載莫菜，誤矣。二章採桑，《箋》云：'親桑事也。'據陸《疏》云，莫可繅以取蘭緒，則采莫爲親繅事。陸佃《埤雅》引此詩而釋之曰：'言其君儉以能勤，始於侵纔事而采莫，終於侵疊事而採桑。'是也。惟'其君'當作'君子'，又采賣無所屬耳。"⑨ 其實，

---

① ［清］葉澐：康熙《商丘縣志》卷一《物產》"草之屬"條，中州古籍出版社1989年版，第77頁。
② ［清］吳其濬：《植物明實圖考》卷一一"蓼"條。
③ ［唐］劉恂：《嶺表錄異》卷下，武英殿聚珍版叢書本。
④ ［宋］史能之：咸淳《毗陵志》卷一三《土產》"蓼"條。
⑤ ［元］俞希魯：至順《鎮江志》卷四《土產》"蓼"條。
⑥ 《老乞大諺解·朴通事諺解》，第204頁。
⑦ 劉衡如點校：《本草綱目》，第1602頁。
⑧ ［吳］陸璣：《毛詩草木鳥獸蟲魚疏》卷上，第16頁。
⑨ ［清］馬瑞辰撰，陳金生點校：《毛詩傳箋通釋》，中華書局1989年版，第321頁。標點略有改動。

"酸模"的音轉也出現在其他地區。宋代吳越人呼其曰"茂子"[①]，蓋即"莫"之緩讀。

羊蹄係蓼科多年生草本植物，但據前引《爾雅》郭注蘸薞"似羊蹄"，可知它與羊蹄並非一物。《詩經·小雅·我行其野》"我行其野，言采其蓫。"毛《傳》："蓫，惡菜也。"《齊民要術》卷一〇《五穀、果蓏、菜茹非中國物產者》引陸璣《毛詩草木鳥獸蟲魚疏》："今羊蹄。似蘆菔，莖赤。煮爲茹，滑而不美。多噉令人下痢。幽、揚謂之'蓫'，一名'蓨'，亦食之。"[②]賈思勰後諸家所引陸璣語基本相類，惟《本草綱目》卷一九《草部》"羊蹄"條引作："幽州人謂之蓫，根似長蘆菔而莖赤，亦可瀹爲茹，滑美。"[③]李氏徵引恐誤。然此物爲漢代野生蔬菜無疑。羊蹄後世又稱"禿唐"[④]、"牛蘈"[⑤]、"東方宿"、"連蟲陸"、"鬼目"、"蓄"、"豬耳朵"[⑥]等，仍是野蔬[⑦]。

楚辭《九章·懷沙》："解萹薄與雜菜兮，備以爲交佩。""萹"即萹蓄。[⑧]萹蓄（Polygonum aviculare L）係蓼科蓼屬一年生草本植物，廣佈於世界各地，現代中國有19種。[⑨]目前考古所見的古代萹蓄分佈較廣，由北自南有山東即墨北阡新石器時代遺址、陝西白水南山頭新石器時期至戰國遺址、江蘇昆山姜里新石器時代遺址、四川閬中鄭家壩商周時期遺址，其中鄭家壩遺址所見萹蓄數量在同時期遺址出土的紫蘇之上[⑩]，但還不能確認萹蓄與鄭家壩先民日常生活的聯繫。萹蓄古代文獻又名"畜辯"、"萹蔓"。[⑪]《爾雅·釋草》："竹，萹蓄。"郭璞注："似小藜，赤莖節，好生道旁。可食。

---

① [宋]陸佃著，王敏紅點校：《埤雅》卷一八《釋草》"莫"條，浙江大學出版社2008年版，第181頁。
② 繆啓愉、繆桂龍：《齊民要術譯注》，第803頁。
③ 劉衡如點校：《本草綱目》，第1352頁。
④ [元]戴侗：《六書故》卷二四，文淵閣四庫全書本。
⑤ [元]梁寅：《詩演義》卷一一"我行其野"條，文淵閣四庫全書本。
⑥ [明]徐光啓：《農政全書》卷五二《荒政》，明崇禎平露堂本。
⑦ 明鮑山《野菜博錄》（《四部叢刊》三編景明本）卷二《草部》"羊蹄苗"條："食法：採苗葉煠熟，水淘净，油、鹽調食。"
⑧ 《懷沙》王逸注："萹，萹蓄也。"《懷沙》中之"雜菜"，王逸注："雜香之菜。"又云："言已解折萹蓄，雜以香菜，合而佩之，言修飾彌盛也。"（[宋]洪興祖：《楚辭補注》，第148頁）宋人陳仁子云："萹蓄、雜菜皆非芳草，故言解去二物，而以上文之茝荃，備爲交佩也。"（[宋]陳仁子：《文選補遺》卷二八，文淵閣四庫全書本）按，陳説是。"雜菜"無確指，猶今人言"其他菜"或"衆菜"。此語漢以後依然存在。《南史·庾杲之傳》："食唯有韭葅、瀹韭、生韭、雜菜。"（《南史》卷四九，第1209頁）[梁]宗懍：《荊楚歲時記》（文淵閣四庫全書本）："仲冬之月采擷霜蕪菁、葵等雜菜乾之，並爲鹹葅。"
⑨ 侯元同、許崇海等：《中國蓼屬萹蓄組植物果實形態的研究》，《植物分類學報》第45卷第4期，2001年7月。
⑩ 王海玉、靳桂雲：《山東即墨北阡遺址（2009）炭化種子果實遺存研究》，《東方考古》第11集，科學出版社2013年版。王欣、尚雪、蔣洪恩等：《陝西白水河流域兩處遺址浮選結果初步分析》，《考古與文物》2015年第2期。邱振威、蔣洪恩、丁金龍：《江蘇昆山姜里新石器時代遺址植物遺存研究》，《文物》2013年第1期。閆雪、郭富等：《四川閬中市鄭家壩遺址浮選結果及分析》，《四川文物》2013年第4期。
⑪ 《太平御覽》卷九九八引《吳氏本草》。

又殺蟲。"① 萹蓄每年三四月份野外採集②，其時正當青黃之際，可以彌補食物的不足；又據郝懿行所説"其葉面㳯中㖕"③，似乎味道也不錯，這大概是漢代人將其作爲食物的原因。後世萹蓄在藥用之餘，依然是救荒食物。《救荒本草》、《農政全書》和《野菜博錄》都説萹蓄可以"救饑"。④

（一〇）蘇

漢代有兩種性質不同的"蘇"，一種"蘇"泛指草⑤，不在我們討論的範圍中。另一種"蘇"即紫蘇（*Perilla frutescens*），又稱荏或桂荏，古人歸入薔屬。⑥ 現已發現的新石器時代最早的紫蘇種實是距今 8000 多年前湖南澧縣八十壋遺址。⑦ 其他還有山東臨沭東盤新石器時代遺址、河南澠池班村裴李崗文化遺址、河南新密新砦新石器時期、河南洛陽皂角樹二里頭文化及商周時期遺址、甘肅秦安大地灣仰韶文化遺址、青海民和喇家遺址、四川成都金沙遺址（商至西周早期）、重慶忠縣中壩遺址、陝西扶風案板西周遺址，以及河姆渡文化田螺山遺址。⑧ 分佈甚爲遼闊。而在四川茂縣營盤山新石器

---

① [清] 郝懿行：《爾雅義疏》，第 960 頁。
② 李慶偉、李培勝：《萹蓄的栽培技術》，《科學種養》2006 年第 2 期。
③ [清] 郝懿行：《爾雅義疏》，第 960 頁。
④ [明] 朱橚：《救荒本草》卷一"草部""萹蓄"條，文淵閣四庫全書本。[明] 徐光啓：《農政全書》卷四六《荒政》"萹蓄"條，文淵閣四庫全書本。[明] 鮑山：《野菜博錄》卷二"草部""萹蓄"條，《四部叢刊》三編景明本。按，《農政全書》和《野菜博錄》關於萹蓄救饑文字與《救荒本草》相同，當是徐氏和鮑氏抄引朱橚之説。
⑤ 《方言》卷三："蘇、芥，草也。江淮南楚之間曰'蘇'，自關而西或曰'草'，或曰'芥'。南楚江湘之間謂之'葬'。"郭璞注："《漢書》曰：'樵蘇而爨'。蘇猶蘆，語轉也。"錢繹云："是草謂之蘇，取草亦謂之蘇，猶草謂之芻，取草亦謂之芻。"[清] 錢繹撰集，李發順、黃建中點校：《方言箋疏》，第 105 頁）。按，《方言》卷三"……謂之葬"後又云"蘇亦荏也"，是此"蘇"非彼"蘇"明矣。
⑥ 《爾雅·釋草》："蘇，桂荏。"《方言》卷三錢繹箋："以其味辛，故名桂荏。是分言之則蘇、荏二物，合言之則無別也。"[清] 錢繹撰集，李發順、黃建中點校：《方言箋疏》，第 106 頁）《禮記·內則》："魚鱠炙雞燒雉，薔無蓼。"鄭玄注："薔，荏荏之屬也。"
⑦ 顧海濱：《從城頭山遺址的植物遺存看大溪文化的環境背景》，載湖南省文物考古研究所、國際日本文化研究中心編：《澧縣城頭山——中日合作澧陽平原環境考古與有關綜合研究》，文物出版社 2007 年版。
⑧ 王海玉、劉延常、靳桂雲：《山東省臨沭縣東盤遺址 2009 年度炭化植物遺存分析》，《東方考古》第 8 集。孔昭宸、劉長江：《澠池班村新石器遺址植物遺存及其在人類環境上的意義》，《人類學學報》第 18 卷第 4 期，1999 年 11 月。鍾華、趙春青等：《河南新密新砦遺址 2014 年浮選結果及分析》，《農業考古》2016 年第 1 期。張俊娜、夏正楷、張小虎：《洛陽盆地新石器——青銅時期的炭化植物遺存》，《科學通報》第 59 卷第 34 期，2014 年 10 月。甘肅省博物館、秦安縣文化館大地灣發掘組：《一九八〇年秦安大地灣一期文化遺存發掘簡報》，《考古與文物》1982 年第 2 期。張晨：《青海民和喇家遺址浮選植物遺存分析》，西北大學碩士學位論文，2013 年，第 23 頁。姜銘、趙德雲等：《四川成都城鄉一體化工程金牛區 5 號 C 地點考古出土植物遺存分析報告》，《南方文物》2011 年第 3 期。趙志軍等：《中壩遺址浮選結果分析報告》，《中國鹽業考古》第 3 集，科學出版社 2013 年版，第 397 頁。劉曉媛：《案板遺址 2012 年發掘植物遺存研究》，西北大學碩士學位論文 2014 年，第 16 頁。傅稻鐮、秦嶺、趙志軍等：《田螺山遺址的植物考古學分析：野生植物資源採集、水稻栽培和水稻馴化的形態

時代遺址、河南禹州瓦店龍山文化遺址、山東煙臺照格莊岳石文化、魯東南龍山文化，出現了較爲集中且有一定數量的紫蘇遺存，被推測爲當地居民的採集食物，且有人工種植栽培的可能。①

漢代食用的紫蘇顯然是一種人工栽培植物。《氾勝之書·區種法篇》專門提到區種荏的方法，説栽培時"令相去三尺"②，即紫蘇之間的間隔距離是三尺（約70釐米）。《四民月令》正月條説該月可種蘇。③現代紫蘇的種植期是農曆四月下旬，與漢代有異，這可能與漢代氣候較今溫暖有關。《方言》卷三郭璞注："今長沙人呼野蘇爲荏。"④是家種之外，漢人或亦採摘野生紫蘇入食。據現代植物學觀察，紫蘇在植物分類上適應性很強，對土壤要求不嚴，排水良好，沃土、沙質壤土、壤土、黏壤土均可栽培。⑤漢代人之所以鍾愛紫蘇，此物易於生長可能也是一個重要因素。

紫蘇在現代中國主要分佈在長江以南地區，而漢代這個物種的生長範圍要廣闊得多，向北伸展到黄河流域。揚雄《方言》卷三："蘇亦荏也。關之東西或謂之'蘇'，或謂之'荏'。周鄭之間謂之'公蕡'。沅湘之南或謂之'䒳'。"⑥與前面提到的某些亞熱帶或熱帶植物一樣，紫蘇所以能生長在關東、關西、周鄭之間這些北方地區，與漢代氣候較今日溫暖有關。

紫蘇以其味辛香爲漢代人所重，名列《急就篇》中。《氾勝之書·區種法》將荏與禾、麥、菽等作爲區種耕作對象⑦，這在漢代其他蔬菜中是獨一無二的。蘇雖是人工栽培的蔬菜，但與葵、韭、葱、蒜等相比並無優勢。因此，《氾勝之書》所顯示的這一

學觀察》，載北京大學考古文博學院、浙江省文物考古研究所編：《田螺山遺址自然遺存綜合研究》，文物出版社2011年版。

① 王海玉、劉延常、靳桂雲：《山東省臨沐縣東盤遺址2009年度炭化植物遺存分析》，《東方考古》第8集。孔昭宸、劉長江：《澠池班村新石器遺址植物遺存及其在人類環境上的意義》，《人類學學報》第18卷第4期，1999年11月。鍾華、趙春青等：《河南新密新砦遺址2014年浮選結果及分析》，《農業考古》2016年第1期。張俊娜、夏正楷、張小虎：《洛陽盆地新石器——青銅時期的炭化植物遺存》，《科學通報》第59卷第34期，2014年10月。甘肅省博物館、秦安縣文化館大地灣發掘組：《一九八〇年秦安大地灣一期文化遺存發掘簡報》，《考古與文物》1982年第2期。張晨：《青海民和喇家遺址浮選植物遺存分析》，西北大學碩士學位論文，2013年，第23頁。姜銘、趙德雲等：《四川成都城鄉一體化工程金牛區5號C地點考古出土植物遺存分析報告》，《南方文物》2011年第3期。趙志軍等：《中壩遺址浮選結果分析報告》，《中國鹽業考古》第3集，科學出版社2013年版，第397頁。劉曉媛：《案板遺址2012年發掘植物遺存研究》，西北大學碩士學位論文2014年，第16頁。傅稻鐮、秦嶺、趙志軍等：《田螺山遺址的植物考古學分析：野生植物資源採集、水稻栽培和水稻馴化的形態學觀察》，載北京大學考古文博學院、浙江省文物考古研究所編：《田螺山遺址自然遺存綜合研究》。
② [北魏]賈思勰：《齊民要術》卷一《種穀》引。繆啓愉、繆桂龍：《齊民要術譯注》，第76頁。
③ [漢]崔寔原著，石聲漢校注：《四民月令校注》，第13頁。
④ [清]錢繹撰集，李發順、黃建中點校：《方言箋疏》，第105頁。
⑤ 趙培潔、肖建中主編：《中國野菜資源學》，中國環境科學出版社2006年版，第252頁。
⑥ [清]錢繹撰集，李發順、黃建中點校：《方言箋疏》，第104—105頁。
⑦ 萬國鼎輯釋：《氾勝之書輯釋》，第66頁。

多少有些不合常情的現象，或許與作者的個人口味偏好或齊地居民的飲食習慣有關。[①] 蘇通常不單獨成菜，而是作爲調味物進入飲食，我們看到文獻中的紫蘇往往與薑、蓼等並列，如《鹽鐵論·散不足》"浚茈蓼蘇"[②]、張衡《南都賦》"春卵夏筍，秋韭冬菁。蘇殺紫薑，拂徹羶腥"[③]，正是這個緣故。而在後世，紫蘇通常也是作爲魚、肉類食物的佐料。《東京夢華錄》卷二《飲食果子》提到的紫蘇魚，即是以紫蘇配料烹飪的魚。據現代藥理學分析，紫蘇的抑菌效果超過了苯甲酸和尼泊金乙酯，具有較高的防腐作用。[④] 選擇紫蘇作爲魚、肉類食物的配料，可以説是中國古人來自直覺的天才選擇。同時，紫蘇、蘘荷、薑這類味較辛芳的蔬菜，其藥用價值明顯高於味道相對清淡蔬菜，因此其歷史也大致沿著以菜始，以菜、藥並重繼之，有的則最終退出菜蔬成爲藥用植物的路徑變化。明代開始，隨著蔬菜的進一步豐富，紫蘇基本上脱離了蔬菜家族。李時珍將其由"菜部"移入"草部"[⑤]。清《商丘縣志》則將之列入"藥之屬"中。[⑥]

附按，《詩·大雅·生民》云："蓺之荏菽，荏菽旆旆。禾役穟穟，麻麥幪幪。瓜瓞唪唪。"歷來注家多訓"荏"爲大，荏菽即大豆。生活在宋元之際的戴侗提出異説，認爲荏菽不是一物，而是荏（蘇）和菽兩種植物。[⑦] 今有學者沿戴氏之説，認爲從"荏"的本字和《生民》荏菽與麻麥應是二物相對判斷，荏菽中"荏"當爲蘇。[⑧] 按，荏雖爲蘇的本字，但古字以音相轉所在多有。訓釋"荏菽"爲"戎菽"最早見於《爾雅·釋草》。這也是早期歷史資料，不宜輕率否定。《生民》篇"蓺之荏菽"句之後即是"荏菽旆旆，禾役穟穟，麻麥幪幪"，所言皆是穀類作物。且詩中"麻麥"與"瓜瓞"也並不對仗。因此拙意荏菽即戎菽的成説依然成立。

---

① 氾勝之是齊人。山東濟南長清月莊和即墨北阡新石器時期遺址均有紫蘇種實（（加）Gary W. Crawford、陳雪香等：《山東濟南長清月莊遺址植物遺存的初步分析》，《江漢考古》2013年第2期。王海玉：《北阡遺址史前生業經濟的植物考古學研究》表4.2《北阡遺址出土炭化植物遺存統計表》，山東大學碩士學位論文，2012年）。前引山東煙臺照格莊岳石文化、魯東南龍山文化遺址有人工栽培紫蘇的明顯跡象。根據現有資料，今山東半島地區有可能是中國古代人工栽培紫蘇的發源地之一。
② 王利器校注：《鹽鐵論校注》，第349頁。
③ ［清］嚴可均輯：《全後漢文》卷五三。
④ 張洪、黄建韶等：《紫蘇營養成分的研究》，《湖南文理學院學報》（自然科學版）第18卷第1期，2006年3月。
⑤ ［明］李時珍：《本草綱目》卷一四《草部》"蘇"條："自《菜部》移入此。"劉衡如點校：《本草綱目》，第920頁。
⑥ ［清］葉澐：康熙《商丘縣志》卷一《物産》"藥之屬"條，中州古籍出版社1989年版，第78頁。
⑦ ［元］戴侗：《六書故》卷二四《植物》"荏"條，文淵閣四庫全書本。
⑧ 李艷：《〈説文解字〉所收蔬菜及糧食作物詞疏解》，第26頁。

（一一）蘘荷

蘘荷是多年生草本的雙子葉藥薑科植物，一般取根爲食。[①] 漢代又稱蘘[②]、蒚菹[③]、蒪苴[④]、蓴苴。三國魏人張揖以爲蘘荷另名"巴苴"，是不準確的。[⑤] 蘘荷味辛，與薑一樣可作調味，司馬相如《上林賦》將蘘荷、薑並列，似是有意爲。楚辭《大招》："醢豚若狗膾苴蓴。"王逸注："苴蓴，蘘荷也。"犬肉味甚腥，在犬膾中添加蘘荷，正是要其發揮除腥作用。馬王堆 1 號漢墓遣册有"蘘苛苴一資"簡文（簡 154），"苛"通"荷"，"苴"即"菹"之異寫，蓋醃製之蘘荷。《急就篇》"老菁蘘荷冬日藏"和《四民月令》"九月"條"藏此薑、蘘荷"[⑥]，說的則是漢代普通人家對蘘荷的儲藏。蘘荷在現代中國多分佈于長江以南的嶺南和西南地區[⑦]，我們在以關中地區爲觀察地點的《上林賦》和居住在長安的史遊所撰《急就篇》中看到了對蘘荷的描述，西漢時氣溫較爲濕暖，這大概是蘘荷得以在黃河流域種植生長的原因。

蘘荷在漢代以後很長的一個時期，仍被作爲一種蔬菜。湖南郴州蘇仙橋西晉簡記"土地生菜"即當地蔬菜有"蘘"（簡 2—153）[⑧]，蓋即蘘荷之省稱。《本草綱目》卷一五《草部》"蘘荷"條徵引的一些資料可以爲證：魏晉南北朝時期，引陶弘景語云："今人呼赤者爲蘘荷，白者爲覆菹。蓋食以赤者爲勝，入藥以白者爲良"；引宗懍《荆楚歲時記》云："仲冬以鹽藏蘘荷，用備冬儲，又以防蟲。"唐宋時期，引宗奭語云："蘘荷，八九月間醃貯，以備冬月作蔬果。治病止用白者。"但到宋以後蘘荷便與菜蔬漸行漸遠。李時珍說："蘇頌《圖經》言荆襄江湖多種，今訪之無復識者。"[⑨]故將蘘荷由"菜部"移置"草部"。吳其濬指責楊慎將芭蕉之結甘露者視爲蘘荷，尋證江西名"八仙賀

---

① 《後漢書·馬融傳》馬融《廣成頌》李賢注："蘘荷，苗似薑，根色紅紫似芙蓉，可食。"《後漢書》卷五〇上，第 1958 頁。
② 《說文》"艸部"。［清］段玉裁：《說文解字注》，第 25 頁。
③ 《說文》"艸部"。［清］段玉裁：《說文解字注》，第 25 頁。
④ 《史記·司馬相如傳》司馬相如《子虛賦》："蒪苴。"《集解》引《漢書音義》："蒪苴，蘘荷也。"《史記》卷一一七，第 3004、3006 頁。
⑤ 《漢書·司馬相如傳》上司馬相如《子虛賦》述物產有"巴苴"。顏師古注引張揖曰："蓴苴，蘘荷也。"注引文穎曰："巴苴草一名巴蕉。"顏師古曰："文說巴苴是也。苴，音子餘反。蓴，音蒲各反。蓴苴自蘘荷耳，非巴苴也。"（《漢書》卷五七上，第 2535 頁）按，顏說是。下文《上林賦》還有"茈薑、蘘荷"，巴苴非蘘荷明矣。
⑥ ［漢］崔寔原著，石聲漢校注：《四民月令校注》，第 65 頁。
⑦ 現代中國蘘荷在黃河和長江流域基本沒有人工種植，在西南一些地區還保留了種植蘘荷的歷史傳統。如桂西壯族地區蘘荷的民間栽培量佔總數的 56%，野生量佔 44%（黃珂、李祖仁：《桂西壯族常用野菜蘘荷的民族植物學研究》，《安徽農學通報》第 19 卷第 22 期，2013 年）。
⑧ 湖南省文物考古研究所、郴州市文物處：《湖南郴州蘇仙橋遺址發掘簡報》，《湖南考古輯刊》第 8 集。
⑨ 劉衡如點校：《本草綱目》，第 1006 頁。

"壽草"之物即古之蘘荷,且謂若"使數百年没之嘉蔬,一旦伴食鼎俎,非一快哉"。[①] 吴其濬在《植物名實圖考》中所繪製的八仙賀壽草圖,是百合科植物大百合,亦即中國蕎麥葉貝母或中國蘘荷葉貝母,並非蘘荷。[②] 楊慎是明初人,對蘘荷是何種作物已不清楚。更早的元代《朴通事諺解》録有18種蔬菜,也未見蘘荷。考慮到這個因素,蘘荷退出蔬菜家族的時間可能是在元明之際。

(一二)芹(附馬蘄)

學界流行的意見認爲芹菜原産地是南歐、北非和西亞地區[③],但中國先秦文獻中即有食用芹菜記録,古代中國的芹菜是本土馴化抑或來自異域,還需要更多資料方能解釋。

按照傳統説法,芹的本字是"蘄"。[④] 芹有水、旱之别。先秦人所食之芹係水芹。《詩·魯頌·泮水》"思樂泮水,薄采其芹"、《詩·小雅·采菽》"觱沸檻泉,言采其芹"、《吕氏春秋·本味》説"雲夢之芹"爲"菜之美者"[⑤],這些芹的生長地均與水有關,可以爲證。蘄即水芹或水蘄,《植物名實圖考》卷三將"水蘄"和"蘄"分別述之,不妥。因芹性冷滑如葵,故《爾雅·釋草》謂之楚葵。[⑥] 又因其花在二三月初發時可作葅及熟淪食,故名"水英"。[⑦] 山東臨沂銀雀山西漢墓出土的植物葉據發掘者觀察是芹菜[⑧],由於没有鑒定報告,我們只能對這個疑似的"芹菜"實物徒喚遺憾。里耶秦簡食物簿將芹放置蔬菜之首(簡8:1664)。《金匱要略·果實菜穀禁忌並治》云:"春、秋二時,龍帶精入芹菜中,人偶食之爲病。"又云:"鉤吻與芹菜相似,誤食之,殺人。"[⑨] 似乎芹爲當時之常菜。但在傳世和出土的漢代文獻中,除了這三條資料外,再無其他與芹有關的材料,這與漢代文獻對其他一些菜蔬的記録差别甚大。不知是否因此之故,吴其濬以爲水芹和旱芹古時都是野蔬,而非人工種植的蔬菜。[⑩] 這種看法其實

---

① [清]吴其濬:《植物名實圖考》卷三"蘘荷"條,第61—62頁。
② 黄勝白、陳重明:《蘘荷的本草考證》,《中藥通報》第12卷第1期,1987年1月。
③ [瑞士]德亢朵爾(A.P. De Candolle)著,俞德浚、蔡希陶譯:《農藝植物考源》,第270頁。[日]星川清親著,段傳德、丁法元譯,蕭位賢校:《栽培植物的起源與傳播》,第86—87頁。
④ [明]李時珍:《本草綱目》卷二六《菜部》"蘄"條引陶弘景語。劉衡如點校:《本草綱目》,第1632頁。
⑤ 陳奇猷校釋:《吕氏春秋校釋》,第741頁。
⑥ [清]郝懿行:《爾雅義疏》,第999頁。
⑦ [明]李時珍:《本草綱目》卷二六《菜部》"蘄"條引陶弘景語。劉衡如點校:《本草綱目》,第1632—1633頁。
⑧ 臨沂市博物館:《山東臨沂金雀山九號漢代墓葬發掘簡報》,《文物》1977年第11期。
⑨ 李克光主編:《金匱要略譯釋》,第740、739頁。
⑩ [清]吴其濬:《植物名實圖考》卷三"水蘄"、"堇"條,第64—65頁。

並無充分根據。《齊民要術》卷三《種蘘荷、芹、蘆》云："芹、蘆，並收根，畦種之。常令足水。尤忌潘泔及鹹水。性並易繁茂，而甜脆勝野生者。"① 這是南北朝時種芹的記錄。漢代人工種芹情形如何不得而知。《四民月令》沒有提到種芹可能只反映了水資源相對稀少的華北地區的蔬菜種植狀況。既然《吕氏春秋·本味》特地提及雲夢之芹，那麼長江流域一些人家種芹是很正常的，而漢代芹菜的分佈區集中在這一帶也是情理之中之事。

"芹"、"蘄"相通，漢代人所食之芹多爲水芹。馬王堆 1 號漢墓和 3 號漢墓食單上的芹均爲水芹。《本草綱目》卷二六《菜部》"堇"條引掌禹錫語云："《説文》云：'堇，根如薺，葉如細柳，子如米，蒸汋食之，甘滑。'《内則》云：'堇、荁、枌、榆。'是矣。"李時珍以爲此即旱芹。② 按，先秦秦漢文獻記載的堇爲野生蔬菜，常與荼並舉，似非旱芹，詳後文。

《説文》"艸部"云："茞，菜，類蒿。從艸近聲。《周禮》有茞菹。"據此，茞似乎是一種蒿類蔬菜。《説文》所引《周禮》文字見《醢人》，但今本《周禮》"茞"作"芹"。"茞"字於漢以下農學和醫學文獻均無。段玉裁懷疑是後人"不知茞即芹者，妄用《爾雅》增之"，故茞"即今人所食芹菜"。③ 按芹狀貌類蒿，段説得之。

《爾雅·釋草》云："芵，牛蘄也。"郭璞注："今馬蘄，葉細鋭，似芹，亦可食。"④ 孫炎云："似芹而葉細鋭，可食菜也。一名芵，一名馬蘄子，入藥用。"⑤ 清人吳其濬説馬芹（馬蘄）"南人不敢食之"⑥。但李時珍述其生態狀況云："馬蘄與芹同類而異種，處處卑濕地有之。三四月生苗，一本叢出如蒿，白毛蒙茸，嫩時可茹。"⑦ 距漢不遠的晉人郭璞明確指出其葉可食，這個野生蔬菜當也爲漢人所取食。一些研究者認爲，馬蘄即今主產於江蘇興化的寬裂葉毒芹，又稱興化蒔蘿。⑧ 但寬裂葉毒芹有毒，漢代以及後代醫家均以爲馬蘄可食，並未言及食後可能發生的中毒現象。故漢人所言之馬蘄是否就是寬裂葉毒芹，似乎還有探討的餘地。

《續漢書·五行志一》："靈帝好……胡飯"，"京都貴戚皆競爲之"。⑨ 可知"胡飯"

---

① 繆啓愉、繆桂龍：《齊民要術譯注》，第 217 頁。
② 劉衡如點校：《本草綱目》，第 1634 頁。
③ [清] 段玉裁：《説文解字注》，第 24 頁。
④ [清] 郝懿行：《爾雅義疏》，第 951 頁。
⑤ [明] 李時珍：《本草綱目》卷二六《菜部》"馬蘄"條引，劉衡如點校：《本草綱目》，第 1636 頁。
⑥ [清] 吳其濬：《植物名實圖考》卷三"馬芹"條，第 66 頁。
⑦ 《本草綱目》卷二六《菜部》"馬蘄"條，劉衡如點校：《本草綱目》，第 1636 頁。
⑧ 張樹人：《〈本草綱目〉中馬蘄的考證》，《中醫文獻雜誌》1998 年第 1 期。朱文英、魯安中：《興化蒔蘿的生藥學研究》，《江蘇藥學與臨床研究》第 6 卷第 2 期，1998 年 4 月。
⑨ 《後漢書》志第十三，第 3273 頁。

在漢末的上流社會頗爲流行。漢代"胡飯"如何製作不詳。《齊民要術》卷九《飧、飯法》篇中有"胡飯法",胡芹是其中的佐料。① 我們不清楚漢代和南北朝時期的"胡飯"是否相同,因此也就無法確定東漢末年胡芹已由域外傳入。現有漢代文獻所記錄的"胡"物中沒有胡芹②,後人也不曾將此物進入中土歸功於張騫,因此漢代人菜蔬中沒有胡芹是幾乎可以肯定的③。

(一三)芥(附芥蒩、胡芥)

芥爲十字花科芸薹屬一年生或二年生草本,其原產地在何處説法不同。星川清親以爲中亞地區是芥的第一次原產地,中國東部和日本在芥由第一原產地傳入後而發展起來,形成了第二次原產地,時當漢唐時期。④ 星川清親所依據的資料不夠充分,據考古所見西安半坡仰韶文化遺址有儲藏的炭化芥菜種子⑤,是爲芥在此時已進入人工栽培行列的證據。而中國是否是芥的第一次原產地之一,有待更多資料。

芥是漢代重要蔬菜,入《急就篇》中。當時有專論種植芥菜的著作。⑥ 現代芥菜大抵分爲葉用芥菜和根莖芥菜兩種,一般來説,芥菜要求温和濕潤的自然條件,現代中國北方地區種植的都是根用芥菜。⑦ 芥在漢代種植廣泛。資料顯示的黄河流域及以北地區芥的種植如《四民月令》正月條説該月可"別"(即分根移栽)芥,四月條説可收芥子,八月條説可種芥。⑧ 馬融《廣成頌》説"其土毛則……桂荏"⑨。居延漢簡有"戎介

---

① 《後漢書》志第十三,第3273頁。
② 元人胡古愚《樹藝篇》卷六《蔬部》(明純白齋鈔本):"馬芹,《爾雅》曰'茭,牛蘄',俗謂胡芹,其根葉不可食,惟子香美,可調飲食,所謂野人快炙背而美芹子是也。"胡氏所説的"胡芹"與域外傳入的胡芹應爲二物。
③ 胡芹是《齊民要術》中多處提到的常見蔬菜,據此其傳入中土當不晚於此時。《通志》卷七五説馬芹"俗謂胡芹",《本草綱目》卷二六《菜部》"馬蘄"條援從其説(劉衡如點校:《本草綱目》,第1636頁)。按,《齊民要術》卷九《飧、飯法》"胡飯法":"以酢瓜菹長切,胾炙肥肉,生雜菜,内餅中急卷。卷用兩卷,三截,還令相就,並六斷,長不過二寸。别奠'飄齏'隨之。細切胡芹、蓼下酢中爲'飄齏'。"(繆啓愉、繆桂龍:《齊民要術譯注》,第658頁)"胡飯"是異域食物,胡芹是其中唯一的有"胡"名的蔬菜,它與鄭樵所説的胡芹是異物同名。今人對"胡芹"的命名的一種解釋是,因產於河南柘城胡襄集而得名。按,胡襄集成爲地名在明代以後,遠遲於胡芹進入中土的時代,故此説有誤。《封氏聞見記》卷七:"胡芹、渾提葱之屬,並自西域而來。"(文淵閣四庫全書本)可知胡芹係異域蔬菜。《唐會要》卷一〇〇《雜録》云:"貞觀二十一年三月十一日,以遠夷各貢方物,其草木雜物有異于常者,詔所司詳録焉。……胡芹狀如芹而味香。"([宋]王溥:《唐會要》,中華書局點校本,第2134頁)觀此語,"胡芹"似是今之香芹。
④ 〔日〕星川清親著,段傳德、丁法元譯,蕭位賢校:《栽培植物的起源與傳播》,第82頁。
⑤ 楊亞長:《半坡文化先民之飲食考古》,《考古與文物》1994年第3期。
⑥ 《太平御覽》卷九八〇引劉向《別録》記《尹都尉書》有《種芥篇》。
⑦ 山東農學院主編:《蔬菜栽培學各論》(北方本),第51頁。
⑧ [漢]崔寔原著,石聲漢校注:《四民月令校注》,第13、33、56頁。
⑨ 《後漢書·馬融傳》。《後漢書》卷六〇上,第1956頁。

— 144 —

（芥）種一半直十五"簡文①。"戎"訓"大"。《爾雅·釋詁上》："戎……大也。"②《方言》卷一："戎……大也……宋、魯、陳、衛之間謂之嘏，或曰戎。"③戎介（芥）即大芥。長沙馬王堆1號漢墓隨葬芥子④，《五十二病方》以"芥衷莢"治穜（腫）囊病即陰囊腫大⑤，江陵鳳凰山8號漢墓遣册有"芥一傷"即一耳杯芥菜子簡文（簡159）。⑥這是南方地區種芥的直接證據。由於漢代氣候較今日溫暖潮濕，黃河流域及以北地區所種植的芥菜可能也包括了葉用芥菜。清人説"南土多芥，種類殊夥"⑦，反映的應是與現代中國相似的芥菜種植情形。

芥辛，古人有"味辣"或"味極辣"的評論。⑧其葉、莖、根、子均可入食，現代人食芥包括這些内容，漢代人亦然。《禮記·內則》："膾，春用葱，秋用芥。"⑨又有芥醬，其製法不詳。《內則》云："膳：……芥醬、魚膾。"⑩孫希旦根據這段文字所述諸食物排列順序，推測"芥醬爲魚膾設也"⑪。若此，則漢代人以芥醬佐生魚實可視爲今日以芥佐生魚片食法的源頭。以上是用芥子作爲食材。《金匱要略·果實菜穀禁忌並治》："芥菜不可共兔肉食之，成惡邪病。"⑫這是以葉或根莖入食。

《太平御覽》卷九八〇引《吴氏本草》："芥葅，一名水蘇，一名勞祖。"水蘇爲唇形科植物，與芥不同。吴普《本草》所述植物均是藥物，中國古代雖有醫食同源的傳統，但因資料不足無法確定芥葅在漢代是否入菜。《肘後備急方》卷七《雜果菜諸忌》有"胡芥"。胡芥即白芥，又稱蜀芥，李時珍説："其種來自胡戎而盛於蜀，故名。"⑬據前引《肘後備急方》，胡芥至晚在東晉時期已傳入中國，漢代是歷史上中西交往頻繁時期，是否已有此物，存疑。

---

① 謝桂華、李均明、朱國炤：《居延漢簡釋文合校》簡262·34。或疑"半"爲"斗"的誤寫（趙寵亮：《行役戍備——河西漢塞吏卒的屯戍生活》，第201頁），説是。
② ［清］郝懿行：《爾雅義疏》，第7頁。
③ ［清］錢繹撰集，李發順、黄建中點校：《方言箋疏》，第21頁。
④ 湖南農學院等：《長沙馬王堆一號漢墓出土動植物標本的研究》，第16頁。
⑤ "芥衷莢"馬王堆帛書整理小組推測是芥菜莢（馬王堆漢墓帛書整理小組編：《馬王堆漢墓帛書》第四輯，第49頁），可從。
⑥ 金立：《江陵鳳凰山八號漢墓竹簡試釋》，《文物》1976年第6期。
⑦ ［清］吴其濬：《植物名實圖考》卷三"芥"條，第170頁。
⑧ 明李時珍《本草綱目》卷二六《菜部》"芥"條引陶弘景曰："芥似菘而有毛，味辣，可生食及作葅。"引蘇頌曰："芥處處有之。有青芥，似菘，有毛，味極辣。"劉衡如校："《本草綱目》，第1606、1603頁。
⑨ ［清］孫希旦撰，沈嘯寰、王星賢點校：《禮記集解》，第748頁。
⑩ ［清］孫希旦撰，沈嘯寰、王星賢點校：《禮記集解》，第741頁。
⑪ ［清］孫希旦撰，沈嘯寰、王星賢點校：《禮記集解》，第742頁。
⑫ 李克光主編：《金匱要略譯釋》，第739頁。
⑬ ［明］李時珍：《本草綱目》卷二六《菜部》"白芥"。劉衡如點校：《本草綱目》，第1609頁。

（一四）茱萸

茱萸包括山茱萸科植物山茱萸和芸香科植物吳茱萸。浙江餘姚田螺山河姆渡文化遺址有山茱萸屬植物籽粒。[1]《神農本草經》卷三"山茱萸"條謂其"味酸"、"無毒"，"溫中，逐寒濕痹"；[2]卷三"吳茱萸"條謂其"味辛，溫"，"溫中，下氣，止痛"。[3]武威醫簡有"山朱臾（茱萸）"和"朱臾（茱萸）"（木牘91甲），其中一單方中山茱萸和茱萸並出，整理者認爲茱萸專指吳茱萸[4]，其說是。《齊民要術》卷四《種茱萸》說山茱萸"不任食"[5]，似乎入菜的茱萸主要是吳茱萸。《金匱要略·嘔吐噦下利病脈證治》中的"茱萸湯"所用主藥即是吳茱萸。若這種表述是漢代的習慣，則史料中的"茱萸"主要是指吳茱萸。陳藏器《本草拾遺》說茱萸"入藥以吳地者爲好，所以有吳之名也"。[6]漢代入藥的茱萸多爲吳茱萸，陳氏之說可謂由來已久。

《全漢文》卷二三輯《凡將篇》云："烏喙桔梗□芫華，款冬貝母木蘗蔞，芩草芍藥桂漏盧，蜚廉雚菌□詫，白斂白芷□菖蒲，芒消□莞椒茱萸。"這是以性狀爲植物歸類，將茱萸與芒硝、椒等並列，顯示了茱萸味辛，這與現代植物學對茱萸的觀察是一致的。

《五十二病方》又有"殺（椴）"[7]，或以爲"椴"即唐《新修本草》所言之食茱萸[8]，所言是。食茱萸又名藙、艾子、越椒、欓子、辣子，李時珍指出："吳茱、食茱乃一物二種。茱萸取吳地者入藥，故名吳茱萸。欓子則形味似茱萸，惟可食用，故名食茱萸也。"[9]所言是。

吳茱萸據其名應原產於吳地。《氾勝之書·雜項》："吳王濞開茱萸溝通運，至海陵倉北有茱村，以村立名。"[10]既已茱萸爲溝名，或表明當地茱萸的生長或種植狀況，所言之"茱萸"當是吳茱萸。《太平御覽》卷九九一引《計然》說"茱萸出三輔"，則關中地區當是漢代茱萸的重要產地。蜀地也產茱萸。《太平御覽》卷九六〇引揚雄《蜀都

---

[1] 潘艷：《長江三角洲與錢塘江流域距今10000—6000年的資源生產：植物考古與人類生態學研究》表8.2《田螺山遺址植物遺存絕對數量》。
[2] 馬繼興主編：《神農本草經輯注》，第273頁。
[3] 馬繼興主編：《神農本草經輯注》，第263頁。
[4] 甘肅省博物館、武威縣文化館編：《武威漢代醫簡》，文物出版社1975年版，第18頁。
[5] 甘肅省博物館、武威縣文化館編：《武威漢代醫簡》，第18頁。
[6] [明]李時珍：《本草綱目》卷三二《果部》"吳茱萸"條引，劉衡如點校：《本草綱目》，第1861頁。
[7] 馬王堆漢墓帛書整理小組編：《馬王堆漢墓帛書》第四輯，第40頁。
[8] 馬繼興：《馬王堆古醫書考釋》，湖南科技出版社1992年版，第88頁。
[9] [明]李時珍：《本草綱目》卷三二《果部》"食茱萸"條。劉衡如點校：《本草綱目》，第1867頁。
[10] 萬國鼎輯釋：《氾勝之書輯釋》，第169頁。

賦》:"其圃則有蒟蒻、茱萸。"是蜀地亦爲茱萸的產地。較早的山茱萸實物見於河南澠池班村裴李崗文化層中（7000aBP）。①《太平御覽》卷九九一引《吴氏本草》:"山茱萸……或生宛句、琅琊，或東海承縣。"據此，東漢三國時黄河下游可能也是山茱萸的主要產地之一。武威醫簡山茱萸二升半五十錢，吴茱萸二升半二十五錢（木牘91甲），山茱萸價格是吴茱萸的一倍，這或許與漢代吴茱萸種植較多因而易得有關。

有學者認爲，古文獻中的吴茱萸或食茱萸並非芸香科茱萸屬植物，而是芸香科花椒屬竹葉花椒。②其説根據如下：第一，《本草綱目》卷三二《果部》"食茱萸"條將欓、藙、檔等均作食茱萸的別名，並謂:"因其辛辣，螫口慘腹，使人有殺毅黨然之狀，故有諸名"。表明李時珍已將茱萸與竹葉椒做爲一物。③第二，《爾雅·釋木》:"椒，樧。醜菜。"郭璞注:"菜，萸子聚生成房貌。今江東亦呼菜樧。似茱萸而小，赤色。"④説的是"似茱萸"，可知並非茱萸。第三，陸璣《毛詩草木鳥獸蟲魚疏》"椒聊之實"條云:"椒樹似茱萸，有針刺，莖葉堅而滑澤……今成皋諸山間有椒，謂之竹葉椒。其樹亦如蜀椒，少毒，熱。不中合藥也。可著飲食中，又用蒸雞、豚最佳者。"表明竹葉椒即茱萸。第四，《齊民要術》卷四《種茱萸》云"食茱萸也"⑤，足證古人所稱"茱萸"即食茱萸。該文在介紹了種植和採收技術後，又點明瞭去除種子的果皮，"肉醬、魚鮓，遍所可用"。這表明，人們栽培茱萸，主要作肉類和魚類的辛香調料，與古稱"藙、檔"者的用途完全吻合。第五，竹葉椒高大，果實色紅味辛，與古代文獻所説的"茱萸"相合，可證"茱萸"即竹葉椒。

下面我們逐條討論。第一，古代文獻所言之"樧"或食茱萸即竹葉椒的意見是準確的，這是該文作者的一個貢獻。第二，李時珍在《本草綱目》中，明確將竹葉椒和茱萸區分開來。該書卷三二《果部》分設"吴茱萸"、"山茱萸"和"秦椒"條，前兩條述茱萸的特性，末條蘇頌語云:"今成皋諸山有竹葉椒，其木亦如蜀椒，小毒熱，不中合藥也，可入飲食中及蒸雞、豚用。"⑥可見在李時珍總結前人研究和自己的觀察中，吴茱萸、山茱萸和竹葉椒的區别是很清楚的。第三，《爾雅·釋木》説樧是椒，郭璞説樧"似茱萸"，這條資料説明的是樧的性質，不能證明古代文獻中的茱萸就是竹葉椒。"似茱萸"云云更表明古人對樧和茱萸的區别是很清楚的。第四，《毛詩草木鳥獸蟲魚

---

① 孔昭宸、劉長江:《澠池班村新石器遺址植物遺存及其在人類環境上的意義》,《人類學學報》第18卷第4期，1999年11月。
② 祁振聲:《"茱萸"的"同名異物"與"異物同名"》,《河北林果研究》第29卷第3期，2014年9月。
③ 劉衡如點校:《本草綱目》，第1867頁。
④ [清]郝懿行:《爾雅義疏》，第1114頁。
⑤ 繆啓愉、繆桂龍:《齊民要術譯注》，第306頁。
⑥ 劉衡如點校:《本草綱目》，第1849頁。

疏》"椒樹似茱萸"的證明力與前條相似，不贅論。第五，《齊民要術》將茱萸分爲食茱萸和山茱萸兩種，這意味著在賈思勰看來食茱萸即吳茱萸。其實這只是賈氏的一家之見。古代名物混淆所在多有，關於食茱萸並非吳茱萸，《本草綱目》卷三二《果部》"吳茱萸"條已有詳致的辨析。第六，茱萸是常緑小喬木，樹高可達一丈多高，果實成熟後呈紫紅色，味極辛香。質疑者所言竹葉椒性狀亦爲茱萸所有，不能作爲古文獻中"茱萸"即竹葉椒的依據。綜上，吳茱萸和山茱萸的性質仍以傳統說法爲妥。

（一五）芸蒿

芸蒿係芸香科植物，味芳烈。又稱柴胡、茈胡。《急就篇》："芸蒜薺芥茱萸香。""芸"顏師古注："即今芸蒿也，生熟皆可啖。"① 《呂氏春秋·本味》說"菜之美者"有"陽華之芸"②，可知戰國晚期已有出産上好芸蒿品種之地。按高誘注，陽華在今陝西鳳翔或華陰西。《重修政和證類本草》卷六引張華《博物志》說芸蒿"長四五寸，香美可食。長安及河内並有之"。《齊民要術》卷一〇《五穀、果蓏、菜茹非中國物産者》"芸"條引杜林《倉頡解詁》說芸蒿"葉似邪蒿，可食"③。長安和鳳翔或華陰都在關中地區，又據《漢書·杜鄴傳》及《後漢書·杜林傳》李賢注④，杜林先輩武帝時徙茂陵，其家族至杜林時在關中已生活了一百多年，他的說法可能來自對關中地區芸蒿生長狀況的觀察，因此，種植芸蒿可能是關中地區的固有傳統。《五十二病方》："癃首，取茈半斗。"整理者云："茈，柴胡。"⑤ 說是。可知漢代長江中游亦是柴胡的生長地。

《詩·小雅·裳裳春華》云："裳裳春華，芸其黄矣。"有的研究者據華黄即花爲黄色以爲《詩》中的"芸"即後文要提到的芸薹（油菜）。⑥ 芸蒿是"七月開黄花"⑦，其時已至夏末，並非"春華"；且《禮記·月令》說仲冬即農曆十一月"芸始生"⑧，其生長特點與芸蒿相合，而與油菜一般在農曆三月下旬播種不同。因此，先秦和秦漢文獻

---

① ［漢］史遊：《急就篇》，文淵閣四庫全書本。
② 陳奇猷校釋：《呂氏春秋校釋》，第741頁。
③ 繆啓愉、繆桂龍：《齊民要術譯注》，第794頁。繆啓愉等認爲《倉頡解詁》中的"芸蒿"可能不是柴胡，而是與柴胡相類的前胡，根據是"葉似邪蒿"更像前胡（參見繆啓愉校釋，繆桂龍參校：《齊民要術校釋》，中國農業出版社2009年版，第794頁）。這個推想還不足以作爲定論。
④ 《漢書》卷八五，第3473頁。《後漢書》卷二七，第934頁。
⑤ 馬王堆漢墓帛書整理小組編：《馬王堆漢墓帛書》第四輯，第67頁。
⑥ 夏瑋瑛校釋：《夏小正經文校釋》，農業出版社1981年版，第15—16頁。
⑦ ［明］李時珍：《本草綱目》卷一三《草部》"茈胡"條引蘇頌語。劉衡如點校：《本草綱目》，第786頁。
⑧ ［清］孫希旦撰，沈嘯寰、王星賢點校：《禮記集解》，第498頁。

中的芸指的是芸蒿是可以肯定的。

（一六）芸薹

芸薹爲十字花科芸薹屬植物（*Brassica*），現通稱油菜，一般認爲有兩個起源中心，即起源於中國和印度的芥菜型和白菜型油菜，以及起源於歐洲的甘藍型油菜。[①] 山東濟南張馬屯新石器時代遺址雖有芸薹屬植物[②]，但不能確認是否就是芸薹。古代文獻說芸薹是"胡菜"，則應是外來物種。按傳世資料所言，芸薹傳入中土不晚於東漢末。《太平御覽》卷八九〇引服虔《通俗文》云："芸苔謂之胡菜。"服虔是漢末人，據此油菜的傳入應不晚於此時。但有此前的資料顯示芸薹在黃河流域已有種植，如漢高祖長陵陪葬墓中隨葬有油菜籽，與稻穀、粟、黃米、小麥、蕎麥等同出。[③] 我們注意到，長陵陪葬墓中的油菜籽沒有經過專業鑒定，發掘報告稱這個只是"初步辨識"即目測後的判斷，嚴格說這個判斷並不能作爲有效證詞。2007 年安徽六安雙墩西漢六安國王劉慶墓（西漢中期）也發現了油菜種實。[④] 據考古報導，甘肅秦安大地灣仰韶文化遺址發現一些植物種子，經甘肅師範大學植物研究所鑒定爲油菜種籽。[⑤] 這個遺址距今 5000 多年，遠在漢代之前。又據考察，四川甘孜和黃河下游地區有野生油菜分佈。[⑥] 如此說來芸薹應當是中國的原產植物，"胡菜"之說就不可信了。其實漢代文獻中的"胡"既指漢帝國北方和西方邊境之外的世界，也指漢帝國境內與華夏民族不同一些民族及其事物風俗。這一點李時珍看的就比較清楚，他說："即今油菜，爲其子可榨油也，羌隴氐胡，其地苦寒，冬月多種此菜，能歷霜雪，種自胡來，故服虔《通俗文》謂之'胡菜'。"[⑦] 甘肅大地灣的油菜種籽說明了新石器時代芸薹在今甘肅地區的種植，而這裏長期是戎胡活動的地區，兩漢時期依然胡漢雜居，在此意義上，芸薹被稱爲"胡菜"是可以理解也是準確的。而芸薹成爲中原居民的菜蔬，應當早於服虔生活的東漢末年。可以推想，隨著匈奴勢力被驅趕出河西走廊，以及內地居民屯戍和西北邊地，芸薹有

---

① 中等農業職業學校教材編委會編：《作物栽培技術》，四川教育出版社 2010 年版，第 265 頁。
② 吳文婉：《中國北方地區裴李崗時代生業經濟研究》，山東大學博士學位論文，2014 年，第 70 頁。吳文婉、靳桂雲、王興華：《海岱地區後李文化的植物利用和栽培：來自濟南張馬屯遺址的證據》，《中國農史》2015 年第 2 期。
③ 楊家灣漢墓發掘小組：《咸陽楊家灣漢墓發掘簡報》，《文物》1977 年第 10 期。
④ 趙志軍、汪景輝：《雙墩一號漢墓出土植物遺存的鑒定和分析》，《農業考古》2016 年第 1 期。
⑤ 甘肅省博物館、秦安縣文化館大地灣發掘組：《一九八〇年秦安大地灣一期文化遺存發掘簡報》，《考古與文物》1982 年第 2 期。
⑥ 王健林、欒運芳等：《中國栽培油菜的起源和進化》，《作物研究》2006 年第 3 期。
⑦ ［明］李時珍：《本草綱目》卷二六《菜部》"芸薹"條。劉衡如點校：《本草綱目》，第 1603 頁。

機會爲中原人所瞭解，並隨著他們返鄉或人口的其他流動，而被攜歸故里。從理論上說，這個時間最有可能出現在西漢中期。雙墩漢墓的芸薹種實實物，爲這個推測提供了重要依據。總之，芸薹雖名爲"胡菜"，却與其他一些由域外進入中土的植物有所不同。

居延漢簡有"戎介（芥）"簡文，對其討論已見本文"芥"條。或以爲即芸薹[①]，依據不足，不取。

（一七）莧（附馬齒莧）

莧科植物是中國歷史早期常見的一個植物種類。據考古資料，這類植物在黃河流域有著廣泛分佈，並接近人類生活。[②] 典型者如河南淅川吳營春秋時期遺址植物浮選結果，莧科植物數量最多，是粟的2倍，大豆的39倍，超過了同樣接近人類生活的藜。[③] 屬於莧科莧屬植物的莧菜又稱"蕢"[④]，它在漢代是否是栽培植物尚無明晰證據。[⑤] 但莧菜是漢代蔬菜家族成員則是確定無疑的。《說文》"艸部"云"莧，莧菜也"[⑥]、《金匱要略·禽獸魚蟲禁忌並治》說"龜鱉肉不可合莧菜食之"[⑦]，即爲其證。莧有紅莧、白莧、

---

① 徐元邦：《居延漢簡中所見之蔬菜》，《古今農業》1988年第1期。
② 考古資料所見莧科植物的報導如下：黃河上游地區有青海互助、陝西扶風和陝西白水（中國社會科學院考古研究所、青海省文物考古研究所：《青海互助豐臺卡約文化遺址浮選結果分析報告》，《考古與文物》2004年第2期。羅西章：《扶風黃堆西周57號墓出土菜籽》，《考古與文物》1997年第3期。王欣、尚雪、蔣洪恩等：《陝西白水河流域兩處遺址浮選結果初步分析》，《考古與文物》2015年第2期）。黃河中游地區有河南登封、禹州、鄧州（吳文婉、張繼華、靳桂雲：《河南登封南窪遺址二里頭到漢代聚落農業的植物考古證據》，《中原文物》2014年第1期。劉昶、方燕明：《河南禹州瓦店遺址出土植物遺存分析》，《南方文物》2010年第4期。鄧振華、高玉：《河南鄧州八里崗遺址出土植物遺存分析》，《南方文物》2012年第1期）。黃河下游地區有山東茌平、煙臺、諸城、即墨（靳桂雲、趙敏等：《山東茌平龍山文化遺址植物考古調查》，靳桂雲、趙敏等：《山東煙臺照格莊岳石文化遺址炭化植物遺存研究》，靳桂雲等：《諸城薛家莊炭化植物遺存分析結果》均刊於《東方考古》第6集。王海玉：《北阡遺址史前生業經濟的植物考古學研究》表4.2《北阡遺址出土炭化植物遺存統計表》。陳香雪：《海岱地區新石器時代晚期至青銅時代農業穩定性考察》，山東大學博士學位論文，2007年，第73頁）。黃河與長江流域之間有河南淅川（王育茜、張萍、靳桂雲：《河南淅川溝灣遺址2007年度植物浮選結果與分析》，《四川文物》2011年第2期）。以上多爲新石器時代遺址，亦有個別商周遺址。
③ 王育茜、趙海洲、靳桂雲：《河南淅川吳營遺址植物考古初步結果》，《東方考古》第7集。
④ 《爾雅·釋草》："蕢，赤莧。"郭璞注："今之莧赤莖者。"[清]郝懿行：《爾雅義疏》，第994頁。
⑤ 人工種植莧菜的較早記錄見《南史·蔡廓傳附孫蔡撙》述蔡撙種莧事（《南史》卷二九，第775頁）。又，《南史·文學列傳·王智深》："家貧無事，嘗餓五日不得食，掘莧根食之。"（《南史》卷七二，第1772頁）[清] 嚴可均《全三國文》卷三七桓範《長短經·知人》："夫賢愚之異，使若葵之與莧，何得不知其然？"可知南北朝時江南地區種植莧菜已頗爲普遍。
⑥ [清] 段玉裁：《說文解字注》，第24頁。
⑦ 李克光主編：《金匱要略譯釋》，第725頁。

紫莧之分。①《爾雅·釋草》:"蒉,赤莧。"郭璞注:"一名白蒉。"郝懿行《爾雅義疏》:"下云'蕢,赤莧。'郭意赤莧名蕢,故白者名白蕢。"②然漢以後一些文獻將莧徑稱爲"赤莧"或"紫莧",似乎表明漢代人食用的莧多爲紅莧。③

在《金匱要略》等漢代醫書中關於菜蔬禁忌方面,莧菜少見,這與唐人對莧菜的較多關注形成了鮮明對比。《外臺秘要》多次提到忌食莧菜,如卷一六《腎勞熱方》療腎勞熱服藥後"忌莧菜";卷二三《寒熱瘰癧方》説療頸痛用藥後"忌生血物莧菜";卷二六《五痔方》療痔之"黄耆丸方"云:"忌一切油膩莧菜";④等等。這種情形似乎表明莧菜在漢代種植有限,在菜蔬中的地位不及唐代以後。其實漢代的這種情形在南北朝時期仍依稀存在。《顏氏家訓·書證》:"《詩》云:'參差荇菜'……而河北俗人多不識之,博士皆以參差者是莧菜,呼人莧爲人荇,亦可笑之甚。"⑤荇菜是野生植物,將莧菜誤爲荇菜表明那時莧菜的種植依然極爲有限。後世文獻記載莧菜多做羹湯,如陸游有詩云:"葅有秋菰白,羹惟野莧紅。"⑥漢代文獻未説明食莧方法,大約與葵菜、藿之類的蔬菜相似,亦做菜羹。

漢代文獻中的"莧"未必均指莧菜。《神農本草經》"莧實"條云:"莧實味甘寒。主治青盲明目,除邪,利大小便,去寒熱。久服益氣力,不饑輕身。一名馬莧。生川澤。"這裏的"莧"其實説的是馬齒莧。古代文獻每將莧菜與馬齒莧混淆。如元至順《鎮江志》卷四《土産》"莧"條:"有家莧,有野莧。野莧即《本草》所謂人莧,家莧則有赤、白二種,又名馬齒莧,亦野生近人多采之,以充蔬茹。"嘉泰《會稽志》卷一七《草部》:"莧有紅莧、白莧、紫莧三色","紅莧一名馬齒莧"。方濬師《蕉軒隨録》云:"蓋莧有白莧、赤莧、人莧、五色莧等名,種於園圃,生於野田,隨處有之,似不必拘定馬齒莧一種。"⑦朱丹溪説:"莧,《本草》分種,而馬齒在其數,馬齒自是一種,餘莧皆人所種者。"⑧其言是。淳熙《新安志》卷二"蔬茹"説"莧"和薺、藜、蕨等"皆物之旅生者,貧者所資也",指的正是馬齒莧科馬齒莧屬的馬齒莧。晚至清代,馬齒

---

① 宋陸佃《埤雅》(明成化刻嘉靖重修本)卷一七《釋草》"莧"條:"莧有紅莧、白莧、紫莧三色。"
② [清]郝懿行:《爾雅義疏》,第963頁。
③ 如《爾雅·釋草》"蕢",郭璞注:"今人莧赤莖者。"晉葛洪《肘後備急方》卷七:"鱉肉不可合雞鴨子及赤莧菜食之。"同書卷八:"蛇、蠍、惡毛蠍、蜈蚣等螫,沙虱,射工,此六病用暖水研赤莧和封之。"晉葛洪《抱朴子》内篇《黄白》"務成子法":"以紫莧煮一丸,含咽其汁,可百日不饑。"(王明:《抱朴子内篇校釋(增訂本)》卷一六,中華書局1985年版,第292頁)《南史·蔡廓傳附孫蔡撙》:"及在吳興,不飲郡井,齋前自種白莧、紫茄,以爲常餌。"(《南史》卷二九,中華書局1975年版,第775頁)是文獻對白莧的較早記録。
④ [唐]王燾:《外臺秘要》,文淵閣四庫全書本。
⑤ 王利器集解:《顏氏家訓集解》,上海古籍出版社1980年版,第375頁。
⑥ [宋]陸游:《劍南詩稿》卷三〇《園蔬薦村酒戲作》,文津閣四庫全書本。
⑦ [宋]方濬師:《蕉軒隨録》卷四"莧陸"條,清同治十一年刻本。
⑧ [明]滕弘:《神農本經會通》卷五"莧"條引,明萬曆滕萬里刻本。

莧還是某些地區的家種蔬菜。[①]關於"莧"的判別是需要我們在研讀文獻時要注意的。

早年研究顯示,"馬齒莧自古已遍佈於舊大陸","間可做蔬菜"。[②]近年來考古報導陝西華陰、白水[③],河南洛陽、登封、鶴壁、淅川[④],山東濟南、諸城[⑤],江蘇昆山[⑥]等地新石器時代遺址中有數量可觀的馬齒莧種實,似乎表明這個植物很早就進入了中國先民的飲食生活。河南淅川漢代遺址也發現馬齒莧。[⑦]漢以後文獻每以馬齒莧爲野蔬。據明人謝肇淛觀察,馬齒莧是當時北方地區的常見菜蔬,"燕、齊之民……其平時如柳芽、榆莢、野蒿、馬齒莧之類,皆充口食"。[⑧]明代蔬菜種類已較漢代有所增加,仍不捨棄馬齒莧,参以《神農本草經》言其"久服益氣力,不饑輕身",以及淅川漢代遺址中的馬齒莧,漢代人以馬齒莧爲野蔬似可無疑。

(一八)薇(附雲薇、白薇、薇蕪)

《詩·小雅·采薇》:"采薇采薇。薇亦作止。"唐司馬貞以爲薇就是蕨[⑨],非是。《説文》"艸"部:"薇,似藿也。"[⑩]《史記·伯夷列傳》司馬貞《正義》引陸璣《毛詩草木鳥獸蟲魚疏》:"薇,山菜也。莖葉皆似小豆,蔓生,其味亦如小豆藿,可作羹,亦可生食也。"但《爾雅·釋草》說"薇,垂水"。郭璞注:"生於水邊。"[⑪]孫炎注:"薇草生水旁,而枝葉垂于水,故名'垂水'也。"[⑫]似乎與水有關。漢以後醫家多將薇作爲水畔植物。[⑬]李時珍則持相反意見:"薇生麥田中,原澤亦有,故《詩》云:'山中有

---

① 康熙《商丘縣志》卷一《物産》"蔬之屬"條中馬齒莧與韭、葱等並列(第77頁)。
② 〔瑞士〕德亢朵爾(A.P. De Candolle)著,俞德浚、蔡希陶譯:《農藝植物考源》,第63頁。
③ 劉焕、胡松梅、張鵬程等:《陝西兩處仰韶時期遺址浮選結果分析及其對比》,《考古與文物》2013年第4期。
④ 張俊娜、夏正楷、張小虎:《洛陽盆地新石器—青銅時期的炭化植物遺存》,《科學通報》第59卷第34期,2014年10月。吳文婉、張繼華、靳桂雲:《河南登封南窪遺址二里頭到漢代聚落農業的植物考古證據》,《中原文物》2014年第1期。王傳明、趙新平、靳桂雲:《河南鶴壁市劉莊遺址浮選結果分析》,《華夏考古》2010年第3期。王育茜、趙海洲、靳桂雲:《河南淅川吳營遺址植物考古初步結果》,《東方考古》第7集。
⑤ 〔加〕Gary W. Crawford、陳雪香等:《山東濟南長清月莊遺址植物遺存的初步分析》,《江漢考古》2013年第2期。靳桂雲、王傳明、蘭玉富:《諸城薛家莊炭化植物遺存分析結果》,《東方考古》第6集。王海玉:《北阡遺址史前生業經濟的植物考古學研究》表4.2《北阡遺址出土炭化植物遺存統計表》。
⑥ 邱振威、蔣洪恩、丁金龍:《江蘇昆山姜里新石器時代遺址植物遺存研究》,《文物》2013年第1期。
⑦ 王育茜、張萍等:《河南淅川溝灣遺址2007年度植物浮選結果與分析》,《四川文物》2011年第2期。
⑧ [明]謝肇淛:《五雜俎》卷一一《物部》三,明萬曆四十四年潘膺祉如韋館刻本。
⑨ 《史記》卷六一《伯夷列傳》司馬貞《索隱》,第2124頁。
⑩ [清]段玉裁:《説文解字注》,第24頁。
⑪ [清]郝懿行:《爾雅義疏》,第1027頁。
⑫ [明]李時珍:《本草綱目》卷二七《菜部》"薇"條。
⑬ 如陳藏器《本草拾遺》:"薇生水旁,葉似萍。"李珣《海藥本草》:"薇生海、池、澤中,水菜也。"俱見《本草綱目》卷二七《菜部》"薇"條。劉衡如點校:《本草綱目》,第1669頁。

蕨、薇'，非水草也。"① 郝懿行進而申明："《詩》言采薇是生於山者，《爾雅》所言是生於水者，實一物。"② 現代植物學觀察，薇爲一年生或二年生草本植物，多生於原野上，山中亦有。③ 看來李時珍和郝懿行的意見是正確的。

先秦時期薇是人們食用的菜蔬。因其基本上不發生病蟲害④，故生長繁茂，在菜蔬種類有限的情形下，取食薇是一個有實際意義的選擇。《詩經》中有多處描寫采薇之事，除《采薇》篇外，《國風·召南·草蟲》有"陟彼南山，言采其薇"語。相傳伯夷"義不食周粟，隱於首陽山，采薇而食之"。⑤ 據其對采薇地點的描述，先秦時期的薇是野生植物。漢代和漢代以後的文獻記述依然如故。如《文選》卷二張衡《西京賦》云："草則葴莎菅蒯，薇蕨荔苀"；稍晚文獻如《文選》卷二七魏文帝《善哉行》云："上山采薇，薄暮苦飢"；《齊民要術》卷一〇《五穀、果蓏、菜茹非中國物産者》引《毛詩草木鳥獸蟲魚疏》云："薇，山菜也，莖葉皆如小豆"⑥；都是將薇視爲野生植物。⑦ 這也許可以解釋一些人從字義上將薇看做"賤"菜。⑧ 陸璣説薇"今官園種之，以供宗廟祭祀"⑨。吳其濬援引此語，惟將"今"改作"漢時"⑩。所依據的大概就是上引的《西京賦》。但《西京賦》所述植物並非都是人工栽培，野生者所在多有，而薇正是其中之一。薇之所以沒有成爲漢代的人工栽培植物原因不詳。據現代植物學觀察，人工栽培的薇的産量與野生薇相似，並不能導致薇産量的提高，在營養成分方面也没有顯著區別。⑪ 其中産量因素或許是古人沒有選擇栽培薇的重要原因。

采薇是遠古採集業的孑遺，對體力要求不高，可能主要是女性的工作。⑫ 薇常見的食法是蒸食和做羹。前引陸璣語云：薇"可作羹，亦可生食"。《太平廣記》卷九九七

---

① [明]李時珍：《本草綱目》卷二七《菜部》"薇"條。劉衡如點校：《本草綱目》，第1669頁。
② [清]郝懿行：《爾雅義疏》，第1028頁。
③ 蔣先明主編：《中國農業百科全書·蔬菜》"薇菜"條（馬光灼撰寫），第306頁。
④ 張天柱：《名稀特野蔬菜栽培技術》，第238頁。
⑤ 《史記》卷六一《伯夷列傳》，第2123頁。
⑥ 繆啓愉、繆桂龍：《齊民要術譯注》，第789頁。孔穎達疏引陸璣《疏》與之稍異，文作："山菜也，莖葉皆似小豆，蔓生。其味亦如小豆。藿可作羹，亦可生食。"《十三經注疏》，第286頁。
⑦ 按，《初學記》卷三《歲時部》上隋陽休之《秋詩》："日照前窗竹，露濕後園薇；夜蟲扶砌響，輕蛾繞燭飛。""後園薇"只是説在其住宅的後園生長著薇，並非表示其家種植薇。
⑧ 《抱朴子》内篇《釋滯》："夫寵貴不能動其心，極富不能移其好，濯纓滄浪，不降不辱，以芳林爲臺榭，峻岫爲大廈，翠蘭爲綱床，绿葵爲幃幙，被褐代袞衣，薇藿當嘉膳。"（王明：《抱朴子内篇校釋（增訂本）》卷八，第152頁）《本草綱目》卷二七《菜部》"薇"條李時珍按："許慎《説文》云：薇，似藿。乃菜之微者也。王安石《字説》云：微賤所食，因謂之薇。故《詩》以采薇賦戍役。"劉衡如點校：《本草綱目》，第1672頁）
⑨ [吳]陸璣：《毛詩草木鳥獸蟲魚疏》卷上"言采其薇"條。
⑩ [清]吳其濬：《植物名實圖考》卷四"薇"條，第90頁。
⑪ 田瑞、程超、汪興平：《野生與栽培薇菜的營養成分分析與評價》，《營養科學》第32卷第23期，2011年。
⑫ 《太平廣記》卷三二五"郭慶之"條引《述異記》："廬陵人郭慶之，有家生婢，名采薇，年少有色。"

153

"薇"條引《廣志》:"薇葉似萍,可蒸食。"唐人陳藏器也說薇"蒸食利人"[1]。李時珍關於薇"莖葉氣味皆似豌豆,其藿作蔬、入羹皆宜"的描寫[2],可能也不是其發明,而是對前人經驗的總結。從根本上說薇一直是貧寒生活的象徵,所謂"薇藿弗充虛,皮褐猶不全"[3]、"毛褐不掩形,薇藿常不充"[4]、"資糧既乏盡,薇蕨安可食"[5]。不過作爲一種野味,薇和其他某些菜蔬一樣,被賦予了清高脫俗的品質,及至後世亦然。[6]這或者就與伯夷、叔齊不食周粟,采薇南山的歷史傳說有關。

《太平廣記》卷四四一"三蔬"條引《拾遺錄》:"晉咸寧四年,立芳圃于金墉城東,多種異菜,名曰'雲薇',類有三種。紫色者最繁滋,其根爛漫。春敷夏密,秋榮冬馥。其實若珠,五色隨時而盛,一名'雲芝'。其紫色者爲上蔬,而味辛;其黃色者爲中蔬,而味甘;其青色者爲下蔬,而味鹹。常以此蔬充禦,其葉可以藉飲食,以供宗廟祭祀。亦止人饑渴。宮中掐其莖葉者,歷月不歇。"此處所說的雲薇歷來無釋,不知是何種蔬菜,但既云"異菜",應當與野生之薇菜無關。

《神農本草經》"白薇"條:"白薇,味苦,平,無毒。治暴中風,身熱,肢滿,忽忽不知人,狂惑,邪氣,寒熱,酸疼,溫瘧,洒洒,發作有時。生平原、山谷。"[7]白薇爲蘿藦科植物白薇,雖也生長在平原、山谷,但與薇並不同科。宋人莊綽疑心伯夷、叔齊所采之薇便是此物[8],然白薇向以藥而非食物入典,莊氏之見恐非。

《文選》卷四張衡《南都賦》:"其香草則有薜荔蕙若,薇蕪蓀葀。"李善注:"《本草經》曰:'蘼蕪一名薇蕪。'"此處的"薇"是蘼蕪,也非薇。《史記·司馬相如傳》司馬相如《子虛賦》:"江離蘼蕪,諸蔗猼且。"裴駰注:"《漢書音義》曰:'江離,香草。蘼蕪,蘄芷也,似蛇床而香。諸蔗,甘柘也。猼且,蘘荷也。'"司馬貞《索隱》:"《吳錄》曰:'臨海縣海水中生江離,正青似亂髮,即《離騷》所云者是也。'《廣志》云'赤葉紅華',則與張勃所說又別。按:今芎藭苗曰江離,綠葉白華,又不同。……樊光曰:'藁本一名蘼蕪,根名蘄芷。'又《藥對》以爲蘼蕪一名江離,芎藭苗也。則芎藭、藁本、江離、蘼蕪並相似,非是一物也。"[9]蘼蕪爲雙子葉植物藥傘

---

① [明]李時珍:《本草綱目》卷二七《菜部》"薇"條引。劉衡如點校:《本草綱目》,第1669頁。
② [明]李時珍:《本草綱目》卷二七《菜部》"薇"條。劉衡如點校:《本草綱目》,第1669頁。
③ 《文選》卷二四曹植《贈徐幹》。
④ 《文選》卷二九曹子建《雜詩》六首之二。
⑤ 《文選》卷二八劉越石《扶風歌》。
⑥ 如《文苑英華》三五一梁簡文帝《七勵》:"藜藿可膳,薇蕨堪餐,五味口爽,寧假玉盤。"《舊五代史·鄭玄素傳》:"鄭玄素,京兆人。避地鶴鳴峰下,萃古書千卷,采薇蕨而弦誦自若。"
⑦ 馬繼興主編:《神農本草經輯注》,第381頁。
⑧ [宋]莊綽:《雞肋編》卷上,文淵閣四庫全書本。
⑨ 《史記》卷一一七,第3004、3006頁。

形科植物川芎的苗葉，又名蘄茞、薇蕪、江蘺。《五十二病方》以蘪（蘼）蕪入藥療痔瘡。① 漢詩有"上山采蘼蕪，下山逢故夫"語②，婦女採集蘼蕪是用來做香料而非做菜蔬。

（一九）荼

荼即苦菜，苣菜屬植物，係先秦時常見的蔬菜。學界一般認爲是野生而非人工種植的蔬菜。③ 這個判斷似有未盡之義。《詩·豳風·七月》云："九月叔苴，采荼薪樗，食我農夫。"可知荼是"農夫"食用的菜蔬。《詩·周頌·良耜》云："其鎛斯趙，以薅荼蓼。荼蓼朽止，黍稷茂止。"可知荼在那時只是一種野菜，種植莊稼要時時剗除。《神農本草經》卷二"苦菜"條也説苦菜（荼）"生山谷、山陵、道旁"④，也是野菜。然楚辭《九章》之《悲回風》有"荼薺不同畝"語，可知戰國時期荼即是栽培蔬菜。崔駰《博徒賦》有"博徒見農夫戴笠持耨，以芸（耘）蓼、荼"語。⑤ 若《博徒賦》此句由《良耜》"以薅荼蓼"化出，以"芸"代"薅"，則可見漢代人之植荼一如蓼菜。又，曹植《籍田賦》有"大凡人之爲圃，各植其所好焉……好苦者植乎荼……至於寡人之圃，無不植也"⑥的描述，可知直到漢末三國時，荼仍是園圃作物。或因嗜苦者寡，故植者不及別種調味菜蔬多耳。總之，戰國以前尤其是西周時期，荼基本上是一種野菜，不晚於戰國後期，荼成爲人工栽培的蔬菜，這種情形一直延續到漢末。從總體上看，漢代資料中以荼入食的記載不多，這可能意味著到了漢代，荼在蔬菜系統中的地位不高，而其因則在於漢代人工栽培的蔬菜較前豐富和穩定，苦味佐料可由豉充任，且其口感更佳。不過，在漢代以後的，荼在一些地方依然是一種家種菜蔬⑦，尤其是在自然環境較爲嚴苛的地區，荼還是一種常蔬。⑧

《詩·唐風·采苓》："采苦采苦，首陽之下。"詩中之"苦"是否指的是荼，向存爭議。王先謙《詩三家義集疏》："《傳》：'苦，苦菜也。'孔《疏》：'荼也。'陸璣云：

---

① 馬王堆漢墓帛書整理小組編：《馬王堆漢墓帛書》第四輯，第 56 頁。
② 逯欽立輯校：《先秦漢魏晉南北朝詩·漢詩》卷一二《古詩》。
③ 李家文：《中國蔬菜作物的來歷和變異》，《中國農業科學》1981 年第 1 期。
④ 馬繼興主編：《神農本草經輯注》，第 145 頁。
⑤ 《太平御覽》卷三八二引。
⑥ 《太平御覽》卷八三四引。
⑦ 如河南商丘地區荼入蔬中，與葱韭並列，位次在莧菜、菠菜之前。康熙《商丘縣志》卷一《物産》"蔬之屬"條，第 77 頁。
⑧ 例如在西夏，苦菜即是重要的蔬菜。參見董立順：《西夏民衆食用野生植物考述》，《天水師範學院學報》第 33 卷第 4 期，2013 年 7 月。

'苦菜生山田及澤中,得霜甜脆而美,所謂堇荼如飴.'《内則》云:'濡豚包苦',用苦菜是也。"① 段玉裁亦云:"'苦'與'荼'正一物也。"關於荼的其他解釋是甘草、地黄等。其中,甘草説的根據是"苦"即"苓","苓"即甘草。② 對此段玉裁有過中肯批評③,可参看。地黄説的主要依據是:其一,《爾雅·釋草》:"蘦,大苦。"郭璞注:"或云:蘦似地黄。"④ 其二,"苦"未必僅指苦菜,"苦菜非一種,皆别有名,不竟謂之苦",如《儀禮》之《饋食禮》豕魚鼎"銅芼用苦若薇"⑤,"芼"或做"苄","苦、苄古字通用,蓋地黄也"⑥。其三,苓即蘦即大苦即地黄。王念孫即主此説:"《爾雅》所謂'蘦,大苦也'。《邶風·簡兮》篇'隰有苓',苓與蘦同。《傳》云:'苓,大苦。'案,大苦者,大苄也。《爾雅》云:'苄,地黄。'苄、苦古字通。《公食大夫禮》:'羊苦。'今文'苄'爲'苦'是也。"⑦ 其三,《儀禮》、《禮記》均有在製作肉類食品時添加"苦"的描述,苦荼味苦而不辛,放在肉肴中令人費解。⑧ 按,《詩經》所言與植物有關之"苦"自非獨指荼,如《瓠有苦葉》言苦爲瓠葉,王夫之所論是也。但地黄説的主要根據即"苦"即苓問題不少。兹節録《采苓》如下:

采苓采苓,首陽之巔……
采苦采苦,首陽之下……
采葑采葑,首陽之東……

葑即蔓菁。《采苓》以苓、苦、葑爲各句起首,顯然是以三種不同植物爲喻,這樣,詩中所言的"苦"自然就不是苓,清代經學家在解釋"苦"的含義時,虚擬了一個不能成立的前提,其論衡失誤也就不足爲奇了。至於説苦荼味苦而不辛,放在肉肴中令人費解,則是對春秋戰國以來中國烹飪知識瞭解不多所做出的誤判。苦和酸、甜、辛等均是古人製作肉類食物時放置的調味品,如楚辭《招魂》云:"大苦鹹酸,辛甘行些。肥牛之腱,臑若芳些";《大招》云:"醢豚苦狗";⑨ 等等。而荼正是苦味菜蔬中的絶對主力。馬王堆3號漢墓遣册有牛肉苦荼羹(簡27、95)、犬肉苦荼羹(簡28、96),

---

① [清]王先謙:《詩三家義集疏》,中華書局1987年版,第434頁。
② [南唐]徐鍇:《説文解字繫傳》,國際文化出版公司1981年版,第347頁。
③ [清]段玉裁:《説文解字注》,第28頁。
④ [清]郝懿行:《爾雅義疏》,第1044頁。
⑤ 《儀禮·特牲饋食禮》。[清]阮元校刻:《十三經注疏》,第1192頁。
⑥ [清]王夫之:《詩經稗疏》,岳麓書社1985年版,第156頁。
⑦ [清]王念孫:《廣雅疏證》,江蘇古籍出版社2000年版,第316頁。
⑧ 陳衛南、劉精盛:《〈詩經·采苓〉"采苦"之"苦"之我見》,《懷化學院學報》第29卷第3期,2010年3月。
⑨ [宋]洪興祖:《楚辭補注》,第207、119頁。

便是以用荼的苦味減弱牛肉和犬肉的腥氣。以《詩經》文本而言，所述之苦味類蔬菜只有荼，且荼在《詩經》中出現的次數也較多，除前引的《豳風·七月》，還有《大雅·緜》"周原膴膴，菫荼如飴"、《邶風·谷風》"誰謂荼苦，其甘如薺"、《周頌·良耜》"其鎛斯趙，以薅荼蓼"等。因此，《采苓》所言之"苦"，以荼的可能性最大。

此外，有一種意見以爲荼即後世的茶，其間的名實混淆自唐始不少學者力辨其非。[1] 然今仍有學人沿襲謬誤，這是需要加以糾正的。

（二〇）芑

《詩·小雅·采芑》："薄言采芑，于彼新田。于此菑畮，方叔涖止。"按，芑有兩義，一爲黍，即《爾雅·釋草》所說"虋，赤苗。芑，白苗。秬，黑黍。秠，一秬二米"。[2] 一爲野菜。《詩·小雅·采芑》陸璣疏："芑菜，似苦菜也。莖青白色，摘其葉，白汁出，肥（疑爲"脆"）可生食，亦可蒸爲茹。"[3] 新田爲休耕之田，故所采之"芑"當爲野菜而非黍。陸璣又云："青州謂之芑，西河、雁門芑尤美，土人戀之不出塞。"[4] 據此，這種植物似多生於黃河流域及以北地區，且名稱未必祇有"芑"。

（二一）薺（附薺苨）

薺是十字花科薺菜屬植物，味甘。在古代文獻中，薺常與荼並提，甘苦相對。《詩·邶風·谷風》："誰謂荼苦，其甘如薺。"《春秋繁露·循天之道》："薺，甘味也"[5]，也是強調其味之甘甜。由《急就篇》記薺可知，薺是漢代常見蔬菜。漢人有薺乃"乘於水氣而美者"之說[6]，表明薺適於土地潮濕地區。《太平御覽》卷三四曹植《籍田賦》有"大凡人之爲圃，各植其所好焉。好甘者植乎薺"之語，是薺菜爲漢代人種植的一種蔬菜。據現代農學觀察，薺一年可採收 3 次—5 次，現代農業生産薺的産量是 1 市

---

[1] 唐顏師古《匡謬正俗》卷八："苦菜，《本草》云：'苦菜味苦，名荼草，一名遊冬，生益州川谷及山陵旁，陵冬不凋死。'陶公弘景注云：'疑此即今茗。茗，一名荼，又令人不眠，今陵冬不凋而嫌其止生益州……今茗極似此。'案，此'苦菜'即詩人所稱'誰謂荼苦'。……（陶公）以其一名荼，乃將作茗，巧說滋蔓，抵增煩惑。且《本草》説其主療疾病功力甚多，茗草豈有此效乎？"（文淵閣四庫全書本）又見周樹斌：《九經"荼""茶"考略》，《中國農史》1991 年第 2 期。陳煥良、梁雄："荼"、"茶"異同考略，《中山大學學報》2002 年第 4 期。
[2] ［清］郝懿行：《爾雅義疏》，第 968 頁。
[3] ［吳］陸璣：《毛詩草木鳥獸蟲魚疏》卷上，第 14 頁。
[4] ［吳］陸璣：《毛詩草木鳥獸蟲魚疏》卷上，第 14 頁。
[5] ［清］蘇輿撰，鍾哲點校：《春秋繁露義證》，第 455 頁。
[6] ［漢］董仲舒：《春秋繁露·循天之道》。［清］蘇輿撰，鍾哲點校：《春秋繁露義證》，第 455 頁。

畝 2500 公斤，屬於較高産量量的菜蔬。① 這或許是漢代人選擇薺作爲人工種植菜蔬的一個因素。野生的薺菜也是漢代人所取得物品。《本草綱目》卷二七《菜部》"薺"條引吳普《本草》"薺生野中"② 可以爲證。考慮到漢代人菜蔬的整體種植情形，薺菜在當時似乎種植面積不大。郴州蘇仙橋西晉簡記物産有"茞"（簡 2—153）③，"茞"疑即薺之異寫。這可能是當地常見的且被人們所食用的植物。阜陽漢簡《萬物》有"食薺以致鷩也，不食以□□也"簡文（W058）。④ 這似乎是某種方術。《五十二病方》云："令金傷毋痛，取薺孰（熟）乾實。"⑤ 整理者認爲即成熟乾燥的薺菜子⑥，説是。如此，則薺在漢代的用途不限於日常蔬菜。《太平廣記》卷四九五引《明皇雜錄》云："高力士既譴于巫州，山谷多薺，而人不食。力士感之，因爲詩寄意：'兩京作斤賣，五溪無人采。夷夏雖有殊，氣味終不改。'"巫州在今湖南懷化，唐時此地居民不食薺菜，令高力士很是意外。漢代此處情形如何不詳。

《金匱要略·果實菜穀禁忌並治》："鉤吻與芹菜相似，誤食之，殺人。解之方：薺苨八兩。"⑦ 按，薺苨爲桔梗科沙參屬草本植物，與薺不同科屬，根莖與葉均可食用，後世以此爲救災食物。《農政全書》云其"可煮食"。又云："救飢，採葉煠熟，換水浸去苦味，淘净，油鹽調食。"⑧ 漢代文獻未見食用薺苨的記録，薺苨是否在漢時入菜，待考。

（二）菥蓂

菥蓂（*Thlaspi arvense L.*）是十字花科菥蓂屬植物，與薺菜同科不同屬。李時珍將菥蓂歸入薺菜行列⑨，實屬誤會。《陝西通志》沿用《本草綱目》誤説，並於"薺"條下另列"大薺"⑩，可謂誤上加誤。菥蓂又稱大薺、大蕺、老薺。⑪ 里耶秦簡以菥蓂入

---

① 張天柱：《名稀特野蔬菜栽培技術》，第 240 頁。
② 劉衡如點校：《本草綱目》，第 1648 頁。
③ 湖南省文物考古研究所、郴州市文物處：《湖南郴州蘇仙橋遺址發掘簡報》，《湖南考古輯刊》第 8 集。
④ 阜陽漢簡整理組：《阜陽漢簡〈萬物〉》，《文物》1988 年第 4 期。
⑤ 馬王堆漢墓帛書整理小組編：《馬王堆漢墓帛書》第四輯，第 29 頁。
⑥ 馬王堆漢墓帛書整理小組編：《馬王堆漢墓帛書》第四輯，第 30 頁。
⑦ 李克光主編：《金匱要略譯釋》，第 739 頁。
⑧ ［明］徐光啓：《農政全書》卷四七《荒政·草部》，崇禎平露堂本。
⑨ ［明］李時珍：《本草綱目》卷二七《菜部》"薺"條："其莖硬有毛者，名菥蓂，味不甚佳。"劉衡如點校：《本草綱目》，第 1669 頁。
⑩ 雍正《陝西通志》卷四三《物産》一，文淵閣四庫全書本。
⑪ 《爾雅·釋草》："菥蓂，大薺。"（［清］郝懿行：《爾雅義疏》，第 937 頁）《説文》"艸部"："蓂，菥蓂，大薺也。"［清］段玉裁：《説文解字注》，第 36 頁。［明］李時珍：《本草綱目》卷二七《菜部》"菥蓂"："薺與菥蓂一物也，但分大、小二種耳。小者爲薺，大者爲菥蓂，菥蓂有毛。"劉衡如點校：《本草綱目》，第 1669 頁）《爾雅·釋草》郭璞注："薺葉細，俗呼之曰'老薺'。"（［清］郝懿行：《爾雅義疏》，第 937 頁）

"暴心痛"方（簡Ⅱ8—1221）[1]，但先秦文獻均未言及析蓂入蔬。《居延漢簡釋文合校》簡262·34有"大薺種一斗卅五"簡文。《文選》卷四張衡《南都賦》云："若其園圃，則有……菥蓂。"可知在漢代析蓂進入了人工栽培行列，北方和南方均然。

（二三）菫

菫爲菫菜科菫菜屬多年生草本植物，現代約有600種，分佈於除南極洲之外的廣大地區，大部分種類分佈在北溫帶和南美洲安第斯山脈。中國是菫菜屬的主要物種多樣性中心之一，有101種，3亞種和13變種。[2]

考古資料顯示菫很早就進入了先民生活。濟南張馬屯新石器時代遺址草本植物中，紫菫的出土概率爲81.25%，是所有植物遺存種類中最高的[3]，顯示出它與當地居民生活上的密切聯繫。而在內蒙古赤峰夏家店文化、河湟地區齊家文化、陝西華陰和白水仰韶文化、陝西扶風案板周代遺址、河南新密新砦新石器時期遺址、河南洛陽盆地新石器時代至商周時期遺址以及雲南元謀大墩子新石器時代聚落遺址中，也有菫的蹤影。[4]《禮記·士昏禮》："若舅姑既没，婦人三月，乃奠菜。"鄭玄注："筐祭菜也，蓋用菫也。"[5]鄭玄依據不詳，或由《大戴禮記·夏小正》"菫，菜也"[6]而來。《本草綱目》卷二六《菜部》"菫"條引蘇恭《唐本草》和清人朱駿聲均認爲菫"野生，非人所種"[7]。但據《後漢書·馬融傳》馬融《廣成頌》記述，在廣成苑中，菫和薑、桂荏等一同種植[8]，可知在漢代菫也是人工栽培和野生兼有的植物，大概到了後世菫逐漸退出了家種蔬菜行列。

關於菫的味道有兩種不同説法。《説文》"艸部"説菫味"甘"[9]。《爾雅·釋草》

---

[1] 陳偉主編：《里耶秦簡牘校釋》，第293頁。
[2] 陳又生：《中國菫菜屬的分類修訂》，中國科學院植物研究所博士學位論文，2006年，第1頁。
[3] 吴文婉：《中國北方地區裴李崗時代生業經濟研究》，山東大學博士學位論文，2014年，第69頁。
[4] 孫永剛、趙志軍等：《内蒙古二道井子遺址2009年度浮選結果分析報告》，《農業考古》2014年第6期。楊穎：《河湟地區金蟬口和李家坪齊家文化遺址植物大遺存分析》，蘭州大學碩士學位論文，2014年，第31、37—38頁。劉煥、胡松梅、張鵬程等：《陝西兩處仰韶時期遺址浮選結果分析及其對比》，《考古與文物》2013年第4期。劉曉媛：《案板遺址2012年發掘植物遺存研究》，西北大學碩士學位論文2014年，第16頁。鍾華、趙春青等：《河南新密新砦遺址2014年浮選結果及分析》，《農業考古》2016年第1期。張俊娜、夏正楷、張小虎：《洛陽盆地新石器—青銅時期的炭化植物遺存》，《科學通報》第59卷第34期，2014年10月。金和天、劉旭等：《雲南元謀大墩子遺址浮選結果及分析》，《江漢考古》2014年第3期。
[5] ［清］阮元校刻：《十三經注疏》，第1970頁。
[6] ［清］王聘珍：《大戴禮記解詁》，第32頁。
[7] 劉衡如點校：《本草綱目》，第1634頁。［清］朱駿聲：《説文通訓定聲》"屯部"，中華書局1984年版。
[8] 《後漢書》卷六〇上，第1956頁。
[9] ［清］段玉裁：《説文解字注》。第45頁。

則云:"齧,苦堇。"馬瑞辰的解釋是:"《爾雅》言苦堇者,古人語反,猶甘草一名大苦也。詩人蓋取苦堇之名與苦荼同類,遂並稱之。"① 先秦文獻以堇、荼並舉。如《詩·大雅·緜》云:"周原膴膴,堇荼如飴。"② "飴"者味甜也。堇菜,味微苦,後味轉甜。這或許就是古人說此物如飴的一個依據。文獻在談及堇的特點時,都說到了其性滑。如《爾雅·釋草》郭璞注堇云:"葉似柳,子如米,汋食之滑。"③《説文》"艸部"云:"堇,根如薺,葉如細柳,蒸食之,甘。"④《禮記·内則》談到婦事舅姑時說晨起後爲公婆準備食物,用堇等物"以滑之"⑤。又云:"父没母存,冢子御食,群子婦佐餕如初。旨甘柔滑,孺子餕。"⑥其中的"滑"自然也包括了堇。《太平御覽》卷九八〇引《後漢書》云:"崔和爲平昌太守,性鄙吝,埋錢百斛。其母季春思堇,惜錢不買。"⑦似乎老年人尤重食堇。前引《内則》鄭玄以爲堇可"和飲食"。老年人容易便秘,性滑利的堇可助其排便(堇的這一作用及抑制多種病菌的功效也得到現代藥理學的認定⑧),這大約是老人對堇情有獨鍾的原因。

(二四)荇

荇(*Nymphoides peltatum* [*Gmel.*] *O.Kuntze*)或作"莕"、"鳧葵"、"水葵"、"接余"⑨,爲多年生水生草本植物,沼澤、湖畔、溝渠等處皆可生長,對水環境有著較强的適應能力⑩。田螺山河姆渡文化遺址有荇的種實。⑪由於這種植物在中國分佈廣泛,葉嫩多汁,因此很早便是古代中國人食用的植物,《詩·周南·關雎》"參差荇菜,左

---

① [清]馬瑞辰撰,陳金生點校:《毛詩傳箋通釋》,第816頁。
② 這種說法也爲漢代人所承襲。如王逸《悼亂》云:"菫荼茂兮扶疏,蘅芷彫兮瑩娟。"([宋]洪興祖:《楚辭補注》,第323頁)
③ [清]郝懿行:《爾雅義疏》,第1006頁。
④ [清]段玉裁:《説文解字注》。第45頁。
⑤ [清]孫希旦撰,沈嘯寰、王星賢點校:《禮記集解》,第729頁。
⑥ [清]孫希旦撰,沈嘯寰、王星賢點校:《禮記集解》,第734頁。
⑦ 范曄《後漢書》無此文字,或是謝承《後漢書》佚文。又,漢無平昌郡,東漢有平昌侯國,故屬琅琊,後割歸北海國。見《續漢書·郡國志四》(《後漢書》志十九,第3473頁)。文中說崔昌爲平昌太守,當誤。
⑧ 姚霞、羅秀珍等:《堇菜屬化學植物成分和藥理作用研究進展》,《醫學導報》第27卷第7期,2008年7月。李昉、王志奇等:《野生植物灰葉堇菜、白朮中氨基酸含量分析》,《氨基酸和生物資源》第26卷第2期,2004年。
⑨ 《爾雅·釋草》:"莕,接余。"([清]郝懿行:《爾雅義疏》,第955頁)《本草綱目》卷一九《草部》"莕菜"條錄荇異名有鳧葵、水葵、水鏡草、靨子菜、金蓮子。劉衡如點校:《本草綱目》,第1371頁。
⑩ 劉偉龍、胡維平等:《西太湖水生植物時空變化》,《生態學報》第27卷第1期,2007年1月。
⑪ 傅稻鐮、秦嶺、趙志軍等:《田螺山遺址的植物考古學分析:野生植物資源採集、水稻栽培和水稻馴化的形態學觀察》,載北京大學考古文博學院、浙江省文物考古研究所編:《田螺山遺址自然遺存綜合研究》。

右采之"即是東周中原居民採摘荇菜的記錄。漢代人喜描述荇的生長狀貌。如劉歆賦云:"芙蓉菡萏,菱荇蘋蘩。"① 相傳漢昭帝曾爲歌曰:"黄鵠飛兮下建章,羽衣肅兮行蹌蹌。金爲衣兮菊爲裳,唼喋荷荇,出入蒹葭。"② 《後漢書·馬融傳》馬融《廣成頌》將荇(文中作"凫葵")與桂荏、山葱等食物並列③,則荇爲漢人的取食菜蔬無疑。《爾雅·釋草》云:"莕,接餘,其葉苻。"郭璞注:"叢生水中,葉圓,在莖端,長短隨流水深淺。江東食之。"④《齊民要術》卷九《作菹、藏生菜法》"荇"條引郭璞語作"叢生水中,葉圓,在莖端,長短隨水深淺。江東菹食之"⑤。大意略同,惟"菹"點明荇菜的食法。同書卷條又引陸璣《毛詩草木鳥獸蟲魚疏》云:"驁其白莖,以苦酒浸之爲菹,脆美,可案酒。"進一步言明荇菹的做法。但陸璣又説:"今人不食,醫方亦鮮用之。"⑥ 似乎三國時期荇已退出蔬菜行列。但湖南郴州蘇仙橋西晉簡專門記録有荇菜(簡2—153)⑦,當地人以此爲菜蔬可以見及。漢以後文獻也記録了"江南人多食"荇菜。⑧ 陸璣之説恐未槁。

(二五)苤苢

《神農本草經》和《方言》均未述説苤苢。《爾雅·釋草》云:"苤苢,馬舃。馬舃,車前。"郭璞注:"今車前草,大葉,長穗,好生道邊。江東呼爲蛤蟆衣。"⑨《説文》"艸部"云:"苢,苤苢,一名馬舃,其實如李,令人宜子。"長沙砂子塘漢墓出土兩件書有"苤"字的封泥匣,因該匣與其他43件有標文的食物匣放置在一起,故可確認爲是食物,且有人工栽培的可能。⑩ 陸璣《毛詩草木鳥獸蟲魚疏》卷上"采采苤苢"條云:"可鬻作茹,大滑。"也是將苤苢作爲菜蔬。如長沙漢墓發掘者所言,"苤"可能即《詩·周南·苤苢》所説的"苤苢"。通常認爲苤苢是車前草。苤苢或單稱"苢",

---

① 《藝文類聚》卷六二劉歆《甘泉宫賦》。
② [晉]葛洪:《西京雜記》卷一,中華書局1985年版,第4—5頁。
③ 《後漢書》卷六〇上,第1956頁。
④ [清]郝懿行:《爾雅義疏》,第955頁。
⑤ 繆啟愉、繆桂龍:《齊民要術譯注》,第682頁。
⑥ [明]李時珍:《本草綱目》卷一九《草部》"荇菜"條引。劉衡如點校:《本草綱目》,第1371頁。
⑦ 湖南省文物考古研究所、郴州市文物處:《湖南郴州蘇仙橋遺址發掘簡報》,《湖南考古輯刊》第8集。
⑧ [宋]羅願:《爾雅翼》卷五"荇"條,文淵閣四庫全書本。
⑨ [清]郝懿行:《爾雅義疏》,第1045頁。
⑩ 湖南省博物館:《長沙砂子塘西漢墓發掘報告》,《文物》1963年第2期。編號30和31木封泥匣均書"苤"。其中,31號"苤"字橫上豎略出,發掘者推測可能是另一種植物。據影印字跡,30和31匣"苤"字基本相同,發掘者的懷疑可能緣於墓中同出兩匣苤苢。其實,該墓隨葬的43件封泥匣題字除"苤"之外還有"黄白糇"(1、2)和"芋"(23、24)重合。由此亦可見苤苢是漢代長沙地區的重要蔬菜。

長沙東牌樓東漢木牘雜賬所記食物和食具有"苢一籠"（牘110）。整理者以爲苢即車前草，是用於療病的藥物。[①] 以車前草入藥雖是秦漢習俗[②]，但此份雜賬所記植物、器具與食物和食具有關，文中的車前草正是砂子塘漢墓中的"芣"，其用途應是菜蔬而非藥物。高亨指出，《周南》詩篇反映的是周公統治下的南方地域情形，空間南到江漢河流之地[③]，其地正接近長沙地界。西漢長沙人食用"芣"或者是前代飲食習俗的傳承。但《四民月令》"八月"條將車前、烏頭、天雄和王不留行同列[④]，則是漢代北方地區車前草的價值大約限於藥用。《本草綱目》卷一六《草部》"車前"條引《名醫別錄》云："車前生真定平澤丘陵阪道中"，"人家及路邊甚多"。又引蘇頌《本草圖經》云："人家園圃或種之"[⑤]，種植車前草的古俗尤可見及。車前草爲車前科植物，其中含有的有效成分多糖、黃酮類、高車前苷類均具有較高的營養和醫療價值。[⑥] 先秦到漢代長沙一帶居民對車前草的選擇自然不是緣於這些認識。車前草對土壤要求不嚴，易於生長[⑦]，這可能是當地居民選擇種植蔬菜的一個重要原因。

　　一些學人對芣苢的屬性提出質疑，認爲它不是車前草而是薏苡。這個觀點的主要依據如下：第一，"芣"形容華盛貌，車前草覆於地面，並非此狀，而薏苡則恰是如此。第二，《爾雅·釋草》之"芣苢，馬舄。馬舄，車前"應是三名二物，即芣苢（薏苡）是馬舄，另有同名之馬舄爲車前，郭璞斷爲三名一物不合《爾雅》體例。第三，《說文》"艸部"釋芣苢引《周書》云："其實如李，令人宜子。"這兩個特點不似車前而與薏苡相合。[⑧] 依次略作辨析。第一，古代文獻中"芣"和"苢"字均可單出，係名詞而非形容詞。以"芣"作"華盛貌"的形容詞解芣苢屬性不妥。第二，《爾雅》諸篇章釋物，凡不同物種均分別標明，如"蘩，皤蒿。蒿，菣。蔚，牡菣"[⑨]。物名聯次相繼者是否有固定體例？試舉一例。《釋草》云："唐，蒙。女蘿。女蘿，菟絲。"郭

---

① 長沙市文物考古研究所、中國文物研究所編：《長沙東牌樓東漢簡牘》，第116頁。
② 關沮秦簡有以車前草籽入酒或粥"下氣"的藥方（簡312），湖北省荆州市周梁玉橋遺址博物館編：《關沮秦漢墓簡牘》，中華書局2001年版。
③ 高亨注：《詩經今注》，上海古籍出版社1980年版，第6頁。
④ ［漢］崔寔原著，石聲漢校注：《四民月令校注》，第61頁。
⑤ 劉衡如點校：《本草綱目》，第1069頁。
⑥ 任貽軍、周海等：《車前草的研究概況》，《安徽農業科學》第37卷第18期，2009年。
⑦ 張天柱：《名稀特野蔬菜栽培技術》，第216頁。
⑧ 宋湛慶：《我國古老的作物——薏苡》，《農業遺産研究集刊》第2冊，中華書局1958年版。游修齡：《古農書疑義考釋四則》，《浙江農業大學學報》1980年第1期。游修齡：《質疑"芣苢"即"車前"——兼論"芣苢"是"薏苡"》，《中國農史》2008年第9期。趙曉明、宋秀英、李貴全：《薏苡名實考》，《中國農史》1995年第2期。李艷：《〈說文解字〉所收蔬菜及糧食作物詞疏解》，浙江大學博士學位論文，2006年，第124—125頁。
⑨ 《爾雅·釋草》。［清］郝懿行：《爾雅義疏》，第934頁。

璞注："别四名。"① 按郝懿行辨析，唐、蒙爲一物，女蘿、菟絲爲一物。② 如按此體例，則"苤苢，馬舄。馬舄，車前"應是苤苢、馬舄、車前三物。這顯然與現有文獻提供的知識不合。可見，《爾雅》的述説體例並不十分嚴格，以此爲據否定郭釋，有先入爲主之嫌。第三，與現代植物學不同，古人對植物形態的描述是大致的，以他物類比的常見方式自不能與現代嚴謹的植物形態測量相提並論。車前草籽固然不及李子大，然薏苡仁又何嘗與李子相同？古人于"車前"雖未直言其"宜子"，但《本草綱目》卷一六《草部》"車前"條引陸璣《毛詩草木鳥獸蟲魚疏》説車前可治難産。這正是廣義上的"宜子"，如段玉裁所説"令人宜子，陸璣所謂治婦人産難也"③。以"宜子"爲據質疑苤苢非車前亦不堅實。總之，在没有更多有説服力的資料之前，似宜保持苤苢即車前草的成説。

（二六）苜蓿

苜蓿係雙子葉植物豆科苜蓿屬、多年生開花植物，曾經有人將與其相似的禾本科賴草屬的羊草當作苜蓿④，這自然是錯誤的。據德亢朵爾研究，苜蓿在古代希臘和羅馬的生長十分普遍，"其希臘名爲 medical，拉丁名爲 medica"。此外在中亞地區有數量較大的野生苜蓿。⑤ 中土原無苜蓿⑥，其名當來自音譯。後代人多將苜蓿在中原地區的種植歸功於張騫⑦，並無確鑿根據。⑧ 但張騫通使西域，使中外經濟文化交流進入了一個

---

① 《爾雅·釋草》。〔清〕郝懿行：《爾雅義疏》，第 1008 頁。
② 〔清〕郝懿行：《爾雅義疏》，第 1009 頁。
③ 〔清〕段玉裁：《説文解字注》，第 28 頁。
④ 清方式濟《龍沙紀略·物産》（小方壺齋輿地叢鈔本）："羊草，西北謂之羊胡草。長尺許，莖末圓勁如松針，黝色油潤。飼馬肥澤，勝豆粟遠甚。居人於七八月間，刈積之，經冬不變。大宛苜蓿，疑即此。中土以苜蓿爲菜，蓋名同也。"
⑤ 〔瑞士〕德亢朵爾（A.P. De Candolle）著，俞德浚、蔡希陶譯：《農藝植物考源》，第 68 頁。
⑥ 有研究稱，甘肅臨夏李家坪齊家文化遺址（1750—1450BC）發現苜蓿種實（楊穎：《河湟地區金蟬口和李家坪齊家文化遺址植物大遺存分析》，蘭州大學碩士學位論文，2014 年，第 31 頁），這是迄今爲止中國本土苜蓿的唯一報導。對此孤證需謹慎對待。
⑦ 《太平御覽》卷九六引《博物志》云："張騫使西域，所得蒲桃、胡葱、苜蓿。"又引《述異記》云："張騫苜蓿園，在今洛中，苜蓿，本胡中菜，騫始於西國得之。"《齊民要術》卷三"種蒜"條引王逸云："張騫周流絶域，始得大蒜。"（繆啓愉、繆桂龍：《齊民要術譯注》，第 185 頁）《齊民要術》卷三"種苜蓿"條引陸機《與弟書》曰："張騫使外國十八年，得苜蓿歸。"（繆啓愉、繆桂龍：《齊民要術譯注》，第 220 頁）唐人封演《封氏聞見記》卷七"蜀無兔鴿"條云："漢代張騫自西域得石榴、苜蓿之種，今海内遍有之。"（文淵閣四庫全書本）也有説是李廣利引入，如明人張岱《夜航船》卷一六《植物部》"葡萄苜蓿"條云："李廣利始移植大苑國苜蓿、葡萄。"（清鈔本）
⑧ 石聲漢：《試論我國從西域引入的植物與張騫的關係》，《科學史集刊》第 5 期。孫啓忠、柳茜等：《我國漢代苜蓿引入者考》，《草業學報》第 25 卷第 1 期，2016 年 1 月。

新的階段，許多異域物品得以交換，就此而言，將張騫的名字與苜蓿聯繫在一起，也不全然是一種誤判。《史記·大宛傳》云：大宛"馬嗜苜蓿。漢使取其實來，於是天子始種苜蓿、蒲陶肥饒地。及天馬多，外國使來衆，則離宮別觀旁盡種蒲萄、苜蓿極望。"又云："而漢使往既多，其少從率多進熟于天子，言曰：'宛有善馬在貳師城，匿不肯與漢使。'"①遂有李廣利征討大宛之役，時當武帝太初元年（公元前104年）。據此，苜蓿種實進入中土應在漢武帝元狩四年（公元前119年）張騫第二次出使西域和武帝太初元年之間。又，《漢官》云：長樂殿有苜蓿苑，其中有官田，有專職人員管理。②可知苜蓿被引入的最初動機是飼養大宛良馬，並非供人取食。

《說文》"艸部"云："芸，似苜蓿。"以苜蓿比喻其他植物，反映了西漢中期以來苜蓿種植的廣泛。此後，苜蓿的專門種植一直沒有中斷，成爲被人們誇讚的植物。③不僅皇家園囿生長著苜蓿④，官府有專司管理人員⑤，私人隴畔也有苜蓿的蹤影⑥。西部和北方地區苜蓿的種植似乎更爲普遍，品質也更好。《漢書·西域傳上》"大宛國"條顏師古注："今北道諸州舊安定、北地之境往往有目宿者，皆漢時所種也。"⑦這說的是唐代的情形，寇宗奭說："陝西甚多，用飼牛馬，嫩時人兼食之。"⑧這說的是宋代的情形。到明清時期依然如此。李時珍說苜蓿"陝、隴人亦有種者，年年自生"。⑨談遷《北游錄·紀文》之《上大司農陳素庵書》："江南先朝例貢鱘魚、天鵝、鷺、鴇、梅、枇杷、筍、榴、柿、柑、橘、蔗、荸薺、薑、芋、藕、香稻、苜蓿等項。而北産殊勝於南。"苜蓿爲豆科植物，因其根部可往地下蔓延10米，充分吸收地底水分，很適合

---

① 《史記》卷一二三，第3852頁。
② 周天遊點校：《漢官六種》，中華書局1990年版，第4頁。又，《西京雜記》卷一說苜蓿有"懷風"和"連枝草"之雅稱（[晉]葛洪：《西京雜記》，第3頁）。按，唐劉知幾《史通》卷一〇《雜述》云："國史之任，記事記言，視聽不該必有遺逸。於是好奇之士，補其所亡，若……《西京雜記》，此之謂逸事者也。"（[清]浦起龍通釋，王煦華整理：《史通通釋》，上海古籍出版社2009年版，第254頁）"懷風"、"連枝"均爲漢人之語。《後漢書·文苑列傳下·趙壹》皇甫規與書趙壹曰："企德懷風"（《後漢書》卷八〇下，第2633頁）、《全漢文》卷一三《孔叢子》："夭繞連枝"，即是。苜蓿有"懷風"和"連枝草"之名，或許正起於這個新植物進入中土後不久。
③ 《藝文類聚》卷八七引杜恕《篤邊論》云："漢伐匈奴，取胡麻、蒲萄、大麥、苜蓿，示廣地。"
④ [北魏]楊衒之：《洛陽伽藍記》卷第五"城北"條云："大夏門東北，今爲光風園，苜蓿生焉。"（四部叢刊三編景明如隱堂本）
⑤ 隋制，鉤盾署別領大囿、上林、遊獵、柴草、池藪、苜蓿等六部丞（《隋書》卷二七《百官志》中，中華書局1973年版，第757頁）。
⑥ 《初學記》卷三〇《蟲部》"蝶"條引《古樂府》："蛺蝶行，蝶遊蝶遨戲東園；奈何卒逢三月養子燕，接我苜蓿間。"其時代當爲漢魏時。《晉書·華表傳附子華廙》說華廙家有苜蓿園，"阡陌甚整"（《晉書》卷四四，第1261頁）。
⑦ 《漢書》卷六六上，第3895頁。
⑧ [明]李時珍：《本草綱目》卷二七《菜部》"苜蓿"條引。劉衡如點校：《本草綱目》，第1652頁。
⑨ [明]李時珍：《本草綱目》卷二七《菜部》"苜蓿"條。劉衡如點校：《本草綱目》，第1652頁。

在乾旱少雨的中國西部和北部地方生長[1]，這應是苜蓿在西北種植和生長更爲廣泛的一個原因。

敦煌簡有一條簡文值得注意：

□□□□□益□欲急去恐牛不可用今致賣目宿養之目宿大貴束三泉留久恐舍食盡……[2]

"目宿"即苜蓿。簡文中泉是王莽時的貨幣，故此簡當爲王莽時。簡云一束苜蓿直三泉，這不是正常年景的價格，故有"大貴"之語。《漢書·食貨志下》："天鳳元年，復申下金銀龜貝之貨……貨泉徑一寸……與貨布二品並行……每壹易錢，民用破業。"[3] 因此王莽時西北邊地苜蓿價格升騰，大約不是苜蓿種植減少的結果，應與幣制改革混亂有關。

苜蓿輸入中土後的很長時期仍主要是作爲馬的飼料，故又有"牧宿"之稱。[4] 唐制，"凡驛馬，給地四頃，蒔以苜蓿"[5]。《唐會要》卷六五《閑廄使》："鄆州舊因御馬，配給苜蓿丁三十人。"[6] 然《齊民要術》卷三《種苜蓿》説苜蓿"春初既中生啖，爲羹甚香。長宜飼馬，馬尤嗜。此物長生，種者一勞永逸。都邑負郭，所宜種之"[7]。南朝梁人陶弘景説："長安中有苜蓿園，北人甚重之，江南不甚食之，以無味故也。"[8] 可知當時苜蓿曾經是南北朝時黃河流域居民心目中不俗的蔬菜，是人、馬同用的植物。這或許也與傳統醫學首肯苜蓿益腎身價值有關。[9] 作爲食物的苜蓿，在相當長的時期都在人們的食譜中。唐人《膳夫經手錄》："苜蓿、勃公英皆可爲生菜。"[10]《唐摭言》記薛令之詩："朝旭上團團，照見先生盤。盤中何所有，苜蓿長闌幹。"[11]

---

[1] 李軍、陳兵等：《黃土高原不同乾旱類型區苜蓿草地深層土壤乾燥化效應》，《生態學報》第27卷第1期，2007年1月。

[2] 甘肅省文物考古研究所編：《敦煌漢簡》，簡239A。

[3] 《漢書》卷二四下，第1184頁。

[4] 明李時珍《本草綱目》卷二七《菜部》"苜蓿"條引郭璞語（劉衡如點校：《本草綱目》，第1652頁），其實苜蓿也可用來飼養牛。清周生《醒世姻緣傳》第三十九回《劣秀才天奪其魄　忤逆子孽報於親》描寫道："他知道這日如此酒席盛款程樂宇，幾乎把那肚皮像吃了苜蓿的牛一般。"

[5] 《新唐書》卷三六《百官》一，中華書局1975年版，第1198頁。

[6] [宋]王溥：《唐會要》，上海古籍出版社2006年版，第1334頁。

[7] 繆啓愉、繆桂龍：《齊民要術譯注》，第221頁。

[8] [明]李時珍：《本草綱目》卷二七《菜部》"苜蓿"條引。劉衡如點校：《本草綱目》，第1652頁。

[9] 《名醫別錄》卷一云："苜蓿，味苦，平，無毒。主安中，利人，可久食。"《千金要方》卷二六《食治》將苜蓿與其他菜蔬並列，謂其"可久食"。

[10] [唐]楊曄：《膳夫經手錄》，清毛氏汲古閣抄本。

[11] [五代]王定保：《唐摭言》卷一五"閩中進士"條，清學津討原本。

— 165 —

陸游詩文中多處提到食苜蓿之事，如《對食作》："飯餘捫腹吾真足，苜蓿何妨日滿盤。"①《飯飽晝臥戲作短歌》："藜羹自美何待糝，況復畏人嘲苜蓿。"②《歲暮貧甚戲書》："食案闌幹堆苜蓿，褐衣顛倒著天吳。"③《小市暮歸》："野飼每思羹苜蓿，旅炊猶得飯雕胡。"④元人王逢稱其日常蔬菜是"小齋餘苜蓿，四境半蕪菁"⑤。清人吳其濬說："滇南苜蓿，穭生園圃，亦供菜蔬。"⑥清末民初人龔乃保記其時南京人常食之蔬菜有苜蓿，譽爲"雅饌"。⑦據關中前輩鄉賢口述，近代關中人仍將初生苜蓿入菜，稱"苜蓿芽"，稱其味極佳。⑧這裏說的都是食用苜蓿葉，南宋人羅願則提到苜蓿種子也可作爲食物，即以種粒"炊飯"。⑨宋代苜蓿子曾被歸入穀類的"雜子"之中。⑩李時珍說苜蓿"内有米如稗米，可爲飯，亦可釀酒"⑪。對苜蓿的食用範圍在不斷擴大。苜蓿還曾是太廟薦新之物。⑫在官府眼中，苜蓿還是度荒的食物。或許與畜牧業較爲發達有關，歷史上提倡種植苜蓿以備荒年的措施以元代最爲突出。元世祖忽必烈中統元年（公元1260年）頒令："仍令各社布種苜蓿，以防饑年。"⑬徐元瑞《吏學指南》和王結《善俗要義》均提到苜蓿的這種功能。前書云："夏麥薄收，火速勸諭多種蕎麥、黍、穀、豆、晚田蔬菜、果木、苜蓿、野菜、勞豆、蓬子、稊稗，可備春首饑荒。加力鋤刨三五次，亦能倍收。"⑭後書云："如地畝稍多，人力有餘，更宜種芋及蔓菁、苜蓿，此物收數甚多，不惟滋助飲食，又可以救饑饉度凶年也。"⑮清代將偷竊苜蓿入

---

① ［宋］陸游：《劍南詩稿》卷六二，文津閣四庫全書本。
② ［宋］陸游：《劍南詩稿》卷五四。
③ ［宋］陸游：《劍南詩稿》卷四四。
④ ［宋］陸游：《劍南詩稿》卷七三。
⑤ ［元］王逢：《梧溪集》卷一《奉寄趙伯器參政尹時中員外五十韻》，知不足齋叢書本。
⑥ ［清］吳其濬：《植物名實圖考》卷三"苜蓿"條，第72頁。
⑦ 龔乃保：《治城蔬菜》"苜蓿"條，南京稀見文獻叢刊《隨園食單·白門食譜·治城蔬菜·續治城蔬譜》，南京出版社2009年版，第145頁。
⑧ 《本草綱目》卷二七《菜部》"苜蓿"條引北宋人寇宗奭云：苜蓿，"陝西甚多，用飼牛馬，嫩時人兼食之"（劉衡如點校：《本草綱目》，第1652頁）。是關中人喜食苜蓿芽之俗淵源甚久。
⑨ ［明］李時珍：《本草綱目》卷二七《菜部》"苜蓿"條引羅願《爾雅翼》。劉衡如點校：《本草綱目》，第1652頁。
⑩ ［宋］馬端臨：《文獻通考》卷四《田賦考》"穀之品七：一曰粟，二曰稻，三曰麥，四曰黍，五曰穄，六曰菽，七曰雜子"，其中"雜子之品九：曰脂麻子、稗子、黃麻子、蘇子、苜蓿子、荣子、荏子、草子"。
⑪ ［明］李時珍：《本草綱目》卷二七《菜部》"苜蓿"條。劉衡如點校：《本草綱目》，第1653頁。按，苜蓿結子1—8顆。
⑫ ［宋］馬端臨：《文獻通考》卷九七《宗廟考》"薦新物"條。
⑬ 《元史》卷九三《食貨志》一，中華書局1976年版，第2355頁。
⑭ ［元］徐元瑞：《吏學指南·爲政九要·時利》。楊訥點校：《吏學指南（外三種）》，浙江古籍出版社1988年版，第153頁。
⑮ ［元］王結：《善俗要義·治園圃》。楊訥點校：《吏學指南（外三種）》，第349頁。

罪①，應當也是出此考慮。在明清文學作品中我們看到苜蓿接續口糧的描寫②，可爲上述文獻佐證。

既然食用苜蓿如此普遍，此物最初爲菜蔬始於何時？東漢人崔寔兩次提到種植苜蓿，一云："正月，可種瓜、瓠、芥、葵、薤、大、小蔥、蘇。牧宿子及雜蒜、芋。"③一云："七月，八月，可種苜蓿。"④在《四民月令》中，人工栽培的作物包括蔬菜和藥用植物兩類，苜蓿或許是一個例外，即它是馬或牛的飼料。但考慮到苜蓿與雜蒜等多種菜蔬並列，不能不讓人傾向於在漢代苜蓿已不獨是牲畜飼料，且是供人食用的蔬菜。若是，對苜蓿的食用應不晚於東漢。

雖然古人有"張騫移苜蓿，適用如葵菘"的詩句⑤，但觀察苜蓿作爲人類的食物歷史，它顯然不是上等食物，尤其是在許多蔬菜得到較好的培育後更是如此。同時，從西漢中期到清近兩千年間，苜蓿一直是馬、牛等牲畜的食料，這使得苜蓿在菜蔬家族中顯得頗爲獨特。

在中國古代，苜蓿的價值不僅限於人的菜蔬和牲畜的飼料。《齊民要術》卷五《種紅藍花及梔子》"合香澤法"條云："好清酒以浸香（注："夏用冷酒，春秋溫酒令暖，冬則小熱。"），雞舌香（注："俗人以其似丁子，故爲'丁子香'也。"）、藿香、苜蓿、澤蘭香，凡四種，以新綿裏而浸之（注："夏一宿，春秋再宿，冬三宿。"），用胡麻油兩分，豬脂一分，內銅鐺中，即以浸香酒和之，煎數沸後，便緩火微煎，然後下所浸香煎。緩火至暮，水盡沸定，乃熟（注："以火頭內澤中作聲者，水未盡；有煙出，無聲者，水盡也。"）。澤欲熟時，下少許青蒿以發色。以綿幕鐺觜、瓶口，瀉著瓶中。"⑥漢代文獻未見用苜蓿製香料，這應當是南北朝人對苜蓿價值的更多發掘，且對後世產生了影響。⑦由於苜蓿根與黃芪相似，還曾被無良藥商偽作黃芪根。⑧這是苜蓿傳入中

---

① 《皇朝經世文編》卷九二《刑政》三《律例》下清乾隆都御史竇光鼐云："惟在曠野白日，摘取苜蓿蔬果等類，始依罪人拒捕科罪。"
② 清西周生《醒世姻緣傳》第三十一回《縣大夫沿門持缽　守錢虜閉戶封財》：青黃不接時，"坡中也就有了野菜苜蓿，樹上有了楊柳榆錢，方可過得"。
③ [漢]崔寔原著，石聲漢校注：《四民月令校注》，第13頁。
④ [北魏]賈思勰：《齊民要術》卷三"種苜蓿"條引。繆啓愉、繆桂龍：《齊民要術譯注》，第221頁。
⑤ [清]吳之振：《宋詩鈔》卷二一蘇軾《元修菜》，文淵閣四庫全書本。
⑥ 繆啓愉、繆桂龍：《齊民要術譯注》，第361頁。
⑦ 《千金要方》卷六《七竅病》下"澡豆治手乾燥少潤膩方"苜蓿與零陵香子、丁香、麝香、茅香等共入方。這是觀察到苜蓿的美容保健功能。此外，苜蓿還被用於其他領域。《雲仙雜記》（舊本題唐馮贄撰）卷五"作剪刀"條引《搔首集》："姑園鐵作剪刀，以苜蓿根粉養之，裁衣則盡成。墨界不用人手而自行。"（四部叢刊續編景明本）
⑧ 明李時珍《本草綱目》卷二《草部》"黃耆"條引蘇頌語曰："今人多以苜蓿根假作黃耆，折皮亦似綿，頗能亂真。但苜蓿根堅而脆，黃耆至柔韌，皮微黃褐色，肉中白色，此爲異耳。"（劉衡如點校：《本草綱目》，第696頁）

— 167 —

土後一個令人略有意外的結果。

(二七) 蕺

蕺爲三白草科蕺菜屬多年生草本植物，漢代又稱"葅"、"葅"，又名側耳根、魚腥草。《説文》"艸部"云："葅，菜也。"段注："《廣雅》：'葅，蕺也。'崔豹《古今注》曰：'荆揚人謂葅爲蕺。'《蜀都賦》劉注曰：'葅，亦名土茄，葉覆地生，根可食，人饑則以繼糧。'……《説文》無'蕺'字，即今魚腥草也。"[1] 由下文可知，《説文》無"蕺"字，但漢代其他文獻却有此字。《後漢書·馬融傳》馬融《廣成頌》："茈萁、芸葅。"李賢注："《廣雅》曰：'蕺，葅也。其根似茅根，可食。'"[2]《文選》卷四張衡《南都賦》："若其園圃，則有蓼、蕺、蘘荷。"則蕺在漢代的河南中部和南陽是家種蔬菜，揚雄《蜀都賦》殘文中未提及蕺，但《文選》卷四左思《蜀都賦》則有"樊以葅圃"之文。左思（公元250—305年）生活的年代上距漢代不遠，漢代蜀地種植蕺並以之爲蔬似乎也有可能。據現代農業學觀察，蕺的優勢在於可常年挖掘地下根莖，春秋採集嫩葉，供應期長，1畝產量可達2000公斤。[3] 關於蕺的食法漢代文獻無載，以當時常見的食法推想，大抵不過烹、葅、生食等法。《本草綱目》卷二七《菜部》"蕺"條引蘇恭《唐本草》云："葉似蕎麥而肥，莖紫赤色。山南、江左人好生食之。"[4] 這種食法或有前代影跡。東晉文獻顯示，蕺菜似乎可以作爲家畜飼料[5]，漢代是否如此，不得而知。

(二八) 蕹菜

蕹菜爲旋花科番薯屬植物，中國熱帶地區是其原產地之一。學界通常認爲唐人段公路《北户録》卷二"蕹菜"條"蕹菜，葉如柳，三月生"，是傳世文獻對蕹菜的較早明確記録。或推測蕹菜在隋唐時期由嶺南引種至内地。[6] 但《齊民要術》卷一〇《五穀、果蓏、菜茹非中國物產者》"菜茹·蕹"條引《廣州記》云："蕹菜，生水中，可以爲

---

[1] [清] 段玉裁：《説文解字注》，第23—24頁。
[2] 《後漢書》卷六〇上，第1956、1958頁。
[3] 張天柱：《名稀特野蔬菜栽培技術》，第208—209頁。
[4] 劉衡如點校：《本草綱目》，第1667頁。
[5] 唐徐堅《初學記》卷二九引《襄陽耆舊傳》："木蘭橋者，今之豬蘭橋是也。劉和季以此橋近荻，有蕺菜，於橋東大養豬。"《水經注》卷二八"沔水"作"豐蒿荻"，無"有蕺菜"三字。陳橋驛：《水經注校釋》，杭州大學出版社1999年版，第503頁。
[6] 黎虎、鄧瑞全：《隋唐五代時期的飲食》，載徐海榮等主編：《中國飲食史》，第3卷，第309頁。

菹也。"①文中的"雍菜"即蕹菜。則是對蕹菜的最早記錄不晚於南北朝時期。《本草綱目》卷二七《菜部》"蕹菜"條引唐人陳藏器《本草拾遺》云："南人先食蕹菜，後食野葛，二物相伏，自然無苦。取汁滴野葛苗，當時萎死，相殺如此。張華《博物志》云：'魏武帝啖野葛至一尺。'應是先食此菜也。"蕹菜能化解野葛毒性的説法在明清時期頗爲流行②，但在漢晉文獻中的依據並不充分。不過蕹菜雖不見《急就篇》和其他漢代文獻，但揚州西漢墓隨葬有蕹菜種實③，表明蕹菜在漢代很可能也是某些地區栽培的蔬菜。兩晉南北朝嶺南人用蕹菜作菹④，至清依然⑤，漢代是否也是如此還不清楚。李時珍説："蕹菜，今金陵及江夏人多蒔之。"⑥《授時通考》援引其説。⑦吴其濬《植物名實圖考》卷四"蕹菜"條説清代"南方種爲蔬，北地則野生麥田中，徒供脤豕耳"。又引王世懋語云："南京有之，移植不生。"南京與揚州相距不遠，這個地區蕹菜種植和食用的歷史至晚可上溯到漢代。又按，現代蕹菜分旱蕹和水蕹兩種類型，後者高產。⑧觀上録《齊民要術》引《廣州記》云云，南北朝以前的蕹菜似乎都是水蕹，而隨著水蕹在黄河流域的種植，又發展出旱蕹，吴其濬所説的"北地則野生麥田中"，多少反映了蕹菜種植的歷史變遷。

（二九）蕨（附薑、蕨菜）

蕨係鳳尾蕨科多年生草本植物。《文選》卷二張衡《西京賦》云："草則葴莎菅蒯，薇蕨荔芨。"以上諸物均以"草"統之，似乎蕨非菜類。然薇亦在其列，却是漢人的菜蔬之一，可見《西京賦》在這裏所説的"草"實際上包括了蔬菜在內的廣義上的"草"。其實由於蕨類植物自舊石器時代晚期和新石器時期以來就是黄河流域和長江流域的重要植被⑨，其食用價值因此獲得相應的位置。自先秦始，蕨在蔬菜中的地位一直

---

① 繆啟愉、繆桂龍：《齊民要術譯注》，第769頁。
② 如明方以智《通雅》卷四一《植物》"野葛"條："野葛之地必生蕹菜，以蕹菜汁滴野葛秒，當時萎死。"清汪森《粤西叢載》卷二一"蕹菜"條：蕹菜"南方之奇蔬也，冶葛有大毒，以蕹汁滴其苗，當時萎死。世傳魏武能啖冶葛苗至一尺，云先食此菜"。
③ 揚州博物館：《揚州西漢"妾莫書"木槨墓》，《文物》1980年第12期。又，有研究者説馬王堆漢墓中有蕹菜籽（謝崇安：《論嶺南地區漢代的園圃農業》，《廣西民族師範學院學報》2012年第6期），查已公佈的馬王堆1號、2號漢墓資料，未見出土蕹菜實物的報導，此説不知何據。
④ 《太平御覽》卷九八〇引《廣州記》："雍菜生死皋，以爲菹。"
⑤ [清]吴震方：《嶺南雜記》卷下，叢書集成本，商務印書館1936年版，第38頁。
⑥ [明]李時珍：《本草綱目》卷二七《菜部》"蕹菜"條。劉衡如點校：《本草綱目》，第1646頁。
⑦ [清]鄂爾泰、張廷玉：《授時通考》卷五九《農餘》"蕹菜"條，文淵閣四庫全書本。
⑧ 蔣先明主編：《中國農業百科全書·蔬菜》"薇菜"條（關佩聰撰寫），第194頁。
⑨ 相關報導見石興邦：《下川文化的生態特點與粟作農業的起源》，《考古與文物》2000年第4期；李璠等：《甘

不低。《詩·召南·草蟲》云："陟彼南山，言采其蕨。"《詩·小雅·四月》云："山有蕨薇，隰有杞桋。"① 漢代以後，蕨菜一直是爲人所重的蔬菜。《爾雅·釋草》"蕨"條郭璞注："初生無葉，可食。"② 郴州蘇仙橋西晉簡所記物産即有"蕨"（簡2—153）。③《齊民要術》卷九《作菹、藏生菜法》"蕨"條引陸璣《毛詩草木鳥獸蟲魚疏》曰："蕨，山菜也；初生似蒜莖，紫黑色。二月中，高八九寸，老有葉，瀹爲茹，滑美如葵。今隴西、天水人，及此時而乾收，秋冬嘗之；又云以進御。三月中，其端散爲三枝，枝有數葉，葉似青蒿，長粗堅强，不可食。周、秦曰'蕨'；齊、魯曰'虌'，亦謂'蕨'。"④ "進御"者，供君王食用之物，此類規定始於東漢，抑或三國，待考。宋人莊綽説蕨有青紫二種，"以紫者爲勝"。他所説的"紫者"即陸璣所言的紫黑色蕨。莊綽又提到蕨根皮下有白粉。"暴乾搗碎，以水淘澄取粉"，俗名烏糯，亦名蕨衣，據稱每二十斤可代米六升。⑤ 這是文獻所見蕨根製粉的較早記録。

值得注意的是，蕨在明清時期得到的評價遠低於前代。明人馮復京説："今道路負荷轉移者皆不肯食，云令人腳弱。薇猶禮家用之，蕨不服用，可知賤也。"⑥ 李時珍説，平年時人們作蕨製法精緻，"蕩皮作綫食之"，其味甚滑美；饑年百姓掘取，"治造不精，聊以救荒，味即不佳"。⑦ 這種情形或與明清時期外來蔬菜進入中土，以及中土原有蔬菜優良品種的培育有關。

《説文》"艸部"："蔓，菜之美者，雲夢之蔓。"⑧ 方以智《物理小識》云："《吕覽》曰：'菜之美者，雲夢之豆。'豈水蕨乎？"⑨ "豆"蓋"蔓"之誤，今本《吕氏春秋》無此句。方氏所引當據此。清人段玉裁則以爲蔓即苣亦即芹。⑩ 苣爲芹，説見前文"芹"條。《説文》蔓、苣分列，似不應爲一物。《説文》蔓或是與芹相類的蕨類植物。又，明人董斯張《廣博物志》卷四二《草木》"蘿菜"條説蔓菜即蘿菜。其實蘿菜與蔓

肅省民樂縣東灰山新石器遺址古農業遺存新發現》，《農業考古》1989年第1期；姜欽華、宋豫秦等：《河南駐馬店楊莊遺址龍山時代環境考古》，《考古與文物》1998年第2期；王開發：《陝西臨潼姜寨遺址文化層的孢粉分析》，《考古與文物》1985年第2期；魏女：《環境與河姆渡文化》，《考古與文物》2002年第3期；金幸生、范忠勇等：《浙江諸暨樓家橋新石器時代文化遺址古環境研究》，《考古與文物》2004年第2期。

① ［清］阮元校刻：《十三經注疏》，第286、263頁。
② ［清］郝懿行：《爾雅義疏》，第1035頁。
③ 湖南省文物考古研究所、郴州市文物處：《湖南郴州蘇仙橋遺址發掘簡報》，《湖南考古輯刊》第8集。
④ 繆啓愉、繆桂龍：《齊民要術譯注》，第681頁。
⑤ ［宋］莊綽：《雞肋編》卷上。
⑥ ［明］馮復京：《六家詩名物疏》卷五《國風召南》一《草蟲篇》"蕨"條，文淵閣四庫全書本。
⑦ ［明］李時珍：《本草綱目》卷二七《菜部》"蕨"條。劉衡如點校：《本草綱目》，第1668頁。
⑧ ［清］段玉裁：《説文解字注》，第24頁。
⑨ ［明］方以智：《物理小識》卷六《飲食類》"薺"條，清光緒寧静堂刻本。
⑩ ［清］段玉裁：《説文解字注》，第24頁。

全無關聯。《齊民要術》卷一〇《五穀、果蓏、菜茹非中國物産者》"菜茹"條云：

  葭菜：音蝦。味辛。
  蕫：胡對反。《吕氏春秋》曰："菜之美者，有雲夢之蕫。"①

葭菜條與蕫條前後相連，或是董氏以蕫爲葭菜的依據，兩者並非一物，可知是其讀書不够細心而致誤也。

（三〇）綦

《爾雅·釋草》："綦，月爾。"郭璞注："即紫綦也，似蕨可食。"② 按《後漢書·馬融傳》馬融《廣成頌》有"茈萁、芸蒩"語③，茈萁即《爾雅》所言之綦，可知漢人亦以此爲菜。當係野生植物。或以爲蕨與綦系一物，"綦即蕨之下體也"④，蓋誤判。李時珍將紫綦列入蕨類，説它"似蕨有花而味苦，謂之'迷蕨'，初生亦可食"⑤。吴其濬懷疑即清人所説的蕨綦⑥，可爲一説。蕨綦爲陰地蕨科植物。按今植物學分類，紫綦係紫綦科多年生草本植物。現代中國分佈於華北、西北和華南地區，昔日之廣成苑正在其中。

一般均認爲綦是可食的野蔬，但宋人施宿却認爲郭璞等人的説法有誤。他説："今會稽山間有一種似蕨而毛紫色，土人謂之'蕨綦'，亦謂之'毛蕨'，乃不可食，鄉人但以藏繭及藉楊梅。"⑦ 蕨綦應別是一物，與綦名同（似）而物異。直至清代，綦依然是一種野蔬。徐貢《爲余唐卿左司賦》"雪晴收紫綦"⑧ 可以爲證。

居延漢簡有"慈其"一詞。《居延漢簡釋文合校》所見例子有："第十候史殷省伐慈其"（簡133.15），"一人□慈其七束"；"廿人艾慈其百束，率人八束"（簡33.24）。《居延新簡》所見例子有："左右不射皆毋所見檄到令卒伐慈其治薄更著務令調利毋令到不辦毋忽如律令"（EPF22: 291）；"凡見作七十二人得慈其九百□□"（EPS4. T2: 75）。如

---

① 繆启愉、繆桂龍：《齊民要術譯注》，第769頁。
② ［清］郝懿行：《爾雅義疏》，第1031頁。
③ 《後漢書》卷五〇上，第1956頁。
④ ［清］陳大章：《詩傳名物集覽》卷七《草》"言采其綦"條，文淵閣四庫全書本。
⑤ ［明］李時珍：《本草綱目》卷二七《菜部》"蕨"條。劉衡如點校：《本草綱目》，第1668頁。
⑥ ［清］吴其濬：《植物名實圖考》卷六"蕨綦"，第145頁。
⑦ ［宋］施宿：嘉泰《會稽志》卷一七，文淵閣四庫全書本。
⑧ ［清］王棻等纂：光緒《永嘉縣志》卷三三《藝文志》，清光緒八年刻本。

按前例,"九百"後的第一個缺字當係"束"字。"慈其",于豪亮以爲即紫其①,李天虹②、安忠義和强生斌③等均贊同於說。王子今以《酉陽雜俎》卷一六《毛》篇"馬"條所說沙洲飼馬以"茨其"爲證,認爲河西漢簡中的"慈其"是養馬的草料而非人食用的蔬菜。④安忠義和强生斌批評王說的主要理由是河西漢簡未見以"慈其"飼馬,在文獻中未見"慈"與"茨"相同之例等,這些意見雖有一定道理,却也有默證之嫌。居延簡中"伐"慈其人數的規模很大(72人),所獲量也很大(900束),這與我們見到的漢簡中種植韭、葱等蔬菜的記錄大不相同。倘若"慈其"果真就是蔬菜,按照獲取這種植物的人數和獲取量推想,它必然是當地人食用量最大的蔬菜,而這一關鍵點却不能得到漢簡和傳世文獻相關資料的支援,且與我們對漢代蔬菜的基本知識大相扞格。因此居延漢簡中的"慈其"可能主要是飼料。不過,"慈其"在主要作爲動物飼料的同時是否也是西北邊地戍卒的食用的蔬菜,由前引《廣成頌》、《爾雅》郭注等例證及苜蓿情况看,這種可能性是不能排除的。

(三一) 蒼耳

蒼耳,文獻又作卷耳、枲耳、葸耳等。史前植物考古在多地發現蒼耳種實,被發掘者定爲雜草類植物。⑤《詩·周南·卷耳》:"采采卷耳,不盈頃筐。"《毛傳》:"苓耳也。《廣雅》云:'枲耳也。'郭云:'亦曰胡枲。江南呼常枲。'《草木疏》云:'幽州人謂之爵耳。'"⑥宋人鄭樵(夾漈)謂卷耳是卷菜並非蒼耳,明人發揮云:"蒼耳但堪入藥,不可食。"⑦陳直也以爲這是古人以蒼耳入藥之證。⑧漢人確以蒼耳入藥。《齊民要術》卷三《雜說》引《四民月令》:"合止痢黃連丸、霍亂丸。采葸耳。取蟾蜍及東

---

① 于豪亮:《居延漢簡釋叢·慈其》,《于豪亮學術文存》,中華書局1985年版,第176頁。
② 李天虹:《居延漢簡簿籍分類研究》,科學出版社2003年版,第135頁。
③ 安忠義、强生斌:《河西漢簡中的蔬菜考釋》,《魯東大學學報》(哲學社會科學版)第25卷第6期,2008年11月。
④ 王子今:《評李天虹著〈居延漢簡簿籍分類研究〉》,http//: www. bmy. com. cn/history/htdocs/XX-LR /ASP? ID=5543, 2004-12-02/2006-10-0。
⑤ 已知地自北而南有内蒙古赤峰二道井子(孫永剛、趙志軍等:《内蒙古二道井子遺址2009年度浮選結果分析報告》,《農業考古》2014年第6期)、大連王家村(馬永超、吴文婉等:《大連王家村遺址炭化植物遺存研究》,《北方文物》2015年第2期)、山東臨沭(王海玉、劉延常、靳桂雲:《山東省臨沭縣東盤遺址2009年度炭化植物遺存分析》,《東方考古》第8集)、浙江餘姚田螺山(傅稻鐮、秦嶺、趙志軍等:《田螺山遺址的植物考古學分析:野生植物資源採集、水稻栽培和水稻馴化的形態學觀察》,載北京大學考古文博學院、浙江省文物考古研究所編:《田螺山遺址自然遺存綜合研究》)。
⑥ [清]阮元校刻:《十三經注疏》,第277頁。
⑦ [明]馮復京:《六家詩名物疏》卷二《國風周南》二《卷耳篇》"卷耳"條。
⑧ 陳直:《璽印木簡中發現的古代醫學史料》,《文史考古論叢》,天津古籍出版社1988年版,第284—285頁。

行螻蛄。"賈思勰"葸耳"下注："以合血疽瘡藥。"①觀《四民月令》本文和注文，葸耳爲藥物不誤。然將蒼耳只作爲藥物似未確。按，蒼耳爲菊科植物，葉莖均可食。陸佃云：蒼耳"或曰白花細莖，子如婦人耳璫，故名云。《荆楚記》曰：'卷耳，一名璫草，亦名蒼耳'"②。是卷耳即蒼耳之證。《金匱要略·果實菜穀禁忌並治》云："飲酒，食生蒼耳，令人心痛。"又云："食白米粥勿食生蒼耳，成走疰。"③是漢人食蒼耳子之證。《本草綱目》卷一五《草部》"枲耳"條引陸璣《毛詩草木鳥獸蟲魚疏》："其葉青白似胡荽，白華細莖，蔓生，可煮爲茹，滑而少味。"④是距東漢不遠的三國人食蒼耳葉之證。《本草綱目》同卷條又引《名醫別録》："傖人皆食之，謂之常思菜。"⑤則是蒼耳是不登大雅之堂的菜蔬。後代更以此物爲野蔬或災年食物。⑥由此推想，《卷耳》描述的采卷耳不是藥用而是菜蔬。這樣我們可以對新石器時代遺址中的蒼耳的性質有更多考慮。而據現代醫學觀察，全株有毒，幼芽和果實的毒性最大，莖葉中都含有對神經及肌肉有毒的物質，嚴重者可造成腎功能衰竭和死亡。⑦前引《金匱要略》提到"食生蒼耳，令人心痛"和"成走疰"的疾病表現，儘管與現代醫學所觀察的蒼耳中毒不同，但其中可能包含了古人對蒼耳毒性的直觀經驗。

（三二）菘

前已論及白菜南北朝和唐宋時期的栽培，本條進而申論。古人認爲菘與蕪菁或蔓菁關係密切。《方言》卷三云："蘴，蕘，蕪菁也"，"其紫華者謂之蘆菔"。郭璞注："今江東音嵩，字作菘也。"又云："今江東名爲溫菘。"⑧蕪菁、蔓菁和菘都是十字花科植物，早期這類植物的分野大概不甚明顯，人們將之混用並不奇怪。到了南北朝時，

---

① 繆啓愉、繆桂龍：《齊民要術譯注》，第231頁。
② [宋]陸佃：《埤雅》卷一五《釋草》"卷耳"條，文淵閣四庫全書本。
③ 李克光主編：《金匱要略譯釋》，第742、743頁。"疰"通"住"，"疰（住）"或"走疰（住）"病與現代醫學所説的傳染病尤其是結核病菌感染相類。詳見彭衛：《秦漢三國時期疾病初考》，《中國社會科學院歷史研究所學刊》第8集，商務印書館2012年版。
④ 劉衡如點校：《本草綱目》，第990頁。
⑤ 劉衡如點校：《本草綱目》，第989頁。
⑥ 《全唐詩》卷二二一杜甫《驅豎子摘蒼耳》："畦丁告勞苦，無以供日夕。蓬蒿獨不焦，野蔬暗泉石。卷耳況療風，童兒且時摘……登床半生熟，下箸還小益。"明李時珍《本草綱目》卷一五《草部》"枲耳"條引《救荒本草》："蒼耳葉青白，類黏糊菜葉。秋間結實，比桑椹短小而多刺。嫩苗炸熟，水浸淘拌食，可救饑。其子炒去皮，研爲面，可作燒餅食。"（劉衡如點校：《本草綱目》，第990頁）清朱彝尊《日下舊聞考》（文淵閣四庫全書本）卷一四九《物產》引《析津志》云："原野蔬之品：蒼耳子。"胡玨等按："《析津志》所載山野之蔬多係藥物，以其可咀嚼作食，故列入蔬類。"
⑦ 郭婷婷、鄔良春等："'蒼耳子'毒性及現代毒理學研究進展"，《藥物評價研究》第33卷第5期，2010年10月。
⑧ [清]錢繹撰集，李發順、黃建中點校：《方言箋疏》，第108頁。

賈思勰才糾正了這個錯誤。① 但直至宋代，菘與蕪菁等，仍保持著密切的聯繫。② 馬王堆1號漢墓遺册記有"芫稙（種）五斗布囊一"（簡150）。3號漢墓遺册記有"芫五斗布囊"（簡203）。整理者推測菘、芫字音近，同屬束（冬）部字，故"芫"種即是菘種（白菜籽）。③ 但漢代傳世文獻不見菘的種植，也沒有食用菘的記録。如果西漢前期菘在長江中游已然成爲較爲重要的栽培植物，其結果似非如此。或推測"芫"爲"葱"④，從漢代蔬菜種植情形看，此字釋作葱更合理些。總之，就目前所見資料，菘在漢代尚無栽培跡象⑤，漢代所食用的菘只是野菜。20世紀60年代，植物史前輩李家文討論白菜栽培的歷史過程，指出由菘發展出來的現代白菜形態在唐代以後，栽培地點是在中國南方亞熱帶山區，小白菜的栽培早於大白菜。⑥ 此文發表時間雖早，但其價值至今依存。

（三三）蓴

蓴菜在晉南北朝時期可謂是一種具有文化意義的代表性食物，但它在漢代的地位似乎很是一般。文獻中僅有《金匱要略·果實菜穀禁忌並治》有一條關於蓴菜的資料，而且還帶有負面色彩，所謂"蓴多食，動痔疾"。⑦ 蓴性滑，與葵、荇相類，就其味感而言確實算不上那種獨一無二的珍饈。只是在晉南北朝南北華夷對峙的情形下，它的意義被放大了。人們熟知的《晉書·文苑列傳·張翰》説張翰見秋風起，"乃思吴中菰

---

① 北魏賈思勰《齊民要術》卷三《蔓菁菘、蘆菔附出》注："菘菜似蕪菁，無毛而大。《方言》曰：'蕪菁，紫花者謂之蘆菔。'案蘆菔，根實粗大，其角及根葉，並可生食，非蕪菁也。"（繆啓愉、繆桂龍：《齊民要術譯注》，第184頁）
② 明李時珍《本草綱目》卷二六《菜部》"菘"條引寇宗奭曰："菘葉如蕪青，緑色差淡，其味微苦，葉嫩稍闊。"又引蘇頌曰："菘，今南北皆有之。與蔓菁相類，梗長葉不光者爲蕪菁，梗短葉闊厚而肥腴者爲菘。"（劉衡如點校：《本草綱目》，第1605頁）
③ 湖南省博物館、湖南省文物考古研究所編著：《長沙馬王堆二、三號漢墓》第一卷《田野考古發掘報告》，第61頁。
④ 賀强：《馬王堆漢墓遣策整理研究》，西南大學碩士學位論文，2006年。
⑤ 晉南北朝時，菘始成爲家常菜蔬。《齊民要術》卷三《蔓菁菘、蘆菔附出》謂種菘之法與種植蕪菁相同（繆啓愉、繆桂龍：《齊民要術譯注》，第184頁）。南朝種菘似乎更爲常見。晉葛洪《肘後備急方》卷七"雜果菜諸忌"有"甘草忌菘菜"語。人謂周顒："卿山中何所食？"顒曰："赤米白鹽，緑葵紫蓼。"又問周顒："菜食何味最勝？"顒曰："春初早韭，秋末晚菘。"（《南史·周朗傳附族子周顒》，《南史》卷三四，第895頁）菘與葵、蓼、韭渾然並駕。《南史·隱逸列傳下·范元琰》説范氏家貧，"唯以園蔬爲業。嘗出行，見人盗其菘，元琰遽退走"（《南史》卷六六，第1904頁）。可知菘也是菜農菜圃中的重要内容。
⑥ 李家文：《白菜起源和進化問題的探討》，《園藝學報》第1卷第3—4期，1962年11月。
⑦ 李克光主編：《金匱要略譯釋》，第737頁。

菜、蓴羹、鱸魚膾"①、《洛陽伽藍記》卷二記元慎嘲笑吳人"呷啜蓴羹"②，都是顯例。《南史·沈演之傳附兄孫沈顗》説沈顗"逢齊末兵荒，與家人並日而食。或有饋其粱肉者，閉門不受，唯采蓴、荇根供食"③，可知在江南盛産蓴的空間中，這個蔬菜即使在南北朝時期依然不算上品。就此上推，漢代人大約也是如此。歷史大背景下某種蔬菜的地位發生了文化意義上的變化，蓴菜是一個典型事例。

《詩·魯頌·泮水》云："思樂泮水，言采其茆。"關於"茆"，學界歷來多認爲即蓴菜。《詩·魯頌·泮水》孔穎達疏引鄭小同語云："江南人名之蓴菜，生陂澤中。"④《齊民要術》卷六《養魚種蓴、藕、蓮、芡、芰並附》引陸璣《詩義疏》云："茆，與葵相似。葉大如手，赤圓，有肥，斷著手中，滑不得停也。莖大如箸。皆可生食，又可汋，滑美。江南人謂之蓴菜，或謂之水葵。"⑤或以爲"茆"即荇菜，如毛《傳》和蘇敬《唐本草》所主即是。李時珍認爲"茆"即蓴，他論及蓴、荇之別，調和諸説，所述較當："蓋與蓴，一類二種也。並根連水底，葉浮水上。其葉似馬蹄而圓者，蓴也；葉似蓴而微尖長者，蓋也。夏月俱開黃花，亦有白花者。結實大如棠梨，中有細子。"⑥近有學者申張"茆"係荇菜舊説，理由是蓴只能在江南生長，是江南地區特有的菜蔬，《泮水》篇的故地魯也不可能有蓴的出産。⑦按，現代中國蓴菜主要分佈在黃河以南地區，但在古代則未必如此。春秋戰國時期黃河流域地區的氣溫較今高1—2℃⑧，具備了蓴的生長環境。賈思勰在《齊民要術》中專設種蓴篇，其中即有"種蓴法"，文云："近陂湖者，可於湖中種之；近流水者，可決水爲池種之。以深淺爲候，水深則莖肥而葉少，水淺則葉多而莖瘦。蓴性易生，一種永得。宜浄潔，不耐汙，糞穢入池即死矣。種一斗餘許，足以供用也。"⑨所述不可謂不細。賈思勰的這段描述就自然環境而言，長江和黃河流域均在其中；而"種一斗餘許，足以供用也"也應是經驗之談。因此這段話既可能包含有南方地區的種蓴知識，也有黃河流域蓴菜生長和栽培的某些經驗。就此而言，"茆"即蓴菜的傳統意見在無更有力的證詞之前，是不宜輕易否定的。

---

① 《晉書》卷九二，中華書局1974年版，第2384頁。
② [北魏]楊衒之：《洛陽伽藍記》卷二，《四部叢刊》三編景明如隱堂本。
③ 《南史》卷三六，中華書局1975年版，第938頁。
④ [清]阮元校刻：《十三經注疏》，第611頁。
⑤ 繆啓愉、繆桂龍：《齊民要術譯注》，第460頁。
⑥ [明]李時珍：《本草綱目》卷一九《草部》"蓋菜"條。劉衡如點校：《本草綱目》，第1371頁。
⑦ 劉義滿、魏玉翔：《由"薄采其茆"之"茆"談起——兼談蓴菜歷史》，《中國農史》1990年第3期。
⑧ 竺可楨：《中國近五千年來氣候變遷的初步研究》，《考古學報》1972年第1期。
⑨ [北魏]賈思勰：《齊民要術》卷六《養魚種蓴、藕、蓮、芡、芰並附》。繆啓愉、繆桂龍：《齊民要術譯注》，第460頁。

又，《説文》"艸部"："蕁，蒲叢也。"此處所言之"蕁"與蕁菜名同物異。

（三四）蒿類（蘩、蘋蕭、蔞、斜蒿、茼蒿）

蒿類植物戰國時期即是楚地必備的菜蔬。楚辭《大招》"吳酸蒿蔞，不沾薄兮"可以爲證。漢代入菜的蒿類植物不少，下舉其大要。

《爾雅·釋草》："蘩，皤蒿。"郭璞注："白蒿。"① 又名邪蒿。② 此物在先秦時即爲菜蔬。《詩·召南·采蘩》"於以采蘩，於沼於沚。于以用之，公侯之事"即爲其證。對白蒿的重視與蒿類植物在中國廣泛分佈有著直接關聯。在關中地區，陝西臨潼姜寨新石器時代遺址中草本花粉以蒿屬花粉最爲主要，佔總數的一半。③ 內蒙古赤峰哈民忙哈新石器時代遺址中，出土植物遺存數量最大的是大籽蒿，共出土 815632 粒，佔出土植物種子 99.91%。④ 赤峰林西馬家溝營子距今 5000 至 8000 年的植被特徵是蒿本植物佔草本植物的 89.9%。⑤ 赤峰二道井子夏家店文化遺址亦有黃花蒿種實。⑥ 據《太平御覽》卷九九七引陸璣《毛詩草木鳥獸蟲魚疏》，蘩，"香美"，可以生食和蒸食。近代陝西關中西部鄉人春采其葉及苔，或焯或炒，爲農家春菜⑦，尚有古之遺風。宋時此物在黃河上游地區分佈頗多，宋人曾鞏説："西北少五穀……冬則畜……白蒿……以爲歲計。"⑧

《爾雅·釋草》云："蒿，菣。"郭璞注："今人呼青蒿，香中炙啖者爲菣。"⑨ 按"青蒿"一名《五十二病方》已有，醫者以之療痔瘡。⑩《説文》"艸部"："蒿，菣。菣，香蒿也。"陸璣説青蒿味香，"中炙啖"，荊、豫之間，汝南、汝陰稱之爲"菣"⑪。可知菣的名稱延續甚久。宋人沈括提到有黃蒿和青蒿均可食用，而"陝西綏、銀之間有青

---

① 〔清〕郝懿行：《爾雅義疏》，第 934 頁。
② 《史記·老子韓非列傳》正義："皤蒿，江東呼爲斜蒿。"《史記》卷六三，第 2141 頁。
③ 王開發：《姜寨遺址花粉分析》，西安半坡博物館、陝西省考古研究所：《姜寨——新石器時代遺址發掘報告》，文物出版社 1988 年版，第 540 頁。
④ 孫永剛：《西遼河上游地區新石器時代至早期青銅時代植物遺存研究》，內蒙古師範大學博士學位論文，2014 年，第 61 頁。
⑤ 孫永剛、曹建恩等：《魏家窩鋪遺址 2009 年度植物浮選結果分析》，《北方文物》2012 年第 1 期。
⑥ 孫永剛、趙志軍等：《內蒙古二道井子遺址 2009 年度浮選結果分析報告》，《農業考古》2014 年第 6 期。
⑦ 王應璩：《西府方言》，教育科學出版社 2002 年版，第 35—36 頁。
⑧ 〔宋〕曾鞏：《隆平集》卷二〇，文淵閣四庫全書本。
⑨ 〔清〕郝懿行：《爾雅義疏》，第 934 頁。
⑩ 馬王堆漢墓帛書整理小組編：《馬王堆漢墓帛書》第四輯，第 54—55 頁。
⑪ 〔吳〕陸璣：《毛詩草木鳥獸蟲魚疏》卷上，第 11 頁。

蒿，在蒿叢之間，時有一兩株，迥然青色，土人謂之香蒿"①。這裏所説的青蒿或香蒿即《爾雅》中的䒷。

《詩·小雅·鹿鳴之什》："呦呦鹿鳴，食野之苹。"②苹是何物，學界大體有陸生之藾蕭和水生之浮萍兩説。此外還有陸生植物但非藾蕭的意見。③藾蕭説的主要依據是《爾雅·釋草》"蘋，藾蕭"④的定義。漢晉以後學人或以麋鹿以浮萍爲食將"蘋"理解爲浮萍。⑤但這個意見並未被廣泛接受。我傾向於"食野之苹"的"苹"是藾蕭。除去《爾雅》成書較早，對先秦事物的理解應該更爲準確這一基本理由外，還有兩個依據。其一，《鹿鳴之什》的文本表達。《鹿鳴之什》分爲三段，均描寫了鹿的取食，即"呦呦鹿鳴，食野之蘋"、"呦呦鹿鳴，食野之蒿"、"呦呦鹿鳴，食野之芩"。鄭玄認爲"芩"即芸蒿。⑥《説文》"艸部"："蕭，艾蒿也。"則藾蕭即艾蒿。後二種植物均爲蒿類植物，則"蘋"爲藾蕭，於義較勝。其二，《文選》卷七司馬相如《子虚賦》："其高燥則生葴菥苞荔，薛莎青薠。"張揖注："薛，藾蒿也。"藾蕭生於"高燥"之地，可知斷非浮萍。

藾蕭是可食之物。《爾雅·釋草》郭璞注："今藾蒿也，初生亦可食。"⑦陸璣《毛詩草木鳥獸魚疏》卷上"食野之蘋"條："蘋葉青白色，莖似箸而輕脆，始生香，可生食。又可蒸食。"據此，漢代人可能將藾蕭作爲野生蔬菜。

蔞即蔞蒿，爲菊科多年生草本植物，古人認爲係白蒿的一種，實則有異。楚辭《大招》有"吴酸蒿蔞，不沾薄只"語。《説文》"艸部"也説蔞"可以烹魚"。陸璣説其"生食之香而脆美，其葉又可蒸爲茹"⑧。漢代文獻不見人工種蔞蒿，蔞蒿應是當時的野生植物。

莪蒿，即《詩·小雅·菁菁者莪》所言"菁菁者莪"。亦名"蘿"⑨、"蒿"⑩。《本草

---

① [宋]沈括：《夢溪筆談》卷二六《藥議》。又，這段文字與陸佃《埤雅》全同，參見[宋]陸佃著，王敏紅點校：《埤雅》卷一五《釋草》"蘩"條，第148頁。陸佃與沈括同時，二人誰爲始言者雖不詳，但所述事則無可懷疑。
② [清]阮元校刻：《十三經注疏》，第405頁。
③ [明]馮復京：《六家詩名物疏》（文淵閣四庫全書本）卷三二《鹿鳴篇·蘋》："唐文宗問宰臣：'蘋是何草？'李珏曰：'是藾蕭。'上曰：'朕看《毛詩疏》，蘋葉圓而花白，叢生野中，似非藾蕭。'"
④ [清]郝懿行：《爾雅義疏》，第1001頁。
⑤ 如宋人羅願《爾雅翼》卷五《釋草》"萍"條云："古人以水草之交爲麋，則麋鹿亦食水草……又人家養豕，皆以萍食之"，故"蘋"爲浮萍。
⑥ [清]阮元校刻：《十三經注疏》，第406頁。
⑦ [清]郝懿行：《爾雅義疏》，第1001頁。
⑧ [吴]陸璣：《毛詩草木鳥獸蟲魚疏》卷上，第10頁。
⑨ 《爾雅·釋草》："莪，蘿。"郭璞注："今莪蒿也。"[清]郝懿行：《爾雅義疏》，第954頁。
⑩ 《爾雅·釋草》郭璞注。[清]郝懿行：《爾雅義疏》，第954頁。

綱目》卷一五《草部》"菣蒿"條引陸璣《毛詩草木鳥獸蟲魚疏》說菣蒿"生澤國漸洳處","莖、葉可生食,又可蒸食,香美頗似蔞蒿。但味帶麻,不似蔞蒿甘香"。知漢代菣蒿是入菜的野蔬。

湖南郴州蘇仙橋西晉簡記物產有"茼蒿"(簡 2—153)[①],"蒿"通"蒿","茼"即茼蒿。這是目前所見中國古代文獻第一次出現"茼蒿"一詞,值得重視。茼蒿屬菊科,一年或二年生草本植物。晉距漢不遠,東漢後期或許亦有這一稱謂也未可知。

總之,蒿類植物是第四紀開始後在中國土地上種類繁多、廣泛分佈的植物,中國遠古居民將這類植物作爲食物是既是環境的給予,也是自己的選擇。從那時起到漢代乃至漢代以後,蒿類植物雖沒有成爲人工栽培植物——其因可能在於野生極爲廣泛,栽培收益有限等——但始終沒有退出食譜行列。

(三五)蘆

《說文》"艸部":"蘆,菜也。似蘇者。"段注:"此《齊民要術》'襄荷、芹、蘆'之'蘆'。《本草》新補之苦苣也。野生者名偏苣。人家常食爲白苣。"吳其濬《植物名實圖考》卷三"紫花苦苣"條云:"夏開紫花。"按,紫蘇花冠自夏而秋由紫色而粉紅色而白色,與《說文》"似蘇"相合。按現代植物分類,苦苣(Endive)爲菊科(Compositae)菊苣屬植物。漢代當屬野菜。

(三六)蒡

一種意見以爲古代文獻對牛蒡子的記載始見《名醫別錄》[②],還有一種意見認爲牛蒡在唐代成爲蔬菜[③]。這兩種看法都是不確切的。《爾雅·釋草》:"蒡,隱荵。"郭璞注:"似蘇,有毛,今江東呼爲隱荵。藏以爲菹,亦可瀹食。"[④]郴州蘇仙橋西晉簡記當地物產有蒡(簡2—153)。[⑤]陶弘景注《神農本草經》"桔梗"說:"葉名隱忍,二三月生,可煮食之。"郝懿行即據陶說認爲隱荵就是桔梗。[⑥]按,桔梗全株光滑無毛,與隱

---

① 湖南省文物考古研究所、郴州市文物處:《湖南郴州蘇仙橋遺址發掘簡報》,《湖南考古輯刊》第8集。
② 許亮、竇德強、康廷國:《牛蒡子本草考證及道地變遷》,《現代中藥研究與實踐》2010年第1期。
③ 葉靜淵:《我國根菜類栽培史略(續)》,《古今農業》1995年第4期。
④ [清]郝懿行:《爾雅義疏》,第978頁。
⑤ 湖南省文物考古研究所、郴州市文物處:《湖南郴州蘇仙橋遺址發掘簡報》,《湖南考古輯刊》第8集。
⑥ [清]郝懿行:《爾雅義疏》,第979頁。

苊（蒡）不類。菊科牛蒡屬植物牛蒡長60釐米—100釐米，葉背面密生白色絨毛①，與郭璞所述相近，當即此物。郭璞説蒡可"藏以爲菹，亦可瀹食"，指的應是蒡的根莖部分。

郭橐駝《種樹書》云："種松、桑、榆、柳、棗、葱、葵、韭、麻、椒、牛蒡子、竹，宜初二日。"②這是傳世文獻關於種植牛蒡的最早記錄。又，《本草綱目》卷一五《草部》"惡食"條引《名醫別錄》、《唐本草》等述牛蒡分佈云：生鄧州（今河南鄧縣）東部魯山，根作菜茹益人。③《赤城志》云："牛蒡，三歲一花，根可食。土人以中元日餔之。"④《臨安志》26種蔬菜，牛蒡名列其中。⑤《居家必用事類全集》云："江南種牛蒡，收子須經兩年，苗上結者子又可種，正月間鋤地訖，以豬糞鋪土上，又以肥土並糞壤覆之，然後下子，密種則易肥。"⑥牛蒡在南方地區正月種植《種樹書》正月種牛蒡相合。揆以前引郭璞謂"江東呼爲隱荵"及蘇仙橋西晉簡，似乎蒡的人工栽培起於南方地區，並在長江流域分佈較多。

（三七）柱夫

關於柱夫的最早記錄見《爾雅·釋草》，文云："柱夫，搖車。"郭璞注："蔓生，細葉，紫華。可食。今俗呼'翹搖車'。"⑦吳其濬推測，柱夫（翹搖）即先秦文獻中的苕。《詩·陳風·防有鵲巢》云："邛有旨苕。"吳云："苕，一名苕搖，即翹搖之本音。苕而曰旨，則古人嗜之矣。"⑧"翹搖"之名晚出，吳氏以之逆推雖嫌牽強，但苕即豆科巢菜屬，二年生草本，與柱夫後世有野豌豆之異名相合。方以智説翹搖是"豌豆之扁者"⑨，指的正是野豌豆。又有元修菜和小巢菜之異名。⑩

陸璣云："幽州人謂之翹饒，蔓生，莖如勞豆，而細葉似蒺藜而青，其莖葉緑色，

---

① 蔣先明主編：《中國農業百科全書·蔬菜》"牛蒡"條（何啓偉撰寫），第19頁。
② [唐]郭橐駝：《種樹書》卷上"正月"條，明夷門廣牘本。
③ 劉衡如點校：《本草綱目》，第985頁。
④ [宋]陳耆卿：《赤城志》卷三六《風土門》一"牛蒡"條，文淵閣四庫全書本。
⑤ [宋]潛説友：咸淳《臨安志》卷五八《風土》"菜之品"，文淵閣四庫全書本。
⑥ [元]佚名：《居家必用事類全集》戊集"種牛蒡法"，明刻本。
⑦ [清]郝懿行：《爾雅義疏》，第980頁。
⑧ [清]吳其濬：《植物名實圖考》卷四"翹搖"條，第91頁。
⑨ [明]方以智：《物理小識》卷五《醫藥類》"翹搖"，文淵閣四庫全書本。
⑩ [清]劉寶楠：《釋穀》（皇清經解續編本）卷三"豌豆"條"案蘇詩，元脩菜即翹搖，故人巢元修好餐此，因名"，《六書故》引項安世曰：今之野豌豆也，莖、葉、花實皆似豌豆而小，黃可菹，蜀人謂之小巢菜，豌豆謂之大巢也"。

可生食，如小豆藿也。"①李時珍輯録唐以後人食翹摇之法有二：一云："以油炸之，綴以米糝，名草花，食之佳，作羹尤美。"一云："花未萼之際，采而蒸食，點酒下鹽，荢羹作餡，味如小豆藿。"②較之漢代人生食方法更豐富。柱夫生長慢，前期分枝少，提高其單位面積産量需要大量施肥③，其莢亦不宜脱落，這種情况也許影響了漢代人對這個植物的重視。

（三八）葴

《爾雅·釋草》："葴，寒漿。"郭璞注："今酸漿草，江東呼曰苦葴。"④《史記·司馬相如傳》司馬相如《上林賦》云："葴橙若蓀。"《索隱》："小顔曰：'葴，寒漿也。'"⑤郴州蘇仙橋西晉簡記"土地生菜"有"葴"（簡2—155）⑥，疑即葴之異寫。《本草綱目》卷一六《草部》"酸漿"條引陶弘景語云："酸漿處處多有，苗似水茄而小，葉亦可食。子作房，房中有子如梅李大，皆黄赤色，小兒食之。"⑦李時珍指出："按《庚辛玉册》云：'燈籠草四方皆有，惟川陝者最大。葉似龍葵，嫩時可食。四五月開花結實，有四葉盛之如燈籠，河北呼爲酸漿。'據此及楊慎之説，則燈籠、酸漿之爲一物，尤可證矣。"⑧據此，葴是茄科酸漿屬植物（Physalis peruviana L），亦即《外臺秘要》卷四〇療蛇蟄方所入之醋草。⑨此物在漢代以後别名甚多，以其色命名如紅姑娘⑩，其子之味命名如酢漿草、鳩酸草⑪、酸漿、醋漿，以其苗之味命名，如苦葴、苦耽，以其角之形命名如燈籠草、皮弁草、燈籠兒、掛金燈，以其子之形命名如王母珠、洛神珠等。⑫先秦一些遺址如大連王家村新石器時期、四川冕寧高坡商至周初遺址有酸漿草種實⑬，此物或許很早就進入了華夏民族的生活。晚至明清時期酸漿草依然保持著與中國人飲食

---

① ［吴］陸璣：《毛詩草木鳥獸蟲魚疏》卷上"邛有旨苕"條，文淵閣四庫全書本。
② ［明］李時珍：《本草綱目》卷二七《菜部》"翹摇"條。劉衡如點校《本草綱目》，第1670頁。
③ 張紅玉、付志和：《巢菜的栽培方法》，《農村經濟與科技》第11卷第9期，2000年。
④ ［清］郝懿行：《爾雅義疏》，第961頁。
⑤ 《史記》卷一一七，第3022、3024頁。
⑥ 湖南省文物考古研究所、郴州市文物處：《湖南郴州蘇仙橋遺址發掘簡報》，《湖南考古輯刊》第8集。
⑦ 劉衡如點校：《本草綱目》，第1049頁。
⑧ 劉衡如點校：《本草綱目》，第1049頁。
⑨ 黄斌、章國鎮、先静：《醋草的本草考證》，《中藥材》第14卷第1期，1991年1月。
⑩ ［清］李衛：雍正《畿輔通志》卷五六"洛神珠"條。
⑪ ［明］鮑山：《野菜博録》卷一"草部""酸漿草"條，《四部叢刊》三編景明本。
⑫ 劉素婷：《茄科植物古漢語名考證（二）》，《安徽農業科學》第36卷第4期，2008年7月。
⑬ 馬永超、吴文婉等：《大連王家村遺址炭化植物遺存研究》，《北方文物》2015年第2期。姜銘等執筆：《冕寧縣高坡遺址2011年度浮選結果鑒定簡報及初步分析》，成都文物考古研究所編著：《成都考古發現（2011）》。

生活的聯繫。鮑山説其可生食①，王夫之説其"可食"②。據郝懿行所述，北京人用蔵泡茶以"滌煩熱"③，這自然已與蔬菜無關了。

或以爲馬王堆帛書《五十二病方》治病穜（腫）橐之"酸漿"④即酸漿草，⑤按該方用斗計量酸漿入藥之量，在漢代藥物衡量中，斗通常是液體或植物籽粒單位，因此此處的"酸漿"似宜理解爲漢代人常食之漿，漢人所食之漿味酸，故又稱爲酸漿，與蔵實爲二物。

（三九）蕪菁

關於蕪菁的屬性學界有不少討論，也存在一些爭議。

《詩·邶風·谷風》："采葑采菲，無以下體。"⑥一般認爲葑就是蕪菁。蕪菁（*Brassica campestris*）即蔓菁，十字花科植物，又名"須"⑦，後世謂之"大頭菜"。國外學界的傳統觀點是歐洲和西伯利亞西部係蕪菁原産地，大約在距今2000年前的兩漢之際蕪菁由中亞傳入中原。⑧這個判斷與《詩經》提供的資料相左。因此有的研究者認爲中國也是蕪菁的原産地。⑨雖然此説還存在某些不能解釋的問題（詳後），但由於在《詩經》時代，蕪菁是採集植物，具有了原始的野生分佈的意義，因此筆者贊同這個意見。

先秦文獻中没有"蕪菁"而有"菁"，言物時"菁"或指菁茅⑩，或指韭菁⑪，均與"蕪菁"無涉。揚雄《方言》卷三云："蘴，蕘，蕪菁也。陳、楚之郊謂之蘴，魯、齊

---

① ［明］鮑山：《野菜博録》卷一《草部》"酸漿草"條，《四部叢刊》三編景明本。
② ［清］王夫之：《詩經稗疏》卷一"荼"條，文淵閣四庫全書本。
③ ［清］郝懿行：《爾雅義疏》，第961頁。
④ 馬王堆漢墓帛書整理小組編：《馬王堆漢墓帛書》第四輯，第48頁。
⑤ 涂海强：《〈馬王堆帛書·五十二病方〉之用名考證——以"酸漿"同物異名理據辨析》，《求索》2011年第6期。
⑥ ［清］阮元校刻：《十三經注疏》，第303頁。
⑦ 《爾雅·釋草》："須，葑蓯也。"郭璞注："江東呼蕪菁爲菘，菘、須音相近故也。須即蕪菁也。"
⑧ 〔瑞士〕德亢朵爾（A.P. De Candolle）著，俞德浚、蔡希陶譯：《農藝植物考源》，第273頁。〔日〕星川清親著，段傳德、丁法川譯，蕭位賢校：《栽培植物的起源與傳播》，第94—95頁。
⑨ 葉靜淵：《我國油菜的名實考訂及其栽培起源》，《自然科學史研究》1989年第2期。
⑩ 《穀梁傳》僖公四年："昭王南征不反，菁茅之貢不至，故周室不祭。"［清］阮元校刻：《十三經注疏》，第2393頁。
⑪ 《吕氏春秋·本味》："具區之菁。"（陳奇猷校釋：《吕氏春秋校釋》，第741頁）。鄭玄以爲此處之"菁"指的是蔓菁（［漢］鄭玄注，［唐］賈公彦疏：《周禮注疏》卷六，文淵閣四庫全書本），未確。但鄭氏之説在後世影響很大，現代學人多有採信者（聶鳳喬：《蔓菁八題》，《農業考古》1992年第3期。安志信、李素文：《〈詩經〉中蔬菜的演化和發展》，《中國蔬菜》2010年第9期）。

之郊謂之蕘，關之東西謂之蕪菁，趙、魏之郊謂之大芥……東魯謂之菈。"① 這表明到了漢代只有"陳、楚之交"即今河南東南和湖北東北部一帶還稱蕪菁爲"葑"，其餘地區均改變了對稱謂。"關之東西謂之蕪菁"，蕪菁是當地的方言。漢代文獻和官方文書對此物均寫作"蕪菁"，之所以用的是"關之東西"方言，應當與兩漢政治中心在這裏故而"蕪菁"稱謂"通語"有關。附帶提及，有研究者以爲蕪菁最早由崔寔《四民月令》提到②，這是應該訂正的。

　　蕪菁何時成爲栽培蔬菜？學界有不同看法。一種意見以《詩·鄘風·桑中》"爰采葑矣，沫之東矣"與"爰采麥矣，沫之北矣"並列爲據，認爲葑是栽培植物。③ 此說證據薄弱，已有學者指明其非。④ 另有研究者認爲，蕪菁的馴化和推廣應該遠在漢代之前⑤，這個判斷亦是推測，還不能成爲定説。⑥ 根據目前相關資料（詳後），蕪菁的栽培在西漢時期完成的可能性最大。

　　最早記録蕪菁的漢代傳世文獻是成書於漢元帝時期的《急就篇》和稍晚的揚雄《方言》，這兩部著作都是將蕪菁作爲常見的菜蔬。《急就篇》中的草類菜蔬都是人工栽培之物，蕪菁自不應例外。《居延漢簡釋文合校》簡 32.16 有"出廿五毋菁十束"文，據此，邊地一根蕪菁價爲 2.5 錢。又，《居延新簡》簡 E.P.T2:5B："昨遣使，持門菁子一升詣門下，受教原□，逆使□莫取，白欲歸事，豈肯白之乎，爲見一。""蕪菁"居延簡作"毋菁"，"門菁"應是"毋菁"之誤寫。專門遣人送去菁種，爲當地種植蕪菁之證。這兩通簡的時間是西漢後期，正與《急就篇》相合。據此，《方言》記録的不同地區的蕪菁，應當也是人工栽培或人工栽培和野生兼而有之的蔬菜。一種蔬菜能夠較爲成熟的栽培並成爲穩定的食材需要一個過程，蕪菁在中國馴化的完成可能不會晚於西漢前期。

　　兩漢時期蕪菁在黄河流域和長江流域部分地區種植甚廣，前引揚雄《方言》卷三收録陳、楚之際，魯、齊之際，關東、關西之際和趙、魏之際等地對蕪菁的不同稱謂，顯示了這些地區居民取食蕪菁的情狀。《四民月令》更爲明確地將種植和收穫蕪菁作爲農事活動的内容。《三國志·蜀書·先主傳》注引《吴歷》："（劉）備時閉門，將人種蕪菁，曹公使人闞門。既去，備謂張飛、關羽曰：'吾豈種菜者乎？

---

① [清]錢繹撰集，李發順、黄建中點校：《方言箋疏》，第 108 頁。
② 葉靜淵：《我國根菜類栽培史略》，《古今農業》1995 年第 3 期。
③ 梁家勉主編：《中國農業科學技術史稿》，農業出版社 1989 年版，第 86 頁。
④ 葉靜淵：《我國根菜類栽培史略》，《古今農業》1995 年第 3 期。
⑤ 余欣：《蔓菁考》，《文史》2011 年第 1 輯。
⑥ 龔珍：《蔓菁早期栽培史再考——兼與余欣教授商榷》，《中國農史》2014 年第 5 期。

曹公必有疑意，不可復留！'"① 據此當時似有專門種植蕪菁的菜農。《文選》卷四〇任昉《到大司馬記室牋》李善注引孔融《汝潁優劣論》："陳群曰：'頗有蕪菁，唐突人參。'"《三國志·吳書·陸遜傳》則有陸遜"催人種葑、豆"故事。② 儘管蕪菁不算佳物③，但却得到兩漢三國人的重視，究其因蓋在於：其一，蕪菁可以在饑荒歲月轉爲充饑的主食。桓帝永興二年（公元 154 年），黃河流域發生蝗災和水災，"詔司隸：'蝗水爲災，五穀不登，令所傷郡國，皆種蕪菁，以助民食'"。④ 又據《齊民要術》卷八《羹臛法》，蕪菁花和葉亦能入蔬⑤，食物利用價值頗高。其二，蕪菁可以收藏以備冬日食用，即《急就篇》所言"老菁蘘荷冬日藏"。《荊楚歲時記》所言"仲冬之月，採擷霜蕪菁、葵等雜菜，乾之，並爲鹹葅"⑥，《齊民要術》卷二《種麻子》所言"六月間，可于麻子地間散蕪菁子而鋤之，擬收其根"⑦，正是這一習俗的延續。

　　南北朝諺云："生啖蕪菁無人情。"⑧ 是蔓菁不能生食。漢代文獻說蕪菁可以作羹。⑨《齊民要術》卷三《蔓菁》則説蕪菁"乾而蒸食，既甜且美"，又説"蒸乾蕪菁根法"是"作湯淨洗蕪菁根，漉著一斛甕子中，以韋荻塞甕裹以蔽口，合著釜上，繋甑帶；以乾牛糞燃火，竟夜蒸之，襵細均熟。謹謹著牙，真類鹿尾。蒸而賣者，則收米十石也"。⑩ 這似乎是將蕪菁作主食來吃了。蕪菁中有糖分、粗蛋白和纖維素，可以果腹，以此爲穀類作物的代用品並不令人意外。洛陽新莽墓出土陶倉上書有"蕪清"⑪，"蕪清"當爲蕪菁假借。值得注意的是該墓同出的其他陶倉所書均爲麥、粟、稻、麻、豆、

---

① 《三國志》卷三二，第 875 頁。
② 《三國志》卷五八，第 1351 頁。標點本"葑、豆"未斷開。
③ 清嚴可均《全後漢文》卷八三孔融《汝潁優劣論》：孔融以汝南士勝潁川士。陳長文難曰："頗有蕪菁，唐突人參也。"唐韋絢《嘉話録》（文淵閣四庫全書本）説蕪菁可以"棄去不惜"。
④ 《後漢書·桓帝紀》記永平二年（公元 59 年）詔云："蝗災爲害，水變仍至，五穀不登，人無宿儲。其令所傷郡國種蕪菁，以助人食。"（《後漢書》卷七，第 299 頁）與《東觀漢記》稍異。《齊民要術》卷三《蔓菁》"多種蕪菁法"下注云："若值凶年，（蕪菁）一頃乃活百人耳。"繆啓愉、繆桂龍：《齊民要術譯注》，第 182 頁）唐韋絢《嘉話録》（文淵閣四庫全書本）説諸葛亮令軍士所止皆種蔓菁，一個原因是可在冬季糧食匱乏時作爲主食。這個傳説也反映出蕪菁的價值。
⑤ 文云："魚、蓴並冷水下。若無蓴者，春中可用蕪菁英，秋夏可畦種芮菘、蕪菁葉，冬用菁葉，以芼之。"繆啓愉、繆桂龍：《齊民要術譯注》，第 595 頁。按，"秋夏"至"蕪菁葉"疑有脱文，據本段文意，若無蓴菜，春季可用蕪菁花、秋夏可用菘和蕪菁葉、冬季可用菁菜替代。
⑥ ［梁］宗懍著，姜彦稚輯校：《荊楚歲時記》，岳麓書社 1986 年版，第 51 頁。
⑦ 繆啓愉、繆桂龍：《齊民要術譯注》，第 118 頁。
⑧ 《齊民要術》卷三《蔓菁》。繆啓愉、繆桂龍：《齊民要術譯注》，第 184 頁。
⑨ 《太平御覽》卷八六一引謝承《後漢書》：陶碩"啖蕪菁羹"。
⑩ 繆啓愉、繆桂龍：《齊民要術譯注》，第 182—183 頁。石聲漢云："謹謹，細密的意思；現在湖南南部方言中還保存這個形容詞。"（石聲漢校釋：《齊民要術今釋》，第 229 頁）
⑪ 洛陽市第二文物工作隊：《洛陽五女塚 267 號新莽墓發掘簡報》，《文物》1996 年第 7 期。

棗等作物，也暗示著蕪菁是作爲主食（棗也可以作爲棗糒之類的主食）。前述荒年時朝廷令突擊種植蕪菁，也是出於以菜代糧的考慮。由於這個背景，漢代人可能也蒸食蕪菁。後世蔓菁在生活中的情形與漢代相似。吳其濬引《麗江府志》説蔓菁，"夏種冬收，户户曬乾囤積，務足一歲之糧，菽餕稗粥之外，饗殽必需"，或"煮蔓菁湯咽之"。① 亦是主食和菜蔬兼具。

前引《方言》所見漢代有關蔓菁的方言集中在黄河流域，後代也有蔓菁"北土尤多"②，"北方多獲其利，而南方罕有之"的描寫③，這大概與不同的自然環境有關。由於蕪菁耐旱，對於缺雨少水的西北邊地來説尤爲適宜。④ 河西漢簡顯示，蕪菁是當地重要的蔬菜，這正是環境因素的結果。

古代蕪菁的問題並未完全解決。其一，《谷風》和《桑中》詩的地望在今豫西，這裏是揚雄《方言》所説的關東，"蕪菁"之名如何取代了流行已久的"葑"，這是否反映了這個植物在馴化演變過程中發生的某種變化。其二，《詩經》相關資料顯示，葑是當時人常見的食物，對這個植物兼具主食作用的瞭解應當是情理中之事。前面提到的藜的栽培跡象表明，古代中國人對這類可以充饑的植物高度重視。但迄今爲止，從新石器時代到兩周時期居民遺址的植物遺存和植物浮選中，都未發現葑的蹤影，這與這漫長的歷史時期所看到大量的穀類和菜蔬類植物遺存形成了鮮明對比。其三，漢代的蕪菁是否有外來因素的介入？一種意見認爲河西地區漢代戍卒種植的蕪菁是由内地傳播過去的⑤，另一種意見則推測了西域蕪菁進入河西地區的可能⑥。以目前的資料背景還無法有明晰的結論。我們期待著新的資料的發現能够解釋這三個疑問。

（四〇）蘆菔（附菲、諸葛菜、須）

關於蘆菔的討論同樣存在争議。

蘆菔，漢代人或分稱"蘆"、"菔"，又名"薺根"。⑦ 即白蘿蔔，一般認爲原産地在中亞或地中海沿岸，古埃及修建金字塔的工人曾食用蘿蔔，希羅多德稱之爲"蘇美亞"

---

① ［清］吳其濬：《植物名實圖考》卷二"蕪菁"條。
② ［明］李時珍：《本草綱目》卷二六《菜部》"蕪菁"條引蘇頌語。劉衡如點校：《本草綱目》，第1612頁。
③ ［元］胡古愚：《樹藝篇》卷五《蔬部》"蔓菁"條，明純白齋鈔本。
④ 龔珍：《蔓菁早期栽培史再考——兼與余欣教授商榷》，《中國農史》2014年第5期。
⑤ 余欣：《蔓菁考》，《文史》2011年第1輯。
⑥ 龔珍：《蔓菁早期栽培史再考——兼與余欣教授商榷》，《中國農史》2014年第5期。
⑦ 《説文》"艸部"："蘆，蘆菔也。一曰薺根。""菔，蘆菔也。"［清］段玉裁：《説文解字注》，第25頁。

（Surmaia）。① 星川清親推測"蘆菔"、"萊菔"、"蘿蔔"等各種稱謂"都是表示由西域名字轉化而來"②，所言是，但究係何種異域語言之對音，還不清楚。蘿蔔進入中土時間不詳。因文獻所見蘆菔一詞最早出現的時間是在西漢後期，此物傳入可能得益於西漢中期以後中西交流的頻繁。

國内有一種意見認爲中國生長的蘿蔔是"中國蘿蔔"，原産地在中國。其根據是：第一，《詩·邶風·谷風》云："采葑采菲，無以下體"，詩中的"菲"即是蘿蔔。第二，《詩·小雅·信南山》云："中田有廬，疆場有瓜"，詩中的"廬"與"瓜"相對應，"廬"是"蘆"即"蘆菔"的假借。③這個意見的説服力並不充分。關於"菲"的所指我們還要在後文討論。"中田有廬"的"廬"一般認爲是指看護作物的田中小屋④，説"廬"是"蘆"推測曲繞，並無依據。更重要的是在中國境内尚未發現野生蘿蔔的痕跡，這是蘿蔔中國本土説不能解釋的。因此，在目前的資料背景下，蘿蔔爲舶來物之説依然可信。

由於蘆菔形狀"似蕪菁"⑤，古人一種意見認爲蘆菔與蕪菁是一物，如《方言》卷三説"蘴，蕘，蕪菁也。陳楚之郊謂之蘴，魯齊之郊謂之蕘，關之東西謂之蕪菁，趙魏之郊謂之大芥，其小者謂之辛芥，或謂之幽芥；其紫華者謂之蘆菔。東魯謂之菈"⑥。這個説法並不恰當。按現代植物分類，蕪菁（*Brassica rapa*）與蘿蔔（*Brassica sativus*）雖都屬十字花科，却非一物，蕪菁爲芸薹屬，蘿蔔則是蘿蔔屬。⑦

---

① 〔瑞士〕德亢朵爾（A.P. De Candolle）著，俞德浚、蔡希陶譯：《農藝植物考源》，第24頁。
② 〔日〕星川清親著，段傳德、丁法元譯，蕭位賢校：《栽培植物的起源與傳播》，第93頁。
③ 葉靜淵：《我國根菜類栽培史略（續）》，《古今農業》1995年第4期。有的文獻整理者也認爲《谷風》中的"菲"是蘿蔔。參見王文錦：《讀〈詩經注析〉剳記》，《文史》2003年第2輯。李先耕：《關於〈詩經〉若干生物的辨證》，《古籍整理研究學刊》2008年第5期。馬永超、吳文婉等：《兩周時期的植物利用——來自〈詩經〉與植物考古的證據》，《農業考古》2015年第6期。
④ 《毛詩正義》（文淵閣四庫全書本）卷二〇"中田有廬"鄭玄箋曰："古者宅在都，邑田於外野，農時則出而就田，須有廬舍，故言中田，謂農人于田中作廬，以便其田事。"《漢書·食貨志上》"餘二十畝，以爲廬舍。"顔師古注："廬，田中屋也。"（《漢書》卷二四上，第1119頁）宋蘇轍《詩集傳》（文淵閣四庫全書本）卷一二："田中爲廬，以便田事。疆場種瓜，以盡地力。"釋"廬"爲田中屋，於義較勝。
⑤ 《説文》"艸部"。[清] 段玉裁：《説文解字注》，第25頁。
⑥ [清] 錢繹撰集，李發順、黄建中點校：《方言箋疏》，第108頁。
⑦ 關於蕪菁和蘆菔之別，許慎已提出"似蕪菁而小"即與蕪菁並非一物的判斷（《説文》"艸部"，[清] 段玉裁：《説文解字注》，第25頁）。古人論之最詳者當推李時珍。《本草綱目》卷二六"菜部""蕪菁"條："《别録》以蕪菁、蘆菔同條，遂致諸説猜度。或以二物爲一種，或謂二物全别，或謂在南爲萊菔，在北爲蕪菁，殊無定見。今按二物根、葉、花、子都别，非一類也。蔓菁是芥屬，根長而白，其味辛苦而短，莖粗葉大而厚闊；夏初起薹，開黄花，四出如芥，結角亦如芥；其子均圓，似芥子而紫赤色。蘆菔是菘屬，根圓，亦有長者，有紅白二色；其味辛甘而永；葉不甚大而糙，亦有花葉者；夏初起薹，開淡紫花；結角如蟲狀，腹大尾尖；子似胡蘆巴，不均不圓，黄赤色。如此分之，自明白矣。"（劉衡如點校：《本草綱目》，第1612頁）王符《潛夫論·思賢》説"治疾當得真人參，反得支羅服"（[漢] 王符著，[清] 汪繼培箋，彭鐸校正：《潛夫論箋》，第79頁），將"羅服"稱爲蘆菔。按，"支羅服"即蘆菔根（[漢] 王符著，[清] 汪繼培箋，彭鐸校正：《潛夫論

蘆菔在漢代的種植情況文獻語焉不詳，出土資料僅見甘肅涇川東漢墓隨葬陶灶上的疑似蘿蔔浮雕。① 在零星記載中最典型的是更始政權滅亡後上千宮女閉殿門不出，掘庭中蘆菔根爲食。② 由此可以看出蘆菔在漢代已爲人工栽培蔬菜。應當指出，揚雄是飽學之士，他對蘆菔和蕪菁的區分尚不清楚，普通人大概也不會好到哪裏去。基於這一情景，我們有理由考慮漢代有關蕪菁的資料中是否也包括了蘆菔。同時，還由於距漢不遠的魏晉南北朝時期文獻對蘆菔記載多多，以及蘆菔食法與蕪菁的相似③，我傾向於這個作物在漢代有一定規模的種植，是漢代的家常蔬菜。④ 附帶一提，有學者據《後漢書·劉盆子傳》"時掖庭中宮女猶有數百千人，自更始敗後，幽閉殿內，掘庭中蘆菔根……而食之"⑤，以爲漢代已有胡蘿蔔⑥，這顯然是誤判。胡蘿蔔傳入中土大約不早于宋代，初稱"胡盧菔"⑦。

《爾雅·釋草》："菲，芴菜。"郭璞注："菲草，生下濕地，似蕪菁，華紫赤色，可食。"⑧《齊民要術》卷一〇《五穀、果蓏、菜茹非中國物産者》"土瓜"條引陸璣《毛詩草木鳥獸蟲魚疏》云："菲，似蒠，莖粗，葉厚而長，有毛。三月中，蒸爲茹，滑

箋》，第80頁），《意林》卷三引崔寔《政論》所説"當用人參，反得蘆菔根"可證，可見與蘆菔相混之植物不止蕪菁。
① 劉玉林：《甘肅涇川發現一座東漢早期墓》，《考古》1983年第9期。
② 《後漢書·劉盆子傳》，《後漢書》卷一一，第482頁。
③ 郴州蘇仙橋西晉簡記當地蔬菜有"菔"（2—155）。見湖南省文物考古研究所、郴州市文物處：《湖南郴州蘇仙橋遺址發掘簡報》，《湖南考古輯刊》第8集。"菔"即蘆菔。[明]李時珍《本草綱目》卷二六《菜部》"萊菔"條："蘆菔，郭璞云：'蘆音羅。菔音北，與菔同。'""萊菔乃根名，上古謂之蘆菔，中古轉爲萊菔，後世訛爲蘿蔔。"（劉衡如點校：《本草綱目》，第1615、1616頁）《本草綱目》卷二六《菜部》"萊菔"條引陶弘景云：蘆菔"其根可食。俗人蒸其根及作菹食"（劉衡如點校：《本草綱目》，第1616頁）。其蒸食之法與蕪菁相似。又同書卷條李時珍指出蘆菔"乃蔬中之最有利益者，而古人不深詳之，豈因其賤而忽之耶？仰未諳其利耶？"也認爲文獻對蘆菔記載有失。
④ 有學者據劉肅《大唐新語》馮光注《文選》，誤將芋釋作"著毛蘿蔔"，認爲"蘿蔔"一詞始見於唐代（黎虎、鄧瑞全：《隋唐五代時期的飲食》，載徐海榮等主編：《中國飲食史》第3卷，第308頁）。北魏賈思勰《齊民要術》卷前有《雜説》篇，有去城郭近之地可種"蘿蔔"，四月種"蘿蔔"云云。《齊民要術》卷三另有《雜説》，一般認爲卷前之《雜説》篇非賈思勰原作，故篇中"蘿蔔"應是後人文字。但《齊民要術》卷九《作菹藏生菜法》有"菘根蘿蔔菹法"。其文云："溫菘、葱、蕪菁根悉可用。"此段文字爲賈思勰所作，可知"蘿蔔"一詞的出現不晚於北魏而非唐代。繆啓愉說："《名醫別録》陶弘景注：'蘆菔是今溫菘，其根可食……蕪菁根乃細於溫菘。'郭璞注《方言》卷三'蘆菔'：'今江東名爲溫菘。'"溫菘"當即'溫菘'，就是蘆菔。但本條標目就用蘿蔔，則溫菘自非蘆菔，應是別一種蔬菜。《唐本草》有紫菘、白菘、牛肚菘，《今釋》（即石聲漢校釋《齊民要術今釋》——引者）疑是加溫法栽培的白菜，究竟指什麼，不明。"（繆啓愉校釋，繆桂龍參校：《齊民要術校釋》，第670頁）按，"菘根蘿蔔菹法"中有溫菘、葱和蕪菁三物，葱與蘆菔、蕪菁區別甚明，蘆菔、蕪菁則形類接近，溫菘既指蘆菔，"蘿蔔"或是北魏人對蕪菁的稱謂。
⑤ 《後漢書》卷一一，第482頁。
⑥ 張平真：《佳蔬名稱考釋》，《蔬菜》1998年第6期。
⑦ 宋羅願撰淳熙《新安志》卷二《蔬茹》："胡蘆菔甘而不快於口，蘆菔則土人雜香菜以爲菹。"
⑧ [清]郝懿行：《爾雅義疏》，第993頁。

— 186 —

美，亦可作羹。《爾雅》謂之'葍菜'。"①郭璞和陸璣生活的時代蘆菔的種植已然推廣，如果他們認爲菲就是蘆菔，似不會以"似蕪菁"或"似葍"形容這個植物。據文獻對其形狀的描述，菲（葍菜）應當是某種野生的十字花科或旋花科植物。

吳其濬説："諸葛菜，北地極多，湖南間有之。初生葉如小葵，抽華生葉如油菜，莖上葉微寬，有圓齒……細根。非蔓菁，一名'諸葛菜'也。案《爾雅》'菲，葍菜'……案其形狀，正是此菜。"②今按，諸葛菜初見《嘉話錄》。文云："諸葛所止，令兵士獨種蔓菁……一蜀之人今呼蔓菁爲諸葛菜，江陵亦然。"③據此，諸葛菜就是前文提到的蔓菁。與吳氏所言大異。宋人高承説"今所在有菜野生，類蔓菁，葉厚多歧差，小子，如葡萄，復不光澤，花四出而色紫。人謂之諸葛菜"④。與前二説又不同。郝懿行以爲野生蘿蔔⑤，所本的大概就是高承所説的"小子，如葡萄"。其他與前面各説均不同的還有方以智如下所言：

> 南京一種諸葛菜，春夏初紫花，食葉不食根。朱輔山《溪蠻叢話》曰："獠猺產馬王菜，味澀多刺，皆非蔓菁。"⑥

今人關於諸葛菜的判斷同樣意見不一。石聲漢推測或爲旋花屬的某種植物。⑦或言諸葛菜係十字花科諸葛屬植物，別名二月蘭，多生長於温暖潮濕地區，幼苗、莖葉均可食用。⑧總之，在中國古代蔬菜與今物辨識中，"諸葛菜"屬於最難確認的一類。似乎可以説，這個以諸葛（亮）冠名的蔬菜，名稱所起不應晚于中唐，此名流佈後，種類頗相混淆，諸地或各代所指均有不同，對其辨析自當明瞭這個背景。

《爾雅·釋草》："須，蕵蕪。"⑨此處的"須"與前引《爾雅·釋草》"須，葑蓯也"是兩物。郭璞注："蕵蕪似羊蹄，葉細，味酢，可食。"⑩陸璣云："似蘆菔而莖赤。可淪爲茹，滑而美也，多咳令人下氣。"⑪掌禹錫以爲即蕪菁，李時珍指其判斷有誤。⑫據

---

① 繆啓愉、繆桂龍：《齊民要術譯注》，第798頁。
② ［清］吳其濬：《植物名實圖考》卷四"諸葛菜"，第138—139頁。
③ 《嘉話錄》，文淵閣四庫全書本。
④ ［宋］高承：《事物紀原》卷一〇《軍伍名額部》"諸葛菜"條，文淵閣四庫全書本。
⑤ ［清］郝懿行：《爾雅義疏》，第994頁。
⑥ ［明］方以智：《通雅》卷四四"蕪菁"條。
⑦ 石聲漢校釋：《齊民要術今釋》，第1107頁。
⑧ 倪士峰、陳卓等：《國產諸葛菜屬植物研究》，《安徽農業科學》第34卷第4期，2009年5月。
⑨ ［清］郝懿行：《爾雅義疏》，第993頁。
⑩ ［清］郝懿行：《爾雅義疏》，第993頁。
⑪ ［吳］陸璣：《毛詩草木鳥獸蟲魚疏》卷上，第22頁。
⑫ ［明］李時珍：《本草綱目》卷一九《草部》"酸模"條。劉衡如點校：《本草綱目》，第1354—1355頁。

郭璞所言蘠蕪形狀，蘠蕪斷非蕪菁。然蘠蕪是現代何種植物，尚難確定。

（四一）蘮蒘

《爾雅·釋草》："蘮蒘，竊衣。"郭璞注："似芹，可食。子大如麥，兩兩相合，有毛著人衣。"[1] 竊衣爲傘形科竊衣屬一年生或多年生草本植物。生於海拔 250 米—2400 米的地區，現代主要用於入藥，治療腹瀉，癰創等疾病，然漢代却以菜蔬而知名。又，清人陳元龍以爲即翹揺[2]，不確，詳 "翹揺" 條。

（四二）葍

葍係多年生蔓草。又稱旋花，係旋花科旋花屬植物。《本草綱目》卷一八《草部》"旋花"條録其諸名有旋葍、筋根、續筋根、鼓子花、豚腸草、美草、天劍草、纏枝牡丹等。[3]《詩·小雅·我行其野》："言采其葍"，是春秋時此物是先民的食物。據現代藥理學觀察，葍的營養成分（降低血糖和治療丹毒）主要集中於莖葉部分。[4] 陸璣述葍云："幽州人謂之燕葍，其根正白，可著熱灰中溫噉之。饑荒之歲，可蒸以禦饑。"又云："其葉有兩種，葉細而花赤，有臭氣也。"未言以葉入食。[5] 據此，漢人似僅以葍根爲蔬食。又，《太平御覽》卷九九八引《風土記》云："葍，蔓生被樹而升，紫黄色，大如牛角，二三同蒂長七八尺，甜味如蜜。"明人馮復京以其狀與陸璣所述不合，懷疑"別是一物"[6]，所說是。

（四三）荆芥

《本草綱目》卷一四《草部》"假蘇"條引吳普《本草》："假蘇一名荆芥，葉似落藜而細，蜀中生噉之。"是漢人以荆芥爲蔬之證。又引《圖經本草》："初生香辛可噉，人取作生菜。"李時珍説："荆芥原是野生，今爲世用，遂多栽蒔。二月布子生苗，炒

---

① ［清］郝懿行：《爾雅義疏》，第 983 頁。
② ［清］陳元龍：《格致鏡原》卷六九《草》二《雜草》。
③ 劉衡如點校：《本草綱目》，第 1261 頁。
④ 洪俐、彭學著：《旋花苗的生藥學研究》，《中醫藥導報》第 14 卷第 5 期，2008 年 5 月。
⑤ ［吳］陸璣：《毛詩草木鳥獸蟲魚疏》卷上，文淵閣四庫全書本。
⑥ ［明］馮復京：《六家詩名物疏》卷三六《我行其野篇》"葍"條。

食辛香。"① 自漢以後至明，荊芥一直是蔬菜，且在明代成爲人工栽培植物。然《本草綱目》將荊芥在《圖經本草》中的"菜部"移入"草部"，是荊芥自明始，藥用價值提升。據現代植物學觀察，中國生長的荊芥爲裂葉荊芥屬植物裂葉荊芥，長江流域荊芥生長情況優於黃河及其以北地區。② 據前引吳普《本草》"蜀中生啖之"云云，漢代似乎也有類似跡象。

（四四）澤瀉

澤瀉爲澤瀉屬多年生沼生植物。《詩·魏風·汾沮洳》："彼汾一曲，言采其藚。"陸璣云："藚，今澤瀉也。其葉如車前草大，其味亦相似。徐州、廣陵人食之。"③ 按，《神農本草經》卷二"澤瀉"條謂澤瀉"養五臟，益氣力，肥健。久服耳目聰明"，列入草部上品。④ 陸璣僅言徐州、廣陵人食之，其他地區是否以澤瀉入菜，不詳。近代福建建安、建陽和四川都江堰以出產優質澤瀉聞名，有"建澤瀉"、"川澤瀉"之稱⑤，漢代未聞此說。

（四五）香蒲

香蒲爲香蒲科多年生水生或沼生植物。浙江餘姚田螺山河姆渡文化遺址中有香蒲籽粒。⑥ 北美印第安土著有食用香蒲籽的記錄，但考古學者認爲該物種作爲食物不見於東亞的史前傳統。⑦ 這個判斷是否確切，有待更多資料。《詩·大雅·韓奕》："其殽維何？炰鱉鮮魚；其蔌維何？維筍及蒲。"⑧ 是蒲春秋時已入菜譜，且地位不低。《公羊傳》定公八年記魯國有蒲圃⑨，或是專門種植香蒲的菜地。《藝文類聚》卷六四張超《靈帝河間舊廬碑》有"青蒲充庖"語。青蒲者，初生之蒲也。陸璣云："蒲始生，取其中心入地者名蒻，大如匕柄，正白，生啗之，甘肥。"⑩ 青蒲食法如此。蒲心潔白，

---

① 劉衡如點校：《本草綱目》，第913頁。
② 錢雯、單明秋、丁安偉：《荊芥研究的進展》，《中國藥業》第19卷第22期，2010年11月。
③ ［吳］陸璣：《毛詩草木鳥獸蟲魚疏》卷上，文淵閣四庫全書本。
④ 馬繼興主編：《神農本草經輯注》，第70頁。
⑤ 陳曦：《澤瀉研究的現狀與進展》，《中國民族民間醫藥》2011年第5期。
⑥ 潘艷：《長江三角洲與錢塘江流域距今10000—6000年的資源生產：植物考古與人類生態學研究》表8.2《田螺山遺址植物遺存絕對數量》。
⑦ 潘艷：《長江三角洲與錢塘江流域距今10000—6000年的資源生產：植物考古與人類生態學研究》，第181頁。
⑧ ［清］阮元校刻：《十三經注疏》，第571頁。
⑨ ［清］阮元校刻：《十三經注疏》，第2340頁。
⑩ ［吳］陸璣：《毛詩草木鳥獸蟲魚疏》卷上，文淵閣四庫全書本。

故香蒲又稱"蒲白"。《金匱要略·禽獸魚蟲禁忌並治》說"鹿肉不可和蒲白作羹，食之發惡瘡"①。由此可知，香蒲不僅可單獨成菜（即《韓奕》所説"其蔌維何"），也能配合肉類食物。《本草綱目》卷一九《草部》"香蒲"條引《圖經本草》説"今人罕有食之者"②。其他文獻僅《救荒本草》説"救飢，採近根白筍，揀剝洗淨，煠熟，油鹽調食、蒸食"③。則宋之後蒻的食用價值較先秦秦漢下降不言而喻。

（四六）藕

藕爲睡蓮科多年生水生草本植物。一般認爲其栽培種起源地是印度。④山東日照、河南鄭州大河村、河南舞陽賈湖、安徽濉溪、浙江河姆渡新石器時代遺址均出土蓮子⑤，其中賈湖一期遺址（距今9000年）發現的蓮子數量較多，並有其他蓮屬植物，據此，中國是否爲印度之外的蓮藕另一原產地值得考慮。《爾雅·釋草》："荷，芙渠。其莖茄，其葉蕸，其本蔤，其華菡萏，其實蓮，其根藕。"⑥又名"水芝"⑦。藕和蓮實都是漢代人的食物，但藕多入菜，而蓮實多入藥。漢代人對藕頗有好感。《神農本草經》"藕"條稱藕"味甘，平，無毒。主補中，養神，益氣力，除百疾。久服輕身，耐老，不饑，延年"⑧。藕生於水中，凡氣候溫暖的水澤之地均適應藕的生長。司馬相如《子虛賦》説雲夢大澤"其埤濕則生……蓮藕觚蘆"⑨。後人有"蓮藕，荆、揚、豫、益諸處湖澤陂池皆有之"，"所在池澤皆有"之語⑩，這也適用於漢代。據漢代文獻所述，關中"蓬藕拔"⑪；蜀地"草葉連藕"⑫；至於江南，有《樂府詩集》卷二六樂府古辭《江南可採蓮》爲證："江南可採蓮，蓮葉何田田。魚戲蓮葉間，魚戲蓮葉東，魚戲蓮葉西，

---

① 李克光主編：《金匱要略譯釋》，第719頁。
② 劉衡如點校：《本草綱目》，第1362頁。
③ ［明］朱橚：《救荒本草》卷四"蒲筍"條，文淵閣四庫全書本。
④ 〔日〕星川清親著，段傳德、丁法元譯，蕭位賢校：《栽培植物的起源與傳播》，第114頁。
⑤ 陳雪香：《山東日照兩處新石器時代遺址浮選土樣結果分析》，《南方文物》2007年第1期。鄭州市文物考古研究所編著：《鄭州大河村》，圖版五一6，科學出版社2001年版。董真、張居中等：《安徽濉溪石子山遺址古人類植物性資源利用情況的澱粉粒分析》，《第四紀研究》2014年第1期。趙志軍、張居中：《賈湖遺址2001年度浮選結果分析報告》，《考古》2009年第8期。
⑥ ［清］郝懿行：《爾雅義疏》，第988頁。
⑦ 《神農本草經》卷二"藕實莖"條："藕一名水芝"。馬繼興主編：《神農本草經輯注》，第139頁。
⑧ 馬繼興主編：《神農本草經輯注》，第139—140頁。
⑨ 《史記》卷一一七，第3004頁。
⑩ ［明］李時珍：《本草綱目》卷三三《果部》"蓮藕"條。劉衡如點校：《本草綱目》，第1893頁。
⑪ 《文選》卷一班固《西京賦》。
⑫ 《全漢文》卷五一揚雄《蜀都賦》。

魚戲蓮葉南，魚戲蓮葉北。"馬王堆1號漢墓隨葬有藕，雖因保護不當而消失[1]，卻是已知較早的藕的實物。又，長沙砂子塘西漢墓封泥匣有"禺"字（標號37號匣），發掘者釋爲"偶"，指隨葬的木偶。[2] 按，砂子塘墓43件封泥匣題字均爲物品，尤以食物最多（35件），其餘爲金、璧等物品，無指人者。據此，"禺"當爲"藕"的異寫。長沙馬王堆1號漢墓遣册簡17"藕"的寫法與此相同，是爲旁證。《齊民要術》卷六《養魚蒪、藕、蓮、芡、芰並附》記種藕法云："春初掘藕根節頭，著魚池泥中種之，當年即有蓮花。"[3] 這是文獻所見人工種植藕的最早記録。漢代蓮藕南北均見，是否已有種藕之事，待考。

　　藕可以與其他食物搭配製成菜肴，也可生食。馬王堆3號漢墓遣册有鯽魚、藕、水芹混作的羹（簡21、84）和鮦魚、鮑魚、藕、白米混作的羹（簡17、80）《史記·司馬相如傳》司馬相如《子虛賦》則描寫了"咀嚼菱藕"即生食蓮藕的景象。藕含碳水化合物、蛋白質和糖分，故在災荒年間也成爲主食。陸璣説蓮子"可磨以爲飯"，"又可爲糜"，幽州、揚州、豫州居民"取備饑年"。[4] 不僅蓮子，蓮藕同樣有度災年的作用。《隸釋》卷五靈帝光和五年（公元182年）《梁相孔耽神祠碑》記録了孔耽在"人民相食"饑荒年代用菱藕"養其親"的故事。

（四七）荸薺

　　荸薺爲莎草科荸薺屬淺水性宿根草本，今主要分佈在長江和珠江流域，古時亦然。河南新鄭裴李崗文化遺址和河姆渡文化田螺山遺址居民所食食物即有荸薺痕跡。[5] 湖北荆門包山2號楚墓隨葬有荸薺[6]，是目前見到的最早的荸薺實物。《後漢書·劉玄傳》："王莽末，南方饑饉，人庶群入野澤，掘鳬茈而食之，更相侵奪。"李賢注："《爾雅》曰：'芍，鳬茈。'郭璞曰：'生下田中，苗似龍須而細，根如指頭，

---

[1] 湖南農學院等：《農產品鑒定報告》，《長沙馬王堆一號漢墓出土動植物標本的研究》，第32頁。又，河南鄭州大河村新石器時代遺址出土蓮子，湖北包山戰國楚墓兩個竹笥中隨葬藕，發掘時可見藕皮質狀莖外表皮及中空氣道。經鑒定係睡蓮科蓮的根莖（陳家寬：《包山二號楚墓植物的鑒定》，湖北省荆沙鐵路考古隊編：《包山楚墓》，文物出版社1991年版，第442頁）。這是已知最早的藕的實物。
[2] 湖南省博物館：《長沙砂子塘西漢墓發掘簡報》，《文物》1963年第2期。
[3] 繆啟愉、繆桂龍：《齊民要術譯注》，第461頁。
[4] ［吳］陸璣：《毛詩草木鳥獸蟲魚疏》卷上，文淵閣四庫全書本。
[5] 張永輝：《裴李崗文化植物類食物加工工具表面澱粉粒研究》，中國科學技術大學碩士學位論文，2011年5月。傅稻鐮、秦嶺、趙志軍等：《田螺山遺址的植物考古學分析：野生植物資源採集、水稻栽培和水稻馴化的形態學觀察》，載北京大學考古文博學院、浙江省文物考古研究所編：《田螺山遺址自然遺存綜合研究》。
[6] 陳家寬：《包山二號楚墓植物的鑒定》，湖北省荆沙鐵路考古隊編：《包山楚墓》。

黑色，可食。'……鳧茈，《續漢書》作苻訾。"① 鳧茈即荸薺，屬莎草科植物。後世亦稱"烏芋"、"地栗"等。李時珍以爲鳧茈爲正讀，荸薺係訛讀。② 漢人食用荸薺事例在漢代文獻僅此一例。"入野澤，掘鳧茈"和鳧茈"生下田中"均表明荸薺不是人工栽培的植物。有研究者從語言學角度推測荸薺在漢代以前已成爲人工栽培植物③，但據現有文獻，漢代這個作物依然是野生的。④

（四八）蘋

蘋爲蘋科蕨類植物。按，《詩·召南·采蘋》："于以采蘋，南澗之濱。于以采藻，於彼行潦。于以盛之，維筐及筥。于以湘之，維錡及釜。于以奠之，宗室牖下。"⑤ 是蘋與下文論及的藻均入菜且作祭物。《禮記·昏義》："是以古者，婦人先嫁三月，祖廟未毀，教於公宮；祖廟既毀，教於宗室。教以婦德、婦言、婦容、婦功。教成，祭之，牲用魚，芼之以蘋、藻，所以成婦順也。"⑥ 則戰國以下蘋是肉類食物的調味蔬菜，並成爲婦禮的組成部分。然《左傳》隱公三年《傳》君子曰："苟有明信，澗溪沼沚之毛，蘋蘩蘊藻之菜，筐筥錡釜之器，潢汙行潦之水，可薦於鬼神，可羞于王公。"⑦ 似乎蘋作爲祭物的地位有所下降，其間出現這種變化的細節不得而知。《呂氏春秋·本味》："菜之美者，昆侖之蘋。"⑧《呂覽》提到的"美菜"有芸、芹、菁等，蘋的位置於是可見。值得注意的是《呂覽》將蘋列入"菜"而非"和"即調味蔬菜中，這與《昏義》所述有異。又按，陸璣說："季春始生，可糁蒸以爲茹。又可用苦酒醃以爲葅。"⑨ 苦酒即醋，可知蘋可蒸可葅，不限於芼魚。

---

① 《後漢書》卷一一，第467、468頁。
② 《本草綱目》卷三三《果部》"烏芋"條："烏芋，其根如芋而色烏也。鳧喜食之，故爾名'鳧茈'，後遂訛為'鳧茨'，又訛爲'荸薺'。蓋切韻鳧、荸同一字母，音相近也。"（劉衡如點校：《本草綱目》，第1905頁）《名醫別錄》、《新修本草》和《證類本草》所説的"烏芋"實際上是澤瀉科的慈姑，與荸薺不同。李時珍已有辨析。並見姚振生等：《〈本草綱目〉中烏芋的考證》，《時珍國藥研究》第7卷第1期，1996年3月。
③ 游汝傑、周振鶴：《從語言學角度看栽培植物史》，《農業考古》1996年第6期。
④ 包山楚墓隨葬物中有荸薺，但不能確認其來源（湖北省荊沙鐵路考古隊包山墓地整理小組：《荊門市包山楚墓發掘簡報》，《文物》1988年第5期）。傳世文獻中人工種植荸薺的較早記載見明代。明李時珍《本草綱目》卷三三《果部》"烏芋"條："吳人以沃田種之，三月下種，霜後苗枯，冬春掘收爲果。"
⑤ [清] 阮元校刻：《十三經注疏》，第286頁。
⑥ [清] 孫希旦撰，沈嘯寰、王星賢點校：《禮記集解》，第1421頁。
⑦ [晉] 杜預集解：《春秋左傳集解》，第19頁。
⑧ 陳奇猷校釋：《呂氏春秋校釋》，第741頁。高誘注："蘋，大蘋，水藻也。"王念孫、段玉裁、陳奇猷等以爲即水藻（陳奇猷校釋：《呂氏春秋校釋》，第757頁）。按，前引《詩·采蘋》及《禮記·昏義》，蘋與藻分述，可知高注不確。
⑨ [吳] 陸璣：《毛詩草木鳥獸蟲魚疏》卷上，文淵閣四庫全書本。

（四九）藻

前引《詩·召南·采蘋》言藻入菜並爲祭饗之物。《詩·魯頌·泮水》："思樂泮水，薄采其藻"，且與"薄采其芹"、"薄采其茆"並列[1]，是其時魯人以藻入菜明矣。陸璣説扶風人稱藻曰"聚藻"。並謂：藻有兩種，一種葉如雞蘇，莖如箸，長四五尺；一種葉如蓬蒿，莖如釵股，謂之聚藻。"二藻皆可食，煮挼去腥氣，米麵糝蒸爲茹，嘉美。揚州饑荒可以當穀食，饑時蒸而食之。"[2]馬瑞辰説聚藻蓋言其叢生狀，陸璣所謂的兩種藻"異名同實"[3]，然陸氏已明言它們是兩種植物，故不當混淆。據此，藻不僅在漢代入菜，也是荒年食物。雞蘇即水蘇，爲唇形科水蘇屬植物；蓬蒿爲菊科蓬蒿屬植物。中國古代植物分類多以形近歸類，兩種藻或許是相應的兩種科屬植物。

（五〇）香菅

香菅生長於嶺南地區。《太平御覽》卷九九六引楊孚《異物志》云："香菅似茅，而葉長大於茅。不生汙下之地，生丘陵山崗。凡所蒸享，必得此菅苞裹，助調五味，益其芬菲。"按，菅爲禾本科菅屬多年生草本植物，堅韌，古時多用於製作繩子。里耶秦簡有記録"取菅"的簡文（簡BⅡ8—1017）。[4]菅，古人多以爲是茅的一種[5]，或與茅近似的一種植物[6]，由《異物志》的描述看，香菅也屬於菅類植物。因其植物特性，嚴格説來香菅並非直接取食的蔬菜，而是用於包裹食物以提供香味的植物葉子。

（五一）瓠

瓠係葫蘆科葫蘆屬一年生草本植物，一種意見認爲印度是其原產地[7]，但根據中國新石器時代多個遺址所見葫蘆種實[8]，這種説法似值得進一步考慮。瓠味甘，故《鹽鐵

---

[1] ［清］阮元校刻：《十三經注疏》，第611頁。
[2] ［吳］陸璣：《毛詩草木鳥獸蟲魚疏》卷上，文淵閣四庫全書本。《齊民要術》卷一〇《五穀、果蓏、菜茹非中國物產者》"藻"條引作"荆、揚人饑荒以當穀食"（繆啓愉、繆桂龍：《齊民要術譯注》，第801頁）。
[3] ［清］馬瑞辰撰，陳金生點校：《毛詩傳箋通釋》，第79—80頁。
[4] 陳偉主編：《里耶秦簡牘校釋》，第262頁。
[5] ［明］馮復京：《六家詩名物疏》卷二七《東門之池篇·菅》。
[6] ［明］毛晉：《毛詩陸疏廣要》卷上之上《白華菅兮》，津逮秘書本。［明］方以智：《通雅》卷四二《竹葦》，文淵閣四庫全書本。
[7] 〔瑞士〕德亢朵爾（A.P. De Candolle）著，俞德浚、蔡希陶譯：《農藝植物考源》，第127頁。
[8] 新石器時代浮選所得葫蘆種實的分佈區有：大連王家村遺址（馬永超、吳文婉等：《大連王家村遺址炭化植物

論·散不足》賢良以"甘瓠"與"臭鮑"相對。① 文獻中"瓠"和"匏"多可互用。②《漢書·食貨志上》："菜茹有畦，瓜瓠果蓏殖于疆易。"③《食貨志》敘事文本此段文字雖寫的是漢以前情景，却多有漢代的實況。《氾勝之書》和《四民月令》也談到種瓠④，可知瓠在漢代是人工栽培的作物。南方地區漢墓出土的瓠種實，與稻、粟等同列⑤，也應是種植植物。

在漢代文獻中，瓠常與瓜並提，如"瓜瓠饒多"⑥、"種瓜作瓠"⑦，可知在漢代人看來，瓠與瓜品性相類。瓠的食法有兩種：一是作羹，普通人家所食用的瓠羹如《新序·刺奢》所說"進糗餐之食，瓜瓠之羹"。而放了肉的瓠羹如馬王堆1號漢墓遺冊中的雞肉稻米瓠菜羹（簡15），則是高級食品。一是曬乾後備用，如《釋名·釋飲食》所說"瓠蓄，皮瓠以爲脯，蓄積以待冬月時用之也"⑧。陸璣說"匏葉少時可爲羹，又可醃鬻，極美。揚州人食至八月"⑨。可知其葉亦可入菜。《齊民要術》卷八《羹臛法》中的"酸羹"用兩套羊腸配以瓠葉6斤（約5.34市斤）等⑩，是爲後世實例。阜陽漢簡《萬物》記錄的植物有"苦瓠"（W074）。⑪《金匱要略·果實菜穀禁忌並治食》收有治療苦

遺存研究》，《北方文物》2015年第2期）、陝西西安半坡遺址（楊亞長：《半坡文化先民之飲食考古》，《考古與文物》1994年第3期）、河南禹州瓦店遺址（劉昶、方燕明：《河南禹州瓦店遺址出土植物遺存分析》，《南方文物》2010年第4期）、上海廣富林遺址（王海玉、翟楊等：《廣富林遺址（2008年）浸水植物遺存分析》，《南方文物》2013年第2期）。其中廣富林遺址的葫蘆種實佔出土植物種實的45.65%，在時間上由良渚文化時代延續到周代。

① 王利器校注：《鹽鐵論校注》，第353頁。
② 《說文》"瓠"、"匏"互訓。"瓠部"云："瓠，匏也。""匏部"云："匏，瓠也。"瓠有味苦者：晉人陶弘景云："今瓠忽有苦者，如膽不可食，非別生一種也。"（[明]李時珍：《本草綱目》卷二八《菜部》"苦瓠"條引。劉衡如點校：《本草綱目》，第1694頁）明人陸佃認爲瓠甘匏苦，它們是兩種植物（《埤雅》卷一六）。有學者指出：據現代植物學研究，瓠含有葫蘆苦素，變異後可使瓠子產生苦味。匏是瓠的一個別支（李艷：《〈說文解字〉所收蔬菜及糧食作物詞疏解》，第92頁）。其實從漢代文獻用語看，匏與瓠含義基本等同，或有品種差異，並無大小概念之別。如李時珍所說："古人壺、瓠、匏三名皆可通稱，初無分別。故孫愐《唐韻》云：'瓠音壺，又音護。'……陶隱居《本草》作'瓠瓤'，云是瓠類也。許慎《說文》云：'瓠，匏也。'又云：'瓢，瓠也。''匏，大腹瓠也。'陸璣《詩疏》云：'壺，瓠也。'"（[明]李時珍：《本草綱目》卷二八《菜部》"壺盧"條。劉衡如點校：《本草綱目》，第1692頁）
③ 《漢書》卷二四上，第1120頁。
④ 《氾勝之書》有"種瓠法"，稱"一畝得二千八百八十實"。萬國鼎輯釋：《氾勝之書輯釋》，第155頁。《四民月令》"正月"條云可種瓠。[漢]崔寔原著，石聲漢校注：《四民月令校注》，第13頁。
⑤ 廣西壯族自治區博物館編：《廣西貴縣羅泊灣漢墓》，文物出版社1988年版，第87頁。
⑥ 《全漢文》卷五一揚雄《蜀都賦》。
⑦ 《全漢文》卷四二王褒《僮約》。
⑧ [清]王先謙撰集：《釋名疏證補》，第220頁。
⑨ [吳]陸璣：《毛詩草木鳥獸蟲魚疏》卷上，文淵閣四庫全書本。北魏賈思勰《齊民要術》卷二《種瓠》引作："匏葉，少時可以爲羹，又可淹煮，極美，故云：'瓠葉幡幡，采之亨之。'江東及揚州常之。八月中，堅強不可食，故云：'苦葉。'"（繆啓愉、繆桂龍：《齊民要術譯注》，第801頁）其義更詳。
⑩ 繆啓愉、繆桂龍：《齊民要術譯注》，第589頁。
⑪ 阜陽漢簡整理組：《阜陽漢簡〈萬物〉》，《文物》1988年第4期。

瓠中毒藥方。①《五十二病方》以苦瓠入藥療疥瘡，却非口服而是"以布裹［而］約之"即用以外敷②，應當也是考慮到苦瓠有毒。現代醫學研究，苦瓠因其含城糖甙毒素，誤食後可引起中毒。③因瓠是漢代人常見菜蔬，誤食苦瓠中毒者大概不是個別現象。

瓠的用途不限於菜蔬，由於它完全成熟後有著堅硬的外殼，故被漢代人用作舀水的器具④；其瓤和瓣也分別成爲飼料和燭。《氾勝之書·種瓠篇》云：瓠"黄色好，破以爲瓢。其中白膚，以養豬致肥；其瓣，以作燭致明"⑤。《四民月令》八月條也有類似文字："可斷瓠作蓄瓠，瓠中白膚實以豬致肥，其瓣則作燭致明。"⑥《氾勝之書·種瓠篇》說"瓢直十錢"⑦，即用作器具的瓠瓢一枚價值十錢。陳直認爲"十錢"可能是指每斤瓠的價格，並以此推測西漢蔬菜以瓠最爲名貴。⑧非是。

（五二）甜瓜

國外主流意見認爲甜瓜野生類型僅見非洲撒哈拉沙漠南部的回歸綫東側，甜瓜最初的變異中心在西南亞和中亞，以後傳播到歐亞其他地區。⑨國内的一般看法是起源於埃塞俄比亞的甜瓜引至中國西北部的新疆和甘肅，產生了硬皮系統的網紋甜瓜、硬皮甜瓜和白蘭瓜。中國是甜瓜的馴化地之一，起源於中國的甜瓜，產生了薄皮系統的菜瓜、越瓜、包瓜、香瓜和香櫞瓜。⑩長江下游新石器時代遺址屢見甜瓜屬果實報導，除20世紀90年代以前公佈的浙江吳興錢山漾、浙江杭州水田畈、浙江嘉興雀幕橋和江蘇蘇州龍南外⑪，尚有浙江餘姚田螺山、銅鄉姚家山、胡州塔地等地點。⑫觀察結果顯示，

---

① 李克光主編：《金匱要略譯釋》，第 740 頁。
② 馬王堆漢墓帛書整理小組編：《馬王堆漢墓帛書》第四輯，第 65 頁。
③ 王亞龍、劉秀平、邢建勇：《苦瓠子和苦葫蘆引起的食物中毒的調查分析》，《現代預防醫學》2005 年第 8 期。
④ 戰國時期出土的瓠的實物用成熟的雙腹葫蘆做成，截去蒂部成器口，則用圓木塞封，係盛漿或水之物（四川省文管會等：《四川滎經曾家溝戰國墓群第一、二次發掘》，《考古》1984 年第 12 期）。
⑤ 萬國鼎輯釋：《氾勝之書輯釋》，第 155 頁。
⑥ ［漢］崔寔原著，石聲漢校注：《四民月令校注》，第 61 頁。
⑦ 萬國鼎輯釋：《氾勝之書輯釋》，第 155 頁。
⑧ 陳直：《〈鹽鐵論〉解要》，《摹廬叢著七種》，齊魯書社 1981 年版，第 210 頁。
⑨ 〔瑞士〕德亢朵爾（A.P. De Candolle）著，俞德浚、蔡希陶譯：《農藝植物考源》，第 136—139 頁。〔日〕星川清親著，段傳德、丁法元譯，蕭位賢校：《栽培植物的起源與傳播》，河南科學技術出版社 1981 年版，第 64—65 頁。〔美〕利比克著，俞爲潔譯：《通過寄生關係尋找甜瓜屬的基因中心》，《農業考古》1990 年第 1 期。譯自 Euphytica,15,1966。中國農業科學院鄭州果樹研究所等主編：《中國西瓜甜瓜》，中國農業出版社 2000 年版，第 357 頁。
⑩ 李家文：《中國蔬菜作物的來歷和變異》，《中國農業科學》1981 年第 1 期。
⑪ 浙江省文管會：《吳興錢山漾遺址第一、二次發掘報告》，《考古學報》1960 年第 2 期。浙江省文物考古研究所：《浙江新近十年來的考古工作》，《文物考古工作十年》，文物出版社 1990 年版。蘇州博物館、吳江縣文物管理委員會：《江蘇吳江龍南新石器時代村落遺址第一、二次發掘簡報》，《文物》1990 年第 7 期。
⑫ 鄭雲飛、陳旭高：《甜瓜起源的考古學研究——從長江下游出土的甜瓜屬（Cucumis）種子談起》，載浙江省文物考古研究所編：《浙江省文物考古研究所學刊》第 8 輯，科學出版社 2006 年版。

長江下游新石器時代早、中期及晚期的前期甜瓜屬種子均爲菜瓜類型，晚期的中、後期遺址出現了甜瓜類型，且呈現出年代愈晚甜瓜類型種子比例愈大的趨勢。[1]甜瓜早期遺存集中在長江下游地區，可能意味著這裏是現代中國境內甜瓜人工栽培最早地區。

關於甜瓜在漢代的生長和作爲水果的食用狀況筆者將另文討論，這裏要指出的是，甜瓜兼有菜蔬價值，尤其是甜瓜亞種菜瓜的主要價值就是蔬菜。浙江餘姚田螺山遺址有野生菜瓜，該地區稍晚良渚文化時期出土有數量較多的甜瓜和菜瓜籽，種子長度較田螺山時期有所增加，由此推測菜瓜的人工栽培可能一直在進行之中。[2]《詩·小雅·信南山》："疆場有瓜，是剥是菹。"則將甜瓜或菜瓜切開醃製在春秋時已是生活常見之事。馬王堆1號漢墓遣策有"瓜苴（菹）一資"（簡156），是漢代亦繼承前代食法。其實在瓜果類植物用作菜蔬並非僅此一例。如橙皮被漢代人製成醬薑，作爲佐食之物。[3]《北堂書鈔》卷一四五引桓麟《七説》："蒸剛肥之豚，炰柔毛之羜，調脡和紛，糅以橙蒟。"這是將橙和蒟[4]的果實用作蒸烤肉類食物的調味料。

（五三）黄瓜

黄瓜係域外植物，原産地可能在印度或阿富汗地區[5]，故初入中國時稱"胡瓜"。關於黄瓜何時傳入，李時珍認爲是張騫帶入中土，却没有提出依據。[6]德亢朵爾等植物史家承續其説。[7]據《齊民要術》卷二《種瓜》種胡瓜法[8]，南北朝時期這個植物得到一定範圍的種植。但賈思勰也没有指明其初傳時間。據考古報導，廣西貴縣羅泊灣1號漢墓（西漢前期）出土有黄瓜籽。[9]石聲漢注意到《齊民要術》卷二《種瓜》"種越瓜胡瓜法"條中未言及二者的來歷，而《本草綱目》所引與黄瓜有關文獻最早是唐人杜寶《大業拾遺錄》所説"隋大業四年，避諱，改胡瓜爲黄瓜"。其次是宋人陳藏器《本

---

[1] 鄭雲飛、陳旭高：《甜瓜起源的考古學研究——從長江下游出土的甜瓜屬（*Cucumis*）種子談起》。
[2] 潘艷：《長江三角洲與錢塘江流域距今10000—6000年的資源生産：植物考古與人類生態學研究》，第183頁。
[3] 《太平御覽》卷九七一引《風俗通義》。
[4] 關於蒟是何種植物有不同意見，筆者取胡椒科胡椒屬植物説，依據參見郭聲波：《蒟醬（蔞葉）的歷史與開發》，《中國農史》2007年第1期。
[5] 〔瑞士〕德亢朵爾（A.P. De Candolle）著，俞德浚、蔡希陶譯：《農藝植物考源》，第142頁。石聲漢：《試論我國從西域引入的植物與張騫的關係》，《科學史集刊》第5期。
[6] [明]李時珍：《本草綱目》卷二八《菜部》"胡瓜"條。劉衡如點校：《本草綱目》，第1701頁。
[7] 〔瑞士〕德亢朵爾（A.P. De Candolle）著，俞德浚、蔡希陶譯：《農藝植物考源》，第141—142頁。
[8] 繆啓愉、繆桂龍：《齊民要術譯注》，第158頁。
[9] 廣西壯族自治區文物工作隊：《廣西貴縣羅泊灣一號墓發掘簡報》，《文物》1978年第9期。又見廣西壯族自治區博物館編：《廣西貴縣羅泊灣漢墓》，第87頁。

草拾遺》"北人避石勒諱，改呼胡瓜"①。羅泊灣 1 號漢墓時間是西漢前期，按照文獻記載，此時不應有黃瓜。且在漢代文獻中，並無"胡瓜"記載。②據考古報告，羅泊灣 1 號漢墓黃瓜種實發現於槨室淤泥内，與其同出者還有近二十種植物，墓中遣册有"有實笥廿一"文字，包括黃瓜種實在内的槨室内物品正好是 21 種。墓中"黃瓜"經廣西農學院和廣西植物研究所兩個專業機構鑒定爲 Cucumis sativa L.③，其真實性應無疑問。黃瓜原産地在中亞或印度④，廣西漢墓所見黃瓜可能由東南亞進入中國西南地區，或僅限於西南一隅未能得到推廣而不見載史册，或在種植中因某種原因而發生中斷。總之，黃瓜可能在漢代某個時期傳入到中國的某個地區，但却没有發展成爲漢代人的重要蔬菜。

又據考古報告，距今 7000 年的湖南澧縣城頭山遺址中有黃瓜種子⑤，據此則黃瓜似乎是中國本土物種。這個新資料與歷史文獻記載不合，對此"孤證"的認定需更多資料，不宜率作新説。

（五四）胡荽

胡荽即芫荽，爲傘形科一年生草本植物，原産於中亞地區和地中海沿岸，古埃及人曾以之爲祭奠死者的供品。⑥《齊民要術》卷三《種蒜》説張騫出使西域"得胡荽"。李時珍援從其説。⑦石聲漢認爲證據不足⑧，其説是。然《金匱要略·果實菜穀禁忌並治》云："四月、八月勿食胡荽，傷人神。"同書《禽獸魚蟲禁忌並治》云："豬肉以生胡荽同食，爛人臍。"⑨陸璣亦云："卷耳……似胡荽。……鄭康成謂是白胡荽。"⑩鄭玄（康成）"白胡荽"語不見今存鄭氏經書注文，陸璣是漢末三國人，距鄭氏生活的時代很近，徵引自當有據。可知不晚於東漢末，胡荽已傳入中土，並應在此時成爲人工栽培的植物。

---

① 石聲漢：《試論我國從"西域"引入的植物與張騫的關係》，《科學史集刊》第 5 期。
② 《金匱要略·果實菜穀禁忌並治》："黃瓜食之，發熱病。"（李克光主編：《金匱要略譯釋》，第 737 頁）按，胡瓜至唐方改稱黃瓜，《金匱要略》的這句話應是唐人文字。
③ 廣西壯族自治區博物館編：《廣西貴縣羅泊灣漢墓》，第 87 頁。
④ 〔瑞士〕德亢朵爾（A.P. De Candolle）著，俞德浚、蔡希陶譯：《農藝植物考源》，第 141 頁。
⑤ 顧海濱：《從城頭山遺址的植物遺存看大溪文化的環境背景》，載湖南省文物考古研究所、國際日本文化研究中心編：《澧縣城頭山——中日合作澧陽平原環境考古有關綜合研究》，文物出版社 2007 年版。
⑥ 〔日〕星川清親著，段傳德、丁法元譯，蕭位賢校：《栽培植物的起源與傳播》，第 134 頁。
⑦ ［明］李時珍：《本草綱目》卷二六《菜部》"胡荽"條。劉衡如點校：《本草綱目》，第 1630 頁。
⑧ 石聲漢：《試論我國從西域引入的植物與張騫的關係》，《科學史集刊》第 5 期。
⑨ 李克光主編：《金匱要略譯釋》，第 734、719 頁。
⑩ ［吳］陸璣：《毛詩草木鳥獸蟲魚疏》卷上"采采卷耳"條，文淵閣四庫全書本。

（五五）石發

文獻對石發是何種植物的有不同解釋。或云石發是一種苔蘚植物，或云是生長在水底的植物，或云是一種海草。《爾雅·釋草》云："藫，石衣也。"郭璞注云："水苔也，一名石髪。江東食之。"又説："或曰藫，葉似薤而大，生水底，亦可食。"① 郴州蘇仙橋西晉簡記當地蔬菜有蓶（簡2—155）②，"蓶"通苔。《本草綱目》卷二一《草部》收録苔類十一種。其中"陟釐"條云：《説文》曰"水衣"，馬志《開寶本草》曰"水苔"和"石髪"。又引蘇頌《圖經本草》云："石髪乾之作菜，以虀臛啗之尤美。苔之類有井中苔、垣衣、昔邪、屋遊，大抵主療略同。陸龜蒙《苔賦》云：'高有瓦松，卑有澤葵。散岩竇者曰石髪，補空田者曰垣衣。在屋曰昔邪，在藥曰陟釐。'是矣。"③ 苔蘚凡潮濕地均可生長，蘇仙橋西晉簡是官方文書，將極普通苔蘚作爲當地出名物產加以專門記録的可能性不大，"蓶"或即郭璞所説的"葉似薤而大，生水底"植物。《太平廣記》卷一〇〇〇引《風土記》云："石髪，水衣也。青緑色，皆生於石也。"《異物志》却説石髪是"海草"，"在海中石上叢生，長尺餘，大小如韭，葉似席莞，而株莖無枝"，並謂"以肉雜而蒸之，味極美。食之，近不知足。"④ 李時珍更認爲石髪即是龍鬚菜。⑤ 這種海物在東海地區亦可見到。⑥ 按，"海草"或龍鬚菜是海洋藻類植物，與苔蘚植物石髪完全不同。漢晉時期這兩種説法並見，當是異物而同名。

（五六）花椒（附胡椒）

文獻記録的漢代的椒主要是芸香科花椒屬木本食物，産地以蜀地的蜀椒和秦地的秦椒著名。⑦ 椒在古代中國的分佈和種植頗廣，實物所見如江西靖安東周墓、湖北包山

---

① ［清］郝懿行：《爾雅義疏》，第1007頁。
② 湖南省文物考古研究所、郴州市文物處：《湖南郴州蘇仙橋遺址發掘簡報》，《湖南考古輯刊》第8集。
③ 劉衡如點校：《本草綱目》，第1405頁。
④ 《太平廣記》卷一〇〇〇引。
⑤ ［明］李時珍：《本草綱目》卷二八《菜部》"龍鬚菜"條。劉衡如點校：《本草綱目》，第1708頁。
⑥ 清人述云：琉球"有紅菜，細如亂髪，類石花菜而少扁"。見［清］周煌恭輯：《琉球國志略》卷一四《物產》"石花菜"條。
⑦ 《太平御覽》卷九五八引范子《計然》："蜀椒出武都，赤色者善；秦椒出隴西天水，粒細者善。"晉常璩《華陽國志》卷一《巴志》："其藥物之異者，有巴戟天、椒。"（劉琳校注作"巴戟、天椒"，見劉琳校注：《華陽國志校注》，巴蜀書社1984年版，第25頁。按，漢代文獻及傳世醫學文獻均無"天椒"之名，《神農本草經》卷二有"巴戟天"條，見馬繼興主編：《神農本草經輯注》，第77頁。劉氏斷句未確）［明］李時珍《本草綱目》卷三二《果部》"蜀椒"條引《名醫別録》："蜀椒生武都山谷及巴郡。"（劉衡如點校：《本草綱目》，第1581頁）蜀椒又稱"川椒"。《金匱要略·趺蹶手指臂腫轉筋陰狐疝蚘蟲病脈證治》烏梅丸方有"川椒四兩"（李克光主編：《金匱要略譯釋》，第606頁）。又，《爾雅·釋木》云："檓，大椒。"郭璞注："今椒樹叢生實大者名檓。"（［清］郝懿行：《爾雅義疏》，第1082頁）這應當是品質較好的椒。

戰國楚墓、湖南長沙戰國楚墓，以及廣西貴縣西漢墓、湖南長沙西漢曹嬽墓、湖北江陵鳳凰山 168 號漢墓均有花椒隨葬[①]；揆之馬王堆帛書《養生方》以"秦椒"入藥，令人強壯[②]；《續漢書·郡國志五》劉昭注引揚雄《蜀都賦》注謂"岷山特多藥，其椒特多好者，絕異於天下之好者"[③]；以及陶弘景所言"蜀郡北部人家種之。皮肉厚，腹裏白，氣味濃。江陽、晉康及建平間亦有而細赤，辛而不香，力勢不如巴郡者"[④]，可知蜀地之椒確乎品質較優。蜀椒、秦椒都能入藥，但蜀椒似乎略勝。[⑤] 又，武威醫簡有"小椒"（木牘91甲）[⑥]，蓋指椒之小者，並非另一品種。

《本草綱目》卷三二《果部》"秦椒"條蘇恭引陸璣《毛詩草木鳥獸蟲魚疏》記有竹葉椒，謂其"木亦如蜀椒"，"可入飲食中及蒸雞、豚用"。[⑦] 前已言及古代文獻所言之"㭼"或"食茱萸"即竹葉椒。馬王堆1號漢墓和3號漢墓隨葬的椒係芸香科竹葉椒種實[⑧]，可證文獻。印度南部是胡椒的原產地，公元前6—公元前5世紀和公元前5—

---

① 江西省文物考古研究所、靖安縣博物館：《江西靖安李洲坳東周墓發掘簡報》，《文物》2009年第2期。湖北省荆沙鐵路考古隊包山墓地整理小組：《荆門市包山楚墓發掘簡報》，《文物》1988年第5期。湖南省博物館等編著：《長沙楚墓》，文物出版社2000年版，第435頁。廣西壯族自治區博物館編：《廣西貴縣羅泊灣漢墓》，第87、111頁。長沙市文化局文物組：《長沙咸家湖西漢曹嬽墓》，《文物》1979年第3期。並參見曾京京：《我國花椒的栽培起源和地理分佈》，《中國農史》2001年第6期。據陳振裕所述，鳳凰山168號漢墓遣册"赤奇橐一盛芬"（簡53），隨葬的羅綺囊中盛有小茴香，即指此簡所記（陳振裕：《從鳳凰山簡牘看文景時期的農業》，《農業考古》1982年第1期）。然據發掘者所述，簡文是"青奇橐一盛芬"，囊中所盛物是花椒，"芬"指花椒的香氣（吉林大學歷史系考古專業赴紀南城開門辦學小分隊：《鳳凰山一六七號漢墓遣册考釋》，《文物》1976年第10期）。按，小茴香原產於地中海一帶，中文文獻其名始見於《唐本草》，初名"蒔蘿"，蓋音譯。《本草綱目》卷二六《菜部》"蒔蘿"條云："（陳）藏器曰：'蒔蘿生佛誓國，實如馬芹子，辛香。'（李）珣曰：'按《廣州記》云：生波斯國。馬芹子色黑而重，蒔蘿子色褐而輕，以此爲別。善滋食味，多食無損。即不可與阿魏同食，奪其味也。'"西漢前期當不得有此物。
② 馬王堆漢墓帛書整理小組編：《馬王堆漢墓帛書》第四輯，第110頁。
③ 《後漢書》志第二十三，第3509頁。
④ ［明］李時珍：《本草綱目》卷三二《果部》"蜀椒"條引。劉衡如點校：《本草綱目》，第1851頁。
⑤ 《神農本草經》秦椒和蜀椒均列其中，功效略有不同，前者偏於"輕身好顏色，耐老增年通神"（卷三"秦椒"條，馬繼興主編：《神農本草經輯注》，第272頁），後者則偏於"逐骨節皮膚死肌，寒濕痹痛，下氣"（卷四"蜀椒"條，馬繼興主編：《神農本草經輯注》，第385頁）。河北滿城1號漢墓隨葬銅枕內盛滿蜀椒，顯然是用於醫療保健（劉亮：《滿城漢墓出土樸樹子和花椒的鑒定》，中國社會科學院考古研究所、河北省文物管理處編：《滿城漢墓發掘報告》，文物出版社1980年版，第408頁）。馬王堆醫書也多以蜀椒入藥，如《五十二病方》用蜀椒治疽病和其他一些疾病（馬王堆漢墓帛書整理小組編：《馬王堆漢墓帛書》第四輯，第58、76頁）。武威漢代醫簡用椒者醫方凡8方，7方用"蜀椒"（簡3、簡6、簡8、簡11、簡17、木牘87甲、木牘89甲），只有一方用"小椒"（木牘91甲）。《齊民要術》卷四"種椒"："案今青州有蜀椒種，本商人居椒爲業，見椒中黑實，乃遂生意種之。凡種數千枚，止有一根生。數歲之後，便結子，實芬芳，香、形、色與蜀椒不殊，氣勢微弱耳。"可知蜀椒較佳與當地自然環境有關，其種實移栽他地，品質亦不及本土。
⑥ 甘肅省博物館、武威縣文化館編：《武威漢代醫簡》，第18頁。
⑦ 劉衡如點校：《本草綱目》，第1849頁。
⑧ 湖南農學院等：《農產品鑒定報告》，《長沙馬王堆一號漢墓出土動植物標本的研究》，第18頁。劉麗仙：《長沙馬王堆三號漢墓出土藥物鑒定報告》，載湖南省博物館、湖南省文物考古研究所編著：《長沙馬王堆二、三號漢墓》第一卷《田野考古發掘報告》，第275—276頁。

公元前4世紀先後傳入波斯和希臘。①《太平御覽》卷九五八〇引司馬彪《續漢書》說天竺國出胡椒,《後漢書·西域傳·天竺國》所記同。②則是東漢人對胡椒及其產地已然知曉。《藝文類聚》卷八九引張華《博物志》有"胡椒酒方",則是西晉人已將胡椒做酒的配料。不過胡椒在漢代的引入種植和使用情形還不清楚。

武威醫簡記椒一升66.6錢,而吳茱萸和山茱萸的價格分別是10錢和20錢(木牘91甲),椒是吳茱萸的6倍多,是山茱萸的3倍多。花椒與茱萸價格差距如此之大,有兩種可能的原因,即(1)花椒難得而茱萸易取。由前述花椒在漢帝國境內生長狀況可知,這種狀況並不存在;(2)花椒的需求量較大而茱萸的需求量相對較少。在漢代花椒的用途和茱萸有相似的地方,即除去飲食調味之外,還用於療病、辟邪等。在日常生活中,椒的作用又比茱萸更爲廣泛,如祭神、明德、祈子等。③同時,根據出土墓葬狀況,隨葬花椒的頻次以及數量遠遠多於茱萸。據統計,由商代到漢代共有20餘個墓葬隨葬花椒,其中漢代有8處墓葬④,而隨葬茱萸目前尚未見到報導。較爲典型的是馬王堆1號漢墓的例子。該墓隨葬的藥物有茅香、高良薑、桂皮、花椒、辛夷、槁本、薑、杜衡、佩蘭,沒有茱萸。其中,椒的位置相當重要:一個枕內全裝花椒;6個絹袋內1個全裝花椒,其餘5個也裝有椒花;死者手握的絹包中的藥物由花椒、茅香、桂皮和高良薑組成。⑤這又表明,在漢代人心目中,椒的療病、辟邪和食用價值超過了茱萸。由此造成的一個結果是,對椒的需求量遠過茱萸,這應當就是武威醫簡椒的價格高出茱萸數倍的原因所在。

椒的尋常用途是以椒實作爲肉類食物的調味料,如膾魚⑥、製脯⑦和作料⑧;且可入酒,是爲漢代著名的椒酒。椒葉在三國時被作爲茗茶的添味料,所謂"蜀人作茶,吳人作茗,皆以其葉合煮爲香"⑨。風俗流行有其淵源,茶茗入椒葉出現時間當不會始於

---

① 〔瑞士〕德亢朵爾(A.P. De Candolle)著,俞德浚、蔡希陶譯:《農藝植物考源》,第282頁。〔日〕星川清親著,段傳德、丁法元譯,蕭位賢校:《栽培植物的起源與傳播》,第128頁。
② 《後漢書》卷八八,第2921頁。
③ 姚志遠、許嬋菲:《先秦兩漢花椒的用途及文化意義》,《農業考古》2008年第1期。
④ 姚志遠、許嬋菲:《先秦兩漢花椒的用途及文化意義》,《農業考古》2008年第1期。
⑤ 南京藥學院等:《藥物鑒定報告》,《長沙馬王堆一號漢墓出土動植物標本的研究》,第22—42頁。
⑥ [清]嚴可均輯:《全後漢文》卷五五張衡《七辯》:"鞏洛之鱒,割以爲鮮。審其齊和,適其辛酸。芳以薑椒,拂以桂蘭。"
⑦ 《漢書·貨殖傳》:"濁氏以胃脯而連騎。"顏師古注引晉灼曰:"今太官常以十月作沸湯燖羊胃,以末椒薑坋之,暴使燥是也。"《漢書》卷九一,第3694頁。
⑧ 《太平御覽》卷八四九《風俗通》曰:"俗說:駃馬噉賓客。宴食已闋,主意未盡,欲復飲,酒余無施,更出脯鮓椒薑鹽豉,言其速疾,如駃馬之傳命。"
⑨ [明]李時珍:《本草綱目》卷三二《果部》"秦椒"條蘇頌引陸璣《毛詩草木鳥獸蟲魚疏》。劉衡如點校:《本草綱目》,第1849頁。

此時，東漢後期或許就已是如此了。

（五七）桂皮

《史記·貨殖列傳》："江南出柟、梓、薑、桂。"《説文》"木部"："桂，江南木，百藥之長。"① 《藝文類聚》卷八九引楊孚《異物志》："桂之灌生，必粹其族。"《太平御覽》卷九五七引《廣志》："桂出合浦，而生必以高山之巔，冬夏常青。類自爲林，間無雜樹。交址置桂園。"是桂爲長江流域及以南地區物産。然馬融《廣成頌》云："其土毛則……桂、荏、枭、葵、格、韭、蒩、於。"② 廣成苑在今河南汝州，處黄河流域，這是目前已知桂樹生長最北點。桂是重要的調味料。《禮記·内則》桂、薑並舉。③《吕氏春秋·本味》説"和之美者"有"招摇之桂"。④《養生方》以桂皮入藥。⑤ 馬王堆1號漢墓和3號漢墓隨葬的桂皮實物係樟科植物浙樟的樹皮⑥，與今用之天竺桂科之肉桂不同。3號漢墓隨葬之《五十二病方》提到的桂⑦，或許即是此種桂皮。《金匱要略·果實菜穀禁忌並治》治蜀椒中毒方云："肉桂，煎汁飲之，飲冷水一二升。"⑧ 此處的肉桂或爲天竺桂科之肉桂。阿拉伯文的肉桂或桂皮一詞源于薩珊王朝的波斯文 dar-tchini，意爲"中國的藥"。這個語詞在南亞和中亞地區得到了廣泛使用，表明印度和伊斯蘭世界諸民族是通過伊朗人而瞭解肉桂的，而伊朗人則是通過經絲綢之路與中國的貿易而瞭解肉桂的。⑨ 居延漢簡有"桂十二"簡文⑩，西北邊地不生長桂樹，當地人所用的桂皮自然來自於商業貿易。

---

① 《史記》卷一二九，第3950頁。
② 《後漢書·馬融傳》。《後漢書》卷六〇上，第1956頁。
③ [清]孫希旦撰，沈嘯寰、王星賢點校：《禮記集解》，第747、757頁。
④ 陳奇猷校釋：《吕氏春秋校釋》，第741頁。
⑤ 馬王堆漢墓帛書整理小組編：《馬王堆漢墓帛書》第四輯，第111頁。
⑥ 湖南農學院等：《農産品鑒定報告》，《長沙馬王堆一號漢墓出土動植物標本的研究》，第31頁。劉麗仙：《長沙馬王堆三號漢墓出土藥物鑒定報告》，載湖南省博物館、湖南省文物考古研究所編著：《長沙馬王堆二、三號漢墓》第一卷《田野考古發掘報告》，第276—277頁。
⑦ 如療"諸傷"、疽、疥瘙、"蟲蝕"均以桂入藥（馬王堆漢墓帛書整理小組編：《馬王堆漢墓帛書》第四輯，第26、59、65、70頁）。
⑧ 李克光主編：《金匱要略譯釋》，第733頁。
⑨ 〔法〕阿里·瑪札海里（Mazalleri A.）著，耿昇譯：《絲綢之路——中國波斯文化交流史》，中華書局1993年版，第462頁。
⑩ 謝桂華、李均明、朱國炤：《居延漢簡釋文合校》簡488.1。

(五八) 木蘭

木蘭爲木蘭科木蘭屬植物，在現代中國分佈廣泛。《史記·司馬相如列傳》司馬相如《子虛賦》："桂椒木蘭。"① 木蘭與桂、椒並提。《正義》引《廣雅》："似桂，皮辛可食，葉冬夏常似冬，其實如小甘，辛美，南人以爲梅也。"《史記·滑稽列傳》：優孟對楚莊王曰："請爲大王六畜葬之。以壠竈爲槨，銅歷爲棺，齎以薑棗，薦以木蘭，祭以糧稻，衣以火光，葬之於人腹腸。"② 據此，木蘭皮似是戰國以來楚地的調味品。據陶弘景所述，南北朝時，木蘭以長江流域的零陵、益州，黃河流域的泰山所産爲佳。③《齊民要術》卷八《羹臛法》記鴨臛、鱉臛均以木蘭入肴。④ 木蘭是否也進入了黃河流域居民食譜，待考。

(五九) 蕪荑

蕪荑爲榆科榆屬植物，名列《急就篇》中。其味辛，故多用作肉類食物的調味物。馬王堆3號漢墓遣冊漢人食物單上有"無夷（蕪荑）牛膳"（簡149）和"無夷（蕪荑）牛脯"（簡150）兩道與蕪荑有關的菜肴。同墓出土的《五十二病方》以無（蕪）夷（荑）療燒傷和疥瘡。⑤ 據現代植物學觀察，蕪荑生長於海拔1000米—1300米的高坡和丘陵地帶，以及固定沙丘上。《春秋繁露·郊語》説"蕪荑生於燕，橘枳死於荊……非人所意也"⑥，這與現代人對蕪荑生長環境的看法庶幾近之。《藝文類聚》卷八八引《計然萬物録》："蕪荑出地，赤心者善。""地"前當有脱文，疑爲"北地"。

漢以後的一段時期，蕪荑依然是受人關注的調味菜蔬。唐王燾《外臺秘要》卷三《天行病發汗等方》説療天行病服藥後"忌生葱、生菜、鯉魚、海藻、菘菜、莧菜、蕪荑"，即是顯例。宋代以後，蕪荑主要以藥物的身份出現在典籍中。又按，宋人將蕪荑分爲大小兩種，"小蕪荑即榆莢也"⑦。大小蕪荑雖同屬榆科，但大蕪荑係榆科榆屬植物大果榆（*Ulmus macrocarpa hance*）的種子，味性與小蕪荑不同。漢代人也以榆莢佐

---

① 《史記》卷一一七，第3004頁。
② 《史記》卷一二六，第3200頁。
③ [明]李時珍：《本草綱目》卷三四《木部》"木蘭"條引。劉衡如點校：《本草綱目》，第1934頁。
④ 繆啓愉、繆桂龍：《齊民要術譯注》，第588頁。
⑤ 馬王堆漢墓帛書整理小組編：《馬王堆漢墓帛書》第四輯，第62、64、65、66頁。
⑥ [清]蘇輿撰，鍾哲點校：《春秋繁露義證》，第396頁。蘇輿云：《本草》陶弘景注："今惟出高麗。"陶氏南朝梁人，蕪荑生長地在北方，南朝所得蕪荑可能多來自朝鮮半島，故陶云"惟出高麗"。然據本文正文列出唐以後文獻對蕪荑的記録，則是蕪荑在中國境内的生長一直存在。
⑦ [宋]寇宗奭著，顔正華等點校：《本草衍義》卷一三"蕪荑"條，人民衛生出版社1990年版，第83頁。

食，後代食榆荚之法與漢代有著頗深的淵源（詳後）。

（六〇）菌類

據現代植物學，菌類植物甚多，已知的有十餘萬種。菌類植物在新石器時代的某些遺址中如浙江餘姚河姆渡已有發現並被證明是古人的食物。[1] 進入漢代蔬菜家族的菌類植物大體包括木耳和食用菇兩類。

木耳在漢代稱"耳菜"[2]、"檽"，亦徑稱"木耳"[3]。《神農本草經》"桑根白皮"條附"五木耳"，謂其可以"益氣，不饑"。注云："六月多雨時采，即曝幹。"馬繼興等指出："五種木耳的總稱。據《唐本草》注，'五木耳'分別是生長在檽、槐、榆、柳、桑五種樹上的木耳。"[4] 但《齊民要術》卷九《作菹、藏生菜法》"木耳菹"條却説木耳菹係取棗、桑、榆、柳、柞樹邊所生軟濕木耳製成[5]，與《唐本草》所言"五木耳"不同。漢代"五木耳"所指的内容也許有地域之别，但它們是五種樹木上生長的木耳則是無疑的。《鹽鐵論·散不足》賢良描述當時富人飲食生活的奢侈表現，即有"耳菜"内容，木耳並非難得之物，何以如此？《齊民要術》卷九《作菹、藏生菜法》"木耳菹"條説説將木耳煮後細切，用薑、葱、椒、豉汁等製成菹，其味"甚滑美"[6]。《鹽鐵論·散不足》賢良文學將食用菌類作爲奢侈生活的一個表現，以此推想漢代富家製作木耳的方法雖未必與《齊民要術》相同，也不會過於簡單。

《吕氏春秋·本味》："果之美者：沙棠之實；常山之北，投淵之上，有百果焉，群帝所食；箕山之東，青島之所，有甘櫨焉；江浦之橘；雲夢之柚；漢上石耳。"高誘注："石耳，菜名也。所以致之，致備味也。"陳奇猷云："此段論果之美者，不當又説及菜。'漢上石耳'句當係上文'菜之美者'段中錯脱於此者。"[7] 陳説是。胡古愚《樹藝篇》："石耳，石崖上所生者，出天臺山、廬山等名山。"[8]《本草綱目》卷二八《菜部》"石耳"條云："石耳生天臺、四明、河南、宣州、黄山、巴西、邊徼諸山石崖上，遠望如煙。"又云："廬山亦多，狀如地耳。山僧采曝饋遠。洗去沙土，作茹勝於木耳，

---

[1] 浙江省文物考古研究所：《河姆渡——新石器時代遺址考古發掘報告》上册，第 375 頁。
[2] [漢] 桓寬：《鹽鐵論·散不足》，王利器校注：《鹽鐵論校注》，第 349 頁。
[3] 《説文》"艸部"："檽，木耳也。"[清] 段玉裁：《説文解字注》，第 37 頁。
[4] 馬繼興主編：《神農本草經輯注》，第 266 頁。
[5] 繆啓愉、繆桂龍：《齊民要術譯注》，第 681 頁。
[6] 繆啓愉、繆桂龍：《齊民要術譯注》，第 681 頁。
[7] 陳奇猷校釋：《吕氏春秋校釋》，第 765 頁。
[8] [元] 胡古愚：《樹藝篇》卷六《蔬部》"石耳"條，明純白齋鈔本。

佳品也。"據此，石耳係地衣植物門植物。"漢上"高誘注："水名"，"東注于江"[1]，蓋即漢水。不在李時珍等人所說的區域中，《吕氏春秋》所說的"石耳"是否即後人所說的石耳，尚不能斷言。

《太平御覽》卷九五六引《淮南萬畢術》云："八月榆檽，令人不饑。"注曰："以美酒漬榆檽，曝乾，以漬粱米、紫莧實，蒸令相合。欲不食者，三指撮酒以服之，即不饑耳。"榆檽即射脈菌，爲革菌科真菌粘韌革菌的子實體，其蛋白質含量爲20.99%，包含了17種全部的氨基酸，特别是人體不能自身合成的只能依賴外部攝取的7種必須氨基酸，佔總氨基酸的40%。《淮南萬畢術》的觀察與現代科學研究結果有某些相合之處，應是長期經驗的積累。

《爾雅·釋草》云："中馗，菌。小者，菌。"[2]其實二者並無本質差異，故郭璞注說"大小異名"[3]。《説文》"艸部"："菌，地蕈也。"[4]晉人稱"土菌"或"馗菌"，謂其"可啖"[5]。《説文》"中部"："菌（夬），地蕈，叢生田中。"[6]按《説文》體例，這種表述具有廣泛的地域性。長江流域氣候潮濕，蘑菇生長更爲繁密。《吕氏春秋·本味》將"越駱之菌"作爲調味之佳物宣揚。[7]郴州蘇仙橋西晉簡說罩是當地"土地生菜"之一（簡2—155）。[8]南宋周密《癸辛雜識》後集"桐蕈鰉魚"條說天臺山所出桐蕈"味極珍"，"甚鮮美"。天臺山正在古之越地，桐蕈或許與《吕覽》所言"越駱之菌"有關。漢代人還給予菌類植物其他的意義。馬王堆帛書《養生方》說："【走】：非廉、方葵、石韋、桔梗、茈威各一小束，烏（喙）三果（顆），□□□□□□大□□□五寸白臘蛇若蒼梗蛇長三四寸，若□□□□□□□，各蠱（治），並以口若棗脂完（丸），大如羊矢，五十里一食。陰囷（菌）出雒□□□□□□。七百。"這是出行時增加腳力之方。"囷"，整理小組疑讀爲菌[9]，其說是。"陰囷（菌）出雒"指的是生長在雒（其他待考）的一種菌類。

《爾雅·釋草》："出隧，蘧蔬。"[10]或據郭璞注以爲是菰米。[11]按，郭注云："蘧蔬，

---

[1] 陳奇猷校釋：《吕氏春秋校釋》，第765頁。
[2] [清] 郝懿行：《爾雅義疏》，第1025頁。
[3] [清] 郝懿行：《爾雅義疏》，第1025頁。
[4] [清] 段玉裁：《説文解字注》，第37頁。
[5] 《爾雅·釋草》郭璞注。[清] 郝懿行：《爾雅義疏》，第1025頁。
[6] [清] 段玉裁：《説文解字注》，第22頁。
[7] 陳奇猷校釋：《吕氏春秋校釋》，第741頁。
[8] 湖南省文物考古研究所、郴州市文物處：《湖南郴州蘇仙橋遺址發掘簡報》，《湖南考古輯刊》第8集。
[9] 馬王堆漢墓帛書整理小組編：《馬王堆漢墓帛書》第四輯，第115頁。
[10] [清] 郝懿行：《爾雅義疏》，第980頁。
[11] [清] 陳啓源：《毛詩稽古編》卷二八《辨物》，文淵閣四庫全書本。

似土菌，生菰草中。今江東啖之，甜滑。"① 可知郭璞並未將蘧蔬（出隧）指認爲菰米。出隧大概也是一種菌類植物。

（六一）棗菜、榆莢、榆菜

這是一組木本葉食物，情況不盡相同。

《太平御覽》卷三五引《東觀漢記》：赤眉"軍士饑餓，皆食藻菜"。《太平御覽》卷九六五引《東觀漢記》作"棗葉"。《後漢書·鄧禹傳》、《後漢紀》卷二八《獻帝紀》、《三國志·魏書·董卓傳》均作"棗菜"。《三國志·魏書·董卓傳》："蝗蟲起，歲旱無穀，從官食棗菜。"② 可知棗菜即棗葉，"藻菜"爲"棗菜"異寫。中國古代醫書未見以棗葉入食，且謂"散服使人瘦，久則嘔吐"③。動亂年間漢人食"棗菜"自是無奈之舉。

《禮記·内則》説："堇、荁、枌、榆、免、薧、瀞、瀡以滑之。"④ 文中的榆即是指榆莢。洛陽新莽墓隨葬陶罐墨書文字"榆"⑤，罐中盛裝的物品可能就是榆莢。《齊民要術》卷五《種榆、白楊》種榆法引崔寔《四民月令》："二月，榆莢成，及青收，乾，以爲旨蓄。色變白，將落，可作醬醬。隨節早晏，勿失其適。"注："司部收青莢，小蒸，曝之，至冬以釀酒，滑香，宜養老。"⑥ 後世仍沿其法："小蕪荑即榆莢也，揉取仁，醖爲醬。"⑦ 馬王堆3號漢墓遣册簡以"榆菜"與魚合烹爲羹（簡103）。按前述"棗菜"例，漢代人習稱可食用的樹葉爲菜，榆菜即榆樹葉。榆葉與魚合烹，蓋以榆葉清香之味去除魚的腥氣。由此可見，與棗葉是饑饉歲月充饑食物不同，榆莢、榆葉平日亦可入菜。

桑椹亦是漢代人度荒之物。《太平御覽》卷九五五引《東觀漢記》："蔡君仲，汝南人。王莽亂，人相食。君仲取桑椹，赤黑異器。賊問所以，君仲云：'黑與母，赤自食。'"《北堂書鈔》卷一五六引謝承《後漢書》："袁術在壽春，百姓以桑椹乾爲飯。"

---

① ［清］郝懿行：《爾雅義疏》，第980頁。
② 《鄧禹傳》："軍士飢餓皆食棗菜。"（《後漢書》卷一六，第604頁）。《獻帝紀》："後宮食煮棗菜。"（［晉］袁宏撰，周天游校注《後漢紀校注》，天津古籍出版社1987年版，第796頁）《董卓傳》："從官食棗菜。"（《三國志》卷六，第186頁）
③ ［明］李時珍：《本草綱目》卷二九《果部》"棗"條引《名醫別録》。劉衡如點校：《本草綱目》，第1758頁。
④ ［清］孫希旦撰，沈嘯寰、王星賢點校：《禮記集解》，第729頁。
⑤ 洛陽市第二文物工作隊：《洛陽五女塚新莽墓發掘簡報》，《文物》1995年第11期。
⑥ 繆啟愉、繆桂龍：《齊民要術譯注》，第333頁。
⑦ ［宋］寇宗奭著，顔正華等點校：《本草衍義》卷一三"蕪荑"條，人民衛生出版社1990年版，第83頁。

這兩例均是將桑椹作爲主食而非蔬食。在中國古代，桑椹很少能進入蔬菜系列之中①，原因可能在於桑椹本身的形態不適合中國飲食觀念中的蔬菜標準。

（六二）薩、芙、蘸、鉤

《説文》"艸部"："薩，菜也。"②《齊民要術》卷一〇《五穀、果蓏、菜茹非中國物産者》曰：'薩菜……似烏韭而黄。'"③據此，薩應是黄河以南地區的植物。《本草綱目》和《植物名實圖考》均未涉及此物。薩係何物，待考。

《説文》"艸部"："芙，菜也。"④ 係現代何種植物，不詳。

《説文》"艸部"："蘸，菜也。"⑤ 段玉裁注："《方言》曰：'蘇，沅湘之南或謂之蓴。其小者謂之蘸葇。'許所説未必此也。《齊民要術》以爲藏荏之。"⑥ 段氏徵引《方言》文字見今本《方言》卷三。郭璞注："亦蘇之種類，因名云。"⑦《廣雅·釋草》："蘸葇、荏，蘇也。"蓋徑《方言》和援取郭氏之説。段玉裁並未説明其主張的根據。今有學者認爲此菜即香薷，可備一説。⑧ 按《本草綱目》卷一四《草部》"香薷"條："薷，本作葇。《玉篇》：'葇菜，蘇之類。'是也。其氣香，其葉柔，故以名之。"又引陶弘景語曰："家家有此，作菜生食，十月中取乾之。"⑨ 蘸葇係現代何種植物，待考。

芙爲菊科苦芙屬植物。《爾雅·釋草》："鉤，芙。"郭璞注："大如拇指，中空，莖頭有臺，似薊。初生可食。"⑩《説文》"艸部"："芙，草也。味苦。江南食之以下氣。"《本草綱目》卷一五《草部》"苦芙"條引陶弘景語云："苦芙處處有之，儈人取莖生食之。"按《説文》鉤不屬菜類，但又云可食；《爾雅》郭注及陶弘景均言此物可食。似可入漢代野菜之中。

---

① 據稱，近代北京有"炸桑椹菜"，是一種"農家細菜"其法是"將桑椹用清水洗净，控去水分，在雞蛋清内去滚糊，然後，放在温油内去炸熟，即可裝盤供食用"（李春方、樊國忠：《閭巷話蔬食——老北京民俗飲食大觀》，北京燕山出版社1997年版，第243頁）。
② ［清］段玉裁：《説文解字注》，第24頁。
③ 繆啓愉、繆桂龍：《齊民要術譯注》，第769頁。
④ ［清］段玉裁：《説文解字注》，第24頁。
⑤ ［清］段玉裁：《説文解字注》，第24頁。
⑥ ［清］段玉裁：《説文解字注》，第24頁。
⑦ ［清］錢繹撰集，李發順、黄建中點校：《方言箋疏》，第105頁。
⑧ 繆啓愉、繆桂龍：《齊民要術譯注》，第211頁。李艷：《〈説文解字〉所收蔬菜及糧食作物詞疏解》，第26頁。
⑨ 劉衡如點校：《本草綱目》，第909頁。
⑩ ［清］郝懿行：《爾雅義疏》，第965頁。

（六三）昆布

《爾雅·釋草》："綸似綸，組似組，東海有之。"郭璞注："綸，今有秩嗇夫所帶糾青絲綸組綬也。海中草生彩理有象之者，因以名云。"① 實際上郭注並未指明綸和組究係何物。關於"綸"和"組"的所指，有不同説法。或以爲是海苔。《爾雅》邢昺疏："海苔也。"② 或以爲是鹿角菜。鄭樵云："鹿角菜也。"③ 或以爲"綸"是海藻，"組"是水藻。陸佃云："《爾雅》曰：'海藻如水藻而大，似髮，黑色，生深海中。'陳藏器《本草》以爲《爾雅》'綸似綸，組似組，東海有之'，正爲二藻也。"④ 或以爲"綸"、"組"均是昆布。《本草綱目》卷一九《草部》"昆布"條："按吴普《本草》，綸布一名昆布，則《爾雅》所謂'綸似綸，組似組，東海有之'者，即昆布也。"或以爲"綸"即昆布，"組"即海帶。清人郝懿行云："'昆'、'綸'聲相近，是昆布即綸矣，而海帶則組也。"⑤ 按，陸佃引《爾雅》"海藻如水藻而大"云云，不見今本《爾雅》，且與《爾雅》文體不合，當誤植。李時珍引吴普《本草》，明言綸布即昆布，這是對昆布的最早記録。或謂最早記録昆布的文獻是梁人陶弘景的《名醫别録》⑥，不確。據此，至少可以確定東漢末人已然瞭解昆布。就生長地（東海）和形態（長條狀）而言，以上諸説，以"綸"即昆布最爲合理。

一般認爲昆布即海帶。但古代文獻却將昆布和海帶分爲二物。《本草綱目》卷一九《草部》將"昆布"和"海帶"分列，以及在"海帶"條引掌禹錫語云："海帶出東海水中石上，似海藻而粗，柔韌而長。今登州人幹之以束器物，醫家用以下水，勝於海藻、昆布。"⑦ 即可爲證。又按，昆布爲褐藻類翅藻科植物以及海帶科植物海帶的葉狀體，日常雖統稱爲海帶，在植物分科上却有區别。海帶科海帶屬於亞寒帶藻類，是北太平洋特有藻類。自然分佈範圍主要在日本本州北部和北海道、俄羅斯東亞南部沿海以及朝鮮元山沿海。明清時期中國獲得的海帶科海帶主要由朝鮮進貢和貿易獲得。⑧ 有一個反證尚需提及。陶弘景説昆布"今惟出高麗，繩把索之如卷麻"⑨，似乎南北朝人所見的昆布是來自朝鮮海域的海帶科海帶，但李時珍却説"昆布生登、萊者，搓如

---

① ［清］郝懿行：《爾雅義疏》，第 1046 頁。
② ［宋］邢昺疏：《爾雅注疏》卷八《釋草》，文淵閣四庫全書本。
③ ［宋］邢昺疏：《爾雅注疏》卷八《釋草》引。
④ ［宋］陸佃：《埤雅》卷一五《釋草》"海藻"條，文淵閣四庫全書本。
⑤ ［清］郝懿行著，安作璋主編：《海錯》，《郝懿行集》第 5 册，齊魯書社 2010 年版，第 4481 頁。又見郝懿行：《爾雅義疏》，第 1047 頁。
⑥ 褚小蘭：《昆布的名稱考釋及研究概述》，《江西中醫藥》第 29 卷第 8 期，1992 年。
⑦ 劉衡如點校：《本草綱目》，第 1376 頁。
⑧ 王賽時：《山東海帶的歷史演變與當代烹飪》，《美食研究》2014 年第 2 期。
⑨ ［明］李時珍：《本草綱目》卷一九《草部》"昆布"條引。劉衡如點校：《本草綱目》，第 1377 頁。

繩索之狀"，又説：昆布"出閩、浙者，大葉似菜"①，與黄海所産有所不同。我的推測是，在陶弘景生活的南北對峙形勢下，生長在黄海地區的昆布難以獲取，南朝人只能通過與朝鮮半島的交往獲取。據現代植物學家研究，《本草綱目》和《植物名實圖考》所述的昆布，是生長在中國東海沿岸的翅藻科昆布。②這個觀察與《爾雅》"東海有之"記述相合。現代山東地區養殖的也多是褐藻類，其形與"出高麗，繩把索之如卷麻"無異。綜上，漢代及以後文獻所説的綸、昆布所指的就是褐藻類翅藻科昆布。

目前所知最早記録昆布可以入食的人是陶弘景，他説：昆布"柔韌可食"③。《太平御覽》卷九九二引吴普《本草》云：昆布"味酸寒，無毒。主十二種死曜、瘿瘤聚結、氣癰瘡。生東海"。並未言及可以入菜。但《本草》承續《神農本草經》的撰寫風格，只論植物的藥用，不涉及其他方面。如果承認《爾雅》所説的"綸"就是昆布，在陶弘景之前千年古人即已認識這種海生植物，對其可食性自然也應瞭解。④如此推論能够成立，似可説漢代東南沿海人也取此物爲菜。

（六四）豇豆

以往學界的主流意見是非洲熱帶草原和埃塞俄比亞是豇豆的起源中心，公元前1500年—公元前1000年，豇豆傳入印度，演化出矮豇豆和長豇豆兩個亞種，後傳入中國。⑤但據澱粉粒分析，山西武鄉、安徽濉溪石子山和江西贛江中游新石器時代居民將豇豆屬植物作爲食物。⑥遼寧大連、山東高青、四川新津、重慶忠縣、雲南元謀和河南博愛亦有新石器時代遺址發現豇豆屬植物的報導。⑦這樣，中國本土的豇豆是外來品種

---

① ［明］李時珍：《本草綱目》卷一九《草部》"昆布"條。劉衡如點校：《本草綱目》，第1377頁。
② 曾呈奎、張俊甫：《中國沿海海藻區系的初步分析研究》，《海洋與湖沼》1963年第6期。
③ ［明］李時珍：《本草綱目》卷一九《草部》"昆布"條引。劉衡如點校：《本草綱目》，第1377頁。
④ 海南三亞落筆洞新石器時期遺址發現大量水生軟體動物堆積，有研究者根據更新世以來古代海生動植物的分佈規律，推測當地先民曾以昆布爲食（顔家安：《海南島史前採集漁獵經濟及其技術的發展》，《農業考古》2005年第2期。顔家安：《海南島第四紀古生物及生態環境演變》，《古地理學報》2006年第2期）。可備一説。
⑤ 蔣先明主編：《中國農業百科全書·蔬菜》"薇菜"條（關佩聰撰寫），第96頁。
⑥ 劉莉、陳星燦等：《山西武鄉縣牛鼻子灣石磨盤、磨棒的微痕與殘留物分析》，《考古與文物》2014年第6期。董真、張居中等：《安徽濉溪石子山遺址古人類植物性資源利用情況的澱粉粒分析》，《第四紀研究》2014年第1期。萬智巍、楊曉燕、葛全勝等：《澱粉粒分析揭示的贛江中游地區新石器晚期人類對植物的利用情況》，《中國科學：地球科學》第42卷第10期。
⑦ 靳桂雲、馬永超、吴文婉等：《大連王家村遺址炭化植物遺存研究》，《北方文物》2015年第2期。王傳明等：《山東高青陳莊遺址炭化果實種子果實研究》，《南方文物》2012年第3期。姜銘等執筆：《新津寶墩遺址2009年度考古試掘浮選結果介析簡報》，載成都文物考古研究所編著：《成都考古發現（2009）》，科學出版社2011年版。趙志軍等：《中壩遺址浮選結果分析報告》，《中國鹽業考古》第3集，科學出版社2013年版。金和天、劉旭等：《雲南元謀大墩子遺址浮選結果及分析》，《江漢考古》2014年第3期。陳雪香、王良智、王青：《河南博愛縣兩金城遺址2006—2007年浮選結果分析》，《華夏考古》2010年第3期。

— 208 —

抑或本土所産便有了進一步考慮的餘地。《齊民要術》卷二《大豆》："豌豆、江豆、豎豆，小豆類也。"① 一般認爲江豆即豇豆。漢代文獻未見江豆之名，是否栽培此物或以此物入菜，待考。

（六五）沙參

沙參爲桔梗科沙參屬植物。陝西涇陽高家堡春秋戈國貴族墓籩等食具中有沙參葉。據對遺跡觀察，沙參葉原成層放在籩等器物上，後因器蓋陷落而沉入器中。② 發掘者推測隨葬的沙參葉是用於覆蓋隨葬器物，或袚除、浴屍。③ 其實這三種解釋都不能説明爲何戈人將沙參葉放置在食具上。從常情揣度，這裏沙參葉的性質與食物的關聯應當最爲緊密。漢代文獻對沙參記録不多。《太平御覽》卷九九一引吴普《本草》説沙參異名頗多，如苦心、識美、虎須、白參、志取、文虎等，"三月生，如葵，葉青，實白，如芥根大，白如蕪菁"。同書卷引《計然》："白沙參，出雒陽，白者善。"引《本草經》："生河内。"但都未涉及沙參的蔬菜價值。《本草綱目》卷一二《草部》"沙參"條引南北朝唐宋多種文獻，亦均未言及沙參葉可以爲蔬。但《野菜博録》則將沙參作爲備荒菜蔬，説細葉沙參"掘取根洗净煮熟食之"④。《救荒本草》更明言杏葉沙參的葉和根均可入食："救飢，採苗葉煠熟，水浸淘净，油鹽調食。掘根换水煮食，亦佳。"由此推想，儘管漢代醫學文獻未述沙參葉入菜，然災荒年間漢代人以此充饑仍有可能。

（六六）梅

梅爲先秦時期重要調味用料。⑤ 陝西涇陽高家堡戈國墓隨葬的梅實引人注目。其中，2號鼎有部分麋骨架和2粒梅果實、3號鼎有穀類食物和8顆梅果實。4號墓鼎中有大致完整的羊骨架和梅果實34顆。⑥ 所顯示的基本情況是：第一，梅的放置數量與所配合的食物數量呈正比關係。第二，梅不僅可以用於調味肉類食物，也用於植物類

---

① 繆啓愉、繆桂龍：《齊民要術譯注》，第103頁。
② 陝西省考古研究所編著：《高家堡戈國墓》，三秦出版社1995年版，第102頁。
③ 陝西省考古研究所編著：《高家堡戈國墓》，第135—136頁。
④ ［明］鮑山：《野菜博録》卷二《草部》"細葉沙參"條，四部叢刊本。
⑤ 《左傳》昭公二十年《傳》："和如羹焉，水火醯醢鹽梅以烹魚肉，燀之以薪。宰夫和之，齊之以味，濟其不及，以洩其過。君子食之，以平其心。"（［晉］杜預集解：《春秋左傳集解》，第1463頁）《周禮·天官·食醫》："凡和：春多酸，夏多苦，秋多辛，冬多鹹，調以滑甘。"（［清］阮元校刻：《十三經注疏》，第667頁）《禮記·内則》所述同（［清］孫希旦撰，沈嘯寰、王星賢點校：《禮記集解》，第746頁）。
⑥ 陝西省考古研究所編著：《高家堡戈國墓》，第134—135頁。

食物的調味。

一些資料顯示，梅的這種作用在漢代依然存在。在出土資料方面，江陵鳳凰山167號漢墓遣策簡69："栂（梅）笞一枚"；簡71："生栂（梅）笞一枚"。①《周禮·天官·籩人》："其實棗、㮌、桃、乾、榛實。"鄭玄注："乾，乾梅也。"②簡71說的是鮮梅，而簡69則可能是乾梅。這兩種梅都有可能用於調味。在傳世資料方面，《大戴禮記·夏小正》：五月，"煮梅，爲豆實也"。③《淮南子·説林》："百梅足以爲百人酸，一梅不足以爲一人和。"④《藝文類聚》卷五七引崔駰《七依》："滋以陽樸之薑，蕲以壽木之華。齹以大夏之鹽，酢以越裳之梅。"是梅在漢代依然是調味品。然《金匱要略·禽獸魚蟲禁忌並治》指出："豬脂不可合梅子食之"；"獐肉不可合蝦及生菜，梅李果食之，皆病人"。⑤梅不能配合的肉類包括獐和豬脂等。在漢代烹飪所使用的油類是動物脂肪，其中尤以豬脂最多，梅和豬脂不能相配，表明梅的調味範圍在縮小。其中的原因除去梅或變質的梅入肴後可能引發某種疾病，也與醋的釀造技術在漢代成熟並普及有著密切關係。《氾勝之書·麥》："當種麥，若天旱載雨澤，則薄漬麥種，以酢漿並蠶矢，夜半漬，向晨速投之，令與白露俱下。酢漿令麥耐旱，蠶矢令麥妨寒。"⑥這是以酢（醋）浸漬麥種以求豐產，酢的用量想必不會太少。《齊民要術》卷八《作酢法》引《四民月令》："四月四日可作酢。五月五日亦可作酢。"⑦這是漢代普通農家掌握釀酢技術的直接證據。在其他一些漢代文獻中，我們也看到了醋用於調味的描述。如馬王堆帛書《養生方》："取蠃四斗，以浩（酢）瀸（菹）漬二日，去蠃，以其汁漬□肉動（撞）者，□犬脯□□，復漬汁，□□。食脯一寸勝一人，十寸勝十人。"⑧《釋名·釋飲食》："雞纖，細擗其臘令纖，然後漬以酢也，兔纖亦如之。"⑨由發酵後產生的酸味調料取代酸味果實並非只有梅，蘸莢也是一個例子。《太平御覽》卷八六六引《風俗通義》云："酢如蘸莢。謹案：《孝經說》：'古太平，蘸莢生階，其味酸，王者取以調味，後以醯醢代之。'"這個過程大約開始於戰國時期，漢代基本完成了這一轉變。

---

① 吉林大學歷史系考古專業赴紀南城開門辦學小分隊：《鳳凰山一六七號漢墓遣冊考釋》，《文物》1976年第10期。
② ［清］阮元校刻：《十三經注疏》，第671頁。
③ ［清］王聘珍：《大戴禮記解詁》，第39頁。
④ 張雙棣：《淮南子校釋》，第1778頁。
⑤ 李克光主編：《金匱要略譯釋》，第719、720頁。
⑥ 萬國鼎輯釋：《氾勝之書輯釋》，第110頁。
⑦ 繆啓愉、繆桂龍：《齊民要術譯注》，第560頁。
⑧ 馬王堆漢墓帛書整理小組編：《馬王堆漢墓帛書》第四輯，第114頁。
⑨ ［清］王先謙撰集：《釋名疏證補》，第214頁。

（六七）扁豆

扁豆原產地是印度，並在印度得到馴化。《本草綱目》卷二四《穀部》"藊豆"條引陶弘景云："藊豆人家種之於籬垣，其莢蒸食甚美。"① 或據此以爲扁豆在漢代傳入中土。② 陶弘景生活的時代上距漢代有兩個世紀，彼時中土已有扁豆當無疑義。然扁豆何時傳入中國目前仍不得知。值得提到的是江陵鳳凰山 8 號漢墓遣策有"䋐醬一傷"（簡161）③，"䋐"字書未見，筆者推測它可能是是扁豆之"扁"的古寫，果若如此，則扁豆在漢代某些地區已有種植。當然這個假設還需更多資料。

（六八）萱草

萱草爲百合科萱草屬植物，即今之黃花菜。蘇頌説："萱草處處田野有之……今人多采其嫩苗及花跗作葅食。"④ 可知宋人以醃製的萱草嫩苗和花爲食。明人"采其花跗乾而貨之，名爲黃花菜"⑤。這是文獻對食用曬乾後的黃花菜的最早記録。⑥

《詩·衛風·伯兮》云："焉得諼草，言樹之背。"歷代注家均以爲諼草即萱草，可以令人忘憂。漢晉文獻言及萱草亦大抵止於此意。如《藝文類聚》卷三四曹丕《悼夭賦》："步廣廈而踟躕，覽萱草於中庭。悲風蕭其夜起，秋氣憯以厲情。"《文選》卷五三嵇康《養生論》："合歡蠲忿，萱草忘憂，愚智所共知也。"李善注："《神農本草》曰：'合歡蠲忿，萱草忘憂。'崔豹《古今注》曰：'……毛萇《詩傳》曰：'萱草令人忘憂。'"與前代相比所增者有"宜子"之説，或佩或食。⑦ 然則萱草在漢魏時期不獨是

---

① 劉衡如點校：《本草綱目》，第 1520 頁。
② 蔣先明主編：《中國農業百科全書·蔬菜》"薇菜"條（陳静芬撰寫），第 100 頁。
③ 金立：《江陵鳳凰山 8 號漢墓竹簡試釋》，《文物》1976 年第 6 期。
④ ［明］李時珍：《本草綱目》卷一六《草部》"萱草"條引。劉衡如點校：《本草綱目》，第 1036 頁。
⑤ ［明］李時珍：《本草綱目》卷一六《草部》"萱草"條。劉衡如點校：《本草綱目》，第 1036 頁。
⑥ 古代文獻有三種名同實異的黃花菜。即（1）明李時珍《本草綱目》卷二六《菜部》"白花菜"條所説的與白花菜（羊角菜）形狀相同"但花黃也"的黃花菜（劉衡如點校：《本草綱目》，第 1641 頁）；（2）明李時珍《本草綱目》卷二七《菜部》"黃瓜菜"條所説的"形似油菜"的黃花菜（黃瓜菜）（劉衡如點校：《本草綱目》，第 1665 頁）；（3）明李時珍《本草綱目》卷一六《草部》"萱草"條所説的萱草之花，亦即今日所説的黃花菜（劉衡如點校：《本草綱目》，第 1036 頁）。漢張仲景《金匱要略·果實菜穀禁忌并治》："病人不可食胡荽及黃花菜。"（李克光主編：《金匱要略譯注》，第 738 頁）按，漢代文獻有"黃花菜"者僅此一例，所指何物未詳。萱草轉稱黃花菜時代較晚，且漢代文獻均未見食用萱草的記載，故此處的"黃花菜"或別爲一物。
⑦ 北魏賈思勰《齊民要術》卷一〇《五穀、果蓏、菜茹非中國物產者》"鹿葱"條引曹植《宜男花頌》："世人有女求男，取此草食之，尤良。"又引周處《風土記》："宜男，草也，高六尺，花如蓮。懷妊人帶佩，必生男。"參見繆啓愉、繆桂龍：《齊民要術譯注》，第 817—818 頁。

野生植物，且未入菜蔬。有學者說《詩經》時代萱草即已成爲人工栽培蔬菜[1]，無法得到史料的支持。

何以萱草令人忘憂？漢魏人未言其詳。李時珍說："憂思不能自遣，故欲樹此草，玩味以忘憂也。"這是通過觀賞萱草以達忘憂。他又引李九華《延壽書》說萱草"食之動風，令人昏然如醉，因名忘憂"[2]。按，新鮮黃花菜的花粉含秋水仙城，在體內會氧化成類秋水仙城，這種物質能強烈地刺激消化道，造成意識障礙、休克等。只有將萱草花曬乾後才可保證無毒。古人觀察到的食用萱草後"令人昏然如醉"正與此相合。因此，"忘憂"之得名大約本於此，而"玩味以忘憂"應是後起附會之說。早期人類取食植物通過經驗積累或棄或存，可能正是因爲曬乾處理萱草去毒知識尚不爲人所知，漢魏人才未將此物入菜。

（六九）桔梗

桔梗爲菊目桔梗屬植物，傳世和出土漢代文獻對其均有記錄，但主要出現在醫學著作中，如馬王堆帛書《養生方》、武威醫簡、《金匱要略》、《傷寒論》等。目前所見資料沒有提到桔梗可以入菜。漢時桔梗是否入菜待考。

（七〇）地膚

陝西扶風案板西周遺址有一定數量的地膚，與人類生活有關。[3]《爾雅·釋草》："葥，王蒢。"郭注："王帚也。似藜，其樹可以爲埽，江東呼之爲'落帚'。"郝懿行云："初生時可食，藜之類也。"王蒢、王帚即地膚。《五十二病方》療尤（疣）方云："有（又）以殺本若道旁葥（蒢）根二七，投澤若淵下。"[4]按，葥即地膚子，爲地膚屬植物。《本草綱目》卷一六《草部》"地膚"條引《名醫別錄》："地膚子生荊州平澤及田野，八月、十月采實，陰乾。"又引陶弘景語曰："今田野間亦多，皆取莖苗爲掃帚。"[5]但在漢晉人著述中，地膚或爲藥，或作帚，並未入菜。案板遺址中的地膚是否是入菜的植物亦需斟酌，而漢代則未見以地膚爲菜蔬的記錄。

---

[1] 李家文：《中國蔬菜作物的來歷和變異》，《中國農業科學》1981年第1期。安志信、李素文：《〈詩經〉中蔬菜的演化和發展》，《中國蔬菜》2010年第9期。
[2] [明] 李時珍：《本草綱目》卷一六《草部》"萱草"條。劉衡如點校：《本草綱目》，第1036頁。
[3] [明] 李時珍：《本草綱目》卷一六《草部》"萱草"條。劉衡如點校：《本草綱目》，第1036頁。
[4] 馬王堆漢墓帛書整理小組編：《馬王堆漢墓帛書》第四輯，第40頁。
[5] 劉衡如點校：《本草綱目》，第1059頁。

（七一）芍藥

《詩・鄭風・溱洧》："維士與女。伊其相謔。贈之以勺藥。"[1] 是芍藥先秦時已爲人所重，但芍藥是否入菜，學界向有不同意見。《漢書・司馬相如傳》司馬相如《子虛賦》："勺藥之和具而後御之。"顏師古注引伏儼曰："勺藥以蘭桂調食。"引文穎曰："五味之和也。"引晉灼曰："《南都賦》曰：'歸雁鳴鵽，香稻鮮魚，以爲勺藥，酸甜滋味，百種千名。'文說是也。"顏師古不同意伏、文、晉三家說："諸家之說皆未當也。勺藥，藥草名，其根主和五藏，又辟毒氣，故合之于蘭桂五味以助諸食，因呼五味之和爲勺藥耳。讀賦之士不得其意，妄爲音訓，以誤後學。今人食馬肝馬腸者，猶合勺藥而煮之，豈非古之遺法乎？"[2] 顏氏之後，學界依然兩說並存。宋人王觀國以爲"勺音酌，藥音略，乃以魚肉等物爲醢醬食物也，與《溱洧》詩所言勺藥異矣"[3]。清人王引之以爲勺藥係"適歷"所轉，"適歷"意爲均調。[4] 揚之水援從其說。[5] 青木正兒則力主勺藥即芍藥，而非五味之和。[6] 按，芍藥雖不見《神農本草經》，却是《五十二病方》和《金匱要略》中的重要藥物。前書用芍藥治療烏喙中毒及癰疽類疾病[7]，後書《肺痿肺癰咳嗽上氣病脈證治》中的小青龍加石膏湯方、《奔豚氣病脈證治》中的奔豚氣方、《瘡癰腸癰浸淫病脈證並治》中的王不留行散方和排膿散方等均有芍藥[8]，則芍藥爲當時常見藥物。《本草綱目》芍藥未入菜部，其書卷一四《草部》"芍藥"條引羅願《爾雅翼》云："制食之毒，莫良於勺，故得藥名。"[9] 解毒之說與顏說相同。古人以爲馬肝有毒，則顏氏說唐人烹製馬肝、馬腸佐以芍藥可能與去毒有關。"勺藥之和"的"勺藥"非"芍藥"之說，雖限於音轉推測，但以"勺藥"所調物件均爲肉類食物考量，"五味之和"之說較勝。而馬肝有毒是漢人共識，對其所好和恐懼猶如今人看待河豚魚[10]，芍藥既然有去毒的功能，唐人用芍藥烹馬肝是否有漢代的影跡，有待新資料。

---

[1] ［清］阮元校刻：《十三經注疏》，第 346 頁。
[2] 《漢書》卷五七上，第 2544 頁。
[3] ［宋］王觀國：《學林》卷一"芍藥"條，武英殿聚珍版叢書本。
[4] ［清］王念孫：《讀書雜誌》卷五"勺藥"條，道光十二年刻本。
[5] 揚之水：《說"勺藥"之和》，《中國歷史文物》2004 年第 2 期。
[6] 〔日〕青木正兒著，范建明譯：《芍藥之和》，《中華名物考（外一種）》。
[7] 馬王堆漢墓帛書整理小組編：《馬王堆漢墓帛書》第四輯，第 35、57、58 頁。
[8] 李克光主編：《金匱要略譯釋》，第 191、202、591、593 頁。
[9] 劉衡如點校：《本草綱目》，第 849 頁。
[10] 彭衛：《漢代人的肉食》，《中國社會科學院歷史研究所學刊》第 7 集，商務印書館 2011 年版。

（七二）斛草

郴州蘇仙橋西晉簡記當地物產有"蘚"（簡2—153）[①]，按，"蘚"通"斛"。《本草綱目》卷一九《草部》"斛草"條引蘇恭語曰："生水旁。葉圓，似澤瀉而小。花青白色。亦堪蒸啖，江南人用蒸魚食甚美。五六月采莖葉，暴乾用。"[②] 蘚即斛草，爲茜草科植物。西晉上距漢代不遠，漢人以斛草爲蔬菜的可能性是存在的。

（七三）白苣（萵苣）

白苣係雙子葉植物藥菊科萵苣屬植物，原產地中海沿岸，並得到馴化。《金匱要略·果實菜穀禁忌並治》云："白苣不可共酪同食，作蟨蟲。"[③] 似乎白苣在東漢時已傳入中土。但在《金匱要略》之後的很長一段時間，醫學和農學文獻如《名醫別錄》、《齊民要術》等均未記述此物。直至孫思邈《千金要方》始見白苣的記載。[④] 前引《金匱要略》白苣文字之後有"黃瓜食之發病"。按"黃瓜"稱謂的出現不早於十六國時期，故這兩句話很可能都是後人的文字。如此，則白苣傳入中國可能在唐代。宋人有白苣"堪作菇"的描寫[⑤]，但人工栽培似乎並不普遍[⑥]。又，李時珍以爲陸璣《毛詩草木鳥獸蟲魚疏》所說的苣即白苣[⑦]，未確。詳苣條。

一般認爲萵苣在唐代傳入中國。《説文》"艸部"："苣，束葦燒。"有學人認爲漢代"苣"還指萵苣，許慎漏記。其根據是王禎《農書》對苦苣、白苣、紫苣、野苣的説明。[⑧] 此蓋無根之論，不取。

（七四）百合

百合爲百合科植物，古之名甚多。《本草綱目》卷二七《菜部》"百合"條引吳

[①] 湖南省文物考古研究所、郴州市文物處：《湖南郴州蘇仙橋遺址發掘簡報》，《湖南考古輯刊》第8集。
[②] 劉衡如點校：《本草綱目》，第1352頁。
[③] 李克光主編：《金匱要略譯釋》，第737頁。
[④] [唐] 孫思邈：《千金要方》（文淵閣四庫全書本）卷六五《丁腫方》"治魚臍瘡頭白似腫痛不可忍者方"："先以針刺瘡四畔作孔，擣白苣取汁，滴著瘡孔内。"
[⑤] [宋] 梁克家：淳熙《三山志》卷四一《土俗類》，文淵閣四庫全書本。
[⑥] [宋] 唐慎微：《證類本草》（四部叢刊本）卷二七："白苣，江外、嶺南、吳人無白苣，嘗植野苣，以供廚饌。"
[⑦] [明] 李時珍：《本草綱目》卷二七《菜部》"白苣"條。劉衡如點校：《本草綱目》，第1660頁。
[⑧] 蕭世民、周冬梅、黃帥：《〈說文解字·艸部〉藥食類植物詞語名稱考釋（之一）——蔬菜類》，《井岡山學院學報》（哲學社會科學版）2009年第7期。

普《本草》："百合，一名重邁，一名中庭，一名重匡，生宛朐及荆山。"又引陶弘景語曰："一名摩羅，一名重箱，一名中逢花。"又云："俗人呼爲强仇。"[①] 陶弘景說百合"近道處處有之。根如葫蒜，數十片相累。人亦蒸煮食之"[②]。但漢人是否以此爲蔬，不得而知。或云，百合爲先秦時期的栽培作物[③]，不知何據。據前引吳普《本草》"生宛朐及荆山"和陶弘景"近道處處有之"，百合在漢代和南北朝時只是野生植物。

（七五）葶藶

《四民月令》"四月"條："收蕪菁及芥、亭歷、冬葵、茛蓎子。"亭歷即葶藶，係十字花科葶藶屬植物。蕪菁、芥和冬葵均爲蔬菜，葶藶排列在冬葵之前，與藥草茛蓎子分隔開來，是否意味著葶藶是蔬菜？按，漢代文獻葶藶均以藥顯現，如《金匱要略·肺痿肺癰咳嗽上氣病脈證治》有"葶藶大棗瀉肺湯方"。後世藥學典籍如《本草綱目》亦徑言其藥性而不及其他。[④] 救荒文獻如明鮑山《野菜博録》也未見葶藶蹤跡。《四民月令》葶藶在蕪菁等蔬菜之間，可能是崔寔本人撰寫時或後人抄録時出現的排列無序，並不能證明葶藶在漢代入菜。

（七六）賴

馬王堆1號漢墓和3號漢墓遣册均記有"賴穜（種）"，整理者所定簡文順序分別是1號漢墓：

葵穜三斗布囊一（簡148）、賴穜三斗布囊一（簡149）、莧穜三斗布囊一（簡150）、麻穜一石布囊一（簡151）、五穜十囊＝盛一石五斗（簡152）。

3號漢墓：

麻穜一石布囊一（簡200）、葵穜五斗布囊（簡201）、賴穜五斗布囊（簡210）、莧穜五斗布囊（簡203）、五穜五囊，囊各盛三石（簡204）。[⑤]

---

① 劉衡如點校：《本草綱目》，第1680頁。
② [明]李時珍：《本草綱目》卷二七《菜部》"百合"條引。劉衡如點校：《本草綱目》，第1680頁。
③ 李家文：《中國蔬菜作物的來歷和變異》，《中國農業科學》1981年第1期。
④ [明]李時珍：《本草綱目》卷一六《草部》"葶藶"條。劉衡如點校：《本草綱目》，第1065—1068頁。
⑤ 湖南省博物館、湖南省文物考古研究所編著：《長沙馬王堆二、三號漢墓》，第61頁。

兩座漢墓遣册所記作物完全相同，即穀類的五穀、麻，菜蔬類的葵、葱等。惟數量有異。這些作物除賴之外，均爲當時的常見物種。賴是何物？1號漢墓整理者以爲"賴"即"蘱"的異寫："賴即蘱。《爾雅·釋草》：'羊蘱蕭'，郭注：'今蘱蒿也，初生亦可食'。"①3號漢墓整理者則未做解釋。按，釋"賴"爲"蘱"是從字形推測。蘱蕭即艾蒿，前文已有説明。漢代文獻未見種植蘱蒿的記載，司馬相如則明確將其列入野生植物中。②漢代以後蘱蒿依然是野菜，經濟意義十分有限。何以馬王堆漢墓中要隨葬它的種實？據兩份遣册，"賴"種數量很大，與葱、葵相當，很難設想漢人會將一種價值很小的植物種實葬於墓中，作爲墓主人在另一個世界的食物。因此，"賴"是蘱蒿的可能性極小，它應當是漢代常見的某種可以食用的植物。前文指出，藜亦稱萊，是漢代兼具主食和蔬菜的重要食物，我的推測是，"賴"或許是"萊"的同音假借，亦即藜。馬王堆1號和3號漢墓主人或許如漢景帝一樣，對藜有著偏好，故將其種實隨葬。這個根據自然曲迂間接，但在目前没有其他資料的情形下，只能略備一説。

（七七）蘿藦

蘿藦係蘿藦科蘿藦屬植物。《詩·衛風·芄蘭》："芄蘭之支，童子佩觿。""芄蘭之葉，童子佩韘。"《爾雅·釋草》："藿，芄蘭。"郭璞注："蔓生，斷之有白汁，可啖。"③陸璣云："芄蘭一名蘿藦，幽州謂之雀瓢。蔓生葉青，緑色而厚，摘之白汁出。食之甜脆，鬻爲茹滑美。"④可知蘿藦是漢代人取食的野生植物。陶弘景説：蘿藦"人家多種之，葉厚而大，可生啖，亦蒸煮食之。諺云：'去家千里，勿食蘿藦、枸杞。'言其補益精氣，强盛陰道，與枸杞葉同也"。⑤則是南北朝時蘿藦曾進入人工栽培之列。至於陳藏器所説的"漢高帝用（蘿藦）子傅軍士金瘡，故名斫合子"⑥，自是後人附會之言。或懷疑蘿藦即《神農本草經》等古代醫學典籍記録的女青⑦，可備一説。

---

① 湖南省博物館、中國科學院考古研究所編：《長沙馬王堆一號漢墓》上集，第142頁。按，《爾雅·釋草》原文爲："蘱，蘱蕭。""羊"蓋誤植。
② 《文選》卷七司馬相如《子虚賦》："其高燥則生葴菥苞荔，薛莎青薠。"均爲野生植物。張揖注："薛，蘱蒿也。"
③ [清]郝懿行：《爾雅義疏》，第984頁。
④ [明]馮復京：《六家詩名物疏》卷一七《國風衛》二"芄蘭"條引，文淵閣四庫全書本。
⑤ [明]李時珍：《本草綱目》卷一八《草部》"蘿藦"條引。劉衡如點校：《本草綱目》，第1323頁。
⑥ [明]李時珍：《本草綱目》卷一八《草部》"蘿藦"條引。劉衡如點校：《本草綱目》，第1323頁。
⑦ 李時珍説："女青有二：一是藤生，乃蘇恭所説似蘿藦者；一種草生，則蛇衘根也。蛇衘有大、小二種：葉細者蛇衘，用苗莖；大者爲龍衘，用根。"（《本草綱目》卷一六《草部》"女青"條）又見琚妍、王敖、龍春林《〈證類本草〉女青的本草考證》，《中藥與臨床》2011年第2期。

（七八）葒草

《詩·鄭風·山有扶蘇》："山有喬松，隰有遊龍。"陸璣疏："遊龍，一名馬蓼。"[1]即蓼科植物葒草。據李時珍所説，葒草"其色赤黑而肉白，不甚辛，炊炒可食"[2]。《救荒本草》卷一"白水葒苗"條記食法云："採嫩苗葉，煠熟，水浸淘浄，油鹽調食"，或"洗浄蒸食"。是此物爲明人的菜蔬。漢代是否也是如此，文獻未載，存疑。

（七九）羅勒

羅勒爲唇形科植物，原産地在印度和東南亞南部熱帶地區。十六國時期因避石勒名諱，改稱"蘭香"[3]。《齊民要術》卷三《種蘭香》引《博物志》曰："燒馬蹄、羊角成灰，春散著濕地，羅勒乃生。"[4]這是古代文獻對羅勒的最早記録，時當西晉時期。學界有一種意見，認爲羅勒是秦漢時期的主要蔬菜。[5]羅勒確可入菜。《本草綱目》卷二六《菜部》"羅勒"條引掌禹錫語云："羅勒處處有之。有三種：一種似紫蘇葉；一種葉大，二十步内即聞香；一種堪作生菜。冬月用乾者。"又引《臞仙神隱書》云："園旁水側宜廣種之，饑年亦可濟用。"[6]漢代文獻未見"羅勒"，惟《西京雜記》卷一有"終南山多離合草，葉似江蘺而紅緑相雜，莖皆紫色，氣如羅勒"語。[7]然《西京雜記》成書較晚，以此孤證作據，似有不妥。《齊民要術》卷三《種蘭香》引韋弘《賦叙》："羅勒者，生昆侖之丘，出西蠻之俗。"韋弘生平不詳，繆啓愉等指出《漢書·韋賢傳》韋賢次子名弘，但各家書目無韋弘著述記載，恐非此人。[8]説是。古代印度人喜好沐浴，羅勒或由天竺僧人攜入。佛教東漢東傳中土，並在漢末形成了相當的規模，據此以及前引張華《博物志》，羅勒有可能在東漢後期進入中土，但根據現有資料，這種植物並未成爲漢代人的蔬菜，更不是"主要"的蔬菜。

---

[1] ［吴］陸璣：《毛詩草木鳥獸蟲魚疏》卷上，文淵閣四庫全書本。
[2] ［明］李時珍：《本草綱目》卷一六《草部》"葒草"條。劉衡如點校：《本草綱目》，第1094頁。
[3] ［北魏］賈思勰：《齊民要術》卷三《種蘭香》。繆啓愉、繆桂龍：《齊民要術譯注》，第209頁。
[4] 繆啓愉、繆桂龍：《齊民要術譯注》，第210頁。
[5] 劉海峰、馬臨澔、余全有：《古代大中原地區主要蔬菜的變遷》，《經濟經緯》1999年第3期。
[6] 劉衡如點校：《本草綱目》，第1460頁。
[7] ［晉］葛洪：《西京雜記》，第3頁。
[8] 繆啓愉、繆桂龍：《齊民要術譯注》，第209頁。

（八〇）石花菜

《本草綱目》卷二八《菜部》"石花菜"條："石花菜生南海沙石間。高二三寸，狀如珊瑚，有紅、白二色，枝上有細齒。以沸湯泡去砂屑，沃以薑、醋，食之甚脆。其根埋沙中，可再生枝也。一種稍粗而似雞爪者，謂之雞腳菜，味更佳。二物久浸皆化成膠凍也。郭璞《海賦》所謂'水物則玉珧海月，土肉石華'，即此物也。"① 方以智亦取此說。② 按，《文選》卷一二錄有郭璞《江賦》，文云："爾其水物怪錯，則有……玉珧海月，土肉石華。"明以前文獻引此也均作《江賦》③，可知《海賦》係明人誤寫。《文選》卷一二《江賦》注："郭璞《山海經》注曰：'珧，亦蚌屬也。'《臨海水土物志》曰：'海月，大如鏡，白色，正圓，常死海邊，其柱如搔頭大，中食。'又曰：'土肉，正黑，如小兒臂大，長五寸，中有腹，無口目，有三十足，炙食。'又曰：'石華，附石生，肉中啖。'"石花菜係紅藻綱石花科石花屬植物，生長於南海區域。可知珧、海月和土肉係水生類動物，石華爲苔蘚類植物，並非李時珍和方以智所認定的南海特有的石花菜。清代嶺南居民甚重此物。據李調元觀察，在當地又名海菜，"產瓊之會同。歲三月，菜廠主人置酒，廣集菜丁，使穿木屐入海採取。海有研石，廣數里，横亘海底，海菜其莓苔也。白者爲瓊枝，紅者爲草珊瑚。泡以沸湯，沃以薑椒酒醋，味甚脆美"④。石花菜楊孚《異物志》未錄，漢代南海沿岸居民是否食用石花菜，存疑。

（八一）菊花

楚辭《離騷》："朝飲木蘭之墜露兮，夕餐秋菊之落英。"治飲食史或以此爲以花入菜之始。按，《離騷》有其特定的語境，言論所及均是論德論事。此句該如王逸注所說，"勤以香净"；也如五臣注所言："取其香潔以合己之德。"⑤ 在《詩經》、楚辭《招魂》、《大招》和戰國時期其他文獻中，没有以花（不限於菊華）爲蔬的描寫。⑥ 《四民月令》"九月條"云"可采菊華，收枳實"⑦，菊華、枳實並列，顯然是將菊華作爲藥

---

① 劉衡如點校：《本草綱目》，第1707頁。
② ［明］方以智：《通雅》卷四二《植物·草》"石花、鹿角、雞腳"條，文淵閣四庫全書本。
③ ［宋］高似孫：《緯略》卷七"珧"條。［宋］孫奕：《示兒編》卷二三《字說》。［宋］葉廷圭：《海錄碎事》卷二二上《鳥獸草木部》"玉珧"條，文淵閣四庫全書本。
④ ［清］李調元：《南越筆記》卷一四"石花菜"條。
⑤ ［宋］洪興祖：《楚辭補注》，第12頁。
⑥ 《吕氏春秋·本味》云："菜之美者……壽木之華。"高誘注："華，實也。"（陳奇猷校釋：《吕氏春秋校釋》，第741、757頁）壽木之華指的是壽木的果實而非花。
⑦ ［漢］崔寔原著，石聲漢校注：《四民月令校注》，第65頁。

物。魏晉文獻對菊花的食用價值也集中於求長生和藥膳方面。如《藝文類聚》卷八一傅玄《菊賦》："服之者長壽，食之者通神。"《西京雜記》有菊華酒。① 《西京雜記》作者不詳，有劉歆、葛洪、吳均三說，即使將這段文字看作漢代的資料，也不涉及蔬菜。故可判定，菊花未入漢人菜系。

（八二）山椒子

南越王宮苑遺址出土有山雞椒。② 山雞椒爲樟科木薑子屬植物，現代主要分佈在長江以南地區，含揮發油，多做藥用。漢代文獻未見記載，南越王宮苑遺址所見其他植物如楊梅、橄欖、酸棗桃等均爲食用類樹木，山椒子是否作爲食物的調味料，存疑。

（八三）覆盆子

《爾雅·釋草》："茥，蒛葐。"郭璞注："覆盆也。實似莓而小，亦可食。"③ 覆盆子是薔薇科懸鉤子屬植物，果實可食。漢代其他文獻未見以覆盆子入蔬的記載。

（八四）筍、茄、冬瓜、黃卷、大豆黃卷、芋、薯蕷、菱、菠菜和番茄

這幾種物品筆者已有討論④，此處不贅。所補充者（1）茄。茄是否在漢代傳入中土，學界有不同意見。筆者以爲傳入說證據不足。或以《樂府詩集》卷一六漢鐃歌十八曲《朱鷺》"朱鷺，魚以烏。鷺何食？食茄下"爲證。此處之"茄"是荷莖之"茄"而非蔬菜之"茄"。（2）冬瓜。筆者原已指明冬瓜已入漢代菜蔬家族，上海

---

① ［晉］葛洪：《西京雜記》卷三："飲菊華酒，令人長壽。菊華舒時，並採莖葉，雜黍米釀之，至來年九月九日始熟，就飲焉，故謂之菊華酒。"按，九月九日采藥和燕飲的最早記載見東漢後期文獻。《四民月令》"九月"條："九日可采菊華。"［漢］崔寔原著，石聲漢校注：《四民月令校注》，第65頁《藝文類聚》卷四曹丕與鍾繇書："歲往月來，忽復九月九日。九爲陽數，而日月並應，俗嘉其名，以爲宜於長久，故以享宴高會。"《北堂書鈔》卷一五五"九月九日"條引士孫瑞理王允事云："興平二年秋，朝廷以九月九日見公卿近臣飲宴，瑞離庶前言故司徒王允。"（學苑出版社2003年影宋刊本，第556頁）則以菊華入食（不是入蔬）應是漢末興起的習俗。
② 南越王宮博物館籌建處、廣州市文物考古研究所：《南越王宮苑遺址——1995、1997年考古發掘報告》，文物出版社2008年版，第203頁。
③ ［清］郝懿行：《爾雅義疏》，第1010頁。
④ 彭衛：《漢代食飲雜考》，《史學月刊》2008年第6期。彭衛：《漢代飲食史的幾個問題》，載趙國華、劉固盛主編：《熊鐵基八十華誕紀念文集》，華中師範大學出版社2012年版。彭衛：《秦漢時期的飲食》，載徐海榮主編：《中國飲食史》第2卷，華夏出版社1999年版，第407頁。

廣富林遺址出土冬瓜種實1粒,爲栽培植物。[①]該遺址時間從良渚文化時代延續到周代,考古報告未指明冬瓜種即時間,若此鑒定不誤,則不晚于周代冬瓜已爲古代中國居民的栽培蔬菜似無疑問。里耶秦簡有"獻冬瓜"簡文(簡8—1022),結合出土實物資料,此處的"冬瓜"應當就是《廣雅》所説的冬瓜。這是目前所見冬瓜進入中國人食譜文字記録的最早時間(戰國晚期)。或以爲中國古代冬瓜之栽培始於"近古"[②],根據中國古代傳世文獻和出土資料,這個説法可以更正。(3)黄卷。筆者原已指明"黄卷"並非黄豆芽,但是何物未能確定。江陵鳳凰山8號漢墓遺策有"黄卷橐二,錦"(簡139)、"黄卷橐一,白繡"(簡140)、"黄卷橐一,赤繡"(簡141)三通簡文[③],可能是説用"黄卷"包裹的錦繡。馬王堆3號漢墓遺册記有"黄卷一石,縑囊合笥"(簡148),並有墨書"黄卷笥"實物(東89)對應。[④]如此,"黄卷"應當是絲布之類的物品,與食物無關。(4)芋。《齊民要術》卷二《種芋》引《廣志》:"有青芋,有素芋,子皆不可食,莖可爲菹。"[⑤]青、素二芋大概是當時芋的品種。《廣志》成書於晉,上距漢代不遠,漢代是否有此食俗,待考。

三、申説

(一)綜上考述,漢代人取食的蔬菜約有百種(參表4),漢代人食用蔬菜的範圍應當比我們所知更多,因此本文所做的判斷未必十分準確,但若説這個工作可以大致重現了漢代人主要菜蔬譜系,似庶幾近之。

漢代蔬菜的大致情形如下:人工栽培33種,即葵菜、蔜葵、韭、大葱、小葱、薤、蓼、紫蘇、蘘荷、芹、芥、芸蒿、芸薹、莧、苜蓿、蕺、薙、胡荽、胡葱、薑、高良薑、大蒜、小蒜、雜蒜、蕪菁、蘆萉、瓠、甜瓜、冬瓜、黄瓜(?)、大豆、小豆、豌豆(藿含其中),約佔蔬菜總數的33%;人工栽培與野生兼有15種,即藜、荼、薺、析蓂、菫、榆莢、芋、薯蕷、山茱萸、吴茱萸、花椒、竹葉椒、蓴、筍和藕,約佔蔬菜總數的16%;野生51種,即藿(山韭)、木韭、茖(山葱)、馬蕲、秦荻藜、野

[①] 王海玉、翟楊等:《廣富林遺址(2008年)浸水植物遺存分析》,《南方文物》2013年第2期。
[②] 〔瑞士〕德亢朵爾(A.P. De Candolle)著,俞德浚、蔡希陶譯:《農藝植物考源》,第143頁。
[③] 金立:《江陵鳳凰山八號漢墓竹簡試釋》,《文物》1976年第6期。
[④] 湖南省博物館、湖南省文物考古研究所編著:《長沙馬王堆二、三號漢墓》,第188頁。
[⑤] 繆啓愉、繆桂龍:《齊民要術譯注》,第166頁。

蓼（澤蓼）、羊蹄、萹蓄、菘、馬齒莧、薇、苣、苨苣、蕨、蕈、蒼耳、白蒿、蔞蒿、青蒿、莪蒿、蘆（苦苣）、柱夫、芺、釀、鉤、菲、須、薡蕫、荆芥、澤瀉、香蒲、蘋蘩、蓷、藻、藻（同名異物）、香薷、蒿（山蒜）、蕲、菖、荸薺、菱、葴、蕪荑、桂皮（2種）、耳菜、中馗、荇菜、蘋、石發，約佔蔬菜總數的51%。由嶺南和西北邊地傳入內地有2種，即芸薹和蕹菜，約佔蔬菜總數的2%；由中亞或域外其他地區傳入中土的蔬菜有6種，即大蒜、蘆菔、胡荽、胡葱、豌豆、黄瓜（？）。其中黄瓜在多大程度上進入漢代中國人的飲食生活還需進一步研究。來自域外的新品種主要是沿著西域和河西走廊進入中土，有的可能是由塞外匈奴統治地區輾轉至中原，而由中國西南地區輸入的新的蔬菜種類目前因資料匱乏還不夠明晰。若不計黄瓜，則漢代外來蔬菜約佔蔬菜總數6%。

在以上所述的蔬菜中，兼具主食和菜蔬的品種主要有豆類作物、藜、藿、蕪菁、蘆菔等，兼具蔬果類的主要有甜瓜，兼具人類菜蔬和畜類飼料有葵菜和苜蓿。揆以現代農業生物學分類，這些蔬菜包括9個類型，即根莖類蔬菜（蘆菔、蕪菁）；緑葉菜類蔬菜（葵、芥、薤、莧、芸蒿、芸薹、藿、茶等）；葱蒜薑類蔬菜（大小葱、胡葱、蒜、韭、薤、蓼、薑等）；瓜類蔬菜（瓠、黄瓜、冬瓜）；豆類蔬菜（大豆、小豆、胡豆等）；薯芋類蔬菜（芋、薑、山藥）；水生類蔬菜（薺、水芹、菱、蒲菜、藕）；多年生類蔬菜（筍、椒、蕪荑、桂皮）；食用菌類蔬菜（蘑菇、木耳）。現代農業生物學關於蔬菜的11個分類，除去白菜類和茄果類外，均已具備。據國外資料，與漢帝國同時的古羅馬時期有54種栽種的蔬菜和43種野生的蔬菜供人們食用[1]，在數量上超過了漢帝國，這種情形與自然環境的密切度大於人類的開發努力。羅馬的許多蔬菜品種來自環地中海地區和波斯，地中海地區屬海洋性氣候，氣候濕潤，物產頗爲豐盛。在這種自然背景下，漢代中國人蔬菜種類少於羅馬自在情理之中。

有學者根據《四民月令》認爲漢代的"蔬菜種類還是不多"[2]。也有研究者依據《氾勝之書》、《四民月令》和張衡《南都賦》確定漢代栽培蔬菜有20多種。[3] 本文根據更多的資料進行考察，證明這些判斷是不夠確切的。在漢代蔬菜中，人工栽培蔬菜和人工栽培兼具野生的蔬菜將近蔬菜總數的一半，在比例上超過了野生蔬菜。在反映漢代人日常生活的相關歷史記録中，可以明確看到人工種植的蔬菜在食譜中所佔據的統治性位置。可以說人工蔬菜是漢代人獲取蔬菜的主要來源，而野生蔬菜是補充部分，

---

[1] 〔法〕羅伯特（Jean-Noël Robert）著，王長明等譯：《古羅馬人的歡娛》，廣西師範大學出版社2005年版，第102頁。
[2] 許倬雲：《漢代農業：早期中國農業經濟的形成》，江蘇人民出版社1998年版，第96頁。
[3] 梁家勉主編：《中國農業科學技術史稿》，第213—214頁。

或是在饑荒戰亂年代的替代性食物。正因爲如此，某些前代的菜蔬地位在逐步下降。荼是其中的一個顯例。先秦時期荼是重要蔬菜，而漢代資料中以荼入食的記載極少，這可能意味著到了漢代，荼開始退離蔬菜系統。而其因則在於漢代人工栽培的蔬菜較前豐富和穩定，更多的選擇使荼失去了原有地位。

一般來說，人工栽培的蔬菜位置較爲重要，我們在漢代文獻中看到的常見蔬菜基本上都是這類蔬菜。但有的野生植物却有著不可替代的價值，如桂皮、木耳和食用菇。一般認爲，西周到春秋戰國時期常見蔬菜種類大致有20餘種。[1] 與前代相比，此時增加了3倍以上。漢代人的常蔬包括葵菜、蔜葵、韭、大葱、小葱、藜、藿、薤、蓼、紫蘇、蘘荷、芹、芥、芸蒿、芸薹、薺、析蓂、堇、蕺、薑、小蒜、大蒜、蕪菁、蘆菔、芋、薯蕷、瓠、甜瓜、冬瓜、大豆、小豆、豌豆以及多種菌菇類。尤爲重要的是，漢代的多數蔬菜品種來自人工栽培，而不是像先秦時期那樣在很大程度上依賴於野生狀況，從而給予這些蔬菜持久而不是暫時的養育人口以光明前景。

前輩學者有近代中國人食用的蔬菜在漢代已經大備之說[2]，這個判斷同樣是不夠確切的。南北朝時期常見蔬菜30餘種，隋唐時期常見蔬菜約40種[3]，除增加了一些異域傳入的物種，與漢代沒有大的區別，但已出現了漢代的蔬菜向藥用植物的轉變跡象。宋明清時期是中國古代蔬菜變化的重要階段。在此期間，不僅許多原産於美洲的蔬菜傳入中國，而且中國本土原有的蔬菜構成也發生了改變。最爲明顯的表現就是漢代最爲重要的蔬菜——葵菜基本上退出了人們的生活，新興的白菜取而代之，成爲此後很長一個時期中國人尤其是黃河流域及其以北地區居民的當家蔬菜。概言之，中國蔬菜歷史大致可區分爲三個標誌性的大的階段，即：

1. 商周時期：開始人工栽培蔬菜的探索，這個時期所選擇的一些蔬菜如葵、韭、葱、薑等爲其後蔬菜走向奠定了基礎。

2. 漢代：延續並發展了春秋戰國的蔬菜格局，其表現是努力使野生菜蔬轉爲人工栽培的菜蔬，蔬菜的專業化和商品化程度增強，以及隨著大一統王朝的建立和中外交往的增加，異域的菜蔬進入內地，爲人們所接受並成爲古代中國蔬菜的重要組成部分。這三個方面也成爲漢代以後中國蔬菜史的基本特徵。

3. 宋明清時期：更爲注重蔬菜優良品種的培育，同時在逐漸開始的全球化背景下，

---

[1] 西周和春秋戰國時期的蔬菜種類主要有葵、芥、韭、芹、薑、蕪菁、蘆菔、芸、藿、瓠、藕等。參見姚偉均：《西周時期的飲食》，陳紹棣：《春秋戰國時期的飲食》，載徐海榮主編：《中國飲食史》第2卷。

[2] 陳直：《漢代人民的日常生活》，《西北大學學報》1957年第4期。

[3] 黎虎、鄧瑞全：《魏晉南北朝時期的飲食》、《隋唐五代時期的飲食》，載徐海榮等主編：《中國飲食史》第3卷，第42、306頁。

更多地引入了域外（主要是美洲）新的品種，並迅速將其納入到中國的蔬菜譜系之中。漢代的許多人工栽培蔬菜如葵、薤、蓼、紫蘇、蘘荷、芸蒿、蕺、藜、荼、薺、析蓂、堇等在這個時期的蔬菜結構中幾乎不復存在。換言之，在此時期中國蔬菜基本品種一部分來自於春秋戰國兩漢時期的人工栽培蔬菜，如韭、芹、大蔥、小蔥、大蒜、薑、芥、芸薹（油菜）、莧、蕹、胡荽、蕪菁、蘆菔、瓠、甜瓜、冬瓜、花椒、筍和藕，一部分來自於新栽培的本土品種如白菜，一部分來自於域外傳入的物種如莖用萵苣、胡蘿蔔、番茄、辣椒、南瓜、土豆、菜豆、苦瓜、西葫蘆等。它們构成了近代中國蔬菜的譜系。

中國古代蔬菜的這一歷史進程是既是對本土植物的發現、選擇，也是中外文明交流的結果。在這個過程中，古代中國人對蔬菜的栽培和選擇的孜孜不倦的努力，一如他們對穀類食物的態度，對待食物的這種認真和執著的精神，是中國古代文明的一個顯著特徵。

（二）《呂氏春秋·本味》所述"菜之美者"有9種，其名稱和產地對應如下：（1）蘋—昆侖；（2）壽木之華—昆侖[①]；（3）赤木、玄木之葉—指姑之東，中容之國；（4）嘉樹—余瞀之南，南極之崖；（5）芸—陽華；（6）芹—雲夢；（7）菁—具區；（8）土英—浸淵之草；（9）石耳—漢水。所述"和之美者"有7種：（1）薑—陽樸；（2）桂—招搖；（3）菌—越駱；（4）鱣鮪之醢；（5）鹽—大夏；（6）露—宰揭；（7）卵—長澤。除去醢、鹽、露和卵4種不屬於或可能不屬於蔬菜的物種，計有12種和12地。據各家注，在物產方面，較爲明確的是芸、芹、菁、桂、菌5種；在產地方面，較爲明確的是昆侖、陽華、雲夢、具區、漢水、陽樸、招搖、越駱8地。[②]有一半以上的物種和1/3以上的產地不詳。而一些產地如昆侖、指姑之東，中容國等也顯示了它們與中原地區遙遠的距離。這些美"菜"或美"和"中不清楚的內容，很可能是來自於更早時期中原與異域交往活動中所獲得的傳聞。《呂氏春秋》的記錄和描述，表達了兩個方面的文化心態，即對於這些不屬於中原地區和長江流域的蔬菜物產的關注，以及對非本地蔬菜的接納和給予好評。如果説，對外來文化的容納和接受是古代中國文明的一個顯著特徵，那麼在飲食方面，這個特徵則表現的格外明顯。

（三）漢代延續並拓展了春秋戰國以來蔬菜的種植狀態，人工種植面積較多的蔬菜

[①] 《呂氏春秋·本味》："菜之美者：昆侖之蘋，壽木之華。"高誘注："壽木，昆侖山上木也。"《山海經·海內西經》云："開明獸身大類虎……東向立昆侖上……開明北有不死樹。"（袁珂：《山海經校注》，第298—299頁）《淮南子·地形》："不死樹在其（昆侖）西。"（張雙棣：《淮南子校釋》，第431頁）高誘注文或據此。然據《本味》篇敘述體例，壽木似應爲對應於昆侖的另一地，而非昆侖之地。

[②] 陳奇猷校釋：《呂氏春秋校釋》，第757—761頁。

有葵、韭、藿、薤、蓼、葱、薑、蒜、芸薹、蕪菁、蘆菔等。根據漢代蔬菜的種植狀況，漢代人對人工栽培蔬菜的選擇可能主要考慮了如下因素。

第一，較高的產量和收益，這類蔬菜有葵菜、蓀葵、韭菜、薑、薺菜、藪等。其中，葵的生長時間較長，一年中大部分時間都可以獲利，按照《齊民要術》的估算，1畝地葵的毛盈利在5000錢以上（不包括沒有用於銷售的自用蔬菜）。而韭則可重複割取，食用價值很高，根據推算，經營韭菜一年每漢畝的毛收益是2092錢—3137錢。薑的情形也是如此，千畦薑的毛收益近70萬錢。故《史記·貨殖列傳》說種植"千畦薑韭"者的收入"與千戶侯等"。薺一年可採收3次—5次，現代農業生產薺的產量是1市畝2500公斤，屬於較高產量量的菜蔬。這應是漢代人選擇薺作爲人工種植菜蔬的一個因素。而人工栽培的薇的產量與野生薇相似，產量因素或許是古人沒有選擇栽培薇的重要原因。

第二，生長容易，較少發生病蟲害，如葵、韭、藜、苜蓿等。其中，葵具有特殊的品性。在綠葉蔬菜中，它具有較強的抗病蟲害能力，能夠有效地抵禦曲條甲蟲和菜蚜的危害。韭菜對溫度和土壤適應性以及耐肥力都較強，種植容易。藜對適度乾旱具有適應性，可以在較爲嚴苛的環境中生長。苜蓿根部可往地下蔓延10米，能充分吸收地底水分，這應是苜蓿在西北種植和生長更爲廣泛的一個原因。相反的例子也有，柱夫生長慢，前期分枝少，提高其單位元面積產量需要大量施肥，其莢亦不宜脫落，這種情況也許影響了漢代人對這個植物的重視。

第三，兼具主食和菜蔬或果與蔬多種功能，這類蔬菜有藜、蕪菁、蘆菔、多種豆類種實及其莖葉，以及梅。這類作物由於具有較爲廣泛的食物價值，因此得到漢代人的重視。其中的藜在新石器時代即已進入古代中國人的飲食生活。在漢代其主食兼菜蔬的雙重功能仍得到保持。其地位的重要性，有重新估計的必要。作爲外來物種的蕪菁和蘆菔，也因這一原因而得到了發展。

（四）歷史的關聯和自然環境對漢代蔬菜的種植產生了影響。例如，我們看到，在四川茂縣營盤山新石器時代遺址、河南禹州瓦店龍山文化遺址、山東煙臺照格莊岳石文化遺址和魯東南龍山文化遺址，出現了較爲集中且有一定數量的紫蘇遺存，被推測爲當地居民的採集食物，且有人工種植栽培的可能。紫蘇所以能在漢代生長在關東、關西、周鄭之間這些北方地區，與當時氣候較爲溫暖有關。又如，蘘荷在現代中國多分佈於長江以南的嶺南和西南地區，我們在以關中地區爲觀察地點的《上林賦》和居住於長安的史游所撰《急就篇》中看到了對蘘荷的描述，同樣是氣候的原因，使得蘘荷在黃河流域種植生長的原因。

在漢代蔬菜王國中，綠葉類和葱蒜類蔬菜較多。綠葉類蔬菜保鮮時間很短，因此漢代人多將其曬乾保存。秦律規定秦御史卒人隨長官出行進食"給之韭葱"①，許多人"飲食但葱韭"②，以葱葉伴麥飯爲食③等歷史記述表明，在日常飲食中，辛辣菜蔬是普通人家佐食的常物。

值得注意的是，雖然漢代人關注較高産量和收益的蔬菜，却没有因此而出現歷史上一些地區因此而造成的農業多樣性的喪失。④ 數量衆多的人工培育和野生蔬菜始終伴隨著漢代人的日常生活，這種農業文化特點來源於古代中國人在取食領域中的精心和耐心。

（五）大部分蔬菜分佈於漢帝國境内所有地區，包括葵、韭、藿、薤、芹、薑、葱、大小蒜、紫蘇、瓠、芥等，部分蔬菜的種植因環境和氣候因素而有地域側重：在黄河流域蕪菁、蘆菔、芸薹和芸薹較南方更多一些，在長江流域芹、蓼、蘘荷、高良薑、藕、蕹、薺和蓴菜較北方更爲常見，筍則由西周春秋時期黄河和長江流域均有而退居到長江流域和嶺南一帶。但主要生長在現代中國長江流域地區的蘘荷、紫蘇和蕹在漢代的分佈區域則延伸到黄河流域，這種情形應當與當時的氣候狀況有關。由現存資料可知，蜀地和關中地區出産的生薑、茱萸和花椒則享譽當時。隨著西漢中期以後中外交往的增强，大蒜、蘆菔、胡荾、胡葱、豌豆、黄瓜（？）傳入中土，這是這個時代有别於前代的一個新的氣象。一些研究者判定的漢代傳入中國的其他外來蔬菜如茄、菠菜和番茄則證據不足。與中唐以後異域植物主要通過海路傳入中土有所差異，漢代主要是通過陸路交通傳入中亞、西亞以及地中海沿岸的植物，但有一點是相同的，即包括菜蔬在内的異域作物得到了古代中國人的充分重視，從而異域作物的加入注定將部分改變了中國古代的蔬菜結構。由於缺乏國外相關資料，我們不清楚秦漢時代是否有以及有多少蔬菜傳播到了域外，因此也無法對蔬菜的種類的交换率進行説明。就目前掌握的資料而言，在這個時代國際間貿易往來過程中，中國在蔬菜方面所獲得的利益可能更佔優勢。

（六）戰國秦漢時期，食物有兩種分類。廣義的分類即《吕氏春秋·本味》所説的"美食"類型，依次是肉、魚、菜、和、飯、水和果，計7類，狹義的分類是穀、果、畜、菜4類，即《素問·藏氣法時論篇》所説"五穀爲食，五果爲助，五畜爲益，

---

① 睡虎地秦簡《傳食律》。睡虎地秦墓竹簡整理小組編：《睡虎地秦墓竹簡》，第101頁。
② 《藝文類聚》卷五〇引司馬彪《續漢書》。
③ 《後漢書·逸民列傳·井丹》。《後漢書》卷八三，第2765頁。
④ 例如近代以來非洲一些地區以往曾很受歡迎的酸模屬蔬菜和秋葵的衰落，其原因在於種植園主追逐利潤更高的植物，從而造成了農業的多樣性的萎縮。參見〔法〕克雷蒂安（Jean Pierre Chretien）著，阿勞譯：《非洲飲食習慣的歷史側面》，《第歐根尼》1993年第6期。

五菜爲充"①。而漢代人關於食物的一般理解是後者，儘管在生活中"食物"實際上包括了《本味》所說的7個方面。"食"意爲基本食物，"助"意爲協助性食物，即《急就篇》所說的"園菜果助米糧"；"益"意爲有益的食物；"充"意爲補充性食物。這個定義區別分了不同類型食物的屬性和價值。由於果、菜是"助"和"充"，在維持生命的價值上"亞於穀"②，因此在作物種植的比例上，它們自然要少於穀類。尹灣漢簡《集簿》記錄種植宿麥107300多頃，"春種樹"即種植蔬菜和包括果樹在内的經濟林656784畝，前者面積是後者的16倍多。但另一方面我們也應看到蔬菜在漢代人生活中的特殊位置。《爾雅·釋天》："穀不熟爲饑，蔬不熟爲饉。"③由於在農業社會中，穀和蔬是基本食物，因此作爲"充"，菜蔬既是荒年的代用主食，也是對"食"的補充和對肉的補益，正是在這個意義上，《管子》才有"六畜不育於家，瓜瓠葷菜百果不備具，國之貧也"；"六畜育於家，瓜瓠葷菜百果備具，國之富也"④；《禮記》才有"'食肉飲酒，必有草木之滋焉'，以爲薑桂之謂也"⑤的結論。也正是由此前提出發，荀子才有蔬食菜羹可以"養口"⑥的意見。不僅無肉，無菜同樣也是一種簡陋的生活。閔貢"與周党相友，党每過仲叔，共啥菽飲水，無菜茹"的故事⑦即是顯例。又《漢書·叔孫通傳》："吕后與陛下攻苦食啖。"顔師古注引如淳曰："食無菜茹爲啖。"顔師古曰："啖，當作淡。淡，謂無味之食也。"⑧如淳注雖不確，但其表述表明在當時人心目中"無菜茹"屬於劣食。正因爲如此，朝廷專設官員負責皇室蔬菜的管理。《漢書·百官公卿表》上云："水衡都尉，武帝元鼎二年初置，掌上林苑，有五丞。屬官有上林、均輸、御羞、禁圃、輯濯、鍾官、技巧、六廄、辯銅九官令丞。"又云："上林有八丞十二尉，均輸四丞，御羞兩丞，都水三丞，禁圃兩尉，甘泉上林四丞。成帝建始二年省技巧、六廄官。"⑨此外，滅南越後西漢皇室在南海郡設圃羞官⑩，所供物品應是當地的特有果蔬。成帝不廢禁圃官，東漢靈帝光和六年（公元183年），又增設由宦官負

---

① 《黄帝内經素問》，第149頁。
② ［宋］羅願：淳熙《新安志》卷二"蔬茹"，文淵閣四庫全書本。
③ ［清］郝懿行：《爾雅義疏》，第739頁。
④ 《管子·立政》。黎鳳翔撰，梁運華整理：《管子校注》，第64頁。
⑤ 《禮記·檀弓上》曾子曰。［清］孫希旦撰，沈嘯寰、王星賢點校：《禮記集解》，第191頁。
⑥ 《荀子·正名》。［清］王先謙撰，沈嘯寰、王星賢點校：《荀子集解》，中華書局1988年版，第432頁。
⑦ 《藝文類聚》卷八五引《東觀漢記》。
⑧ 《漢書》卷四三，第2129頁。
⑨ 《漢書》卷一九上，第735頁。又，陝西周至漢長楊宫遺址出土"禁圃"瓦當（馬驥：《陝西近年出土的珍稀秦漢瓦當》，《碑林集刊（七）》，陝西人民美術出版社2001年版）。這個地區正在上林苑故中，此瓦當當爲禁圃系統官舍遺物。
⑩ 《漢書》卷二八上《地理志》下，第1628頁。

責的囿囿署①，這些都表明菜蔬是日常生活的必需之物，也是與"羞"即肉類食物具有同樣意義的重要物品。

皇家種植的蔬菜面積和蔬菜種類的具體情形無法確知，但仍有某些綫索可供推測。其一，《漢書·王嘉傳》哀帝丞相王嘉奏言："孝元皇帝奉承大業，温恭少欲，都内錢四十萬萬，水衡錢二十五萬萬，少府錢十八萬萬。"②《太平御覽》卷六二七引桓譚《新論》："漢定以來，百姓賦斂一歲爲四十餘萬萬，吏俸用其半，餘二十萬萬，藏於都内，爲禁錢，少府所領園地作務之八十三萬萬，以給宫室供養諸賞賜。"王嘉和桓譚生活時代相同，陳述相近却也有所不同。即在財政類型上，王嘉將財政收入分爲三個部分，即都内錢（國家財政）、水衡錢（部分屬國家財政，部分屬皇室財政）和少府錢（皇室財政）；而桓譚則分爲都内和少府兩個部分。在數量上，少府錢王嘉的數字是十八萬萬，桓譚的數字是八十三萬萬。後者是前者的四倍多。學界多懷疑"八十三萬萬"是一個被誇大的數字③，"八"是"入"字抄寫之誤，實際數字是十三萬萬。考慮到二人的政治身份，王嘉證詞的可信度應更强一些。以王氏所言數字爲據，參以桓氏所述的"少府所領園地作務"，少府錢十八萬萬，水衡錢以三分之一計（其收入集中在上林苑，其中的御羞、禁圃等正是來自於蔬菜等的種植），種植蔬菜的收入顯然是一筆可觀的數字。其二，《鹽鐵論·園池》："三輔迫近於山、河，地狹人衆，四方並湊，粟米薪菜，不能相贍。公田轉假，桑榆菜果不殖，地力不盡。"文學强調了人口壓力和地力不盡造成的三輔地區蔬菜短缺。何以地力不盡？文學接下來説："先帝之開苑囿、池籞，可賦歸之於民，縣官租税而已。假税殊名，其實一也。夫如是，匹夫之力，盡于南畝，匹婦之力，盡于麻枲。田野辟，麻枲治，則上下俱衍，何困乏之有矣？"④換言之，帝室所擁有的面積廣闊的園囿，剥奪了普通人種植作物的條件，從而加劇了這個地區蔬菜供應的不足。由這兩點可以推想，在以上林苑爲代表的皇室園囿中，種植著數量龐大的蔬菜，司馬遷所説的"千畦薑韭"，應是園囿的組成部分。進而推想，帝室之外的諸侯國中，也應有這類蔬菜墾地。

（七）有文獻顯示，在漢代人的食物鏈環中蔬菜的位置似乎有限。如仲長統説："稼穡不修，桑果不茂，畜産不肥，鞭之可也。"⑤在此順序中，依次是穀類、果木和動物，却無蔬菜。在漢代人的食物禮單中，也很難見到蔬菜的蹤影。例如安徽天

---

① 《後漢書》卷八《靈帝紀》，第 347 頁。
② 《漢書》卷八六，第 3494 頁。
③ 〔日〕加藤繁著，吴傑譯：《中國經濟史考證》，中華書局 2012 年版，第 123 頁。
④ 王利器校注：《鹽鐵論校注》，第 172 頁。
⑤ 《齊民要術》序引。繆啓愉、繆桂龍：《齊民要術譯注》，第 12 頁。

長漢簡的禮單分爲穀類食物、肉類食物和飲料三類，包括粱米、雉、魚、酒等（簡TM19D17A）。① 但這些資料並不足以完整地顯示漢代的實際情形。

學界通常根據《説文》的解釋，認爲園種果木，圃殖蔬菜。其實自先秦以來一直有廣義之"圃"和狹義之"圃"之別。就王室而言，先秦時期圃與囿的時常相混。如《左傳》莊公十九年《傳》："取蔿國之圃以爲囿。"② 僖公十八年《傳》："邢人、狄人伐衛，圍菟圃。"③ 僖公三十三年《傳》："鄭之有原圃，猶秦之有具囿也。吾子取其麋鹿以閑敝邑，若何？"④ 是爲廣義之"圃"就庶民而言，圃則多指菜圃。《韓非子‧外儲説左上》："而中牟之民棄田圃而隨文學者邑之半。"⑤ 田即穀類作物耕地，圃即菜圃。是爲狹義之"圃"。"場園"有時亦指狹義之"圃"。《墨子‧天志下》："入人之場園，竊人之桃李瓜薑者"⑥ 即是。漢代圃中種植的植物不限於蔬菜。如司馬相如《子虛賦》説"其東則有蕙圃，衡蘭芷若"⑦。劉向《九歎‧惜賢》"登長陵而四望兮，覽芷圃之蠡蠡"⑧，蕙（蕙草）、衡（杜衡）、蘭（澤蘭）、芷（白芷）、若（杜若）均是香料而非菜蔬。《藝文類聚》卷八七引劉楨的《瓜賦》提到了"圃師"，所負之責是爲貴族提供佳瓜，表達的也是廣義之"圃"。這種情形也反映出蔬菜種植在不斷專業化的進程中，依然保留了農業社會早期的一些痕跡。但同樣明顯的事實是，"園"、"圃"的分工已成趨勢，園中植樹，圃中種菜也是人們的共識。相傳李商隱所做的《雜纂》"煞風景"條下有"果園種菜"⑨，反映的正是這種情狀。

戰國以來，菜圃與穀類作物的耕種相同，分畦耕種。如《莊子》外篇《天地》："子貢南游于楚，反於晉，過漢陰，見一丈人方將爲圃畦。"⑩ 王逸也有"逡巡兮圃藪，率彼兮畛陌"之語。⑪ 但與大田有所不同，春秋戰國以來的菜圃可能多用樹枝爲籬笆圍護⑫，以防盜竊。

---

① 天長市文物管理所、天長市博物館：《安徽天長西漢墓發掘簡報》，《文物》2006 年第 11 期。
② ［晉］杜預集解：《春秋左傳集解》，第 173 頁。
③ ［晉］杜預集解：《春秋左傳集解》，第 312 頁。
④ ［晉］杜預集解：《春秋左傳集解》，第 407 頁。
⑤ 梁啓雄：《韓子淺解》，中華書局 1960 年版，第 270 頁。
⑥ ［清］孫詒讓：《墨子閒詁》，第 157 頁。
⑦ 《漢書》卷五七上，第 2535 頁。
⑧ ［宋］洪興祖：《楚辭補注》，第 296 頁。
⑨ ［唐］李義山等撰，曲彥斌校注：《雜纂七種》，上海古籍出版社 1988 年版，第 22 頁。
⑩ ［清］郭慶藩：《莊子集釋》，第 438 頁。
⑪ ［漢］王逸：《九思‧憫上》。［宋］洪興祖：《楚辭補注》，第 320 頁。
⑫ 《詩‧齊風‧東方之日》："折柳樊圃，狂夫瞿瞿。"毛《傳》："柳，柔脆之木。樊，藩也。圃，園也。折柳以爲藩園，無益於禁也。"孔穎達疏："謂藩籬也。種菜之地謂之圃，其外藩籬謂之園，故云圃菜園也。"［清］阮元校刻：《十三經注疏》，第 350、351 頁。

《太平御覽》卷八三四曹植《藉田賦》："大凡人之爲圃，各植其所好焉。好甘者植乎薺，好苦者植乎荼，好香者植乎蘭，好辛者植乎蓼。至於寡人之圃，無不植也。"按此説法，普通人家蔬菜相當單一。但龔遂治渤海郡令民種"百本薤、五十本葱、一畦韭"。《四民月令》提到的蔬菜更多，有葵、韭、大葱、小葱、胡葱、雜蒜、薤、蓼、藿、蘇、蕪菁、瓠、芥等（參見表1）。《四民月令》所論東漢北方地區農户的日常農事，這些蔬菜雖未必是每家每户必種之物，但葵、韭、葱、蒜、薤之類應是多數人家所栽培，以供日常之需。因此曹植的説法並不確切。此外，以《四民月令》比照龔遂故事，似可説東漢時期農家種植的蔬菜種類較之西漢有所增加。

仲長統嘗謂："使居有良田廣宅，背山臨流，溝池環匝，竹木周布，場圃築前，果園樹後。"[1]《藝文類聚》卷三四曹丕《感物賦》也有"堀中堂而爲圃"之語。似乎漢代菜園位置在住宅之前。《四民月令》"九月"條説該月應"治場圃"[2]。在資料有限的情形下，不妨設想，大田作物主要是各種穀類作物，蔬菜的種植可能分爲宅院附近的土地和大田兩個部分，對於菜農來説，大田應當是最主要的種植場地。

種菜者是否有性別之分？《漢書·董仲舒傳》説董仲舒"三年不窺園"[3]，《後漢書·陶潛傳》注引謝承《後漢書》説趙昱"受《公羊傳》，兼該群業。至歷年潛志，不窺園圃"。《隸釋》卷一二《李翊夫人碑》説其"操無遺愆。約身紡績，殖賄圃園"[4]，表彰了女性對菜蔬種植的關注。可知，種植蔬菜是一個漢代家庭夫妻的共同工作。《莊子》外篇《天地》説：灌圃丈人"鑿隧而入井，抱甕而出灌"，"用力甚多而見功寡"。子貢的建議是用桔槔汲取井水。[5]無論是"鑿隧入井"汲水還是使用桔槔，相對於大田耕作，灌圃都較爲輕鬆。這可能是女性參與蔬菜種植活動的一個原因。

（八）饑饉時期以菜代飯自然是劣食，但正常情形下則非如此。有兩個統計資料顯示，近代中國社會食物消費以穀類作物最多，約佔總消費量的80%，蔬菜9%（北平）或13%（定縣），肉類3%（北平）或2%（定縣），不同群體中富裕者蔬菜的比例較高。[6]蔬菜在漢代人食物消費中所佔比例缺乏足夠的資料。《居延漢簡釋文合校》簡159.4："第四隧長□之菜錢二百一十六又肉錢七十凡二百八十六。"這通簡文記録的應是某個時間段落中隧長的飲食開銷，在這個個案中，菜錢佔花銷的75%，約爲肉錢的3.1倍。

---

[1] 《後漢書》卷四九《仲長統傳》，第1644頁。
[2] ［漢］崔寔原著，石聲漢校注：《四民月令校注》，第65頁。
[3] 《漢書》卷五六，第2495頁。
[4] ［宋］洪适：《隸釋　隸續》，中華書局1986年版，第143頁。
[5] ［宋］洪适：《隸釋　隸續》，第143頁。
[6] 陶孟和：《北平生活費之分析》，商務印書館2011年版（據社會研究所1933年排印），第61、91頁。李景漢：《定縣社會概況調查》，商務印書館1929年初版，上海人民出版社2005年版，第293頁。

這個比例與前引近代北平例子相同。倘若這通漢簡所記蔬菜消費在食物中的比例具有普遍性，則漢代社會可能與近代中國情形相去不遠。

由於前述蔬菜在漢代人生活中的位置，有理由推想由於人口的大幅度增加，由於官方對種植蔬菜的鼓勵[①]，蔬菜種植面積也在擴大。不僅在鄉村，城中人家、官府中也能見到種植蔬菜的跡象。[②]一個有一定說服力的資料是尹灣漢簡《集簿》。《集簿》記錄了當年度和上年度作物種植面積的變化，即種宿麥當年度比上年度增加1920頃82畝，春種樹當年度比上年度增加46220畝，增長幅度分別是宿麥1.8%，春種樹7.6%，後者增速要高於前者。儘管這只是一個局部地區兩個年度的統計，不能作爲全國情況和長期狀況的依據，但從中我們仍能感受到蔬菜種植的普遍和增長。

資料所限，我們無法得知漢代蔬菜的種植面積，但依據下面的一些證詞和基本生活邏輯，似可說城市尤其是大都市周邊農家的蔬菜種植面積或者說在作物種植面積中的比例可能要大於小城鎮以及遠離城市的鄉村。[③]據崔寔所說，兩個人一月薪炭鹽菜的支出是五百錢[④]，購買蔬菜大概不會少於二百錢。這是一筆不小的開銷。巴郡屬官抱怨說："郡境廣遠，千里給吏……下至薪菜之物，無不躬買於市"，"富者財得自供，貧者無以自久"。[⑤]正可與崔寔所言之情相比照。因此我們就不難理解有的"買菜"人的斤斤計較。[⑥]

《史記·貨殖列傳》和《漢書·貨殖傳》中關於與飲食有關的大宗物品的商業價值的描述分爲三個部分，即（1）養殖和種植業，即"此其人與千戶侯等"段落，包括動物（羊、豬、魚等，馬和牛雖在其中，但更多應作爲生產或交通工具）、果類（棗、

---

① 這種情形在荒年表現得尤爲突出。《後漢書·和帝紀》：永元五年（公元93年）九月"令郡縣勸民蓄蔬食以助五穀"。《後漢書》卷四，第177頁。《後漢書·安帝紀》：永初三年（公元109年）七月"詔長吏案行在所，皆令種宿麥蔬食，務盡地力"。《後漢書》卷五，第213頁。
② 《漢書·食貨志》下：王莽"又以《周官》稅民：凡田不耕爲不殖，出三夫之稅；城郭中宅不樹藝者爲不毛，出三夫之布"。顏師古注："樹藝，謂種樹果木及菜蔬。"《漢書》卷二四上，第1180頁）《漢書·薛宣傳》："宣子惠……爲彭城令，宣心知惠不能，留彭城數日，案行舍中，處置什器，觀視園菜，終不問惠以吏事。"《漢書》卷八三，第3397頁）《太平御覽》卷九七六引謝承《後漢書》："彭城刁曜字子卿，爲漁陽相。前相所種菜，悉付還外。"
③ 據20世紀30年代的調查，城市郊區的蔬菜種植面積更大。如北平市郊種植糧食和蔬菜的總面積是61642.5畝，蔬菜種植面積是44229畝，佔總面積的16.9%（見《北平市四郊農村調查》，北平市政府1934年9月刊行。李文海主編：《民國時期社會調查叢編》二編《鄉村社會卷》，第27—28頁）。而同一時期的河南南陽縣和浙江蘭溪縣，蔬菜種植面積分別佔作物面積的2%和3.6%（見馮紫剛、劉瑞生：《南陽農村社會調查報告》，黎明書局1934年初版。馮紫剛：《蘭溪農村調查》，《國立浙江大學農學院專刊》第1號，1935年1月。李文海主編：《民國時期社會調查叢編》二編《鄉村社會卷》，第159頁、第324—325頁）。
④ ［清］嚴可均輯：《全後漢文》卷六四崔寔《政論》。
⑤ ［晉］常璩：《華陽國志》卷二《巴志》。劉琳校注：《華陽國志校注》，第45頁。
⑥ 《後漢書·逸民列傳·嚴光》李賢注引皇甫謐《高士傳》：侯霸遣人問學嚴光，光"乃口授之。使者嫌少，可更足。光曰：'買菜乎？求益也'"。《後漢書》卷八三，第2764頁。

栗、橘樹）和菜蔬類（薑和韭）；（2）在通邑大都販賣銷售的食材，即"亦比千乘之家"段落，包括穀類、動物類（羊、豬、魚）、果類（棗、栗）、酒漿類、調料類（醯、醬、鹽、豉）；（3）在西漢大賈二十餘個個案中，飲食行業只有以販豉"爲天下高訾"的樊少翁、"以賣漿而至家財千萬的張氏[①]、以販賣胃脯而"連騎"的濁氏。這些內容顯示出漢代城市中不同食物的商業化程度，其中最多的是肉類、果類、酒漿類、調料類和穀類等。蔬菜只見於種植部分。這是否意味著蔬菜在飲食類食品銷售方面數量有限，位置不夠重要？實際的情形大概並非如此，申說如下：

第一，《史》、《漢》的描述是概括性的陳述，其筆墨在主要涉及"類"即不同用途的物品的同時，也談到了"種"即同一種類的物品，如交通工具中的軺車和牛車。在有限的篇幅中，《貨殖傳》不可能面面俱到地羅列出所有的物品。它們所列出的物品自然是當時的重要商品，但不能反過來說，《傳》中沒有的物品，就不存在或不重要。

第二，《漢書·貨殖傳》："通邑大都酤一歲千釀……它果采千種……亦比千乘之家。"顏師古注："果采，謂於山野採取果實也。"[②]《史記·貨殖列傳》"它果采千種"作"佗果菜千鍾"。[③] 按，《漢書·貨殖傳》襲自《史記·貨殖列傳》。兩《傳》自"千釀"以下物品凡四十餘種，均爲物品名詞，未有以動詞入名詞者，且在漢代出土資料中，"菜"、"采"相通亦有佐證。[④] 因此《漢書》中的"果采"當讀爲《史記》中的"果菜"，亦即張守節所說的"雜果菜"。"千鍾"司馬貞《索隱》讀爲"千種"，"千種者，言其多也"。張守節《正義》："鍾，六斛四斗。"[⑤] 又按，兩《傳》自"千釀"以下四十餘種物品均以數量或重量標出，如"牛千足"、"鮐鮆千斤"等，無例外者，據此，"千鍾"不當解爲"千種"。每鍾六斛四斗，按前述葵菜1斛30錢—89錢計，則千鍾的收益在19萬錢至56萬錢之間。《史記·貨殖列傳》云："封者食租稅，歲率戶二百，千戶之君則二十萬。"銷售葵菜19萬的收入與此接近，這正與馬、班所說的"亦比千乘之家"相合。至於《史》、《漢》所列舉的二十多個經商致富的例子，顯然與菜蔬的商品化程度沒有整體的聯繫，也不能反映出漢代社会蔬菜經營和商業化的程度。

第三，漢代文獻的一些記載直接顯示出蔬菜在商業活動中的位置。漢代流傳著

[①] "賣漿"《漢書·貨殖傳》作"賣醬"。《漢書》卷九一，第3694頁。
[②] 《漢書》卷九一，第3687、3689頁。
[③] 《史記》卷六九，第3274頁。
[④] 江陵鳳凰山167號漢墓遣冊簡73"采茖一枚"，"采"即"菜"（吉林大學歷史系考古專業赴紀南城開門辦學小分隊：《鳳凰山一六七號漢墓遣冊考釋》，《文物》1976年第10期）。
[⑤] 《史記》卷六九，第3275頁。

"竊菜"故事,這類故事的相似性,説明這些行爲的常見。而竊者所竊蔬菜或許不僅是自己食用,其中的一部分也用於販賣。① 處於社會下層的"販夫"中應當有相當數量的人從事蔬菜銷售,對於他們來説,經營蔬菜是可以糊口的一份營生。② 《太平經》卷一一二《寫書不用徒自苦誡》:"不者罰謫賣菜都市,不得受取面目,爲醜人所輕賤,衆人所鄙。"③ 不過販賣蔬菜的人並非都是下等百姓。司馬遷所説的收入與千户侯等的菜農,他們的社會地位肯定與販夫們不可同日而語。東漢洛陽閭里中居住的一些被朝官蔑稱的"賣菜傭",實際上是當地豪强④,他們很可能就是在商品經濟發展下而形成的菜霸。

總之,相比於鹽、鐵等最重要的國家物資,相比於酒、肉類和一些果類食品,蔬菜的價格和利潤是較少的,但經營蔬菜貿易尤其是大宗的或壟斷性經營方式,使得蔬菜成爲大有利可圖的物品。這個因素起於戰國年代,在大一統的漢代社會有了長足發展,成爲此後二千年間的一個先聲,在中國古代蔬菜史上,這是一個重要的時刻。

(九)菜農的最早記録見於春秋後期。《論語·子路》:"樊遲請學稼,子曰:'吾不如老農。'請學爲圃。曰:'吾不如老圃。'"文中的"老農"和"老圃"並列,表明當時已出現了農作物種植的分工。最早明確提到民間大面積種植蔬菜的是《史記·貨殖列傳》所説的"千畦薑韭"。雖然不能就此斷言中國古代大面積種植蔬菜始於此時,但如果將漢代進入了大面積種植蔬菜較爲繁盛的時期大約接近歷史實際。上引尹灣《集簿》也將蔬菜種植面積的擴展作爲地方官員的重要政績。一般來説,一種作物的人工種植,是以墾地的增加或其他作物單位面積產量的提高等技術性因素有關。這兩種因素在漢代可能兼而有之。先秦時期作物的栽培主要集中在穀類方面,野生蔬菜在蔬菜家族中佔據了相當大的比重。這種局面在漢代被徹底改變。此後直至明清,儘管中國古代居民對蔬菜進行的選擇和取捨始終未得消歇,人工種植蔬菜成爲蔬菜的基本來源。漢代在中國蔬菜歷史上的位置由此得到更多的體現。

---

① 《太平御覽》卷九七六引謝承《後漢書》:"汝南鍾南嚴海君,少時鄉人有入其園竊菜者,明日拔菜,悉遺鄉里,鄉里人相約,無復取菜者。"《太平御覽》卷四二五引謝承《後漢書》:"閭中芻藁僮僕更相怒曰:'言汝清高,豈范史雲輩,而云不盜我菜乎?'"
② 《藝文類聚》卷八二引《孝子傳》:"洛陽公輦水作漿,兼以給過者,公補屩不取其直。天神化爲書生,問公:'何不種菜?'曰:'無種。'即遺數升,公種之,化爲白璧,餘皆爲錢。公得以娶婦。"這個神話故事表明,種菜的利潤可能要高於輦水作漿。劉向有《孝子圖》,不晚於唐代即已佚。《類聚》所引《孝子傳》成書時間雖不詳,但有助於我們理解漢魏六朝時期蔬菜的經營情況。
③ 王明編:《太平經合校》,中華書局 1960 年版,第 570 頁。
④ 《後漢書·酷吏列傳·周紆》:周紆"徵拜洛陽令,下車,先問大姓主名,吏數閭里豪强以對。紆厲聲怒曰:'本問貴戚若馬、竇等輩,豈能知此賣菜傭乎?'"《後漢書》卷七七,第 2494 頁。

（十）禮始諸飲食。在禮制規範中，蔬菜的位置如何？在禮制的食物序列中，肉類食品屬於不易獲取的"美物"[1]，因此它的出現方式體現的是人際之間等級上的差異，如觀射父所說的"祀加於舉。天子舉以大牢，祀以會；諸侯舉以特牛，祀乙太牢；卿舉以少牢，祀以特牛；大夫舉以特牲，祀以少牢；士食魚炙，祀以特牲；庶人食菜，祀以魚。上下有序，則民不慢"[2]。蔬菜是"小物"，其本身並不具備區分等級的意義，它承擔的是調和人與自然的關係，即備"陰陽之物"，和"四時之氣"。[3]先秦文獻所見禮儀活動中出現的蔬菜有葵、韭、藿、荼、薇、芹、茆等。其中，葵菜參與了冠、喪禮和饋食儀式。據《儀禮》安排，它與其他食物的組合是：

（1）喪儀祭食：四豆，脾析、蜱醢、葵菹、蠃醢。[4]
（2）少牢饋食禮：主婦贊者一人，執葵菹、蠃醢以授主婦。[5]
（3）士冠禮：再醮，兩豆，葵菹、蠃醢。兩籩，栗脯。[6]
（4）士喪禮：其實葵菹、芋、蠃醢。兩籩無縢，布巾，其實栗。[7]
（5）士虞禮：豆實葵菹，菹以西，蠃醢籩。棗烝栗擇。[8]
（6）特牲饋食禮：葵菹、蝸醢。[9]

蠃即蝸，在禮儀場合中，葵通常以菹的形式出現，且與蠃醢相配合。韭是春生之物，因此成爲祭祖禮儀中必用之物。[10]藿通常被認爲是一種粗糙食物，是下層百

---

[1] "美物"下面所說的蔬菜是"小物"均見《禮記·祭統》。
[2] 《國語·楚語下》。上海師範學院古籍整理組校點：《國語》，第564—565頁。
[3] 董仲舒更認爲菜蔬體現了上天對人間的告誡。他以薺和荼爲例寫道："故薺以冬美，而荼以夏成，此可以見冬夏之所宜服矣。冬，水氣也，薺，甘味也，乘於水氣而美者，甘勝寒也，薺之爲言濟與？濟，大水也；夏，火氣也，荼，苦味也，乘於火氣而成者，苦勝暑也。天無所言，而意以物，物不與群物同時而生死者，必深察之，是天之所以告人也。故薺成告之甘，荼成告之苦，君子察物而成告謹，是以至薺不可食之時，而盡遠甘物，至荼成就也。"[漢]董仲舒：《春秋繁露·循天之道》。[清]蘇輿撰，鍾哲點校：《春秋繁露義證》，第455頁）
[4] 《儀禮·既夕禮》。[清]阮元校刻：《十三經注疏》，第1153頁。
[5] 《儀禮·少牢饋食禮》。[清]阮元校刻：《十三經注疏》，第1200頁。
[6] 《儀禮·士冠禮》。[清]阮元校刻：《十三經注疏》，第956頁。
[7] 《儀禮·士喪禮》。[清]阮元校刻：《十三經注疏》，第1139頁。
[8] 《儀禮·士虞禮》。[清]阮元校刻：《十三經注疏》，第1171頁。
[9] 《儀禮·特牲饋食禮》。[清]阮元校刻：《十三經注疏》，第1183頁。
[10] 《禮記·曲禮下》："凡祭宗廟之禮……韭曰豐本。"[清]孫希旦撰，沈嘯寰、王星賢點校：《禮記集解》，第154頁）《禮記·王制》："庶人春薦韭，夏薦麥，秋薦黍，冬薦稻。韭以卵。"[清]孫希旦撰，沈嘯寰、王星賢點校：《禮記集解》，第553頁）《禮記·內則》："春用韭。"[清]孫希旦撰，沈嘯寰、王星賢點校：《禮記集解》，第748頁）《四民月令》"二月"條："二月祠大社之日，薦韭卵于祖禰。"[漢]崔寔原著，石聲漢校注：《四民月令校注》，第19頁）

姓的飯食。不過在與禮有關的飲食活動中，仍能看到藿的蹤影。漢人有"漿酒藿肉"之說，意指以漿爲酒，以藿爲肉，形容生活奢靡。① 但以藿配肉確是當時的禮儀場合的標準菜肴。《儀禮》公食大夫禮中有牛藿、羊苦、豕薇三種食物②，即牛肉與藿、羊肉與苦菜（荼）和豬肉與薇分別搭配烹飪的一組菜肴。藿作爲祭祀物品後代仍然存在。晉時仍在官府園圃種植豆類作物，其葉"以供宗廟祭祀也"③。顯示出禮儀歷史的延續性。

《儀禮》將禮儀場合區分爲公、大夫、士三個類型，從這個角度說，它保留了王制時期的某些特色。如果過濾了舊時代的等級因素，將其與反映了漢代人對《儀禮》記述和解讀的著述《禮記》結合考量，可以看到漢代人觀念中什麼樣的食物有資格成爲禮儀場合中的用品，以及不同食物在禮儀中的位置。對食物易獲得的要求和使用珍貴食品顯示出等級性，是先秦時代禮儀活動的兩個基本原則，即《禮記·禮器》所說"禮也者，合於天時，設於地財……故天不生，地不養，君子不以爲禮，鬼神弗饗也。居山以魚鱉爲禮，居澤以鹿豕爲禮，君子謂之不知禮"；《禮記·祭統》所說"夫祭也者……水草之菹，陸產之醢，小物備矣。三牲之俎，八簋之實，美物備矣。昆蟲之異，草木之實，陰陽之物備矣"。④ 在這個背景下，"孝子孝婦緣天之時，因地之利，地之菜茹瓜果，藝之稻麥黍稷，菜生穀熟，永思吉日，供具祭物，齋戒沐浴，潔清致敬，祀其先祖父母"⑤。肉類食品、穀類食品、蔬菜類食品共同構建起食物的禮儀規範。

（十一）謝弗指出："中世紀的遠東，對於藥品、食物、香料以及焚香等物品並沒有明確的區分——換句話說，滋補身體之物與頤養精神之物之間魅惑情人之物與祭饗神靈之間都沒有明確的區分。"⑥ 蔬菜的文化意義與宗教和信仰的關係是一個有意義的題目。我們看到，在漢代人的精神世界裏，一些辛味菜蔬與神仙方術聯繫在一起。在《說文》中形容香味的"芬"，即來自於"草"⑦。這表明菜蔬在日常生活所發展出的取食之外的一些意義不是偶然的。古代巫者在行術時或要服食刺激物品，葱則擔當了這

---

① 《漢書·鮑宣傳》鮑宣上書："使奴從賓客漿酒藿肉。"顏師古注引劉德曰："視酒如漿，視肉如藿也。"《漢書》卷七二，第3089頁。
② 《儀禮·公食大夫禮》。[清]阮元校刻：《十三經注疏》，第1086頁。
③ 《齊民要術》卷一〇《五穀、果蓏、菜茹非中國物產》"薇"條引《詩義疏》。繆啓愉、繆桂龍：《齊民要術譯注》，第789頁。
④ [清]孫希旦撰，沈嘯寰、王星賢點校：《禮記集解》，第1238頁。《禮記·禮器》："三牲、魚、臘，四海九州之美味也。"（[清]孫希旦撰，沈嘯寰、王星賢點校：《禮記集解》，第666頁）可視爲對"美物"的解釋。
⑤ [漢]董仲舒：《春秋繁露·郊祭》。[清]蘇輿撰，鍾哲點校：《春秋繁露義證》，第407頁。
⑥ [美]謝弗著，吳玉貴譯：《唐代外來文明》，中國社會科學出版社1995年版，第341頁。
⑦ 《說文》"艸部"："芬，艸初生，其香分佈。"

個角色。《路史·後紀》五注引《莊子》佚文云："黔首多疾，黃帝氏立巫咸，使之沐浴齋戒，以通九竅，鳴鼓振鐸，以動其心，勞其形，趍步以發陰陽之氣，飲酒茹葱，以通五藏，擊鼓噪呼，逐疫出魅，黔首不知，以爲魅祟耳。"南朝梁人陶弘景説："薤性溫補，仙方及服食家皆須之。"① 按，馬王堆漢墓帛書《養生方》用酒、麥、薤爲藥養生②，是西漢初年人已認爲薤有延年之效。漢詩有仙人"飱我沉雄（薤）漿"語。③《神農本草經》卷三"薤"條謂薤"輕身不饑耐老"④。這正是後來薤與"仙方"發生密切關係的藍本。

在古代中國人眼中，辛香之物多有預防瘟疫之效。《搜神記》卷一二述蔣士故事云："有傭客，得疾，下血。醫以中蠱，乃密以蘘荷根布席下，不使知。乃狂言曰：'食我蠱者，乃張小小也。'乃呼'小小亡'云。今世攻蠱，多用蘘荷根，往往驗。蘘荷，或謂嘉草。"這是現存傳世文獻對蘘荷防蠱作用的最早記録，而在漢代道教鎮邪文字中已經見到了類似的表達。陝西咸陽東漢明帝永平三年（公元 60 年）墓中所見之鎮墓瓶朱書文字提到辟邪的"襄草"⑤，有研究者推測"襄草"即是蘘荷，所言是⑥。使用蘘荷禦惡的觀念在漢代至少是在東漢時期應相當流行。《漢書·司馬相如傳上》司馬相如《上林賦》"蘘荷"顔師古注謂"治蠱毒"⑦，當是沿襲前人之説，或許就有漢代人的影跡。同爲辛菜的茱萸的禦惡功能同樣引人注目。《荆楚歲時記》注文引《續齊諧記》云："汝南桓景，隨費長房遊學。長房謂之曰：'九月九日，汝家中當有災厄。急令家人縫囊，盛茱萸繫臂上，登山飲菊花酒，此禍可消。'景如言。"⑧這個傳説後起，但漢代人相信茱萸能避禦邪惡爲不爭的事實。《齊民要術》卷四《種茱萸》引了三條資料：《雜五行書》曰："舍東種白楊、茱萸三根，增年益壽，除患害也。"《術》曰："井上宜種茱萸，茱萸葉落井中，飲此水者，無溫病。"《術》曰："懸茱萸子於屋內，鬼畏不入也。"⑨ 其中《術》當即《淮南萬畢術》，與《雜五行書》一樣應成書於漢代，可以説

---

① ［明］李時珍：《本草綱目》卷二六《菜部》"薤"條引。劉衡如點校：《本草綱目》，第 1591 頁。
② 馬王堆漢墓帛書整理小組：《馬王堆漢墓帛書》第四輯，第 101 頁。
③ 逯欽立輯校：《先秦漢魏南北朝詩·漢詩》卷一二《古遊仙詩》，第 344 頁。
④ 馬繼興主編：《神農本草經輯注》，第 291 頁。
⑤ 咸陽市文物考古研究所：《咸陽教育學院東漢墓清理簡報》，劉衛鵬：《漢永平三年朱書陶瓶考釋》，載《文物考古論集——咸陽市文物考古研究所成立十周年紀念》，三秦出版社 2000 年版。
⑥ 劉衛鵬：《漢代鎮墓瓶所見"神藥"考》，《宗教學研究》2009 年第 3 期。該文又説，"襄草"即狼毒。此説不確。狼毒係瑞香科狼毒科植物，蘘荷爲薑屬薑科植物。古人對此有明確區分。《神農本草經》無蘘荷，有狼毒（卷四"狼毒"條，馬繼興主編：《神農本草經輯注》，第 366—367 頁）。《本草綱目》卷一七《草部》"狼毒"條置於"毒草類"中，同書卷五三《草部》"蘘荷"條置於"隰草類"中。
⑦ 《漢書》卷五七上，第 2555 頁。
⑧ ［梁］宗懍著，姜彦稚輯校：《荆楚歲時記》，第 49 頁。
⑨ 繆啓愉、繆桂龍：《齊民要術譯注》，第 307 頁。

這些觀念在漢代都已存在。六朝文獻有茱萸酒的描寫。《太平廣記》卷三二一引《冥祥記》："晉新野庾紹之，小字道覆，湘東太守。與南陽宗協中表昆弟，情好綢繆，紹元興末病亡。義熙中，忽見形詣協……具問親戚，因談世事，末復求酒，協時與茱萸酒。因為設之，酒至杯不飲，云：'有茱萸氣。'協曰：'為惡耶？'"[①] 庾紹之鬼魂畏懼茱萸酒，這個俗信應與漢代已有的茱萸辟邪信仰有關。

表4　漢代菜蔬種類及價值總表

蔬名	植物科屬	蔬菜類屬	原產地	歷史狀態	漢代生長狀態	分佈、食用狀況及其他價值
葵菜	錦葵科錦葵屬	莖葉類	中國	西周開始栽培	人工栽培	黃河及長江流域常蔬。1斛30錢—89錢，種植1漢畝毛盈利在5000錢以上。可單食，亦可與肉類食物相配。先秦時為禮儀場合物品，漢代不詳。可入藥，可作家畜飼料
蔜葵	落葵科落葵屬	莖葉類	中國		人工栽培	常蔬
韭	蔥科蔥屬	莖葉類	中國	西周開始栽培	人工栽培	黃河及長江流域。常蔬。1束1.3錢—3錢，每漢畝的毛收益2092錢—3137錢（按束3錢計），或1817錢—2718錢（按束1.3錢計）。禮儀場合物品，用於薦新和祭祀。可入藥
藿（山韭）	蔥科野韭菜	莖葉類	中國		野生	
木韭	蔥科野韭菜	莖葉類	中國		野生	
大蔥	蔥科蔥屬	莖葉類	西亞和中亞	先秦	人工栽培	黃河及長江流域。常蔬。1石100錢。可生食、蒸食，與肉類和其他蔬菜相配合。祭祀用品
小蔥	蔥科蔥屬	莖葉類	中國		人工栽培	黃河及長江流域常蔬
胡蔥	百合科蔥屬	根莖類	中亞	東漢末（？）傳入	人工栽培	
格或茖（山蔥）	蔥科蔥屬	莖葉類	中國		野生	
秦荻藜		莖葉類			野生	菹食
藿	豆科豆屬	莖葉類	中國	先秦時栽培	人工栽培	黃河及長江流域。常蔬。可單獨烹食，亦可與肉類或其他菜蔬烹食。可入藥。禮儀場合物品

---

① 此事亦見《藝文類聚》卷八九引《異苑》。

漢代菜蔬志

續表

蔬名	植物科屬	蔬菜類屬	原產地	歷史狀態	漢代生長狀態	分佈、食用狀況及其他價值
藜	莧科藜屬	莖葉類	中國		人工栽培 野生	黃河及長江流域常蔬，兼爲主食
薤	百合科葱屬	莖葉類	中國	先秦時栽培	人工栽培	黃河及長江流域。常蔬。束6錢。可單獨食用，可生食，可與肉類相配合。能延年，後成爲仙方的組成部分
蓼	蓼科蓼屬	莖葉類	中國	先秦時栽培	人工栽培	多見於長江流域地區。常蔬。多與肉類食物配合
野蓼（澤蓼）	蓼科蓼屬	莖葉類	中國		野生	
羊蹄	蓼科酸模屬	莖葉類	中國		野生	
蔦蓄	蓼科蓼屬	莖葉類	中國		野生	
紫蘇	唇形科紫蘇屬	莖葉類	中國	新石器時代或開始栽培	人工栽培	黃河及長江流域。常蔬。多與肉類食物配合
蘘荷	薑科薑屬	莖葉類	中國		人工栽培	黃河及長江流域。常蔬。能辟邪
芹	傘形科芹屬	莖葉類	地中海地區、中亞	春秋時代文獻記載	人工栽培	多見于長江流域地區。常蔬。可作菹，可單獨烹食，可與肉類食物配合
芥	十字花科芸薹屬	莖葉類、根莖類	中亞、中國（？）	新石器時代開始栽培	人工栽培	黃河及長江流域。常蔬。多與其他食物配合。葉、莖、根、子等均可入食。子可製醬。可入藥
芸蒿	芸香科芸蒿屬	莖葉類	中國		人工栽培	黃河流域地區。多產於關中。常蔬。可入藥
芸薹	十字花科芸薹屬	莖葉類	中國西北地方	漢代傳入內地	人工栽培	黃河流域。常蔬
菘	十字花科芸薹屬	莖葉類	中國		野生	
莧	莧科莧屬	莖葉類	中國		人工栽培	
馬齒莧	馬齒莧科馬齒莧屬	莖葉類	中國		野生	黃河及長江流域。可入藥
薇	野豌豆屬	莖葉類	中國	先秦時常見菜蔬	野生	可做羹，亦可生食。禮儀場合用品
荼	苣菜屬	莖葉類	中國	先秦時常見菜蔬	人工栽培 野生	
苣	苣菜屬	莖葉類	中國		野生	
薺	十字花科薺菜屬	莖葉類	中國		人工栽培 野生	黃河及長江流域。常蔬

續表

蔬名	植物科屬	蔬菜類屬	原產地	歷史狀態	漢代生長狀態	分佈、食用狀況及其他價值
菥蓂	十字花科菥蓂屬	莖葉類	中國		人工栽培 野生	黃河及長江流域。常蔬。可入藥
堇	堇菜科堇菜屬	莖葉類	中國	新石器時代或以成爲食物	人工栽培 野生	黃河及長江流域。常蔬
苤苢	車前科車前屬	莖葉類	中國	先秦時常見菜蔬	野生	多見于長江流域。亦可入藥
苜蓿	豆科苜蓿屬	莖葉類	南歐	西漢中期傳入中國	人工栽培	黃河流域。偶食。可作馬飼料
蕺	三白草科蕺菜屬	莖葉類	中國		人工栽培	黃河流域及長江流域。常蔬
薙	旋花科番薯屬	莖葉類	中國嶺南地區	漢代傳入內地	人工栽培	長江流域和嶺南地區
蕨	鳳尾蕨科蕨屬	莖葉類	中國		野生	黃河及長江流域
蘩	紫萁科紫萁屬	莖葉類	中國		野生	
蘿藦	蘿藦科蘿藦屬	莖葉類			野生	可生食，可做羹
蒼耳	菊科蒼耳屬	莖葉類			野生	
白蒿	菊科大籽蒿屬	莖葉類	中國		野生	
蔞蒿	菊科蒿屬	莖葉類	中國		野生	
青蒿	菊科蒿屬	莖葉類	中國		野生	
莪蒿	菊科蒿屬	莖葉類	中國		野生	
蔖（苦苣）	菊科菊苣屬	莖葉類	中國		野生	
薄	菊科牛蒡屬	莖葉類	中國		野生	
柱夫	豆科巢菜屬	莖葉類	中國		野生	
芺		莖葉類			野生	
藼		莖葉類			野生	生食
鉤		莖葉類			野生	
菲	十字花科諸葛菜屬	莖葉類、根莖類	中國		野生	
須	十字花科（？）	莖葉類、根莖類	中國		野生	
蘮蒘	傘形科竊衣屬	莖葉類	中國		野生	
荊芥	唇形科荊芥屬	莖葉類	中國		野生	
澤瀉	澤瀉科澤瀉屬	莖葉類	中國		野生	徐州、廣陵地區
香蒲	香蒲科香蒲屬	莖葉類	中國		野生	蒲始生，取其中心生食。或與肉類食物配合

漢代菜蔬志

續表

蔬名	植物科屬	蔬菜類屬	原產地	歷史狀態	漢代生長狀態	分佈、食用狀況及其他價值
蓶		莖葉類			野生	生食
藻	唇形科水蘇屬	莖葉類	中國		野生	水澤地區。煮挼去腥氣，米麵糝蒸爲茹。兼爲災年主食
藻	菊科蓬蒿屬	莖葉類	中國		野生	兼爲災年主食
胡荽	傘形科芫荽屬	莖葉類	中亞地區和地中海沿岸	東漢末傳入	人工栽培	
榆莢和榆菜（榆葉）	榆科榆屬	莖葉類	中國		人工栽培 野生	廣佈於各地
棗菜（棗葉）	鼠李科棗屬	莖葉類	中國		人工栽培 野生	災荒年間食物
蘿藦	蘿藦科蘿藦屬	莖葉類	中國		野生	
香萱	似茅	包裹食物，不能直接入食	中國		野生	嶺南地區。本身不能食用，包裹多种食物，助調五味
薑	蘘荷科薑屬	根莖類	中國	先秦時栽培	人工栽培	黃河及長江流域。名產地有蜀地、南陽和關中。常蔬。1漢斤（約250克）薑20錢，千畦薑的毛收益近70萬錢。不能單獨食用，佐食調味。蔬菜可入藥（生薑多是食物，干薑多是药物）
高良薑	薑科植物高良薑	根莖類			人工栽培	長江流域和嶺南地區。似多入藥
蒪（廉薑）	百合科山薑屬	根莖類				長江流域和嶺南地區。佐食蔬菜
小蒜	百合科葱屬	根莖類	中國	先秦時栽培	人工栽培	黃河及長江流域。常蔬。可單獨食用。可入藥
大蒜	百合科葱屬	根莖類	中亞	西漢中後期傳入中國	人工栽培	黃河及長江流域。常蔬。可單獨食用。可入藥
蒚（山蒜）	百合科葱屬	根莖類			野生	
雜蒜	百合科葱屬	根莖類			人工栽培	今河北地區
黃蒜	百合科葱屬	根莖類				今雲南地區
蒟	百合科葱屬	根莖類	中國		野生	
蕪菁	十字花科芸薹屬	根莖類	中國		人工栽培	黃河及長江流域，多見於黃河流域。常蔬。1顆2.5錢。可做主食，可生食，可做羹
蘆菔	十字花科蘿蔔屬	根莖類	地中海沿岸及中亞地區	西漢後期傳入	人工栽培	黃河及長江流域。常蔬

— 239 —

續表

蔬名	植物科屬	蔬菜類屬	原產地	歷史狀態	漢代生長狀態	分佈、食用狀況及其他價值
蕇	旋花科旋花屬	根莖類	中國		野生	
蕪荑	榆科榆屬	種實類	中國		野生	種實可配合肉類食品。可入藥
荸薺	莎草科荸薺屬	根莖類	中國		野生	長江流域
竹筍	禾本科竹亞科	根莖類	中國		人工栽培 野生	廣佈于長江流域及以南地區
芋	天南星科芋頭	根莖類	中國		人工栽培 野生	常見于長江流域。常蔬。兼具主食和菜蔬
薯蕷	薯蕷科薯蕷屬	根莖類	中國		野生	黃河和長江流域。常蔬。兼具主食和菜蔬
瓠	葫蘆科葫蘆屬	瓜類	印度，並見於中國新石器時代遺址		人工栽培	黃河及長江流域。常蔬。單獨或與肉類、穀類食物混合做羹。皮可為脯，瓠葉可醃製食用。苦瓠可入藥
甜瓜	葫蘆科黃瓜屬	瓜類	非洲撒哈拉沙漠南部，中國		人工栽培	黃河和長江流域。兼具蔬菜和瓜果。可醃製做菹
冬瓜	葫蘆科冬瓜屬	瓜類		不晚于西周成為栽培植物	人工栽培	
黃瓜	葫蘆科甜瓜屬	瓜類	南亞或中亞	西漢傳入		僅在廣西貴縣羅泊灣1號漢墓發現種實，文獻未見記錄
梅	薔薇科植物	果類				調味品
橙	芸香科柑橘屬	果類				多生長于嶺南地區。橙皮可做醬齏佐食。可作為肉類食物的調味品
蒟	胡椒科胡椒属	果类				多生長于嶺南地區。可做醬齏佐食，可作為肉類食物的調味品
大豆	豆科大豆屬	豆類	中國		人工栽培	黃河及長江流域。常蔬
小豆	豆科小豆屬	豆類	中國		人工栽培	黃河及長江流域。常蔬
豌豆	豆科豌豆屬	豆類	北非和南歐	西漢末或東漢傳入	人工栽培	黃河流域。常蔬
山茱萸	山茱萸科	果實類	中國		人工栽培 野生	黃河及長江流域，黃河下游是其主要產地。1升20錢。常用調味。能辟邪
吳茱萸	芸香科	果實類	中國		人工栽培 野生	黃河及長江流域，多產于關中、蜀地及吳地。1升10錢。常用調味。能辟邪
葴	茄科酸漿屬	果實類	中國		野生	

續表

蔬名	植物科屬	蔬菜類屬	原產地	歷史狀態	漢代生長狀態	分佈、食用狀況及其他價值
花椒	芸香科花椒屬	果實類	中國		人工栽培 野生	分佈極廣，以蜀地的蜀椒和秦地的秦椒著名。1升66.6錢。主要是肉類食物的調味料，可入酒，椒葉可為茗茶的添味料
楸（竹葉椒）	芸香科竹葉椒屬	果實類	中國		人工栽培 野生	主要分佈於長江流域
蕪荑	榆科榆屬	果實類	中國		野生	燕地尤多
榆莢	榆科榆屬	果實類	中國		人工栽培 野生	廣佈於各地
桂皮	樟科植物浙樟	樹皮類	中國		野生	主要分佈於長江和珠江流域。調味品。可入藥
桂皮	天竺桂科肉桂屬	樹皮類	中國		野生	主要分佈於長江和珠江流域。調味品。可入藥
木蘭	木蘭科木蘭屬	樹皮類	中國		野生	調味品
耳菜	木耳科木耳屬	菌類	中國		野生	廣佈於各地
中馗	傘菌科蘑菇屬	菌類	中國		野生	廣佈於各地，尤多見於長江流域
石髮	一种水生植物		中國		野生	主要分佈于长江流域下游
石髮	一種海生植物		中國		野生	可與肉類食物配合
藕	睡蓮科蓮藕屬植物	水生類	印度，並見於中國新石器時代遺址		人工栽培 野生	廣佈於各地，尤多見於長江流域。常蔬。生食，或與肉類食物配合，蓮子可磨粉做主食
荇菜	龍膽科荇菜屬	水生類	中國	先秦時常見菜蔬	野生	多見於長江流域。可做菹，可下酒
蓴	睡蓮科蓴屬	水生類	中國長江流域		人工栽培 野生	多見於長江流域
蘋	蘋科蕨類植物	水生類	中國		野生	水澤地區。肉類食物的調味蔬菜禮儀場合用品
菱	菱科菱屬	水生類	中國		野生	多見於長江流域
石髮	海洋藻類植物	海生類	中國		野生	南海沿岸
昆布	海洋褐藻類翅藻科植物	海生類	中國		野生	黃海、東海沿岸

附記：本文初稿於 2012 年，2016 年 3 月第 3 次修改。在寫作過程中，徐歆毅博士和張欣博士為筆者下載了一些資料，特此致謝。

收稿日期：2014 年 12 月

晉宋之際的王權與僧權

——以沙門不敬王者之争爲中心

陳 志 遠

内容提要：《弘明集》保存的一組原始文獻揭示出慧遠與桓玄的微妙關係。慧遠率領的北來僧團在廬山興起，得力于桓氏的支持，但沙汰沙門事件中，二者執行標準的不同隱含了深層的分歧，延續到沙門不敬王者之争。桓玄引用《老子》，在漢代傳統王權説的基礎上，進一步抬高了君主的地位，並把佛教理解爲師道教化之一，從屬於君道。慧遠提出神不滅，確保了修行生活的主體不依存于天地造化，從而論證了僧團的獨立性。晉宋之際，僧團規模日益擴大，組織化、制度化日益突出，慧遠的理論重新界定了僧團修行生活。僧人不再是魏晉傳統裏的"高士"，而是服從戒律和教團規制的出世修行者。

關鍵詞：慧遠　桓玄　沙門不敬王者　僧團　神不滅

一、研究史和原始文獻

東晉末年慧遠與桓玄圍繞沙門不敬王者問題的争論，歷來爲討論政教關係者所重視。早在1932年，陳寅恪發表《蓮花色尼出家因緣跋》已經注意到此問題。他將禮敬問題放在異域傳統"中國化"的脉絡裏加以觀察，指出沙門不敬王者問題歷代争論不休，到了元代以後國家頒佈的法令與佛教内部的"清規"都把禮拜君主作爲條文落實下來，標誌著這一來自印度的習俗徹底被中國傳統同化。[①] 康樂的《沙門不敬王者

---

① 陳寅恪：《蓮花色尼出家因緣跋》，原載《清華學報》第三卷第一期（1932年1月）；後收入《寒柳堂集》，生活·讀書·新知三聯書店2001年版。

論——"不爲不恭敬人説法戒"及相關諸問題》則從戒律的條文入手,展現了中、印社會對政教關係的觀念差異,以此討論沙門不敬王者傳統在中國不能保持的原因[①]。顔尚文在《梁武帝》一書中,將東晉末年的沙門不敬王者論爭、北朝的"皇帝即如來"觀念和梁武帝的宗教改革連結成一個"正、反、合"的因果鏈條,把"沙門不敬王者"之争視作東晉皇權不振的表現[②]。此外從思想史的角度對《沙門不敬王者論》的思想內涵加以闡發,可謂汗牛充棟[③]。

然而以往的研究或多或少都忽略了一個關鍵問題——這是一場在華夏語境下展開的論争!首先,參與討論的雙方都是漢地的僧人和士大夫,不存在一個天然地、單純代表異域文化傳統的集團。因此,我們需要考察戒律和佛教儀式在4—5世紀之交怎樣被僧、俗兩界接受和瞭解。換言之,由佛教僧人和同情、皈依佛教的在家信徒組成的佛教教團[④],它的興起是一個社會廣泛參與的動態歷史過程。"沙門不敬王者"這個禮儀的細節在晉、宋之際突顯,成爲爭論的焦點,與教團規模的擴張和結構變化有密切的聯繫。

其次,"沙門不敬王者"之争的原始文獻最初保存在僧祐編《弘明集》中[⑤],後又被彥悰編入《集沙門不應拜俗事》。這些護教文獻反復稱引晉、宋之際的先例加以抗辯,恰恰說明"沙門不敬王者"的傳統在六朝數百年間基本得以維持。君主憑藉政治權力,雖然可以壓制僧團於一時,卻很難在理論上做出突破性的解釋。細審爭論的辯辭,論辯雙方都沒有援引成文的禮典或戒條,而是采取了魏晉以降典型的"玄學化"術語,那麼雙方的理據何在?

本文的論述就圍繞上述兩個問題,首先考察廬山僧團興起的歷史過程,説明4—5世紀之交教團内部的變化,然後以思想史的演進爲背景,闡明"沙門不敬王者"之争所援引的思想資源及其意義。

---

① 康樂:《沙門不敬王者論——"不爲不恭敬人説法戒"及相關諸問題》,《新史學》(臺北)第7卷第3期,1996年。
② 顔尚文:《梁武帝》,臺北東大圖書公司1999年版,第13—26頁。
③ 早期開創性的研究有周伯勘:《沙門不敬王者論的理論基礎》,《臺灣大學歷史系學報》1982年第9期;方立天:《慧遠及其佛學》"沙門不敬王者論"一節及《慧遠的政教離即論》,收入《方立天文集》第一卷《魏晉南北朝佛教》,中國人民大學出版社2006年版。近年的重要研究有:楊曾文:《爲協調王法與佛法立論——慧遠〈沙門不敬王者論〉析》,《佛學研究》2004年第1期。丘書莉:《慧遠沙門不敬王者理論之評析》,《東方人文學志》第4卷第4期,2005年。劉立夫:《儒佛政治倫理的衝突與融合——以沙門拜俗問題爲中心》,《倫理學研究》2008年第33期。顧偉康:《東晉'敬王之爭'考評》,《法鼓佛學學報》2012年第11期。
④ 在一些研究著作中,"僧團"與"教團"經常是可以互換的概念。本文比較狹義地使用"僧團"這一術語,指出家僧人構成的群體,而"教團"則包括在家信徒。
⑤ 嚴格地説,僧祐《弘明集》收錄這組文獻取材於劉宋陸澄的《法論》。然而《法論》今佚,目錄保存於《出三藏記集》卷一二。關於《弘明集》編撰與《法論》的繼承關係,參見李小榮:《〈弘明集〉〈廣弘明集〉述論稿》,巴蜀書社2005年版,第616—630頁。

在進入正式討論之前，需要簡單介紹一下大體的事件經過和有關文獻。沙門禮敬王者動議之始是東晉成帝咸康六年（公元340年）由執政者庾冰提出，下禮官詳議，尚書令何充等上表抗辯，庾冰代成帝下詔反駁。何充等人的三次上表，以及庾冰授意草擬的兩道詔旨，見《弘明集》卷一二。桓玄主政之時，曉喻尚書八座和中書令王謐，重新討論此事。時間在桓玄控制建康的元興元年至元興三年之間（公元402—404年），具體時間的考證詳見後文。桓玄與尚書八座的往復書信兩篇，與王謐的往復書信九篇，同見《弘明集》卷一二。與此同時，桓玄還致書當時的僧界領袖慧遠，兩人往復書信共三篇，編次在《弘明集》卷一二上述諸文獻之後。最後，《弘明集》同卷還收錄了桓玄稱帝以後發佈的詔書，允許沙門不敬王者，及侍中卞嗣之等人的上奏，時間是"大亨二年十二月"。大亨是桓玄佔據建康之後所改的年號，大亨二年即晉安帝元興二年（公元403年）。① 從出現桓玄"僭偽"年號這點推斷，這組文獻應該是東晉保存至南朝的官文書，因而具有極高的可信度。②

慧遠撰《沙門不敬王者論》，收錄在《弘明集》卷五。其内容是將之前兩方的激辯改爲一面之論說。文章結尾說："晉元興三年，歲次閼逢。於時天子蒙塵，人百其憂。凡我同志，僉懷輟輈之嘆，故因述斯論焉。"③ 可見此論是慧遠在事後對整場辯論的理論總結。

在沙門不敬王者之爭以前，桓玄和慧遠之間還有一次交鋒，是關於沙汰沙門的政策。二者的往復書信兩篇，還有一篇題爲"支道林法師與桓玄論州符求沙門名籍書"的文獻，收在《弘明集》卷一二"沙門不敬王者"一系列文獻之後。沙汰沙門事件是與沙門不敬王者之爭緊密聯繫的，前者是沙門不敬王者之爭的前奏，其中隱含的分歧也埋下了日後更大爭執的種子。④

爲了在一個縱深的背景下理解晉宋之際的王權與僧權，我們需要重新回到對話的現場，特別關注論爭中的原始文獻⑤，這其中傳達出一些之前較少關注的重要信息。

---

① 嚴格地說，詔書發佈的"大亨二年十二月"相當於公元404年1月初。
② 尚書八座答桓玄書，題下有小注："此一首出故事。"此處的"故事"很可能是指《隋書·經籍志》所載"《桓玄偽事》三卷"，《隋書》卷三三《經籍志》二，中華書局點校本1973年版，第967頁。
③ 《弘明集》卷五，李小榮整理：《弘明集校箋》，上海古籍出版社2013年版，第272頁。（此下所引頁碼，皆出自該版本，不復注明）元本作"元興二年"，誤。因"歲次閼逢"指太歲在甲，元興三年爲甲辰年。
④ 慧遠和桓玄間的書信往來，還有請慧遠罷道事，研討"報應論"等，分別見《弘明集》卷一、卷一一。這些文獻難以考證寫作的時間，如下文所述，慧遠和桓玄之間的關係，並非一開始就十分緊張。這兩組文獻應該就是桓玄與慧遠早期關係較爲融洽的時候所作。
⑤ 對論爭原始文獻進行細緻整理，這方面代表性的成果有 Leon Hurvitz, "'Render unto Caesar' in Early Chinese Buddhism", *Sino-Indian Studies*, Vol.4, pp. 80-114. 木村英一編：《慧遠研究·遺文篇》，東京創文社1962年版。〔荷〕許理和著，李四龍、裴勇等譯：《佛教征服中國》，江蘇人民出版社1998年版，第277—283頁。

二、從"高士"到僧團

（一）"幽情冥之在昔"

當桓玄倡議沙門禮敬王者時，慧遠答書中提到"檀越頃者以有其服而無其人，故澄清簡練，容而不雜。此命既宣，皆人百其誠，遂之彌深，非言所喻"。此前桓玄沙汰沙門的教令發佈以後，慧遠也明確地表示支持：

> 佛教淩遲，穢雜日久，每一尋思，憤慨盈懷。常恐運出非意，混然淪滑。此所以夙宵嘆懼，忘寢與食者也。見檀越澄清諸道人教，實應其本心……值檀越當年，則是貧道中興之運。<u>幽情所托，已冥之在昔。是以前後書疏，輒以憑寄爲先。</u>每尋告慰，眷懷不忘。但恐年與時乖，不盡檀越盛隆之化耳。①

這段話，特別是"幽情所托"一句，雖然也可解讀爲迫於壓力的政治辭令，但筆者傾向認爲其中透露出慧遠和桓玄之間某種微妙的默契。慧遠對桓玄確有"憑寄"之意，這要從廬山僧團興起的歷程談起。

慧遠出身於道安門下，他的宗教理念、行爲方式都受到道安的巨大影響。道安最初在鄴城建立教團。這一教團的建立與後趙君主的奉佛政策密不可分。石虎因中書著作郎王度上書，下詔"其夷趙百蠻，有舍其淫祀，樂事佛者，悉聽爲道"。由此不僅放開了漢地士民出家爲僧的限制，還將佛教與一般民間信仰區別開來，導致佛教僧團的迅速擴張。後趙滅亡前夕，道安周圍有"徒衆數百，常宣法化"②。冉閔之亂以後，道安教團的成員並未解散，而是隨他歷經展轉，顛沛流離，一路南下。行至新野，才被迫分張徒衆，道安自己率領餘下的教衆停留在襄陽。但這一分派絕非"作鳥獸散"。即使苻堅攻陷襄陽，道安被擄至長安以後，他仍然和早先分派到揚州建康的竺法汰有密切來往。關於這一點，筆者已有另文討論，此處僅舉一條史料，來說明道安對東晉教團的影響。③前秦建元十四年（公元378年），道安請曇摩侍譯出從龜兹得到的比丘戒

---

① 《弘明集》卷一二，第692頁。
② 《高僧傳》卷五《道安傳》。湯用彤校點：《高僧傳》，中華書局1992年版，第178頁。
③ 參見陳志遠：《從寫本傳播看道安對佛教義學的貢獻》，《中國佛學》第35期，2014年。

本，東晉太元六年（公元381年），竺曇無蘭在揚州謝鎮西寺製作比丘戒合本，提到"汰法師嫌文質重，有所刪削"①，可見此前竺法汰已經得到最新的戒本，上距譯出時間不到三年。種種迹象表明，道安的教團具有高度的組織性和龐大的規模，這一特點爲慧遠日後在廬山所建立的教團所繼承，而與東晉中前期建康、三吴地區的僧人群體迥然有異。

道安教團在襄陽經停十餘載，當地的名士習鑿齒嘗與謝安書云：

> 來此見釋道安，故是遠勝，非常道士。師徒數百，齋講不倦。無變化伎術，可以惑常人之耳目。無重威大勢，可以整群小之參差。而師徒肅肅，自相尊敬，洋洋濟濟，乃是吾由來所未見。其人理懷簡衷，多所博涉。內外群書，略皆遍睹。陰陽算數，亦皆能通。佛經妙義，故所游刃。作義乃似法蘭、法道。恨足下不同日而見。其亦每言，思得一叙。②

習鑿齒的這個描述頗能反映北來道安教團給南方社會觀感上的衝擊。其中提到"師徒數百，齋講不倦"，並非虚語。《出三藏記集》收錄《漸備十住胡名並書叙》記載，《光贊般若經》傳到襄陽以後，"時齊僧有三百人"③。説明雖然經歷了分張徒衆，但到襄陽以後，道安教團恢復到數百人的規模。另外，道安創立"行香定座上經上講之法"，世所習知。因而呈現出"師徒肅肅，自相尊敬，洋洋濟濟"的氣象，是不難想像的。

道安雖與晉廷朝野有廣泛的交往，却最終没有進入建康的機會。胡寶國曾指出，東晉中期以後渡江的北人被時人目爲"晚渡北人"，他們受到永嘉之亂後不久遷徙到南方的僑人之排斥，難以進入權力的中心。④其實，道安僧團的核心成員也都是"晚渡北人"，且規模龐大，這樣的集團要在建康僧界立住脚跟，無疑是困難的。但道安對弟子的派遣多有深謀遠慮，除了上文提到的竺法汰，《高僧傳》還記載曇翼：

> 嘗隨（道）安在檀溪寺。晉長沙太守滕含於江陵捨宅爲寺，安求一僧爲綱領。安謂翼曰："荆楚士庶，始欲師宗，成其化者，非爾而誰？"翼遂杖錫南征，締構

---

① 《比丘大戒序》、《大比丘二百六十戒三部合異序》，《出三藏記集》卷一一。蘇晉仁、蕭鍊子點校：《出三藏記集》，中華書局1995年版，第412、416頁。
② 《高僧傳》卷五《道安傳》，第180—181頁。
③ 《出三藏記集》卷九，"齊"通"齋"，點校本誤在此劃專名綫，參見點校本第333頁。
④ 胡寶國：《晚渡北人與東晉中期的歷史變化》，《北大史學》第14輯，2009年。

寺宇。即長沙寺是也。①

可見道安非常重視派遣弟子向未開化的地區傳教。

慧遠在北方投師道安門下，隨之住錫襄陽。道安被迫北徙之時，不得已第二次分張徒衆，却唯獨對慧遠没有安排，並説了一句意味深長的話："如公者豈復相憂？"從道安"使道流東國，其在遠乎"的高度期許和他分張徒衆的佈局來推測，他很可能希望慧遠帶領教衆重新創立教團，地點則要隨機應變，難以預知。

慧遠首先率領道安弟子數十人，"南適荆州住上明寺"②。這些人《高僧傳》中可考者有竺僧輔、釋曇徽和慧遠的弟弟釋慧持。③他們都是很早追隨道安，從北方南渡的弟子。慧遠在荆州上明寺安置諸人以後，又欲往廣州羅浮山。途經潯陽，"見廬峰清静，足以息心"，於是在龍泉精舍住了下來。當然事情並不這樣簡單，《高僧傳》隨即記載有另一位道安的弟子慧永已先行來到此地：

> 居在西林，與遠同門舊好，遂要遠同止。永謂刺史桓伊曰："遠公方當弘道，今徒屬已廣，而來者方多，貧道所棲褊狹，不足相處，如何？"桓乃爲遠復於山東更立房殿，即東林是也。④

慧永本與慧遠共約隱居羅浮山，"行經潯陽，郡人陶範苦相要留，於是且停廬山之西林寺"⑤。此事確切時間雖難考知，但《晉書·陶侃傳》説陶侃"（子）範最知名，太元初爲光禄勳"⑥，可以推測慧永住錫廬山，大致在陶範去建康赴任的太元以前。

慧永和慧遠相約隱居廣州羅浮山，廬山地處長江與贛水之匯流處，由此南下是必經之路。慧永爲潯陽郡陶範所要留，慧遠又被慧永邀請同止，並非偶然。《高僧傳》記載慧遠"年二十一，欲渡江東就范宣子共契嘉遁"⑦。范宣，字宣子，《晉書·儒林傳》有傳，他本是陳留郡人，渡江後居住在豫章郡，以講誦爲業。太元年間，范甯爲豫章太守，"由是江州人士並好經學，化二范之風也"⑧。可見慧遠早年就與江州的士人有交

---

① 《高僧傳》卷五《曇翼傳》，第198頁。
② 《高僧傳》卷六《慧遠傳》，第212頁。
③ 《高僧傳》卷五、卷六。
④ 《高僧傳》卷五《慧遠傳》，第212頁。
⑤ 《高僧傳》卷六《慧永傳》，第232頁。
⑥ 《晉書》卷六六《陶侃傳》，中華書局點校本1974年版，第1781頁。
⑦ 《高僧傳》卷六《慧遠傳》，第211頁。
⑧ 《晉書》卷九一《儒林傳》，第2360頁。

往，至少有所瞭解。

然而廬山教團得以成立，更重要的還在於桓氏的支持。慧永預見到慧遠的到來必然招致大批的僧衆，請求當時的江州刺史桓伊建立新的殿舍，預爲收容之所。查吴廷燮《東晉方鎮年表》，江州自興寧元年（公元363年）以降，刺史之職均由桓氏充任①。桓伊在桓沖死後繼任江州刺史，時在孝武帝太元九年（公元384年）。此後"在任纍年"，直至太元十五年（公元390年）卒於任上。可以説，從慧永在廬山落脚直到慧遠到來，江州一直在桓氏的掌控之下。東林寺宇肇建，乃至廬山教團的形成，都是在桓氏的大力襄助下得以實現。可以推測，廬山教團與桓氏的這種依附關係，從桓伊一直延續到桓玄。

結合北來僧團的歷史境遇，和桓氏對廬山教團的一貫扶持，便可從更深的層次上理解慧遠"幽情所托，已冥之在昔。是以前後書疏，輒以憑寄爲先"一語的意涵。慧遠不僅需要世俗政治的有力者使他率領的北來僧團在南方站穩脚跟，同時還要考慮到，慧遠早年即有强烈的宗教使命感，"常欲總攝綱維，以大法爲己任"，他繼承了道安對戒律和教團規制的重視，和東晉僧人以高士自居的意態迥然有别。東晉末期，隨著僧團規模的急速擴大，佛教的亂象日益突出。慧遠也希望藉助政治的力量，改變這種狀況。

（二）沙汰沙門政策的延續性

元興元年（公元402年）三月②，桓玄順江東下進入建康以後，決定清理佛教僧團。《沙汰衆僧與僚屬教》云："京師競其奢淫，榮觀紛於朝市，天府以之傾匱，名器爲之穢黷。避役鍾於百里，逋逃盈於寺廟，乃至一縣數千，猥成屯落。邑聚游食之群，境積不羈之衆。"③佛教勢力不僅遍及都市，而且深入鄉村，成爲逃避賦役和刑罰的藏污納垢之所，社會流動人口的增加，也帶來社會的不穩定因素。

需要指出的是，桓玄教令所描述的狀況以及他所采取的整肅措施絶非個例，而是東晉末期持續的社會問題。上文提到《弘明集》卷一二收録了一篇題爲"支道林法師與桓玄論州符求沙門名籍書"的文獻，開篇云："隆安三年，四月五日。京邑沙門等頓

---

① 吴廷燮：《東晉方鎮年表》，二十五史刊行委員會編：《二十五史補編》，中華書局1986年版，第3486頁。吴表云太元四年至六年，陶範爲江州刺史，恐誤。《蓮社高賢傳》云："太元初潯陽刺史陶範乃留住廬山，捨宅爲西林以奉師。"按，《蓮社高賢傳》見《續藏經》，南宋以後晚出，其説不足據。
② 《晉書》卷一〇《安帝紀》（第255頁）：元興元年三月"辛未，王師敗績於新亭"。
③ 《弘明集》卷一二，第701—702頁。

首白。"[1] 湯用彤和許理和都指出此文絶非支道林所作。蓋支遁卒於廢帝太和元年（公元 366 年），年代不合。信中也没有提到上書的對象是桓玄，題目或許有誤[2]。然而筆者認爲，篇中提及京師建康的僧人"頻被州符，求抄名籍，煎切甚急"的情狀，並非純係僞托，很可能反映了隆安三年（公元 399 年）的真實情况。

隆安二年（公元 398 年），與司馬元顯交好的道教領袖孫泰"見天下兵起，以爲晉祚將終，乃扇動百姓，私集徒衆，三吴士庶多從之，於時朝士皆懼泰爲亂"[3]。終於在十二月"己酉，會稽王道子使元顯誘而斬之，并其六子"。這場變亂發生在京口地區，原本與道教徒有密切往來的司馬道子、元顯父子，終於對道教徒痛下殺手。這一事件牽連甚衆，久居京口的杜子恭家族也牽涉其中，子恭自言"吾三月二十六日當行"。應指隆安三年。[4] 是年，司馬元顯"發東土諸郡免奴爲客者，號曰'樂屬'，移置京師，以充兵役，東土囂然"[5]。同年十一月，孫恩趁勢起兵三吴。在道教徒蠢蠢欲動之時，對京師附近的佛教徒也一併加以清理、整肅。

桓玄退出權力中樞，劉裕輔政，也有清整佛教徒的舉措。《廣弘明集》卷二四載宋武帝"沙汰僧徒詔"。《出三藏記集》卷一二載劉宋陸澄編修《法論目録》，其中有"宋武爲相時沙汰道人教"的題目[6]，頗疑所謂宋武詔書，是劉裕稱帝以前爲相國時所頒。《高僧傳》還記載了一則故事，可爲旁證。豫州沙門僧洪化緣造丈六金身像，"時晉末銅禁甚嚴，犯者必死。宋武於時爲相國，洪坐罪繫於相府"[7]，後賴佛神力，蒙赦令得解。

由此可見，桓玄主政之前的司馬道子父子，之後的劉裕，都保持了對佛教僧團的高壓態勢。桓玄教令規定，僧人只有符合三個標準才可以保留僧籍："能申述經誥，暢說義理者；或禁行修整，奉戒無虧，恒爲阿練者；或山居養志，不營流俗者。"此外"皆悉罷遣。所在領其户籍，嚴爲之制"[8]。歸納起來，桓玄贊許的僧人不過兩種，一是精通佛教經義的學問僧，二是戒行嚴整，安居在荒野之地修行者。最爲危險，需要加以嚴格監控的，則是四處游方募化的"營流俗者"。對比司馬道子父子和劉裕的措施，

---

[1] 《弘明集》卷一二，第 705 頁。
[2] 湯用彤、許理和都注意到了這篇文獻的疑點，許理和認爲此信雖爲誤題，但並非僞作。參見湯用彤：《漢魏兩晉南北朝佛教史》，武漢大學出版社 2008 年版，第 237 頁；〔荷〕許理和著，李四龍、裴勇等譯：《佛教征服中國》，第 16 頁。
[3] 《晉書》卷一〇〇《孫恩傳》，第 2632 頁。
[4] 京口騷亂被殺之人，依《通鑑》當爲孫泰，《晉書·安帝紀》則作杜炯。田餘慶認爲，兩處記載的是一件事，杜氏很可能參與了孫泰的叛亂，參見田餘慶：《東晉門閥政治》，北京大學出版社 2012 年版，第 297—298 頁。
[5] 《晉書》卷六四《司馬元顯傳》，第 1737 頁。
[6] 《出三藏記集》卷一二，第 429 頁。
[7] 《高僧傳》卷一三《僧洪傳》，第 484 頁。
[8] 《弘明集》卷一二，第 702 頁。

三者的做法具有明顯的延續性。

（三）桓玄與慧遠的觀念分歧

由桓玄主導的沙汰事件之所以值得重視，在於文獻保留了事件中僧、俗雙方協商的過程，我們可以進而體知二者的觀念分歧。慧遠接到桓玄的教令，在表示合作的同時，對桓玄的標準做了幾點修正。他首先爲營建塔寺的僧人正名，聲明"經教所開凡有三科：一者禪思入微，二者諷味遺典，三者興建福業。三科誠異，皆以律行爲本"。換言之，興建福業並非如桓玄所説，是"營流俗"，而有教義上的正當性。此外還指出"或有興福之人，内不毁禁，而迹非阿練者。或多誦經，諷咏不絶，而不能暢説義理者。或年已宿長，雖無三科可記，而體性貞正，不犯大非者"，凡此諸人，皆不應過問。① 這樣就大大緩解了政令對僧團造成的衝擊。

桓玄教令裏特别聲明，"唯廬山道德所居，不在搜簡之例"②。給慧遠極高的禮遇，對慧遠提出的建議，也加以采納。《高僧傳》說慧遠"廣立條制，玄從之"③。這樣，沙汰沙門的政令在桓玄和慧遠的協商之下得以實施，未起大的爭執，然而細審二者的對話，却發現其中隱含著深刻的分歧。

這種分歧簡單地説，在於桓玄所許可的僧人範圍較窄，若非善言玄理，便須山居苦行，與東晉以降高人逸士的傳統形象大體重合，外此一概視爲流俗；而慧遠要爲僧團的各種修行争地位，舉凡興建福業，諷誦佛經，都是"經教所開"，這就是並非"高人逸士"的舊有認知框架所可容納的。

從"高士"到"僧團"，這既意味著佛教團體自身結構發生的變化，同時也包括以士族爲主導的東晉社會擺脱舊有認知框架，逐步接納僧團作爲社會群體存在的心理歷程。如果説，慧遠領導的僧團在廬山之興起率先實現了這種變化，社會從觀感上察覺並接受這種變化，無疑是更爲艱難的歷程，而且頗難論證。《世説新語·輕詆篇》保留了一條難得的史料，或許可以呈現這種觀念的轉變：

> 王北中郎不爲林公所知，乃著論《沙門不得爲高士論》。大略云："高士必在於縱心調暢，沙門雖云俗外，反更束於教，非情性自得之謂也。"④

---

① 參見《弘明集》卷一二，第703頁。
② 《弘明集》卷一二，第702頁。
③ 《高僧傳》卷六《慧遠傳》，第219頁。
④ 《世説新語·輕詆篇》。余嘉錫：《世説新語箋疏》，中華書局1983年版，第845頁。

王坦之與支道林確有嫌隙，見同卷"王中郎與林公絶不相得"條及余嘉錫先生疏證。[①]不過他對僧人是否可稱"高士"的質疑，確是深有所見。王氏指出，高士"從心所欲不逾矩"（語出《論語・爲政》），不服從名教禮數的約束。[②]僧人同屬方外之士，但有自身的一套教義和修行軌範。佛教雖屬出世之教，畢竟也是教化之一種，僧人篤信的佛教，對自得的性情是一種約束。

兩晉士人從未注意，佛教本身對教徒構成約束，而這開啓了一個新的方向。它啓發人們進行僧團儀軌和世俗禮儀的比較；同時，服從僧團儀軌的僧人某種程度上也被降格爲禮法之士，不能再以"高士"脱略儀形作爲説辭。桓玄與王坦之分屬對立的政治陣營[③]，前後無影響之迹。但沙門不敬王者之爭中，桓玄的立論却與王氏的邏輯極爲相似。

三、沙門不敬王者之爭再考察

（一）論爭發動的時間點

討論沙門不敬王者之爭，首先需要關注論爭發起的時間。許理和指出，這場討論是從元興元年（公元402年）春天開始的。[④]因爲桓玄稱帝後頒詔撤銷沙門禮敬王者的規定，卞嗣之上疏云："臣前受外任，聽承疏短，乃不知去春已有明論"，落款是"永始元年十二月二十四日"。永始是桓玄稱帝後所改的年號，即元興二年（公元403年）。那麼所謂"去春"，應該是元興元年的春天。

此外還注意到，桓玄《與八座書》説"八日垂至"，又説"比八日令得詳定也"。這裏的"八日"是何所指？以至於"一代之大事"，必要在這個日子以前有確定的結

---

① 《世説新語・輕詆篇》，第841—842頁。
② 名士並非一味超越禮教，名士與禮教的關係需要在東漢鄭玄以降的禮學脉絡中加以把握。參見陳蘇鎮：《鄭玄的使命和貢獻》，《國學研究》2010年第1輯。
③ 簡文帝崩後，謝安、王坦之合力阻止桓温居攝，挫敗了桓氏問鼎的野心，不久桓温忿恨而卒。參見田餘慶：《東晉門閥政治》，第176—182頁。
④ 〔荷〕許理和著，李四龍、裴勇等譯：《佛教征服中國》，第277、303頁注254。此前還有幾位學者關注過文獻寫作的時間，但多語焉不詳。方立天《慧遠年譜》將本文開頭介紹的有關文獻的寫作年代都定在元興元年四月，但並未給出原因，參見《方立天文集》第一卷《魏晉南北朝佛教》第189頁。這顯然是不確切的，因爲《沙門不敬王者論》明確説作於"晉元興三年"。《慧遠研究》則根據王謐作領軍將軍的年限，將慧遠答桓玄書繫在元興二年秋冬間，亦嫌説服力不足，參見木村英一《慧遠研究・遺文篇》第362頁注2、第367頁注1。

論。島田虔次猜測"八日"是定例閣議的日子①，但現有的史料裏没有發現尚書八座集議的定例。

筆者認爲"八日"是指佛陀誕辰的"四月八日"。南北朝時期，中土習俗以此日爲釋迦誕辰，行浴佛之禮，還舉行行像的儀式。②這一儀式的起源來自中亞，法顯在于闐國就親歷了一次行像典禮——"像去門百步，王脱天冠，易著新衣，徒跣持華香，翼從出城迎像，頭面禮足，散華燒香。"行像的時間是四月一日直到十四日③。後來北魏皇室也有類似的記載。《魏書·釋老志》云："世祖初即位，亦遵太祖、太宗之業，每引高德沙門，與共談論。於四月八日，輿諸佛像，行於廣衢，帝親御門樓，臨觀散花，以致禮敬。"

再舉兩條地點和年代都比較接近的證據。《世説新語·言語篇》："范甯作豫章，八日請佛有板。衆僧疑，或欲作答。有小沙彌在坐末曰：'世尊默然，則爲許可。'衆從其義。"這裏"八日"即指四月八日，例有行像供養之俗。④桓玄討伐司馬元顯，有一篇檄文只收録於《魏書》，其中批評元顯"八日觀佛，略人子女，至人家宿，唐突婦妾"⑤。可見東晉末年南方也有行像的習俗。

桓玄與王謐書云："曩者晉人略無奉佛，沙門徒衆皆是諸胡。且王者與之不接，故可任其方俗，不爲之檢耳。今主上奉佛親接法事，事異於昔。"⑥交待了禮敬問題發生的情境，並非朝堂，而是君主與僧人共同參加的佛教法事。通過上文的討論，我們更清楚地知道，這場法事，就是元興元年（公元 402 年）春四月八日進行的請佛行像儀式。

因此，沙門不敬王者之爭的展開，隱含著一個重要側面——君主已然歸信佛教。主張沙門禮敬王者的一方，要在不觸動佛教教理的前提下，實現佛教禮儀的變更，即尚書八座答桓玄書中所謂"信其理而變其儀"。

（二）桓玄立説之要旨

桓玄重提沙門禮敬王者之議，並説之前的庾冰"意在尊主，而理據未盡"。那麼桓玄的新理據又是什麽呢？由於相關文獻是就一組問題反復辯難，論辯雙方互有勝負。

---

① 〔日〕島田虔次著，鄧紅譯：《中國思想史研究》，上海古籍出版社 2009 年版，第 253 頁。
② 參見周一良《魏晉南北朝史札記》"灌佛"條（中華書局 2007 年版，第 157—158 頁）。
③ 章巽校注：《法顯傳校注》，中華書局 2008 年版，第 12 頁。
④ 《世説新語·言語篇》，第 149—150 頁。
⑤ 《魏書》卷九七《島夷桓玄傳》，中華書局點校本 1974 年版，第 2120 頁。
⑥ 《弘明集》卷一二，第 677 頁。

我們只關注論證的主綫，梳理其立論的幾個重要環節。

桓玄《與八座書》云：

> 夫佛之爲化……以敬爲本，此處不異。蓋所期者殊，非敬恭宜廢也。老子同王侯於三大，原其所重，皆在於資生通運，豈獨以聖人在位而比稱二儀哉？將以天地之大德曰生，通生理物，存乎王者。故尊其神器，而禮實惟隆……沙門之所以生生資存，亦日用於理命，豈有受其德而遺其禮，沾其惠而廢其敬哉？①

此處暗引《老子》第二十五章"道大，天大，地大，王亦大，域中有四大，而王居其一焉"，認爲帝王有天地一樣的偉大作用。②島田虔次解釋説："天地生生不已的根本作用，由王者積極自覺地加以發揮。王者使得天地作用的運轉順利無阻，即'通運'。"③按這個邏輯，天地間的有情生命皆應對資助、長養生命的天地和君主心懷敬意，跪拜君主的禮儀建立在這種敬意的基礎上。

不妨把桓玄的説法與董仲舒的觀點做一比較，這樣便可發現其王權觀的新意所在。《春秋繁露·深察名號篇》云：

> 天生民性，有善質而未能善，於是爲之立王以善之，此天意也。民受未能善之性於天，而退受成性之教於王，王承天意，以成民之性爲任者也。④

這是説，人的善質稟受於天，君主的責任是"承天意以成民之性"。換言之，生養之功屬天，教化之責屬帝王。桓玄引用《老子》、《周易》，使王權在"教民"之外，還象徵性地包攬了"資生通運"的作用。王權成爲生命和自然之性的源頭和根基。因此可以稱爲一種"新王權觀"。

桓玄立論的第二個環節，是從佛教"以敬爲本"出發，抓住了佛教教團内部也有類似跪拜的儀式：

---

① 《弘明集》卷一二，第671頁。
② 劉立夫：《弘道與明教——弘明集研究》，中國社會科學出版社2004年版，第214頁。顏尚文：《梁武帝》，東大圖書公司1999年版，第18頁。
③ 〔日〕島田虔次著，鄧紅譯：《中國思想史研究》，第237頁。
④ ［清］蘇輿撰，鍾哲點校：《春秋繁露義證》，中華書局1992年版，第297—298頁。

> 沙門之敬，豈皆略形存心？懺悔禮拜，亦篤於事。爰暨之師，逮於上座，與世人揖跪，但爲小異其制耳。既不能忘形於彼，何爲忽儀於此？[1]

這裏提到的懺悔禮拜，致敬的對象是佛或者佛的法身，此外還有師長和上座。印度佛教的傳統有多種禮拜的方式，《大智度論》卷一〇有詳細的解說，可爲注脚：

> 有下、中、上禮：下者揖，中者跪，上者稽首；頭面禮足，是上供養。以是故佛毗尼中，下坐比丘兩手捉上坐兩足，以頭面禮。[2]

揖是雙手合掌，跪是單膝下跪，頭面禮足則是用額頭觸碰雙脚。這些儀式和中土的跪拜稍有不同，却也頗爲相似[3]。如果儀式的根基都是出於敬意，那麼君主自然也應當成爲跪拜的對象。

隨著論辯的進行，桓玄逐步迫使作爲論辯對手的王謐承認，佛教的禮佛或者禮拜師長，是出於對師道教化的敬意，而這種敬意相比於君主的生生之德，是第二位的。後者可以包括前者。他説：

> 宗致爲是何耶？若以學業爲宗致者，則學之所學，故是發其自然之性耳。苟自然有在，所由而稟，則自然之本，居可知矣。資通之悟，更是發瑩其末耳。

又云：

> 夫佛教之所重，全以神爲貴。是故師徒相宗，莫二其倫。凡神之明闇，各有本分。分之所資，稟之有本。師之爲功，在於發悟，譬猶荆璞而瑩拂之耳。若質非美玉，琢磨何益？是爲美惡存乎自然，深德在於資始。拂瑩之功，實已末焉。既懷玉自中，又匠以成器，非君道則無以申遂此生，而通其爲道者也。是爲在三之重，而師爲之末。何以言之？君道兼師，而師不兼君。

---

[1] 《弘明集》卷一二，第 676 頁。
[2] 《大智度論》卷一〇，高楠順次郎、渡邊海旭等編：《大正新修大藏經》（東京大正一切經刊行會 1924 年版，以下簡稱《大正藏》）第 25 册，第 1509 號，第 130 頁下—131 頁上。
[3] 關於跪拜的禮節在印度、中國和日本傳統中的演變，參見《法寶義林》"頂禮" 條。"Chorai", in *Hōbōgirin, dictionnaire encyclopédique du bouddhisme d'après les sources chinoises et japonaises*, Librairie d'Amerique et d'Orient Adrien-Maisonneuve, vol. 5, pp.371-379.

所謂佛教以神爲貴，是説佛法教人修煉神明，累世相繼，達到開悟。這是當時人對佛教的看法①。而"神"和形體一樣，是有所禀受而來。在桓玄的"新王權觀"裏，自然之性禀受於天，君有資運之功，而師道只是就現有的材質加以打磨，則屬後天教化。一旦佛教被規約爲師道，則被降格爲第二性的。

在强大的理論攻勢下，王謐終於落敗，他説桓玄"弘崇主之大理，折在三之深淺"②，可以説抓住了桓玄立説的要旨。他先引《老子》之語，把君道抬到"通生理物"的形而上高度，又將佛教的禮拜歸約師道。"在三"一語，出自《國語·晉語》："民生於三，事之如一：父生之，師教之，君食之。"强調二者"同本於敬"，既然二者根基相同，那麼便不應該有相反的外在表現。君主也應該和佛陀一樣，成爲跪拜的對象。

（三）慧遠的抗辯

慧遠的思想見於《答桓玄書》和《沙門不敬王者論》，如本文開頭所述，後者在前者基礎上擴充而成。關於《沙門不敬王者論》的思想，前人多有闡發，這裏主要關注兩點：一是從《答桓玄書》到《沙門不敬王者論》，慧遠思想的發展；二是引入形神之辯對超越桓玄"新王權觀"的意義。

慧遠首先對在家和出家兩種生活方式做了明確的區分，"原夫佛教所明大要，以出處爲異。出處之人凡有四科。在家奉法，則是順化之民，情未變俗，迹同方内……出家則是方外之賓，迹絶於物"③。方内、方外的區分，語出《莊子·大宗師》："孔子曰，彼游方之外者也。"但慧遠對"方外之賓"的出家生活，做了與魏晉以來全然不同的解説：

> 達患累緣於有身，不存身以息患；知生生由於禀化，不順化以求宗。求宗不由於順化，故不重運通之資；息患不由於存身，故不貴厚生之益。此理之與世乖，道之與俗反者也。是故凡在出家，皆隱居以求其志，變俗以達其道。變俗則服章不得與世典同禮。④

---

① 《世説新語·文學篇》："佛經以爲袪煉神明，則聖人可致。簡文云：'不知便可登峰造極？不然陶煉之功，尚不可誣。'"（第229頁）
② 《弘明集》卷一二，第689頁。
③ 《弘明集》卷五，第255頁。諸本均誤作"出家"，當從麗本作"出處"。按：根據文意，應指出家的比丘、比丘尼和在家的優婆塞、優婆夷共計四科。彦悰《集沙門不應拜俗事》卷二收錄此文，亦作"出處"，《大正藏》第52册，第2108號，第449頁上。
④ 《弘明集》卷一二，第692頁。

他承認出家修行者物質生命的存在是禀受自然之大化，而按照桓玄的觀點，君主在此生生之變化中，有資生通運之功；然而慧遠指出，修行者精神上的終極追求與物質無關，後者甚至是前者的一種負累。因此爲了實現精神上的追求，既不需要對自然之化心存感激，而且還要采取一種與世俗禮法全然不同的服飾和儀節。

這段話最早出現在慧遠《答桓玄書》中，又被抄録在《沙門不敬王者論·出家第二》，接下來的一節以"求宗不順化"爲題，著重解釋出家修行者"不重運通之資，不貴厚生之益"的原因。他認爲，人作爲有靈之物：

> 有情於化，感物而動。動必以情，故其生不絶。生不絶，則其化彌廣，而形彌積；情彌滯，而累彌深。其爲患也，焉可勝言哉！是故經稱："泥洹不變，以化盡爲宅。三界流動，以罪苦爲場。"化盡則因緣永息，流動則受苦無窮。（中略）是故反本求宗者，不以生累其神；超落塵封者，不以情累其生。不以情累其生，則生可滅。不以生累其神，則神可冥。冥神絶境，故謂之泥洹。①

這是説，人對禀受形體生命的造化有情感上的滯累，是人在因果相續、變動不居的輪回世界裏受苦的根源。若要實現涅槃境界，超脱輪回，便要"不以生累其神"。

桓玄認爲，"凡神之明闇，各有本分。分之所資，禀之有本"。而慧遠則提出，神可以超越此世的生命，超越自然的"大化"而獨立存在。所以他決不能接受"禀氣極於一生"，形神俱朽的觀點，佛教修行的超越性，佛教之"服章不與世典同禮"的最終依據，便全部落在可以累世修煉的"神明"之上。

慧遠最後將出家修行者的社會存在精練地歸納爲"形雖有待，情無所寄"。只要承認不依托形體的"神"之存在，桓玄那裏居於第一性的"自然"，就被降格爲因緣變動中的一環而已。從而一舉論證了出家修行者全部儀式獨立於世俗禮儀的理據所在。

（四）論争的結局和歷史書寫

上文已經論證，禮敬問題的提出是元興元年（公元402年）四月八日，桓玄下詔允許沙門不敬王者，是元興二年（公元403年）十二月。這中間一年多的時間，沙門禮敬王者實際上施行過。慧遠《答桓玄書》雖然言辭懇切，但没有使桓玄回心轉意。我們注意到，在和王謐辯論的中途，桓玄《致王謐書》云："八日已及，今與右僕射

---

① 《弘明集》卷五，第259—260頁。

書，便令施行敬事尊主之道，使天下莫不敬……事雖已行，無豫所論宜究也。"此後王謐的最後一封《答書》亦云："承已命庾、桓施行，其事至敬。時定公私幸甚，下官瞻仰。"① 可見其時已經斷然施行了沙門敬王者之禮。

桓玄稱帝前夕，頒詔取消這一決定，此舉頗令史家費解。不過桓玄的詔書似乎提示了一點綫索。《詔書》云："佛法宏誕，所不能了，推其篤至之情，故寧與其敬耳。今事既在己，苟所不了，且當寧從其略，諸人勿復使禮也。"② 其中最關鍵的一句是"事既在己"，此事最直接的原因便是禮敬君主的對象從晉安帝換成了桓玄自己。

不妨推測，桓玄選擇在沙汰沙門之後不久，提出沙門禮敬王者之議，是一種理論試探。若得到各方支持，日後代晉稱帝，則因循舊典，順理成章。從上文分析來看，桓玄有玄學清談的素養，對佛教義理也不陌生。《出三藏記集》卷一二陸澄《法論目錄》有桓玄與王謐論"心無義"的記錄。《高僧傳》又載釋道祖入廬山師從慧遠，"後還京師瓦官寺講說，桓玄每往觀聽……及玄輔政，欲使沙門敬王者，祖乃辭還吳之臺寺"③。可見直到桓玄入據建康以後，仍對佛教義理饒有興味。

發難伊始，他號稱要"以理相屈"，對自家理論頗爲自負。而事態的發展是政治上最重要的支持者桓謙、王謐皆持保留，此事更越過了僧團領袖慧遠的底綫。一時辯難蜂起，雖然桓玄在討論的中途就強令施行，但慧遠的新說畢竟是對他的立論構成一種顛覆。所以，他選擇稱帝前夕變更政令，以示"在宥之弘"，進而謀求與僧團的緩和，更是尋求奉佛士大夫對他代晉稱帝的支持。《晉書》本傳云桓玄"以歷代咸有肥遁之士，而己世獨無，乃徵皇甫謐六世孫希之爲著作，并給其資用，皆令讓而不受，號曰'高士'，時人名爲'充隱'"④。二者聯繫來看，其實都反映了同一種心態。

然而佛教史家敘述此事，都將慧遠和桓玄擺在截然對立的位置上，給後世造成不實的印象。開此風氣者恰是慧遠本人。桓玄落敗以後，慧遠"影不出山，迹不入俗"，與經過廬山的盧循、劉裕，皆保持距離。對於與桓玄早年的關係，更是竭力撇清。元興二年（公元403年）十二月，桓玄稱帝，晉安帝"蒙塵於潯陽"。三年（公元404年）三月，劉裕率軍擊敗桓玄，玄逼安帝西奔，四月至江陵。從此數經反復，安帝始終在江陵，直至義熙元年（公元405年）三月，始還建康。⑤ 慧遠在《沙門不敬王者論》的結尾寫道："於時天子蒙塵，人百其憂。凡我同志，僉懷輟旒之嘆，故因述斯

---

① 《弘明集》卷一二，第689頁。
② 《弘明集》卷一二，第695—696頁。
③ 《高僧傳》卷六《道祖傳》，第238頁。
④ 《晉書》卷九九《桓玄傳》，第2593—2594頁。
⑤ 《晉書》卷一〇《安帝紀》，第256頁。

論焉。"① 其時必在元興三年（公元 404 年）三月桓玄兵潰西奔，勢力退出潯陽以後。論中不僅將當日懇求之語盡數刪去，還以"天子蒙塵，人百其憂"，暗示了對桓玄的譴責。

《出三藏記集·慧遠傳》云，桓玄逼令沙門禮敬王者，"遠懼大法將墜，報書懇切……又著《沙門不敬王者論》，辭理精峻。玄意感悟，遂不果行"②。僧祐把慧遠著《沙門不敬王者論》的時間放在"玄意感悟"之前，顯然有誤。這樣安排史料，效果是突出了慧遠轉移時局的雄辯和勇氣。《高僧傳·慧遠傳》說："玄雖苟執先志，恥即外從，而睹遠辭旨，趑趄未決。有頃玄篡位，即下書……"敘述最爲近實。

然而時移世易，後世史家叙述中，要麽刻意模糊慧遠上書和桓玄下詔這兩件事之間的時間差，以此突顯其間的因果聯繫，如南宋志磐《佛祖統紀》"元興二年"載："玄得書，即下令不行。師復著《沙門不敬王者論》，以警當世。"③要麼用一種報應論的書寫方式，叙述桓玄身死兵敗的結局，如唐初彦琮《福田論》云："昔桓玄篡逆狂悖無道，已有此論。朝議不從……而玄悖逆，固執不悛。既屈辱三尊，飄蕩七廟。民怨神怒，衆叛親離。軍敗於東陵，身喪於西浦。覆車明鑒，孰不誡哉！"④

在僧史和護教文獻的叙述裏，作爲佛法棟梁的慧遠面對強權，據理力爭；向佛教發難的桓玄剛愎自用，倏而覆亡。而這種鮮明的形象對立，實在是史家建構的錯覺⑤。揆之史實，無論慧遠和桓玄自身的形象，還是二者之關係，都遠較後世史家描述要微妙複雜。這是本文的考證希望著力揭示的。

四、餘論

慧遠在佛教史上的崇高聲望和桓玄的興亡勃忽，多少給歷史真相的考察增添了幾許迷霧。然而沙門不敬王者之争的爆發，既非偶然，亦非獨特。隨著東晉一朝僧團自身的發展和佛教信仰向社會高層滲透，圍繞僧權與王權關係的爭論就遲早要發生。這場論爭與其說是僧權與王權二者的較量，不如說是二者在激辯中謀求新的自我界定。

---

① 《弘明集》卷五，第 272 頁。
② 《出三藏記集》卷一五《慧遠傳》，第 569—570 頁。
③ 《佛祖統紀》卷三六，《大正藏》第 49 册，第 2035 號，第 341 頁下。
④ 《廣弘明集》卷一二，《大正藏》第 52 册，第 2103 號，第 170 頁上。
⑤ 已經有學者注意到後世佛教史書記載與當時歷史事實存在出入，請讀者一併參考。顧偉康：《東晉"敬王之争"考評》，第 112 頁。

桓玄引《老子》之語，把王權抬高到"資生通運"的高度，較之漢儒的王權觀，不但沒有"衰落"，反而有了新的發展。慧遠通過"形盡神不滅"形上學分析，論證了出家修行生活對此世的超越性，從而保全了佛教僧團的全部儀式，不受世俗禮法的約束。修行者的生活方式再也不是魏晉以來高人逸士"越名教而任自然"的邏輯，他們服從於教團群體生活的規制，但並不因此降格爲"方内之人"。這套規制和他們所追求的超越性的"宗極"是緊密聯繫的。這是對桓玄把佛教歸約爲師道教化的反駁，也是對"沙門不得爲高士"之類論調的有力回應。

  沙門不敬王者之爭的前後數十年，大江南北都興起了大規模的戒律運動，法顯西行求法，四部廣律的譯出都集中發生在晉宋之際。目前没有發現印度本土有相應的造經活動，因而只能理解爲中土僧俗自發的追求。這場運動的結果，使得禮法與戒律的衝突日益突顯。人們認識到佛教徒的生活不是什麽任誕之行，而是一種系統化的組織方式。它是否只適用於天竺、西域，進入中土是否需要做出調整？戒律的内部出現衝突，又如何加以調和？舉凡南朝佛教史上的重要教爭，從劉宋初年的踞食論爭，到梁武帝發起的素食改革，爭論之焦點始終不離戒律。[①] 而這場爭論當風氣丕變之初，仍有魏晉清談的許多痕跡，徵引《老》、《莊》之語隨處可見。只有深入僧團發展的歷史脈絡和文本内部的辯論邏輯，才能理解晉宋之際佛教思想的急速演進。

收稿日期：2016 年 1 月

[①] 參見陳志遠：《梁武帝與僧團素食改革》(《中華文史論叢》2013 年第 3 輯，第 93—121 頁)、《祇洹寺踞食論爭再考》(《中國中古史研究》第五卷，中西書局 2015 年版，第 38—54 頁)。

孫綽《喻道論》的儒佛一致論

鄭 任 釗

內容提要：孫綽是東晉時期的名士，其思想在《喻道論》一文中有集中的體現。此文以主客之間問難和辯駁的形式對佛和佛道、儒佛關係、出家與孝道的關係等問題進行了討論，主張佛儒一致、出家爲大孝，論證了佛教因果報應等思想，以一種儒、釋、道互通的方式述說了佛教的多方面基本教義。《喻道論》是一部試圖通過調和儒、釋、道來論述佛教教理的著作，對後世儒、道、釋三教交融互補格局的逐漸形成產生了非常積極的作用。

關鍵詞：至道　因果報應　孝道　三教融合

　　玄學是魏晉南北朝時期的主流思潮，佔有統治地位。長時間的社會動亂、政治黑暗，當時的士大夫們皆逃避現實，而醉心玄虛。這種社會現實也給宗教提供了一個很好的發展環境，尤其是佛教得到了迅速的發展。"至過江，佛理尤盛。"[①]晉室東渡以後，在"清談誤國"的反思聲中，玄學受挫，佛學日盛。在這種背景下，玄學和佛學相互借力，名士和名僧也密切交往。湯用彤先生在《漢魏兩晉南北朝佛教史》中說："自佛教入中國後，由漢至前魏，名士罕有推重佛教者。""其時（東晉）名僧名士群集於東土，實極盛一時也。"[②]名僧談玄，名士談佛理，在東晉出現了一股玄佛合流之風。孫綽即是此中的代表人物之一。

　　孫綽，字興公，太原中都（今山西平遙西南）人，後遷居會稽（今浙江紹興），是東晉很有影響的名士和玄學家。孫綽出身于仕宦家庭，祖父孫楚曾任馮翊太守，叔父

---

① 《世說新語》卷上《文學》劉孝標注引《續晉陽秋》。徐震堮：《世說新語校箋》，中華書局1984年版，第143頁。
② 湯用彤：《漢魏兩晉南北朝佛教史》，上海書店出版社1991年版，第181、179頁。

— 261 —

孫詢曾任潁川太守，但他生不逢時，出生在西晉末年的亂世中。[1] 晉室東遷，年幼的孫綽跟隨父兄過江避禍，定居於會稽。會稽山水秀麗，是當時名士聚居的地方。孫綽"博學善屬文"，青年時期的他與許多名士交好，"游放山水，十有餘年"[2]，曾作《遂初賦》，以表崇尚老莊思想、仰慕隱士生活之意。在結束了逸隱優游的生活之後，孫綽除著作佐郎，襲爵長樂侯。咸和四年（公元 329 年），被征西將軍庾亮召爲參軍，後補章安令，征拜太學博士，遷尚書郎。建元元年（公元 343 年）庾亮死後，孫綽先後被揚州刺史殷浩引爲建威長史，會稽內史王羲之引爲右軍長史，後又轉任永嘉太守，遷散騎常侍，領著作郎，年五十八而卒。

孫綽的儒學修養深厚，曾著有《論語集注》十卷。[3]《晉書·禮志中》載永和二年（公元 346 年）七月遷祧室之議，孫綽即參與議禮。[4] 他在佛學方面也深有造詣，撰有多篇佛學方面的著作，如《名德沙門論目》、《道賢論》等。

作爲東晉中期玄學的中堅人物之一，孫綽與當時的名僧多有交往。他熱衷研習佛學，寫了很多佛教方面的文章，還爲當時的一些高僧寫了小傳。在《道賢論》中，他把兩晉時的七個名僧比作魏晉之間的"竹林七賢"："竺法護比山巨源（山濤），帛法祖比嵇叔夜（嵇康），竺法乘比王濬沖（王戎），竺法深比劉伯倫（劉伶），支道林比向子期（向秀），竺法蘭比阮嗣宗（阮籍），于道邃比仲容（阮咸），各以名迹相類者爲配。"[5]

孫綽的思想在《喻道論》一文中有集中的體現，《喻道論》也是其著述中影響最大的一篇，收入《弘明集》卷三。這篇文章以主客之間問難和辯駁的形式對佛和佛道、儒佛關係、出家與孝道的關係等問題進行了討論，主張佛儒一致、出家爲大孝，論證了佛教因果報應等思想，以一種儒、釋、道互通的方式述說了佛教的多方面基本教義。《喻道論》是繼東漢末年《牟子理惑論》之後又一部通過調和儒、釋、道來論述佛教教理的著作，對後世儒、道、釋三教交融互補格局的逐漸形成產生了非常積極的作用。

---

[1] 關於孫綽的生卒年，目前學界多从曹道衡先生説，以爲孫綽生於西晉建興二年（公元 314 年），卒於東晉咸安元年（公元 371 年），然此説疑點頗多。學界又有 301—380 年、311—368 年、320—377 年等説。因此本文在孫綽生卒年問題上暫且存疑。

[2] 《晉書》卷五六《孫綽傳》，中華書局 1974 年版，第 1544 頁。

[3] 《經典釋文》卷一《序録·注解傳述人·論語》："孫綽《集注》十卷。字興公，太原人，東晉廷尉卿，長樂亭侯。"見陸德明：《經典釋文》，中華書局 1983 年版，第 16 頁。

[4] 《晉書》卷一九《禮志》上："輔國將軍護王司馬無忌等議：'諸儒謂太王、王季遷主，藏於文武之祧。如此，府君遷主宜在宣帝廟中。然今無寢室，宜變通而改築。又殷祫大廟，征西東面。'尚書郎孫綽與無忌議同，曰：'太祖雖位始九五，而道以從暢，替人爵之尊，篤天倫之道，所以成教本而光百代也。'"見《晉書》第 605 頁。

[5] [宋] 葉夢得：《避暑録話》卷上，朱易安、傅璇琮等編：《全宋筆記》第二編第十冊，大象出版社 2006 年版，第 250 頁。

笔者將試圖通過對《喻道論》文本的剖析，並與《牟子理惑論》的相關部分進行比較，來探究《喻道論》的主題和孫綽的儒佛一致論。

一、夫佛也者，體道者也

在《喻道論》的一開頭，孫綽就提出宇宙中存在著一種"至道"，這種至道是"方外之妙趣、寰中之玄照"。而有人懷疑這種至道的存在，是因爲"以有方之識，各期所見"。如果只局限於世俗的眼光來看世界，就無法窺見這種至道。他把這種狀況比喻爲水中生物不知岸上之事，天上飛鳥不知波浪之勢，井底之蛙不相信遨游大海的本領，鷃雀不相信一飛沖天的能力。他説：

> 或有疑至道者，喻之曰：夫六合遐邈，庶類殷充，千變萬化，渾然無端。是以有方之識，各期所見。鱗介之物不達皋壤之事，毛羽之族不識流浪之勢。自得于窖井者則怪遊溟之量，翻翥於數仞者則疑沖天之力。纏束世教之内，肆觀周孔之跡，謂至德窮於堯舜，微言盡乎《老》、《易》，焉復觀夫方外之妙趣、寰中之玄照乎？悲夫章甫之委裸俗，《韶》、《夏》之棄鄙俚，至真絶於漫習，大道廢於曲士也。若窮迷而不遷者，非辭喻之所感。試明其旨，庶乎有悟于其聞者焉。①

這段話的道家色彩是非常濃厚的，如果我們忽略"纏束世教之内，肆觀周孔之跡，謂至德窮於堯舜，微言盡乎《老》、《易》"這一句，我們完全可以認爲這是一篇爲道家立論的文章。"至道"一詞在《莊子》裏就多次出現，《在宥》中黄帝曾向廣成子問"至道"，廣成子説："至道之精，窈窈冥冥；至道之極，昏昏默默。"《知北游》中，孔子也向老子問"至道"，老子説："其來無迹，其往無崖，無門無房，四達之皇皇也。天不得不高，地不得不廣，日月不得不行，萬物不得不昌，此其道與！"而且這裏的比喻所用的典故，如自得窖井、翻翥數仞、章甫委裸俗、《韶》、《夏》棄鄙俚，也都是出自《莊子》裏的典故。②

"至道"，從字面上講就是最高的道，儒家本也常用，如《中庸》"苟不至德，至道

---

① ［南朝梁］僧祐編撰，劉立夫、胡勇譯注：《弘明集》，中華書局2011年版，第72頁。
② 分見於《莊子·秋水》、《逍遥游》、《天下》。

— 263 —

不凝",孔安國稱《尚書》百篇"所以恢弘至道,示人主以軌範也"①。

但孫綽指明,儒、道兩家的認識是有局限的,他所說的這種"至道"高於儒、道兩家所認爲的最高的道。《中庸》講"苟不至德,至道不凝",而孫綽說"纏束世教之内,肆觀周孔之跡,謂至德窮於堯舜,微言盡乎《老》、《易》",把儒家的至德說成是有局限的,所以其所謂的至道也不是真的至道。

孫綽接下來馬上予以明確,他說的至道指的是佛道。他說:"夫佛也者,體道者也。"②佛是體悟了道的人,或者說道是佛修行悟證的目標。他又對道做了進一步的解釋:"道也者,導物者也。應感順通,無爲而無不爲者也。無爲,故虛寂自然;無不爲,故神化萬物。"③道,引導萬物,與萬物交相感應,使萬物各得其宜,上下順通。這個道的特徵是"無爲而無不爲",順應自然而又神化萬物。孫綽對道的規定,充滿玄學色彩,與道家所言的道幾乎無法區分。這種解釋與《牟子理惑論》"道之言'導'也,導人致于無爲。牽之無前,引之無後,舉之無上,抑之無下,視之無形,聽之無聲。四表爲大,綩綖其外;毫釐爲細,間關其内。故謂之道"④的解釋也有著相似性。給人的感覺就是"釋迦牟尼所體證的道,就是道家提倡的無爲自然而化的道"⑤。其實,即使"體道"一詞,也是來自《莊子·知北游》:"夫體道者,天下之君子所繫焉。"方立天先生認爲,"所謂體道的佛、菩薩實質上是具有道家理論色彩的中國化的神明",雖然與佛教的一些說法可比附,但"從整體來說,是與作爲整個佛教教義的佛道之道相悖的"。⑥

魏晉南北朝時期,佛教的基礎理論是大乘般若學。般若學在東晉尤爲流行,名士無不對般若學趨之若鶩,以能講般若學爲榮。般若學認爲萬物爲因緣和合所生,沒有固定不變的自性,所以世上一切皆空,這種觀點與玄學貴無派所主張的"天下之物,皆以有爲生,有之所始,以無爲本"⑦就有了某種契合。雖然二者事實上還是有很大的差别,但玄學需要般若學的新的思想資源,般若學也需要借助佔統治地位的玄學以壯大自身,雙方求同存異,促使玄佛合流思潮的産生。

當是時,爲了使熟諳儒、道之學的士人們能够聽懂佛法,僧人在宣講佛法時也特地將佛經中的概念用儒、道已有的詞語、概念加以比附與解釋,此即所謂"格義",

---

① [漢]孔安國:《尚書正義》卷一《尚書序》,北京大學出版社 1999 年版,第 11 頁。
② [南朝梁]僧祐編撰,劉立夫、胡勇譯注:《弘明集》,第 74 頁。
③ [南朝梁]僧祐編撰,劉立夫、胡勇譯注:《弘明集》,第 74 頁。
④ [南朝梁]僧祐編撰,劉立夫、胡勇譯注:《弘明集》,第 16 頁。
⑤ 方立天:《中國佛教哲學要義》,中國人民大學出版社 2002 年版,第 756 頁。
⑥ 方立天:《中國佛教哲學要義》,第 171 頁。
⑦ [魏]王弼注:《老子道德經注》四十章。樓宇烈校釋:《老子道德經注校釋》,中華書局 2008 年版,第 110 頁。

即一種"用原本中國的觀念來對比外來的思想觀念——以便借助於熟習的本己中國概念逐漸達到對陌生的概念、學説之領悟和理解的方法"①。其特點就是"不拘泥于片言支語的訓釋,也不追求忠實於外來的般若學的本義,而只著重于從義理的方面去融會中外兩種不同的思想,只要在它們中間找到了某種同一性,便可以自由發揮,創立新解"②。

孫綽在《喻道論》中,從一開始,就先區分了佛、儒的不同,以佛教爲超俗,儒教爲世俗之教,而般若學的中心主題即真諦和俗諦的關係,般若學還區分實相智和方便智,即一般的不究竟的、不完滿的世俗智慧和究竟的、完滿的般若智慧。孫綽所講的"至道",也可與阿耨多羅三藐三菩提相比附③,即佛陀所覺悟之智慧,亦意譯爲無上正等覺、無上正真道等,至高無上,周遍而無所不包。孫綽顯然深受"格義"之風的影響。

與孫綽所做的這種高、下區分不同,《牟子理惑論》強調的則是佛道與儒道的合一,其稱:

問曰:"孔子以五經爲道教,可拱而誦,履而行。今子説道,虛無恍惚,不見其意,不指其事,何與聖人言異乎?"牟子曰:"不可以所習爲重,所希爲輕,惑於外類,失於中情。立事不失道德,猶調弦不失宫商。天道法四時,人道法五常。老子曰:'有物混成,先天地生。可以爲天下母,吾不知其名,強字之曰道。'道之爲物,居家可以事親,宰國可以治民,獨立可以治身。履而行之,充乎天地,廢而不用,消而不離。子不解之,何異之有乎?"④

《牟子理惑論》爲了消弭佛教受到的責難,主張佛道與聖人之言並無差異,刻意抹殺佛道與儒道的不同。"居家可以事親,宰國可以治民,獨立可以治身",這樣的佛道的確與儒道看不出有什麼區別,可以説爲了證明佛道不違背儒道,而犧牲了佛道本身。孫綽既強調二者的相同處,更有意識地拔高佛道,區分二者的不同,這樣的論述顯然要更爲高明。由此我們也可以看出佛教在東漢末年到東晉的這一百多年時間中,境遇已有了很大的提高。較之牟子試圖通過否認儒佛的差異來爲佛教爭取認同,孫綽則在

---

① 湯用彤:《理學、佛學、玄學》,北京大學出版社 1991 年版,第 284 頁。
② 余敦康:《魏晉玄學史》,北京大學出版社 2004 年版,第 430 頁。
③ "道,亦稱佛道,是阿耨多羅三藐三菩提的早期譯語",參見任繼愈主編:《中國佛教史》第二卷,中國社會科學出版社 1985 年版,第 78 頁。
④ [南朝梁] 僧祐編撰,劉立夫、胡勇譯注:《弘明集》,第 17 頁。

闡述儒佛一致的同時，努力抬高佛教，爲佛教争取更高的地位。

二、報應之期，不可得差

因果報應説是佛教基本理論的重要組成部分，是佛教人生觀、倫理觀的思想基礎，也是對中國人産生很大影響的佛家基本教義。因果報應説認爲，宇宙人生中的任何事物都不是無緣無故生滅的，而是有著必然的因果關係。善因必得善果，惡因必得惡果。每個人的善惡行爲都會給自己的命運帶來相應的回報，或福或禍，或因積德修道而永脱生死，或因無道作惡而在三世六道中輪回。孫綽在《喻道論》中用了大量事例論證因果報應的存在。

道是"無爲而無不爲"的，佛作爲體道者也是"無爲而無不爲"的。佛無不爲，神化萬物，無所不在。"萬物之求，卑高不同，故訓致之術，或精或粗。悟上識則舉其宗本，不順者復其殃放。"① 在孫綽的描述中，佛訓導萬物，根據萬物資質的不同，採取不同的教化方式，對根底深者教以道之根本，對不順從教法的人則施以災殃。他説：

> 酒者羅刑，淫爲大罰，盜者抵罪，三辟五刑，犯則無赦。此王者之常制，宰牧之所司也。若聖王御世，百司明達，則向之罪人，必見窮測，無逃形之地矣。使奸惡者不得容其私，則國無違民，而賢善之流必見旌叙矣。且君明臣公，世清理治，猶能令善惡得所，曲直不濫。況神明所莅，無遠近幽深，聰明正直，罰惡祐善者哉。故毫釐之功，錙銖之釁，報應之期，不可得而差矣。②

我們看到，經過孫綽的渲染，佛更像是世間的主宰，監察衆生，對於世間善惡明察秋毫，賞善罰惡，報應不爽，有些類似於漢代災異説中施降禍福的有意志的天。而孫綽更是把佛比作世間的明君聖王在位，將惡報比作世間刑罰，試圖來説明因果報應爲什麼是可能的，爲什麼是合理的。

古代中國人早在佛教傳入之前，面對吉凶福禍、貴賤富貧、生死壽夭等問題，就

---

① ［南朝梁］僧祐編撰，劉立夫、胡勇譯注：《弘明集》，第74頁。
② ［南朝梁］僧祐編撰，劉立夫、胡勇譯注：《弘明集》，第74頁。

已經將善惡與福禍聯繫起來，產生了一種善有善報、惡有惡報、報及子孫後代的因果報應的觀念。如《易·坤·文言》："積善之家，必有餘慶；積不善之家，必有餘殃。"《老子》七十九章："天道無親，常與善人。"《韓非子·安危》："禍福隨善惡。"此外，漢代的災異説那種人事得當則天現祥瑞以示嘉獎，人事失當則天現災異以示懲罰的觀念在思想基礎上與這種因果報應觀念也是相同。因爲中國傳統上存在固有的因果報應觀念，所以佛教的因果報應説也相對容易被接受。

孫綽基本上就是以這種中國傳統的因果報應觀念來解釋佛家的因果報應説。他説：

> 歷觀古今禍福之證，皆有由緣，載籍昭然，豈可掩哉！何者？陰謀之門，子孫不昌；三世之將，道家明忌。斯非兵凶戰危，積殺之所致耶？若夫魏顆從治，而致結草之報；子都守信，而受驄驥之錫；齊襄委罪，故有墜車之禍；晉惠棄禮，故有弊韓之困：斯皆死者報生之驗也。至於宣孟愍翳桑之饑，而趙蒙倒戈之祐；漂母哀淮陰之憊，而母荷千金之賞。斯一獲萬，報不逾世。故立德暗昧之中，而慶彰萬物之上。陰行陽曜，自然之勢。譬猶灑粒於土壤，而納百倍之收，地穀無情於人，而自然之利至也。①

他先以兵謀世家和武將世家爲例説明報應禍及子孫，説他們代代多用兇器，殺伐太甚，所以子孫不昌。繼而他又援引歷史上的著名的四個傳説故事來説明死者報應生者的效驗：魏顆未將其父之妾依遺命殉葬，後該女之亡父在戰場上結草絆倒敵將來報答他；鮑子都葬書生而不昧其金，後得喪家舉薦三世官拜司隸，驄馬得騎；齊襄公指使公子彭生殺死魯桓公，却讓彭生抵命，後彭生化作野豬驚嚇齊襄公墜馬；晉惠公得秦國之助即位，又得秦國送糧救災，却背信棄義，以怨報德，秦國遇災時拒絕運糧，反而乘機伐秦，結果兵敗被俘。兩件福報，兩件禍報，正反舉證。最後又舉了兩件史事來説明報在當世的效驗：趙宣孟于桑下餓人有一飯之恩，換來之後對方的捨身相救；漂母于韓信有一飯之恩，換來之後韓信的千金賞賜，給人恩惠不多，但回報却很大。

孫綽所舉的幾個報應事例，實際上與佛教的因果報應説相差很大。印度佛教的因果報應説其實强調的是業報輪回，《阿毗曇心論》説："若業現法報，次受於生報，後報亦復然，餘則説不定。"慧遠專作《三報論》闡釋説："經説業有三報：一曰現報，

---

① ［南朝梁］僧祐編撰，劉立夫、胡勇譯注：《弘明集》，第74—75頁。

二曰生報,三曰後報。現報者,善惡始於此身,即此身受。生報者,來生便受。後報者,或經二生三生,百生千生,然後乃受。"①也就是說,業報有現報、生報、後報,即報於此身、報于來生、報於二生三生等。而孫綽根本就沒有提到因果報應説中很重要的三世輪回的内容,只有報於此身和報于後代子孫,而報于後代子孫却是業報説裏原本没有的東西。至於其所説的"立德暗昧之中,而慶彰萬物之上,陰行陽曜,自然之勢",也顯然不是佛教應果報應説原本所應有之義。所以孫綽所説的因果報應基本上還是中國傳統的因果報應説,只是加了一個佛教的因果報應説的殼。

然而,孫綽用中國傳統的因果報應説來解釋佛教的因果報應説,對佛教的傳播和融入中國文化却是大有好處的。孫綽通過吸取和結合中國固有的報應觀念來宣揚佛教的因果報應説,並以此來捍衛佛教的實理,應該説是相當明智的選擇。印度佛教的因果報應説雖然與中國固有的報應觀念有著很大的差别,但當時的學者,無論是懷疑批判因果報應説的,還是爲因果報應説做辯護的,都有意或無意地將二者混淆在一起,從某種程度上也反映了當時學者對佛教因果報應説本身的模糊。②

當然這種混合也產生了積極作用,那就是產生了中國佛教不同於印度佛教的獨具特色的因果報應説。正如方立天先生説的那樣:"把佛教的因果報應説與中國傳統所謂'積善之家必有餘慶,積不善之家必有餘殃'的禍福報應觀念、儒家的道德修養相協調,形成一種頗具中國特色的輪回報應説。這種人生哲學又轉化爲普遍的社會心理,在民間影響很大,並在歷史上產生了多重的功能和作用。"③

孫綽在《喻道論》中還解答了一個關於因果報應的悖論:"報應之事,誠皆有徵,則周孔之教,何不去殺,而少正卯刑,二叔伏誅耶?"④因果報應既然這麼靈驗,惡總會遭到報應,那世間爲什麼還需要刑罰,儒家立教化爲什麼不取消殺罰呢?孔子爲什麼還要誅殺少正卯,周公爲什麼還要誅放管、蔡二叔呢?他解釋説:

> 客可謂達教聲而不體教情者也。謂聖人有殺心乎?……子誠知其無心於殺,殺固百姓之心耳。夫時移世異,物有薄淳。結繩之前,陶然太和;暨于唐虞,禮法始興;爰逮三代,刑罔滋彰,刀斧雖嚴,而猶不懲;至於君臣相滅,父子相害,吞噬之甚,過於豺虎。聖人知人情之固於殺,不可一朝而息,故漸抑以求厭中,猶蝮蛇螫足,斬之以全身,癰疽附體,決之以救命,亡一以存十,亦輕重之

---

① [晉]慧遠:《三報論》,載石峻等編:《中國佛教思想資料選編》第一卷,中華書局1981年版,第87頁。
② 參見劉立夫:《弘明與明教:〈弘明集〉研究》,中國社會科學出版社2004年版,第63頁。
③ 方立天:《中國佛教哲學要義》,第39頁。
④ [南朝梁]僧祐編撰,劉立夫、胡勇譯注:《弘明集》,第78頁。

所權。①

這段解答的文字看上去與佛教關係並不大，講述的完全就是儒家的禮法觀，而且基本上就是荀學的觀點。荀子講："今人之性惡，必將待師法然後正，得禮義然後治。今人無師法則偏險而不正，無禮義則悖亂而不治。古者聖王以人之性惡，以爲偏險而不正，悖亂而不治，是以爲之起禮義，制法度，以矯飾人之情性而正之，以擾化人之情性而導之也。"②荀子以人性皆惡，必須以禮義、制度去矯治，但即使這樣也不是所有的人都能棄惡從善，那就要區別對待，"以善至者待之以禮，以不善至者待之以刑"③。而孫綽也是先認定，除非聖人，人都是有殺心的，而且這種殺心不是一朝一夕可以消除的，所以只能以刑罰來逐漸遏制人的殺心。孫綽還强調刑罰是不得已的，如斷臂求生一般，所以聖人立教設刑，本着仁愛之道，順天時、緩死罪、疑從輕，由此也可見聖人之用心。這也是儒家通常的説法。孫綽還用儒家禮法舉了一通例子：

　　故刑依秋冬，所以順時殺，春蒐夏苗，所以簡胎乳；三驅之禮，禽來則韜弓；聞聲睹生，肉至則不食。釣而不網，弋不射宿，其於昆蟲，每加隱惻。至於議獄緩死，眚災肆赦；刑疑從輕，寧失有罪；流涕授鉞，哀矜勿喜。生育之恩篤矣，仁愛之道盡矣。所謂"爲而不恃，長而不宰"。德被而功不在我，日用而萬物不知。舉玆以求，足以悟其歸矣。④

這裏，孫綽所用的理論是儒家的理論，所舉的例子也是儒家的禮法，當然這裏也天衣無縫地融入了一句道家的"爲而不恃，長而不宰"⑤，不過他最終的目的還是爲佛教的因果報應説解套。最後那句"舉玆以求，足以悟其歸矣"，就是在提醒人們，舉證這些的最終目的在哪裏。於是引導人們回到佛那裏，回到開頭那句"萬物之求，卑高不同，故訓致之術，或精或粗。悟上識則舉其宗本，不順者復其殃放"。

在《牟子理惑論》裏，對因果報應的問題是没有展開專門論述的。《牟子理惑論》裏在回答"孔子稱：'奢則不遜儉則固，與其不遜也寧固。'叔孫曰：'儉者德之恭，侈者惡之大也。'今佛家以空財佈施爲名，盡貨與人爲貴，豈有福哉"的提問時，簡單提

---

① ［南朝梁］僧祐編撰，劉立夫、胡勇譯注：《弘明集》，第78頁。
② 《荀子·性惡》。［清］王先謙：《荀子集解》，中華書局1988年版，第435頁。
③ 《荀子·王制》。［清］王先謙：《荀子集解》，第149頁。
④ ［南朝梁］僧祐編撰，劉立夫、胡勇譯注：《弘明集》，第78頁。
⑤ 《老子》第十章。樓宇烈校釋：《老子道德經注校釋》，第24頁。

到了福報的問題:"僖負羈以一餐之惠,全其所居之閭;宣孟以一飯之故,活其不貲之軀。陰施出於不意,陽報皎如白日。況傾家財,發善意,其功德巍巍如嵩泰,悠悠如江海矣。懷善者應之以祚,挾惡者報之以殃。未有種稻而得麥,作禍而獲福者也。"① 另外,在回答"爲道亦死,不爲道亦死,有何異乎"的提問時,也提到了善惡報應的問題:"所謂無一日之善,而問終身之譽者也。有道雖死神歸福堂,爲惡既死神當其殃。愚夫暗於成事,賢智預於未萌。道與不道如金比草,善之與惡如白方黑,焉得不異而言何異乎?"② 我們可以看出,《牟子理惑論》雖然提到了報應問題,但顯然只是爲佈施作辯護的一個論據,或者是爲了解釋善惡有別而已,與《喻道論》對因果報應理論專門展開論述完全不可同日而語。

三、周孔即佛,佛即周孔

孫綽在論述因果報應時大段闡述儒家的禮法觀,也與其接下來要論述的一個命題有關。闡述完儒家的禮法觀,他馬上做了一個設問:"周孔適時而教,佛欲頓去之,將何以懲暴止奸,統理群生者哉?"③ 儒家的禮教如此切合社會需要,佛教一下子都要將之去除,那怎麼懲暴止奸,維護社會定秩序?於是孫綽提出了一個命題"周孔即佛,佛即周孔",這是《喻道論》中最著名的一個命題,也是孫綽對中國特有的儒、釋、道三教融合的形成的一大貢獻。他説:

> 周孔即佛,佛即周孔,蓋外內名之耳。故在皇爲皇,在王爲王。佛者,梵語,晉訓"覺"也。"覺"之爲義,"悟物"之謂,猶孟軻以聖人爲先覺,其旨一也。應世軌物,蓋亦隨時,周孔救極弊,佛教明其本耳。共爲首尾,其致不殊。④

這是非常鮮明的儒佛一致論。孫綽認爲,周公、孔子與佛並没有什麼根本上的區别,只是名號不同而已,都是得道者,都是覺者,都是聖人。他們都講勸善化俗,應世軌物,善惡的標準也一致,他們是殊途同歸,終極目標都是一樣的,都是爲了救度衆人,

---

① [南朝梁]僧祐編撰,劉立夫、胡勇譯注:《弘明集》,第40頁。
② [南朝梁]僧祐編撰,劉立夫、胡勇譯注:《弘明集》,第32頁。
③ [南朝梁]僧祐編撰,劉立夫、胡勇譯注:《弘明集》,第80頁。
④ [南朝梁]僧祐編撰,劉立夫、胡勇譯注:《弘明集》,第80頁。

治理天下，只是一個"救極弊"，治外，注重社會治理；一個明其本，治內，注重內心教化。由此二教相互補充，各有功用。但佛教明本，顯然佛教又高了一個層次。這也與之前他對佛道、儒道做了高、下的區分相一致。

孫綽這裏同樣用了史事來作論證：

即如外聖有深淺之迹：堯、舜世夷，故二后高讓；湯、武時難，故兩君揮戈。淵默之與赫斯，其迹則胡越，然其所以迹者，何嘗有際哉？故逆尋者每見其二，順通者無往不一。①

堯、舜禪讓，湯、武革命，和平交接和大動干戈，一個沉靜，一個顯赫，他們的行迹從表相上看似乎是對立的，但究其本心和目的，則都是一致的，都是爲了天下和黎民。儒、佛的關係也就是這樣"迹"與"所以迹"的關係。

日本學者吉川忠夫先生在《六朝精神史》中，特別點出了這裏的"迹"和"所以迹"這一對源自《莊子・天運篇》的概念，並指出："儘管在儒佛之間存在着内外以至本末的不同，但那只是'迹'——作爲儒是儒，佛是佛的具體的樣式，亦即教法——的不同，在'所以迹'——使儒作爲儒、佛作爲佛的具體的樣式，即形成教法的根本法理——上兩者是一致的。"②

堯、舜、湯、武都是儒家所推崇的聖人，孫綽對他們的論述也完全符合儒家對他們的一貫認識。孫綽"從治國安民的社會作用的角度，肯定儒佛的出發點和目的的一致性、共同性，從而推動了儒佛思想的合流。但另一面，由於孫綽將佛等同于周孔，也就模糊了佛教與儒家的區別，削弱了佛教超越世俗的神聖性"③。同時，他自己所說的"方外之妙趣、寰中之玄照"在文中也就沒有了著落。孫綽借助儒學統治思想的地位，努力調和儒、佛，這種努力不可避免地使部分佛教的原始教義喪失了，很多時候甚至也會陷入一種自我矛盾，但總體來上對推動佛教的接受和傳播還是大有裨益的。

同時，孫綽這種借助儒學統治思想的地位調和儒、佛的努力，也代表了一種趨勢。稍後於孫綽的慧遠也提出了"内外之道可合而明"，"出處誠異，終期則同"④。慧遠的說法在本質上顯然與孫綽的說法是完全一致的，孫綽毋庸置疑是這一理論的重要建構

---

① [南朝梁] 僧祐編撰，劉立夫、胡勇譯注：《弘明集》，第80—81頁。
② 〔日〕吉川忠夫著，王啓發譯：《六朝精神史》，江蘇人民出版社2010年版，第15—16頁。
③ 方立天：《中國佛教哲學要義》，第171頁。
④ [晉] 慧遠：《沙門不敬王者論・體極不兼應》，載石峻等編：《中國佛教思想資料選編》第一卷，第84頁。

者。慧遠的調和佛、儒兩家的原則和立場，誠如方立天先生所説，"標誌了東漢以來佛教義理由主要和道家結合轉向主要和儒家結合的重大思想轉折，並成爲後來中國佛教主流所遵循的根本宗旨之一"①。而孫綽毋庸置疑亦是這一轉向的重要推動者。

在《牟子理惑論》裏也有兩段關於捨棄"堯、舜、周、孔"而學佛教的辯駁。其一，《牟子理惑論》先作了一個設問："孔子曰：'夷狄之有君，不如諸夏之亡也。'孟子譏陳相更學許行之術曰：'吾聞用夏變夷，未聞用夷變夏者也。'"吾子弱冠學堯、舜、周、孔之道，而今舍之，更學夷狄之術，不已惑乎？"然後自答道："此吾未解大道時之餘語耳。若子可謂見禮制之華，而闇道德之實。窺炬燭之明，未睹天庭之日也。孔子所言，矯世法矣。孟軻所云，疾專一耳。昔孔子欲居九夷，曰：'君子居之，何陋之有？'及仲尼不容于魯衛，孟軻不用於齊梁，豈復仕于夷狄乎？禹出西羌而聖哲，瞽叟生舜而頑嚚，由余産狄國而霸秦，管蔡自河洛而流言。傳曰：'北辰之星，在天之中，在人之北。'以此觀之，漢地未必爲天中也。佛經所説，上下周極含血之類物，皆屬佛焉。是以吾復尊而學之，何爲當舍堯、舜、周、孔之道？金玉不相傷，精魄不相妨。謂人爲惑時，自惑乎？"②

其二，《牟子理惑論》在以"三皇之時食肉衣皮，巢居穴處以崇質樸，豈復須章黼之冠、曲裘之飾哉，然其人稱'有德而敦龐、允信而無爲'"駁斥完沙門"違貌服之制，乖搢紳之飾"③的指責之後，順勢又提出了一個設問："如子之言，則黃帝、堯、舜、周、孔之儔，棄而不足法也？"然後自答説："夫見博則不迷，聽聰則不惑。堯、舜、周、孔修世事也，佛與老子無爲志也。仲尼棲棲七十餘國，許由聞禪洗耳於淵。君子之道，或出或處，或默或語，不溢其情，不淫其性。故其道爲貴，在乎所用，何棄之有乎！"④

《牟子理惑論》提出"金玉不相傷，精魄不相妨"，以爲"堯、舜、周、孔之道"可以與佛教共存，二者並非是一種舍此就彼的關係。但牟子對二者的關係只限於"修世事"與"無爲志"以及"或出或處，或默或語"這樣的區別，同《喻道論》從終極目標上揭示二者的同一，以"迹"與"所以迹"來闡述二者的關係顯然不在同一個層次上。而且"金玉不相傷，精魄不相妨"的提法也遠不如"周孔即佛，佛即周孔"那般簡明而又直中要害。

牟子在儒、道二者的關係問題上，實際上更爲關心"夷夏之辨"，主要在闡述夷狄

---

① 方立天：《中國佛教哲學要義》，第41頁。
② [南朝梁]僧祐編撰，劉立夫、胡勇譯注：《弘明集》，第34頁。
③ [南朝梁]僧祐編撰，劉立夫、胡勇譯注：《弘明集》，第28頁。
④ [南朝梁]僧祐編撰，劉立夫、胡勇譯注：《弘明集》，第30頁。

也可出聖賢，"夷狄之術"也是可學的。我們看到，《牟子理惑論》談到的"夷夏之辨"的問題，《喻道論》却完全作了回避。

佛教來自天竺，自然無法擺脱"夷狄之術"的名聲。因此佛教進入中國，也必然無法逃避"夷夏之辨"的審視。在"嚴夷夏之防"的觀念下，佛教的發展受到了很大的影響。在很長的時間中，夷夏問題都是事關佛教在中國立身的根本性問題。湯用彤先生曾指出"夷夏"是"可以根本傾覆釋教"之説，因此"雙方均辯之至急，而論之至多"。① 而孫綽在《喻道論》中爲何完全回避這一問題呢？其實，在東晉之時，夷夏之爭却恰好不是主要問題。隨著玄佛合流，夷夏之辨在東晉已相對沉寂，當時罕有以"夷夏之辨"來指責佛教的聲音，因此孫綽也就無需關心這個問題。正如湯用彤先生所説的，"魏晉玄佛同流，必使夷夏之界漸泯也。但魏晉以來雖因玄佛二家合流，而華戎之界不嚴。然自漢以後，又因佛道二教分流，而夷夏之爭以起"②。也就是説，而在南朝宋、齊、梁三代夷夏之爭又起，却是佛、道之爭的緣故了。

四、立身行道，永光厥親

《喻道論》的最後，孫綽用了很大的篇幅來討論出家是否違反孝道的問題，認爲佛教徒出家修行正是走"立身行道，永光厥親"③的道路，正是最大的孝行。他設問道：

> 或難曰：周孔之教，以孝爲首；孝德之至，百行之本；本立道生，通於神明。故子之事親，生則致其養，没則奉其祀；三千之責，莫大無後；體之父母，不敢夷毁，是以樂正傷足，終身含愧也。而沙門之道，委離所生，棄親即疏；刑剔鬢髮，殘其天貌；生廢色養，終絶血食。骨肉之親，等之行路，背理傷情，莫此之甚。而云弘道敦仁，廣濟群生，斯何異斬刈根本而修枝幹，而言不殞碩茂。未之聞見。皮之不存，毛將安附？此大乖於世教，子將何以袪之？④

出家、不婚、剃髮、素食，佛教的這些要求與以中國傳統的孝的觀念產生了巨大

---

① 湯用彤：《漢魏兩晉南北朝佛教史》，第462頁。
② 湯用彤：《漢魏兩晉南北朝佛教史》，第461頁。
③ ［南朝梁］僧祐編撰，劉立夫、胡勇譯注：《弘明集》，第82頁。
④ ［南朝梁］僧祐編撰，劉立夫、胡勇譯注：《弘明集》，第82頁。

的衝突。《孟子》講:"事孰爲大,事親爲大","不孝有三,無後爲大","孝子之至,莫大乎尊親"。① 儒家的孝道觀最基本的要求就是事親、養親、尊親以及延續宗祀。而且儒家把子女的身體視作父母身體的遺留,把保全自己的身體作爲行孝之始。《禮記》講:"身也者,父母之遺體也,行父母之遺體,敢不敬乎?""父母全而生之,子全而歸之,可謂孝矣。不虧其體,不辱其身,可謂全矣。"② 《孝經》講:"身體髪膚,受之父母,不敢毀傷,孝之始也。"③ 在這種"父母全而生之,子全而歸之"的觀念影響下,士大夫以上階層連對平常自然代謝的毛髪、指甲都要小心翼翼地珍藏起來,以便死後葬在一起。④

試想,在這樣傳統的孝觀念的背景下,佛教追求個人解脱,離棄父母,離棄家庭,不養親事親,逃避家庭宗族的責任,甚至爲表示與世情斷絶還要剃髪,毀傷身體,會產生多大的衝擊,對其的傳播會產生多大的障礙。

孝道爲人倫之首,自漢代以降,統治者皆標榜以孝治天下,魏晉時期尤甚。泰始四年(公元268年)晉武帝下詔:"士庶有好學篤道,孝弟忠信,清白異行者,舉而進之;有不孝敬於父母,不長悌於族黨,悖禮棄常,不率法令者,糾而罪之。"⑤ 《世説新語‧賞譽》劉孝標注引董仲道語:"每見國家赦書,謀反大逆皆赦,孫殺王父母、子殺父母,不赦,以爲王法所不容也。"⑥ 晉時不孝之罪居然甚於謀反,可見何等嚴重。統治者也經常打着"孝"的旗號"誅夷名族,寵樹同己"⑦,用"不孝"的罪名誅伐異己。在當時,一個人被扣上"不孝"的罪名,是有殺身之禍的。因此,佛教與孝道的這種矛盾,對佛教而言,有著致命的影響。當時反對佛教的人指責佛教違背孝道,可謂抓住了問題的要害。可以説,佛教與儒家思想的矛盾與衝突最爲尖鋭的地方就在這裏。對爲佛教作辯護的孫綽而言,這也是必須要解決的問題,是根本無法回避的。因此孫綽絲毫不隱諱對佛教的這些尖鋭指責,原原本本地陳列出來,然後從容地逐一展開批駁。

孫綽説:

---

① 分見於《孟子‧離婁上》、《萬章上》。
② 《禮記》卷四八《祭義》。[漢]鄭玄注,[唐]孔穎達疏:《禮記正義》,北京大學出版社1999年版,第1332、1335—1336頁。
③ 《孝經‧開宗明義》。[唐]李隆基注,[宋]邢昺疏:《孝經正義》,北京大學出版社1999年版,第3頁。
④ 《禮記》卷四五《喪大記》載:"君、大夫鬊爪實於緑中,士埋之。"孔穎達疏:"死者亂髪及手足之爪,盛於小囊,實於棺角之中。士埋之者,士賤亦有物盛鬊、爪而埋之。"鄭玄注,孔穎達疏:《禮記正義》,第1281頁。
⑤ 《晉書》卷三《武帝紀》,第57頁。
⑥ 《世説新語》卷中《賞譽》劉孝標注引謝鯤《元化論序》。徐震堮:《世説新語校箋》,第242—243頁。
⑦ 《世説新語》卷下《尤悔》。徐震堮:《世説新語校箋》,第481頁。

孫綽《喻道論》的儒佛一致論

此誠窮俗之所甚惑，倒見之爲大謬，諮嗟而不能默已者也。夫父子一體，惟命同之。故母嚙其指，兒心懸駭者，同氣之感也，其同無間矣。故唯得其歡心，孝之盡也。父隆則子貴，子貴是父尊。故孝之爲貴，貴能立身行道，永光厥親，若匍匐懷袖，日御三牲，而不能令萬物尊己，舉世我賴，以之養親，其榮近矣。夫緣督以爲經，守柔以爲常，形名兩絕，親我交忘，養親之道也。①

孫綽厲聲批駁以佛教大乖世教的觀點，但却絲毫没有批駁儒家的孝道本身，反而順著儒家的孝道觀念展開了論述。他依託《孝經》所說的"立身行道，揚名於後世，以顯父母，孝之終也"②，認爲所謂盡孝，不是"匍匐懷袖，日御三牲"地在身邊服侍，從根本上說就是要讓父母歡心，讓父母得到榮光，"立身行道，永光厥親"，只有得道成佛，舉世尊崇，才是最大的養親事親之道。他巧妙地將《孝經》講的"立身行道"轉換爲行佛道，將"揚名於後世，以顯父母"轉換爲成佛而使父母得到榮光。

有意思的是，在這段的最後一句，孫綽把道家的思想也融了進來。所謂"緣督以爲經"，出自《莊子·養生主》："緣督以爲經，可以保身，可以全生，可以養親，可以盡年。" "守柔以爲常"出自《老子》第五十二章："見小曰明，守柔曰强，用其光，復歸其明，無遺身殃，是謂襲常。"緣督就是順從自然之中道，守柔就是持守柔弱之道，這是道家的保身、養親、明道之法。孫綽這裏借用道家的理論，主張人們袪除世俗的羈絆，一心尋求至道，認爲這才是真正報答父母養育之恩的正途。

孫綽不僅是借用《孝經》"立身行道"説，而且也是完全是按照《孝經》的思路來展開論述的。《孝經》講："夫孝，始於事親，中於事君，終於立身。"③儒家講究事君如事父，對父母的孝要上升爲對君主對國家的忠，要建功立業，以報答父母的養育之恩。於是孫綽又通過儒家移孝作忠的觀念來進一步闡釋"立身行道"。他説：

既已明其宗，且復爲客言其次者。夫忠孝，名不並立。潁叔違君，書稱純孝；石碏戮子，武節乃全。《傳》曰："子之能仕，父教之忠。策名委質，二乃辟也。"然則結纓公朝者，子道廢矣。何則？見危授命，誓不顧親，皆名注史筆，事標教首，記注者豈復以不孝爲罪？故諺曰："求忠臣必于孝子之門。"明其雖小違於此，而大順於彼矣。且鯀放殛裔，而禹不告退。若食委堯命以尋父，屈至公于

---

① ［南朝梁］僧祐編撰，劉立夫、胡勇譯注：《弘明集》，第82頁。
② 《孝經·開宗明義》。［唐］李隆基注，［宋］邢昺疏：《孝經正義》，第4頁。
③ 《孝經·開宗明義》。［唐］李隆基注，［宋］邢昺疏：《孝經正義》，第4頁。

私戚，斯一介之小善，非大者遠者矣。①

孫綽舉《左傳》中潁考叔讓鄭桓公違背了誓言却被稱作"純孝"，石碏殺了親生兒子却被稱作"純臣"的例子，來説明忠孝不能兩全。他還提出，《左傳》教導人們一旦仕宦就要忠心不二，但如果忠臣全身心獻身于朝廷之事，則必然無法好好照顧父母，有虧孝道，但這些忠臣却大多名垂青史，成爲人們學習的榜樣，史家也從來没有以他們不孝爲罪。鯀治水無功被舜流放，禹却没有去追尋父親，而是繼續治水，終成大功。孫綽認爲，這些都説明，只能取大義而舍小善。而由此，孫綽也順利解决了佛教剃髮傷身的問題。

周之泰伯，遠棄骨肉，托迹殊域，祝髮文身，存亡不反，而《論》稱"至德"，《書》著"大賢"。誠以其忽南面之尊，保沖虚之貴，三讓之功遠，而毁傷之過微也，故能大革夷俗，流風垂訓。夷、齊同餓首陽之上，不恤孤竹之胤，仲尼目之爲仁賢，評當者寧復可言悖德乎？梁之高行，毁容守節，宋之伯姬，順理忘生，並名冠烈婦，德范諸姬，秉二婦之倫，免愚悖之譏耳。率此以談，在乎所守之輕重可知也。②

孫綽例舉了歷史上著名的幾位傷毁肉身却被儒家推崇的人物：泰伯是周太王古公宜父的長子，爲了讓位于少弟季歷，逃亡到吴越一帶，離開父母兄弟，斷髮文身，但却被儒家稱讚爲至德、大賢。伯夷、叔齊餓死在首陽山上，没有顧及自己是孤竹君的血肉，但却被孔子稱爲仁賢。梁國的高行割了自己的鼻子守住節操，宋國的伯姬嚴守婦道而被火燒死，却都成爲烈婦的典範。通過這幾例儒者津津樂道的典範，孫綽得出結論，儒家也是要求取重舍輕的，在大道大善面前，而小違孝道是完全符合聖人之教的。

最後，孫綽請出了"立身行道，永光厥親"的最佳典范——釋迦牟尼棄國學道最終成佛的故事：

昔佛爲太子，棄國學道，欲全形以遁，恐不免維縶。故釋其鬚髮，變其章服，既外示不反，内修簡易。於是舍華殿而即曠林，解龍衮以衣鹿裘，遂垂條爲宇，

---

① ［南朝梁］僧祐編撰，劉立夫、胡勇譯注：《弘明集》，第82—83頁。
② ［南朝梁］僧祐編撰，劉立夫、胡勇譯注：《弘明集》，第83頁。

藉草爲茵，去櫛梳之勞，息湯沐之煩，頓馳騖之轡，塞欲動之門。目遏玄黄，耳絶淫聲，口忘甘苦，意放休戚，心去於累，胸中抱一；載平營魄，内思安般，一數二隨三止四觀五還六淨，游志三四，出入十二門，禪定拱默，山停淵淡，神若寒灰，形猶枯木，端坐六年，道成號佛。三達六通，正覺無上，雅身丈六，金色焜曜，光遏日月，聲協八風，相三十二，好姿八十，形偉群有，神足無方。於是游步三界之表，恣化無窮之境。回天舞地，飛山結流，存亡倐忽，神變綿邈，意之所指，無往不通。大範群邪，遷之正路，衆魔小道，靡不尊服。于斯時也，天清地潤，品物咸亨，蠢蠕之生，浸毓靈液，枯槁之類，改瘁爲榮，還照本國，廣敷法音，父王感悟，亦升道場。以此榮親，何孝如之？①

釋迦牟尼棄國學道，剃髮變服，獨修苦行，最終成道成佛，萬般神通，邪魔尊服，回國後宣傳法音，使其父王得到莫大的榮光，並且使其父王也見道證果，同升道場。孫綽提出，真正的大孝，就是要像釋迦牟尼那樣，以佛法報答父母的養育之恩，使其父母得到莫大的榮光。

《牟子理惑論》裏講："須大拏（悉達多）睹世之無常，財貨非己寶，故恣意佈施以成大道。父國受其祚，怨家不得入。至於成佛，父母兄弟皆得度世。是不爲孝，是不爲仁，孰爲仁孝哉？"②顯然，孫綽以釋迦牟尼得道成佛、父母同升道場爲大孝的説法，與《牟子理惑論》是脱不開關係的。而且我們也注意到，在《牟子理惑論》裏，也有一段類似的闡述傷身與孝道問題的文字。在面對"今沙門剃頭，何其違聖人之語，不合孝子之道也"的問題時，牟子回答説：

昔齊人乘船渡江，其父墮水，其子攘臂捽頭顛倒，使水從口出，而父命得穌。夫捽頭顛倒，不孝莫大。然以全父之身，若拱手修孝子之常，父命絶于水矣。孔子曰："可與適道，未可與權。"所謂時宜施者也。且《孝經》曰："先王有至德要道。"而泰伯短髮文身，自從吴越之俗，違於身體髮膚之義，然孔子稱之"其可謂至德矣"。仲尼不以其短髮毁之也。由是而觀，苟有大德，不拘於小。沙門捐家財、棄妻子、不聽音、不視色，可謂讓之至也，何違聖語不合孝乎？豫讓吞炭漆身，聶政皮面自刑，伯姬蹈火，高行截容，君子爲勇而有義，不聞譏其自毁没也。沙門剔除鬚髮，而比之於四人，不已遠乎？③

---

① ［南朝梁］僧祐編撰，劉立夫、胡勇譯注：《弘明集》，第87頁。
② ［南朝梁］僧祐編撰，劉立夫、胡勇譯注：《弘明集》，第37頁。
③ ［南朝梁］僧祐編撰，劉立夫、胡勇譯注：《弘明集》，第24頁。

不難發現,《喻道論》與《牟子理惑論》的這兩段文字很有相似之處,其論證邏輯也基本上是同出一轍,甚至連舉的很多例子,如泰伯祝髮文身、伯姬蹈火、高行截容等也都是相同的。二者都是企圖通過舉證來説明爲了更高的價值而傷身是不違背儒家倫理,甚至是得到贊許的。可見,《喻道論》這裏受到了《牟子理惑論》的很大影響。

　　但較之《牟子理惑論》,《喻道論》裏釋迦牟尼修行的過程和成佛後的形貌神采躍然紙上,使得立身行道、永光厥親的感召力大爲增强。爲了進一步打消人們的顧慮,孫綽還提出,如果有兄弟在,養親、繼祀都有人承擔,那一心向佛就更是沒有後顧之憂了,養親與弘道可以兼得,還可以爲父母修福報增榮光。"既得弘修大業,而恩紀不替,且令逝没者得福報以生天,不復顧歆於世祀,斯豈非兼善大通之道乎?"①古時家庭一般多子,可以説孫綽此言的確應該可以打動不少人的心。

　　此外,孫綽還提到"佛有二十部經,其四部專以勸孝爲事"②,即佛經中也專門有勸孝的内容。他還説,商紂王祭祀重視犧牲和黍稷,而周文王祭祀崇尚誠心修德致敬,二者一興一喪後果差别很大。言下之意,就是表面的形式遠不如内心的真誠,侍奉雙親只是形式,内心懷有一顆真正的孝心才是最重要的。總之都是爲了説明佛教和儒家推崇的孝道一點也不矛盾。

五、結語

　　孫綽説:"俗人不詳其源流,未涉其堂肆,便瞽言妄説,輒生攻難,以螢燭之見疑三光之盛,芒隙之滴怪淵海之量,以誣罔爲辨,以果敢爲名,可謂狎大人而侮天命者也。"③他認爲人們對佛教的攻擊都是因爲不瞭解佛教,以自己淺薄的見識去理解佛教的廣博必然會產生錯誤的認識。所以他的這篇《喻道論》就是完成了這樣一個爲佛教正名的任務。

　　在論説中,孫綽嫻熟地引用《論語》、《左傳》等儒家典籍,引用堯、舜、湯、武等儒家聖人的典故,採用儒家的觀念和説法,來協調佛教的教義,出入於儒、佛、道之間,顯示出孫綽于三教都有很深的修養,這也是他能撰著《喻道論》以及《喻道論》能成爲影響深遠的名篇的原因。

---

① 〔南朝梁〕僧祐編撰,劉立夫、胡勇譯注:《弘明集》,第87頁。
② 〔南朝梁〕僧祐編撰,劉立夫、胡勇譯注:《弘明集》,第87頁。
③ 〔南朝梁〕僧祐編撰,劉立夫、胡勇譯注:《弘明集》,第87頁。

應該説，同爲調和儒、釋、道來論證佛理的著作，《喻道論》對《牟子理惑論》是有很多承襲之處的，其論證的思路乃至論據都有很多受《牟子理惑論》影響的痕跡，即如文章採用設問自答的這樣一種論證形式也不能排除是來自《牟子理惑論》。較之《牟子理惑論》洋洋灑灑的八千餘字，《喻道論》却只有兩千餘字，但《喻道論》論證的問題却更爲關鍵和集中，論證的過程也更爲精要，尤其是"夫佛也者，體道者也"、"周孔即佛，佛即周孔"、"立身行道，永光厥親"這樣一些命題的提出，使《喻道論》的主題更爲鮮明，説服力也更強。最爲重要的是，《喻道論》產生的時代是在佛教在中國快速發展，儒、釋、道三教互補融合格局形成的關鍵時期，可謂應運而生，因此其現實意義及產生的影響也比《牟子理惑論》要更大一些。

《喻道論》是一篇捍衛佛教立場的論著，但却是以融合儒、道思想尤其是儒家思想來捍衛佛教的論著。文中雖然提出佛教是高於儒、道二教的"至道"，但論説過程中却往往是在證明佛教與儒家如何在本質和目的上是一致的，佛教學説如何與儒家學説相通，佛教的要求如何與儒家孝道不衝突等。佛教作爲一種異域文化東傳中國，注定無法避免與中國固有文化產生碰撞，而首當其衝的就是與儒家學説之間的衝突，能否解決佛學與儒學之間的衝突對佛教在中國地位和發展具有決定性的意義。孫綽的這種調和儒、佛的努力，雖然勢必犧牲一部分佛教的原始的教義，但在促進佛教的接受和宣傳上功不可没，進而也推動了佛教的中國化進程。

收稿日期：2016 年 4 月

敦煌文書《張淮深碑》及其卷背詩文重校補注

楊 寶 玉

内容提要：敦煌文書《張淮深碑》廣爲相關學者熟知，其卷背抄存的詩文則尚未受到學界充分重視。以前有學者曾分別校録過碑文或詩文，但受當時閲卷條件所限，留有一些需改進之處，至於對碑文和詩文進行的注釋則更爲稀少，以致一些看似細小，實則蘊涵重要研究價值的信息被長期忽略。本文根據近年公佈的相當清晰的彩色圖版將碑文與詩文一併重新校録，既於校記中説明了與前賢録文之間的主要區别，又針對碑文和詩文中出現的衆多典實掌故和中古漢語中的特殊語彙進行了注釋解説。文末亦簡要介紹了本文作者針對碑文和詩文進行相關研究後形成的部分觀點。

關鍵詞：《張淮深碑》 感遇詩 張球 張氏歸義軍 敦煌

經多位敦煌學家於先後數十年間的不懈努力，法藏敦煌文書 P.2762 與英藏敦煌文書 S.3329、S.6161、S.6973、S.11564，共 5 號 6 殘片之間的拼合關係最終確立：法國漢學家伯希和首先注意到 P.2762，在於 1926 年與日本學者羽田亨合作出版的《敦煌遺書》活字本第一集中將其擬名爲《張氏勳德記》；1957 年，英國漢學家翟理斯《英國博物館藏敦煌漢文寫本注記目録》最先判斷出 S.3329 與 P.2762 本爲一卷；1964 年，日本學者藤枝晃在《敦煌千佛洞的中興》[1]一文中又指出 S.6161 和 S.6973 兩個號所存的三斷片可與 S.3329、P.2762 拼合，並擬名爲《張淮深碑》；1993 年，中國學者榮新江《敦煌寫本〈敕河西節度兵部尚書張公德政之碑〉校考》[2]進一步以 S.11564 殘片補充，並

---

[1] 載《東方學報》第 35 册，京都，1964 年，第 63—77 頁。
[2] 原刊《周一良先生八十生日紀念論文集》，中國社會科學出版社 1993 年版，第 206—216 頁，後收入氏著《歸義軍史研究》之附録，該書由上海古籍出版社於 1996 年出版，2015 年又作爲中華學術叢書之一種再次刊印，第 399—410 頁，本文所據爲後者。

考定出了現在爲學界普遍接受的文書名。

　　在上述漫長的文書綴合過程中，學者們傾心關注的均是這些文書正面抄寫的《敕河西節度兵部尚書張公德政之碑》（今日學界習稱其爲《張淮深碑》，爲行文方便，後文一般用此習稱），因爲這一碑文抄寫規範，現存狀況頗佳，其內容更是對敦煌張氏歸義軍史研究具有極其重要的意義。數十年來，已有多位學者校錄整理過《張淮深碑》，引用碑文進行相關研究的論著更是無法盡數。然而，由於前賢做錄文時依據的多是不甚清晰的縮微膠捲或黑白圖版，榮新江先生雖是據原卷校錄，但在後來撰文修改過程中恐怕也難以隨時復查原卷，而現今國際敦煌項目網站[①]公佈的《張淮深碑》抄件之彩色圖版非常清晰並可反復研讀，故在閱讀條件大大改善的今天，實有重新校錄該碑文的必要。並且，《張淮深碑》篇幅頗長，內涵極其豐富，已經刊發的校注成果所做注釋較少，以致碑文中的一些重要信息尚未被正確和充分解讀，亦有全面深入注解的必要。

　　更爲重要的是，抄存有《張淮深碑》的寫卷均是雙面書寫，故於卷背還保存了大量詩文，現今尚可辨識的即有或全或殘的約19首詩[②]和數行雜記。祇是卷背詩文及雜記的書寫相對而言零亂潦草，時有塗改增補，訛文錯字亦夥，加之歲月流逝導致的漫漶破損，今日不少字跡已模糊難辨，故迄今沒能引起學界的足夠重視，相關校錄成果不多，引用研究的論著也很少，更有重新校錄和認真注釋的必要。

　　筆者在反復研讀諸寫卷兩面所存全部文字的過程中，發現碑文、詩歌、雜記這三類內容之間有著極爲緊密的內在聯繫，某些非常重要的史料信息祇有在將三者視爲整體的情況下纔能解讀出來，故今特將三類文字一併校錄，至於碑文、詩文中的典實掌故及中古漢語中的特殊語彙，亦酌加注釋解說。限於筆者水平，雖倍加小心勉力而爲，疏誤之處恐仍不少，敬請專家學者批評教正。

一、《張淮深碑》重校補注

　　今知抄存《張淮深碑》的5號6片敦煌文書的拼合關係可大致表述爲：S.6161A+S.3329+S.11564+S.6161B+S.6973+P.2762[③]，共存字140行。關於此件碑文的校錄注釋，

[①] 網址爲 http://idp.bl.uk。
[②] 前賢論著皆計爲18首，推測應是由於卷末數行殘損過甚，前賢略而未計所致。
[③] 關於各件文書之正面與反面的判定，相關圖錄與目錄標注不一，本文將抄寫《張淮深碑》的一面視爲正面，另一面則視爲反面，特此説明。

敦煌文書《張淮深碑》及其卷背詩文重校補注

就筆者知見，近三十年來學界刊發的重要成果主要有：1989 年，鄭炳林《敦煌地理文書彙集校注》[①] 將當時已發現的 4 號共 5 片文書重新校錄，將之擬名爲《張氏修功德記》，並以題解和 16 條校注對部分詞語進行了考證；1990 年，唐耕耦、陸宏基《敦煌社會經濟文獻真跡釋錄》第五輯 [②] 收入 4 號 5 片相關文書錄文，採用了藤枝晃的擬名《張淮深碑》；1993 年，前揭榮新江《敦煌寫本〈敕河西節度兵部尚書張公德政之碑〉校考》據原卷進行了重新錄文，創獲良多；2008 年，李正宇《敦煌學導論》[③] 於附錄部分重行校錄此碑文，以 28 條注文對某些詞語進行了解釋，爲筆者所見頗爲詳盡可信的校注成果。這些論著對《張淮深碑》的整理及相關歸義軍史研究均做出了卓越貢獻。

以下爲筆者所作《張淮深碑》之重校補注。爲節省篇幅及便於閱讀，今試據內容分段校注，原卷中的雙行小注則仍以雙行小字標示。校記中將説明筆者所做錄文與前揭較有代表性的榮新江錄文（以下簡稱"榮文"）、李正宇錄文（以下簡稱"李文"）的主要區別，標點斷句方面的差異則一般不做説明。注釋方面，凡前賢已注（主要見於前揭鄭炳林錄文、李正宇錄文）而筆者沒有不同意見者，一般不再出注。

〔前殘〕豐，河洛沸騰，十□□□□□□□[1] 脉，併南蕃之化。城□□□□□□。撫納降和，遠通盟誓，□□□産，自□桑田，賜部落之名，占[2] 行軍之額。由是形遵辮髮，體美織皮[3]，左衽[4]束身，垂肱跪膝。祖宗銜怨含恨，百年未遇高風[5]，申屈無路。

其叔故前[6]河西節度，諱厶乙。俠少[7]奇毛（髦）[8]，龍驤虎步[9]，論兵講劍，藴習武經，得孫吳（武）[10]白起[11]之精，見韜鈐[12]之骨髓。上明乾像（象）[13]，下達坤形，覩[14]熒或（惑）[15]而[16]芒衰，知吐蕃之運盡，誓心歸國[17]，決意無疑。盤桓[18]卧龍，<small>卧龍者，蜀將諸葛亮也，字孔明，能行兵，時人號曰"卧龍"是也。</small>

候時而起，<small>孔明既遇蜀王劉備，其時方起也。</small>率魏貅之衆，<small>魏貅者，即勇猛將士，名曰魏貅也。</small>募敢死之師，<small>敢死之師者，即秦王符堅敗亡之後，符弘匡佐王業，募得勇猛將士，脊背上皆書"敢死"之字。</small>俱懷合轍[19]之歡，引陣雲[20]而野戰。<small>即得軍勢，而引士卒合於野戰。</small>六甲[21]運孤虛[22]之術，三宮[23]顯天一[24]之神；<small>九宮，子爲天一。</small>

吞陳平之六奇，<small>前漢劉季之將，上六奇策以破楚項宇（羽）[25]</small>啓武侯之八陣；<small>諸葛武侯能用八般陣法，天下傳名。</small>縱燒牛之

---

① 鄭炳林校注：《敦煌地理文書彙集校注》，甘肅教育出版社 1989 年版，第 127—135 頁。
② 唐耕耦、陸宏基編：《敦煌社會經濟文獻真跡釋錄》第五輯，全國圖書館文獻縮微複製中心 1990 年版，第 198—207 頁。
③ 李正宇：《敦煌學導論》，甘肅人民出版社 2008 年版，第 294—300 頁。

策，_{田單者，齊國之將也，守即墨之城，收城中，得千頭牛，嚾（灌）脂束葦於牛尾上，以火爇之，七千將士率縱牛奔突，齊軍大破之，復齊七十餘城。}[26] 破吐蕃之圍。白刃交鋒，橫屍遍野。殘爐星散，霧卷南奔。敦煌、晉昌收復已訖，時當大中二載，題牋[27]修表，紆道馳函，_{沙州既破吐蕃，大中二年，遂差押牙高進達等馳表函入長安城，已（以）獻天子。}上達天聞。皇明[28]披覽，龍顏歎曰："關西出將，豈虛也哉！"百辟[29]歡呼，抃舞[30]稱賀。_{表達天庭，大中大悅，歎曰："關西出將！"將者，即祁連古往出於名將，盧思道之輩是也。}便降馹騎，_{馹騎者，即驛馬傳遞是也。}使送河西旌節，賞賫功勳，慰諭邊庭[31]收復之事，授兵部尚書、万戶侯。圖謀得勢，轉益雄豪，次屠張掖、酒泉，攻城野戰，不逾星歲，克獲兩州，再奏天階。依前封賜，加授左僕射。官高二品，日下[32]傳芳，史策收功，名編上將。姑臧雖衆，_{姑臧者，涼州郡縣名。}勃寇堅營，_{勃寇者，强壯之賊兵是也。}忽見神兵動地而至，無心掉戰，有意逃形，奔投星宿嶺南，苟偷生於海畔。我軍乘勝逼逐，虜群畜以川量，掠其郊野，兵糧足而有剩。生擒數百，使乞命於戈前；魁首斬腰，殭屍染於蓁莽。良圖既遂，攄祖父之沉冤。西盡伊吾，東接靈武，得地四千餘里，戶口百萬之家，六郡山河，宛然而舊。修文獻捷，萬乘忻歡，讚美功臣，良增驚歎，便[33]馳星使，重賜功勳，甲士春冬[34]，例沾衣賜。轉授檢校司空，食實封二百戶。事有進退，未可安然，須拜龍顏，束身歸闕。朝廷偏寵[35]，官授司徒，職列金吾，位兼神武。_{司徒自到京師，官高一品，兼授左神武統軍，朝廷偏獎也。}宣陽賜宅，廩實九年之儲[36]；_{司徒宅在左街宣陽坊，天子所賜糧料，可支持九年之實。}錫壤千畦，地守義川之分。_{錫者，賜也。義谷川有莊，價直百千萬貫。}忽遘懸蛇之疾，_{忽遘懸蛇之疾者，《事林》云：古有人衝熱歸家，房中飲水，水既入口，乃見盞中有蛇，和水入喉，因而得病。後有友人因來問疾，見病者房中壁上有一張弓，懸在壁牙。乃索水一盞，因與病人曰："可飲之。"病者乃飲，即見盞中有蛇。友人曰："此蛇是否？"病者曰："是也。""君可視壁上弓，影來入盞，非是蛇也。"}[37] 行樂往來（而）[38] 悲來；俄驚[39]夢奠[40]之灾，_{則孔夫子得夢奠之兆，諒染疾而終，七十有四。}[41] 有時而無命。春秋七十有四，壽終於長安萬年縣宣陽[42]坊之私第[43]也。詔贈太保，勅葬於素滻[44]南原之禮。_{滻水在長安東南，以（與）渭河相連。}

皇考諱議潭，前沙州刺史、金紫光祿大夫、檢校鴻臚大卿、守左散騎常侍、賜紫金魚袋。入陪龍鼎，出將虎牙，武定文經，語昭清（青）史。

龍鼎者，大唐寶鼎是也。其鼎九枚，在天子大殿之前，非重臣不得見也。虎牙者，節度使之榮名也。文經天地，武定禍亂。[45] 推夷齊之讓，夷、齊者，遼東孤竹君之子，父死，讓位與同母弟而來歸周，遇武王罰（伐）桀（紂），百（伯）夷、叔齊攔馬諫曰："爲臣伐君，豈可得乎？"武王怒，欲煞（殺）之。呂尚諫，獲免。乃入首陽山，苛（荷）衣，食木實。周人入山採樵，偶見二子，曰："汝何人也？"叔齊曰："我遼東人也，父死，讓位與弟，故來歸周。武王爲臣伐君，我諫不覽。吾誓不食周粟，故入此山，採果支命。"周人曰："此山乃周之分野，所生草木皆我武王所有，以（與）食粟何別？"百（伯）夷、叔齊曰："此亦實爾。"兄弟乃不食累日，偕至餓死是也。[46] 戀荊樹之榮，昔古者兄弟三人，欲擬生分。其長兄語其弟曰："汝之不守志意，而欲生分，遂感庭前荊樹枯槀！"其兄入房，繫髮於梁，欲自奮取死。小弟見兄如此，皆收罪犯，願不生離。上感蒼天，荊樹再生花葉。[47] 手足相扶，兄弟如手如足是也。同營開闢。先身入質，表爲國之輸忠；葵心向陽，俾上帝之誠信。一人稱慶，五老呈祥；葵心向陽者，葵能護根，頭隨日轉是也。五老者，即五星是也，天有感，五星不失其位，往往呈祥。[48] 寵寄[49]殊功，榮班[50]上列。加授左金〔吾〕衛大將軍。每參鳳駕，接對龍輿，毬樂御場，馬上奏策，兼陪內宴，召入蓬萊，如斯覆燾[51]，今昔罕有。仍賜莊宅，寶器金銀、錦綵瓊珍，頗筭其數。功成身退，否泰有時，鳥集昏巢，哀鳴夜切。春秋七十有四[52]，壽終於京永嘉坊之私弟，詔贈工部尚書。

夫人鉅鹿郡君索氏，晉司徒靖十七代孫。連鑣[53]歸覲，承雨露於九天；鴻澤滂流[54]，佔京華之一媛。於戲！晡西（夕）[55]萱草[56]，巨壑淪悲；異畝嘉禾[57]，傷岐碎穗。勒祔葬[58]於月登閣北塋之禮也。嗚呼！白日[59]有潛移之運，黃泉無重返之期；徒哀泣血之悲，遐思蒸嘗[60]之戀。

公則故太保之貴姪也。芝蘭異馥，美徹朎[61]聞。詔令承父之任，充沙州刺史、左驍衛大將軍。初日[62]桃蹊，三端[63]繼政；琴臺舊曲，一調新聲；嫡嗣延英，承光累及；笙修貴秩，忠懇益彰。加授御史中丞。河西創復，猶雜蕃渾，言音不同，羌龍喧末，雷威愶伏，訓以華風，咸會馴良，軌俗一變。加授左散騎常侍，兼御史大夫。太保咸通八年歸闕之日，河西軍務、封章[64]陳款，總委姪男淮深，令守藩垣[65]，靡獲同邁[66]。則秣馬三危，橫行六郡，屯戍塞天憍（驕）[67]飛走，計定郊陲；斥候絕突騎[68]窺閫（窬）[69]，邊城緩帶[70]。兵雄隴上，守地（地守）[71]平原，姦宄[72]屏除，塵清一道。加授戶部尚書，充河西節度。心機与宮商遞運，量達共智水壺圓[73]。坐籌帷幄之中，決勝千里之外。四方獷捍（悍）[74]，卻通好而求和；八表[75]來賓，列階前而拜舞。北方猃狁[76]，款少駿之駃蹄（騠）[77]；南土蕃渾，獻崑崗之白璧。九功[78]惟叙，黎人不失於寒耕；七政[79]調和，秋收有豐於歲稔。加授兵部尚書。恩被三朝，官遷五級。

— 285 —

爰因蒐練[80]之暇，善業遍修，處處施功，筆述難盡。乃見宕泉北大像，建立多年，棟樑摧毀，若非大力所製，諸下孰敢能爲？退故朽之摧殘，葺昤曨（玲瓏）[81]之新樣，於是杍匠[82]治材而朴斸（斷）[83]，郢人[84]興役以施功[85]。先竪四牆，後隨締構。曳其栿[86]樑，憑八股之轒（轆）轤；上墼[87]運泥，幹雙輪於霄際。舊閣乃重飛四級，靡稱金身；新增而橫敞（敞）[88]五層，高低得所。玉豪（毫）[89]揚采，與旭日而連暉；結脊雙鵄[90]，對危峰而爭聳。更欲鐫龕一所，躊躇瞻眺，餘所竟無，唯此一岑[91]，嵯峨可劈。匪限耗廣，務取工成，情專穿石之殷，志切移山之重。於是稽[92]天神於上，激[93]地祇於下，龜筮告吉，揆日興功。鏨鑿纔施，其山自坼，未經數日，裂圯[94]轉開，再禱焚香，飛沙時起，於初夜[95]分，欻爾[96]崩騰，驚駭一川，發聲雷震，豁開青壁，崖如削成。此則十力[97]化造，八部[98]冥資，感而遂通，助成積善。是用[99]宏開虛洞，三載功充，廓落[100]精華，正當顯敞（敞）。龕內素（塑）[101]釋迦牟尼像，並事（侍）從一鋪；四壁圖諸經變相，一十六鋪。參（森）羅萬象，表化迹之多門；攝相歸真，總三身[102]而無異。方丈室內，化盡十方；一窟之中，宛然三界。簷飛五采，動戶迎風；碧澗清流，森林道樹。榆楊（揄揚）[103]慶設，齋會無遮[104]；剃度僧尼，傳燈鹿苑[105]。七珍布施，果獲三堅[106]；十善聿修[107]，圓成五福[108]。又見龍興大寺〔後缺〕

【校注】

[1] S.6161A前四行上半部殘甚，今據殘存文字句式大致估算殘缺字數，並以相應數量的"□"標示，下同，不再說明。

[2] 占：估計、測算。《新唐書·陸贄傳》："料丁壯以計庸，占商賈以均利。"

[3] 織皮：用獸毛織成的呢氈之類的衣服。《書·禹貢》："厥貢……熊羆狐狸，織皮。"孔傳："貢四獸之皮，織金罽。"孔穎達疏引孫炎曰："織毛而言皮者，毛附於皮，故以皮表毛耳。"

[4] 衽：原卷寫作"袵"。卷中還有其他一些異體字或俗體字，例如"劔"、"燉"、"脩"、"万"、"与"、"于"、"粮"、"乱"、"尔"、"翔"、"欵"、"惣"、"却"、"峯"等，今統一校錄爲繁體正字，下文不再一一說明。

[5] 此二句李文標點爲"祖宗銜怨，含恨百年，未遇高風"，筆者認爲其既與原卷的朱筆句讀不符，於文意亦未安，故從原卷及榮文。高風：此處當指美善的風教、政績。唐韋應物《始至郡》詩："昔賢播高風，得守媿無施。"

[6] 前：李文漏錄。

[7] 俠少：任俠的少年。南朝陳後主《洛陽道》詩之五："黃金彈俠少，朱輪盛徹侯。"

[8] 毛（髦）：榮文未改，此從李文校改。髦：古時常用以指英俊傑出之士，如《新唐書·文藝傳中·李適》即云："季卿在朝，薦進才髦，與人交，有終始，恢博君子也。"而"奇毛"則指白鷹，典出杜甫《見王監兵馬使説近山有白黑二鷹》詩中"雪飛玉立盡清秋，不惜奇毛恣遠遊"，與此處文意不合。

[9] 龍驤虎步：昂首闊步、威武雄壯貌。三國魏嵇康《卜疑集》："將如毛公藺生之龍驤虎步，慕爲壯士乎？"

[10] 孫吳（武）：榮文、李文徑録爲"孫武"。

[11] 白起：此二字補寫於行右。

[12] 韜鈐：本爲古代兵書《六韜》、《玉鈐篇》的並稱，後泛指兵書，也可借指用兵謀略。

[13] 乾像（象）：天象。榮文徑録爲"乾象"。

[14] 覯：看見，遇見。榮文、李文均録爲"觀"。

[15] 熒或（惑）：古指火星，因其隱現不定，令人迷惑，故名。古人認爲此星之象與軍政大事有關，故觀之以決疑。《史記·天官書》："熒惑……外則理兵，内則理政。"榮文徑録爲"熒惑"。

[16] 而：此字原本寫爲"之"，後塗改爲"而"，約是爲避免與下面對仗句中的"之"重複而改。

[17] 原卷於此字之前留有兩字距空白，後文中亦時有類似情況，所留空白一、二字距不等，皆屬古人行文時相當講究的平闕之式。由於本録文係據内容分段，而非依原卷行款校録，故均不予標示，後文不再説明。

[18] 盤桓：本意爲徘徊，逗留，如《文選·班固〈幽通賦〉》即謂："承靈訓其虛徐兮，竚盤桓而且俟。"李善注曰："盤桓，不進也。"此處係謂張議潮曾於時機尚未成熟時耐心等待。

[19] 合轍：車輪與車的軌跡相合，比喻大家思想言行一致，意猶"合拍"。

[20] 陣雲：濃重厚積形似戰陣的雲，古人以爲是戰爭之兆。

[21] 六甲：五行方術之一，即所謂遁甲之術。《後漢書·方術傳序》"其流又有風角遁甲"。唐李賢注："遁甲，推六甲之陰而隱遁也。"

[22] 孤虛：古代方術用語，古人計日時以十天干順次與十二地支相配爲一旬，所餘的兩地支被稱爲"孤"，與孤相對者爲"虛"，常被用於推算吉凶禍福及事之成敗。《史記·龜策列傳》："日辰不全，故有孤虛。"裴駰集解："甲

乙謂之日，子丑謂之辰。《六甲孤虛法》：甲子旬中無戌亥，戌亥即爲孤，辰巳即爲虛。甲戌旬中無申酉，申酉爲孤，寅卯即爲虛。甲申旬中無午未，午未爲孤，子丑即爲虛。甲午旬中無辰巳，辰巳爲孤，戌亥即爲虛。甲辰旬中無寅卯，寅卯爲孤，申酉即爲虛。甲寅旬中無子丑，子丑爲孤，午未即爲虛。"

[23] 三宮：指紫微、太微、文昌三星座。《楚辭·遠遊》"後文昌使掌行兮"，漢王逸注："天有三宮，謂紫宮、太微、文昌也。"

[24] 天一：此處爲星名。《史記·天官書》："前列直斗口三星，隨北端兌，若見若不，曰陰德，或曰天一。"張守節正義："天一一星，疆閶闔外，天帝之神，主戰鬭，知人吉凶。明而有光，則陰陽和，萬物成，人主吉；不然，反是。"《晉書·天文志》上："天一星在紫宮門右星南，天帝之神也，主戰鬭，知人吉凶者也。"

[25] 筆者所錄此段注文與榮文、李文相異處較多，如："劉季"，榮文、李文均錄爲"創業"；"上"，榮文錄爲"獻"，李文錄爲"也，獻"；"項宇（羽）"，榮文錄爲"項軍"，李文錄爲"項之軍"。按，劉季：即漢高祖劉邦；"宇"：乃"羽"字同音之訛。

[26] 榮文、李文均將此段注文中的"矆（灌）"徑錄，並均漏錄"七十餘城"中的"餘"字，李文亦將"縱"錄爲"從"。

[27] 牋：文體名，表文之一種，魏晉以後多用以上皇后、太子及諸王。榮文、李文均錄爲"箋"。"牋"、"箋"二字可通。

[28] 皇明：皇帝的聖明，係專制時代臣下對皇帝的諛辭。

[29] 百辟：即百官。

[30] 抃舞：拍手而舞，極言歡樂。

[31] 原卷於此處以朱筆標有句讀，榮文、李文均未斷，暫從之。

[32] 日下：指京都。古代以帝王比日，因以皇帝所在地爲"日下"。南朝宋劉義慶《世説新語·排調》："荀鳴鶴、陸士龍二人未相識，俱會張茂先坐。張令共語……陸舉手曰：'雲間陸士龍。'荀答曰：'日下荀鳴鶴。'"徐震堮校箋："日下，指京都。荀，潁川人，與洛陽相近，故云。"

[33] 便：李文錄爲"使"。

[34] 春冬：榮文、李文均錄爲"冬春"。

[35] 偏寵：特別寵愛。偏：副詞，表程度，意爲最、很、特別。《莊子·庚桑楚》："老聃之役，偏得老聃之道。"成玄英疏："庚桑楚最勝，故稱偏得也。"

[36] 此二字補寫於行右。

[37] 筆者所錄此段注文與榮文、李文相異處亦較多，如："此蛇是否"，李文錄爲"是此蛇否"；"影"，榮文、李文均錄爲"願"，李文並校改爲"原"。

[38] 來（而）：榮文逕錄爲"而"，李文認爲是衍字。

[39] 驚：原本寫爲"經"，旁注"驚"，爲原卷抄寫者發現寫錯後所作的校改。

[40] 夢奠：《禮記·檀弓上》載：孔子將死，曰："予疇昔之夜，夢坐奠於兩楹之間……予殆將死也。"後因以"夢奠"指死亡。

[41] 諒：確實，委實。

[42] 宜陽：原本寫爲"陽宜"，右側注倒乙符號。

[43] 弟：第宅，通"第"。《史記·荆燕世家》："臣觀諸侯邸弟百餘，皆高祖一切功臣。"《資治通鑑·漢成帝陽朔二年》："皆罷令就弟。"胡三省注："弟，與第同，《漢書》率作弟。"

[44] 素滻：關中八川之一滻水的別名，因水色素白，故稱。《文選·潘岳〈西征賦〉》："南有玄灞素滻，湯井温谷。"李善注："玄、素，水色也。灞、滻，二水名也。"

[45] 本段注文中的"榮名"，榮文、李文均錄爲"策名"。按，榮名：意謂令名，美名。《戰國策·齊策四》："且吾聞效小節者不能行大威，惡小恥者不能立榮名。"唐韋應物《休沐東還胄貴里示端》詩："世道良自退，榮名亦空虛。"是知此處的"節度使之榮名"意爲節度使的美名。而策名乃"策名委質"之省稱，如《左傳》僖公二十三年謂"策名委質，貳乃辟也"，杜預注曰"名書於所臣之策"，孔穎達疏曰"古之仕者於所臣之人書己名於策，以明繫屬之也"，後遂用"策名"指因仕宦而獻身於朝廷之事。是知"策名"文意與此處文法語義均不合，還當以"榮名"爲宜。

[46] 筆者所錄本段注文與榮文、李文有多處不同，如"乃入首陽山，苟（荷）衣，食木實"，榮文錄爲"乃入首陽山苟，衣食木實"。按，荷衣：本指傳説中用荷葉製作而成的衣裳，亦可用來指高人、隱士之服，如《楚辭·九歌·少司命》即謂："荷衣兮蕙帶，儵而來兮忽而逝。"《文選·孔稚珪〈北山移文〉》亦云："焚芰製而裂荷衣，抗塵容而走俗狀。"呂延濟注曰："芰製、荷衣，隱者之服。"

[47] 本段注文中的"自奮"，榮文、李文均錄爲"自盡"，恐誤。原卷該字清晰規範，且於文意相合，即謂自己拼命用力。《後漢書·董卓傳》："孚語畢辭去，卓起送至閤，以手撫其背，孚因出刀刺之，不中。卓自奮得免，急呼

左右執殺之。"《資治通鑑》周赧王三十一年："遂經其頸於樹枝，自奮絕脰而死。"胡三省注："自奮，自奮起而還擲也。"是知"自奮"正與此處文意相合，"自盡"則不妥。

[48] 本段注文中的"天有感"，榮文、李文均錄爲"天子有感"，恐誤。原卷確實無"子"字，且此二句係謂蒼天感應，遂致五星呈祥，若闌入"子"字，則於意不通。

[49] 寵寄：寵信而委託以重任。唐裴度《代李大夫請朝覲表》："大恩無報，終懼且慙。以至今日，又承寵寄。涓毫未効，齒髮將衰。"

[50] 榮班：指高位。唐錢起《裴僕射東亭》詩："致君超列辟，得道在榮班。"

[51] 覆燾：亦作"覆幬"，即覆被，謂施恩、加惠。《禮記‧中庸》："辟如天地之無不持載，無不覆幬。"鄭氏注曰："幬亦覆也……'幬'或作'燾'。"

[52] 李文於此處注曰："議潭卒於咸通八年（公元867年），此碑記其卒年七十四歲，據此推知議潭生於唐德宗貞元十年。大中二年起義時爲五十三歲。"按，據P.3804《咸通七年願文》，張議潭卒於咸通七年而非八年，故按古人出生即算一歲的習慣推算，張議潭當生於貞元九年（公元793年），大中二年（公元848年）起義時五十六歲。詳參楊寶玉、吳麗娛：《歸義軍政權與中央關係研究‧P.3804咸通七年願文與張議潮入京前夕的慶寺法會》，中國社會科學出版社2015年版，第27—41頁。

[53] 連鑣：本謂騎馬同行，此處當指索氏與其夫一起前往京城。鑣：馬勒。南朝宋劉義慶《世說新語‧捷悟》："王東亭作宣武主簿，嘗春月與石頭兄弟乘馬出郊，時彥同遊者連鑣俱進。"

[54] 滂流：廣泛流佈。《藝文類聚》一二引漢蘇順《和帝誄》："洪澤滂流，茂化沾溥。"

[55] 晡西（夕）：榮文、李文均未校改。晡夕：傍晚，此處指暮年。

[56] 萱草：本爲多年生宿根草本植物，俗稱金針菜、黃花菜，可作蔬菜或供觀賞。其根肥大，可入藥；葉叢生，狹長，背面有棱脊；花漏斗狀，橘黃色或橘紅色，無香氣。古人認爲種植此草可以使人忘憂，因稱忘憂草。漢蔡琰《胡笳十八拍》："對萱草兮憂不忘，彈鳴琴兮情何傷。"後也用萱草借指母親，並由此引申出"萱堂"等詞。

[57] 異畝嘉禾：典出《書‧微子之命》："唐叔得禾，異畝同穎，獻諸天子。王命唐叔，歸周公於東，作《歸禾》。周公既得命禾，旅天子之命，作《嘉禾》。"孔傳："唐叔，成王母弟，食邑內得異禾也……禾各生一壠而合爲

一穗。異畝同穎，天下和同之象，周公之德所致。"孔穎達疏："此以善禾爲書之篇名，後世同穎之禾遂名爲'嘉禾'，由此也。"漢王充《論衡·講瑞》："嘉禾生於禾中，與禾中異穗，謂之嘉禾。"

[58] 祔葬：合葬，亦謂葬於先塋之旁。《禮記·喪禮小記》："祔葬者不筮宅。"孫希旦集解："祔葬，謂葬於祖之旁也。"李文漏錄"祔"字。

[59] 白日：李文錄爲"日月"，於原卷字形、文意及與下文"黃泉"之對仗關係不合。

[60] 蒸嘗：亦可寫作"烝嘗"，本指秋冬二祭，後亦泛指祭祀。漢董仲舒《春秋繁露·四祭》亦謂："春曰祠，夏曰礿，秋曰嘗，冬曰蒸。"漢蔡邕《文範先生陳仲弓銘》："立廟舊邑，四時烝嘗，歡哀承祀，其如祖禰。"

[61] 此字榮文錄爲"窗"，李文錄爲"牎（聰）"。筆者注意到原卷於此字之前留有表示尊敬的空白，但尚不知該如何校錄，暫摹畫原字形於此。

[62] 初日：剛升起的太陽。

[63] 三端：據其與上句中"初日"的對仗關係及上下文文意推斷，此處當是喻指嶄新的開端，源於"三端"一詞可指正月初一，該日爲歲、月、日之始，故名"三端"，又可稱爲"三始"、"三朝"等。《隋書·音樂志中》："食至御前，奏《食舉樂》辭：'三端正啓，萬方觀禮，具物充庭，二儀合體。'"

[64] 封章：言機密事之章奏皆用皂囊重封以進，故名封章，亦稱封事。

[65] 藩垣：本意爲藩籬和垣牆，也可泛指屏障。語本《詩·大雅·板》："價人維藩，大師維垣。"毛傳："藩，屏也，垣，墻也。"後亦用來比喻藩國、藩鎮。唐劉禹錫《賀雪鎮州表》："王承宗效順著明，復其官爵；所獻二郡，別置藩垣。"

[66] 靡獲同邁：謂張淮深因需留守，没能和張議潮一同遠赴京城。邁：遠行，行進。三國魏曹丕《浮淮賦》："泝淮水而南邁兮，汎洪濤之湟波。"

[67] 天憍（驕）：漢時匈奴以"天之驕子"自稱，後遂以之泛稱强盛的邊地少數民族或其首領。《漢書·匈奴傳》上："單于遣使遺漢書云：'南有大漢，北有強胡。胡者，天之驕子也。'"榮文、李文徑錄爲"天驕"。

[68] 突騎：用於衝鋒陷陣的精銳騎兵。《漢書·晁錯傳》："若夫平原易地，輕車突騎，則匈奴之衆易撓亂也。"顏師古注："突騎，言其驍鋭，可用衝突敵人也。"李文錄爲"定騎"。

[69] 窺闚（窬）：亦作"窺覦"、"窺踰"，意同"覬覦"。《文選·王儉〈褚淵碑文〉》："桂陽失圖，窺窬神器。"呂向注："窺窬，謂欲有篡逆之心也。"

[70] 緩帶：本意爲寬束衣帶，可用以形容悠閒自在，從容不迫。《漢書·匈奴傳贊》："使邊城守境之民父兄緩帶，稚子咽哺。"

[71] 守地（地守）：榮文未校改，此從李文，據上下句之對仗關係，李文更妥。

[72] 姦宄：違法作亂的事或人。《書·舜典》："蠻夷猾夏，寇賊姦宄。"孔傳："在外曰姦，在內曰宄。"孔穎達疏："又有強寇劫賊外姦內宄者爲害甚大。"

[73] 壼圓：思慮深邃，行事圓通。壼：音 kǔn。榮文錄爲"壺圓"。

[74] 獷捍（悍）：榮文徑錄爲"獷悍"。

[75] 八表：八方之外，指極遠的地方。晉陶潛《歸鳥》詩："遠之八表，近憩雲岑。"

[76] 獫狁：我國古代北方少數民族名，也可寫作"玁狁"。《史記·匈奴列傳》："匈奴，其先祖夏后氏之苗裔也，曰淳維。唐虞以上有山戎、獫狁、葷粥，居於北蠻，隨畜牧而轉移。"

[77] 駃騠（騠）：良馬名，亦作"駃題"。《逸周書·王會》："請令以橐駝、白玉、野馬、駒騟、駃騠、良弓爲獻。"《史記·李斯列傳》："駿良駃騠，不實外廄。"榮文、李文未校改。

[78] 九功：古人謂六府三事爲九功。《左傳》文公七年："六府、三事，謂之九功。水、火、金、木、土、穀，謂之六府。正德、利用、厚生，謂之三事。"

[79] 七政：指天、地、人和四時。《尚書大傳》卷一："七政者，謂春、秋、冬、夏、天文、地理、人道，所以爲政也。"

[80] 蒐練：訓練，古代因蒐狩以習武事，故有是稱。

[81] 吟曨（玲瓏）：精巧貌。榮文、李文未校改。

[82] 杍匠：木工。杍：同"梓"，意爲加工木材。唐陸德明爲《書·梓材》所作釋文即謂："梓，本亦作杍。馬云：'古作梓字。治木器曰梓。'"

[83] 朴斵（斲）：削治，治理。《文選·張華〈勵志詩〉》："如彼梓材，弗勤丹漆，雖勞朴斲，終負素質。"李周翰注："梓匠理材，不勤以丹漆飾之，雖勞於理削，終不成器也。"

[84] 郢人：此處指能工巧匠。按，據《莊子·徐無鬼》"郢人堊慢其鼻端若蠅翼，使匠石斲之。匠石運斤成風，聽而斲之，盡堊而鼻不傷，郢人立不失容"，郢人原本是指讓名爲"石"的巧匠於自己鼻端運斧的那位鎮定自若的郢都高人，其因信任匠石而堪稱匠石的知己，後人遂以他指稱技藝高超的能工巧匠。

[85] 施功：此處指操作。
[86] 枏：房樑。榮文、李文均校改爲"桁"，不確。桁爲樑上或門框、窗框等構件上面的橫木，不大亦不重，施工時用不着以八股轆轤拖拽，而較大較重的枏則需要。
[87] 墼：磚，或未燒的磚坯，亦可指用泥土或炭屑搏成的圓塊。《急就篇》卷三："墼壘廥廄庫東箱。"顏師古注云："墼者，抑泥土爲之，令其堅激也。"
[88] 敝（敞）：榮文徑錄爲"敞"，下同。
[89] 玉豪（毫）：本指佛之眉間白毫，佛教謂其有巨大神力，爲佛身相好之一，亦可用以借指佛像。
[90] 䴔：同"鴟"，指古代宮殿屋脊正脊兩端的裝飾性構件，最初因其外形略如鴟尾，故以鴟尾名之，後來式樣改變，該構件折而向上，狀似張口吞脊，因名鴟吻。
[91] 岑：崖岸。《莊子·徐無鬼》："夜半於無人之時而與舟人鬭，未始離於岑而足以造於怨也。"陸德明釋文解釋"岑"字時稱："謂崖岸也。"
[92] 稽：卜問，與此相關的常見詞語有"稽疑"等。
[93] 激：此處當音 jiào，通"嗷"，意爲高呼。李文注曰："疑當作'邀'，招致也。"王偉、肖倩《〈敕河西節度兵部尚書張公德政之碑〉之"激"字本字考》（載《山西師大學報（社會科學版）研究生論文專刊》第39卷，2012年）則進行了詳細論證，認爲："可以通過'徼'字再把'激'和'邀'聯繫在一起，'激'、'邀'二字在上古同爲'宵'部字，所以在語音上也是相近的，因此，雖然在古書上没有找到'激'和'邀'直接相通的例子，但是我們還是認爲'稽天神於上，激地祇於下'中的'激'的本字應爲'邀'，表示'招引，約請'的意思，爲音近假借字。"
[94] 圠：山曲。《玉篇·土部》："圠，音軋。山曲也。"榮文、李文均錄爲"兆"，恐誤。
[95] 初夜：猶初更。
[96] 欻爾：忽然，意同"欻然"。
[97] 十力：既可指如來，又可指佛教謂佛所具有的十種力用，二意於此處均通。
[98] 八部：佛教分諸天鬼神及龍爲八部。《翻譯名義集·八部》："一天、二龍、三夜叉、四乾闥婆、五阿脩羅、六迦樓羅、七緊那羅、八摩睺羅伽。"因八部中以天、龍二部居首，故又稱天龍八部。
[99] 是用：因此。

[100] 廓落：空闊貌。唐陳陶《蒲門戍觀海作》詩："廓落溟漲曉，蒲門鬱蒼蒼。"

[101] 素（塑）：據文意，"素"當爲"塑"同音之訛。榮文未校改。

[102] 三身：佛教語，通常指法身、報身和化身（或曰應身），爲成佛後所證之果。

[103] 榆楊（揄揚）：宣揚。榮文未校改，李文改爲"喻揚"。

[104] 無遮：本指寬容一切，解脫諸惡，不分貴賤、僧俗、智愚、善惡，一律平等看待。但據上下文意，此處或當爲無遮大會的省稱，即佛教信衆舉行的以佈施爲主要内容的法會。

[105] 鹿苑：本謂鹿野苑，爲佛成道後初轉法輪之處，後亦可用來指僧園、佛寺。

[106] 三堅：佛教認爲修道者可得無極之身、無窮之命、無盡之財，謂爲身、命、財之三堅法。

[107] 聿修：謂繼承發揚先人的德業。"聿"字本爲助詞，後多訓作"述"，如《詩·大雅·文王》"無念爾祖，聿修厥德，永言配命，自求多福"，毛傳即云："聿，述。"

[108] 五福：一般係指五種幸福。《書·洪範》："五福：一曰壽，二曰富，三曰康寧，四曰攸好德，五曰考終命。"漢桓譚《新論》："五福：壽、富、貴、安樂、子孫衆多。"

二、《張淮深碑》卷背詩文校錄與注釋

《張淮深碑》卷背所存文字的拼合順序可大致表述爲：P.2762v+S.6973v+S.3329v+S.6161Bv+S.11564v+S.6161Av，其内容則大體上可分爲三部分：

其一，狀文起首語。抄於卷背前部。其第1行上半段空白，自中部起書寫，内容爲"九月一日銀青光禄大夫〔檢〕校太子賓客侍御史張厶乙狀上"。第2行所書爲狀文抬頭"長史閣下謹空"，頂格書寫，十分注意行文格式，説明該狀本是寫給長史的，這對我們推理寫卷時間當有幫助。惜全狀文字僅如上錄，無正文。

其二，吐蕃文與漢文字詞對照表。上述書狀起首語之後留有大段空白，後接抄吐蕃文字詞，並於行左注相應漢文，其中漢文字詞或語句包括：南北東西、河西一路、馬、駱駝、牛、羊、正月、二月、三月、四月、五月、六月、七月、八月、九月、十月、十一月、十二月、漢、特蕃、胡、退渾、迴鶻、漢天子、迴鶻王、土蕃天子、退

渾王、龍王、龍、師子、大虫、犛牛、虵、猪、狼、野馬、鹿、黃羊、野狐、王子一個打得。

其三，詩文集抄及夾寫於詩文間的雜記。這部分文字今日尚存近80行，卷尾殘損較嚴重，推算現存或全或殘的詩歌約爲19首，大多保留有詩題。雜記零散夾寫於行間或詩後，其中1行爲倒書。詩歌及雜記的筆跡與正面《張淮深碑》一致，但較潦草，時有塗改，墨色濃淡不一，保存狀況亦欠佳，不少文字的識讀都相當困難。

今知較早過錄上述詩文中詩歌部分的是鄭炳林先生，因判斷詩作者是張氏歸義軍時期的都僧統悟真，鄭先生在《敦煌碑銘讚輯釋》①（以下簡稱"鄭書"）所收《都僧統唐悟真邈真讚並序》的第二個注釋中過錄了當時已知拼合關係和可看到圖版的P.2762v、S.3329v+S.6161Bv+S.6161Av 所存各詩。待榮新江先生揭出 S.11564 與其餘各卷的拼合關係之後，徐俊先生又補充以其通過榮新江先生新獲之 S.6973v 圖版，於《敦煌詩集殘卷輯考》②（以下簡稱"徐書"）中校錄了這些詩歌。數年後，張錫厚先生主編的《全敦煌詩》③（以下簡稱"張書"）出版，該書將這些詩歌歸入無名氏詩，重新進行了校錄。對於原卷中爲數不少的異體字，鄭書常徑錄爲正字；徐書一般先錄原卷用字，再於括號中校改；張書則均徑錄爲正字，時或於校記中説明原卷用字。鄭書僅錄文，無校記注釋，徐書、張書均做有校記，一般不做注釋。

以下爲筆者所做錄文及校記注釋。由於原卷將詩歌與雜記混抄在一起，筆者也祇得據原卷將他們合併校錄並於校記中一一説明。爲便於閲讀，凡詩歌均每兩句錄爲一行。凡原卷保留有詩題的，詩題獨佔一行，闕題的則以"〔闕題〕"標示。由於卷背文字的識讀難度非常大，前賢已刊各錄文之間的歧解異見不少，筆者所錄與前賢錄文之間的差異也相當多，爲方便讀者比對並進而形成自己的見解，本部分錄文擬儘可能保留原卷中的異體字和俗寫字，並將較爲詳盡地説明不同校錄者的各種異見。又由於需解説之處頗多，爲避免零亂，一般僅於整句詩後出注，集中注釋或説明該句中的各類問題。若筆者與前賢的斷句方式差異較大，則於兩句或三句之後出注。

"夫"字爲首尾[1]

夫壻（婿）一去遠征徂（俎）[2]，賤接（妾）思君情轉孤。
鳳樓惆悵多〔□〕憶[3]，鴈信傳書到豆盧[4]。

---

① 鄭炳林：《敦煌碑銘讚輯釋》，甘肅教育出版社1992年版，第131—133頁。
② 徐俊纂輯：《敦煌詩集殘卷輯考》，中華書局2000年版，第171—179頁。其中第172頁稱："卷背詩鈔的校錄，即依從正面《張公德政碑》綴合次序而作。"
③ 張錫厚主編：《全敦煌詩》，作家出版社2006年版，第3534—3553頁。

遥想楊（陽）〔□〕（臺）空寂寞[5]，那勘（堪）獨守淚嗚嗚。
當今聖主迴鑾駕[6]，逆賊黃巢已就誅。
恩光籵（料）合㪚沙莫（漠），歡（勸）君幸勿戀穹盧（廬）。[7]
戰袍著盡誰將去，万里迢迢磧路紆[8]。
天山旅泊思江外[9]，夢裏還家入道墟[10]。
鏡湖蓮沼何時摘[11]，柳岸垂楊泛碧朱[12]。
妾向江樓長掩淚，採蓮無復奏笙竽[13]。
閨中面（緬）想省塲苦[14]，却羨西江比目魚[15]。
紅顏憔悴沙（少）脂粉[16]，寂寞楊（陽）臺滿院蕪[17]。
秋深但見鴻歸消(?)[18]，願織迴文寄遠夫[19]。

【校注】

[1] 本詩首字和末字均爲"夫"字，故名。

[2] 征徂（徂）：敦煌文書中"亻"與"彳"經常混用，故做如此校改。征徂：通常寫爲"徂征"，此處蓋爲韻律需要而倒置，意爲前往征討、出征、遠行。《文選·陸機〈於承明作與士龍〉詩》："牽世嬰時網，駕言遠徂征。"呂延濟注曰："徂，往；征，行也。"

[3] 據句式與文意，"憶"字之前當脫一字，故依敦煌文書校錄慣例以"〔□〕"標示，徐書則謂"闕字原卷殘"。

[4] 豆盧：鮮卑語稱"歸義"爲"豆盧"，武周時期曾於沙州置豆盧軍，故此處用以指稱原豆盧軍所在地沙州敦煌。

[5] 據句式與文意，"楊"字之後當脫一字，故亦以"〔□〕"標示。鄭書認爲脫字當位於"遥"字之前，並將"楊"字錄爲"揚"。徐書謂："疑'楊'作'陽'，下脫一'臺'字。"從之。

[6] 原卷於"聖"字之前留有表尊敬之意的一字距空白，今爲便於閲讀，一般不於錄文中標示，後文不再一一説明。

[7] 此二句鄭書錄爲"恩光料合師莫歡，君子幸勿戀穹廬"，徐書、張書錄爲"恩光料合□□莫，歡（勸）君幸勿戀穹盧（廬）"。恩光：恩寵的光輝，特指皇帝的恩惠。

[8] 万：原卷即如此書寫，而未寫成"萬"，這種寫法在敦煌文書中很常見，爲便於讀者分辨出筆者可能錄錯的字並推導出正確文字，今均選用原卷用字，後文不再説明。

[9] 旅泊：意猶飄泊。唐王勃《重別薛華》詩："旅泊成千里，棲遑共百年。"江外：即江南。在中原人看來，江南之地位於長江之外，故稱。《三國志·魏書·王基傳》："率合蠻夷以攻其內，精卒勁兵以討其外，則夏口以上必拔，而江外之郡不守。"《南史·陳紀下·後主》："〔隋文帝〕乃送璽書，暴後主二十惡。又散寫詔書，書三十萬紙，徧喻江外。"

[10] 壚：鄭書、徐書、張書均錄爲"墟"，於文意韻律皆未安。"壚"字本意爲古時酒店裏安放酒甕的壚形土檯子，又可用來借指酒店。如南朝宋劉義慶《世說新語·傷逝》即謂："王濬沖爲尚書令，著公服，乘軺車，經黃公酒壚下過。顧謂後車客：'吾昔與嵇叔夜、阮嗣宗共酣飲於此壚。'"唐韋應物《酒肆行》："繁絲急管一時合，他壚鄰肆何寂然。"

[11] 鏡湖：古代長江以南的大型農田水利工程之一，在今浙江紹興會稽山北麓，東漢永和五年（公元140年）會稽太守馬臻主持修建，以水平如鏡，故名。蓮沼：蓮池，蓮塘。

[12] 此句第三至五個字原卷本書爲"垂泛楊"，據文意知當是將"泛"、"楊"二字寫顛倒了，故改正，鄭書、徐書、張書均未改。垂楊：即垂柳，古詩文中常以"垂楊"指垂柳。如南朝齊謝朓《隋王鼓吹曲·入朝曲》即謂："飛甍夾馳道，垂楊蔭御溝。"唐萬齊融《送陳七還廣陵》詩亦云："落花馥河道，垂楊拂水窗。"朱：鄭書錄爲"珠"。

[13] 竽：鄭書錄爲"宇"。

[14] 此句鄭書錄爲"閨中面想肖腸苦"，徐書錄爲"閨中面（緬）想肖(?)場苦"，張書錄爲"閨中緬想効場苦"，恐均未安。面（緬）想："面"當爲"緬"字同音之訛。緬想：遙想。《宋書·隱逸傳·孔淳之》："遇沙門釋法崇，因留共止，遂停三載。法崇嘆曰：'緬想人外，三十年矣，今乃傾蓋於茲，不覺老之將至也。'"省塲：唐宋時尚書省所屬禮部試進士的場所。此詩於"省塲"之後接"苦"字，係謂科場考試之後因任職爲官漂泊在外甚苦。

[15] 西江：鄭書錄爲"西北"，恐誤。唐人多稱長江中下游爲西江。如唐李白《夜泊牛渚懷古》詩："牛渚西江夜，青天無片雲。"唐元稹《相憶淚》詩："西江流水到江州，聞道分成九道流。"

[16] 沙（少）：據文意，疑"沙"爲"少"字形近之訛，故如此校錄。鄭書錄爲"付"，徐書錄爲"沐"，張書錄爲"休"。

[17] 此句鄭書錄爲"寇寞揚召滿□蕪"。筆者錄文中的"院"字係據文意並比照後錄同卷《贈巡官奉□友人不來》首句"院中三樹梨花發"中"院"字的

相同的寫法録出，徐書將該字録爲"□"，張書録爲"絶"。

[18] 消(?)：鄭書録爲"巢"，徐書録爲"俏（消）"。

[19] 迴文：亦作"回文"，是古人喜愛的一種修辭手法，即通過精心雕琢，使某些詩詞字句可以迴環往復誦讀，其中前秦竇滔之妻蘇蕙所作《璇璣圖》詩即十分有名，詳情可參宋嚴羽《滄浪詩話·詩體六》等。織：鄭書録爲"識"。

詠史趙女楯[1]

襄子臨川駐馬瞋，衝冠直擬貶舡人[2]。
固（同）乘有女劍（斂）容皃[3]，今日如何犯逆鱗。
蒸嘗本望煙波靜[4]，雲祀交（蛟）龍有所陳[5]。
投醪抵（祇）要風帆便[6]，傷桱（牲？）爲祭九江神[7]。

【校注】

[1] 此詩題鄭書録爲"詠史趙女婿"。徐書則校改爲"詠史趙女楯（無恤）"，並認爲："'趙女楯'當即詩中之'襄子'，即趙無恤，春秋晉太子，卒諡'襄子'。……'女楯'或即'無恤'二字傳訛。同卷《皈夜於燈下感受》詩有'長思趙女揩，每憶美人舟'句，'趙女揩'同爲'趙無恤'之訛。"關於此説，筆者尚無定見，暫存疑。

[2] 貶：鄭書録爲"舥"。舡人：船夫。《太平御覽》卷八五引晉皇甫謐《帝王世紀》："昭王在位五十一年，以德衰，南征，及濟於漢，舡人惡之，乃膠船進王，王御船至中流，膠液解，王及祭公俱没水而崩。"

[3] 此句鄭書録爲"因乘省女劍容貌"，徐書、張書將"固（同）"逕録爲"同"，並將"皃"校改爲"貌"。據文意，"固"爲"同"形近之訛，"皃"爲"貌"的古字，不必校改。

[4] 蒸嘗：鄭書録爲"蒙嘗"，張書録爲"□嘗"。

[5] 此句鄭書録爲"雲祀交龍省所陳"，徐書録爲"雲祀交（蛟）龍省取陳"。

[6] 投醪：《吕氏春秋·順民》："越王苦會稽之恥……下養百姓以來其心，有甘脆，不足分，弗敢食，有酒，流之江，與民同之。"後因以"投醪"指與軍民同甘苦。

[7] 傷桱（牲？）：鄭書録爲"楊桱"，此從徐書校改。據文意，疑"桱"爲"牲"形音相近之訛。

敦煌文書《張淮深碑》及其卷背詩文重校補注

贈王中丞[1]

世人嫌老惜紅顏[2]，爭向〔□〕陽已下山[3]。

朝來覽鏡看容兒，桃李芳春一半殘。

美人徒勞摘〔□□〕，日月相催轉更難[4]。

從此任他成若（皓？）首[5]，幾人曾免鬢菝髦驋（髮）[6]。

【校注】

[1] 中丞：鄭書錄爲"□□"。

[2] 惜：鄭書錄爲"借"，徐書錄爲"借（惜）"。

[3] 此句鄭書錄爲"爭向陽已下此〔□〕"，徐書疑所脱字爲"夕"。

[4] 此二句鄭書錄爲"美人徒勞摘日月，□□相摧轉更難"，徐書錄爲"美人〔□□〕徒勞摘，日月相催轉更難"，張書錄爲"美人徒勞摘日月，日月相摧轉更難"。

[5] 若（皓？）首：據文意校改，鄭書、徐書未校改，張書錄爲"□"。

[6] 鬢菝髦驋（髮）：鄭書錄爲"鬢毛班"，張書錄爲"鬢髦斑"，此從徐書。

贈獨孤巡官

古成（城）東北鮑家村，村籬周遭菜木新[1]。

冬避寇戎人户散，獨余恓（棲）隱掩柴門[2]。

【校注】

[1] 此句中前四字鄭書錄爲"山□周遭"，徐書錄爲"籬園蓮〔□〕"，此從張書，上句末字"村"後依稀可見重文符號。

[2] 恓（棲）隱：鄭書錄爲"悃隱"，徐書錄爲"恤隱"，此從張書校改。"恓"爲"棲"音同形近之訛。棲隱：亦作"棲隱"，隱居之意。《隋書·隱逸傳·徐則》："遂懷棲隱之操，杖策入縉雲山。"

又〔贈〕巡官、王中丞[1]

見說連宵動舞塵[2]，玉壺傾涸半酣醺[3]。

此中不是捎（梢）雲處[4]，早迴東落（洛）訪陳遵[5]。

— 299 —

【校注】

[1] 〔贈〕：據文意酌補，徐書、張書未補，此從鄭書。鄭書、徐書、張書均未於"巡官"之後標頓號。由於此前的兩首詩是分別贈中丞和巡官的，而此詩題之首字爲"又"，詩的内容與衆人聚飲有關，筆者認爲中丞、巡官是兩個人，故如此校録。

[2] 見説：意猶聽説。唐李白《送友人入蜀》："見説蠶叢路，崎嶇不易行。"連宵：猶通宵。《魏書·逸士傳·李謐》："棄産營書，手自删削……隆冬達曙，盛暑連宵。"

[3] 玉壺：鄭書、徐書、張書均録爲"玉臺"，於原卷字形和文意均未安。玉壺係酒壺的美稱。唐李白《待酒不至》詩："玉壺繫青絲，沽酒來何遲。"涸：鄭書、徐書録爲"固"，張書校改爲"沽"，亦均未安，原卷"涸"字清晰無疑，祇是"氵"的書寫略微偏左而已，且"涸"字於此處文意甚合。

[4] 捎·(梢)雲：鄭書、張書逕録爲"梢雲"，徐書未校改。梢雲：高雲，瑞雲。《文選·左思〈吴都賦〉》："梢雲無以踰，嶰谷弗能連。"《文選·郭璞〈江賦〉》"梢雲"李善注引孫氏《瑞應圖》："梢雲，瑞雲。"

[5] 東落(洛)：鄭書未校改。陳遵：字孟公，西漢末期著名遊俠。《漢書》卷九二有傳，稱其"性善書，與人尺牘，主皆藏弆以爲榮"。據該傳記載，陳遵平時嗜酒成性，不拘禮法，又好交友，頗受遊俠尊重，名顯一時。爲官任職方面，陳遵初爲京兆史、鬱夷令，西漢哀帝末封嘉威侯，王莽新朝中起爲河南太守，復爲九江及河内都尉，更始帝時爲大司馬護軍，最終在酩酊大醉時被人殺害於朔方。

贈陰端公^{子姪逆，遂成分別，因贈此詠}

閥閲湮淪陰嵒宗^[1]，弓裝（裘）墜地滿庭空^[2]。
相看祇話争南畝^[3]，不説東皋舊業同^[4]。
堂前荆樹無因活^[5]，閣後寒筠難更逢^[6]。
唯有眦睢吞若噬^[7]，義門從此絶仁風^[8]。

【校注】

[1] 閥閲：原卷於行右重寫此二字。嵒：鄭書録爲"高"。
[2] 弓裝（裘）：鄭書、徐書、張書均未校改。弓裘：比喻父子相傳的事業，與"弓冶"寓意相同。白居易《長慶集》卷三八《除薛平鄭渭節度判》："秉

吏道之刀尺，襲將門之弓裘，可以爲三軍之帥，可以理千乘之賦。"庭：原本寫爲"池"，後於該字右側注改爲"庭"，今直接錄"庭"字。鄭書仍錄爲"池"。

[3] 南畝：謂農田，南坡向陽，利於農作物生長，古人田土多向南開闢，故稱。《詩·小雅·大田》："俶載南畝，播厥百穀。"

[4] 東皋：亦作"東皐"，意爲水邊向陽高地，也可泛指田園、原野。三國魏阮籍《辭蔣太尉辟命奏記》："方將耕於東皋之陽，輸黍稷之稅，以避當塗者之路。"晉陶潛《歸去來兮辭》："登東皋以舒嘯，臨清流而賦詩。"

[5] 活：鄭書錄爲"話"。

[6] 筇：鄭書錄爲"蹻"。

[7] 眦睚：即"睚眦"，因詩文韻律所需而倒置。睚眦：瞋目怒視，瞪眼看人，借指微小的怨恨。《漢書·孫寶傳》："我與稺季幸同土壤，素無睚眦。"吞若：鄭書錄爲"唇苦"。

[8] 原卷於"絕"字之後原本還寫有一"無"字，後塗删。

皈夜於燈下感夢 [1]

長思趙女楯 [2]，每憶美人舟。
可□江南子 [3]，因循北海頭 [4]。
連天唯白草，鴈過又城（成）秋 [5]。
喜皈無恐色 [6]，拋却暮雲愁。

【校注】

[1] 此詩題鄭書錄爲"躭夜於燈下感夢"，徐書錄爲"歧（皈）夜於燈下感受"，張書錄爲"歸夜於燈下感受"。"皈"字在本卷中出現了四次，除本詩題目和詩句中各一處外，第十一首《又》中有"從此便應皈省闈"，第十三首《憑(?)□後感懷》中有"鵲印已皈逐相路"。四處的"皈"字寫法一致，後三處的文意清楚，可知即當爲"皈"字，唯此詩題中"皈夜"語義不甚明了，暫存疑。夢：在彩色圖版上依稀可辨，非"受"字。

[2] 女楯：鄭書錄爲"女婿"，徐書錄爲"女揹（無恤）"。

[3] 本句首二字鄭書、張書錄爲"何爲"，徐書錄爲"仰首"。原卷本句第一個字原本寫爲"何"，後將"亻"塗掉，第二個字則似未寫完並有塗抹。

[4] 因循：本有徘徊不去等意，又可引申指飄泊。鄭書錄爲"囚僑"。北海：古

代常用來泛指北方最遠僻之地。《荀子·王制》："北海則有走馬吠犬焉，然而中國得而畜使之。"楊倞注："海謂荒晦絕遠之地，不必至海水也。"

[5] 鴈：鄭書錄爲"鷹"。又城（成）：鄭書錄爲"大城"。

[6] 皈：鄭書錄爲"皷"，徐書錄爲"岐（皈）"，張書錄爲"歸"。色：鄭書錄爲"邑"。

贈中丞十五郎加章服[1]

澤漏天西夢紫雲，恩光流裔是南薰[2]。
誰知筆勝龍淵劍[3]，擲入丹宵（霄）感聖君[4]。
輸（翰）菀（苑）已留千載迹[5]，霜臺仍見繡衣新[6]。
朱裳莫玄關中客，麋鹿狻猊自有群[7]。

【校注】

[1] 郎：鄭書錄爲"日"，徐書、張書錄爲"弟"，筆者此處係參照敦煌文書中常見寫法及後面《賀大夫十五郎加官》一詩中的"郎"字校錄。

[2] 流：鄭書錄爲"故"。南薰：亦作"南熏"，原本指《南風》歌，相傳爲虞舜所作，歌中有"南風之薰兮，可以解吾民之慍兮"等句，古人詩文中多有引用，如唐王維《大同殿賜宴樂敢書即事》詩謂："陌上堯樽傾北斗，樓前舜樂動南熏。"唐陸龜蒙《雜諷》詩之五亦云："永播南熏音，垂之萬年耳。"此兩句中的"紫雲"、"恩光"、"南薰"均與帝王所在有關。

[3] 龍淵劍：亦作"龍劍"，古代有寶劍名龍淵、龍泉，故名。晉郭璞《蚍蜉賦》："虎賁比而不懾，龍劍揮而不恐。"唐劉禹錫《武陵觀火詩》："晉庫走龍劍，吳宮傷燕雛。"鄭書錄爲"龍儉劍"。

[4] 丹宵（霄）：鄭書未校改。

[5] 輸（翰）菀（苑）：鄭書錄爲"輸苑"，徐書錄爲"輸（翰）菀"，張書錄爲"翰苑"。"菀"乃"苑"的被通假字。翰苑：文苑，文翰薈萃之處。唐王勃《上武侍極啓》："攀翰苑而思齊，儷文風而立志。"

[6] 霜臺：御史臺的別稱。御史職司彈劾，爲風霜之任，故稱。唐盧照鄰《樂府雜詩序》："樂府者，侍御史賈君之所作也……霜臺有暇，文律動於京師；繡服無私，錦字飛於天下。"仍：鄭書錄爲"乃"，或許更佳，該字原卷寫爲"仍"，但其"亻"粗黑，不知是否是後來欲將其塗去所致。

[7] 狻猊：獅子，亦作"狻麑"。《穆天子傳》卷一："狻猊□野馬走五百里。"

郭璞注："狻猊，師子，亦食虎豹。"鄭書録爲"狡猊"。

夢理職鴻分圭改字詠誌[1]

理勅恩波出帝京[2]，分圭改作拜江城[3]。
鴻飛万里羽毛迅，抛卻沙州聞鴈聲[4]。

【校注】

[1] 此詩題鄭書録爲"夢回職鴻分青段字詠誌"，徐書録爲"夢□□鴻分青改字詠誌"，張書録爲"夢□職鴻分青改字詠志"。目前筆者對詩題之意尚未通解，暫如此校録。理職：治獄之官職。南朝梁沈約《授蔡法度廷尉制》："吳雄以三世法家，繼爲理職。郭恭以律學通明，仍業司士。"但這裏更可能是因避唐高宗李治的諱而指"六職"中的"治職"，即治理政務之職事，《周禮·天官·小宰》："一曰治職，以平邦國，以均萬民，以節財用。"分圭：帝王以圭分授於受封者，後遂以之泛指帝王封賜官爵。唐劉禹錫《和楊侍郎初至郴州紀事書情題郡齋八韻》："旌節下朝臺，分圭從北回。"關於此詞中"圭"字的校録依據，係因敦煌文書中"土"或与"土"相關的字的末筆常向左下方撇，如後面《又》中"魯珪"一詞中的"珪"等即是。

[2] 勅：徐書録爲"□"。恩波：謂帝王的恩澤。南朝梁丘遲《侍宴樂游苑送張徐州應詔》詩："參差別念舉，肅穆恩波被。"唐劉駕《長門怨》詩："御泉長繞鳳皇樓，祇是恩波別處流。"

[3] 此句前四字鄭書録爲"□青段休"，徐書、張書録爲"分青改作"。分：補寫於行右，字體頗小。

[4] 此詩之後，下一行自中部起寫有雜記："龍紀二年二月十九日也，心中。"鄭書録爲"龍紀二年二月十九日心中"；徐書於校記中録爲"龍紀二年二月十九也心中"，並稱其"或爲下詩之題"；張書所録與徐書同，並認爲"似爲鈔寫者題記"。該雜記的下一行又有倒書"不可忍，冷氣不下食"，鄭書、徐書、張書均未録。另外，P.2762v 文字止於此。

〔闕題〕

尋屆(?)有言(?)在仙壇[1]，日日馳心金(?)座(?)前(?)[2]。
靈通潛至感神夢[3]，鴻澤因兹下九天。

— 303 —

【校注】

[1] 自此句之"尋"字起至下一首詩中的"張(?)帆懸(?)"共5行文字抄存於S.6973v，因早年其圖版未公佈，鄭書未錄。厑(?)：即"虎"的異體字，據原卷字跡摹畫校錄，徐書、張書錄爲"常"。

[2] 此句後三字徐書、張書很肯定地錄爲"金座前"。原卷此後下一行起首處雙行書寫三或四個字，徐書、張書於校記中錄爲"□州浮沙"，筆者僅識讀出末字爲"沙"，並疑此三或四個字有可能是作者補寫的詩題。

[3] 靈通：徐書、張書錄爲"虛通"。

又

瑰瑋奇文出紫泥[1]，恩光重疊至天西。
君垂勳業今時重，女(?)楫張(?)帆懸(?)魯珪[2]。
稱身紅綬銀章貴[3]，橥(?)日光鮮弄馬蹄[4]。
從此便應皈省闈[5]，失途江客与格(?)攜[6]。

【校注】

[1] 紫泥：古人以泥封書信，並於泥上蓋印，皇帝詔書則用紫泥，後人遂以之指詔書。《後漢書·光武帝紀上》有言"奉高皇帝璽綬"，李賢注引漢蔡邕《獨斷》："皇帝六璽，皆玉螭虎紐……皆以武都紫泥封之。"南朝梁沈約《爲始興王讓儀同表》："徒塵翠渥，方降紫泥，以茲上令，用隔下情。"唐白居易《代書一百韻寄微之》："恩隨紫泥降，名向白麻披。"

[2] 女(?)楫：徐書、張書錄爲"舟楫"。懸(?)：鄭書、徐書、張書均錄爲"是"。自"魯珪"起之詩文均抄存於S.3329v+S.6161Bv+S.11564v+S.6161Av。鄭書將"魯"錄爲"獸"。"魯珪"二字右側有小字"天生天兒"，墨色較深，當爲後來補書，徐書於校記中將四小字錄爲"天生□兒"。

[3] 稱身：與德才相稱。《晏子春秋·問上二十》："稱身就位，計能受祿。"鄭書錄爲"稱□"。銀章：銀印，其文曰章。漢制，凡吏秩比二千石以上皆銀印。隋唐以後官不佩印，祇有隨身魚袋，金銀魚袋等謂之章服，亦簡稱銀章。唐陳子昂《爲司刑袁卿讓官表》："復蒙璽誥之榮，驟綰銀章之貴。"

[4] 此句鄭書錄爲"奪日光澤弄馬歸"，徐書將首二字校改爲"奪目"，張書則錄爲"奪日"。

[5] 此句鄭書錄爲"從此伙(紫?)應敢有闈"。省闈：宮中，禁中，又稱禁闈，

古代中央政府諸省設於禁中，後因作中央政府的代稱。唐皇甫冉《送袁郎中破賊北歸》詩："黃香省闥登朝去，楊僕樓船振旅歸。"

[6] 江客：本指江上旅客，後亦可泛指旅人。唐李端《荊門歌送兄赴夔州》："曾爲江客念江行，腸斷秋荷雨打聲。"唐清江《喜嚴侍御蜀還贈嚴秘書》詩："江客不曾知蜀路，旅魂何處訪情人！"格(?)：張書疑或當爲"絡"。

賀大夫十五郎加官[1]

海晏河清好瑞年，八方無事趼（奸）天[2]。
少言睿明同夏禹，元戎今又聳金蟬[3]。
王公捧袂（袂）霜臺貴[4]，紫綬金章暎日鮮[5]。
懃媿宣毫升越管[6]，不勞一幅小麻牋[7]。

【校注】

[1] 此詩題鄭書録爲"陰大夫十五郎加官奉差官"。諦審原卷，詩題首字確爲"賀"，而非"陰"。至於"奉差官"三字則抄於本行與下一行之間，其墨色亦較重，顯爲後來補寫，當非詩題組成部分。五：徐書録爲"二"。

[2] 趼（奸）：鄭書録爲"好"，徐書録爲"趼(?)"，張書録爲"□"。此處"趼"當爲"奸"字形近之訛，音 gān，意爲干求。《漢書·孔光傳》："時有所言，輒削草稾，以爲章主之過，以奸忠直，人臣大罪也。"顏師古注："奸，求也。奸忠直之名也。奸音干。"

[3] 聳金蟬：指獲左、右散騎常侍或侍中等加官，係以服飾而言官，金蟬和貂尾是此等官員的服飾。金蟬：本爲漢侍中、中常侍的冠飾，"金"取堅剛，"蟬"取居高飲潔之意。南朝梁江淹《蕭讓劍履殊禮表》："金蟬綠綬，未能藹其采。"《北史·魏任城王雲傳》："高祖、世宗皆有女侍中官，未見綴金蟬於象珥，極斲貂於鬢髮。"詳參《後漢書·輿服志》下。張書誤録爲"金鎖"。

[4] 捧袂（袂）：鄭書、徐書未校改，張書録爲"捧秩"。捧袂：猶拱手。《北史·司馬膺之傳》："及彥深爲宰相，朝士輻輳，膺之自念，故被延請，永不至門，每與相見，捧袂而已。"

[5] 紫綬：鄭書録爲"三(?)綬"，徐書録爲"紫綾"。

[6] 宣毫升越管：鄭書録爲"宣毫不越廣"，徐書將"管"録爲"富(?)"，張書録爲"□"。宣毫：指宣城所產的毛筆。唐王建《宮詞》之七："延英引對

— 305 —

碧衣郎，江硯宣毫各別牀。天子下簾親考試，宮人手裏過茶湯。"越管：越竹所製的毛筆桿，亦爲上等毛筆的代稱。古人常將兩者並提，有時略有高下之別。唐薛濤《十離詩·筆離手》："越管宣毫始稱情，紅箋紙上撒花瓊。"

[7] 不：原卷此字清晰易辨，於文意亦甚合，但鄭書録爲"□"，徐書、張書録爲"勞"。麻牋：即麻紙。鄭書録爲"寂情"，徐書、張書録爲"□陵"。

龍紀二年二月廿二日未□□
憑(?)□後感懷 □時并身七人列州郊[1]

運偶(?)中興國祚昌[2]，六人□征(?)在燉煌[3]。
鵲印已皈逐相路[4]

【校注】

[1] 原卷於詩題下書有雙行小字，極難辨識。鄭書將第一行小字録爲"□通二年二月廿二日未□□"，又漏録詩題前三字而將後二字與第二行小字合録爲"感懷淸宋大人到州酬"。徐書、張書將詩題録爲"軍威後感懷"，徐書將小字録爲"□□二年二月廿二日未／□□□身□人分□□"，張書將小字録爲"□□年二月廿二日未"、"□□□身□人分□□"。

[2] 運偶(?)：幸運，遇合。唐李嶠《寶劍篇》："一朝運偶逢大仙，虎吼龍鳴騰上天。"國祚昌：鄭書録爲"□□唐"。

[3] 六：鄭書録爲"大"，徐書、張書録爲"天"。

[4] 此句鄭書録爲"鵲鳧已皈逐禎祥"，徐書、張書將"逐"録爲"函"。鵲印：晉干寶《搜神記》卷九："常山張顥，爲梁州牧。天新雨後，有鳥如山鵲，飛翔入市，忽然墜地，人爭取之，化爲圓石。顥椎破之，得一金印，文曰'忠孝侯印'。顥以上聞，藏之秘府。後議郎汝南樊衡夷上言：'堯舜時舊有此官，今天降印，宜可復置。'顥後官至太尉。"謂張顥得山鵲所化的金印，官至太尉，後人遂以"鵲石"、"鵲印"爲官員應天命升遷的典實，亦用其借指公侯之位。唐元稹《爲蕭相國謝太夫人國號告身狀》："寶過金篆，瑞同鵲印。"唐岑參《獻封大夫破播仙凱歌》之三："丈夫鵲印搖邊月，大將龍旗掣海雲。"另外，此詩未寫完，今僅存此三句。

贈巡官[1]

此生不復從君遊[2]，任被人譏議陸沉[3]。
雀（確）莫十八諫符（府？）主[4]，万代流通(?)止(?)今有[5]。

前車已番（翻）君自見[6]，改轍互(?)慰(?)自誠心。
迷謬不能通巨路，好辭江上獨行吟。[7]

【校注】

[1] 巡官：鄭書録爲"同官"，徐書、張書録爲"丞官"。
[2] 此句鄭書録爲"此生不俊從□□"。
[3] 被：鄭書録爲"□"。陸沉：愚昧迂執，不合時宜。漢王充《論衡·謝短》："夫知古不知今，謂之陸沉，然則儒生，所謂陸沉者也。"晉葛洪《抱朴子·審舉》："而凡夫淺識，不辯邪正，謂守道者爲陸沉，以履徑者爲知變。"
[4] 雀（確?）莫：鄭書録爲"雀巢"，徐書、張書未校改。
[5] 此句鄭書録爲"萬□□□□今"。通：據殘存字跡並比照本詩倒數第二句中的"通"字校録，徐書、張書録爲"□"。止(?)：張書録爲"□"。
[6] 番（翻）：鄭書徑録爲"翻"。
[7] 此三句鄭書録爲"改轍□□□自；誠心迷謬不能通，巨路□館獨行吟"。互(?)慰(?)：徐書、張書録爲"須臾"，原卷於此二字之後留有約三字距空白。巨：張書校改爲"衢"。另外，原卷於"獨行吟"之後留有大段空白。

贈巡官奉(?)□友(?)人(?)不來[1]

院中三樹梨花發[2]，爭向愁多不忍看[3]。
有酒如澠君不到，東風吹落滿墀蘭。[4]

【校注】

[1] 此詩題自該行中部開始書寫，其上部空白處有2行雜寫，内容爲"不飲道邊之"、"尊"、"水"等，鄭書認爲漫損不清而未録，徐書、張書亦未録。此詩題字跡模糊，極難辨認，鄭書未録，徐書、張書録爲"贈丞官奉□友人不來"。
[2] 院：徐書録爲"陁"。
[3] 爭向：鄭書録爲"爭□"。
[4] 此二句鄭書録爲"古有澠君不到車，□□□□清池（墀）蘭"。有酒如澠：徐書、張書録爲"有如〔□〕澠"，誤，筆者此録中的"酒"字係據《左傳》昭公十二年"有酒如澠"擬補。墀：原寫爲"池"，旁注"墀"。另外，

— 307 —

鄭書將此後詩句與本詩連在一起校錄而未分段。

〔闕題〕

三十年來帶（滯）玉關[1]，磧西危冷隔河山[2]。
十里時聞烽子叫[3]，花間且喜不辭難[4]。
元戎若交知衆苦[5]，解頻弓（卷）甲暫展顏。
遙媿燉煌張相國，[6]迴輪爭敢忘臺（壺）飱[7]。

【校注】

[1] 此句鄭書錄爲"三十年前帶玉□"。帶（滯）：徐書僅錄爲"帶"而未校改，張書錄爲"□"。據文意，此處"帶"應爲"滯"字形近之訛，意爲滯留。

[2] 此句前三字鄭書錄爲"□回花"。

[3] 時：鄭書錄爲"□"。烽子：守衛烽火臺的士兵。唐戎昱《塞上曲》之二："山頭烽子聲聲叫，知是將軍夜獵還。"鄭書、徐書、張書均錄爲"蜂子"，恐誤。

[4] 且喜：鄭書錄爲"□□"。

[5] 此句鄭書錄爲"元戎差遣知家苦"。交：指朋友。《管子·禁藏》："能移無益之事、無補之費，通幣行禮，而黨必多，交必親矣。"晉袁宏《後漢紀·光武帝紀七》："爲交報仇，吏之私也。"

[6] 此二句鄭書錄爲"解繼□□聞鼓足；展顏敦煌張相國"。徐書、張書將第一句錄爲"解繼頻□暫展顏"。原卷在"解"字之後本書有"繼"字，但其右下有一點，疑或爲刪除符號，故不錄。弓（卷）甲：前賢諸書未識讀，並視爲一個字，今在彩色圖版上清晰可見爲兩個字，其中"卷"字爲俗體字，形似"弓"，敦煌文書中常見。卷甲：卷起鎧甲，形容輕裝疾進。

[7] 此句鄭書錄爲"回輪爭□噉冷餐"。臺（壺）飱：徐書、張書錄爲"壹飱"，於原卷字形及文意均未安。壺飱：亦作"壺湌"、"壺飧"、"壺殮"、"壺餐"等，本謂用壺盛的湯飯或其他熟食，後因相關典故而發展出多種引申義，此處即以之寓意忠義。典出《戰國策·中山策》："司馬子期……說楚王伐中山，中山君亡，有二人挈戈而隨其後者，中山君顧謂二人：'子奚爲者也？'二人對曰：'臣有父，嘗餓且死，君下壺湌餌之。臣父且死，曰："中山有事，汝必死之！"故來死君也。'中山君喟然而仰歎曰：'……吾以一杯羊羹，亡國；以一壺湌，得士二人。'"《韓非子·外儲說左下》亦謂：

"晉文公出亡，箕鄭挈壺餐而從，迷而失道，與公相失，飢而道泣，寢餓而不敢食。"

〔闕題〕

聖鳥庚申(?)降此間[1]，正在宣宗睿化年[2]。
從□弃蕃歸大化，大中二年也。經營河隴獻唐天[3]。
繼嗣秉油（軸）還再至[4]，羽卮青翠泛流泉[5]。
辭(?)必有因承雨露，謹敦(?)天子急封禪。[6]

【校注】

[1] 自此句起之四詩句，鄭書漏録。聖鳥：鳳凰的美稱。漢王充《論衡·講瑞》："夫鳳皇，鳥之聖者也；騏驎，獸之聖者也；五帝、三王、皋陶、孔子，人之聖也。"庚申(?)：張氏歸義軍時期僅一個庚申年，即唐昭宗光化三年（公元900年），該年八月唐廷正式任命張承奉爲歸義軍節度使。不知此句是否指此。但其事與下句詩中的"宣宗睿化年"無涉，張議潮率衆棄蕃歸唐的唐宣宗大中二年（公元848年）的干支爲戊辰。不知該詞是否當録爲"庚甲"，考"庚甲"有年歲之意，此處或可具體指"聖鳥"降臨敦煌的時間。

[2] 睿化：徐書、張書録爲"習化"，誤。睿化，即聖明的教化。南朝宋謝莊《宋明堂歌·送神歌》："睿化凝，孝風熾。顧靈心，結皇思。"《舊唐書·文苑傳中·賈曾》："至於所司教習，章示羣僚，慢伎淫聲，實虧睿化。"

[3] 營：徐書、張書録爲"管"。

[4] 此句鄭書録爲"繼嗣秉油戀□□"。秉油（軸）：徐書、張書録爲"秉油（猷）"，恐非是。"油"當爲"軸"形近之訛。秉軸：比喻執政。軸，機械中傳遞動力的主要零件。南朝梁江淹《爲蕭驃騎讓太尉增封第三表》："秉軸之鈞，心希在治。"相關詞語還有秉鈞軸、秉鈞持軸、秉鈞當軸，等等。

[5] 此句前三字鄭書録爲"□□□"，徐書、張書録爲"羽毛青"，於原卷字形及文意均不合。羽卮：即羽觴，《文選·沈約〈三月三日率爾成篇〉詩》："象筵鳴寶瑟，金瓶泛羽卮。"李善注："羽卮，即羽觴也。"羽觴是古代的一種酒器。關於其形狀，一説作鳥雀狀，左右形如兩翼；另一説則謂插鳥羽於觴，促人速飲。如《楚辭·招魂》："瑤漿蜜勺，實羽觴些。"王逸注："羽，翠羽也。觴，觚也。"洪興祖補注："杯上綴羽，以速飲也。一云作生爵形，實曰觴，虛曰觶。"古人又常將盛有酒的羽觴置於流水之上，以隨波

傳送，謂之"羽觴隨波"，是古代上巳日著名的遊宴之俗。《文選·顏延之〈應詔宴曲水作詩〉》有"每惟洛宴"一語，李善注引南朝宋東陽無疑《齊諧記》："束皙對武帝曰：'昔周公卜洛邑，因流水以汜酒，故逸詩曰：羽觴隨流波。'"《晉書·束皙傳》亦載此事。古人描述此類故事也常用"羽卮"一詞，如南朝梁蕭統《將進酒》詩即謂："宜城溢渠盌，中山浮羽卮。"是知此詩句中的"羽卮"正與"泛流泉"相合。

[6] 此二句鄭書錄爲"辭別故□□□□，得□天子壽□隙"，徐書、張書錄爲"□詩必有因承雨，□□天子急封禪"。原卷於"辭"字之後本寫有"別□"二字，後塗掉，故不錄。

得□硯[1]

一別端溪硯，于今三十年[2]。
攜持入紫臺，無復麗江賤[3]。
誰謂龍沙匠[4]，陶融□□□。
□□□□墨[5]，筆下起愁煙。

【校注】

[1] 此三字鄭書未錄出，後兩字徐書、張書亦未錄出，且均未能判斷此三字乃詩題，而誤認爲此詩闕題。

[2] 于：原卷即如此書寫，而未寫成"於"，這種寫法在敦煌文書中也很常見。
十：自此字起至卷末，鄭書僅錄"憂此後麗江□滔"。徐書亦未錄出"十"字。

[3] 此二句徐書、張書錄爲"攜持融入紫，無復麗江綾"，恐未安。原卷在"入"字之前確實有"融"字，但"紫"字之後尚有"臺"字，據文意及此"融"字與下一行所書"陶融"之"融"位置緊鄰，頗疑此行的"融"爲衍文，故筆者不錄。紫臺：意猶"紫宮"，指帝王所居。《文選·江淹〈恨賦〉》："若夫明妃去時，仰天太息。紫臺稍遠，關山無極。"李善注："紫臺，猶紫宮也。"另外，原卷"賤"字完整清晰，於文意亦合。

[4] 誰：徐書、張書錄爲"惟"。匠：徐書、張書錄爲"近"。

[5] 墨：徐書、張書錄爲"臺"。原卷此字之前殘佚約七個字。

〔前闕〕□於北自(?)出頭(?)[1]
□□鷳近(?)玄元，莫害[2]〔後闕〕

【校注】

[1] 此行上半段殘，今存六字寫於該行下半段，其後餘約三字距空白，由此書寫位置推測，這六個字很有可能屬於詩題，惜原卷殘缺過甚，今已無法瞭解該詩主旨。徐書、張書視其爲詩句，張書並將"比"校改爲"彼"。

[2] 此首詩之殘存文字，徐書、張書錄爲"鳥□玄色莫害生"。

以上是筆者將英藏與法藏敦煌文書 S.6161A+S.3329+S.11564+S.6161B+S.6973+P.2762 正反兩面抄存的文字進行的集中校錄與注釋，從中可以看出《張淮深碑》及其卷背詩文蘊涵著異常豐富的史料信息，於9世紀後半期至10世紀初期的敦煌地區史研究具有極其重要的價值。由於它們牽涉的問題既多且廣，非此小文可以應對，本文遂僅着力於文本整理工作，至於與其他敦煌文書及傳世史料結合而對寫卷的作者、時代、史料價值，及敦煌地區史，特別是自張淮深當政起的張氏歸義軍政治史諸相關問題的討論，則均付諸另文。目前筆者正在分專題撰文探討有關問題，已刊發或基本完成的主要有：《〈張淮深碑〉作者再議》[①]與《〈張淮深碑〉抄件卷背詩文作者考辨》[②]。兩文主張碑文及其卷背詩文的作者皆爲晚唐敦煌著名文士張球，他的一生遍歷張議潮、張淮深、張淮鼎、索勳、李氏、張承奉統治時期，曾長期在歸義軍政權中擔任樞要之職，官至節度判官掌書記，親身參與過諸多重大歷史事件，親眼目睹了掌權者姻親眷屬之間的悲喜離合恩仇榮辱，可謂對張氏歸義軍時期的大事小情了然於心，故其遺文，特別是《張淮深碑》及其卷背詩文的字裏行間不時透露出的歸義軍政治史中一些重要信息，可爲我們追尋當時的某些重大事件，尤其是各政治集團之間錯綜複雜的微妙關係提供寶貴綫索。《敦煌佚名詩研究舉隅》以《張淮深碑》卷背所抄詩文爲例，探討了敦煌佚名詩的内容價值及整理研究狀況等問題。《〈張淮深碑〉抄件卷背雜記史料價值探析》則結合法藏敦煌文書 P.2913v《歸義軍節度使檢校司徒南陽張府君墓誌銘》（學界習稱《張淮深墓誌銘》）等文書，圍繞張淮深及諸子同期被害一事，討論了張淮深與張議潮後人的權力之争及其對敦煌地區史的影響，並分析了張球等歸義軍官員的政治態度與政治傾向。

收稿日期：2016年2月

---

① 載《敦煌學輯刊》2015年第3期。
② 載《敦煌學輯刊》2016年第2期。

唐代中書省翻書譯語直官輯考[①]

李 錦 繡

内容提要：本文彙集了唐代史籍、佛經及墓誌中的中書省翻書譯語直官資料，考釋了李整、史訶耽、挹怛然紇、杜行顗、李無礙、難元慶、度頗具、迦葉利沙、伊舍羅、袁振等充任翻書譯語直官的經歷。唐代中書省翻書譯語直官蕃漢雜列，不論是唐人，還是粟特、天竺、嚈噠、百濟蕃臣或後裔，均以語言才能爲唐所用，展示了唐朝的開放性和國際性。

關鍵詞：翻書譯語　直官　中書省　史訶耽

唐代直官制度中，中書省設置的翻書譯語直官值得注意。《唐六典》卷二"吏部郎中"條記載：

> 凡諸司置直，皆有定制。（諸司諸色有品直：吏部二人……中書省明法一人、能書四人、裝制敕一人、翻書譯語十人、乘驛二十人。）[②]

中書省設有十名翻書譯語直官。這是定額之内的有品直官數量。翻書譯語直官，是唐代最高級别的譯語人，不但參與國家外交事務，而且也因其傑出的語言才能從事文化事業，在唐與諸蕃國的政治關係和文化交流中起了媒介和橋梁的作用。[③]

關於唐代的譯語人，中外學者研究較多，成績斐然。[④]但這些研究有一較大缺陷，

[①] 本文部分内容，在 2012 年 11 月 23—25 日在中央民族大學召開的"西域—中亞語文學國際學術研討會"和 2013 年 12 月在珠海召開的"暨南大學中外關係史高層論壇"宣讀時，得到復旦大學劉震和暨南大學郭聲波先生的指教，謹致謝意！
[②] [唐] 李林甫撰，陳仲夫點校：《唐六典》，中華書局 1992 年版，第 35 頁。
[③] 詳見李錦繡：《唐代的翻書譯語直官：從史訶耽墓誌談起》，《晉陽學刊》2016 年第 5 期。
[④] 相關研究，詳見謝海平：《唐代留華外國人生活考述》，臺灣商務印書館 1978 年版，第 189—192 頁；Denis Sinor, "Interpreter in Medieval Inner Asia", *Asia and African Studies*, Journal of the Israel Oriental Studies 16, 1982,

即未注意到唐代的直官制度。[①]有鑒於此，筆者在唐代史籍、佛經及墓誌中，彙集唐代中書省翻書譯語直官資料[②]，條列分析如下，以期展示唐代翻書譯語直官的真實面貌。

一、史訶耽

1986年固原南郊出土的史訶耽［shiə-hai-təm］墓誌[③]，引起中外學者的普遍關注。本文只引錄墓誌關於史訶耽任中書省直官的記載，其文云：

---

pp.293—320（中譯見《鄧尼斯·塞諾内亞研究文選》，中華書局2006年版，第189—222頁）；王欣：《吐魯番出土文書所見唐代"譯語人"》，《新疆文物》1993年第1期，第150—155頁；李方：《唐西州的譯語人》，《文物》1994年第2期，第45—51頁；羅豐：《固原南郊隋唐墓》，文物出版社1996年版，第206—211頁；黎虎：《漢唐外交制度史》，蘭州大學出版社1998年版，第335—336、361—363、466—467頁；馬榮國：《唐鴻臚寺述論》，《西域研究》1999年第2期，第20—28頁；馬一虹：《古代東アジアのなかの通事と譯語——唐と日本を中心として》，《アジア遊學》第3號，1999年，第112—114頁；程喜霖：《唐代過所研究》，中華書局2000年版，第298—301頁；韓香：《唐代長安譯語人》，《史學月刊》2003年第1期，第28—31頁（並參見其著《隋唐長安與中亞文明》，中國社會科學出版社2006年版，第127—128頁）；馬祖毅：《中國翻譯通史》第1卷"古代部分"，湖北教育出版社2006年版；陳海濤、劉惠琴：《來自文明十字路口的民族》，商務印書館2006年版，第254—255頁；趙貞：《唐代對外交往中的譯官》，《南都學壇》2005年第6期，第29—33頁。莊穎：《唐代鴻臚譯語人淺議》，《首都師範大學學報》2007年增刊，第37—41頁；鄭顯文：《唐代訴訟活動中的翻譯人》，載張中秋編：《理性與智慧：中國法律傳統再探討》，中國政法大學出版社2008年版，第250—268頁；參見鄭顯文：《出土文獻與唐代法律史研究》，中國社會科學出版社2012年版，第231—249頁；Rachel Lung, *Interpreters in Early Imperial China*, Philadelphia: John Benjamins Publishing Company, 2011；畢波：《中古中國的粟特胡人：以長安爲中心》，中國人民大學出版社2011年版，第281—282頁；許序雅：《唐朝與中亞九姓胡關係研究》，蘭州大學出版社2012年版，第180—183頁；朱麗娜：《唐代絲綢之路上的譯語人》，《民族史研究》第12輯，中央民族大學出版社2013年版，第212—228頁；王貞平：《口頭溝通：隋唐時期亞洲外交的多個側面》，《南國學術》6卷2期，2016年，第198—213頁（此承吴麗娱女史惠告及作者惠寄論文，謹致謝忱）。

① 關於直官制度的研究，詳見李錦繡：《唐代直官制初探》，《國學研究》第3卷，北京大學出版社1995年版，第383—424頁，收入《唐代制度史略論稿》，中國政法大學出版社1998年版，第1—56頁；《唐代直官補考——以墓誌爲中心（上）》，《隋唐遼宋金元史論叢》第4輯，上海古籍出版社2014年版，第125—137頁；《唐代直官補考——以墓誌爲中心（下）》，《隋唐遼宋金元史論叢》第5輯，上海古籍出版社2015年版，第52—72頁。

② 韓香、趙貞指出中書譯語人有抱怛然紇、史訶耽、石佛慶三人，見上引韓香《唐代長安譯語人》、趙貞《唐代對外交往中的譯官》。而謝海平則考證直中書譯語還有李無礙、度頗具、伊舍羅等，見《唐代留華外國人生活考述》，第189頁。筆者在《唐代直官制》中，列舉了杜行顗、史訶擔、度頗具三人，見《唐代制度史略論稿》，第14—15頁；在《唐代直官補考——以墓誌爲中心（上）》（見《隋唐遼宋金元史論叢》第4輯，第129頁）一文中，補充了李整、難元慶，並指出"根據史籍及佛教文獻，尚可補充抱怛然紇、伊舍羅、李無礙、迦葉利沙等"，但未詳論；范晶晶：《佛教官方譯場與中古的外交事業》(《世界宗教研究》2015年第3期）一文，也論及直中書參與佛經翻譯之事，並彙集了度頗具、伊舍羅、李無礙、迦葉利沙資料，可參看。

③ 羅豐：《固原南郊隋唐墓》，文物出版社1996年版，第68—72、206—211頁。之後，羅豐先生繼續修訂舊作，在《胡漢之間——"絲綢之路"與西北考古》（文物出版社2004年版，第483—485頁）一書中，對史訶耽墓誌銘文進一步修訂，更爲準確。吴鋼主編：《全唐文補遺》第7輯（三秦出版社2000年版，第284—285頁）也著錄了史訶耽墓誌的錄文。

武德九年，以公明敏六閑，別敕授左二監，奏課連最，簡在屢聞。尋奉敕直中書省翻譯，朝會、祿賜，一同京職。貞觀三年，加授宣德郎。七年，又加授朝請郎。九年，又加授通議郎。十三年，又加授朝議郎。十九年，丁母憂……永徽四年，有詔："朝議郎史訶耽，久直中書，勤勞可録，可游擊將軍，直中書省翻譯如故。"名參省禁，卅餘年，寒暑不易其勤，始終彌彰其恪。屬日月休明，天地貞觀，爰及昇中告禪，於是更錫崇班，是用超遷，出臨方嶽。乾封元年，除虢州刺史。〔閒〕襟望境，威竦百城，揚扇弘風，化行千里。君緬懷古昔，深惟志事。察兩曜之盈虛，窮二儀之消息。眷言盛滿，深思捴退。固陳衰朽，抗表辭榮。爰降詔曰："游擊將軍史訶耽，久經供奉，年方耆艾，請就閒養，宜聽致仕，遂其雅志。仍賜物五十段。"至若門馳千駟，既無驕侈之心；家累萬金，自有謙撝之譽。享年八十有六，以總章二年九月二十三日遘疾，終於原州平高縣勸善里舍。

粟特後裔史訶耽在貞觀初任中書省翻書譯語直官，貞觀三年（公元 629 年）加授散官宣德郎（從七品上）。若因勞考而進階[①]，史訶耽至少在貞觀二年（公元 628 年）已爲中書省翻書譯語直官了。乾封元年（公元 666 年），史訶耽被授予虢州刺史。虢州爲望州，刺史從三品。[②] 但其時史訶耽並未從中書譯語任上離職，因爲據《唐大詔令集》卷三七《册曹王明虢州刺史文》及《册曹王明豫州刺史文》[③]，從麟德元年（公元 664 年）至總章元年（公元 668 年）連續五年的時間裏，實際的虢州刺史爲曹王李明[④]，史訶耽根本沒有到虢州任上。也就是說，虢州刺史，只是史訶耽的加官，是名譽官銜，史訶耽的職務還是中書譯語，他在中書譯語職位上一直幹到退休，時間在總章二年（公元 669 年）之前。史訶耽終老於中書譯語，任職時間長達四十多年。

二、李整

《唐故中書直省振威副尉李君墓誌銘并序》記載：

---

① [唐]李林甫撰，陳仲夫點校：《唐六典》卷二"吏部郎中"條，中華書局 1992 年版，第 32 頁。
② [唐]李林甫撰，陳仲夫點校：《唐六典》卷三〇，第 745 頁。
③ [宋]宋敏求編：《唐大詔令集》，商務印書館 1959 年版，第 164、165 頁。
④ 參見郁賢皓：《唐刺史考全編》第 2 册，安徽大學出版社 2000 年版，第 809 頁。

> 君諱整，字萬端，趙郡柏亭人……祖武，周驃騎將軍。父明，隋虎賁郎將……君奉訓喬梓，聞禮趨庭。雄辯□□蘇張，藻思冠於枚馬。起家任中書直省。梯山貢賮，必資□□□；□□□職，實藉其諟譯。遂授振威副尉……以顯慶四年三月卅日，卒於金城坊之第，春秋六十有六。①

李整生於隋開皇十四年（公元 594 年），唐初以中書直省起家，顯慶四年（公元 659 年）去世前散官昇直從六品下的振威副尉，可知在中書直省任上多歷年所。從誌文"實藉其諟譯"看，李整應是中書省十名翻書譯語直官中的一員。他任中書直省的時間，可能和史訶耽差不多，至遲在貞觀、永徽年間，以武散官活躍於翻譯活動中。從李整年齡和散官品級看，可能武德初，其已爲中書譯語，在這一職務上歷任數十年，其間散官不斷提升。墓誌稱李整出身趙郡李氏，父祖名也不類蕃語，他應該是漢人。墓誌稱李整有文思、辯才，可見除語言能力外，中書譯語的選拔和任命也重文采和辯才。但據墓誌無法判定李整從事何種語言翻譯。

三、挹怛然紇

《册府元龜》卷一〇〇〇《外臣部·讎怨》"高昌國"條云：

> 貞觀中，太宗遣折衝都尉、直中書譯語挹怛然紇使西域。焉耆王突騎支因遣使朝貢，請開大磧路以便行李。太宗許之。自隋季離亂，磧路遂閉，西域朝貢者皆繇高昌。因是高昌怒，遂與焉耆結怨，遣兵襲擊焉耆，大掠而去。②

高昌與焉耆結怨，是唐初西域歷史中的大事。唐代史籍中多有記載，將之繫於貞觀六年（公元 632 年）③，但未提及挹怛然紇之名。

貞觀四年（公元 630 年），有一名厭怛紇干的使者活躍于西域舞臺。《資治通鑑》

---

① 中國文物研究所、陝西省古籍整理辦公室編：《新中國出土墓誌》陝西貳，文物出版社 2003 年版，補 11 頁；錄文見吳鋼主編：《全唐文補遺》第 6 輯，三秦出版社 1999 年版，第 272—273 頁。
② [宋]王欽若等編，周勛初等校訂：《册府元龜》，鳳凰出版社 2006 年版，第 11572 頁。
③ 見《舊唐書》卷一九八《西戎傳·焉耆》，中華書局 1975 年版，第 5301 頁；《新唐書》卷二二一上《西域上·焉耆》，中華書局 1975 年版，第 6229 頁；《資治通鑑》卷一九四"貞觀六年七月丙辰"條，中華書局 1956 年版，第 6096 頁。

卷一九三"貞觀四年十二年"條云：

> 甲寅，高昌王麴文泰入朝。西域諸國咸欲因文泰遣使入貢，上遣文泰之臣厭怛紇干往迎之。魏徵諫曰："昔光武不聽西域送侍子，置都護，以爲不以蠻夷勞中國。今天下初定，前者文泰之來，勞費已甚，今借使十國入貢，其徒旅不減千人。邊民荒耗，將不勝其弊。若聽其商賈往來，與邊民交市，則可矣，儻以賓客遇之，非中國之利也。"時厭怛紇干已行，上遽令止之。①

厭怛紇干，原爲高昌麴文泰使人。太宗遣其出使西域迎接來朝貢諸國，表明唐已授厭怛紇干官職，厭怛紇干從麴文泰之臣變爲唐臣。頗疑厭怛紇干與貞觀六年出使西域的挹怛然紇是同一個人。厭怛，即嚈噠［iap-dat］，在中文史籍中有嚈噠、噘噠、厭達、厭怛、悒怛、挹怛、挹達、挹闐等多種寫法，係 Ephthalites 或 Hephthalites 之對譯。② 捐怛，應是"挹怛"之誤。厭怛、挹怛，都是以國爲姓，表明厭怛紇干［iap-tat-hət-kan］或挹怛然紇［iəp-tat-njian-hət］是嚈噠國人。厭怛與挹怛相同，紇干可能全稱是然紇干［njian-hət-kan］，挹怛然紇干之名爲唐人音譯，史籍中或有省略，而無一致寫法。

挹怛然紇能被太宗任命爲中書譯語直官，當是因其擁有傑出語言能力，在唐廷能夠以漢語應對。但挹怛然紇出使西域，以何種語言在文字、語言各異的西域諸國活動呢？作爲嚈噠國後人，挹怛然紇無疑會嚈噠語，但唐初的西域，已經滅國多年的嚈噠語顯然不是諸國共同語言。挹怛然紇干究竟更爲精通何種語言呢？《通典》卷一九三《邊防九·西戎五》"嚈噠"條云：

> ［嚈噠國］至隋時又謂挹怛國焉。挹怛國，都烏滸水南二百餘里，大月氏之種類也。勝兵五六千人。俗善戰。先時國亂，突厥遣通設字詰強領其國。③

6世紀中，突厥興起於北亞。6世紀50年代末至60年代初，突厥、波斯聯軍夾擊嚈噠，嚈噠國破。突厥、波斯以阿姆河爲界中分嚈噠領土。不久，突厥勢力繼續南下，佔有

---

① 《資治通鑑》，第6083—6084頁。參見《舊唐書》卷七一《魏徵傳》，第2548頁；《新唐書》卷九七《魏徵傳》，第3869頁；《魏鄭公諫錄》卷一《諫西域諸國入朝》，《叢書集成初編》本，第6頁；［宋］王欽若等編，周勛初等校訂：《冊府元龜》卷三一二《宰輔部·謀猷》二，第3539—3540頁。
② 余太山：《嚈噠史若干問題的再研究》，《中國社會科學院歷史研究所學刊》第1集，社會科學文獻出版社2001年版，第180—210頁。參見余太山：《嚈噠史研究》，商務印書館2012年版，第10—11頁。
③ ［唐］杜佑撰，王文錦等點校：《通典》，中華書局1988年版，第5259頁。

全部嚈噠舊壤。①挹怛然紇在嚈噠國破後出生,其時嚈噠人在突厥統治之下,挹怛然紇應能熟練掌握突厥語。時西域多在西突厥控制,突厥語是西域諸國通用語言之一。

貞觀三年(公元 629 年),玄奘離開高昌國前,高昌王厚禮相送,《大唐大慈恩寺三藏法師傳》卷一云:

> 又作二十四封書,通屈支等二十四國,每一封書附大綾一匹爲信。又以綾絹五百匹、果味兩車獻葉護可汗,并書稱:"法師者是奴弟,欲求法於婆羅門國,願可汗憐師如憐奴,仍請敕以西諸國給鄔落馬遞送出境。"②

同書卷二記載了西突厥葉護可汗接待玄奘並讀高昌王信的情景:

> 法師去帳三十餘步,可汗出帳迎拜,傳語慰問訖,入坐。突厥事火不施床,以木含火,故敬而不居,但地敷重茵而已。仍爲法師設一鐵交床,敷褥請坐。須臾,更引漢使及高昌使人入,通國書及信物。可汗自目之甚悅,令使者坐。命陳酒設樂……③

葉護可汗親自讀了高昌王所進國書,表明高昌王的國書應是突厥語寫成的。高昌王同時給屈支(龜兹)等 24 國書,也是用突厥語所寫。阿姆河畔的活國(Warwālīz)應是高昌王作書的 24 國之一,同書同卷記載:

> 自此(覩貨羅國)數百里渡縛芻河,至活國,即葉護可汗長子呾度設所居之地,又是高昌王妹婿。高昌王有書至其所。比法師到,公主可賀敦已死,呾度設又病,聞法師從高昌來,又得書,與男女等嗚咽不能止。④

高昌王國給呾度設之書,呾度設讀後嗚咽,當也是用呾度設母語突厥語所寫。葉護可汗遣送玄奘時,"可汗乃令軍中訪解漢語及諸國音者,遂得年少,曾到長安數年通解漢語,即封爲摩咄達官,作諸國書,令摩咄送法師到迦畢試國"⑤。葉護可汗給諸國

---

① 詳見余太山:《嚈噠史研究》,第 4、126—138 頁。
② [唐] 慧立、彥悰撰,孫毓棠、謝方點校:《大慈恩寺三藏法師傳》,中華書局 1983 年版,第 21 頁。
③ [唐] 慧立、彥悰撰,孫毓棠、謝方點校:《大慈恩寺三藏法師傳》,第 28 頁。
④ [唐] 慧立、彥悰撰,孫毓棠、謝方點校:《大慈恩寺三藏法師傳》,第 31 頁。
⑤ [唐] 慧立、彥悰撰,孫毓棠、謝方點校:《大慈恩寺三藏法師傳》,第 29 頁。

書，當亦是用突厥語寫成。西突厥少年摩咄達官通漢語，負責玄奘到西域諸國的翻譯，主要任務是突厥語與漢語的通譯。他可能還解"諸國音"，即能説所行西域諸國語言，這更方便玄奘西域之行。玄奘在西域諸國的交通，正是突厥語爲西域官方通用語言的例證。

挹怛然紇如摩咄達官一樣，可能也兼解西域諸國語言。但他出使西域，則主要以突厥語在西域諸國活動；直中書省，也主要負責突厥譯語。這是由隋末唐初西域的政治、軍事形勢決定的。

四、杜行顗

唐釋智昇撰《開元釋教録》卷八《總括群經録上之八》云：

能斷金剛般若波羅蜜多經一卷。（見《内典録》第四出，與姚秦羅什等出者同本。貞觀二十二年十月一日於坊州宜君縣玉華宮弘法臺譯，直中書杜行顗筆受。）[1]

北京圖書館藏敦煌 1443 號文書保存了"能斷金剛般若經譯記"，其文云：

能斷金剛般若波羅蜜多經一卷。
貞觀廿二年十月一日於雍州宜君縣玉華宮弘法臺三藏法師玄奘奉詔譯。
直中書長安杜行顗筆受。
弘福寺沙門玄謨證梵語。
大總持寺沙門辯機證文。[2]

據此，知杜行顗在貞觀二十二年（公元 648 年）參加了由玄奘主持的《能斷金剛般若波羅蜜多經》翻譯，他與其他譯經沙門不同，身份爲"直中書"。由於譯記未寫他的官品，可能貞觀末，杜行顗只是中書省的"直司"，即無品直。從爲譯經"筆受"看，杜行顗無疑是精通梵文的。

---

[1] 《大正新脩大藏經》第 55 册，No. 2154。《貞元新定釋教目録》卷一一同，見《大正新脩大藏經》第 55 册，No. 2157。

[2] 〔日〕池田温：《中國古代寫本識語集録》，東京大學東洋文化研究所 1990 年版，第 192 頁。

杜行顗在儀鳳年間任鴻臚寺典客令。《宋高僧傳》卷二《唐五臺山佛陀波利傳（順貞）》云：

> 釋佛陀波利，華言覺護，北印度罽賓國人……以天皇儀鳳元年丙子，杖錫五臺……遂返本國取得經迴，既達帝城，便求進見。有司具奏，天皇賞其精誠，崇斯祕典，下詔鴻臚寺典客令杜行覬（顗）與日照三藏於内共譯。譯訖，嚫絹三十匹。經留在内。波利垂泣奏曰："委棄身命，志在利人。請帝流行，是所望也。"帝湣其專切，遂留所譯之經，還其梵本。①

唐釋彥悰撰《佛頂最勝陀羅尼經序》云：

> 此經以儀鳳四年正月五日，朝散郎行鴻臚寺典客令杜行顗、與寧遠將軍度婆等，奉詔譯進……無幾，敕中天〔竺〕法師地婆訶羅，於東西二京太原弘福寺等傳譯法寶。而杜每充其選，余時又參末席。杜嘗謂余曰："弟子庸材不閑文體，屈師據敕刪正，亦願依文筆削。"余辭以不敏。載涉暄寒，荏苒之間，此君長逝。余欷惋流涕，思其若人……故乃具表曲委，陳諸始末。俾夫披覽之士，無猜此教焉。于時永淳元年五月二十三日也。②

儀鳳元年（公元 676 年），佛陀波利從五臺山回罽賓國，拿到《佛頂尊勝陀羅尼經》梵文本，上奏唐高宗。高宗命朝散郎行鴻臚寺典客令杜行顗與寧遠將軍度婆（dhūpa）、日照三藏共同翻譯，儀鳳四年（公元 679 年）初譯事完成。此後，杜行顗與彥悰多次參加地婆訶羅（divākara）的譯經活動，杜行顗仍任典客署令。在永淳元年（公元 682 年）之前，杜行顗去世。

關於杜行顗的語言才能，智昇在《開元釋教錄》卷九《總括群經錄上之九（大唐傳譯之餘）》寫道：

> 清信士杜行顗，京兆人。儀鳳中任朝散郎行鴻臚寺典客署令。顗明諸蕃語，兼有文藻，天竺語書亦窮其妙。

---

① ［宋］贊寧撰，范祥雍點校：《宋高僧傳》，中華書局 1987 年版，第 28 頁。
② 《大正新脩大藏經》第 19 册，No. 0969。

杜行顗爲長安人，不但精通梵文，而且對西域諸國語也有一定瞭解，同時富有文采。《宋高僧傳》卷三《譯經篇第一之三》論曰：

> 或曰："譯場經館，設官分職，不得聞乎？"曰："此務所司，先宗譯主，即齎葉書之三藏明練顯密二教者充之。次則筆受者，必言通華梵，學綜有空，相問委知，然後下筆……次則監護大使，後周平高公侯壽爲總監檢校，唐則房梁公爲獎飾監護，相次許觀、楊慎交、杜行顗等充之。或用僧員，則隋以明穆、曇遷等十人監掌翻譯事，詮定宗旨。①

杜行顗在翻譯《能斷金剛般若波羅蜜多經》時任"筆受"，可見其精華梵言，懂佛理。他不但身體力行地譯經，而且還多次像許觀②、楊慎交③一樣，擔任監護大使，監督總掌譯事，進行最後定奪。綜上可知，杜行顗在唐太宗、高宗朝譯經事業中發揮了重要作用。

由於杜行顗非外蕃子弟或後裔，爲長安漢族，文采辭章，底蘊深厚，與諸國蕃僧共同譯經，更引人注目。杜行顗在貞觀末年是中書省的無品直司，幾十年後，成了鴻臚寺典客署令。典客署令，從七品下，"掌二王後介公、酅公之版籍，及東夷、西戎、南蠻、北狄歸化在蕃者之名數；丞爲之貳。凡朝貢、宴享、送迎預焉，皆辨其等位而供其職事。凡酋渠首領朝見者，則館而以禮供之"④。主要職務爲接待外蕃使人，具體負責唐外交事務。由於與蕃人打交道，典客令丞多少能精通外蕃語言。《新唐書》卷四五《選舉志》云：

> 凡醫術，不過尚藥奉御。陰陽、卜筮、圖畫、工巧、造食、音聲及天文，不過本色局、署令。鴻臚譯語，不過典客署令。

"醫術"以下，爲唐代的伎術官。以伎術官出身的人，仕途狹窄，最高只能擔任本局、

---

① ［宋］贊寧撰，范祥雍點校：《宋高僧傳》，第56—57頁。
② 大足元年（公元701年）義净奉制譯《根本薩婆多部律攝》，"成均大學助教、上騎都尉、通直郎許觀"任"翻經使"；長安三年（公元703年），義净奉制譯《金光明最勝王經》，"大學助教許觀監護繕寫進內"。參見〔日〕池田溫：《中國古代寫本識語集錄》，第258—259、263—264頁。《宋高僧傳》卷一《義净傳》也記載，義净譯《金光明最勝王》等二十部經，"成均太學助教許觀監護，繕寫進呈"。
③ 神龍元年（公元705年），義净奉制譯《一切法功德莊嚴經》，"秘書監、駙馬都尉、上柱國、觀國公、臣楊慎文（交）"監護，並任翻經使；景龍元年（公元707年），義净奉制譯《新譯藥師瑠璃光七佛本願功德經》，"秘書監、駙馬都尉、上柱國、觀國公、臣楊慎交"，任翻經使。參見〔日〕池田溫：《中國古代寫本識語集錄》，第266—268頁。
④ ［唐］李林甫撰，陳仲夫點校：《唐六典》卷一八《鴻臚寺‧典客》，第506頁。

本署的令。鴻臚寺的譯語人，也是伎術官，其最高職事官是典客署令。杜行顗貞觀末爲中書譯語，可能是鴻臚寺的無品譯語人出身，因"有文藻"而再爲中書譯語直司。此後，獲得散官，成爲有品的中書譯語直官。最遲至儀鳳四年，升爲譯語出身的最高職事官——典客令。這距其任中書譯語直司的貞觀末，已經三十多年了。

儀鳳四年，杜行顗任典客令時，散官爲從七品上的朝散郎。[①] 從最低的從九品下將仕郎，杜行顗散官升了9階，可見他充中書譯語直時間之長。杜行顗從鴻臚、中書譯語直司晉升到此行業的最高官典客署令，兢兢業業了幾十年，並在佛經翻譯事業中貢獻頗多，佔有一席之地。唐代史籍中雖未有杜行顗之傳，但據佛典，我們還是可以將這個譯語人典型代表的事跡揭示出來的。

五、難元慶

《大唐故宣威將軍左衛汾州清勝府折衝都尉上柱國難君（元慶）墓誌銘并序》云：

> 君諱元慶，其先即黃帝之宗也，扶餘之爾類焉。昔伯仲枝分，位居東表。兄弟同政，爰國臣韓。妙以治民之難，因爲姓矣。孔丘序《舜典》，所謂歷試諸難，即其義也。高祖䪥，仕遼任達率官，亦猶今宗正卿焉。祖汗，入唐爲熊津州都督長史。父武，中大夫、使持節支潯州諸軍事、守支潯州刺史，遷忠武將軍、行右衛翊府中郎將……君幼而聰敏，無所不精。尋授游擊將軍、行檀州白檀府右果毅，直中書省。雖司雄衛，恒理文軒。俄轉夏州寧朔府左果毅都尉，直中書省，內供奉。屬邊塵屢起，烽火時驚。以君宿善帷籌，早參師律……遂授朔方軍總管……以開元十八年六月廿八日，終於汝州龍興縣之私第，春秋六十有一……夫人丹徒縣君甘氏，左玉鈐衛大將軍羅之長女……粵以大唐開元廿二年十一〔月〕四日，合葬於汝州魯山縣東北原，禮也。[②]

難元慶開元十八年（公元730年）年卒，終年61歲，則其初直中書省應在武后時期。誌文簡略，未記載其爲中書省何種直官，但"恒理文軒"應是其充直官時職掌。難元

---

① ［唐］李林甫撰，陳仲夫點校：《唐六典》卷二《吏部》，第31頁。
② 郝本性主編：《隋唐五代墓誌彙編》河南卷，天津古籍出版社1992年版，第64頁；錄文見吳鋼主編：《全唐文補遺》第8輯，三秦出版社2005年版，第376—377頁。

慶生於唐朝，其祖、父在百濟熊津都督府任職①，其家族爲百濟人②。難元慶已漢化，其家亦遷居洛陽之南的汝州，但由於家族影響，難元慶仍通三韓語言。四夷來朝，中書侍郎臨軒受其表疏。③難元慶"理文軒"，可能與四夷表疏有關。若此推測不誤，則難元慶可能也是中書省翻書譯語直官。

　　難元慶爲百濟後裔，可能在入京宿衛時，因語言能力和忠實可靠，任中書省直官，處理高麗、新羅、百濟文書。其任直官時，散官爲游擊將軍（從五品下），衛官爲檀州白檀府右果毅（六品）。其後，衛官爲夏州寧朔府左果毅都尉（從五品下或正六品上④），仍爲直官。中、睿宗時離開中書省，去邊州參戰。難元慶至少充當了兩任中書省直官，與史訶耽以粟特後裔充中書省直官的身份類似。只是祖先爲百濟貴族，父祖官蔭高，難元慶的出身散官也高，與靠自己奮鬥逐級提升散官的史訶耽是不同的。

六、度頗具

　　度頗具〔dak-phuai-gio〕之名，最早見於武周長壽二年（公元 693 年）《佛説寶雨經》的"譯場列位"。《佛説寶雨經》卷二云：

大周長壽二年歲次癸巳九月丁亥〔朔〕三日己丑佛授記寺譯。
南印度沙門摩流支宣釋梵本。
婆羅門僧臣度破具寫梵本。

《佛説寶雨經》卷九云：

大周長壽二年歲次癸巳九月丁亥朔三日己丑佛授記寺譯。
南印度沙門達摩流支宣釋梵本。

---

① 馬馳：《難元慶墓誌簡釋》，載《春史：卞麟錫教授停年退任紀念論叢》，2002 年。
② 〔韓〕李文基：《百濟遺民難元慶墓誌의紹介》，《慶北史學》23 輯，2000 年。參見拜根興：《唐代高麗百濟遺民研究：以西安洛陽出土墓誌爲中心》，中國社會科學出版社 2012 年版，第 122—123 頁。
③ 〔唐〕李林甫撰，陳仲夫點校：《唐六典》卷九"中書侍郎職掌"條，第 275 頁。
④ 折衝府左右果毅都尉，"上府從五品下，中府正六品上，下府從六品下"。見〔唐〕李林甫撰，陳仲夫點校：《唐六典》卷二五《諸府》，第 644 頁。

婆羅門臣度破具寫梵本。①

　　長壽二年譯成的《佛説寶雨經》，不是簡單的佛經翻譯，而是武則天革唐爲周政治運動中的重要一環。②與利用《大雲經疏》進行女主受命的政治宣傳③一樣，達摩流支（Drarmaruci，武則天改爲菩提流志，Bodhiruci）所譯的《寶雨經》，強調了武周政權的神聖符命於佛經有徵。④《寶雨經》與《大雲經疏》共同構成了武周政權的佛教理論基礎。⑤除了菩提流志外，外來的梵僧、胡僧及胡人與武周政權關係密切。⑥度頗具這時來到長安，積極參與了譯《寶雨經》活動，正是武周政權得到內附諸胡鼎立支持的反映。⑦

　　度頗具以"度破具"［dak-phua-gio］之名首次亮相。"破"與"頗"讀音相近，應爲其梵語名字的音譯。《寶雨經》卷二與卷九的署名有些不同，卷二度破具身份爲"婆羅門僧"，卷九則無"僧"字。卷二的"僧"字應爲衍文，當是連上行"婆羅門僧般若證譯"而誤。卷二連主持翻譯的達摩流支之名都寫爲摩流支，可見其錯誤不止度破具一處。度破具名前有"臣"字，表明他不是梵僧，而是來自印度的蕃人。他如何來華，已不可知，但可以肯定的是，與其他胡人一樣，度破具很快投身於武周政治之中，並扮演了重要的角色。

　　度破具名中的"破"字不甚雅，至遲在神龍二年（公元706年）以後，他就改稱度頗具了。《大寶積經》卷一二〇云：

　　　　神龍二年丙午於大內佛先殿南印度三藏菩提流志奉詔譯。
　　　　直中書度頗具譯梵文。⑧

這時度頗具變化的不只是名字，更重要的是身份變了，成了中書省的直官。從他"譯梵文"，度頗具至少通梵華兩種文字，充任的是中書省翻書直。度頗具"直中書"

---

① 〔日〕池田温：《中國古代寫本識語集録》，第238、240頁。
② 湯用彤：《隋唐佛教史稿》，中華書局1982年版，第24—25頁。
③ 陳寅恪：《武曌與佛教》，《金明館叢稿二編》，上海古籍出版社1980年版，第137—155頁。
④ 孫英剛：《慶山還是祇闍崛山：重釋〈寶雨經〉與武周政權之關係》，《蘭州學刊》2013年第11期。
⑤ Antonino Forte, *Political Propaganda and Ideology in China at the end of the seventh century*, Napoli: Instituto Universitario Orientale Seminario di Studi Asiatici, 1976, pp. 125-136.
⑥ 榮新江：《胡人對武周政權之態度——吐魯番出土〈武周康居士寫經功德記碑〉校考》，《民大史學》第1期，1996年，收入其著《中古中國與外來文明》，生活·讀書·新知三聯書店2001年版，第204—221頁。
⑦ 張乃翥：《武周天樞與西域文明》，《西北史地》1994年第2期，第44—46頁；《從洛陽出土文物看武周政治的國際文化情采》，《唐研究》第8卷，北京大學出版社2002年版，第205—224頁。
⑧ 〔日〕池田温：《中國古代寫本識語集録》，第267頁。

的名銜上，没寫任何官職。這有兩種可能，一是度頗具就是無品直司，不是有品直，自然也就没有官銜。二是省略了，如下引景龍四年（公元 710 年）《一切有部苾蒭尼毘奈耶譯場列位》即簡略爲"直中書省"。度頗具既效忠武則天，從武氏的用人標準與濫授官職[①]的情形看，度頗具一定在武周之時，既已得到出身，晉升爲中書省直官了。

景龍四年，度頗具仍在中書省翻書譯語直官任上。《根本説一切有部尼陀那》卷一云：

> 大唐景龍四年歲次庚戌四月壬午朔十五日景申，
> 三藏法師大德沙門義淨宣釋梵本并綴文正字。
> 翻經婆羅門東天竺國左領軍右執戟直中書省臣頗具讀梵本。[②]

《根本説一切有部尼陀那目得迦》卷一〇云：

> 大唐景龍四年歲次庚戌四月壬午朔十五日景申，
> 三藏法師大德沙門義淨宣釋梵本并綴文正字。
> 翻經婆羅門東天竺國左領軍左執戟直中書省臣頗具讀梵本。[③]

《根本説一切有部毘奈耶尼陀那目得迦攝頌》云：

> 大唐景龍四年歲次庚戌四月壬午朔十五日景申，
> 三藏法師大德沙門義淨宣釋梵本并綴文正字。
> 翻經婆羅門東天竺國左執戟直中書省臣度頗具讀梵本。[④]

《根本説一切有部略毘奈耶雜事攝頌》云：

> 大唐景龍四年歲次庚戌四月辛巳朔十五日景申，

---

① 垂拱二年（公元 686 年），輔恒因義務參加乾陵勞作，被授予"將仕郎，直左春坊"（《大唐故宣德郎寧州録事參軍上騎都尉輔府君墓誌銘并序》，載胡戟、榮新江主編：《大唐西市博物館藏墓誌》158 號，北京大學出版社 2012 年版，第 350—351 頁），可爲類似之例。
② 《大正新脩大藏經》第 24 册，No. 1452。
③ 〔日〕池田温：《中國古代寫本識語集録》，第 274—276 頁。
④ 《大正新脩大藏經》第 24 册，No. 1456；〔日〕池田温：《中國古代寫本識語集録》，第 272—273 頁。

> 三藏法師大德義净宣釋梵本并綴文正字。
> 翻經婆羅門東天竺國左執戟直中書省臣度頗具讀梵本。①

《成唯識寶生論》卷一云：

> 大唐景龍四年歲次庚戌四月壬午朔十五日景申，
> 三藏法師大德沙門義净宣釋梵本并綴文正字。
> 翻經婆羅門東天竺國左執戟直中書省臣度頗具讀梵本。②

《一切有部苾芻尼毘奈耶》卷一云：

> 三藏法師大德沙門義净宣釋梵本并綴文正字，
> 直中書省臣度頗具讀梵本。③

據此，景龍四年，度頗具直中書省的身份是左領軍衛左執戟，正九品下[4]，但官銜中未寫散官。唐制規定："與當階者，皆解散官。"[5] 度頗具因其散官與職事官品階相同，故而未署。正九品下的散官爲登仕郎[6]，則度頗具的散官爲登仕郎。

度頗具任中書省翻書譯語的同時，與高僧大德共襄譯經盛舉。武則天大力提倡佛教，譯事甚盛，成果斐然，成爲繼唐太宗之後的第二個佛經翻譯高峰期。[7] 度頗具躬逢其盛，也留名於佛教史傳中。《續古今譯經圖紀·大唐傳譯之餘》[8]云：

> 沙門菩提流志。本名達摩流支……南印度人。婆羅門種。姓迦葉氏……始乎神龍二年景午創筵，迄于睿宗先天二年癸丑畢席……逮睿宗嗣曆，復於北苑白蓮花亭及大內甘露等殿，別開會首亦親筆受，并沙門思忠、及東印度大首領伊舍羅、直中書度頗具等譯梵文。⑨

---

① 《大正新脩大藏經》第 24 册，No. 1457。
② 《大正新脩大藏經》第 31 册，No. 1591。
③ 〔日〕池田温：《中國古代寫本識語集録》，第 276—279 頁。
④ ［唐］李林甫撰，陳仲夫點校：《唐六典》卷二四《左右領軍衛》，第 623 頁。
⑤ 《舊唐書》卷四二《職官志》，第 1785 頁。
⑥ ［唐］李林甫撰，陳仲夫點校：《唐六典》卷二《吏部》，第 31 頁。
⑦ 介永强：《武則天時期的佛經翻譯》，《武則天與神都洛陽》，中國文史出版社 2008 年版。
⑧ 《開元釋教録》卷九《總括群經録上之九》與《貞元新定釋教目録》卷一四略同。
⑨ 《大正新脩大藏經》第 55 册，No. 2152。

《宋高僧傳》卷一《譯經篇第一之一·唐京兆大薦福寺義净傳》云：

> 睿宗唐隆元年庚戌，於大薦福寺出《浴像功德經》、《毗奈耶雜事》、《二衆戒經》、《唯識寶生》、《所緣釋》等二十部……居士東印度首領伊舍羅證梵本，沙門慧積、居士中印度李釋迦、度頗多讀梵本。①

度頗具協助菩提流志、義净譯經，頗有貢獻，名垂譯史。

度頗具之名，在《義净傳》中被寫作"度頗多"，《續古今譯經圖紀·大唐傳譯之餘》、《開元釋教録》卷第九《總括群經録上之九》"沙門釋義净"條及《貞元新定釋教目録》卷一三《總集群經録上之十三》亦作度頗多。《沐浴功德經》等廿部譯場列位云：

> 景龍四年四月於薦福寺翻經印三藏義净奉詔譯。
> 直中書省臣度頗多讀梵本。②

但由於上引《毗奈耶雜事》、《唯識寶生》等經後均署名度頗具，則於景龍四年與義净一起翻譯確是度頗具，而不是另有一人，故疑"度頗多"可能爲"度頗具多"之省，他的全名可能是度頗具多 [dak-phua-gio-ta]。度頗具是東天竺國人，梵文名字可能爲 dvīpakula（島族）或者 dvīpakumāra（島童）。③ 不過《根本説一切有部尼陀那》、《根本説一切有部尼陀那目得迦》之後的署名"臣頗具"，似度頗具以"度"爲姓，故"度"可省略。玄奘爲印度正名，曰："詳夫天竺之稱，異議紛紜，舊云身毒，或曰賢豆，今從正音，宜云印度。"④ 唐代來華印度人取"度"爲姓以代替之前的"竺"姓，故而度頗具取"度"爲姓，似有可能。若此解不誤，頗具多或爲 phālguna 的音譯，意爲孟春。

七、伊舍羅

與度頗具一樣，伊舍羅 [iei-sjya-lai] 也多協助菩提流志、義净譯經。伊舍羅之名

---

① [宋] 贊寧撰，范祥雍點校：《宋高僧傳》，第2頁。
② [日] 池田温：《中國古代寫本識語集録》，第279頁。
③ 此承復旦大學劉震先生指正，特此致謝。
④ [唐] 玄奘、辯機原著，季羨林等校注：《大唐西域記》卷二《印度總述》，中華書局1985年版，第161頁。

最早見於《大寶積經》卷一二〇的譯場列位，作：

> 神龍二年丙午於大內佛先殿南印度三藏菩提流志奉詔譯。
> 東印度大首領伊舍羅譯梵文。

伊舍羅即梵文 īśvara 的音譯，佛經中多譯作自在，或直接寫作伊濕伐羅。īśvara 還有王、主、大自在、大富人的意思，伊舍羅爲東印度大首領，īśvara 也就是大首領之意。

從參與譯經看，伊舍羅來唐時間比度頗具晚，但他身份比度頗具高，可能因官方出使而來。神龍二年之後，他成爲菩提流志、義淨譯場的主要參與者，在譯事上頗爲活躍。上引《根本説一切有部尼陀那》卷一[①]、《根本説一切有部尼陀那目得迦》卷一〇、《根本説一切有部毘奈耶尼陀那目得迦攝頌》、《根本説一切有部略毘奈耶雜事攝頌》、《根本説一切有部毘奈耶尼陀那頌》、《成唯識寶生論》卷一、《一切有部苾芻尼毘奈耶》卷一的譯場列位都有伊舍羅署名，作：

> 翻經婆羅門東天竺國大首領臣伊舍羅證梵本。

唯《沐浴功德經》等廿部譯場列位作：

> 東印度首領伊舍羅證梵義。

可知伊舍羅於度頗具一樣，幾乎參加了景龍四年譯經譯場的所有譯事，故而佛教史中（如《宋高僧傳》等），伊舍羅與度頗具相提並論，分庭抗禮。二人都有佛教基礎，都不是僧人，都兼通梵華，但景龍時他們的身份是不同的：度頗具以衛官執戟的身份充中書省翻書譯語直官，有本色職務；伊舍羅一直爲東印度大首領，唐還未授其一官半職，可能靠大首領的身份待遇及譯場的收入維持在唐的生活。

開元時，伊舍羅也成了中書省的翻書譯語直官。《宋高僧傳》卷一《唐洛陽廣福寺金剛智傳》云：

> 十一年，奉敕於資聖寺翻出《瑜伽念誦法》二卷、《七俱胝陀羅尼》二卷，東

[①] 譯場列位署名爲"翻經婆羅門東天竺國大首領臣伊金羅證梵本"，見《大正新脩大藏經》第24册，No. 1452。"伊金羅"爲伊舍羅之誤。

印度婆羅門大首領直中書伊舍羅譯語，嵩岳沙門溫古筆受。①

至遲在開元十一年（公元 723 年），伊舍羅已爲中書省直官。惜傳文未記載伊舍羅任中書省翻書譯語直官時的散官等官銜。作爲東印度大首領，伊舍羅本身有"蕃望"。②《新唐書》卷四八《百官志》"鴻臚寺"條云：

> 凡四夷君長，以蕃望高下爲簿，朝見辨其等位。第三等居武官三品之下，第四等居五品之下，第五等居六品之下。有官者居本班。③

《唐六典》卷一八《鴻臚寺》"典客令職掌"條云：

> 凡酋渠首領朝見者，則館而以禮供之。（三品已上準第三等，四品、五品準第四等，六品已下準第五等。其無官品者，大酋渠首領準第四等，小酋渠首領準第五等。）④

"蕃望"分爲五等，分別按在唐代有官品和無官品計算。没有在唐授官者，根據其是大酋渠首領還是小酋渠首領，分別在第四、第五等。伊舍羅爲東印度大首領，應相當於大酋渠首領，蕃望四等，朝會時班位在五品之下。伊舍羅的大首領相當於散官五品左右，在唐前期散品是不低的。因此推測伊舍羅直中書省時，應與前論難元慶相似，散官在五品以上，即其散官至少是從五品下的武散官（游擊將軍）。據此可知，中書省翻書譯語直官的散品，因人而異。這些直官有的只有最低級（從九品下）的文散官（將仕郎），有的則擁有五品以上的武散官，待遇、等級懸殊，但在中書省從事翻書譯語職務則一也。

即使伊舍羅在神龍二年來華，至開元十一年，他在唐生活已近 20 年。伊舍羅在景龍譯經時已是骨幹力量，多有貢獻，其華梵水準自然不可低估，但爲何遲至開元中才被授爲中書省直官呢？這可能是由中書省翻書譯語官職的性質和伊舍羅大首領出身兩方面決定的。中書省是唐的中樞機構，翻書譯語言行關係國家外交（詳見下引李德裕上狀），屬涉密職掌。唐前期國家開放，大量蕃人在朝爲官，無夷夏之别，中書省的翻書譯語官

---

① [宋]贊寧撰，范祥雍點校：《宋高僧傳》，第 6 頁。《續古今譯經圖紀》、《開元釋教錄》卷九《總括群經錄上之九》、《貞元新定釋教目錄》卷一四《總集郡經錄上之十四》"金剛智"條同。
② [日]石見清裕：《關於唐朝的"蕃望"制度》，《中國唐史學會論文集》，三秦出版社 1991 年版，第 162—176 頁。
③ 《新唐書》，第 1257 頁。
④ [唐]李林甫撰，陳仲夫點校：《唐六典》，第 506 頁。

也有頗多蕃人，這些蕃人無疑是認同大唐的。但伊舍羅從東印度大首領來到唐朝，在唐與印度諸國的外交關係中，是否能不偏袒母國，守唐朝臣子的本分，短時期無法判定。也只有在多歷年所，確定他能在外交事務中以唐爲重時，唐才會選他爲中書省翻書譯語直官。比較而言，出身較低的度頗具在任翻書譯語直官上就順利了很多。

八、李無礙

李無礙是武則天時期的中書省翻書譯語直官。

《續古今譯經圖紀》云：

> 沙門阿儞真那，唐云寶思惟，北印度迦濕蜜羅國人……即以天后長壽二年癸巳，至中宗神龍二年景午，於授記、天宮、福先等寺，譯《不空羂索陀羅尼自在王呪經》一部（三卷）……《隨求即得大自在陀羅尼神呪經》（一卷），凡七部，合九卷。罽賓沙門尸利難陀譯，沙門慧智等同證梵文，婆羅門李無諂譯語，沙門德感、直中書李無礙等筆受。[①]

李無礙協助武后時與菩提流志齊名的阿儞真那（Manicinta，或 Ratnacinta）翻譯佛經。關於李無礙譯經的具體情況，《開元釋教錄》卷九記載：

> 《文殊師利根本一字陀羅尼經》一卷。（長安二年，於天宮寺譯。沙門慧智等證梵文，婆羅門李無諂譯語，直中書李無礙筆受。初出與後義淨出者同本。）[②]
>
> 《隨求即得大自在陀羅尼神呪經》一卷。（亦云所得，見《大周錄》。長壽二年，於東都天宮寺譯。罽賓沙門尸利難陀設等證梵文，李無諂譯語，李無礙筆受。）

李無礙長壽二年已在譯場任"筆受"。"《隨求即得大自在陀羅尼神呪經》一卷"條下，只書其名，未記載他的身份，可能有所省略。因爲其上"《文殊師利根本一字陀羅尼經》一卷"條，已記載李無諂、李無礙，都比下條詳細。因而不排除李無礙在長壽二

---

① 《大正新脩大藏經》第 55 册，No. 2152。
② 《貞元新定釋教目錄》卷一三《總集群經錄上之十三》同。

年已爲中書省直官的可能性。從長壽二年（公元693年）至長安二年（公元702年），李無礙直中書至少已有十年。

佛典中李無礙的資料並不多，但從其總和李無諂並列看，有可能是像李無諂一樣來自印度的蕃人。《貞元新定釋教目錄》卷一三《總集群經錄上之十三》云：

> 婆羅門李無諂。北印度嵐波國人。識量聰敏，内外該通。唐梵二言，洞曉無滯。三藏阿儞真那菩提流志等翻譯衆經，並無諂度語。

李無諂爲嵐波國（Lampāka）人，精通梵華語言。長安三年（公元703年）的《文殊師利根本一字陀羅尼法》譯記、神龍元年（公元705年）的《持珠校量功德經》譯記均有：

> 婆羅門大首領臣李無諂譯語。①

李無諂的身份也是大首領，而不是僧，與上論伊舍羅身份相似。

李無諂也參加了《寶雨經》的翻譯。《貞元新定釋教目錄》卷一四《總集郡經錄上之十四》"菩提流志"條略云：

> 即以其年（長壽二年）於佛授記寺譯《寶雨經》，中印度王使沙門梵摩同宣梵本，沙門戰陀、居士婆羅門李無諂譯。

敦煌文書 S.2278《佛説寶雨經》卷九譯場列位中，有"婆羅門臣李無諂譯語"句，可見李無諂也積極投靠武周政權。值得注意的是，長壽二年李無諂的署名中並無"大首領"三字。

北印度嵐波國人李無諂，自然不姓李，李應是其入華之後的姓。李無諂的梵文名字，師覺月認爲可能是 Romodana，葉少勇認爲李或爲皇家賜姓，無諂對應爲 mokṣa。②但李無諂既"唐梵二言，洞曉無滯"，"無諂"二字，可能是他自己取的華名，當不是音譯，而是意譯。果如此，他的梵名應是 aśaṭha 或 akuhanatā，意爲無諂曲、無諂僞。李無礙可能與李無諂同時來唐，或爲兄弟，其名應是 anāvaraṇa 等，意爲無障、

---

① 〔日〕池田温：《中國古代寫本識語集錄》，第259、265、283頁。
② 〔印度〕師覺月著，姜景奎等譯：《印度與中國：千年文化關係》，北京大學出版社2014年版，第176頁。

無障礙。李無諂所謂的大首領，《開元釋教錄》等並未著録，可能與伊舍羅不同，有假冒或自誇的嫌疑。其兄弟李無礙來華後不久即爲中書省翻書譯語直官，蒙武周政權信任，顯然也不太可能是外蕃大首領之弟。

九、迦葉利沙

迦葉利沙 [kea-jiap-liet-shea]，見於《佛頂尊勝陀羅尼真言》，其《學念梵音法》略云：

> 前翻譯經居上別將直中書迦葉利沙譯。①

《佛頂尊勝陀羅尼別法》，由龜茲國僧若那奉詔譯。② 此若那可能就是迎接善無畏來唐的僧人，"初〔善無〕畏途過北印度境，而聲譽已達中國，睿宗乃詔若那及將軍史獻，出玉門塞表以候來儀"③。迦葉利沙可能也是睿宗時人。"居上"爲"居士"之誤。迦葉利沙不是僧人，以迦葉（Kāśyapa）爲姓，表明其爲婆羅門種，應亦屬來唐之大首領之類。利沙可能是梵文 ṛṣi（巴利文 isi）的音譯，意爲仙人；但也有可能是某利沙的省稱，這樣就無法恢復了。迦葉利沙任中書省直官時的身份是"別將"。別將是折衝府官，唐制規定，每折衝府別將一人，"上府正七品下，中府從七品上，下府從七品下"。④ 迦葉利沙的衛官級別高於任執戟的度頗具，但比任折衝府果毅都尉的抱怛然紇、難元慶低一些。迦葉利沙能翻經，通梵漢語，推測也是以衛官充任的中書省翻書譯語直官。

十、袁振

《通典》卷一九八《邊防十四·北狄五》"突厥"條云：

---

① 《大正新脩大藏經》第 19 冊，No. 974E。
② 《大正新脩大藏經》第 19 冊，No. 974F。
③ ［宋］贊寧撰，范祥雍點校：《宋高僧傳》卷二《唐洛京聖善寺善無畏傳》，第 19—20 頁。
④ ［唐］李林甫撰，陳仲夫點校：《唐六典》卷二五《折衝府》，第 645 頁。

〔開元〕十三年，上將東巡，中書令張説謀欲加兵以備突厥，兵部郎中裴光庭曰："封禪告成之事，忽此徵發，豈非名實相乖？"説曰："突厥比雖請和，獸心難測。且小殺者，仁而愛人，衆爲之用，闕特勒驍武善戰，所向無前，暾欲谷深沈有謀，老而益壯，李靖、徐勣之流也。三虜恊心，動無遺策，知我舉國東巡，萬一窺邊，何以禦之？"光庭請遣使徵其大臣扈從，即突厥不敢不從，又亦難爲舉動。説然其言，乃遣中書直省袁振攝鴻臚卿，往突厥以告其意。小殺與其妻及闕特勒、暾欲谷等環坐帳中設宴，謂振曰："吐蕃狗種，唐國與之爲婚；奚及契丹舊是突厥之奴，亦尚唐家公主。突厥前後請結和親，獨不蒙許，何也？"袁振曰："可汗既與皇帝爲子，父子豈合婚姻？"小殺等曰："兩蕃亦蒙賜姓，猶得尚公主，但依此例，有何不可？且聞入蕃公主，皆非天子女，今之所求，豈問真假。頻請不得，亦實羞見諸蕃。"振許爲奏請，小殺乃遣大臣阿史德頡利發入朝貢獻，因扈從東巡。①

開元十三年（公元 725 年），中書直省袁振以攝鴻臚卿身份出使突厥。中書直省，《資治通鑑》卷二〇二"開元十三年四月"條注云：

以他官直中書省，謂之直省，今之直省吏職也。②

唐代中書直省，情況不同。其一爲直官。據上引《唐六典》卷二，中書省直官有明法、能書、裝制敕、翻書譯語、乘驛等五種，此外還有額外設直，如爲了起草詔書等設文學直，爲中樞決策設時務直、博學直等。翻書譯語只是這類直省的一種，如上論李整"起家任中書直省"，難元慶"直中書省"，就是翻書譯語直官稱直省之例。其二爲值班的中書省胥吏，《資治通鑑》卷二三六順宗永貞元年（公元 805 年）三月條記載，"〔王〕叔文至中書，欲與〔韋〕執誼計事，令直省通之。直省以舊事告，叔文怒，叱直省。直省懼，入白"。這裏的"直省"，胡三省注云："吏職也，以直中書省，故名。"③正是在中書省值班的胥吏。

爲什麽說"中書直省袁振"是翻書譯語直官呢？因爲據上引史料看，袁振出使

---

① ［唐］杜佑撰，王文錦等點校：《通典》，中華書局 1988 年版，第 5441—5442 頁。《舊唐書》卷一九四上《突厥》上（第 5175—5176 頁）、《新唐書》卷二一五下《突厥》下（第 6053 頁）、《册府元龜》卷九七九《外臣部・和親》二（第 11333 頁）、卷九九二《外臣部・備禦》五（第 11490 頁）同。
② 《資治通鑑》，第 6764 頁。
③ 《資治通鑑》，第 7613—7614 頁。

— 333 —

突厥，是唐與突厥的外交活動；袁振在與突厥可汗會面的儀式上，似直接與突厥可汗以下對話。袁振顯然是精通突厥語的，這表明他不是一般的明法、裝潢和乘驛等直官，也不是中書省值班的胥吏，只能是翻書譯語直官。但前文已論，鴻臚譯語人的最高官位只是典客令，鴻臚卿從三品①，在"貴"的階層，品級很高，與中書省翻書譯語直的身份似不相當。這是因爲，開元中出使突厥，是關係到唐封禪盛業能否順利舉行的大事，舉足輕重，使人的選擇極爲關鍵，故而唐君臣派熟悉突厥語言、風俗，可能和突厥可汗大臣等也有過接觸的翻書譯語直官袁振出使，爲增加其身份地位，命其臨時差攝鴻臚卿，這樣的級別才能讓突厥可汗不能小覷，因而親自接見宴請。此外，典客令只是鴻臚無品譯語直司出身者的最高官位，袁振另有出身，只是因語言才能成爲中書省直官，故而其爲官沒有最高爲鴻臚典客令的限制，能夠高升，進入通貴、貴的行列。

開元十八年（公元730年）"十二月戊子，豐州刺史袁振坐妖言下獄死"②。貞觀四年（公元630年）"以突厥降附，置豐州都督府"③，是北方重鎮，也是唐與突厥爭戰之地。豐州刺史袁振，可能就是曾任翻書譯語、出使突厥的袁振。他出使有功，故而被授予從三品④的豐州都督。袁振的官品升遷，與史訶耽相同，表明中書省翻書譯語直官升遷的無定限。

十一、石佛慶（？）

會昌三年（公元843年）正月，宰臣李德裕上《論譯語人狀》，其文云：

> 右，緣石佛慶等皆是回鶻種類，必與本國有情，紇扢斯專使到京後，恐語有不便於回鶻者，不爲翻譯，兼潛將言語輒報在京回鶻。望賜劉沔、忠順詔，各擇解譯蕃語人不是與回鶻親族者，令乘遞赴京。冀得互相參驗，免有欺蔽。未審〔可否〕？⑤

---

① ［唐］李林甫撰，陳仲夫點校：《唐六典》卷一八，第504頁。
② 《舊唐書》卷八《玄宗》上，第196頁。
③ 《舊唐書》卷三八《地理志》，第1417頁。
④ ［唐］李林甫撰，陳仲夫點校：《唐六典》卷三〇："下都督府，都督一人，從三品。"見第744頁。
⑤ ［唐］李德裕撰，傅璇琮、周建國校箋：《李德裕文集校箋》，河北教育出版社2000年版，第271—272頁。

向達先生認爲，石佛慶爲臣服於回鶻的昭武九姓胡，在文宗、武宗之際流寓長安。向達先生還舉出了"是一卑微首領"①的石誠直②之例，説明會昌時回鶻部族中不少昭武九姓胡人。③譯語人石佛慶心向回鶻，在將回鶻逐出漠北的黠戛斯④使人到京後，不能很好地履行譯語人職能，並有可能洩密。李德裕特爲此上狀。

李德裕奏狀提到命劉沔、忠順遞送"解譯蕃語人不是與回鶻親族者"，可能是邊州的譯語人。劉沔時任河東節度使，李忠順任振武節度使。⑤唐《改元開成赦》規定："其邊州合置譯語學官，常令教習，以達異意。"⑥劉沔遞送至京的可能是邊州的譯語學官，或是開成元年（公元836年）設置學官後教習的學生。唐代軍隊中也配有譯語人。吐魯番出土"唐尚書省牒爲懷炎等西討大軍給果毅、傔人事"⑦文書，即有"若發京多折衝、果毅、傔及譯語等，恐煩傳驛"句。此文書約寫於永淳元年（公元682年）⑧，這次西討大軍中除有折衝、果毅、傔人外，還有譯語人。可見譯語人是唐軍隊中必不可少的。邊州或軍隊中都有譯語人，故而李德裕奏狀中要求劉沔、李忠順"各擇解譯蕃語人"遞送。

李德裕的狀中只提到譯語人石佛慶，並未詳述他是中書省的翻書譯語直官，還是鴻臚寺的譯語人。這一點唐君臣自然了然知曉，但千餘年後，由於史料不足，我們却難以判斷了。唐接待外蕃使者是鴻臚寺的職責，鴻臚寺譯語、掌客出入外蕃居住的客館⑨，司掌接待、聯絡、翻譯的任務；石佛慶若是鴻臚譯語，因之爲黠戛斯使人翻譯，也是職責所在。但中書省翻書譯語直官翻譯黠戛斯使人國書，傳遞王命，也是分内之事；而李德裕時任同中書門下平章事，中書省是其管轄之内，中書譯語是其下屬，李德裕應更爲熟悉中書譯語。故而石佛慶也可能是中書省的譯語直官。由於不能確指石佛慶屬中書還是屬鴻臚，本文將其列入疑似之中。

唐代的翻書譯語直官，綜合史籍、墓誌及佛教文獻，可以確定的有10人，按任譯語直時間排列，即：

---

① [唐]李德裕撰，傅璇琮、周建國校箋：《李德裕文集校箋》卷一四《論回鶻石誠直狀》，第249頁。
② 按：石戒直還回鶻事，見《資治通鑑》卷二四六"會昌二年八月"條，第7965頁。
③ 向達：《唐代长安与西域文明》，河北教育出版社2002年版，第8、29—30頁。
④ 《資治通鑑》卷二四六"開成五年十月"條，第7946—7947頁。
⑤ 《資治通鑑》卷二四六"會昌二年三月"條，第7959頁。
⑥ [宋]宋敏求編：《唐大詔令集》卷五，第30頁。
⑦ 陳國燦：《斯坦因所獲吐魯番文書研究》，武漢大學出版社1994年版，第274—276頁。
⑧ 孫繼民：《吐魯番所出"唐尚書省牒"殘卷考釋》，《敦煌研究》1990年第1期；收入孫繼民：《敦煌吐魯番所出唐代軍事文書初探》，中國社會科學出版社2000年版，第265—276頁。
⑨ [宋]王溥：《唐會要》卷六六《鴻臚寺》"開元十九年十二月十三日敕"，日本中文出版社1978年版，第1151頁。

李整（武德或貞觀至顯慶四年）
史訶耽（貞觀二年至總章二年前）
挹怛然紇（貞觀初）
杜行顗（貞觀末至儀鳳前）
李無礙（武周時期）
難元慶（武周時期）
度頗具（武周末年至睿宗時）
迦葉利沙（睿宗時？）
伊舍羅（開元十一年）
袁振（開元十三年前）

疑似1人，即：

石佛慶（會昌時期）

這些翻書譯語直官或爲外蕃使人（如挹怛然紇），或爲外蕃歸附之人（如李無礙、度頗具、迦葉利沙、伊舍羅、石佛慶），或爲蕃族後裔（如史訶耽、難元慶），或爲漢人通蕃語者（如李整、杜行顗、袁振）。蕃漢雜列，不論是唐人，還是粟特、天竺、嚈噠、百濟蕃臣或後裔，均以語言才能爲唐所用，展示了唐朝的開放性和國際性。

筆者搜羅唐代史籍、墓誌，試圖發現更多中書譯語直官。但墓誌中直官很多，可以找到150多例，譯語直却很少，這還要寄希望於今後的發現。佛經中譯語人的記載較多，杜行顗、李無礙、度頗具、迦葉利沙、伊舍羅這樣精通梵漢的譯語人幾乎佔了我們輯録的譯語人的一半。但佛經中只記載了通梵文的譯語人，未涵蓋其他語種。唐與70多個國家有外交關係，所使用的梵文只限於印度次大陸諸國。因而唐代的翻書譯直官，不只是印度人，也不只是粟特人（雖然粟特人的語言能力較強，能充任粟特、回鶻等中亞和北方民族語言的翻譯），目前已經發現的譯語人名，只是冰山一角。

收稿日期：2016年3月

中古舉哀儀溯源[①]

吴麗娱

内容提要：本文追溯中古皇帝和皇家舉哀儀的來源及發展，指出舉哀儀雖源自遠古喪禮，但漢代始興，晉代始有規範形制，此後經魏晉南北朝隋，延至唐宋，基本規格大體不變。但中古官僚制社會的發展和定型，使皇權不斷提升，舉哀對象愈益集中於少數皇家親族和臣僚。唐以後官品成爲舉哀的標準和中心，舉哀儀式、地點、等級構成都根據需要發生一定變化。特别是宋代舉哀挂服出現，成爲皇帝、皇（太）后、太子爲親族和大臣、外國君等舉哀的統一服式，使中古舉哀儀愈益體現了以皇權爲中心的特點。

關鍵詞：舉哀儀 《喪葬令》 等級構成 成服 挂（掛）服

中古時代的舉哀儀作爲喪禮中的重要儀式，十分隆重。但由於爲皇帝和皇（太）后、太子的舉哀是包含在具體的喪禮程序之下[②]，所以這裏討論的主要是皇帝（后、太子）爲親族和大臣的舉哀儀。它們在禮、令中具有重要地位，但此前專門研討不多。所見如渡辺信一郎《天空の玉座》一書有涉及魏晉南北朝舉哀地點的論證[③]，稻田奈津子在《日本古代喪葬儀禮の特質》一文中也提到令文及其對日本的影響問題[④]。我在2006年《從〈天聖令〉對唐令的修改看唐宋制度之變遷》一文中對此曾進行過一些論述[⑤]，本文即是在此基礎上就相關問題所做的進一步探討和總結。

[①] 本文係2012年度國家社科基金重大項目"中國禮制變遷及其現代價值研究"（編號12&ZD134）階段成果。
[②] 見《通典》卷八四《小斂》、卷八五《大斂》引《大唐元陵儀注》，中華書局1988年版，第2284—2285、2301頁。
[③] 〔日〕渡辺信一郎：『天空の玉座——中國古代帝國の朝政と儀禮』，東京柏書房1996年版，第66—70頁，並75頁表。
[④] 〔日〕稻田奈津子：『日本古代喪葬儀禮の特質——喪葬令からみた天皇と氏』，『史學雜誌』109編，第9號，2000年，第10—11頁。
[⑤] 吴麗娱：《從〈天聖令〉對唐令的修改看唐宋制度之變遷——〈喪葬令〉研讀筆記三篇》，《唐研究》第12卷，北京大學出版社2006年版，第125—134頁。

一、《天聖令》、復原《唐令》、《養老令》中關於舉哀

關於舉哀儀，天一閣藏明本《天聖令·喪葬令》有以下（宋3）一條：

> 皇帝、皇太后、皇后、皇太子爲五服之内皇親舉哀，本服期者，三朝哭而止；大功者，其日朝晡哭而止；小功以下及皇帝爲内命婦二品以上、百官職事二品以上喪，官一品喪，皇太后、皇后爲内命婦二品以上喪，皇太子爲三師、三少及宮臣三品以上喪，並一舉哀而止。其舉哀皆素服。皇帝舉哀日，内教坊及太常並停音樂。

據以上宋《喪葬令》，筆者參考《唐令拾遺》，利用《唐六典》、《隋書·禮儀志》等，復原唐《喪葬令》（復原4）如下：

> 皇帝、皇太后、皇后、皇太子爲五服之内親舉哀，本服周者，三朝哭而止；大功者，其日朝晡哭而止；小功以下及皇帝爲内命婦二品以上、百官職事二品以上及散官一品喪，皇太后、皇后爲内命婦二品以上喪，皇太子爲三師、三少及宮臣三品以上喪，並一舉哀而止。其舉哀皆素服。皇帝舉哀日，内教坊及太常並停音樂。[1]

對比兩條，可以看出唐、宋令除個別字詞，如唐令"親"宋令作"皇親"、"散官"宋令作"官"之外，幾乎沒有絲毫變化，也即就皇帝和皇家最高統治者爲官員的舉哀儀而言，唐、宋令内容基本是一樣的。

除了皇帝和皇家爲親屬、臣僚舉辦舉哀儀，皇族戚屬或者一般官員也有其個人家族内的舉哀儀。唐、宋《假寧令》中都有針對諸齊衰期，諸齊衰三月、五月，大功九月、七月，諸小功五月，諸緦麻三月等不同服制給以不同時日（二十日、十四日、十日、五日）"聞哀"假的規定。"聞哀"就是一旦得知死亡發生後即舉哀，甚至喪事不在一地的聞喪舉哀，也規定"其假三分之一"，還有其他如舉哀日、外官及使人聞喪聽於館舍安置，不得在州縣公廨舉哀等一些規

---

[1] 以上參見天一閣博物館、中國社會科學院歷史研究所天聖令整理課題組校證：《天一閣藏明鈔本天聖令校證——附唐令復原研究》，中華書局2006年版，第424、678—679頁。

定。① 這些條目也見於《養老令》。② 可見舉哀（包括參加喪禮初期的一些活動）乃官員聽聞喪事及喪禮程式中的必行之事。但禮儀本是上行下效，舉哀的儀式主要還是見於《喪葬令》，所以本文主要是就《喪葬令》中帝、后、太子爲期（周）以下五服內親屬和臣僚所舉行的舉哀儀進行研究。

舉哀儀頗有些像近世的追悼會，祇是須以高聲慟哭的儀式表示對亡人的哀悼。單純舉哀可以在喪禮的不同程式中，但《喪葬令》所言舉哀儀，均指在喪事發生之初。且從《喪葬令》的排列順序可以知道，除了先代帝王陵和皇陵條之外，舉哀儀放在整部令條的最前面，這固然由於它在喪葬程式中是最靠前的，更因爲有皇帝或皇后、太子等皇家最高統治者親身參加，代表著皇帝的關懷，也代表著喪禮最高的等級和尊嚴，所以是最重要的儀式之一，足以說明此儀在喪葬中的意義。

舉哀儀來源久遠，其實不僅唐宋，中古自兩漢以來一直有之，筆者曾就皇帝（后、太子）舉哀儀中相關女性及其親屬的問題進行過討論，也就宋代"舉哀挂（掛）服"的形式發表過一些看法，但尚未就皇帝（后、太子）舉哀儀的來源及在中古社會的發展進行總體的梳理，也未就舉哀服制形式變化的意義深入探討，故本文擬就此做一些追溯和補充，以使中古的這一喪禮儀式的面貌更爲清晰和全面。

二、舉哀儀的來源及其在魏晉南北朝的發展

舉哀有時又稱發哀，由於是因喪而哭，所以在古時往往與弔喪不分。《儀禮·士喪禮》言士喪之初，就有"弔者入，升自西階東面。主人進中庭，弔者致命。主人哭，稽顙成踊"。注釋"稽顙成踊"謂："稽顙，頭觸地成踊三者三。"賈疏進一步解釋"衆主人、卿大夫士哭踊三者三，凡九踊也"③。踊即跳躍，慟哭到跳躍起來，意謂痛苦之極。可見弔者的哭與喪主一起進行，是包含在弔喪之儀內。且對一般人民而言，臨弔即舉哀，兩者本是不分的。

從《史記》或《漢書》記載中，已見到皇帝或太后常常有親臨大臣喪事和弔問之

---

① 《天一閣藏明鈔本天聖令校證——附唐令復原研究·醫疾令附假寧令清本》宋7—宋10、宋15、宋17，同書《假寧令復原研究》唐令復原11—14、復原18、20、26，第412—413、601—602頁。
② 《令集解》卷冊《假寧令》，東京，吉川弘文舘1981年版，第949—951、953—954頁。但《養老令》中無皇帝舉哀文，此可見稻田奈津子前揭文章。
③ 《儀禮注疏》卷三五，《十三經注疏》，中華書局1980年版，第1126頁。

禮，如霍光、孔霸、翟方進皆是。① 但言臨弔亦不言舉哀，推測是因爲舉哀被包含在臨弔之内。後世逐漸有變。從《大唐開元禮》看，皇帝舉哀和臨喪儀目就是分開的。所以《讀禮通考》之"乾學按"有曰："禮有君視大斂之儀，記詳君弔大夫士之節。後世君臣勢分日隔，其或奏訃而舉哀，或臨弔，或賜賻，或送葬，皆爲殊典，因統載於臨喪之條。"② 也即認爲由於君王與臣下地位日益懸殊，君王已經不一定再親往弔喪，所以舉哀也可以單獨進行，舉哀與臨弔、賻贈、送葬同樣都被作爲君王對士大夫舉行葬禮的殊典。

但真正皇家的舉哀（有時也稱發哀）儀式却是在兩漢間發展起來。《通典》卷八一載"魏大司馬曹真薨，王肅爲《舉哀表》云：'在禮，大臣之喪，天子臨弔，諸侯之薨，又庭哭焉。同姓之臣，崇於異姓，自秦逮漢，多闕不修。暨光武頗遵其禮，於時群臣莫不競勸，博士范升上疏稱揚以爲美。可依舊禮爲位而哭之，敦睦宗族。'於是幸城東張帳而哭之，及鍾太傅薨，又臨弔焉"③。此言天子臨弔，未言光武帝臨弔爲誰。但既言舉哀時"可依舊禮爲位而哭之"，可見此前已經有了正式的儀式。《後漢書·東海恭王彊傳》言彊臨薨上疏，"天子覽書悲慟，從太后出幸津門亭發哀"④。《晉書·禮志》也將"漢明帝時，東海恭王薨，帝出幸津門亭發哀"作爲發哀之例。⑤ 另外班昭"年七十餘卒，皇太后素服舉哀，使者監護喪事"⑥，"素服舉哀"與"監護喪事"相對言之，可想而知至少東漢之際，皇帝或皇家舉哀之儀已漸次形成。

三國之際，舉哀儀隨著弔禮的踐行而發展。《三國志》載魏明帝青龍二年（公元234年）三月，"山陽公（獻帝）薨，帝素服發哀"⑦，"素服發哀"是换了素色衣服行事，這個發哀，也相當舉哀。《三國志·王肅傳》言王肅上疏，"宜遵舊禮，爲大臣發哀，薦果宗廟"，結果"事皆施行"⑧。聯繫上述他爲曹真薨上《舉哀表》，導致皇帝前往致悼，事應在明帝太和五年（公元231年）三月。⑨ 同書載太和四年鍾繇死，"帝素服臨弔，謚曰成侯"⑩，應在曹真前，是《通典》記事有誤。但王肅爲大臣弔禮的實行

---

① 《漢書》卷六八《霍光傳》、卷八一《孔霸傳》、卷八四《翟方進傳》，中華書局1962年版，第2948、3353、3424頁。
② 徐乾學：《讀禮通考》卷五九《臨禮》，景印文淵閣四庫全書第113册，上海古籍出版社1987年版，第429頁。
③ 《通典》卷八一《天子爲大臣及諸親舉哀議》，中華書局1988年版，第2202—2203頁。
④ 《後漢書》卷四二《東海恭王彊傳》，中華書局1965年版，第1424頁。
⑤ 《晉書》卷二〇《禮志》中，中華書局1974年版，第630頁。
⑥ 《後漢書》卷八四《列女·曹世叔妻傳》，第2792頁。
⑦ 《三國志》卷三《魏書·明帝紀》，中華書局1959年版，第101頁。
⑧ 《三國志》卷一三《魏書·王肅傳》，第415頁。
⑨ 《三國志》卷三《魏書·明帝紀》，第98頁。
⑩ 《三國志》卷一三《鍾繇傳》，第399頁；《明帝紀》同，在太和四年四月，第97頁。

起了很大作用還是事實，而舉哀儀或即因此普遍且而定式化了。這在蜀、吳也是同樣。周瑜道卒於巴丘，"（孫）權素服舉哀，感動左右"。魯肅建安二十二年（公元 217 年）卒，"權爲舉哀，又臨其葬。諸葛亮亦爲發哀"。呂範"遷大司馬，印綬未下，疾卒。權素服舉哀，遣使者追贈印綬"①。蜀建興十二年（公元 234 年），諸葛亮卒，"後主素服發哀三日"②。其中周瑜、呂範都是舉哀單獨成儀，與臨吊無關。

晉代舉哀儀更有了規範的形式。《晉書·禮志》中有曰：

> 及武帝咸寧二年（公元 276 年）十一月，詔"諸王公大臣薨，應三朝發哀者，踰月舉樂，其一朝發哀者，三日不舉樂也"。③

這裏已經提到了發哀也即舉哀的"三朝"和"一朝"兩種等級和標準，而"王公大臣"是"王公"和"大臣"都在内。

舉哀同時還涉及朝廷和宫中用樂的限制。東晉元帝時，帝姨廣昌鄉君喪未葬，便涉及這一問題。由於尚書下符，準備冬至後二日舉行小會，故中丞熊遠上表，提出《禮》有"君於卿大夫，比葬不食肉，比卒哭不舉樂"（出《禮記·雜記》），因"廣昌君喪殯日，聖恩垂悼"也即殯日曾經舉哀，按照"大夫死，廢一時之祭"的原則，是"冬至唯可群下奉表而已，未便小會"。小會相對大會，是指規模較小的朝會，本有妓樂。詔以熊遠表和上述武帝所定"舊事明文"示賀循。賀循以爲《禮記·雜記》表明"古者君臣義重，雖以至尊之義，降而無服，三月之内，猶錫衰以居，不接其事"。認爲熊遠的意見合於古意，但武帝"咸寧詔書，雖不會經典，然隨時立宜，以爲定制，誠非群下所得稱論"。因此武帝所定，實已爲晉朝王公大臣喪禮實行中之標準。

不過穆帝升平元年，帝姑廬陵公主未葬之際，遇到"冬至小會應作樂否"的問題，却有兩種意見。一種是博士胡訥所議，仍堅持"比卒哭不舉樂"的古禮，以爲"公主有骨肉之親，宜闕樂"。另一種則是太常王彪之所論，以爲："案武帝詔，三朝舉哀，三旬乃舉樂；其一朝舉哀者，三日則舉樂。泰始十年（公元 274 年）春，長樂公主薨，太康七年（公元 286 年）秋，扶風王駿薨，武帝並舉哀三日而已。中興已後，更參論不改此制。今小會宜作樂。"王彪之主張朝廷冬至照舊舉樂也是按照武帝詔的原則，雖説結果是"二議竟不知所取"，但其時朝廷婚喪之禮多由王彪之定，推測依王彪之的可能性較大。這裏胡訥所堅持的實際仍是古禮"親親"原則，以卒哭爲限，哀悼時間較

---

① 參見《三國志》卷五四《吳書·周瑜傳》、《魯肅傳》，卷五六《吕範傳》，第 1264、1272、1311 頁。
② ［晉］常璩撰，劉琳校注：《華陽國志》卷一〇中，巴蜀書社 1984 年版，第 766 頁。
③ 《晉書》卷二〇《禮志》中，第 630 頁，下同。

長；但王彪之主張按武帝的詔書則是以皇帝和朝廷爲重的"尊尊"原則，時間要短得多，後來逐漸形成常態。

以上王彪之所論説明晉朝規定的"三朝"就代表三日，所以"一朝"也就是一日。可以見到如安平獻王孚泰始八年（公元272年）薨，"帝於太極東堂舉哀三日"①；何曾咸寧四年（公元278年）薨，"帝於朝堂素服舉哀"②。王沈泰始二年薨，"帝素服舉哀"③。賀循大興二年（公元319年）卒，"帝素服舉哀，哭之甚慟"；王導咸康五年（公元339年）薨，"帝舉哀於朝堂三日"④。這之中不言三日的可能就是一日或"一朝"，另外又有"一哭"。例如大興三年（公元320年）孝懷帝太子銓遇害，有司奏"天子三朝舉哀，群臣一哭而已"，這個三朝在《晉書·元帝紀》即寫作"帝三日哭"⑤。"一哭"就是僅哭一次，或後世所説一舉哀，《晉書·禮志》言晉安帝隆安四年（公元400年）太皇太后李氏崩，時穆帝永安皇后也是"無服，但一舉哀"⑥。這種分别説明唐、宋《喪葬令》中的舉哀制度在晉初已備雛形。

南朝的舉哀儀大致禮數不變。《宋書》卷三載宋武帝永初二年（公元421年）九月零陵王（晉恭帝）薨，"車駕三朝率百僚舉哀於朝堂，一依魏明帝服山羊公故事"⑦。祇是劉宋舉哀儀針對皇家戚屬的某些情況規定更加具體（詳下）。《南齊書·輿服志》有漆畫輪車，"御爲群公舉哀臨哭所乘，皇后太子妃亦乘之"⑧。舉哀的對象也從主要是親族和朝官發展到作爲功臣武將的地方官。例如蕭景先爲齊皇室，出爲征虜將軍、丹陽尹，卒時齊武帝爲舉哀；薛淵隆昌元年（公元494年）出爲持節督司州軍事、司州刺史、右將軍，卒後齊明帝始即位，爲之"剋日舉哀"⑨。梁衛尉卿楊公則率軍北伐卒於洛口，柳惔爲安南將軍、湘州刺史卒於州，任昉爲寧朔將軍、新安太守，夏侯亶爲平北將軍、豫和南豫二州刺史，卒於州鎮，梁武帝均爲舉哀。⑩至於皇帝、太子爲王公大臣舉哀者更是不勝枚舉。前述晉代"爲異姓公、侯、都督發哀於朝堂"，外官的都督也在內，南朝在功臣武將方面似乎更無界限。

---

① 《晉書》卷三七《宗室·安平獻王孚傳》，第1085頁。
② 《晉書》卷三三《何曾傳》，第997頁。
③ 《晉書》卷三九《王沈傳》，第1145頁。
④ 參見《晉書》卷六五《王導傳》、卷六八《賀循傳》，第1753、1830頁。
⑤ 參見《晉書》卷六五《王導傳》、卷六《元帝紀》，第1749、153頁。
⑥ 《晉書》卷二〇《禮志》中，第624頁。
⑦ 《宋書》卷三《武帝紀》，中華書局1974年版，第57頁。
⑧ 《南齊書》卷一七《輿服志》，中華書局1972年版，第337頁。
⑨ 《南齊書》卷三八《蕭景先傳》、卷三〇《薛淵傳》，第663、555頁。
⑩ 《梁書》卷一〇《楊公則傳》、卷一二《柳惔傳》、卷一四《任昉傳》、卷二八《夏侯亶傳》，中華書局1973年版，第197、218、254、420頁。

北朝舉哀儀與兩晉南朝的情况相仿,北魏以高祖(孝文)、世宗(宣武)、肅宗(孝明)三朝爲多,舉哀儀的舉辦顯然是在文帝改革、吸收儒家儀禮和南朝制度之後。所見如高祖爲僕射李沖,使持節、都督吴越楚彭城諸軍事、大將軍劉昶,東夷校尉青州刺史公孫邃,大司農卿堯暄[①];世宗爲北海王詳,任城王嶷,開府儀同三司揚州刺史王肅,高平縣侯、安南將軍、揚州刺史元嵩,車騎大將軍、領軍于烈[②];肅宗爲章武郡王、征東將軍元融都有舉哀。[③] 舉哀的對象也基本是親貴功臣等,當然南北朝也有爲敵國及外族君主舉哀的情况。此制也延至東、西魏和北齊、北周。如北齊爲段韶和斛律金,北周爲柱國大將軍李弼也有舉哀。[④] 舉哀與超等級的賻贈、護喪、遣使吊祭和一應喪葬哀榮一道進行,顯然已經成爲專門賜予親貴大臣的喪葬殊禮之一。

三、隋與唐、宋的舉哀儀

隋代的舉哀顯然繼承兩晉和南北朝以來的傳統,但舉哀同時更强調輟朝。唐朝舉哀儀有三日、一日(朝晡)、一舉哀的劃分。唐朝前數朝舉哀儀舉辦最多,且與輟朝聯繫在一起。玄宗以後舉哀儀逐漸减少。宋朝舉哀與輟朝等級更詳,舉哀對象仍分爲親族和官員兩類,舉辦與否則圍繞與皇帝的親疏爲核心。

(一) 隋朝的舉哀與輟朝

《隋書》卷八載隋制有:

> 皇帝本服大功已上親及外祖父母、皇后父母、諸官正一品喪,皇帝不視事三日。皇帝本服五服内親及嬪、百官正二品已上喪,並一舉哀。太陽虧、國忌日,皇帝本服小功緦麻親、百官三品已上喪,皇帝皆不視事一日。皇太后、皇后爲本

---

① 《魏書》卷五三《李沖傳》、卷五九《劉昶傳》、卷三三《公孫邃傳》、卷四二《堯暄傳》,中華書局1974年版,第1188、1311、786、954頁。
② 《魏書》卷二一上《北海王詳傳》、卷二一下《任城王嶷傳》、卷六三《王肅傳》、卷一九中《元嵩傳》、卷三一《于烈傳》、卷四二《韓麒傳》,第563、583、1411、488、740頁。
③ 《魏書》卷一九下《元融傳》,第514頁。
④ 《北齊書》卷一六《段韶傳》、卷一七《斛律金傳》,中華書局1972年版,第213、222頁。《周書》卷一五《李弼傳》,中華書局1971年版,第241頁。

服五服内諸親及嬪，一舉哀。皇太子爲本服五服之内親及東宫三師、三少、宫臣三品已上，一舉哀。①

此條明顯可以與前揭唐、宋舉哀儀相對應。不同的衹是將皇帝輟朝不視事，與舉哀放到了一起。唐朝則是分開的。據《唐會要》卷二五《輟朝》載太和元年七月太常博士崔龜從奏，"僅按《儀制令》，百官正一品喪，皇帝不視事一（三？）日……緣令式舊文，三品以上薨歿，通有輟朝之制"②。《唐令拾遺》將此復原在《儀制令》第10條（開元七年、開元二十五年令）③，是唐令已將舉哀與輟朝分開。如僅就舉哀儀來看，唐、宋完全承襲隋代，且内中也可以看出晉朝最初的蹤影。但隋代衹見一舉哀，似乎沒有三朝舉哀和一日舉哀，史料記載也甚少。且《隋書》僅有開皇元年（公元581年）周帝介國公薨，"上舉哀於朝堂"和開皇十一年太子妃元氏薨"上舉哀於文思殿"的記載④，但文帝爲左武衛大將軍竇榮定、原州總管龐晃⑤，煬帝爲觀德王雄、左候衛大將軍郭榮、左衛大將軍許國公宇文述，都有廢朝⑥。而突厥沙鉢略及啓民可汗卒，高祖和煬帝均爲之廢朝三日⑦，不知是否同時也有舉哀。

（二）唐朝的舉哀与輟朝

唐朝與隋朝不同的是唐令已明確皇帝舉哀有三朝、朝晡及一舉哀。前兩種衹爲親屬，而且最高者都是帝、后的本宗，最後一種才涵蓋高品的官員，符合前揭王肅所説"同姓之臣，崇於異姓"的原則。三朝從《開元禮》帝、后爲外祖父母舉哀看，實際上是三日内的朝、晡也即早晚（早上和下午的三至五時）各一次；朝晡則是一日之内早晚各一次；一舉哀則衹有一日的早晨，所以三者是依次減少，代表了舉哀的不同等級。

舉哀儀在唐前期數朝最爲集中。如《舊唐書》載太子太保蕭瑀薨，"太宗聞而輟膳，高宗爲之舉哀，遣使吊祭"，高宗爲太子少師崔敦禮舉哀於東雲龍門，武則天爲

---

① 《隋書》卷八《禮儀志》三，中華書局1973年版，第152頁。
② [宋]王溥：《唐會要》卷二五《輟朝》，上海古籍出版社1991年版，第550—551頁；並參《册府元龜》卷五九一《掌禮部・奏議》一九，中華書局1960年版，第7073頁。
③ [日]仁井田陞：《唐令拾遺・儀制令第十八》，東京東方文化學院東京研究所1933年版，第480—482頁。
④ 《隋書》卷一、卷二《高祖紀》上、下，中華書局1973年版，第15、36頁。
⑤ 《隋書》卷三九《竇榮定傳》、卷五〇《龐晃傳》，第1151、1322頁。
⑥ 《隋書》卷四三《觀德王雄傳》、卷五〇《郭榮傳》、卷六一《宇文述傳》，第1217、1320、1467頁。
⑦ 《隋書》卷八四《北狄・突厥傳》，第1870、1876頁。

章懷太子賢舉哀於顯福門①，均其例也。此外，太宗爲河間王孝恭、右衛大將軍段志玄、襄州都督張公謹、禮部尚書王珪、致仕贈禮部尚書虞世南、中書令馬周②，及突厥突利可汗、高麗王高建武、薛延陀可汗夷男③；高宗爲吐蕃贊普棄宗弄讚、新羅王金真德，武則天爲新羅王金政明、金理洪，中宗爲吐蕃器弩悉弄，玄宗爲契丹首領、松漠郡王李失活也均有舉哀或發哀④。

雖然令文有別，但唐朝爲大臣舉哀或發哀常常也與輟、廢朝聯繫在一起。這類情況如高祖爲突厥始畢可汗、永安王孝基"舉哀（或發哀），廢朝三日"⑤。太宗對魏徵則是"親臨慟哭，廢朝五日"⑥。李勣總章二年薨，高宗"爲之舉哀，輟朝七日"⑦。且高宗爲工部尚書李大亮、民部尚書戴胄，高宗爲輔國大將軍劉弘基、民部尚書、致仕唐儉、鄂國公尉遲敬德、太子少保高季輔、太子少師致仕許敬宗⑧，武則天爲宰相蘇良嗣、狄仁傑⑨，舉哀同時均有"罷（或輟、廢）朝三日"。

舉哀和輟朝一道作爲唐初"故事"，也見於玄宗開元十五年（公元727年）蘇頲卒，起居舍人韋述上疏。稱"臣伏見貞觀永徽之時，每有公卿大臣薨卒，皆輟朝舉哀，所以成終始之恩，厚君臣之義"，請求玄宗"思帷蓋之舊，念股肱之親，修先朝之盛典，鑒晉平之遠跡，爲之輟朝舉哀，以明同體之義"。結果玄宗"即日於洛城南門舉哀，輟朝兩日"。後宰相源乾曜卒亦同之⑩。如此記載，似乎表明舉哀與輟、廢朝是同時頒下的典禮。

但從上述韋述疏即可知道玄宗時舉哀儀其實在逐漸減少。天寶中和安史亂後，所見舉哀儀祇是帝、后喪禮有之，爲大臣舉哀却幾乎不見，這與唐初的情況形成鮮明對比。《舊唐書》明確記載的祇有辛雲京一例，說是"大曆三年（公元768年）八月庚

---

① 《舊唐書》卷六三《蕭瑀傳》、卷八一《崔敦禮傳》、卷八六《高宗中宗諸子·章懷太子賢傳》，第2404、2704、2832頁。
② 《舊唐書》卷六〇《宗室·河間孝王恭》、卷六八《段志玄傳》、《張公謹傳》、卷七〇《王珪傳》、卷七二《虞世南傳》、卷七四《馬周傳》，中華書局1975年版，第2349、2506、2507、2530、2570、2619頁。
③ 《舊唐書》一九四上《突厥》上、下，卷一九九上《東夷·高麗》上，卷一九九下《北狄·鐵勒》，第5161、5322、5346頁。
④ 以上參見《舊唐書》卷一九六上《吐蕃》上、卷一九九上《東夷·新羅》、卷一九九下《北狄·契丹》，第5222、5336、5337、5226、5352頁。
⑤ 《舊唐書》卷一九四上《突厥》上、卷六〇《宗室·永安王孝基》，第5154、2340頁。
⑥ 《舊唐書》卷七一《魏徵傳》，第2561頁。
⑦ 《舊唐書》卷六七《李勣傳》，第2488頁。
⑧ 《舊唐書》卷六二《李大亮傳》、卷七〇《戴胄傳》、卷五八《唐儉傳》、卷五八《劉弘基傳》、卷六八《尉遲敬德傳》、卷七八《高季輔傳》、卷八二《許敬宗傳》，第2390、2534、2307、2311、2500、2703、2764頁。
⑨ 《舊唐書》卷七五《蘇良嗣傳》、卷八九《狄仁傑傳》，第2630、2894頁。
⑩ 《舊唐書》卷八八《蘇頲傳》、卷九八《源乾曜傳》，第2881—2882、3072頁。

午薨，上追悼發哀，爲之流涕，册贈太尉，輟朝三日，諡曰忠獻"①。這裏的發哀顯然並不等於正式舉行了儀式。相反輟、廢朝作爲優典却常見頒給大臣，這一待遇如上所述隋、唐已多見，且如令所規定的有一日至三日之，還有一些宰相功臣如魏徵、李勣那樣輟朝之日超過尋常。不過後期往往祇有輟朝無舉哀。即使如郭子儀也祇是"德宗聞之震悼，廢朝五日"，雖然"及葬，上御安福門臨哭送之"，但不曾單獨舉行舉哀儀是肯定的。②貞元元年（公元785年）顏真卿被李希烈所害，喪歸京師，"德宗痛悼異常，廢朝五日"；興元元年（公元784年）保衛皇室立了大功的西平王李晟薨，德宗也是"震悼出涕，廢朝五日"③，均不見有舉哀儀的記載。還有邠寧副元帥渾瑊和西川韋皋、河中張茂昭、成德王武俊均廢朝五日，宰相賈躭、北平王馬燧廢朝四日④，都是僅有輟、廢朝無舉哀，給人的印象是唐朝後期皇帝對大臣的舉哀儀已經很少或不再舉行，五代的情況也大體相同。

唐後期五代舉哀儀行否，尚待進一步證實，但減少是肯定的。其原因不詳，唐以後皇權日益隆重，涉及舉哀儀式的一些具體問題。從儀式的舉辦似乎説明，所服衣式是一關鍵。關於這一點，本文在下面再予以討論。

（三）宋朝的舉哀与輟朝

宋朝關於舉哀的規定與唐朝類似，前揭天聖《喪葬令》仍保持了與唐朝《喪葬令》幾乎完全一致的內容。與唐後期不同的是，對皇親國戚與大臣舉哀儀式的舉行與否常有記載，且更有成服與挂服之分（詳下），説明此儀式在宋代是執行了的。今本《太常因革禮》存有關於輟朝和舉哀的儀目。⑤內卷六四是針對大臣的，輟朝和特輟朝下注明"一品、二品、三品"的官品等級。卷六五是針對親族的，輟朝和特輟朝下注明"期親、大功、小功、緦麻"的不同親族關係和喪服親類（詳表）。雖然其內容今已不見，但據《太常因革禮》其他部分的內容，可以知道應當是從《通禮》、《會要》和其他禮書、儀注中摘録編輯的一些具體規定和實例。其中"詔不舉哀"、"詔不舉哀挂服"和"特輟朝"、"合輟朝不輟朝"等名目，説明舉哀和輟朝最終是否舉行，還要由皇帝批準。

---

① 《舊唐書》卷一一〇《辛雲京傳》，第3314頁。
② 《舊唐書》卷一二〇《郭子儀傳》，第3465—3466頁。
③ 《舊唐書》卷一二八《顏真卿傳》、卷一三三《李晟傳》，第3596、3674頁。
④ 《舊唐書》卷一三四《渾瑊傳》、《馬燧傳》、卷一三八《賈耽傳》、卷一四〇《韋皋傳》、卷一四一《張茂昭傳》、卷一四二《王武俊傳》，第3701、3709、3787、3826、3859、3876頁。
⑤ 《太常因革禮·目録》，《叢書集成初編》，商務印書館1937年版，第15—16頁。

舉哀輟朝表

親族		大臣	
輟朝 期親、大功、小功、緦麻	舉哀挂服	輟朝一品、二品、三品	舉哀
特輟朝 期親、大功、小功、緦麻	詔不舉哀挂服	特輟朝一品、二品、三品	詔不舉哀
服紀當輟朝不輟朝	乳母舉哀挂服	合輟朝不輟朝	輟樂
	外族舉哀挂服		
	輟樂		

　　從《太常因革禮》的儀目劃分來看，舉哀對象仍分爲親族和大臣兩類，與《喪葬令》的規定相仿。保留下來的其他關於舉哀儀的記載，既有臣僚爲帝、后、太子喪事舉哀，又有是帝、后、太子爲皇室成員、親族或外家戚屬和大臣舉哀。《宋會要輯稿》禮四一所載《發哀》一門，屬於爲親族和宮室內部的約有 90 人，包括親郡王、公主與其他宗親、貴妃、外戚、皇帝乳母等；大臣官員則有 40 人，包括宰臣、使相、前宰相、前執政，另有後蜀國主孟昶及二王後周鄭王。[①] 其中皇帝乳母以往很少見。同上書《發哀雜錄》載曰："真宗咸平元年九月三日，乳母秦國延壽保聖夫人卒，將發哀，且以太宗喪始期，頗疑其事，命有司詳定。"而禮官言稱："皇帝爲乳母緦麻三月，按《喪葬令》，皇帝爲緦麻一舉哀而止。伏以秦國夫人保傅聖躬，綿曆星紀，邇茲淪謝，宜備哀榮。況太宗上仙，已終易月之制，今爲乳母舉哀，合於典禮。"皇帝"遂從之"。[②] 從舉哀對象來看，宋代的舉哀親族戚屬數量超過大臣，似乎更是圍繞與皇帝的親疏爲中心。

四、舉哀的儀式、地點和等級依據

　　從上面的叙述，可以知道中古自兩漢以至唐宋，舉哀儀的實行可謂一脈相承，而自唐、宋《喪葬令》中亦不難追溯隋令乃至晉初制度的蹤影。唐、宋皇帝（后、太子）舉哀的對象仍由親族戚屬和高官貴臣兩大群體組成。以下，本文將就舉哀儀式、地點及等級依據進行討論。

[①]《宋會要輯稿》禮四一之一至六《發哀》，中華書局 1957 年版，第 1378—1380 頁。
[②]《宋會要輯稿》禮四一之六《發哀雜錄》，第 1380 頁。

（一）舉哀儀式

舉哀的儀式並不複雜，但前朝禮書很少記載，《大唐開元禮》的舉哀儀可以作參考。《開元禮》皇帝、中宮（太）皇（太）后及太子、太子妃各章均設舉哀儀。皇帝的舉哀稱"訃奏"，列"爲外祖父母舉哀"、"爲皇后父母舉哀"、"爲諸妃主舉哀"、"爲內命婦舉哀"、"爲宗戚舉哀"、"爲貴臣舉哀"、"爲蕃國主舉哀"等目。據"爲外祖父母舉哀"，是由所司和尚舍奉御"先於別殿設素褥床席，爲舉哀成服位"，準備好爲外祖應服的小功五月服。"諸王、百官一品以下九品以上"也須參加，並且到後要"入次，改服素服"。待到"舉哀前一刻，侍中版奏中嚴外辦"，就有：

> 皇帝服素服，御輿出，升別殿，降輿即哭位。南向坐，侍衛如常儀。至時，侍中跪奏："請爲故某官（若某郡君）舉哀。"俛伏，興。皇帝哭十五舉聲。侍中跪奏："請哭止，成服。"俛伏，興，皇帝止。尚衣奉御以篚奉衰服進，跪授，興，仍贊變服焉。（於變服則權設步障，已而去之。）成服已，侍中又跪奏："請哭。"俛伏，興，皇帝哭。通事舍人引諸王、文武百官三品以上入就殿庭位。舍人贊拜，群官在位者皆再拜；舍人贊哭，群官在位者皆哭；十五舉聲，舍人贊止，群官在位者皆止。舍人引諸王爲首者一人進詣奉慰位，跪奉慰，俛伏，興。舍人引退還本位。又舍人次引百官文武行首一人進詣奉慰位……舍人引退還本位。舍人贊拜，在位者皆再拜。舍人引三品以上退出。其四品以下位於門外者，典謁贊哭、贊止，引退如殿庭之儀。侍中跪奏："請哭止，還。"俛伏，興。皇帝御輿降還，侍衛從至閤，如初。所司宣仗散。[①]

由此得知，皇帝爲外祖父母舉哀，基本上分三部分，一是皇帝本人素服到殿庭後，由哭十五舉聲、履行成服即由素服換小功五月服儀式、再哭等程式組成。二是諸王及文武三品以上入殿庭，有哭十五舉聲，諸王及文武官爲首者一人分別奉慰等程式。最後是四品以下履行哭儀等。值得注意的是，皇帝在"降輿即哭位"之後便"南向坐"，並無站起行禮的內容。而百官的參與也主要是陪哭，最後"奉慰"皇帝，整體儀式也是圍繞皇帝的活動來進行，完成後皇帝還內。但上述儀式衹是朝哭，所以儀式説明當日晡哭，皇帝還要"服衰服，出即位次，哭如初"，但這次百官不集，"自後朝晡凡三日而止"。外祖父母雖是小功親，但皇帝爲之舉哀三日，却等同周（期）親。

---

① 《大唐開元禮》卷一三三，民族出版社2000年版，第628—629頁。

皇帝"爲皇后父母舉哀"儀式與之大略相同，衹是須制女婿爲岳父母所服"緦麻三月之服，朝晡再哭而止"，等級略有所減。但"朝晡再哭而止"是一日二次哭，是《喪葬令》所言皇帝大功親的待遇，所以級别也是提高了的，可見《開元禮》對母家、外家的特别重視。皇帝"爲諸王妃主舉哀"，則與上述儀目略有不同。"諸王妃主"是皇帝周（朞）親，但皇帝雖也穿素服到場，按照令所規定的級别和不同時日舉哀，却全無换服儀式。僅有文武官五品以上參加，並言如皇太子參加，也素服行事。由此可以知道，皇帝（后、太子）的舉哀儀分爲兩種，一種有成服儀式，一種則從始至終素服，兩種服制並不由喪服的遠近高低决定。

宋朝的舉哀儀其成服、换服儀式與唐朝相比已有變化，此可見下文詳述。

（二）舉哀地點

舉哀地點歷朝並不十分固定。由於兩漢皇帝臨吊大臣的情况較多，因此舉哀的場合應就在大臣家中。漢代後來的舉哀儀既有在宫内，也有在宫外的。前揭《後漢書·東海恭王彊傳》言天子從太后出幸津門亭發哀，《後漢書》注言津門是"洛陽南面西頭門也，一名津陽門，每門皆有亭"[1]，《後漢書》卷一〇下言董卓鴆弑何太后，"令帝出奉常亭舉哀，公卿皆白衣會，不成喪也"[2]，是此舉哀在場合上即減殺了其等級和嚴肅性。

隨著舉哀儀的正式化，其舉辦在朝廷也有規定的場所，這就是太極東、西堂和朝堂，其所在位置和運用都可參見渡邊信一郎的前揭研究。太極東、西堂在太極殿的東、西二側，魏晉時代，太極東堂是皇帝的"朝享聽政之所"[3]。《三國志·魏書》載高貴鄉公被皇太后徵，"遂步至太極東堂，見於太后。其日即皇帝位於太極前殿，百僚陪位者欣欣焉"[4]。《晉書·孝懷帝紀》："及即位，始遵舊制，臨太極殿，使尚書郎讀時令。又於東堂聽政，至於宴會，輒與群官論衆務，考經籍。"[5] 東晉也有"朔望聽政於東堂"的"中興故事"[6]，西堂晉代常用於皇帝宴集[7]，南朝宋孝武帝孝建三年（公元456年）二月丁丑，"始制朔望臨西堂接群下，受奏事"。因此西堂也是皇帝另一辦公和引見

---

[1] 《後漢書》卷四二《東海恭王彊傳》，第1424頁。
[2] 《後漢書》卷一〇下《皇后紀》下，第448頁。
[3] 《晉書》卷二八《五行志》中，第863頁。
[4] 《三國志》卷四《魏書·高貴鄉公》，第132頁。
[5] 《晉書》卷五《孝懷帝紀》，第125頁。
[6] 《晉書》卷七《成帝紀》咸康六年秋七月乙卯條，第182頁。
[7] 參見《晉書》卷六九《周顗傳》、卷七四《桓沖傳》、卷九二《伏滔傳》，第1851、1950、2402頁。

之所①。

　　朝堂漢代以來即爲百官集會議政之所，其位置在太極殿的南面。《後漢書》載明帝永元十七年（公元105年）因甘露、芝草、神雀等見，又有西南夷諸種慕義貢獻，西域諸國遣子入侍；"夏五月戊子，公卿百官以帝威德懷遠，祥物顯應，乃並集朝堂，奉觴上壽"②。故班固《兩都賦》有"處乎斯列者，蓋以百數，左右廷中，朝堂百僚之位，蕭曹魏邴，謀謨乎其上"的形容。③漢時又多見宰相及九卿"詣朝堂上書"、"詔百官議朝堂"、"詔百官（公卿）大會朝堂"，同書外戚《鄧隲傳》也言隲兄弟"並奉朝請，位次在三公下，特進、侯上，其有大議，乃詣朝堂，與公卿參謀"。④這種情況一直在兩晉南北朝有延續。

　　但太極東、西堂和朝堂也被用於凶事。晉明帝、簡文帝、安帝都是"崩於東堂"⑤，成帝、哀帝則崩於西堂。如上述隆安四年爲太皇太后李氏崩，"於是設廬於西堂"⑥。東、西堂和朝堂還被用於爲王公和大臣舉哀。《通典·天子爲大臣及諸親舉哀議》引摯虞《決疑注》曰："國家爲同姓王、公、妃、主發哀於東堂，爲異姓公、侯、都督發哀於朝堂。"同姓王公是皇帝的宗室親族，舉哀地點的不同也支持了同姓崇於異姓的原則。前者如安平獻王孚薨，"帝於太極東堂舉哀三日"，孝武帝爲武陵威王晞，"三日臨於西堂"。⑦桓玄殺司馬道子、元顯，安帝"三日哭於西堂"⑧。後者如前揭何曾、王導都是舉哀於朝堂，前述宋武帝爲零陵王（晉恭帝）以及梁太子爲徐勉也舉哀於朝堂⑨，當然後來大多數舉哀儀地點都不明確，不排除有改換地點的可能。

　　北魏孝文帝時代完成了平城太極殿的建築，其格局同於南朝，其後洛陽的情況也相同。在北朝東堂除皇族外，也被用於爲權臣、外戚舉哀。如靈太后父胡國珍薨，不僅太后爲之"成服於九龍殿"，而且孝明帝也爲之"服小功服，舉哀於太極東堂"，其夫人趙平君薨也獲同樣待遇。⑩東魏孝靜帝武定五年（公元547年）正月乙酉和八年春

---

① 《宋書》卷六《孝武帝紀》，第118頁。
② 《後漢書》卷二，第121頁。
③ 《後漢書》卷四〇上《班固傳》，第1341頁。
④ 並參見《後漢書》卷四五《袁安傳》、卷四八《應劭傳》、卷五六《陳球傳》、卷一六《鄧隲傳》，第1518—1519、1610、1832頁。
⑤ 《晉書》卷六《明帝紀》、卷七《成帝紀》、卷八《哀帝紀》、卷九《簡文帝紀》、卷一〇《安帝紀》，第165、183、209、223、267頁。
⑥ 《晉書》卷三二《后妃》下《孝武文李太后傳》，第982頁。
⑦ 《晉書》卷六四《元四王·武陵威王晞傳》，第1727頁。
⑧ 《晉書》卷一〇《安帝紀》、卷六四《簡文三子·會稽文孝王道子傳》，第258、1740頁。
⑨ 《梁書》卷二五《徐勉傳》，中華書局1973年版，第387頁。
⑩ 《魏書》卷八三下《胡國珍及子祥傳》，第1834、1836頁。

正月辛酉分別爲齊獻武王高歡和齊文襄王高澄舉哀於東堂①，北齊段韶，以功別封樂陵郡公，以疾薨，"上舉哀東堂"②。東堂明顯是特別隆重的場合。這一舉哀場所根據情況也有變化，斛律金"天統三年（公元567年）薨，年八十。世祖舉哀西堂，後主又舉哀於晉陽宫"③。北周少傅、蔡陽郡公蕭撝卒，"高祖舉哀於正武殿"④。

以上太極殿堂和朝堂作爲朝見和辦公場所却被用於皇帝喪事和大臣舉哀，表明當時吉凶所在劃分得不是很清楚，而皇帝與皇室王公在凶事的使用場所上，界限也不是十分嚴格。

但是隋唐以後舉哀的場所已無在此兩處者。唐朝皇帝的停殯之所仍在太極殿，但與爲親族大臣舉哀則無關。《開元禮》説皇帝舉哀在"別殿"，即非屬百官集會或上朝之正殿。史料記載太宗爲李大亮、王珪、虞世南；高宗、武后爲越國太妃燕氏，都是"舉哀於別次"⑤。何爲別次不詳，但似乎也是宫中場所，如太宗時太子爲魏徵舉哀西華堂，高宗爲太宗女襄城公主也有舉哀於"命婦朝堂"的記載⑥。祇是很多舉哀是在某一宫門舉行，太宗爲百濟扶餘璋舉哀於玄武門⑦，高宗爲崔敦禮、尉遲敬德舉哀於大明宫内苑之東雲龍門或雲龍門⑧，爲李勣、郝處俊舉哀於大明宫内距集賢書院不遠之光順門⑨，爲紀國太妃韋氏舉哀於洛城門外⑩，武則天爲蘇良嗣舉哀於洛陽上陽宫内的觀風門，爲太子李賢舉哀於洛陽宫北部的顯福門⑪，中宗爲紀王慎女東光縣主舉哀洛陽宫章善門⑫，玄宗爲蘇頲、源乾曜舉哀於洛城南門，爲張説、金城公主舉哀於大明宫光順門⑬。這些"門"包括洛城南門實則都在宫城内，於皇帝所在比較方便。但既與太極殿無關，

---

① 《魏書》卷一二《孝静帝紀》，第309、312頁。
② 《北齊書》卷一六《段韶傳》，中華書局1972年版，第213頁。
③ 《北齊書》卷一七《斛律金傳》，第222頁。
④ 參見《周書》卷一五《李弼傳》、卷四二《蕭撝傳》，中華書局1971年版，第241、753頁。
⑤ 《舊唐書》卷六二《李大亮傳》、卷七〇《王珪傳》、卷七二《虞世南傳》，第2390、2530、2570頁；周紹良、趙超主編：《唐代墓誌彙編續集》咸亨012《大唐故越國太妃燕氏墓誌銘并序》，上海古籍出版社2001年版，第193頁。
⑥ 《新唐書》卷八三《諸公主》、卷九七《魏徵傳》，中華書局1975年版，第3645、3880頁。
⑦ 《新唐書》卷二二〇《東夷·百濟》，第6199頁。
⑧ 《舊唐書》卷八一《崔敦禮傳》，第2748頁；周紹良主編，趙超副主編：《唐代墓誌彙編》顯慶100《大唐故開府儀同三司鄂國公尉遲君墓誌并序》，上海古籍出版社1992年版，第292頁。
⑨ 《舊唐書》卷八四《郝處俊傳》，第2800頁；《新唐書》卷九三《李勣傳》，第3820頁。並參[清]徐松撰，張穆校補，方嚴點校：《唐兩京城坊考》，中華書局1985年版，第28、21頁。
⑩ 《唐代墓誌彙編續集》乾封008《大唐太宗文皇帝故貴妃紀國太妃韋氏墓誌銘并序》，第162頁。
⑪ 《舊唐書》卷七五《蘇良嗣傳》、卷八六《章懷太子賢傳》，第2630、2832頁，並參見《唐兩京城坊考》，第142、134頁。
⑫ 《新唐書》卷八〇《太宗諸子·紀王慎傳附》，第3579頁，並參見《唐兩京城坊考》，第134頁。
⑬ 《舊唐書》卷八八《蘇頲傳》、卷九七《張説傳》、卷九八《源乾曜傳》、卷一九六上《吐蕃傳》，第2882、3056、3072、5235頁。

說明已將君臣喪事完全分割，太極殿附近的神聖之地祇有皇帝方可佔據。另外舉哀多在某一宮門，也說明舉哀場所臨時性較強，這可能是避忌凶事的原因，或者是占卜的結果，唐朝趨吉避凶的傾向要比前朝嚴重得多。

宋代舉哀場所沿襲唐朝傾向而比唐朝更明確。據《宋史·禮志》乃是"尚舍設次於廣德殿或講武殿、大明殿，其後皆於後苑壬地"[1]。廣德殿、講武殿、大明殿也都是宋朝的朝參或皇帝與大臣處理政事之所。但這幾個殿在太祖、太宗以後都改了名字，廣德殿乾德二年（公元964年）改名崇德殿，後又改紫宸殿；講武殿太平興國八年（公元983年）改名崇政殿；大明殿淳化元年（公元990年）改名含光殿，后來又改名會慶殿和集英殿。[2]由此可知《宋史》所言殿內乃宋初情況，而史料所見其實多在"後苑"。且雖地點較固定，但據《宋史·禮志》所言"前一日，所司預設舉哀所幕殿，周以簾帷，色用青素"的情況，可以知道往往是臨時搭建帳篷。此外《宋會要輯稿·外國發哀》又有："宋朝凡爲外國喪，使者至，有司擇日設次於內東門之北隅，命官攝太常卿及博士贊禮。"[3]而由尚舍奉御在"內東門北設御幄"也在《政和五禮新儀》中的"皇帝爲大遼國喪舉哀"、"皇帝爲蕃國喪舉哀"見到。[4]從《宋會要輯稿》記載得知，真宗爲契丹國母舉哀、仁宗爲契丹國主宗真舉哀都是這樣舉行。設次內東門可能比後苑更隆重，但舉哀的場地同樣臨時搭建而不在原有的宮殿之內，因凶事而舉辦的臨時悼念活動也就與宮中行政和皇帝的生活場所完全分開了。

（三）等級依據

舉哀按舉哀的時日及次數分爲"三日"、"一日"和一舉哀三等，本來意在表現悲哀和重視的程度，實際却成了喪禮待遇、哀榮等級的限制和象徵。那麼，舉哀儀的等級構成又是以何爲依據呢？衆所周知，舉哀也好，臨奠也好，其程式來自喪禮。實行於君、臣的喪禮之中，故儀式的執行本有相互性。古禮規定臣爲君服斬衰，那麼君爲臣當如何？《周禮·司服》有曰："王爲三公六卿錫衰，爲諸侯緦衰，爲大夫、士疑衰，其首服皆弁絰。"注曰："君爲臣服弔服也。（下略）疑之言擬也。"賈疏進一步解釋說："云君爲臣服弔服也者，欲見臣爲君斬，君爲臣無服，直弔服既葬除之而已。"[5]由

---

[1]《宋史》卷一二四《禮志》二七，中華書局1985年版，第2905頁。
[2] 宮殿改名見《續資治通鑑長編》卷五、卷二四、卷三一、卷八四、卷一一一，中華書局1979—1985年版，第133、544、699、1931、2590頁。
[3]《宋會要輯稿》禮四一之一〇《外國發哀》，第1382頁。
[4]《政和五禮新儀》卷二一〇，景印文淵閣四庫全書第647冊，上海古籍出版社1987年版，第870—871頁。
[5]《周禮注疏》卷二一，《十三經注疏》，第782—783頁。

此可見吊服即相當於對"臣爲君斬"的報服。從這個意義來看，君王爲親屬和臣僚舉哀也是臣屬參加君王喪禮，爲君王舉哀的對應，其等級性也是對親緣和臣屬關係"答報"的一種考量。

舉哀本行於親族之内，從君臣關係而言，官員便是親族的延伸。兩晉以降的大族社會是以親貴爲統治基礎，故舉哀儀是圍繞親貴爲中心制定。這其中同姓崇於異姓的原則一直在貫徹。不過，唐朝按照三品爲貴的原則，皇帝爲之舉哀的官員必須是二品以上，太子舉哀的宮臣則是三品以上。親族雖然有服制爲限，但同樣有官品的比附。據《唐六典·宗正寺》：

> 凡太皇太后、皇太后、皇后之親分五等，皆先定於司封，宗正受而統焉。凡皇周親、皇后父母爲第一等，準三品；皇大功親、皇小功尊屬、太皇太后·皇太后·皇后周親爲第二等，準四品；皇小功親、黃緦麻尊屬、太皇太后·皇太后·皇后大功親爲第三等，準五品；皇緦麻親爲第四等，皇袒免親、太皇太后小功卑屬、皇太后·皇后緦麻親及舅母、姨夫爲第五等，並準六品。①

皇帝爲親族舉哀的範圍無疑在此五等和準六品之内。親族的品級要求低於官員，而且前三等實際都在三朝和一朝舉哀的範圍内，説明皇族血統實際重於一般官員。

但是以上親族血緣的遠近要與爵位和官品結合起來，如周親、大功親中的親王公主、郡王郡主，便是一、二品爵位，超過了所謂"準三品"。本人的品級可依爵品或者職事品、散品，所以皇親或外戚基本上是局限於上三等之内。《新唐書·百官志》禮部郎中員外郎職掌有"皇親三等以上喪舉哀，有司帳具給食"②，可見三等以上才有此特殊待遇。從唐代的情況看，無論親屬臣僚，舉哀的對象都是愈來愈向一、二品勳貴集中，三品甚少。到了宋代，一、二品作爲舉哀對象進一步明確。《宋會要輯稿·發哀雜録》有下述條目值得注意：

> （天聖元年，公元1023年）閏九月十一日，太常禮院言："武勝軍節度使、兼侍中馮拯卒，《禮》、《令》，皇帝爲一品、二品喪合舉哀成服，又緣見在大祥之内，望罷其禮。"從之。

> （天聖）十年六月十二日，皇從兄建寧軍節度使、樂安郡公惟正薨，禮官

---

① 《唐六典》卷一六《宗正寺》，中華書局1992年版，第466頁。
② 《新唐書》卷四六《百官志》上，第1194頁。

言："天子爲群臣二品、宗室大功以上成服，今惟正爲小功親，本官三品，禮不服之。"特詔擇日成服，於是皇帝、皇太后並素服發哀於後苑。

景祐元年（公元1034年）正月十六日，太常禮院言："安國軍節度使、延安郡公允升卒，準《禮》、《令》，皇帝本服大功，合舉哀成服，爲在莊獻明肅皇太后小祥之内，望罷其禮。"從之。①

從此三條可以得知，所謂"舉哀成服"，據"《禮》、《令》"明確是在皇家大功親以上和官員一品二品之内行之，小功親和官員本官三品是排除在外的。皇帝大功親以上爵位至少可以是郡公縣主，說明舉哀實際上已經完全限於一品、二品之内。

不僅如此，兩晉之際常見的爲王公大臣"舉哀三日"或者"三朝發哀"，除個別以示隆重的情況（如西魏皇帝爲高歡行葬禮），在後代已經幾乎不見。推測已經很少公開進行，儀式進一步簡化。特別由於唐令將"百官一品"不再像隋代那樣作爲第一等，一品、二品通祇作爲"一舉哀"的對象，且皇親、外戚實際上也仿照進行。所以史料中一般祇説明舉哀是否進行，而不再強調是幾日或幾次。如《宋會要輯稿·發哀雜錄》言景德三年（公元1006年）"十一月四日，皇姪女隆安縣主卒，禮官請發哀成服，詔停其禮"。後"天禧五年五月宜都縣主卒亦然"。景德四年正月五日，皇從弟右監門衛大將軍德鈞卒。判太常禮院杜鎬等言"德鈞本服大功，合舉哀成服"，但是由於皇帝要謁陵，加上皇帝事前已曾臨哭，所以"請罷舉哀成服"，得"從之"。可見皇帝的舉哀儀都是禮官根據其身份官職申報，再由皇帝根據情況下詔決定是否舉行，事實上並不是符合條件者都在内，所以有《太常因革禮》説的"詔不舉哀"。而且如果舉行，基本上也是一次性的"一舉哀"。這充分體現了皇帝舉哀是不易企及的殊典。而舉哀儀在唐、宋既然規定是官品一、二品之内（皇太子可以是三品），所以對官員而言，基本上也是"詔葬"（唐）或者高等級的敕葬（宋）才可能有的特殊待遇。

此外唐宋之不同，是宋代在一、二品官員中特重宰相。《宋會要輯稿·發哀雜錄》景德元年（公元1004年）七月四日條曰："宰臣李沆薨，禮官言：'沆品秩雖應舉哀，又緣國朝以來惟趙晉（普）、曹彬曾行茲禮，今來事繫特旨。'詔特擇日舉哀。自是宰相卒者用此禮。"可見舉哀儀並非是《喪葬令》規定的所有人員，内中祇有宰相卒者，才能完全應用此禮，由此也可見出對宰相的特殊禮遇。

---

① 參見《宋會要輯稿》禮四一之八《發哀雜錄》，第1381頁。

五、舉哀的服制——成服、素服與"成"服或挂服

舉哀的同時往往伴隨著喪禮和成服儀式，因此自兩晉南北朝以來，常常見到有關服制的討論，特別是關於女性和外戚的服制，也是與舉哀儀相關的一個重點。如前述東晉隆安四年（公元400年）太皇太后李氏服制的討論和永安皇后何氏爲之"一舉哀"的決議。但更多是帝、后爲外家或后家服制的處理。《通典·天子爲皇后父母服議》載東晉"孝武太元元年（公元376年）正月，王鎮軍薨，按即后父也。克舉哀而不成，出，制服三日。僕射已下皆從服"[1]。這一按緦麻服行權制"制服三日"或許就是《開元禮》"爲后父母舉哀"的最早來源。南朝宋孝武帝孝建三年（公元456年）三月，有司關於后父義陽王師王偃喪逝，提出"至尊爲服緦三月，成服，仍即公除。至三月竟，未詳當除服與否"的問題[2]，説明皇帝對后父不僅行權制的"公除"，而且還有真正按日月終服的除喪。

另外，皇帝亦有爲外祖父母舉哀成服。《通典·天子爲母党服議》引蜀譙周和宋庾蔚之言，認爲外祖父母、妻之父母皆母族、妻族之正統，母、妻與己尊同，"妻之父母猶服，況母之父母也"[3]。這一原則，不僅南朝，北朝尤其重視，如孝明帝爲外祖胡國珍及夫人趙平君"服小功服，舉哀於太極東堂"[4]。今本《大唐開元禮》不但皇帝《爲外祖父母舉哀》、《爲皇后父母舉哀》都保留了成服儀式，除服也同之。《除外祖父母喪服》、《除皇后父母喪服》也都保留了除服儀式。並注明爲外祖父母五月小功是"從朝制公除，則外祖父母五日也"；而爲皇后父母緦麻是"公除，則三日而除"[5]，可見是按權制履行除服的。

但是這一爲母家和妻家長尊的服制明顯與皇帝對於本家服制不一樣。皇帝爲本家所行乃"天子絶期，唯服三年"[6]，也即僅服父母之喪。《宋書·禮志》二載泰豫元年（公元472年）後廢帝即位，尊所生母陳貴妃爲皇太妃，有司奏請，問皇太妃在爲親族舉哀方面，禮數是不是一同皇太后，爲本親期親以下是不是要行服。結果前曹郎王燮議以爲太妃服宗與皇后不異，太后既以尊降無服，太妃儀也應不殊，"謂本親期以下一

---

[1] 《通典》卷八〇《天子爲皇后父母服議》，第2177頁。
[2] 《宋書》卷一五《禮志》二，第395—396頁；並參《通典》卷八〇，第2177—2179頁。
[3] 《通典》卷八一《天子爲母党服議》，第2201頁。
[4] 《魏書》卷八三下《胡國珍及子祥傳》，第1834、1836頁。
[5] 《大唐開元禮》卷一三三，第632頁。
[6] 《春秋左傳正義》卷四七，《十三經注疏》，第2078頁。

無所服，有慘（即喪事）自宜舉哀，親疏二儀準之太后"。太常丞司馬燮之也以爲皇太后太妃"貴亞相極，禮絕群后"，贊同王燮之議。故朝廷參議以其議爲允①。也即由於太妃禮同太后，按制度於國親是沒有服制的，對作爲皇帝期親的諸王公主祇是"緣情"舉哀而已。此是中古一貫精神，故《開元禮》皇帝爲諸王妃主舉哀、爲內命婦舉哀、爲宗戚舉哀乃至爲貴臣、爲蕃國主舉哀等都是秉承這一原則，即祇有舉哀而並無成服儀式。在這樣的儀式中，皇帝從頭到尾都祇是"素服"，且穿著素服來去。百官也是在舉行儀式前就換好素服就位，中間不再有換服儀式。

素服見《禮記·郊特牲》言："皮弁素服而祭，素服以送終也。"鄭注素服乃"衣裳皆素"（本色或白色）②。雖喪事所用，但並非喪服。除素服外舉哀還有白帢。《隋書·禮儀志》七解釋説："白帢，案《傅子》：'魏太祖以天下凶荒，資財乏匱，擬古皮弁，裁縑帛以爲之。'蓋自魏始也。梁令，天子爲朝臣等舉哀則服之，今亦準此。其服白紗單衣，承以裙襦，烏皮履，舉哀臨喪則服之。"③兩者有不同。《顯慶禮》制定時，因"皇帝爲諸臣及五服親舉哀，依禮著素服，今《令》乃云白帢"，以致"禮令乖舛"而將令文改從素服④。但素服與白帢，其實意義無差，都是在無服的情況下用於舉哀臨喪。

祇是唐宋之際舉哀儀顯然不是一成不變。即雖然唐宋令文規定的舉哀對象大體相同，然而到了宋徽宗時代編撰的《政和五禮新儀》，在皇帝的"訃奏儀"中却祇見有"皇帝爲諸王以下喪舉哀"、"皇帝爲大遼國喪舉哀"和"皇帝爲蕃國喪舉哀"，不再有專門對后家長親服喪的"爲外祖父母"和"爲皇后父母"的舉哀臨喪儀。而且皇后、太后的舉哀儀也簡化爲祇有"中宮爲諸王以下喪舉哀儀"、"中宮爲祖父母成服儀"⑤，以及"中宮遣使吊諸王以下喪儀"。原來和祖父母在一起的爲父母舉哀、爲外祖父母舉哀，以及爲父母、爲外祖父母成服，奔父母祖父母喪，臨外祖父母喪、臨內命婦喪等儀都已經見不到了。這説明帝、后爲母家、后家的喪禮儀制已經大大減降。筆者討論原因，注意到科舉制的官僚社會打破了門第的壟斷，助長和突出了皇權，而女性不再有家族作爲後盾，地位也隨之下降。表現在令文中，唐《喪葬令》的"五服之内親"到宋令改爲"五服之內皇親"，這個"皇親"似乎更強調了皇帝宗親的唯一性，所以舉哀和成服的儀式，也更加以皇帝爲中心，故爲母家、后家親屬的內容、等級相對自然減降。當然其中皇后父母喪事條目的取消，顯然也和不言皇帝父母喪事一樣，有爲突

---

① 《宋書》卷一五《禮志》二，第408頁。
② 《禮記·郊特牲》。《禮記正義》卷二六，《十三經注疏》，第1454頁。
③ 《隋書》卷一二《禮儀志》七，第267頁。
④ 《唐會要》卷三一《輿服》上，第661頁。
⑤ 《政和五禮新儀·目錄》六，第131—132頁。

出皇家的神聖化而有所避諱的因素。

但是現在看來，儀目的取消恐怕還有一些具體原因。因爲從宋朝的現實來看，雖然爲本家的臨喪、奔喪對"中宫"即皇后、皇太后不再有要求，但至少爲父母、祖父母以及外祖父母舉哀還是要舉行的。問題在於如果其中儀式如果不再有所區別，自然也就沒有一切都保留的必要。

使舉哀儀目削減的原因之一應當是舉哀服式的一致化，也即帝、后、太子爲先皇先后之外的其他親屬舉哀均不用履行真正的成服儀式，這也就導致了筆者曾經討論過的"挂服"的出現。挂服又寫作"掛服"，據《宋史·禮志》"輟朝之制"：《禮院例册》：'文武官一品、二品喪，輟視朝二日，於便殿舉哀掛服。文武官三品喪，輟視朝一日，不舉哀掛服。'"此即《太常因革禮》所説"舉哀挂服"和"不舉哀挂服"之制。又《宋史》同卷載皇帝"舉哀掛服"的儀式稱：

> 其日，皇帝常服乘輿詣幕殿，侍臣奏請降輿，俟時釋常服，服素服、白羅衫、黑銀腰帶，素紗軟腳幞頭。太常博士引太常卿當御坐前跪，奏請皇帝爲某官薨舉哀，又請舉哭，十五舉音，又奏請可止。中書、門下、文武百官進名於崇政殿門外奉慰。皇帝釋素服，服常服，乘輿還内。①

這裏"白羅衫、黑銀腰帶，素紗軟腳幞頭"即宋代的素服。將此儀式與《大唐開元禮》的皇帝"爲外祖父母舉哀"或者"爲皇后父母舉哀"相比，可以發現程式大同小異，祇不過《開元禮》的皇帝自素服換小功服或緦麻服到這裏變成了自常服換素服。常服自是尋常所服。而《政和五禮新儀》的皇帝和中宫的舉哀儀無不是如此。因此可以知道，皇帝和中宫的舉哀儀都是採用"舉哀挂服"儀式的。事實上，我們發現中宫爲母舉哀也用了挂服的形式，如《宋史》同卷載"章穆太后母楚國太夫人吳氏薨，太常禮院言：'皇帝爲外祖母本服小功，詳《開寶通禮》即有舉哀成服之文。又緣近儀大功以上方成服，今請皇太后擇日就本宫掛服，雍王以下爲外祖母給假。'"並説"太后嫡母韓國夫人薨，亦用此制焉"。筆者已考證章穆太后恐是太宗后、真宗母明德李后之誤②，事在真宗朝。此條説明甚至太后爲母也並不行成服禮而是挂服禮，所以《政和五

---

① 《宋史》卷一二四《禮志》二七，第 2903、2905 頁，下引文見第 2906、2899 頁。
② 按章穆太后是真宗皇后，據《宋史》卷二四二《后妃傳》上，死於景德四年（公元 1007 年），不曾作過太后，母是梁氏而非吳氏，封萊國太夫人（第 8612 頁）。同傳又言太宗明德李皇后："至道二年，封后嫡母吳氏爲衞國太夫人，後改封楚國。及封后母陳氏爲韓國太夫人。"（第 8610 頁）則明德太后生母韓國夫人而嫡母爲楚國夫人。疑《宋史·禮志》記載有誤。筆者曾在前揭《從〈天聖令〉對唐令的修改看唐宋制度變遷》一文（第 134 頁）中誤寫作懿德符皇后，特此糾正。

禮新儀》也已經没有皇后爲父母的服制，這不僅是因爲避諱，也是因服制上没有什麽特殊。挂（掛）服舉哀應是皇家對内對外經常採用的舉哀儀式。

但是這裏還應當辨析的，是太常禮院所言"又緣近儀大功以上方成服"，既然太后爲母是挂服，爲何又説是成服？同樣，上述《禮院例册》所言一、二品之挂服，在前揭《宋會要輯稿》天聖元年太常禮院言，就説成是皇帝爲一品、二品喪合"舉哀成服"。《宋史·禮志》同卷述歷朝舉哀，内中真宗朝鄭國長公主，也提到應"降服大功，擇日成服"。同書同卷與《宋會要輯稿》同門提到的舉哀成服對象除了皇親國戚之外，還有宰相。如王安石、司馬光，祇是因在神宗大祥之内或皇帝諒闇中，才"不舉哀成服"①。更奇怪的還有"康定二年，皇子壽國公昕薨，年二歲，禮官言：'已有爵命，宜同成人。'遂發哀成服。熙寧十年（公元1077年），永國公薨，係無服之殤，詔特舉哀成服"②。爲無服之殤的皇子竟能與成人一樣"成服"，也是説不通的。

由此可以知道，所説"成服"其實都是挂（掛）服，不是真正的成服。且雖然《太常因革禮》中挂服的對象只有親族，但實施上也涵蓋了非親族的宰相大臣，所以皇帝（后、太子）在舉哀儀上的挂服等同"成服"是宋代舉哀儀最大的特點。那麽爲何挂服又被稱爲成服？須知道唐代皇帝素服舉哀的儀式中間並没有换服的過程。上文已指出《開元禮》"爲諸王妃主舉哀"、"爲貴臣舉哀"等，帝、后都是穿著素服到所在行禮後再還宫，所以唐代從不將素服舉哀稱爲舉哀"成服"。但是宋代的"舉哀挂服"却無不是有常服和素服的轉换過程，即使對外國君主也是如此。

如前所示，爲外國君舉哀是皇帝舉哀儀中一項重要的内容。其具體實例如《續資治通鑑長編》卷一八一載仁宗至和二年九月丙辰朔，詔爲契丹主輟視朝七日，"仍擇日成服舉哀，令禮院詳定以聞"。又同月戊午契丹遣耶律元亨來告哀，"上爲成服於内東門幄殿，宰臣率百官詣東横門進名奉慰"③。爲外國君主如何成服？《宋史·禮志》記明道元年（公元1032年）十一月夏王趙德明薨，特輟朝三日，令司天監定舉哀掛服之儀，其日不但皇帝爲之至幕殿素服舉哀，皇太后亦"釋常服，白羅大袖、白羅大帶，舉哀如皇帝儀"④，所穿也是素服。從《政和五禮新儀·皇帝爲大遼國喪舉哀》和《宋會要輯稿·外國發哀》可以知道，此儀同樣是皇帝於儀式前"釋常服，换素服"的挂服禮。⑤而這個過程如同履行了一個象徵性的成服、除服過程。可以理解，這樣的"成

---

① 以上參見《宋史》卷一二四《禮志》二七，第2905—2906頁；《宋會要輯稿》禮四一之九，第1382頁。
② 《宋史》卷一二四《禮志》二七，第2905頁。
③ 《續資治通鑑長編》卷一八一，中華書局1985年版，第4370頁。
④ 《宋史》卷一二四《禮志》二七，第2899頁。
⑤ 《政和五禮新儀》卷二一〇《皇帝爲大遼國喪舉哀》，第871頁；並參見《宋會要輯稿》禮四一之一〇，第1382頁。

服"不過是代表皇帝的恩典與關懷,與真正的成服完全不是一回事。

挂服舉哀與唐以前的素服舉哀不同,它穿著素服的時間更加短暫,於皇帝的聽政和日常生活更不受影響,也無損於皇帝至高無上的形象和威嚴。上面已經說到,唐朝皇帝爲祖父母、皇后父母穿喪服數日,是真正"成服";爲本親和其他外戚、大臣雖不成服,却也要素服來去。後者問題在於,制度對皇帝穿素服多久並沒有規定。如果皇帝的素服要在舉哀的時日内一直穿著,豈非執禮太隆而降低皇帝的身份?何況于皇帝的生活也有不便,不知這是不是唐代後來舉哀儀減少的一個原因。所以宋代的挂服,顯然解決了唐朝舉哀儀不定素服時日的缺陷。

不僅如此,它還是素服舉哀之上的一種發展。因爲它結合了"素服"與"成服"的兩種特點,既有成服、除服過程又有素服形式,體現了新舊結合、適時而變的努力。雖然在《太常因革禮》中,"舉哀挂服"僅限制在親族範圍,但實際上毫無血緣關係的臣僚也在其内。它的特點是在服制方面已將家族(内、外,包括本家和外家、后家)和朝臣完全統一,充分顯示了皇家禮絕臣僚的特殊性,在展示皇帝的關懷方面也一視同仁,從而使舉哀儀標準化、一律化,表達了舉哀儀在皇權至上的官僚社會中真正的含義和作用。

以上,本文討論了中古皇帝(后、太子)舉哀儀式的起源和發展情況。認爲舉哀儀起因於遠古的葬禮,漢代以後舉哀與臨吊漸次分開,單獨成儀。兩晉以後,皇帝爲親族(爲先皇帝后除外)和大臣的舉哀儀已經正式化,而且有了"三朝"舉哀和"一朝"舉哀的等級差别。南北朝及隋舉哀儀的大體規格不變,至唐宋仍保留了一直以來的格局。"三日"、"一日"和"一舉哀"的規格固定下來。且舉哀儀的對象由皇帝内外親族和官員構成,體現了以親貴和官品爲重的特點。但"三日"舉哀和"一日"舉哀逐漸向"一舉哀"過渡,突出皇帝恩典的特殊性和可貴性。

舉哀儀在唐後期的實行已有變化,特别對官員而言,輟朝形式似乎代替了舉哀。宋代則舉哀儀有所恢復,大功親和二品以上愈益成爲皇帝舉哀的基準,是詔葬或高品敕葬才可能有的待遇,其中官品的標準愈益突出。宋代舉哀儀還突出了外國君一項,體現了時代在外交方面的需要。舉哀地點在中古前後期也有變化,兩晉將爲王公和大臣的舉哀地點正式化、固定化,所在太極殿東堂、西堂、朝堂與皇家凶禮場所極爲接近,在吉凶的用途上亦兩者不分。但唐宋之際皇帝舉哀地點愈來愈不固定,且與太極殿等宫廷的中心建築無關,吉凶場所亦漸次分離,宋代更是搭建臨時的"幕殿"而不用現成的殿宇,不僅吉凶分途,亦嚴格界定了宫室作爲皇家專用的用途。

由於舉哀儀往往舉行於喪禮的初期,因此舉哀儀與成服是聯繫在一起的。唐代以前,舉哀的服式分爲兩種:成服和素服。皇帝除對少數外家尊長和皇后父母行成服除

— 359 —

服禮外，對本家期親以下及其他外戚、公卿大臣均素服舉哀。但宋代以後，兩種方式都由挂服取代。挂服也稱成服，意味在形式上履行成服儀式，但在實際上却僅僅是一種象徵。它是皇家對親族和官員所表達的一種特殊禮敬和關懷，是舉哀儀本身和官僚喪葬制度的發展。這一方式的統一，以皇權爲中心，也從一個方面反映了中古社會自貴族制向官僚制轉變和加劇的深刻變化。

收稿日期：2015 年 4 月

也説澶淵之盟

林 鵠

内容提要：澶淵之役，由於此前俘虜了完全掌握宋軍防禦部署情况的王繼忠，契丹舉國南下，深入宋朝腹地，冒險一搏。宋朝方面，宋真宗雖非如傳統所認爲的畏懦怯戰，王欽若等建議南逃避敵亦非姦佞之舉，但和議始終是真宗的主選項。其時宋遼主力對壘，天子亦俱在前綫，一旦決戰，雙方都有亡國的危險。在劍拔弩張的澶淵，長期對峙、無法媾和的雙方，終於神奇地走到了一起。

關鍵詞：澶淵之盟　宋真宗　王欽若　王繼忠

天水一朝，武力不競。防弊政治，帶來了積弱局面。澶淵之盟，宋朝以歲幣换和平，是積弱的表現之一。在澶淵之盟研究中，以往學界多强調宋朝軍事體制的缺陷與宋真宗的怯懦無能，且對遼方關注不够。[①]20世紀90年代初，柳立言發表《宋遼澶淵之盟新探》，一改舊説，認爲宋真宗即位後對邊防和軍政投注了相當大的心血，有意再度北伐，收復燕雲，形勢對遼朝日漸不利，契丹遂先下手爲强，舉國南下，而"宋廷莫名其妙，戰略錯誤，喪失先機，終致君臨危城，進退維谷。幸而遼帥未捷先死，遼廷亦莫測宋人高深，故終訂盟約"。[②]21世紀以來，重新評價澶淵之盟得到許多學者的支持和贊同。不少學者認爲，澶淵之役遼以戰迫和，其意並非消滅北宋，因而澶淵之盟並非城下之盟，其達成是雙方勢均力敵的結果。[③]

不過，澶淵之盟仍有重加檢討之必要。就宋方而言，柳立言對宋真宗即位以來所

[①] 如王煦華、金永高：《宋遼和戰關係中的幾個問題》，載《歷史研究》編輯部編：《遼金史論文集》，遼寧人民出版社1985年版，第247—264頁；漆俠：《遼國的戰略進攻與澶淵之盟的訂立》，《河北大學學報》1992年第3期。

[②] 柳立言：《宋遼澶淵之盟新探》，原刊《"中央研究院"歷史語言所集刊》第61本，1992年3月，收入宋史座談會編：《宋史研究集》第23輯，臺北編譯館1995年版，第71頁。

[③] 如李錫厚：《論"澶淵之盟"非"城下之盟"》，載張希清、田浩、穆紹珩、劉鄉英主編：《澶淵之盟新論》，上海人民出版社2007年版，第1—22頁；都興智、吕洪偉：《"澶淵之盟"三論》，載《澶淵之盟新論》，第23—36頁；王曉波：《宋遼戰争論考》，四川大學出版社2011年版，第90—108頁。

作所爲作了細密解讀,指出宋真宗並非懦弱、一味退讓之輩,實爲不憚一戰,確有理據。但進一步推測宋真宗意在重奪幽州,則有過猶不及之嫌。此外,雖然晚近研究針對此前之缺陷,著重對遼方進行了分析,但似乎仍顯不夠。比如,若澶淵之役契丹舉國南下,深入大宋腹地,只是爲了以戰迫和,爲何蕭太后、遼聖宗及權臣韓德讓三人齊聚軍中,親臨前綫?我們需要梳理宋遼雄州和議以來契丹對宋的態度,並對澶淵一役做更細緻的探討,才能更準確地把握澶淵之盟時遼方的意圖。

因此,本文第一節將回顧澶淵之盟前的宋遼關係;第二、第三節則以宋朝爲中心,分析宋真宗繼位以來宋遼歷次戰爭,尤其是詳細檢討真宗在澶淵之役中的所作所爲,由此推斷宋真宗對遼的策略。

一、從雄州和議到雍熙北伐

後晉天福元年(遼天顯十一年,公元936年),石敬瑭割讓燕雲十六州,契丹之勢力從此越燕山而南下。遼會同九年(後晉開運三年,公元946年),遼太宗長驅滅晉,一度入主中原。但此後契丹與中原勢力之消長開始發生變化,後周顯德六年(遼應曆九年,公元959年),周世宗北伐,奪回三關。隨後周宋易代,宋太祖一朝,宋遼雙方都相當克制,有意避免發生大規模正面衝突,進而於宋開寶七年(遼保寧六年,公元974年),達成了雄州和議。

關於議和,宋遼文獻互相矛盾,都記載修好由對方首先提出。現代學者亦持兩說,各有各的道理。[1] 不論如何,宋遼和議之達成,應當是周宋以來南北局勢變化的結果。世宗北伐,想來對契丹震動不小。而宋初逐次削平割據小政權,似乎無往不利,一改五代頹勢,已有天下一統之跡象,對遼朝恐怕也有威懾作用。雖然宋遼迄未發生大規模正面衝突,但契丹自丟失三關後大體處於守勢。因此,遼廷可能擔心中原再度北伐。在這種情況下,接受和局在情理之中。而宋朝因爲要對江南用兵,需解除後顧之憂,太祖慣于暫時安撫强敵,各個擊破,這是又一個例證。

但雄州和議只帶來了短暫的和平。宋太平興國四年(遼保寧十一年,公元979年),太宗親征北漢,終於拿下了太原。太宗得隴望蜀,遂進軍幽州,是年七月與遼軍大戰於高梁河,宋師大敗,趙光義僅以身免。

---

[1] 曹流:《契丹與五代十國政治關係諸問題》,北京大學歷史學系博士學位論文,2010年6月,第116—118頁。

高梁河一戰，是柴榮北伐以來契丹與中原王朝第一次發生大規模正面衝突。自此河北烽煙再起，數年間遼朝頻頻出動大軍南下，雙方勝負參半。遼乾亨四年（宋太平興國七年，公元 982 年），契丹景宗皇帝駕崩。遼朝皇位更替，使宋遼間的緊張局勢得以緩和。聖宗即位後，直至宋人二度北伐，契丹再沒有採取過大規模軍事行動。遼朝對宋策略之變化，其原因何在？

遼聖宗之繼位，是遼朝開國以來第一次和平的皇位更替，也是首次實現由嫡長子繼承。但在中原文獻中，其過程也並不平靜。《長編》云："初，蕭氏與樞密使韓德讓通，明記（景宗）疾亟，德讓將兵在外，不俟召，率其親屬赴行帳，白蕭氏易置大臣，立隆緒。"① 《契丹國志》有更詳細的記載：

> 景宗疾亟，隆運（韓德讓）不俟詔，密召其親屬等十餘人並赴行帳。時諸王宗室二百餘人擁兵握政，盈布朝廷。后當朝雖久，然少姻媛助，諸皇子幼稚，內外震恐。隆運請于后，易置大臣，敕諸王各歸第，不得私相燕會，隨機應變，奪其兵權。時趙王等俱在上京，隆運奏召其妻子赴闕。景宗崩，事出倉卒，布置已定，乃集番漢臣僚，立梁王隆緒為皇帝。②

宋人的記載也能得到《遼史》的印證。《景宗睿智皇后蕭氏傳》曰："景宗崩，尊為皇太后，攝國政。后泣曰：'母寡子弱，族屬雄強，邊防未靖，奈何？'耶律斜軫、韓德讓進曰：'信任臣等，何慮之有！'於是，后與斜軫、德讓參決大政，委于越休哥以南邊事。"③"母寡子弱，族屬雄強，邊防未靖"正是學界屢屢引用的材料。

為了應付這一局面，太后採取了種種措施，倚重老臣耶律斜軫、韓德讓、耶律休哥等。遼聖宗初年，中樞核心是韓德讓、耶律斜軫、室昉三人。《耶律隆運傳》載："景宗疾大漸，與耶律斜軫俱受顧命，立梁王為帝，皇后為皇太后，稱制，隆運總宿衛事，太后益寵任之。"④《室昉傳》云："（統和初）昉與韓德讓、耶律斜軫相友善，同心輔政。"⑤

而這三人均是遼景宗後期的老班底。從景宗末年開始，直至統和中期，室昉、韓

---

① [宋] 李燾：《續資治通鑑長編》卷二三，中華書局 1995 年版，第 533 頁。
② [宋] 葉隆禮撰，賈敬顏、林榮貴點校：《契丹國志》卷一八《耶律隆運傳》，上海古籍出版社 1985 年版，第 175 頁。
③ 《遼史》卷七一《景宗睿智皇后蕭氏傳》，中華書局 1974 年版，第 1202 頁。
④ 《遼史》卷八二《耶律隆運傳》，第 1290 頁。
⑤ 《遼史》卷七九《室昉傳》，第 1271 頁。

德讓二人一直共同擔任南院樞密使，且室昉兼北府宰相。[1]耶律斜軫在景宗末任北院樞密副使，"統和初，皇太后稱制，益見委任，爲北院樞密使"[2]。

此外，遼聖宗初年除了南向對宋取守勢外，在東西北三面都表現出了強勁的擴張勢頭。

我們先看其正北及西北向擴張。遼乾亨四年（公元982年）九月，聖宗即位；十二月，"耶律速撒討阻卜"。翌年改元統和，正月，"速撒獻阻卜俘"；十月，"速撒奏敵烈部及叛蕃來降，悉復故地"。統和二年（公元984年）二月，"五國烏隈于厥節度使耶律隗洼以所轄諸部難治，乞賜詔給劍，便宜行事，從之"；十一月，"速撒等討阻卜，殺其酋長撻剌干"。[3]至此北面之烏古敵烈與西北之阻卜大體款服。

再來看西南。遼統和元年（公元983年）正月甲申，"西南面招討使韓德威奏党項十五部侵邊，以兵擊破之"；乙酉，"以速撒破阻卜，下詔襃美，仍諭與大漢討党項諸部"。二月，"速撒奏討党項捷，遣使慰勞"。三月，"遣使賞西南面有功將士"。四月辛丑，"詔賜西南路招討使大漢劍，不用命者得專殺"。五月，"西南路招討使大漢奏，近遣拽剌跋剌哥諭党項諸部，來者甚衆，下詔襃美"。六月，"西南路招討使奏党項酋長執夷離菫子隈引等乞內附，詔撫納之，仍察其誠僞，謹邊備"。七月丙子，"韓德威遣詳穩轄馬上破党項俘獲數，並送夷離菫之子來獻"；辛巳，"賞西南面有功將士"。八月，"韓德威表請伐党項之復叛者，詔許之；仍發別部兵數千以助之"。遼統和二年二月，"韓德威以征党項回，遂襲河東，獻所俘，賜詔襃美"[4]。

接下來看東面。遼統和元年十月，"上將征高麗，親閱東京留守耶律末只所總兵馬。丙午，命宣徽使兼侍中蒲領、林牙肯德等將兵東討，賜旗鼓及銀符"。次年二月，"東路行軍、宣徽使耶律蒲寧奏討女直捷"。統和三年（公元985年）七月甲辰，"詔諸道繕甲兵，以備東征高麗"；丁卯，"遣使閱東京諸軍兵器及東征道路"。八月，"以遼澤沮洳，罷征高麗。命樞密使耶律斜軫爲都統，駙馬都尉蕭懇德爲監軍，以兵討女直"。翌年正月，"樞密使耶律斜軫、林牙勤德等上討女直所獲生口十餘萬、馬二十餘萬及諸物"。[5]

遼聖宗即位後多方拓邊，一方面是與宋太祖異曲同工，先北後南，掃除身後的威脅，而另一方面，恐怕也是爲了轉移國內矛盾，借軍事行動以樹立太后之權威。不過，

---

[1] 林鵠：《遼世宗、樞密院與政事省》，《中國史研究》2014年第2期。
[2] 《遼史》卷八三《耶律斜軫傳》，第1302頁。《遼史》卷九《景宗紀》下乾亨四年四月有"樞密使斜軫"（第105頁），然卷一〇《聖宗紀》一統和元年六月稱其爲樞密副使（第111頁）。
[3] 《遼史》卷一〇《聖宗紀》一，第108、112、113、114頁。
[4] 《遼史》卷一〇《聖宗紀》一，第108—109、110、111、113頁。
[5] 《遼史》卷一〇《聖宗紀》一，第112、113、115頁；卷一一《聖宗紀》二，第119頁。

需注意的是，與東、西、北三面形成鮮明對比的是，遼朝在南綫採取了截然不同的政策，面對當時最强的也可以説是唯一的真正對手宋朝，主動息兵。自遼聖宗即位至宋人雍熙北伐，契丹再没有針對宋朝主動採取過大規模軍事行動。

與之相應，遼統和元年，契丹還發生了一件大事，國號由大遼回改爲大契丹。此次國號更改，迄今學界尚未有妥當的解釋。按大遼本非契丹國號，而是契丹滅晉後在中原建立的漢地新朝、國中之國的國號，契丹丢失中原後，在燕雲漢地仍使用大遼一稱，以彰顯其對中原的合法"主權"。[1] 筆者以爲，蕭后放棄大遼國號，等於委婉地向宋人暗示不再謀求入侵中原。[2]

不過，改元之前的乾亨四年十二月辛酉，"南京留守荆王道隱奏宋遣使獻犀帶請和，詔以無書却之"[3]。這次求和不見宋朝文獻記載，但《宋會要》收録了是年十月頒賜北邊州軍的一份詔書：

> 朕受天景命，奄宅中區，以四海爲家，視兆民如子，冀咸登於富壽，豈輕舉於甲兵？况與契丹本通鄰好，昨以河東劉繼元不遵朝化，盜據一方，念彼遺民，行兹薄伐。朕所以親乘戎輅，直抵晉郊，素無黷武之心，蓋切吊民之意，而契丹輕舉戈甲，輒來救援。一鼓既平於并壘，六師遂指於燕郊。靡辭六月之征，聊報東門之役。雖彼曲可見，亦罪己良多。今聞邊境謐寧，田秋豐稔，軍民等所宜安懷，無或相侵。如今輒入北界剽略及竊盜，所屬州軍收捉重斷，所盜得物，並送還北界。[4]

按遼聖宗即位於是年九月，宋太宗在十月頒下這份詔書，似非偶然。宋太宗進一步暗中指示邊將，與契丹作試探性接觸，以犀帶請和，並非没有可能。

而蕭后"以無書却之"，非常得體。化干戈爲玉帛，何等大事，犀帶確乎不足以示

---

[1] 林鵠：《大遼本非契丹國號説》，《中華文史論叢》2014年第4期。
[2] 劉鳳翥《契丹大字〈耶律祺墓誌銘〉考釋》(《内蒙古文物考古》2006年第1期)指出，契丹將漢地國號由大遼回改爲大契丹，但在契丹語中，仍保留雙國號，稱"契丹遼國"。這恰可支援筆者的推斷，改國號是給宋人看的。那麽，何謂"委婉"，何謂"暗示"？契丹改國號的詔書今已不存，但即然契丹是遼朝原本的國號，在臺面上總能找到合情合理的説法。不過，筆者懷疑，不論遼朝正式宣稱的改國號理由何在，其潛在用意是非常巧妙地向宋人暗送秋波。所以説巧妙，是因爲表面上看來，這與遼宋關係並無干係，示好若有若無，只可意會，不可言傳。政治上處理類似敏感問題時，若過於主動，反而容易陷入被動。中美破冰，第一步棋恰恰是乒乓球這樣微妙的事物，而不是正式的國使。而契丹連年南侵，已經對宋人北伐進行了報復，大棒與胡蘿卜並用，向來是政治高手的常用策略。
[3] 《遼史》卷一〇《聖宗紀一》，第108頁。
[4] 《宋會要輯稿·蕃夷一·遼上》，見郭聲波點校：《宋會要輯稿·蕃夷道釋》，四川大學出版社2010年版，第12—13頁。

信。加之烽火重燃，責在宋方。如上所言，蕭后雖以改國號向宋人傳遞信息，但正式啓動議和，仍需慎之又慎。避免過分主動，正是談判的要訣。而所謂"却之"，並非拒人千里，恰恰是暗示若正式見之國書，和談可以重啓。而從宋人隨後的行動來看，宋太宗確實尚在遊移之中，求和之心並不堅決，蕭后的審慎非常明智。

可能與錯誤情報有關①，宋太宗最終還是選擇了再度北伐，又一次吞下了苦果。宋雍熙三年（遼統和四年，公元986年）五月，宋軍大敗于岐溝關。是年冬遼朝南征，取得了君子館大捷，"長驅入深、祁，陷易州，殺官吏，鹵士民。所過郡邑，攻不能下者，則俘取村墅子女，縱火大掠，輦金帛而去。魏、博之北，咸被其禍"②。其時耶律休哥"上言，可乘宋弱，略地至河爲界。書奏，不納"③。《遼史·耶律善補傳》較詳細地記載了當時的決策過程：

> 會再舉伐宋，欲攻魏府，召衆集議。將士以魏城無備，皆言可攻。善補曰："攻固易，然城大巨量，若克其城，士卒貪俘掠，勢必不可遏。且傍多巨鎮，各出援兵，內有重敵，何以當之？"上乃止。④

曾瑞龍認爲，君子館之戰後遼軍未大舉入侵中原，原因有二：其一，遼的當務之急是保住燕雲；其二，其軍事勝利尚不徹底。⑤曾氏舉出了兩個證據，以說明遼必須鞏固燕雲統治。首先，宋遼戰爭期間燕雲百姓常有向宋之心，由漢將把守的城池亦常望風降附。其次，《遼史·耶律休哥傳》云："休哥以燕民疲弊，省賦役，恤孤寡，戒戍兵無犯宋境，雖馬牛逸於北者悉還之。"⑥

在筆者看來，曾先生的觀點尚有可商之處。在宋朝取得軍事勝利時，燕雲百姓固然會有所動作，但這並不表明他們會在平日組織地下抵抗，反對遼人統治。而漢將降宋似乎也不能說明問題，因爲宋遼戰爭時宋人降遼者亦復不少。如《遼史·聖宗紀》統和七年（公元989年）正月戊子，"宋雞壁砦守將郭榮率衆來降，詔屯南京"；二月，"詔雞壁砦民二百戶徙居檀、順、薊三州"；三月，"宋進士十七人挈家來歸，命有司

---

① 宋李燾《續資治通鑑長編》卷二七，太宗雍熙三年正月（第602頁）載："先是，知雄州賀令圖與其父岳州刺史懷浦及文思使薛繼昭、軍器庫使劉文裕、崇儀副使侯莫陳利用等相繼上言：'……契丹主年幼，國事決於其母，其大將韓德讓寵倖用事，國人疾之，請乘其釁以取幽薊。'上遂以令圖等言爲然，始有意北伐。"
② [宋] 李燾：《續資治通鑑長編》卷二八，太宗雍熙四年正月，第631頁。
③ 《遼史》卷八三《耶律休哥傳》，第1301頁。休哥的這一舉動被誤置於君子館大捷前。
④ 《遼史》卷八四《耶律善補傳》，第1310頁。
⑤ 曾瑞龍：《經略幽燕——宋遼戰爭軍事災難的戰略分析》，香港中文大學出版社2003年版，第267頁。
⑥ 《遼史》卷八三《耶律休哥傳》，第1301頁。

考其中第者，補國學官，餘授縣主簿、尉"。①而上引《休哥傳》的那段話，從記載次序看，此事應當發生在統和七年休哥大敗于徐河之後，屬於遼廷又一次主動政策轉向（詳下），並不能證明燕雲潛藏危機。相反，上文已提到，統和四年時休哥雄心勃勃，甚至提出了"略地至河爲界"的建議。

因此，筆者以爲，遼軍不求深入的真正原因，的確是曾瑞龍所謂軍事勝利尚不徹底。不過，所謂"不徹底"，曾氏只强調宋軍仍保存相當實力②，似未點中要害。

遼軍無意大舉入侵中原，固然是宋遼雙方軍事實力大體相當之反映，但也與宋遼邊境地理環境密切相關。澶淵之盟後，宋人陳貫上書真宗，提到："自威虜城（後改廣信軍）東距海三百里，其地沮澤境埛，所謂天隙天陷，非敵所能輕入。由威虜西極狼山不百里，地廣平，利馳突，此必爭之地。"③宋仁宗慶曆間，富弼上河北禦策，其二曰：

> 景德以前，北敵寇邊，多由飛狐、易州界道東西口過陽山子，度滿城，入自廣信之西，後又多出兵廣信、安肅之間。大抵敵騎率由西山下入寇，大掠州郡，然後東出雄、霸之間。景德前，二州塘水不相接，因名東塘、西塘。二塘之交，蕩然可以爲敵騎歸路，遂置保定軍介於二州，以當賊衝……自餘東從姑海，西至保州一帶數百里，皆塘水彌漫，若用以爲險，可以作限。只是保州以西，至山下數十里，無塘水之阻，敵可以平入。④

也就是說，契丹入侵，一般避開了地理環境極其不利的宋遼河北邊界東段（即三關地區），總是由西段南下。

正是針對這一形勢，宋朝的防綫設置是以重兵駐守鎮、定、高陽三鎮，定州爲其核心，威虜、靜戎軍（後改安肅軍）爲其主要屏障，其防守策略大體是主力堅守不出，伺機發動小規模突襲。宋端拱元年（遼統和六年，公元988年），宋太宗以宣徽南院使郭守文充鎮州路都部署，面命之曰：

> 朝廷以鎮、定、高陽三路控扼往來咽喉，若敵無所顧，矜驕而來，則出奇兵掩之，萬不失一……敵若敢踰鎮、定，汝但勿戰，陽爲怯勢，驕置其事，朕即以駕前精銳，徑發格鬪，仍竊取敵號，侯有必勝之策，則分佈隊伍，縱兵擊殺，若

---

① 《遼史》卷一二《聖宗紀》三，第133、134頁。
② 曾瑞龍：《經略幽燕》，第267—268頁。
③ ［宋］李燾：《續資治通鑑長編》卷五九，真宗景德二年三月，第1322—1323頁。
④ ［宋］李燾：《續資治通鑑長編》卷一五〇，仁宗慶曆四年六月，第3648頁。

其未捷，各保城寨，皆百戰百勝之謀也。①

遼軍雖能深入宋境，但對鎮、定、高陽三鎮毫無辦法，連威虜、靜戎軍亦無力攻取②，因此總是掃蕩一番，然後北歸。雍熙北伐後的這次南征，雖大捷於瀛州以北的君子館，並連下深、祁二州，似乎戰果不小，但並沒有真正威脅到鎮、定、高陽三鎮及威虜靜戎二軍構成的防禦體系，而繼續南下太過冒險，深、祁二州亦不能據而有之，北返在情理之中。

統和六年，遼軍再度南侵，雖然攻下了涿、易二州，並從此據而有之，但同樣沒能撼動三鎮二軍。次年，宋鎮定大軍護送糧草赴威虜軍，耶律休哥欲逆擊之，大敗于徐河。此後契丹又一次改變策略，十年不再南牧。

二、烽煙再起

統和七年冬起，宋遼間進入了長達十年的休戰期。③據《遼史·聖宗紀》，宋淳化五年（遼統和十二年，公元994年）宋兩度遣使求和，但均遭拒絕。④宋至道三年（遼統和十五年，公元997年）三月，宋太宗駕崩，宋真宗繼位。《宋史·何承矩傳》云：

真宗嗣位，復遣知雄州，賜承矩詔曰："朕嗣守鴻業，惟懷永圖，思與華夷，共臻富壽。而契丹自太祖在位之日，先帝繼統之初，和好往來，禮幣不絕。其後趑復汾、晉，疆臣貪地，為國生事，信好不通。今者聖考上仙，禮當訃告。汝任居邊要，洞曉詩書，凡有事機，必能詳究，輕重之際，務在得中。"承矩貽書契

---

① [宋]李燾：《續資治通鑑長編》卷二九，太宗端拱元年八月甲子條，第656頁。
② 威虜、靜戎二軍因此贏得了"鐵遂城"、"銅梁門"的稱號。參《三朝北盟會編》卷二三《政宣上帙》二三，上海古籍出版社1987年版，第167頁。
③ 按《續資治通鑑長編》卷三七，太宗至道元年（遼統和十三年）正月（第807頁），契丹西南面招討使韓德威入寇府州，大敗於子河汊。是年十二月（《續資治通鑑長編》卷三八，第825頁），韓德威欲興師復仇，但在府州守將折御卿威懾下退兵。府州事件可能與爭奪邊境部落有關，並非宋遼正面衝突。如《宋會要輯稿·蕃夷一·遼上》（《宋會要輯稿·蕃夷道釋》，第31頁）載："（至道）二年六月，仡党族首領迎羅倈及長嗟、黃屯三人詣府州內附，云春初契丹將韓小押（即韓德威）領兵來剽略，遂與戰，殺獲多，又擒大將姐連。舊居山後，今仡渡河，居於勒波、馬尾族地。詔安撫之，各賜錦袍、銀帶、器幣等。"
④ 《遼史》卷一三《聖宗紀》四，第145頁。此事不見宋朝文獻。

丹，諭以懷來之旨，然未得其要。①

《宋大詔令集》收録了澶淵之際真宗給王繼忠的第一份詔書，其中提到"向因何承矩上言，乞差使往，其時亦允所奏，爾後別無所聞"②。《遼史·王繼忠傳》所記則作"向以知雄州何承矩已布此懇，自後杳無所聞"③。真宗即位初的這次求和，並沒有得到回應。

在這長達十年的休戰期中，遼朝一方面選拔賢才，括田括户，整頓部族，積極勸農，大行仁政，内政臻臻日上。另一方面，東伐高麗，北征阻卜，周邊隱患亦得以肅清。在這種情況下，解決與宋朝的争端終於又提上了日程。統和十六年（公元 998 年）五月，"祠木葉山，告來歲南伐"④。翌年九月，契丹大軍再度南下。

據《遼史·聖宗紀》，遼統和十七年（宋咸平二年，公元 999 年）十月癸酉，"攻遂城（威虜軍），不克。遣蕭繼遠攻狼山鎮石砦，破之。次瀛州，與宋軍戰，擒其將康昭裔、宋順，獲兵仗、器甲無算。進攻樂壽縣，拔之。次遂城，敵衆臨水以拒，縱騎兵突之，殺戮殆盡"⑤。由於威虜攻不下，遼軍剽掠一番後只能主動撤退。面對契丹來犯，宋真宗御駕親征，曾督促前綫主動出擊。⑥鎮、定、高陽關行營都部署傅潛畏懦不戰，事後被削奪官爵，流房州。⑦

宋咸平四年（遼統和十九年，公元 1001 年）十月，契丹再次入侵，但旋即因雨水班師。⑧事實上，早在是年七月，宋方就得到消息，遼人將謀入寇，因此做好了部署，擬駐大軍於威虜。⑨但諜報有誤，契丹南犯時宋師主力尚在定州，真宗爲此"甚歎息焉"⑩。

翌年，遼朝繼續南侵，但不在秋高馬肥的九、十月，而選擇了三月，太后、聖宗亦未親征，屬於小規模騷擾。在兩國交兵的同時，遼又要求宋朝重開榷場。是年四月末，"契丹新城都監种堅移文境上，求復置榷場。朝議以敵情翻覆，未之許。知雄州何承矩繼以請……於是聽雄州復置榷場"⑪。

---

① 《宋史》卷二七三《何承矩傳》，第 9329 頁。
② 《宋大詔令集》卷二三二《政事》八十五，中華書局 1962 年版，第 903 頁。
③ 《遼史》卷八一《王繼忠傳》，第 1284 頁。
④ 《遼史》卷一四《聖宗紀》五，第 153 頁。
⑤ 《遼史》卷一四《聖宗紀》五，第 154—155 頁。
⑥ 柳立言：《宋遼澶淵之盟新探》，第 80 頁。
⑦ ［宋］李燾：《續資治通鑑長編》卷四六，真宗咸平三年正月，第 986 頁。
⑧ 《遼史》卷一四《聖宗紀》五，第 156 頁。另參見《耿延毅墓誌》，載向南編注：《遼代石刻文編》，河北教育出版社 1995 年版，第 160 頁。
⑨ ［宋］李燾：《續資治通鑑長編》卷四九，真宗咸平四年七月，第 1066 頁。
⑩ ［宋］李燾：《續資治通鑑長編》卷四九，真宗咸平四年十月，第 1079 頁。
⑪ ［宋］李燾：《續資治通鑑長編》卷五一，真宗咸平五年四月，第 1127—1128 頁。

宋咸平六年（遼统和二十一年，公元1003年）四月，契丹又一次入寇，與宋軍戰於望都，虜王繼忠。但遼人並無進一步行動，很快又退出宋境。此役後，宋朝復罷雄州榷場。《長編》云："時敵數入寇，或言諜者以互市爲名，公行偵伺，故罷之。"①

望都之敗讓宋真宗惱怒異常，一度又欲親征。是年七月，"將議親征。癸卯，命司封郎中樂崇吉自京至鎮、定檢視行宮頓遞"②。宿將李繼隆反對，當面勸阻宋真宗曰："伏覩車駕將巡幸河朔，陛下向來制置邊備，分任將帥，悉合機要。至於戎人入寇，人民小有騷動，蓋亦常事。即如太宗朝，城堡往往陷没，然終不能爲害。願專責將帥，不須鑾輅親舉。"宋真宗回答說：

先帝天資聖武，混一天下，朕安敢上擬！今外敵歲爲民患，既不能以德服，又不能以威制，使邊民橫被殺傷，骨肉離異，爲人父母者，其得安乎！此朕所以必行也。

前樞密使王顯亦勸阻宋真宗，上疏云：

陛下將事親征，臣竊惑其事，謂非謹重之道。且意陛下昨以王師小衄於望都，故決議討伐。然盛寒在序，未聞犯塞，鳴鑾輕舉，直抵窮邊，敵若不逢，師乃先老。又意或者獻說，請復幽燕，此非長策也。且繼遷未滅，西鄙不寧，倘北敵與之結援，竟來侵軼，則重爲中國之患矣。凡建議大事，上下協力，舉必成功。今公卿大夫以及庶人，尚多異同之說，安可行之耶？臣謂止可命將帥以討之，訓士卒以禦之，堅壘以挫之，按甲以待之。必欲燕薊舊地，則宜修文德，養勇銳，伺時利，然後奉行天罰，何往不克也！③

從三人的話可以看出，宋真宗親征的目的，是爲了親臨前綫、指揮防秋。不過，王顯懷疑，真宗可能也有北伐的打算。④事實上，當時確有人鼓動宋真宗北伐。《長編》載：

王繼忠之戰於望都也，張旻爲定州行營鈐轄，率諸將間道往援。比至，城已

---

① ［宋］李焘：《續資治通鑑長編》卷五一，真宗咸平五年五月丙申，第1193頁。
② ［宋］李焘：《續資治通鑑長編》卷五五，真宗咸平六年七月，第1206頁。
③ ［宋］李焘：《續資治通鑑長編》卷五五，真宗咸平六年十二月，第1219—1220頁。
④ 汪聖鐸、胡坤《宋遼瀛州之戰與澶淵之盟》（載《澶淵之盟新論》）一文認爲，李繼隆、王顯並不反對北伐，只是不希望真宗領軍出征。這似乎是對文獻的誤讀。

陷，旻與敵戰，身被數創，殺一梟將。遲明，復戰，而繼忠爲契丹所執。旻還，言天道方利客，先起者勝，宜大舉北伐，并上興師出境之日。上以問輔臣，皆言不可，乃止。①

對於契丹，宋真宗的基本態度是保境安民。宋咸平四年（公元1001年），宋真宗曾對呂蒙正談到："朕以邊事未寧，勞民供饋，蓋不獲已也，苟能選將練兵，驅攘戎寇，使不敢侵掠，則近邊之民亦獲安泰矣。"②翌年六月，宋真宗與前綫主帥王超討論是歲防秋，超言："今歲出師，請止如去歲規畫。若欲交戰，則宜寨於保州北、威虜軍南。"宋真宗曰："不須力戰，但控扼備禦，不失機便可也。"③是年七月，呂蒙正言："昨中山會兵，不深入討賊，蓋所全者大。"真宗曰："民惟邦本，本固邦寧。朕熟計之，北鄙屯盛兵，止爲庇民耳。"④宋景德元年（遼統和二十二年，公元1004年）正月，"北面三路都部署王超等請募沿邊丁壯及發精兵入賊境。上曰：'無故發兵，不足以挫敵，徒生事於邊陲，可亟止之。戎人南牧，但於境上驅攘而已，無得輕議深入。'"⑤

契丹連歲南侵，宋人敗多勝少。更何況，戰爭在宋朝境内進行，兵鋒所及，生靈塗炭，其損失又非單單勝負所能衡量。由於無險可守，宋軍完全陷入被動。而每年的防秋，對宋廷又是極大的負擔。上文提到，咸平四年由於情報錯誤，大軍未能及時北上。而錯誤諜報之所以會發生作用，正是因爲後勤供應迫使宋方不能提前出動。宋咸平六年八月，宋真宗提到："今河北已屯大兵，而邊將屢奏敵未有隙，且聚軍虛費，則民力何以充給？"⑥在這種完全被動的局面下，真宗内心之窩火可想而知，但並無證據表明，真宗曾計劃北伐。⑦

不過，宋真宗無意北伐，並不能理解爲畏懦避戰。《長編》載：

（咸平六年）六月己未朔，御便殿，内出陣圖示輔臣，曰："今敵勢未輯，尤須防遏。屯兵雖多，必擇精銳先據要害以制之。凡鎮、定、高陽三路兵悉會定州，夾唐河爲大陣。量寇遠近，出軍樹栅。寇來堅守勿逐，俟信宿寇疲，則鳴鼓

---

① [宋] 李燾：《續資治通鑑長編》卷五八，真宗景德元年十一月，第1282頁。
② [宋] 李燾：《續資治通鑑長編》卷四九，真宗咸平四年八月壬子，第1069頁。
③ [宋] 李燾：《續資治通鑑長編》卷五二，真宗咸平五年六月，第1137頁。
④ [宋] 李燾：《續資治通鑑長編》卷五二，真宗咸平五年七月，1143頁。
⑤ [宋] 李燾：《續資治通鑑長編》卷五六，真宗景德元年正月己丑，第1224頁。
⑥ [宋] 李燾：《續資治通鑑長編》卷五六，真宗咸平六年八月甲戌，第1210頁。
⑦ 柳立言《宋遼澶淵之盟新探》及李錫厚《論"澶淵之盟"非"城下之盟"》均認爲真宗一直有意收復燕雲，但並沒有提供證據。

挑戰，勿離隊伍，令先鋒策先鋒，誘逼大陣，則以騎卒居中，步卒環之，短兵接戰，亦勿離隊，伍貴持重，而敵騎無以馳突也。又分兵出三路，以六千騎屯威虜軍，魏能、白守素、張銳領之；五千騎屯保州，楊延朗、張延禧、李懷岊領之；五千騎屯北平寨，田敏、張凝、石延福領之，以當敵鋒。始至，勿與鬭，待其氣衰，背城誘戰，使其奔命不暇。若敵南越保州，與大軍遇，則令威虜之師與延朗會，使其腹背受敵，乘便掩殺。若敵不攻定州，縱軼南侵，則復會北平田敏，合勢入北界邀其輜重，令雄霸、破虜以來互爲應援。又命孫全照、王德鈞、裴自榮領兵八千屯寧邊軍，李重貴、趙守倫、張繼旻領兵五千屯邢州，扼東西路，敵將遁，則令定州大軍與三路騎兵會擊之。又令石普統兵萬人於莫州，盧文壽、王守俊監之。俟敵北去，則西趨順安軍襲擊，斷其西山之路。如河冰已合，賊由東路，則命劉用、劉漢凝、田思明領兵五千會石普、孫全照犄角攻之。自餘重兵，悉屯天雄，命石保吉領之，以張軍勢。"①

宋真宗的策略是，大軍屯於定州，若契丹攻定州，先堅守不戰，待遼兵疲敝，再誘之與戰，三路偏師則攻其後路。若契丹不攻定州，徑自南下，則在遼軍撤退時，斷其後路，前後夾擊。這一計劃考慮到了遼軍可能越過定州南下，但對此並不十分重視，以爲只要寧邊軍、邢州"扼東西路"，威虜、保州、北平的部隊"合勢入北界邀其輜重"，契丹就會被逼退却，完全沒有料到遼軍主力可能冒險南下至大名、澶淵一帶。而這並非真宗一人之失策，乃是澶淵之盟前宋朝君臣之共識。②

三、澶淵之盟

景德元年，遼朝進行了最後一次南侵。是年八月，宋邊臣得到契丹謀入寇的消息，上報朝廷。《長編》記載了宋廷的反應：

---

① [宋]李燾：《續資治通鑑長編》卷五四，真宗咸平六年六月己未，第1195—1196頁。
② 《續資治通鑑長編》卷五二，真宗咸平五年六月（第1136頁）載："先是，詔戎臣條上今歲防秋便宜。知威虜軍魏能、知靜戎軍王能、高陽關行營都監高素言，敵首若舉兵自來，賊勢稍大，請會兵于保州北徐、曹河之間，列寨以禦之；若敵首不至，則止令三路兵犄角邀擊。高陽關副都部署劉用、定州鈐轄韓守英，請於沿邊州軍量益師徒，若敵首南侵，即選驍將銳旅自東路入攻賊界。皆圖其地形以獻。於是御苑東門對輔臣，內出二編，令詳閱之，曰：'卿等前議布陣，亦指曹、徐河之間。今諸將之謀，盡在此矣。'"關於宋軍戰法及其形成過程，詳參黃俊峰：《北宋戰略防禦階段的宋遼戰爭與澶淵之盟——立足宋軍戰法探索及實戰應用的討論》，中國人民大學碩士學位論文，2015年。

（九月）丁酉，上謂輔臣曰："累得邊奏，契丹已謀南侵。國家重兵多在河北，敵不可狙，朕當親征決勝，卿等共議，何時可以進發？"畢士安等曰："陛下已命將出師，委任責成可也。必若戎輅親行，宜且駐蹕澶淵。然澶淵郛郭非廣，久聚大衆，深恐不易。況冬候猶遠，順動之事，更望徐圖。"寇準曰："大兵在外，須勞聖駕暫幸澶淵，進發之期，不可稽緩。"王繼英等曰："禁衛重兵，多在河北，所宜順動以壯兵威，仍督諸路進軍，臨事得以裁制。然不可更越澶州，庶合機宜，不虧謹重。所議進發，尤宜緩圖。若遽至澶州，必不可久駐。"①

宋真宗決定親征，以抗擊入侵之寇。畢士安等以爲不必親行，又建議駐蹕澶州，不過應持重緩行。王繼英等贊同畢士安的後一意見。只有寇準一人，建議真宗即刻出發赴澶州，然未被採納。需要特別指出的是，此時契丹尚未南侵，真宗之親征，是他幾年來一直策劃之事，並非情況危急下的倉促決定。而宋軍的作戰計劃，應當就是上引咸平六年宋真宗設計之陣圖。

決定親征之後五日，鎮、定、高陽三路都部署王超上言："日與知州、通判、軍職等會食，飲酒或至日旰，慮妨公務。請隔日一會食。"宋真宗批示："軍中舊制，驟令改易，恐群議非允。"命令王超一如故事。② 從這件事的處理上也可以看出，當時宋朝君臣並沒有因爲大敵將至而惶恐失措。

是月末，王顯上疏陳三策，曰：

> 大軍方在鎮、定，敵必未敢引衆南侵，若車駕親征，望且駐蹕澶淵，詔鎮、定出軍會河南大軍合勢攻殺。或契丹主與其母氏虛張形勢，以抗我師，潛遣銳兵南下，迫河與駕前諸軍對敵，即望令鎮、定之師，直趨彼帳，攻其營寨，則緣河遊兵自退，所謂不戰而屈人兵也。或分遣騎兵千、步兵三千於澳州渡河，横掠澶州，繼以大軍追北掩敵，此亦出其不意也。③

與宋真宗一樣，王顯也認爲，"敵必未敢引衆南侵"。不過，他懷疑契丹可能"潛遣銳兵南下"，因此提出了兩個應對方案。其一，鎮、定大軍主動進攻遼軍太后、皇上所在的營帳，這支契丹奇兵就會被迫撤退。其二，宋軍亦出奇兵，從側翼攻擊遼軍。值得注意的是，王顯稱這支可能南下的契丹部隊爲"緣河遊兵"，而他設想中的宋軍奇兵僅

---

① ［宋］李燾：《續資治通鑑長編》卷五七，真宗景德元年九月丁酉，第1256—1257頁。
② ［宋］李燾：《續資治通鑑長編》卷五七，真宗景德元年九月壬寅，第1258頁。
③ ［宋］李燾：《續資治通鑑長編》卷五七，真宗景德元年九月辛亥，第1259頁。

由馬步共四千人構成,可見在他看來,遼軍主力不會南下。

總之,從九月到閏九月宋朝的備戰情況看,宋廷上下對遼軍可能冒險深入,明顯準備不足。

是年閏九月,契丹舉國大入,陸續攻擊了威虜軍、北平寨及保州。是月二十二日,"(蕭)撻覽與契丹主及其母合勢以攻定州,王超陣於唐河,執詔書按兵不出戰,敵勢益熾,其輕騎俄爲我裨將所擊,乃率衆東駐陽城淀"。① 於是遼軍越過定州南下。《長編》載:

> 寇準言:"邊奏敵騎已至深、祁以東,緣三路大軍在定州,魏能、張凝、楊延朗、田敏等又在威虜軍等處,東路別無屯兵,乞先發天雄軍步騎萬人駐貝州,令周瑩、杜彥鈞、孫全照部分,或不足則止發五千人,專委孫全照。如敵在近,仰求便掩擊,仍令間道約石普、閻承翰相應討殺,乃募強壯入敵境,焚毁族帳,討蕩生聚,多遣探伺,以敵動靜上聞,兼報天雄軍。一安人心,二張軍勢以疑敵謀,三以震石普、閻承翰軍威,四與邢、洺相望,足爲犄角之用。"又曰:"扈從軍士,不當與敵人爭鋒原野以決勝負。今天雄軍至貝州,屯兵不過三萬人,萬一敵騎已營貝州以南,即自定州發三萬餘人,俾桑贊等結陣南趨鎮州,及令河東雷有終所部兵由土門會定州。審量事勢,那至邢、洺間,鑾輿方可順動。更敕王超等在定州翼城而陣,以應魏能等,作會合之勢,候抽移定州河東兵附近,始幸大名。"又曰:"萬一敵柵於鎮、定之郊,定州兵不可來,邢、洺之北漸被侵掠,須分三路精兵,就差將帥會合,及令魏能等迤邐東下,傍城牽制,敵必懷後顧之憂,未敢輕議深入。若車駕不行,益恐蕃賊戕害生靈,或是革輅親舉,亦須度大河,且幸澶淵,就近易爲制置,會合控扼。"②

雖然契丹的動向出乎宋朝君臣的意料,但寇準此時對事態的嚴重性估計不足,"或不足則止發五千人"的貝州,"與邢、洺相望,足爲犄角之用"。他也考慮到,契丹可能已越過貝州。對此,他建議的對策是,調定州大軍南下,這樣就可以與天雄形成前後夾擊之勢。他還提到一種可能,遼軍在定州附近還留有部隊,宋軍主力無法南下,那就抽調"三路精兵"及威虜軍等,"迤邐東下,傍城牽制,敵必懷後顧之憂,未敢輕議深入"。總之,寇準仍相當樂觀。

---

① [宋]李燾:《續資治通鑑長編》卷五七,真宗景德元年閏九月癸酉,第1265頁。所謂"執詔書按兵不出戰",當即上引咸平六年陣圖規定的"寇來堅守勿逐"。
② [宋]李燾:《續資治通鑑長編》卷五七,真宗景德元年閏九月,第1266—1267頁。

契丹南下之時，宋真宗收到了王繼忠的書信。《長編》云：

> 上謂輔臣曰："朕念往昔全盛之世，亦以和戎爲利。朕初即位，呂端等建議，欲因太宗上僊，命使告訃。次則何承矩請因轉戰之後，達意邊臣。朕以爲誠未交通，不可強致。又念自古獯鬻爲中原強敵，非懷之以至德，威之以大兵，則獷悍之性，豈能柔服。此奏雖至，要未可信也。"畢士安等曰："近歲契丹歸款者，皆言國中畏陛下神武，本朝雄富，常懼一旦舉兵復幽州，故深入爲寇。今既兵鋒屢挫，又恥於自退，故因繼忠以請，諒亦非妄。"上曰："卿等所言，但知其一，未知其二。彼以無成請盟，固其宜也。然得請之後，必有邀求。若屈己安民，特遣使命，遺之貨財，斯可也。所慮者，關南之地曾屬彼方，以是爲辭，則必須絕議，朕當治兵誓衆，躬行討擊耳。"遂以手詔令石普付興等賜繼忠曰："朕丕承大寶，撫育群民，常思息戰以安人，豈欲窮兵而黷武。今覽封疏，深嘉懇誠。朕富有寰區，爲人父母，儻諧偃革，亦協素懷。詔到日，卿可密達茲意，共議事宜，果有審實之言，即附邊臣聞奏。"繼忠欲朝廷先遣使命，上未許也。①

畢士安根據契丹降人所說，判斷遼軍南下是擔心宋人欲收復幽州，遂以攻爲守。但對契丹求和之誠意，宋真宗有所懷疑，同時他擔心遼朝乘機索要關南，因此拒絕遣使。儘管如此，在賜王繼忠的手詔中，他清楚地表達了和好的意願。②宋真宗的這一表態，需要特別注意。如上所論，雖然宋廷對遼軍動向準備不足，但對局勢仍相當樂觀，真宗並非在形勢危急下，被迫作出和好表示。

是月末，宋真宗仍在爲親征作準備。《長編》曰：

> 丙子，以天雄軍都部署周瑩爲駕前東面貝冀路都部署……西上閤門使孫全照爲鈐轄。上召全照與語，命兼天雄軍及貝、冀等州鈐轄，仍令察視北面機事。全照言，若敵南逼魏城，但得騎兵千百，必能設奇取勝。上賞其忠果，足張兵威，乃詔都部署周瑩若全照欲擊敵，即分兵給之。③

孫全照稱"但得騎兵千百，必能設奇取勝"，得到真宗贊賞，說明君臣上下對遼軍之來勢缺乏預見。

---

① ［宋］李燾：《續資治通鑑長編》卷五七，真宗景德元年閏九月乙亥，第1268—1269頁。
② 宋真宗之審慎恰可與乾亨統和之交蕭太后的心理如出一轍。
③ ［宋］李燾：《續資治通鑑長編》卷五七，真宗景德元年閏九月丙子，第1269頁。

十月甲申，"知澶州張秉言已調集丁壯，修葺州城。上以戎寇在境，而内地遽有完葺，恐摇人心，亟命罷之"。丙戌，"遣供備庫副使安守忠案行澶州已北頓遞"。① 真宗阻止澶州修葺州城，甚至準備到澶州以北駐蹕，説明他並不擔憂時局。

丙戌，"王超言契丹引衆沿胡盧河而東，詔諸將整兵爲備，仍令岢嵐威虜軍、保州、北平寨部署等深入賊境，腹背縱擊以分其勢"②。宋真宗採取的仍是上年確定的對策。戊子，"保州奏孫密破敵功狀，上曰：'緣邊强壯、軍士等，皆輕視敵人如此。但將領得人，固不難殄滅也。'詔以密爲振武軍校，賜錦袍、銀帶，隨行軍士第遷賜之"③。按孫密事發生在閏九月，《長編》云："（契丹）東趨保州，振武小校孫密領十卒偵事，中路遇敵前鋒，密等依林木彀弓弩以待之，敵下馬以短兵格鬪，密等射殺十數人，又殺其軍校，獲所佩右羽林軍使印。"④ 真宗對孫密之褒語足證其大意輕敵。

不過，宋真宗很快就改變了看法。十月十五日，"詔王超等率兵赴行在"⑤。這正是上月末寇準建議在契丹下至貝州以南時的對策，不過其起因可能是瀛州失陷的謠言。按十月六日，遼軍抵瀛州，狂攻近十日，但未能如願克城。此戰契丹傾盡全力，其後宋軍打掃戰場，發現"城上懸板才數寸，集矢二百餘"，"浚高陽壕，得遺矢凡四十萬"。⑥ 但宋真宗到月底才得到瀛州堅守不下的消息，此前則曾聽到瀛州陷落的謠言。⑦

召王超主力入援，是宋廷此役戰略部署的一個轉捩點。不過，宋真宗並未因瀛州陷落的謠言而驚慌失措，而是沉著冷静、有條不紊地安排對敵之策。⑧ 十六日，即召王超入援的第二天，"詔隨駕軍士先赴澶州"。二十七日，"以雍王元份爲東京留守"，"鹽鐵副使林特、户部副使崔端同判留司三司"。二十八日，"以樞密直學士、權三司使劉師道充隨駕三司使兼都轉運使"。⑨ 宋真宗並没有因此改變原定的親征計劃。⑩

當然，可能是因爲形勢變化，真宗改變了部分對敵策略。是月二十六日，真宗接

---

① ［宋］李燾：《續資治通鑑長編》卷五八，真宗景德元年十月，第1274頁。
② ［宋］李燾：《續資治通鑑長編》卷五八，真宗景德元年十月丙戌，第1275頁。
③ ［宋］李燾：《續資治通鑑長編》卷五八，真宗景德元年十月戊子，第1275頁。
④ ［宋］李燾：《續資治通鑑長編》卷五七，真宗景德元年閏九月，第1265頁。
⑤ ［宋］李燾：《續資治通鑑長編》卷五八，真宗景德元年十月乙未，第1276頁。
⑥ ［宋］李燾：《續資治通鑑長編》卷五九，真宗景德二年正月丁巳，第1310頁。
⑦ ［宋］李燾：《續資治通鑑長編》卷五八，真宗景德元年十一月辛亥，第1280頁。
⑧ 柳立言《宋遼澶淵之盟新探》（第112—113頁）認爲此時"關南易手在即，形勢急轉直下"，"真宗陣法爲之一亂，無心奪回關南，只知先求自保"。筆者不同意這一觀點，詳細論述見下文。
⑨ ［宋］李燾：《續資治通鑑長編》卷五八，真宗景德元年十月丙申、丁未，第1277、1279頁。
⑩ 按《續資治通鑑長編》卷五八，真宗景德元年十一月辛酉（十一日，第1281頁），"令隨駕兵自來日以次發赴澶州"。柳立言《宋遼澶淵之盟新探》（第112頁）據此認爲，十月十六日隨駕兵並未出發，親征暫停。然《續資治通鑑長編》卷五八，真宗景德元年十一月丁巳（七日，第1280—1281頁）載："詔德清軍，如戎寇南侵，不須固守，率城中軍民並赴澶州，仍令駕前排陣使分兵應接。"可見隨駕兵此時已有部分在澶州。筆者認爲，十月和十一月應當是兩批不同的隨駕兵。

到了王繼忠的第二封求和信。這一次，真宗決定遣使。①

十一月五日，"北面部署（王超）奏：'契丹自瀛州遁去，其衆猶二十萬。偵得其謀，欲乘虛抵貝、冀、天雄軍。'詔督諸路兵及澶州戍卒會天雄軍"。是日，又"發忻、代州兵赴諸路會合"。②真宗樂觀地認爲，衆軍能會聚大名，阻截遼軍。十四日，"上校獵近郊，至丁岡村，見民舍有牆垣頹壞、室廬卑陋者，因幸之，乃稅户喬謙也。召其家人，賜萬錢、衣三十事，免三年庸調"③。大敵當前，真宗校獵意在顯示其"軍事上的備戰功能與威懾意義"，"表達了與遼針鋒相對的强硬立場"。④而校獵時尚有餘暇視察民舍，説明在真宗看來，形勢並不危急。

十五日，"詔留守官司，如車駕離京後，有無賴不逞，騷動人民，情理難恕者，並斬訖以聞。頒諸路所偵戎寇事宜以示諸將。詔京畿諸縣調發軍馬，京東、西諸州運芻糧，民户今年秋税展一月限。詔應擊登聞鼓邀車駕河北舉人及諸色人，乞扈從先登效用者，令軍頭司第其材勇，引見訖，送諸處指使"⑤。車駕即將啓行，諸多措施安排非常從容。

十八日，"以山南東道節度使、同平章事李繼隆爲駕前東面排陣使……南作坊使張旻爲鈐轄"⑥。張旻正是上年倡議北伐之人。《長編》曰：

> 車駕將親征，旻方戍并代，復奏邊事十餘，多論兵貴持重及所以取勝者。召還，入對，上曰："契丹入塞，與卿所請北伐之日同，悔不用卿策。今須守澶州，扼橋而未得人，如之何？"旻請行，上喜，故命爲東面鈐轄，先令至澶州候敵遠近，旻即馳騎往。⑦

十九日，"發永興駐泊龍衛、雲騎八指揮赴行在"⑧。二十日，"車駕北巡"⑨。是日，宋真宗又收到了王繼忠的來信。《長編》云：

> 曹利用至天雄，孫全照疑契丹不誠，勸王欽若留之。契丹既數失利，復令王

---

① ［宋］李燾：《續資治通鑑長編》卷五八，真宗景德元年十月丙午，第1278—1279頁。
② ［宋］李燾：《續資治通鑑長編》卷五八，真宗景德元年十一月乙卯，第1280頁。
③ ［宋］李燾：《續資治通鑑長編》卷五八，真宗景德元年十一月甲子，第1281—1282頁。
④ 孫方圓：《北宋廢止皇帝"田獵"之禮考述》，《中國史研究》2014年第1期。
⑤ ［宋］李燾：《續資治通鑑長編》卷五八，真宗景德元年十一月乙丑，第1282頁。
⑥ ［宋］李燾：《續資治通鑑長編》卷五八，真宗景德元年十一月戊辰，第1282頁。
⑦ ［宋］李燾：《續資治通鑑長編》卷五八，真宗景德元年十一月戊辰，第1282—1283頁。
⑧ ［宋］李燾：《續資治通鑑長編》卷五八，真宗景德元年十一月己巳，第1283頁。
⑨ ［宋］李燾：《續資治通鑑長編》卷五八，真宗景德元年十一月庚午，第1283頁。

繼忠具奏求和好，且言北朝頓兵，不敢劫掠，以待王人。繼忠又與葛霸等書，令速達所奏。是夕，奏入，上因賜繼忠手詔，言已遣利用；又以手詔促利用往，并付繼忠使告契丹，遣人自抵天雄迎援之。繼忠尋亦聞利用留天雄不行，復具奏，乞自澶州別遣使者至北朝，免致緩誤。辛未（二十一日），車駕次長垣縣，得其奏，遂以前意答焉。①

對於議和，真宗顯得頗爲沉著，倒是遼人有些急不可耐。

二十二日，"次韋城縣。詔知滑州張秉、齊州馬應昌、濮州張晟往來河上，部丁夫鑿冰，以防戎馬之度"②。《宋史·真宗紀》云："王繼忠數馳奏請和，帝謂宰相曰：'繼忠言契丹請和，雖許之，然河冰已合，且其情多詐，不可不爲之備。'"③

不過，在韋城，出現了一場小波折。《長編》曰：

> 先是，詔王超等率兵赴行在，踰月不至。寇益南侵，上駐蹕韋城，群臣復有以金陵之謀告上宜且避其銳者，上意稍惑，乃召寇準問之。將入，聞內人謂上曰："群臣輩欲將官家何之乎？何不速還京師！"準入對，上曰："南巡何如？"準曰："群臣怯懦無知，不異於鄉老婦人之言。今寇已迫近，四方危心，陛下惟可進尺，不可退寸。河北諸軍，日夜望鑾輿至，士氣當百倍。若回輦數步，則萬衆瓦解，敵乘其勢，金陵亦不可得而至矣。"上意未決。
>
> 準出，遇殿前都指揮使高瓊門屏間，謂曰："太尉受國厚恩，今日有以報乎？"對曰："瓊武人，誠願效死。"準復入對，瓊隨入，立庭下，準曰："陛下不以臣言爲然，盍試問瓊等。"遂申前議，詞氣慷慨。瓊仰奏曰："寇準言是。"且曰："隨駕軍士父母妻子盡在京師，必不肯棄而南行，中道即亡去耳。願陛下亟幸澶州，臣等效死，敵不難破。"準又言："機會不可失，宜趣駕。"時王應昌帶御器械侍側，上顧之，應昌曰："陛下奉將天討，所向必克，若逗遛不進，恐敵勢益張。或且駐蹕河南，發詔督王超等進軍，寇當自退矣。"上意遂決。
>
> 甲戌，晨發，左右以寒甚，進貂裘絮帽，上卻之，曰："臣下暴露寒苦，朕獨安用此耶？"夕次衛南縣，遣翰林侍讀學士潘謹修先赴澶州，詔澶州北寨將帥及知州不得擅離屯所，迎候車駕。④

---

① ［宋］李燾：《續資治通鑑長編》卷五八，真宗景德元年十一月庚午，第1283頁。
② ［宋］李燾：《續資治通鑑長編》卷五八，真宗景德元年十一月壬申，第1283頁。
③ 《宋史》卷七《真宗紀》二，第126頁。
④ ［宋］李燾：《續資治通鑑長編》卷五八，真宗景德元年十一月，第1284—1285頁。

也説澶淵之盟

李燾注云：

> 《記聞》云：王欽若、陳堯叟密奏金陵之謀。按欽若時已在天雄，必無此奏。堯叟本議幸蜀，上既北出，堯叟固亦不復申言，且改圖也。此當是羣臣怯懦者別請南幸，偶與欽若前謀合，因誤以爲欽若等密奏耳。寇準先破二策於朝，云不可遠之楚、蜀，今此但云金陵不可得至，固亦不及蜀也。它書載準語多差謬，蓋不知準先議於朝，後議於韋城，凡兩對，輒并言上幸澶淵時，故率不可據。今略取《記聞》所載，稍删潤之。①

按司馬光《涑水記聞》卷七云：

> 景德中，虜犯澶淵，天子親征，樞密使陳堯叟、王欽若密奏宜幸金陵，以避其鋒。是時乘輿在河上行宫，召寇準入謀其事。準將入，聞内中人謂上曰："羣臣欲將官家何之邪？何不速還京師？"準入見，上以金陵謀問之，準曰："羣臣怯懦無知，不異於向者婦人之言。今胡虜迫近，四方危心，陛下唯可進尺，不可退寸。河北將士旦夕望陛下至，氣勢百倍。今若陛下回輦數步，則四方瓦解，虜乘其勢，金陵可得至邪？"上善其計，乃北渡河。②

上引《長編》第一段即出自《記聞》。

而《長編》於是年閏九月曾云：

> 先是，寇準已决親征之議，參知政事王欽若以寇深入，密言於上，請幸金陵，簽書樞密院事陳堯叟請幸成都。上復以問準，時欽若、堯叟在旁，準心知欽若江南人，故請南幸，堯叟蜀人，故請西幸，乃陽爲不知，曰："誰爲陛下畫此策者？罪可斬也。今天子神武，而將帥協和，若車駕親征，彼自當遁去，不然，則出奇以撓其謀，堅守以老其衆。勞逸之勢，我得勝算矣，奈何欲委棄宗社，遠之楚、蜀耶！"上乃止，二人由是怨準。欽若多智，準懼其妄有關説，疑沮大事，圖所以去之。會上欲擇大臣使鎮大名，準因言欽若可任，欽若亦自請行。乙亥，以欽若判天雄軍府兼都部署、提舉河北轉運司，與周瑩同議守禦。③

---

① [宋]李燾：《續資治通鑑長編》卷五八，真宗景德元年十一月李燾注，第1285頁。
② [宋]司馬光撰，鄧廣銘、張希清點校：《涑水記聞》卷七，中華書局1989年版，第131頁。
③ [宋]李燾：《續資治通鑑長編》卷五七，真宗景德元年閏九月，第1267頁。

李燾注曰：

> 《記聞》載王欽若、陳堯叟之言，並云車駕時在澶淵。按欽若以閏九月二十四日除知大名，十月初二日行，車駕以十一月二十日方親征，《記聞》蓋誤也。魏泰《東軒錄》載準召欽若至行府諭意，及酌上馬杯，令欽若即日馳騎赴鎮，此尤繆妄。今依約《仁宗實錄》、準及欽若本傳刪修。其實準先已決澶淵之議，欽若與堯叟潛沮之，準因斥言其過，雖斥言其過，蓋未嘗面斥欽若等，固亦不於上前公獻此策，本傳遂云準斥欽若等，恐未必然爾。張唐英作準傳，又有江南人勸幸金陵，蜀人勸幸成都之語，若謂準私以爲然則可耳，必不對上斥言也。且唐英叙準事，多失實，今皆不取。欽若既不能沮準，則因請守魏以自效，姦邪爲身謀，或多如此，本傳宜得之。劉敞作《丞相萊公傳》，亦云上北巡至澶州，不欲渡河，準始請斬建議幸金陵及蜀者，與司馬光《記聞》同誤，今不取。①

寇準諫止真宗避敵發生過兩次，是李燾本人的創見。而李燾之所以力主此說，是因爲王欽若在真宗自東京啓程之前已出守大名，不在真宗身邊。

筆者認爲，這是李燾對文獻的誤讀。

首先，關於此事，《涑水記聞》根據不同的來源，存有兩個版本，其一已見上文，而另一則也同樣認爲，這發生在"（寇）準從車駕幸澶淵"之時。②據上引李燾注，劉頒《寇萊公傳》亦同。而《宋史·寇準傳》謂此事發生在"契丹圍瀛州，直犯貝、魏"之後③，《名臣碑傳琬琰集》載《寇忠愍公準旌忠之碑》亦云事在遼軍"直抵于澶、魏，將飲馬河壖"後④。總而言之，此事應當發生在王欽若出守大名之後。

其次，據上文分析，是年閏九月，宋廷上上下下（包括寇準）對局勢仍相當樂觀，怎麼會有人提出避敵之説？

其三，上引《記聞》明言"密奏宜幸金陵"，也就是說，陳堯叟、王欽若並不在真宗身邊，只是秘密派人上奏。而李燾似乎將"密奏"誤解爲二人避開群臣，以進邪説。

李燾之後，研究者歷來相信寇準兩諫避敵之説，還相信主張避敵是怯懦逃跑之舉，這是更大的誤會。

宋真宗朝之後，王欽若聲名掃地，爲士林所不恥。但這不代表他必然是畏儒懼敵

---

① ［宋］李燾：《續資治通鑑長編》卷五七，真宗景德元年閏九月李燾注，第1267—1268頁。
② ［宋］司馬光撰，鄧廣銘、張希清點校：《涑水記聞》卷六，第113—114頁。
③ 《宋史》卷二八一《寇準傳》，第9530頁。
④ ［宋］杜大珪：《名臣碑傳琬琰集》上集卷二《寇忠愍公準旌忠之碑》，臺北文海出版社1969年影印本。

之人。①王氏自請大名，李燾已經意識到，與畏懦説實難兩存，無奈中只能以姦邪云云塞責。那我們且來看看他在大名及澶淵之盟後針對遼朝的實際表現。上文提到，當曹利用奉使議和，來到大名時，王欽若在孫全照的勸説下留之不遣。二十四日宋真宗離開韋城，繼續行程時，《長編》又曰：

> 上前賜王繼忠詔許遣使，繼忠復具奏附石普以達。普自貝州遣指使、散直張皓持詣行闕，道出敵寨，爲所得，契丹主及其母引皓至車帳前，問勞久之，因令抵天雄，以詔促曹利用。王欽若等疑不敢遣，皓獨還。契丹主及其母賜皓袍帶，館設加等，使繼忠具奏，且請自澶州別遣使速議和好事。於是皓以其奏入，上復賜欽若詔，又令參知政事王旦與欽若手書，俾皓持赴天雄，督利用同北去。②

很難想像，這是同一個怯懦懼敵的王欽若。司馬光《涑水記聞》記載了遼軍寇大名的經過，云：

> 契丹將至，闔城惶遽。欽若與諸將議探符分守諸門……欽若亦自分守南門，（孫）全照曰："不可。參政主帥……不如居中央府署，保固腹心，處分四面，則大善。"欽若從之……是夜月黑，契丹自故城潛師復過魏府，伏兵於城南狄相廟中，遂南攻德清軍。欽若聞之，遣將率精兵追之，契丹伏兵斷其後，魏兵不能進退。全照請於欽若曰："若亡此兵，是無魏也。北門不足守，全照請救之。"欽若許之。全照率麾下出南門力戰，殺傷契丹伏兵略盡，魏兵復得還，存者什三四。③

如此表現，難道也是姦計？又《長編》載：

> （大中祥符七年，遼開泰三年）知秦州張佶言蕃部倨擾，已出兵格鬭，望量益士卒。王旦曰："今四方寧輯，契丹守盟甚堅，西戎入貢不絶，藩翰之臣，宜務鎮

---

① 祥符醜劇的另一主角丁謂，在景德之役的表現即可圈可點。《續資治通鑑長編》卷五八真宗景德元年十月庚寅條（第1276頁）云："（命）知制誥、知鄆州丁謂兼鄆、齊、濮安撫使，並提舉轉運及兵馬……既而敵騎稍南，民大驚，趨楊劉渡，舟人邀利，不時濟。謂給取死罪囚斬河上，舟人懼，民悉得濟。乃立部分，使並河執旗幟、擊刁斗以懼敵，呼聲聞百餘里。敵遂引去。"
② [宋]李燾：《續資治通鑑長編》卷五八真宗景德元年十一月，第1285—1286頁。
③ [宋]司馬光撰，鄧廣銘、張希清點校：《涑水記聞》卷七，第130頁。另參《續資治通鑑長編》卷五八，真宗景德元年十一月，第1284頁。又《續資治通鑑長編》卷五九，真宗景德二年正月己巳條（第1313頁）云："參知政事王欽若加階邑、實封，中謝，又賜襲衣、金帶、鞍馬。故事，輔臣加恩無所賜，上以欽若守藩有勞，特寵異之。自是遂爲故事。"（李燾注：此據《春明録》）此可爲《涑水記聞》佐證。

静。"上曰:"邊臣利於用兵,殊不知無戰爲上。項歲河北請增邊兵,王欽若等亦惑其言,惟朕斷以不疑,終亦無患。"①

在契丹問題上,王欽若要比真宗、王旦更爲激進。

附帶説説陳堯叟。《宋史·陳堯叟傳》載:"真宗幸澶淵,命乘傳先赴北砦按視戎事,許以便宜。"②很難想像,如果陳堯叟是建議幸蜀之人,真宗會交給他這一任務,且"許以便宜"。莫非陳堯叟也是出於詭計,自請北行?

宋景德四年(遼統和二十五年,公元1007年)八月,《長編》曰:

> 自罷兵之後,議者頗以國馬煩耗,歲費縑繒,雖市得尤衆,而損失亦多。知樞密院事陳堯叟獨謂:"群牧之設,國家巨防,今愚淺之説以馬爲不急之務,則士卒亦當遣而還農也。"作《群牧議》以獻,勒石大名監。乙巳,置群牧制置使,命堯叟兼之。③

又宋大中祥符二年(遼統和二十七年,公元1009年)十月,《長編》載:

> 雄州奏契丹改築新城。上謂輔臣曰:"景德誓書有無創修城池之約,今此何也?"陳堯叟曰:"彼先違誓修城,亦此之利也。"上曰:"豈若遺利而敦信乎?且以此爲始,是當有漸。宜令邊臣詰其違約,止之,則撫馭遠俗,不失其歡心矣。"④

同樣,保守的是真宗,而非陳堯叟。

而最能説明問題的是宋大中祥符三年(遼統和二十八年,公元1010年)三月,宋真宗與陳堯叟在輔臣前,對澶淵之役作出的反思:

> 上曰:"自項契丹入寇,備禦之策,無日不講求,而將帥不能決勝,陳堯叟盡知此事。"堯叟曰:"咸平中,契丹侵軼亭障,國家歲歲防秋。六年,舉國而來,群議咸請大爲之防,陛下親降手劄,詢于中外,雖繼上謀畫,皆未盡善,乃特出聖斷,控守險要,排布行陣,又擇鋭卒散爲奇兵,俟戎首南侵,即命諸路直赴幽

---

① [宋]李燾:《續資治通鑑長編》卷八三,真宗大中祥符七年十一月,第1904頁。
② 《宋史》卷二八四《陳堯叟傳》,第9586頁。
③ [宋]李燾:《續資治通鑑長編》卷六六,真宗景德四年八月,第1479頁。
④ [宋]李燾:《續資治通鑑長編》卷七二,真宗大中祥符二年十月癸未,第1635—1636頁。

燕，取其車帳，俾邊郡援應，皆以方略示之，而將帥非其人，故殊勳不集。"①

如果陳氏是澶淵之際曾建議幸蜀之人，真宗怎麼可能讓陳氏去證明自己澶淵前備禦契丹已竭盡全力？

筆者認爲，歷史的真相是，王欽若出守大名後，發現遼軍完全超出了宋人之前的預想，大軍冒險深入宋朝腹地。爲了應對這一變數，宋真宗的方案是回調王超主力，阻截契丹于大名。但王超遷延不至，契丹大軍逼近黃河。如果繼續澶州之行，真宗本人可能直接面對遼軍主力。而澶州城防工事很不完善，並不安全。② 此其一。其二，一旦契丹渡河，東京就直接暴露在遼軍面前，後果不堪設想。稍一不慎，宋朝會有亡國的危險。在這種情況下，爲持重起見，建議皇帝暫時南巡，避敵鋒芒，而讓大臣主持前綫戰事，似在情理之中。而陳堯叟的情況，恐怕也與王欽若類似。如上引《宋史・陳堯叟傳》所述，陳氏其時是大駕親征的先遣隊指揮官，可能也深切地感受到了契丹的巨大壓力。王、陳二人，雖勸真宗避敵，但實非出于姦邪。③

而在這種形勢下，宋真宗遊移不決，重新思考既定策略，算是人之常情，亦非怯懦畏敵。更何況，以往學界忽視的是，擺在真宗面前的，並非只有南奔與北進這兩個選項，還有一個方案，就是回師東京。值得注意的是，在寇準等人勸說下，宋真宗迅疾打消了顧慮，不僅沒有南奔避狄，甚至沒有選擇回師東京這一持重之策，而是毅然決定維持原計劃，北上澶州，親臨風險極大的戰爭第一綫。從上引《長編》所載其次日表現來看，他已恢復決絶與勇氣，而非不情不願地被逼上前綫。

---

① ［宋］李燾：《續資治通鑑長編》卷七三，真宗大中祥符三年三月甲辰，第1661頁。
② 何冠環：《老將知兵——宋初外戚名將李繼隆（950—1005）與景德之役（1004）》，《澶淵之盟新論》，第232—235頁。
③ 關於此事，《涑水記聞》（卷六，第113—114頁）記録的另一版本云："景德初，契丹入寇。是時，寇準、畢士安爲相，士安以疾留京師，準從車駕幸澶淵。王欽若陰言於上，請幸金陵，以避其鋭；陳堯叟請幸蜀。上以問準，時欽若、堯叟在旁，準心知二人所爲，陽爲不知曰：'誰爲陛下畫此策者？罪可斬也。今虜勢憑陵，陛下當率勵衆心，進前禦敵，以衛社稷，奈何欲委棄宗廟，遠之楚、蜀邪？且以今日之勢，鑾輿回轅一步，則四方瓦解，萬衆雲散，虜乘其勢，楚、蜀可得至邪？'上寤，乃止。二人由是怨準。"已經在醜化王欽若和陳堯叟。二人被詆譭的原因頗爲複雜，容另文討論。此處僅舉一例。關於天書封祀，劉頒《萊公傳》（《五朝名臣言行録》卷第四之二引，李衞國校點：《朱子全書》（修訂本）第12册，上海古籍出版社、安徽教育出版社2010年版，第120—121頁）有這樣的記載："（寇準）不信天書，上益疏準。最後知京兆府，都監朱能復獻天書。上以問王旦，旦曰：'始不信天書者準也，今天書降祥所，當令準上之，則百姓將大服，而疑者不敢不信也。'上從之。"按王旦死于天禧元年，天書事在三年，此事必有誤（參見鄧小南：《祖宗之法——北宋前期政治述略》，生活・讀書・新知三聯書店2006年版，第332—333頁）。有趣的是，李燾在毫無依據的情況下卻做出了這樣的推測："或欽若實爲此，非旦也。"（［宋］李燾：《續資治通鑑長編》卷九三真宗天禧三年三月條注，第2142頁）而事實上，王欽若一直試圖唱衰此次天書事件（參見張維玲：《經典詮釋與權力競逐——北宋前期"太平"的形塑與解構（960—1063）》，臺灣大學歷史學系博士學位論文，2015年，第171—172頁）。

從韋城出發後，眞宗再度得到王繼忠的來信，其處置已見上文。《長編》又云：

> （眞宗）因謂輔臣曰："彼雖有善意，國家以安民息戰爲念，固許之矣。然彼尚率衆兵深入吾土，又河冰且合，戎馬可渡，亦宜過爲之防。朕已決成算，親勵全師。若盟約之際，別有邀求，當決一戰，剪滅此寇。上天景靈，諒必助順。可再督諸將帥，整飭戎容，以便宜從事。"①

二十五日，"内出陣圖二，一行一止，付殿前都指揮使高瓊等。給諸軍甲冑，及賜緡錢有差"。二十六日，"車駕發韋南，李繼隆等使人告捷，又言澶州北城門巷湫隘，望且於南城駐蹕"。② 所謂告捷，即擊退遼軍前鋒一事。③ 宋軍因此士氣大振。此時又有一段小插曲。《長編》云：

> 是日，次南城，以驛舍爲行宫，將止焉。寇準固請幸北城，曰："陛下不過河，則人心危懼，敵氣未懾，非所以取威決勝也。四方征鎮，赴援者日至，又何疑而不往？"高瓊亦固以請，且曰："陛下若不幸北城，百姓如喪考妣。"簽書樞密院事馮拯在旁呵之，瓊怒曰："君以文章致位兩府，今敵騎充斥如此，猶責瓊無禮，君何不賦一詩詠退敵騎耶？"即麾衛士進輦，上遂幸北城。至浮橋，猶駐車未進，瓊乃執檛築輦夫背曰："何不亟行！今已至此，尚何疑焉？"上乃命進輦。既至，登北城門樓，張黄龍旗，諸軍皆呼萬歲，聲聞數十里，氣勢百倍，敵相視益怖駭。④

這一記載在表現寇準、高瓊果敢的同時，似反襯出宋眞宗之怯懦。但寇準等之舉動，並非無可質疑。何冠環指出，李繼隆請眞宗駐蹕南城，是因爲"他明白遼軍並未因喪一大將而潰敗，澶州敵騎充斥，宋眞宗未經戰陣，若遽然率親軍登上最前綫的澶州北城，難保兵凶戰危，會發生不測意外"，"後來寇準没有堅持眞宗長駐北城，相信是李

---

① ［宋］李燾：《續資治通鑑長編》卷五八，眞宗景德元年十一月，第1286頁。
② ［宋］李燾：《續資治通鑑長編》卷五八，眞宗景德元年十一月乙亥、丙子，第1287頁。
③ 是役並射殺契丹大將蕭撻覽。汪聖鐸、孟憲玉據《宋史·寇準傳》、《遼史·蕭撻凜傳》及《夢溪筆談》認爲，此事發生在眞宗抵達澶州之後（《澶淵之盟中被忽視的功臣》，載《澶淵之盟新論》）。然《遼史》卷一四《聖宗紀五》（第160頁）載："壬申（二十二日），（遼主）次澶淵。蕭撻凜中伏弩死。乙亥，攻破通利軍。"可見蕭撻凜之死當在壬申至乙亥間。據《續資治通鑑長編》（卷五八眞宗景德元年十一月甲戌，第1287頁），撻凜死於甲戌日。而《宋史》卷七《眞宗紀二》（第126頁）亦謂丙子（二十六日）車駕至澶州，與《續資治通鑑長編》同。《宋史·寇準傳》等疑誤。
④ ［宋］李燾：《續資治通鑑長編》卷五八，眞宗景德元年十一月丙子，第1287頁。

繼隆的穩重意見收到尊重"。因此，何先生稱許李繼隆"以'穩健'平衡了寇準的'躁進'"。① 大敵當前，讓非武人出身的最高統帥直接踏上飛矢可及的火綫，固然可以激勵士氣，但風險也實在太大了，一旦有意外，後果不堪設想。宋真宗之疑慮，不能簡單地視爲怯懦。②

不論如何，契丹議和使節很快就來到了。《長編》載：

> 十二月，庚辰朔，（遼使）韓杞入對於行宮之前殿……其書復以關南故地爲請，上謂輔臣曰："吾固慮此，今果然，唯將奈何？"輔臣等請答其書，言："關南久屬朝廷，不可擬議，或歲給金帛，助其軍費，以固懽盟，惟陛下裁度。"上曰："朕守祖宗基業，不敢失墜。所言歸地事極無名，必若邀求，朕當決戰爾！實念河北居人，重有勞擾，儻歲以金帛濟其不足，朝廷之體，固亦無傷。答其書不必具言，但令曹利用與韓杞口述玆事可也。"……上又面戒利用以地必不可得，若邀求貨財，則宜許之。③

真宗雖允歲幣，但並没有卑躬屈膝。

是日，"命户部判官、員外郎李含章澶州至京提點供頓"；初四，"遣給事中吕祐之齎敕牓諭兩京以將班師"。④ 和議雖然尚未最終落實，但天子返京非比尋常，需盡早準備，而兩京人心亦亟待安定。且真宗並未放鬆警惕。據《長編》，初二日，"詔永興軍兵除先追赴河陽及量留本州外，並令部署許均領赴行在"⑤。即可爲證。

初三日，何承矩奏到，言蕭撻覽已死，契丹軍心渙散。真宗曰：

> 今歲入寇，皆其首謀。或聞犯邊以來，累戰不利，因號令部下，凡獲男子

---

① 何冠環：《老將知兵》，第234—235、242頁。
② 船山亦早已指出寇準此舉之冒險。《宋論》卷三《真宗》"王欽若以孤注之説譖寇準"條（《船山全書》，岳麓書社2011年版，第11册，第87頁）云："其言亦非無因之誣也。王從珂自將以禦契丹於懷州，大敗以歸而自焚；石重貴自將以追契丹於相州，諸將爭叛而見俘於虜；皆孤注也。而真宗之渡河類之。"又《讀通鑑論》卷二〇《唐太宗》"太宗以親征高麗困于安市"條（《船山全書》，第10册，第782頁）曰："苻堅不自將以犯晉，則不大潰以啓鮮卑之速叛；竇建德不自將以救竇，則不被擒而兩败以俱亡；完顏亮不自將以窺江，則不挫於采石而國内立君以行弑；佛貍之威，折於盱眙；石重貴之身，擒於契丹；區區盗賊夷狄之主，且輕動而召危亡，況六宇維繫於一人而輕試於小夷乎？怯而無功，世勣、無忌尚老成持重之謀也。不然，土木之禍，天維傾折，悔將奚及邪？王欽若詆寇準以孤注，欽若誠姦，準亦幸矣；鼓一往之氣，以天子渡河爲準之壯猷，幾何而不誤來世哉？"
③ ［宋］李燾：《續資治通鑑長編》卷五八，真宗景德元年十二月庚辰，第1288頁。
④ ［宋］李燾：《續資治通鑑長編》卷五八，真宗景德元年十二月庚辰、癸未，第1288、1290頁。
⑤ ［宋］李燾：《續資治通鑑長編》卷五八，真宗景德元年十二月辛巳，第1289頁。

十五以上者皆殺之。彼既失其謀主，朕親御六師，而王超等三路大兵亦合勢南來，彼奔北固其宜也。①

遼朝此番南下，雖深入至河，但戰事並不順利。對此，真宗非常清楚，其自信恐非造作。

初四日，曹利用再至遼寨，和議遂定。在契丹退兵之際，真宗表現得相當理性，該出手時就出手，但並不躁進。《長編》云：

> （戊子，初九日）北面諸州軍奏："偵得契丹北去，未即出塞，頗縱游騎騷擾鄉閭。貝州、天雄軍居民，驚移入郭。"詔高陽關副部署曹璨帥所部取貝冀路赴瀛州……選天雄騎兵二萬為璨後繼，以躡戎寇，敢肆劫掠，則所在合勢剪戮。仍遣使諭契丹以朝廷為民庶尚有驚擾、出兵巡撫之意。又賜王繼忠手詔，令告契丹悉放所掠老幼，命澶州馬鋪小校華斌乘驛齎赴敵寨……（庚寅，十一日）李繼隆奏龍衛指揮使劉普領兵奪戎人車牛生口凡萬餘計……（甲午，十五日）張凝等奏率兵至貝、冀，戎人候騎各圍結北去，不敢侵掠。②

契丹從"縱游騎騷擾"到"不敢侵掠"的變化，正是真宗出手的結果。③

《長編》又曰：

> 華斌自敵寨還，王繼忠具奏北朝已嚴禁樵采，仍乞詔張凝等無使殺傷北朝人騎。上謂輔臣曰："昨儻徇群議，發大軍會石普、楊延朗所部屯布緣河諸州，邀其歸路，以精銳追躡，腹背夾攻，則彼必顛沛矣。朕念矢石之下，殺傷且多，雖有成功，未能盡敵，自茲北塞常須益兵，河朔人民無日休息。況求結歡盟，已議俞允，若彼自渝盟約，復舉干戈，因而誓衆，中外同憤，使其覆亡，諒亦未晚。今張凝等出兵襲逐，但欲絕其侵擾耳。"④

這應當是其態度的真實反映。

---

① [宋] 李燾：《續資治通鑑長編》卷五八，真宗景德元年十二月壬午，第1290頁。
② [宋] 李燾：《續資治通鑑長編》卷五八，真宗景德元年十二月戊子、庚寅、甲午，第1294、1296頁。
③ [宋] 李燾：《續資治通鑑長編》卷六七，真宗景德四年十一月（第1509頁），"（契丹來使）耶律元館于京師，嘗詢左右曰：'館中日聞鼓聲，豈習戰陣耶？'或對以俳優戲場，閭里筵設。上聞之，謂宰相曰：'不若以實論之。諸軍比無征戰，閱習武藝，亦國家常事耳，且可以示無閒於彼也。'"亦可證真宗並非怯懦之輩。
④ [宋] 李燾：《續資治通鑑長編》卷五八，真宗景德元年十二月，第1296—1297頁。

四、結論

　　縱觀澶淵之役，契丹雖舉國入寇，但除了瀛州一役，並沒有打過硬仗，更沒有取得值得誇耀的戰果，僅攻下了無足輕重、宋軍並未重點防守的德清軍、通利軍與祁州。按《長編》宋景德元年十一月丁巳，"詔德清軍，如戎寇南侵，不須固守，率城中軍民並赴澶州，仍令駕前排陣使分兵應接。以其介澶、魏之間，素不修完，屯兵寡少也"[1]。同月庚申，真宗"謂輔臣曰：'聞寇沿河屯泊，侵擾貝、冀，窺深州，皆不利而去，彼皆有備故也。獨通利軍素無城壁兵甲，若寇漸南，王超等大軍未至，邢、洺即可憂也，宜分兵益爲之備。'"[2]而瀛州亦非宋重兵所在，契丹大軍狂攻近十日而不能下，反彰顯出遼軍之無能。

　　在這種情況下，契丹主力深入至河，太后、遼聖宗及韓德讓均在軍中。而駐守澶州的是御駕親征的宋軍[3]，與此同時，河北、河東、陝西大軍正向澶州圍攏。單純從軍事角度而言，遼人之冒險實在令人費解。若果大戰，契丹並無必勝之把握。而一旦戰敗，不僅主力有被全殲之危險，太后等均有成爲階下囚之可能。換言之，亡國並非過甚其辭。

　　但如果聯繫到遼方特地帶上了之前俘虜的王繼忠，且早早地在圍攻瀛州之際就讓王氏致書宋真宗，這招險棋有了答案。雖然宋軍防禦體系的最終確定是在王繼忠被俘兩個月之後，但此前已大體成型。所以，王氏一定將宋軍的防綫佈置及作戰計劃告知了契丹。也就是說，契丹人完全清楚，宋朝腹地防禦的空虛，宋人對遼人可能冒險深入南下缺乏準備。

　　另一方面，王氏是宋真宗藩邸舊人，乃其心腹，當深知真宗確無意北伐，宋方雖佈置了大陣，但若有機會，宋真宗仍傾向于媾和。《長編》云："王繼忠戰敗，爲敵所獲，即授以官，稍親信之，繼忠乘間言和好之利。"[4]當得其實。所以，即便南下戰事不利，只要不是主力潰敗，和局恐怕仍可求得。更何況，大軍深入宋朝腹地，在談判桌上是個不小的籌碼。

　　契丹早在攻擊瀛洲前就讓王氏發出求和的信號，意圖可能有二：麻痹宋人，爲南

---

[1] [宋]李燾：《續資治通鑑長編》卷五八，真宗景德元年十一月丁巳，第1280—1281頁。
[2] [宋]李燾：《續資治通鑑長編》卷五八，真宗景德元年十一月庚申，第1281頁。
[3] 柳立言《宋遼澶淵之盟新探》低估了宋軍實力，參見何冠環：《老將知兵》，《澶淵之盟新論》。
[4] [宋]李燾：《續資治通鑑長編》卷五七，真宗景德元年閏九月乙亥，第1268頁。

下釋放烟幕彈；萬一南下不利，爲和談做好準備。而三巨頭俱在軍中，一方面可能跟國内政局有關，另一方面恐怕也是因爲此役事關重大，遼方對此期望很高，而戰場上形勢瞬息萬變，是戰是和，均需隨機應變、當場拍板之故。

而面對契丹大軍，宋朝同樣没有必勝之把握。一旦出現意外，遼軍攻破澶州，俘虜真宗，或渡過黄河，挺進開封，同樣意味著亡國的危險。因此，長期缺乏互信無法媾和的雙方，在劍拔弩張的澶淵，却神奇地走到了一起。

當然，此役宋廷的確犯了重大錯誤。首先，由于誤信王繼忠戰死沙場，没有意識到軍事計劃已完全暴露，事先没有在大名、澶州一帶部署重兵。[1] 其二，遼軍南下，宋真宗隨即調整策略，但寄以厚望的王超大軍遷延不至，使得契丹輕易越過大名，直逼澶州，將至尊推上了戰争第一綫。

值得深思的是，戰後王超及其副手並未受到嚴厲處罰。宋景德二年（公元1005年）正月，"步軍都虞候、天平節度使王超爲三路統帥無功，引兵赴行在，又違詔失期，上章待罪，上憫其勞舊，弗責。戊辰，以超爲崇信節度使，罷軍職，便道之任"；二月乙巳，"步軍副都指揮使、河西節度使桑贊罷軍職，判潁州。贊副王超，總戎禦敵，逗撓無功故也。上不欲暴其過，止以足疾罷之"。[2]

與之形成鮮明對比的是宋咸平三年（遼統和十八年，公元1000年）傅潛之結局。按常理而言，王超之罪遠大于傅潛，但他不僅得到了宋真宗的寬恕，朝臣似亦無人要求嚴懲王超。而咸平間舉朝洶洶，欲斬傅潛。這一方面説明，當時宋朝君臣總體上對澶淵之盟比較滿意，另一方面暗示，即便王超如約到來，只要宋真宗確信契丹確有求和之心，就不會主動掀起大戰。

附記：本文是國家社會科學基金青年項目（12CZS023）、人社部留學人員科技活動擇優資助項目"北族政權研究再思考"階段性成果。感謝李華瑞師、張帆師、潘星輝兄、李二民兄、方誠峰兄、歷史所諸師友與匿名評審專家提供的寶貴意見，及張彤師、艷秋兄爲編輯小文付出的辛勞。尤其是李老師，並不同意本文的觀點，直言不諱，提出了尖鋭的批評，迫使筆者進行更深入的思考。文責自負。

收稿日期：2015年3月

---

[1] 黄俊峰信從《涑水記聞》大名"有兵十萬"的記載（《北宋戰略防禦階段的宋遼戰争與澶淵之盟》，第45頁），然《續資治通鑑長編》卷五七，景德元年閏九月（第1266—1267頁）載寇準云"今天雄軍至貝州，屯兵不過三萬人"，前者恐不可信。

[2] [宋]李燾：《續資治通鑑長編》卷五九，真宗景德二年正月戊辰、二月乙巳，第1312、1320頁。

《馬可·波羅遊記》海路部分譯注（一）

李鳴飛

内容提要：《馬可·波羅遊記》是研究 13—14 世紀中外關係史的重要史料。《遊記》的版本情況非常複雜，有一百多種抄本，還有多個刊本和校本，並且多次被譯爲中文出版，然而目前國内並沒有較好的譯本，通行的馮承鈞譯本缺失一些重要版本的内容。慕阿德和伯希和的《世界寰宇記》是學術價值比較高的一個合校本，本文擬對這個校本的第三卷"海路"部分進行翻譯和注釋，期以推進 13—14 世紀中外關係史研究。

關鍵詞：馬可·波羅　《世界寰宇記》　中外關係史　元朝

一、《遊記》版本及研究概況

《馬可·波羅遊記》自面世後，各種抄本和譯本層出不窮，到 20 世紀初，學者調查清理出的抄本連同賴麥錫（G. B. Ramusio）的刊本及這一刊本派生出的各種版本，一共已有 143 種之多①，這些抄本衍伸爲不同系統，彼此之間差別甚大，之後學者進行整理校勘，又出版衆多校本。研究《遊記》首先需要清理這些不同版本。幸而西方學者如貝内帶托（L. F. Benedetto）、慕阿德（A. C. Moule）和伯希和（Paul Pelliot）在抄本整理方面已經做了非常詳盡的工作。一些重要的校本也有很多學者進行過介紹和評價。可惜國内學者沒有很好地介紹這些成果。國内目前有方豪②、張躍銘③、黄時鑒④、

---

① A. C. Moule & Paul Pelliot, *Marco Polo, The Description of the World*, vol.I, pp. 509-516 提供了 143 種抄本的列表，London: George Routledge & Sons Limited, 1938.
② 方豪：《中西交通史》下册，上海人民出版社 2008 年版，第 366—368 頁。
③ 張躍銘：《〈馬可波羅遊記〉在中國的翻譯與研究》，《江淮論壇》1981 年第 3 期。
④ 黄時鑒：《略談馬可·波羅書的抄本與刊本》，原載《學林漫録》第 8 集，中華書局 1983 年版，後收入《黄時鑒文集 2：遠跡心契——中外文化交流史（迄于蒙元時代）》，中西書局 2011 年版，第 214—217 頁。

任榮康[①]、余士雄[②]等人根據亨利·裕爾（Henry Yule）和貝內帶托的研究成果對《遊記》版本做過介紹，其中黃時鑒的介紹比較簡單，張躍銘和余士雄的介紹有一些錯誤，任榮康的文章雖然也有個別錯誤但相對準確，然而流傳不廣，後來學者瞭解此書版本主要參考余士雄的介紹，於是他的錯誤被其他一些學者所引用[③]，導致國內學者在利用國外譯本、校本和國內譯本的時候，對其性質沒有很好地瞭解，這對於研究頗爲不利。本文意圖翻譯《馬可·波羅遊記》中的海路部分內容和一些前人校注，在此之前，有必要對《遊記》的版本系統做一個簡潔但相對完整準確的介紹。

（一）《馬可·波羅遊記》的重要抄本及R本

對於《遊記》一書的抄本狀況，慕阿德有如下描述："關於這本書的真實文本，是一個非常複雜難解的問題。[④]雖然賴麥錫提到'整個意大利在短短幾個月內就到處都是這書'時可能有點誇張，但這本書的確非常流行。然而它的流行並未使其按照作者寫成的狀態保存下來，反而導致至今爲止沒有任何一個已知抄本是完整和準確的。不僅如此，認真檢查之後，似乎任何一個抄本都有錯漏，基本上現存抄本中大部分都來自同一個本子，但這個也並非原本，而是已經與原本不同。我們不得不認爲，原本即使曾經完整，後來也在抄寫中出現了嚴重的錯漏。該書用一種粗俗的法語混合意大利語寫成，有時候即使有解釋也看不懂。從一開始，每一個抄寫者都出現遺漏、刪削、詮釋、抄錯以及翻譯錯，只要自己覺得合適，就很自然地按照自己的觀點進行修正，有時候帶有明顯的目的性。結果就是，毫不誇張的說，我們一下子有了近120個彼此之間各不相同的抄本。"[⑤]

最早對《遊記》抄本進行調查和分類的是亨利·裕爾，他在對抄本進行整理的基礎上完成了第一部真正意義上的合校本。他在合校本的序言中把《遊記》所有版本分爲法國地學會本（Geographical Text）、法文本（French Mss.）、庇庇諾修士的拉丁文本（Friar Pipino's Latin version）和賴麥錫刊行的意大利文版（G. B. Ramusio's Italian

---

[①] 任榮康：《〈馬可·波羅行紀〉版本史簡述》，《中國文化研究集刊》第五輯，復旦大學出版社1987年版，第219—245頁。
[②] 余士雄：《〈馬可波羅遊記〉的外文版本和中文譯本》，《江西師範大學學報》（哲學社會科學版）1989年第4期。
[③] 如余士雄誤以爲貝內帶托校本以Z本爲底本，而張星烺翻譯了英譯的貝內帶托本，因此張星烺的譯本亦爲Z本，這是錯誤的，實際上貝內帶托本仍是以F本爲底本。這個錯誤被楊志玖的《百年來我國對〈馬可波羅遊記〉的介紹與研究》一文所繼承，楊志玖文發表在《天津社會科學》1996年第1、2期。
[④] 原注：貝內帶托的《百萬》（Il Milione），1928，頁xi-ccxxi，關於這個問題有詳細介紹。
[⑤] 原注：關於這些抄本分組、時代、語言等細節，必須再次參考貝內帶托的工作，以及本書頁509的列表。A. C. Moule & Paul Pelliot, *Marco Polo, the Description of the World*, vol.I, p. 40.

version）四類。[1] 並在附録中列表給出了他調查所見的 75 種《遊記》抄本，他也在列表最後坦言未能調查比利時、荷蘭和葡萄牙的圖書館。[2] 然而他的分類法並不科學，一些具有獨特意義的抄本系列未被列出，而且在他的時代 Z 本還没有發現，導致其版本分類中缺了重要的一塊，因此現在已經被貝内帶托的分類法所取代。但亨利·裕爾的版本分類法在國内學界頗有影響，張躍銘和余士雄介紹《遊記》版本時都採用了這種分類法。[3] 因此後文在介紹版本時，也會提及裕爾分類法中對該本的分類。

20 世紀 20 年代，貝内帶托教授在佛羅倫薩受意大利國家地理學會（Comitato Geografico Nazionale Italiano）委託撰修一部新的國家版《遊記》，因此他對《遊記》版本重新進行了一次全面調查。他遍訪歐洲各大圖書館，搜尋已知和未知的抄本，希望在此基礎上重建《遊記》原稿。最終他在米蘭的安布羅西亞圖書館（Ambrosiana Library）找到一個與庇庇諾的拉丁文本不同的拉丁文抄本。這就是我們所謂的澤拉達（Zelada）本（Z 本）的復本，被稱爲 Zt 本。在這次調查的基礎上，他對《遊記》抄本重新進行分類。他假設《遊記》的原稿是 O 本，已佚。由 O 本的已佚抄本 O_1 延伸出兩組抄本，分別是 A 組和 B 組，A 組衍伸出的 F 本（即法國地學會本）是這一組中現存最爲古老的抄本，該本保留了原始的語言，但内容已與原本相去甚遠。F_1、F_2、F_3 是 F 本的兄弟版本，被分別翻譯爲宫廷法語（FG 分支），托斯卡納方言（TA 分支）和威尼斯方言（VA 分支，其中包括最爲流行的庇庇諾修士的拉丁語本 P 本）。B 組衍伸出一種已經亡佚的抄本，該本只有通過賴麥錫的刊本而被瞭解，拉丁文的 Z 本亦是基於這個抄本。相對於 A 組，B 組的原型與 O_1 更爲接近，但亦不完整。[4] 實際上可以説現存除 Z 本系統之外的抄本全都歸入 A 組，"Z 本"系統歸入 B 組。賴麥錫本是刊本而非抄本，但這個刊本具有與抄本同樣重要的意義。應該説貝内帶托的分類法比裕爾的更爲科學，但由於貝内帶托的合校本只刊印 300 部，現在很難找到，而且不懂意大利文的讀者很難利用其導言，幸而本策（N. M. Penzer）和丹尼森·羅斯（E. Denison Ross）都對其導言進行了介紹。[5]

---

[1] Colonel Henry Yule, *The Book of Ser Marco Polo, The Venetian, Concerning the Kingdoms and Marvels of the East,* vol.I, London: John Murray, 1871, pp.cxv-cxxix.

[2] Colonel Henry Yule, *The Book of Ser Marco Polo, The Venetian,* vol.II, pp.449-462.

[3] 張躍銘：《〈馬可波羅遊記〉在中國的翻譯與研究》，第 50—51 頁。余士雄：《〈馬可波羅遊記〉的外文版本和中文譯本》，第 110 頁。余士雄認爲貝内帶托的分類法最簡要，亨利·裕爾的分類法最詳盡，這種觀點是錯誤的。

[4] Translated from the text of L.F. Benedetto by Professor Aldo Ricci, with an introduction and index by Sir E. Denison Ross, *The Travels of Marco Polo,* London: G. Routledge & Sons, 1931, pp.x-xi.

[5] Edited from the Elizabethan translation of John Frampton ; with introduction, notes and appendixes by N.M. Penzer, *The Most Noble and Famous Travels of Marco Polo : Together with the Travels of Nicolò de Conti,* London : Adam and Charles Black, 1937, pp. xviii-xxxi. E. Denison Ross: *The Travels of Marco Polo,* pp.vii-xvii.

慕阿德和伯希和重新編撰《遊記》合訂本時,再次對其抄本進行調查,最後總共找到 119 種抄本,還有 7 種刊印本及刊印本的復本,15 種節略本（Compendia and extracts）,及 2 種存疑本（doubtful items）,總共 143 種版本,製成一表,作爲《世界寰宇記》卷一的附錄[1],此外慕阿德在《導言》中亦對《遊記》的抄本及刊本進行了介紹[2]。本節主要根據本策、丹尼森·羅斯的導言以及慕阿德的導言和版本表對《馬可·波羅遊記》的版本情況做一介紹。

1. 地理學會本,簡稱 F 本

此本即藏於巴黎國家圖書館的 Fr. 1116 號手稿,1824 年由巴黎地理學會（Société de Géographie）收入《遊記與回憶錄彙編》（Recueil de Voyages et de Mémoires）第一卷出版,因此被稱爲"地理學會本"。出版時完全忠於抄本,亦保留了抄本中的錯誤。由於其使用了一種法蘭西—意大利混合語書寫,又被稱爲"老法文本"[3]。貝内帶托和慕阿德的合校本均以此本爲底本。[4] 裕爾將 F 本作爲第一類。裕爾認爲該本是最接近于原初手稿的抄本,也是秕糠本（Crusca）、拉丁文本等各種譯本的來源,因爲這個抄本中包含其他各抄本中幾乎所有重要的章節和段落。而其他各抄本則多少有這樣那樣的遺漏,而且該本行文重複,毫無潤色,裕爾認爲如果是譯本絕不至於如此,還有一個重要證據是,同時代其他語言抄本中東方辭彙的各種拼寫幾乎均存在於此抄本中。[5] 貝内帶托經過對 F 本和魯斯蒂謙（Rustichello da Pisa）其他作品的對比,發現其中有一些短語和習語幾乎完全一樣,可以肯定是出自同一人之手。[6] 但貝内帶托認爲並不是所有的 A 組抄本均可追溯到 F 本,F 本亦非唯一的最接近原本的抄本,而是存在一些已經亡佚的 F 本的兄弟版本——大英博物館保存的法蘭西—意大利文抄本的殘餘片段[7] 亦證實了這一點——由 F 本的兄弟抄本 F_1、F_2、F_3 分別派生出現在已知的各抄本系統[8]。Z 本的發現則使我們知道,F 本雖然使用了和原稿相同的語言,却並非與原稿最爲接近的抄本,而是已經進行過大量删節,與原稿相距甚遠。

---

[1] A. C. Moule & Paul Pelliot, *Marco Polo, the Description of the World,* vol.I, pp. 509-516.

[2] A. C. Moule & Paul Pelliot, *Marco Polo, the Description of the World,* vol.I, pp.40-52.

[3] A. C. Moule & Paul Pelliot, *Marco Polo, the Description of the World,* vol.I, pp.41-42.

[4] Luigi Foscolo Benedetto, *Il millione,* Firenze : Olschki, 1928. A. C. Moule & Paul Pelliot, *Marco Polo, the Description of the World.*

[5] Colonel Henry Yule, *The Book of Ser Marco Polo, The Venetian,* vol.I, pp.cxi-cxv.

[6] N.M. Penzer, *The Most Noble and Famous Travels of Marco Polo,* p. xx.

[7] Cottonian Codex Otho D.5, 在慕阿德、伯希和合校本的版本表中,該本被簡稱爲 FO 本,見 A. C. Moule & Paul Pelliot, *Marco Polo, the Description of the World,* vol.I, p. 509. 最近又發現了新的"意大利—法語"混合語言的抄本殘片 BnF fr. 1463, 共 4 葉,感謝意大利倫巴第大學羅曼語文學與語言學系副教授 Alvise Andreose 告知這一信息。

[8] N.M. Penzer, *The Most Noble and Famous Travels of Marco Polo,* p. xxi.

2. 宮廷法文本或格里瓜爾本，簡稱 FG 本

這個系列的抄本使用純粹的法語，又稱爲宮廷法語（Court French），並對原本進行了一些修訂，裕爾把這一系列修訂過的法文抄本稱爲"法文本"並簡稱爲 F'本，作爲第二類。貝内帶托將其命名爲"格里瓜爾本"（Grégoire texts），簡稱爲 FG 本，這是因爲抄寫者格里瓜爾的名字出現在該系列抄本中的兩個抄本 FA$_1$ 和 FA$_3$ 上。慕阿德將這一類抄本稱爲"宮廷法文本"，但保留了 FG 本的縮寫。裕爾的版本表中這一系列只列出了 5 種抄本，貝内帶托發現了另外 10 種，慕阿德又加入了 1 種。[①] 貝内帶托把這一系列抄本分爲 ABCD 四類，内容略有不同。被簡稱爲 FA 本的 A 類抄本有 4 種，其中包括慕阿德新加入的藏於紐約的 FA$_4$；簡稱爲 FB 的 B 類抄本有 7 種，FC 本有 4 種，FD 本 1 種。其中 FA$_1$、FA$_2$ 及 FB$_4$ 是裕爾提到過藏於巴黎圖書館的三種。[②] 1865 年，法國學者頗節（M. G. Pauthier）綜合這三個抄本，刊行了新版《遊記》二卷本。[③] 裕爾合校本即以此本爲底本。簡稱爲 FA$_2$ 本的 Fr.2810 號抄本是一個非常華麗的抄本，其中 266 幅彩色圖版，前 96 頁中即有 84 頁是圖版。這個豪華抄本於 1998 在日本影印出版。[④]

簡稱爲 FB 的 B 類抄本有七種，其中 FB$_1$ 和 FB$_2$ 比較相似，FB$_2$ 即裕爾提到的藏于牛津大學鮑德林圖書館（Bodleian Library）的 264 號抄本，FB$_3$、FB$_4$ 和 FB$_5$ 較爲類似，FB$_3$ 即裕爾所說藏於瑞士伯爾尼的 125 號抄本。FB$_6$ 和 FB$_7$ 則是來自距原本較遠的抄本。[⑤] FB$_3$ 和頗節用過的 FB$_4$ 以及 FB$_5$ 這三個抄本之前有馬可·波羅贈瑟普瓦領主迪博（Thibault de Cepoy）原序，該序顯示出這一系列抄本是 1307 年由馬可·波羅在威尼斯親自送給法蘭西王子之使臣瑟普瓦領主迪博的修訂本，並稱之爲該書寫成之後的第一部抄本，序言還提到此本被迪博帶回法國後，由其長子若望（Jean）呈送法王查理（Charles），並且"其友人有求者，曾以此本付之傳抄"[⑥]。該序言說明了法文本傳播的原因，並且從序言來看，似乎抄本的修改得到了馬可·波羅本人的認可。但貝内帶

---

① 詳細的抄本情況參考 A. C. Moule & Paul Pelliot, *Marco Polo, the Description of the World,* vol. I, pp. 509-510, 以下抄本的縮寫均本於此表。

② Bibliotèque Nationale Centrale de France, Paris, Ms. Fr.5631, Ms. Fr.2810, Ms.Fr. 5649. A. C. Moule & Paul Pelliot, *Marco Polo, the Description of the World,* vol.I, p. 509.

③ M. G. Pauthier, *Le Livre de Marco Polo, citoyen de Venise,* Paris Didot, 1865.

④ マルコ・ポーロ：『フランス国立図書館藏本ファクシミリ版驚異の書——マルコポーロ東方見聞録』，ファクシミリ版，東京岩波書店 1998 年刊行。

⑤ Colonel Henry Yule, *The Book of Ser Marco Polo, The Venetian*, vol.I, pp.cxix-cxx. A. C. Moule & Paul Pelliot, *Marco Polo, the Description of the World,* vol.I, pp. 509-510. N.M. Penzer, *The Most Noble and Famous Travels of Marco Polo,* p. xxii.

⑥ 馮承鈞譯：《馬可波羅行紀》，上海書店出版社 2001 年版，第 1 頁。以下所用馮承鈞譯本《馬可波羅行紀》的頁碼均爲這一版。

托認爲序言並不可信，因爲該本不可能是原書寫成後的第一部抄本。①

裕爾認爲法文本系列抄本直接來自 F 本，但貝内帶托經過對該本仔細的研究和與 F 本對比，認爲 FG 本來自一個與 F 本非常相似的兄弟抄本 F₁ 本，因爲 FG 本有一些 F 本中所没有的細節。②

3. 托斯卡納語本，簡稱 T 本

貝内帶托系統 A 類本中有托斯卡納語譯本（Tuscan Version）系統，簡稱 T 本。裕爾系統中無此分類，他只是在第一類 F 本的介紹中簡單提到這個系統譯本來自 F 本。③ 但貝内帶托認爲 T 本來自於與 F 本和 F₁ 本都非常相似的法蘭西—意大利語抄本 F₂。

這個系統中包括 5 種抄本，貝内帶托將其稱爲 TA₁₋₅。其中最重要的 TA₁ 抄本即藏於佛羅倫薩國家圖書館（Biblioteca Nazionale Centrale di Firenze）的 II.IV.88 號手稿，該本又以"秕糠本"（Codex Della Crusca）之名著稱。④ 根據扉頁的説明，這個抄本係由死於 1309 年的尼古拉·奥爾馬尼（Niccholo Ormanni）抄於佛羅倫薩。1827 年，巴爾德利·博尼（Baldelli Boni）首次在佛羅倫薩刊行這一抄本。秕糠學會（Accademia della Crusca）將此抄本劃入正式語源，因爲此本又被稱爲"秕糠本"，國内有的學者將其翻譯爲"克路斯加本"⑤。這一系列抄本採用了"商人書體"進行修訂，主要着眼於原本中對商業的描寫，供從事東方貿易的人使用，因此進行了大量刪節，原本中關於戰爭、國家制度、歷史等細節很多被删掉了。⑥ 其中 TA₁ 雖然非常古老，但並不完整，並且與 F 本差距較大。因此貝内帶托在重建《遊記》原稿時，在稱其爲繼"地理學會本"、"Z 本"後的第三個範本的同時，又説該本被"不公正地美譽爲最佳本，而它更配得到相反的稱號"⑦。

這一系統中還有兩種版本值得一提，其一是藏於巴黎國家圖書館的 lat.3195 號抄本，是根據修士庇庇諾的拉丁文本修訂過的拉丁文本，但其内容仍屬於 T 本系統，被稱爲 LT 本。這個版本在 1824 年時由法國國家地理學會與 F 本一同收入《遊記與回憶

---

① N.M. Penzer, *The Most Noble and Famous Travels of Marco Polo*, p. xxiii.
② N.M. Penzer, *The Most Noble and Famous Travels of Marco Polo*, p. xxii.
③ Colonel Henry Yule, *The Book of Ser Marco Polo, The Venetian*, vol.I, p.cxvi.
④ N.M. Penzer, *The Most Noble and Famous Travels of Marco Polo*, p. xxiii.. A. C. Moule & Paul Pelliot, *Marco Polo, the Description of the World*, vol.I, p.510.
⑤ 如張躍銘:《〈馬可波羅遊記〉在中國的翻譯與研究》，第 51 頁。方豪:《中西交通史》下册，第 366 頁。
⑥ 月村辰雄:『マルコ・ポーロを原典で読む——フランス語版東方見聞録訳者あとがき』，マルコ・ポーロ[著]，月村辰雄、久保田勝一本文訳:『全訳マルコ・ポーロ東方見聞録「驚異の書」fr.2810 写本』，東京岩波書店 2002 年版，第 225 頁。
⑦ N.M. Penzer, *The Most Noble and Famous Travels of Marco Polo*, p. xxiv. L. F. Benedetto, Il vero testo di Marco Polo, *Il Marzocco*, 1924.1.27.

錄彙編》第一卷出版刊行，並于 1844 年由穆雷（Hugh Murray）譯爲英文。[1]另一種是 14 世紀佛羅倫薩詩人安東尼奧·蒲賽（Antonio Pucci）的無序言版本。[2]

4. 威尼斯語本，簡稱 V 本

威尼斯語譯本系統（Venetian Recension）又稱意大利語譯本系統。這個系統非常複雜，包括有大約 90 種抄本[3]，從中派生出拉丁語譯本（LA 和 LB 本）、托斯卡納語譯本（TB 和 VT 本）、德語譯本（VG 本）、西班牙語譯本（S 本）和英語譯本以及其他語言的轉譯抄本。威尼斯本中最爲重要的是貝內帶托簡稱爲 VA_{1-5} 的 5 種抄本，這 5 種抄本中只有 VA_3 和 VA_4 是完整的，但 VA_1 却最爲重要，這個藏於羅馬卡薩納特圖書館（Biblioteca Casanatense）中的殘存抄本直接來自於修士庇庇諾用於翻譯拉丁文本的威尼斯語原抄本，抄寫于 14 世紀初。該本寫成時馬可·波羅本人還在世，應該是最接近原本的抄本之一。[4] V 本曾被翻譯成拉丁語和托斯卡納語，直接由 V 本翻譯的拉丁語本有兩類，一類有兩種，簡稱 LB_{1-2}，另一類是修士庇庇諾翻譯的拉丁文本，簡稱 P 本，後面再詳細介紹。由 V 本翻譯的托斯卡納語抄本有 6 種，簡稱 TB_{1-6}，這組托斯卡納語譯本中的某一本又曾被譯爲德語（簡稱 VG_{1-3}）和另一組拉丁語本（簡稱 LA_{1-6}）。V 本系統中還有一個抄本，與翻譯成托斯卡納語本的威尼斯語抄本非常接近，但前面附有鄂多立克（Odorico da Pordenone）的摘要，由此抄本延伸出兩組抄本和譯本，第一組包括一個抄寫於 14 世紀末，藏於塞維利亞的抄本 VL_1，該本曾被譯爲西班牙語出版，這個轉譯的西班牙語譯本又於 15 世紀末被曾長居於西班牙的弗拉普頓（J. Frampton）譯爲英文出版，本策爲這個刊本寫了詳細的導言，根據貝內帶托的調查結果介紹《遊記》的版本，並梳理了馬可·波羅的行程。[5] 第二組已經被大幅删節過了。

V 本系統中一組最重要的譯本是修士庇庇諾（Friar Pipino）的拉丁語譯本及其派生出的抄本和刊本，裕爾將此本及其派生的其他拉丁語譯本作爲第三類抄本，慕

---

[1] Greatly amended and enlarged from valuable early manuscripts recently published by the French Society of Geography and in Italy by Count Baldelli Boni, with copious notes, illustrating the routes and observations of the author, and comparing them with those of more recent travelers by Hugh Muray, F.R.S.E., *The Travels of Marco Polo,* Edinburgh: Oliver & Boyd, 1844. 任榮康把這個抄本歸入了 V 本系統，實際上應屬於 T 本系統。

[2] N.M. Penzer, *The Most Noble and Famous Travels of Marco Polo,* p. xxiv.

[3] N.M.Penzer 在導言中提到約有超過 80 種抄本，慕阿德合校本所附版本表中則列出了 91 種。N.M. Penzer, *The Most Noble and Famous Travels of Marco Polo,* p. xxiv. A. C. Moule & Paul Pelliot, *Marco Polo, the Description of the World,* vol. I, pp. 510-515.

[4] B. Casanat., 3999, A. C. Moule & Paul Pelliot, *Marco Polo, the Description of the World,* vol. I, p. 510. N.M. Penzer, *The Most Noble and Famous Travels of Marco Polo,* p. xxiv.

[5] N.M. Penzer, *The Most Noble and Famous Travels of Marco Polo,* pp. xxvi-xxvii.

阿德在版本表中也將庇庇諾本及其派生的60多種拉丁文及其他語言譯本列爲單獨一類。①14世紀早期，波倫亞修士庇庇諾受主教之命，根據某個威尼斯方言抄本完成這一拉丁文譯本，根據其序言，他認爲馬可·波羅以此種俗語撰述此書，造成不懂此種語言的讀者閱讀不便，而拉丁語爲當時的歐洲通用語，因此他將此書譯爲純净的語言，並出於宗教目的進行修訂："一方面，閱讀波羅書中描述的奇跡將會讓人更加敬畏上帝的力量和智慧；另一方面那些虔誠的心將被指引帶着福音書前往蒙昧的無信仰之國，在那裏收穫巨大但願前去者甚少。"②很多研究者注意到庇庇諾拉丁本的宗教特徵。彼得·傑克遜（Peter Jackson）舉例說，在波羅描寫吐蕃婚俗的部分，此種傾向非常明顯。F本中的基本内容是："我告訴你，那裏有這樣一種婚俗：真的，没人要娶處女……"在15世紀中葉的一個威尼斯抄本中，這個句子前半截變成："那有這樣一種可愛的婚俗。"而庇庇諾本中，這句話是："我告訴你的這種婚俗，是一種因蒙昧的偶像崇拜而產生的荒謬可憎的陋習……"③雖然如此，拉丁語譯本的出現客觀上促使《遊記》一書在歐洲廣泛流傳，派生出許多不同抄本，又被譯爲法語、愛爾蘭語、波西米亞語、葡萄牙語、德語等多種語言。其中譯自葡萄牙語的格里尼斯（Grynaeus）拉丁文譯本是賴麥錫本的底本，格里尼斯譯本又被再次譯爲法文、德文、西班牙文和荷蘭文④，可知拉丁文本在此書傳佈方面的重要作用。

以上即貝内帶托系統中A類抄本的大概情況。

5. 賴麥錫本，簡稱R本

賴麥錫的意大利文本是一個很特殊的刊本，其價值不下於任何一個重要抄本，裕爾將其分爲第四類，慕阿德也在導言中對其專門進行介紹。⑤賴麥錫來自意大利里米尼（Rimini）一個高貴的家族，他本人是16世紀威尼斯一位官員和傑出的地理學者，威尼斯瓊蒂（Giunti）出版社想要出版一系列《航海和旅行叢書》（Navigationi et Viaggi），由賴麥錫擔任編輯。他所編寫的《馬可·波羅遊記》收入該叢書第二卷刊行。貝内帶托仔細分析了R本，指出該本以P本爲底本，同時參考了另外三個抄本，很可能是V本。L本和VB本，除了這些已知來源的内容外，還加入了大量且非常重

---

① Colonel Henry Yule, *The Book of Ser Marco Polo, The Venetian,* vol. I, pp.cxx-cxxi. A. C. Moule & Paul Pelliot, *Marco Polo, the Description of the World*, vol. I, pp. 512-515.
② Colonel Henry Yule, *The Book of Ser Marco Polo, The Venetian,* vol. II, Appendix E the preface of Friar Pipino to his Latin version of Marco Polo, p.448.
③ Peter Jackson, Marco Polo and His "Travels", *Bulletin of the School of Oriental and African Studies,* University of London, Vol. 61, No. 1 (1998), pp. 82-101.
④ N.M. Penzer, *The Most Noble and Famous Travels of Marco Polo,* p.xxv. Colonel Henry Yule, *The Book of Ser Marco Polo, The Venetian,* vol. I, p.cxxi.
⑤ A. C. Moule & Paul Pelliot, *Marco Polo, the Description of the World,* vol. I, pp. 43-47.

要但未知來源的內容，直到貝內帶托發現 Zt 本之前，這些內容在任何抄本或刊本中都無法找到。

賴麥錫本人相信《遊記》最早用拉丁文寫成，他在序言中說："該書有一個抄本，最早是用拉丁文寫成，非常古老，有可能是馬可閣下本人手稿的複製品，我經常閱讀並用這個本子校勘我現在要刊行的校本。該本是本市吉西（Ghisi）家族的一位紳士借給我的，他是我的一位密友，他擁有並珍視此書。"他還提到："今天我們發現了上述馬可閣下所描述的世界那個部分，看到了諸多細節，我認爲利用二百多年前寫成的（我判斷）不同抄本來補充和校勘他的書是很有意義的，該本比迄今我們看到的版本長出很多，更爲可信，以使得世界上不會失去可以用勤奮摘取的這可敬的知識之果，這是些從東北方和東方獲得的知識，由古代的作者爲了未知之地而記錄下來。"[1] 這些話明白說出他編輯文本時"利用了不同抄本"，他還說過他用吉西拉丁文本對比"這個我們現在要出版的本子"。他並未明說或暗示"我們現在要出版的本子"中的五分之一來自於那個他借來的老拉丁文本，所以實際上我們無法肯定 R 本中那些獨一無二的段落來自于吉西本。我們只能認爲在那些"不同的抄本"之間，賴麥錫發現了一個抄本包括特殊的段落。然而在賴麥錫死去同年即 1557 年，瓊蒂出版社遭火災焚燬，賴麥錫按照當時的習慣把他的書籍放在出版社的工作間，因此他搜集的抄本也付之一炬。賴麥錫本的可靠性長期以來遭到學者們的質疑，直到 Z 本出現才最終證明該本的價值。

6. 澤拉達本，簡稱 Z 本

"Z 本"是貝內帶托在撰修新版《遊記》的過程中發現的。1924 年，貝內帶托在米蘭的安布羅西亞圖書館發現的一份與 P 本截然不同的拉丁語抄本。根據手稿的注解介紹，該本是 1795 年受朱塞佩·圖阿多（Giuseppe Toaldo）之命根據中世紀的一個托萊多抄本（Toledo manuscript）複製的，在注釋中，朱塞佩·圖阿多特別感謝主教澤拉達（Cardinal Zelada）借給他這個抄本。這個屬於主教澤拉達的托萊多抄本就是著名的澤拉達本（Zelada），簡稱 Z 本，而貝內帶托發現的這個 18 世紀的複製本則被稱爲 Zt。[2] 貝內帶托仔細的考察了 Zt 本，認爲 Z 本是某個法蘭西—意大利文抄本的拉丁文譯本。由這個法蘭西—意大利文抄本延伸出的一系列抄本被貝內帶托歸爲 B 類，其中包括 Z 本、Zt 以及賴麥錫參考過的某個版本（也許是吉西本）。貝內帶托校訂《百萬》一書時，Z 本尚未被發現，直到 1932 年 12 月 7 日，大衛爵士（Sir Percival David）才最終在托

---

[1] 根據慕阿德的介紹，賴麥錫序言中的這些說明僅在 1559 年版中有，但在 1574 及之後 1583、1606 年版中被删掉了。A. C. Moule & Paul Pelliot, *Marco Polo, the Description of the World*, vol. I, pp. 43-47.

[2] J. Homer Herriott, The "Lost" Toledo Manuscript of Marco Polo, *Speculum*, Vol. 12, No. 4 (Oct., 1937), p. 460.

莱多的天主教教會圖書館（Chapter Library of the Cathedral）成功找到了這個抄本，並於 1933 年 1 月得到了抄本的照片。慕阿德和伯希和在校訂刊行《世界寰宇記》時使用了 Z 本，並且把 Z 本作爲《世界寰宇記》的第二卷刊印出版。①

B 類抄本的內容顯然與 A 類的 F 本及其兄弟版本延伸出的各系統抄本不同，並且遠勝於後者。但 Z 本的內容並不完整，其中三分之一內容被節略，然而保留下來的部分與 Fr. 1116 本非常一致。此外 Z 本有 200 段 A 類抄本沒有的內容，其中五分之三在 R 本中可以找到，由此可知賴麥錫在修訂《遊記》時手邊必然有 B 類抄本中的某個抄本，應當是"Z"的兄弟版本，但 Z 本肯定不是賴麥錫所提到的"非常古老"的吉西本，而且該兄弟版本應當遠比 Z 本完整，因爲 R 本中還有很多內容是 A 類本和 Z 本中都無法找到的。② 此外還有大約 80 段僅見於 Z 本，雖然這些段落不見於 R 本，但在賴麥錫參考的那些抄本中很可能有。

Zt 本的抄寫者古文書知識的欠缺導致該本有不少錯誤。貝内帶托編纂校訂本時尚未找到 Z 本，因此只能使用 Zt 本。他根據 F 本和 R 本對其進行了大量校訂，儘管如此，還有一些缺漏和錯誤未能校出，Z 本的發現基本上解決了這些難題，貝内帶托的校訂絕大部分是正確的，但也有一些未能解決和校訂錯誤的情況，在利用貝内帶托本時需要注意這一點。③

在 Z 本的頁邊有大約三百個注，顯示出抄寫者的興趣，其中超過一半與宗教有關，一部分與醫藥有關，還有一些是針對特殊的風俗、奇跡和奇怪的生物，此外，富麗堂皇的宮殿、豐富的物產和商品、珍稀的寶石、植物和油井等也激起了抄寫者留下筆記的興趣。18 世紀的 Zt 本抄寫者錯誤地理解了 Z 本頁邊注的縮寫形式，因此他抄錄的很多頁邊注不可理解。貝内帶托本人由於無法理解 Zt 中注的含義，因此沒有對其進行處理。④

現在認爲 Z 本是一個比已知抄本都要好的拉丁文譯本。不幸的是該本在開頭進行了大量刪節，但抄本本身明顯是完整的。馬可的長篇序言刪成了短短幾行，關於起兒漫和撒麻耳幹的部分節略了（實際上，起兒漫節被替換成了一段不同的內容，撒麻耳幹的部分 Z 本沒有），宿遷（Ciugiu）⑤、邳州（Pingiu）、揚州（Yangiu）和襄陽府（Saianfu）的部分很明顯被縮減了。總之該抄本前半部分的很多章節都

---

① A. C. Moule & Paul Pelliot, *Marco Polo, the Description of the World,* vol. I, pp. 48-49. A. C. Moule & Paul Pelliot, *Marco Polo, the Description of the World,* vol. II.
② E. Denison Ross, *The Travels of Marco Polo,* pp. x-xi.
③ J. Homer Herriott, The "Lost" Toledo Manuscript of Marco Polo, *Speculum,* Vol. 12, No. 4 (Oct., 1937), p. 461.
④ J. Homer Herriott, The "Lost" Toledo Manuscript of Marco Polo, pp. 462-463.
⑤ 雖然馮承鈞也在注中提到大多數學者都考訂爲宿遷，但他還是將其譯爲"西州"。

被或多或少的刪節，而且斡羅斯州似乎是該本的最後一章。從新州（Singiu）開始到斡羅斯（Russie），其篇幅超過該本的三分之二。但這超過三分之二的部分對應 F 本不足一半的內容。亦即，Z 本前 45 頁對應 F 的前 60 頁，而後 88 頁對應 F 本的後 47 頁。

根據譯者或作者自己的説法，這些刪節和遺漏都是有意爲之，在譯者的面前應該有一個完整的原本 O_1。貝内帶托教授提出了一個很有見地的理論，即此本的抄寫者本來打算根據自己的興趣編寫一個原本的縮寫本，但隨著他越來越喜歡馬可這本書，以至於漸漸的一個詞都捨不得刪了。對於僅見於 Z 本的這些段落，可以斷定都是真實的。根據貝内帶托教授所説，我們在這些段落中無法找到任何細節是翻譯者或抄寫者出於個人興趣加進去的。這些段落對於歷史和地理研究意義非凡，而他們在 F 本中均被節略了。譬如關於畏兀兒田地（Iuguristan）及其都城哈剌火州（Kharakhojo）一章中記載了非常準確的歷史傳説，即其第一個國王生於一個樹的汁液在樹皮上形成的樹瘤。這一傳説與《亦都護高昌王世勳碑》[①]、《遼陽等處行中書省左丞相亦輦真公神道碑》[②]等漢文文獻，以及《世界征服者史》等波斯文文獻中所記載的畏兀兒人起源的説法[③]完全吻合，毫無疑問是真實可靠的。還有關於福州（Fugiu）基督徒的一大段記載，伯希和認爲這些引起了馬可和他的叔父馬飛興趣的基督徒其實是摩尼教徒[④]，他們在這一地區人數衆多，但在蒙古統治下沒有合法地位。如此重要而且篇幅頗長的段落在其他抄本中竟然全都遺漏了。有學者認爲這種遺漏有可能是因爲抄寫者懷疑這些段落的真實性，但現在它們全都被證明是真實的。

7. 慕阿德本所附版本表

最後附上慕阿德合校本所附版本表的中譯，以便讀者查找，原表之前特意説明："本表並非原創，而是來自貝内帶托 1928 年刊本的版本分類和説明，將其製成表格，加入了一些其後的新發現。本表將'格里瓜爾本'（Gregorian Recension）替換爲'宮廷法文本'（Court French），但保留了簡稱'FG'，然後將吉西本（Ghisi MS.，我們對此本一無所知）移入第七類。我還改換了貝内帶托的 Z 本和 Z_1 的含義，可能會引起讀者的混亂，此外全都沿襲了貝内帶托的分類和術語，這並不代表我完全同意他的觀點。"[⑤]

---

① ［元］虞集：《亦都護高昌王世勳碑》，《道園學古録》卷二四，四部叢刊初編本。
② ［元］黃溍：《遼陽等處行中書省左丞相亦輦真公神道碑》，《金華黃先生文集》卷二四，四部叢刊初編本。
③ 〔伊朗〕志費尼著，何高濟譯，翁獨健校訂：《世界征服者史》上册，内蒙古人民出版社 1980 年版，第 62—70 頁。
④ A. C. Moule & Paul Pelliot, *Marco Polo, the Description of the World*, vol. I, pp. 48-49.
⑤ 原表備註中附有貝内帶托 1928 年刊本中對相應版本介紹的頁碼，在此省略。

	簡稱	地點	圖書館索書號	時間	語言	備注
			第一類：法蘭西－意大利混合語（F）			
1	F	巴黎	B.N., Fr.1116	14th	法語	1982年收入《遊記與回憶錄彙編》卷1刊行
2	FO	倫敦	B.M., Cotton, Otho D5	15th	同上	殘頁
			第二類：宮廷法語（FG）			
3	FA$_1$	巴黎	B.N., Fr.5631	14th	法語	1865年頗節刊行
4	FA$_2$	同上	B.N., fr.2810	約1400	同上	1907年刊行圖像
5	FA$_3$	同上	B.Arsen., 3511	約1500	同上	
6	FA$_4$	紐約	Lib. J Pierpont Morgan, M.723.	約1400	同上	
7	FB$_1$	倫敦	B.M., Reg. 19D 1	14th	同上	
8	FB$_2$	牛津	Bodl., 264	約1400	同上	
9	FB$_3$	伯爾尼	B.Civ., 125	15th 早期	同上	
10	FB$_4$	巴黎	B.N., fr.5649	約1460	同上	頗節使用
11	FB$_5$	日内瓦	B.Pub., fr. 154	14th	同上	
12	FB$_6$	巴黎	B.N., nouv. acq. fr. 934	約1350	同上	貝内帶托1928中刊行
13	FB$_7$	同上	B.N., nouv. acq. Lat. 1529	14th	同上	僅2頁
14	FC$_1$	斯德哥爾摩	B.Reg., xxxvii	14th	同上	1882影印
15	FC$_2$	巴黎	B.N., nouv. acq. fr. 1880	約1500	同上	
16	FC$_3$	同上	B.Ars., 5219	16th	同上	
17	FC$_4$	沃韋	M.Civ.	14th	同上	Romania, XXX, 1901, p.409 刊行
18	FD	布魯塞爾	B.Reg., 9309	14th	同上	
			第三類：托斯卡納語（TA）			
19	TA$_1$	佛羅倫薩	B.N., II iv. 88	約1305	托斯卡納	刊行於1827、1912年等
20	TA$_2$	同上	B.N., II iv 136	14th	同上	
21	TA$_3$	巴黎	B.N., it., 434	15th	同上	
22	TA$_4$	佛羅倫薩	B.Laur., Ashburnham525	1391	同上	
23	TA$_5$	同上	B.N., II ii 61	1392	同上	
24		同上	B.Laur., Temp. 2	14th	同上	Pucci Compendium
25		同上	B.Riccard., 1922		同上	
26		同上	B.N., Magliab. II iii 335		同上	

《馬可·波羅遊記》海路部分譯注（一）

續表

	簡稱	地點	圖書館索書號	時間	語言	備注
27		佛羅倫薩	B. Riccard., 1674		托斯卡納	
28		同上	B.N., Palat. 678		同上	
29		慕尼黑	Staatsbibl., ital. 165		同上	
30	LT	巴黎	B.N., lat. 3195	14th	拉丁	1824年收入《遊記與回憶錄彙編》卷1刊行
第四類：威尼斯語（VA）和重譯本						
31	VA_1	羅馬	B. Casanat., 3999	14^{th}早期	同上	刊行於 Studi Romanzi, iv, 1906
32	VA_2	佛羅倫薩	B. Riccard., 1924	15th	同上	
33	VA_3	帕多瓦	B. Civ., CM 211	1445	同上	
34	VA_3 bis	米蘭	B. Ambros., Y161 p.s.	1793	同上	VA_3 的復製本
35	VA_4	佛羅倫薩	B. Ipp. Venturi-Ginori-Lisci	15^{th}早期	威尼斯	
36	VA_5	伯爾尼	B. Civ., 557	16th	同上	
37	LB_1	米蘭	B. Ambros., X12 p.s.	14th	拉丁	
38	LB_2	羅馬	B. vat., lat. 2035	15^{th}(?)	同上	僅9頁
39	aTB_1	佛羅倫薩	B.N., Palat. 590	14^{th}晚期	托斯卡納	
40	bTB_2	羅馬	B. Vat., Chigi M vi 140	15th	同上	
41	bTB_3	錫耶納	B. Com., C v 14	15th	同上	
42	cTB_4	佛羅倫薩	B. Laur., Ashb. 534	14th	同上	
43	cTB_5	同上	B. Laur., Ashb. 770	15th	同上	
44	cTB_6	同上	B.N., Magl. xiii 73	15th	同上	
45	VG_1	慕尼黑	Sraatsbibl., germ. 696	15th	德語	
46	VG_2	同上	Sraatsbibl., germ. 252	?	同上	
47	VG_3	阿德蒙特	Stiftsbibl., 504	14th	同上	H. von Tscharner 編輯，1936年刊行
*		倫敦	B.M., G.6787	1477	同上	Greussner 紐倫堡刊行
48	LA_1	羅馬	B. Vat., Barb, lat. 2687.	15th	拉丁	
49	LA_2	慕尼黑	Staatsbibl., lat. 18770	15th	同上	
50	LA_3	盧森堡	B. Civ., 121	1448	同上	
51	LA_4	施利爾巴赫	B. Mon. Cist., 37	15th	同上	
52	LA_5	維也納	Staatsbibl., lat. 4973	15th	同上	
53	LA_6	紐約	L. of Columbia University	15th	同上	

續表

	簡稱	地點	圖書館索書號	時間	語言	備注
54	VT	佛羅倫薩	B.Riccard., 1910	16th 早期	托斯卡納	
55	VL	盧卡	B.Gov., 1296	1465	威尼斯	
56	VL$_1$	塞維利亞	B. del Seminario	1493	威尼斯	
*	S	倫敦	B.M., C.32.m.4.	1503	西班牙	即VL$_1$，塞維利亞刊行
*		同上	B.M.,979.f.25.	1579	英語	即S, J. Frampton 在倫敦刊行
*	It	同上	B.M., G.6666	1496	威尼斯	威尼斯編輯出版
57		羅馬	B.Vat., Ross.754	16th(?)	同上	刊行本的抄本
58		同上	B.Vat., lat.8434	17th	同上	刊行本的抄本
59		威尼斯	Mus.Correr,1577	17th	同上	刊行本的抄本
60		同上	B.Marc. 5881	16th（?）	同上	刊行本的抄本
第五類：修士庇庇諾的拉丁語本（P）——來自VA本							
61	P$_1$	巴爾的摩	Lib. of Robert Garrett, 157	約1400	拉丁	
62	P$_2$	柏林	Staatsbibl., lat.968	14th	同上	Mueller1671使用
63	P$_3$	布雷斯勞	Staatsbibl., iv Fol. 103	15th	同上	
64	P$_4$	劍橋	U.L., Dd i 17	14th	同上	
65	P$_5$	同上	U.L., Dd viii 7	14th	同上	
66	P$_6$	同上	Caius Coll., 162	14th(?)	同上	
67	P$_7$	都柏林	Trin. Coll., 632	15th	同上	
68	P$_8$	埃斯寇里亞	B.N.(?),QII 13	15th	同上	
69	P$_9$	佛羅倫薩	B.Riccard., 983+2992	14th 早期	同上	
70	P$_{10}$	根特	B.Univ., 13	15th 晚期	同上	J. de Saint-genois Cat. Inéthodique., 1849-1852
71	P$_{11}$	吉森	B.Univ., ccxviii	15th	同上	
72	P$_{12}$	格拉斯哥	Hunter Mus., 458	14th	同上	
73	P$_{13}$	同上	Hunter Mus., 84	15th	同上	
74	P$_{14}$	哥廷根	B.Univ.,Hist. 61	15th	同上	
75	P$_{15}$	耶拿	B.Univ.. Bos. Q 10	15th	同上	
76	P$_{16}$	萊頓	B.Univ., Voss.lat. 75	15th	同上	
77	P$_{17}$	倫敦	B.M., Arundel xiii 163 C.	14th	同上	
78	P$_{18}$	同上	B.M., Reg. 14C xiii	14th	同上	
79	P$_{19}$	同上	B.M., Harl. 5115	14th	同上	

《馬可·波羅遊記》海路部分譯注（一）

續表

	簡稱	地點	圖書館索書號	時間	語言	備注
80	P$_{20}$	倫敦	B. M., Add. 19513	14th	拉丁	參見 *JRAS*, 1928, pp. 406-408
81	P$_{21}$	同上	B. M., Add. 19952	1445	同上	
82	P$_{22}$	盧塞恩	B. Cantonale	14th	同上	
83	P$_{23}$	米蘭	B. Ambros., Misc. H 41	現代	同上	
84	P$_{24}$	摩德納	B. Estense, lat. 131	14th	同上	
85	P$_{25}$	同上	B. Ext., X I 5 fol. 115	14th	同上	
86	P$_{26}$	慕尼黑	Staatsbibl., lat.5339	15th	同上	
87	P$_{27}$	同上	Staatsbibl., lat.18624	?	同上	
88	P$_{28}$	同上	Staatsbibl., lat.850	15th	同上	
89	P$_{29}$	同上	Staatsbibl., lat.249	15th	同上	
90	P$_{30}$	那不勒斯	B. N. (= Vienna, B. Pal. 3273)	約1400	同上	I. V. Prášek, Marka Paulova, 1902年刊行
91	P$_{31}$	牛津	Merton Coll., cccxii	14th	同上	
92	P$_{32}$	巴黎	B. N., nouv. acq. lat. 1768	14th 早期	同上	
93	P$_{33}$	同上	B. N., lat. 17800	14th	同上	
94	P$_{34}$	同上	B. N., lat 6244 A	1439	同上	
95	P$_{35}$	同上	B. N., lat. 1616	15th	同上	
96	P$_{36}$	布拉格	B. Cap. di S. Vito	15th	同上	參見 Ant. Podlaha *Soupis... Pražské*, 1922, 11, 96, No. 1012.
97	P$_{37}$	同上	B. Cap. di S. Vito	15th	同上	同上 100, No. 1021.
98	P$_{38}$	羅馬	B. Vat., lat. 3153	14th	同上	
99	P$_{39}$	同上	B. Vat., lat. 5260	15th	同上	
100	P$_{40}$	同上	B. Vat., lat. 7317	1458	同上	
101	P$_{41}$	同上	B. Vat., Ottobon. lat. 1875	1520	同上	
102	P$_{42}$	同上	B. Vat., Ottobon. lat. 1641	15th	同上	
103	P$_{43}$	同上	B. Vat., Regina1846	15th	同上	
104	P$_{44}$	同上	B. Corsini, 1111	16th	同上	
105	P$_{45}$	斯圖加特	B. Pub., in 4 to 10	15th	同上	
106	P$_{46}$	威尼斯	B. Marc., 3307	15th	同上	

續表

	簡稱	地點	圖書館索書號	時間	語言	備注
107	P$_{47}$	威尼斯	B. Marc., 3445	1465	拉丁	
108	P$_{48}$	維也納	B. Nat., 12823	14th	同上	
109	P$_{49}$	沃爾芬比特爾	B. Duc. (Herz), Gud. lat. 3	15th	同上	
110	P$_{50}$	同上	B. Duc. Weissenb. 40	15th	同上	
111	P$_{51}$	烏茲堡	B. Univ., F 60	15th	同上	
112	P$_{52}$	比利時（?）	B. Joannis Gisleni Bultelii Nipaei	?	同上	
113	P$_{53}$	未知	未知	1406	同上	
114	P$_{54}$	未知	未知	1530	同上	
115	PF$_1$	倫敦	B.M., Egerton 2176	15th	法語	
116	PF$_2$	斯德哥爾摩	B. Reg., xxxviii	15th	同上	
117	PI$_1$	查茨沃斯	"利斯莫爾之書"	1460	愛爾蘭語	*Zeits. f. celt. Philol.*, 1897年刊行
118	PI$_2$	都柏林	Irish Acad. Lib	19th	同上	117的抄本
119	PB	布拉格	Mus. III E 42	15th	波西米亞	I. V. Prášek, *Marka Paulova*, 1902.
120	PV	威尼斯	B. Marc., 6140	15th	威尼斯語	
121	PG	慕尼黑	Staatsbibl., Germ. 937	1582	德語	
122	PF	日内瓦	B. Pub., suppl. 883	19th	法語	1735年刊行本的抄本
*	Lat.	倫敦	B.M., G.6728(1).	1483(?)	拉丁	首次刊行的拉丁本[①]
*	Port.	里斯本	B.N., res. 431	1502	葡萄牙	在里斯本編輯出版，1922年再版
			第六類：來自早於F本的某文本的抄本			
123	Z	托萊多	B. Catcdral, 49, 20	約1470	拉丁	
124	Z$_1$	米蘭	B. Ambros., Y 160 p.s.	1795	同上	Z本的抄本
*	R		《航海和旅行叢書》卷2	1559	意大利	某些重要段落的唯一來源
125	R$_1$	威尼斯	Seminario Patriarcale alla Salute, 695.	17th	同上	
126		未知	未知	17th(?)	同上	

---

① P本于1532年由J. Huttich獨立刊行收入*Novus Orbis*，1534年，他又將其譯爲德語再次刊行。1556年F. Gruget將其譯爲法文，1559年賴麥錫將其（部分）譯爲意大利語，1563年J. H. Glazemaker譯爲荷蘭語，1601年Angelo Tavano譯爲西班牙語，1609年Hier Megiser又譯爲德語，1664年J. H. Glazemaker譯爲荷蘭語，1671年Andreas Mueller編輯刊印拉丁文本，這一刊本被譯爲法文刊于"Bergeron" *Voyages etc.*, 1735, vol. II，賴麥錫本的英文譯本刊于S. Purchas *His Pilgrimes*, 1625；又刊于平克頓（Pinkerton）vol. VII, 1811，以及由馬爾斯登（Marsden）英譯刊于1818。

续表

	簡稱	地點	圖書館索書號	時間	語言	備注
127	V₁	柏林	Staatsbibl., Hamilton 424	15th	威尼斯	
128	V₂	米蘭	B.Ambros., Y 162 p.s.	1793	威尼斯	V₁的抄本
129	L	費拉拉	B.Pub., 336	15th 早期	拉丁	簡寫本
130	L₁	威尼斯	Mus.Correr, 2408	1401	同上	
131	L₂	沃爾芬布林特	B.Com., Weissenb. 41	15th	同上	
132	L₃	安特衛普	Mus.Plantin-Mor., 60	15th	拉丁	
133	L₄	紐約州拉伊	Lib. of William Gordon Kelso, Jr.	15th	同上	
134	VB	威尼斯	Mus.Correr, Donà delleRose 224	1446	威尼斯	
135	VB₁	羅馬	B.Vat., Barb. lat. 5361	17th(?)	同上	
136	VB₂	倫敦	B.M., Sloane 251	1457	同上	
137	I	米蘭	B.Ambros., D 526	14th	拉丁	*Imago Mundi* 摘錄，部分刊于貝内帶托 1928 年
138	I₁	米蘭	B. Trivulziana 704	1428	同上	*Imago Mundi* 摘錄
			第七類：未分類			
139		威尼斯	Bib. Ghisi	14th(?)	拉丁	賴麥錫所見一版本，已佚
140	K	佛羅倫薩	B.Riccard. 2048	14th	加泰羅尼亞語	
141	K₁	羅馬	B.Vat., Ottob. lat. 2207	15th	法語	
142	K₂	埃斯寇里亞	B.N., ZI2	14th 晚期	阿拉貢語	R. Stuebe, 1902 年刊行。
143	MC	佛羅倫薩	B.Riccard. 1036	約 1431	意大利語	

原注：本表共收錄 150 種版本，其中有七種爲刊行本，還有刊行本的抄本（57—60、122、125），未知本（112、113、139），簡寫本和摘錄本（24—29、129—133、135、137、138、143），剩下 119 種，有一些並不完整，甚至僅餘殘頁。但殘頁、摘錄甚至刊行本（特別是賴麥錫本）都可能是有價值的、校訂文本的權威來源。

（二）《馬可·波羅遊記》的重要校本

除重要抄本和譯本外，還應當介紹《馬可·波羅遊記》最爲重要的幾種校本。

1. 賴麥錫本

對《遊記》一書的校訂工作早在 16 世紀就開始了。最早的校本是賴麥錫本，他收集多個拉丁文本進行校勘，並對馬可·波羅本人的生平進行研究，爲其寫了第一本傳記。賴麥錫校本的意義詳見前文介紹賴麥錫本的章節，不再贅述。1818年美國的馬爾斯登（William Marsden）將賴麥錫本譯爲英文①，被認爲是與裕爾本比肩的偉大的《遊記》英文版本。②由魏易翻譯的《元代客卿馬哥博羅客遊記》即譯自馬爾斯登本③，這也是我國最早的《遊記》漢譯本。20世紀初，美國的科姆羅夫（Manuel Komroff）又把馬爾斯登本編訂爲一個簡潔通俗的普及本④，這個本子經多次重印，非常流行，國内的李季、陳開俊、梁生智等譯本均來自此本⑤，後面還會詳細介紹。

2. 頗節本

近代最早對《馬可・波羅行紀》進行校訂者是法國學者頗節，頗節本利用三種藏於巴黎的，以宮廷法文抄寫的《遊記》抄本 FA₁、FA₂ 及 FB₄ 校訂而成⑥，該本除校勘外，頗節還利用阿拉伯、波斯和中國的史地資料印證《遊記》的内容。但他僅使用巴黎圖書館所藏的三個法語抄本進行校勘，使得該本《遊記》價值有限。1924—1926 年，沙海昂（A.J.H. Charignon）將頗節本翻譯爲現代法文⑦，並加以注釋。馮承鈞把沙海昂譯本譯爲中文⑧，又加入了一些自己的考訂，並補入了一些賴麥錫本的内容，但所補充賴麥錫本的内容並不完全。關於此本詳情亦可參見前文"宫廷文法文本或格里瓜爾本，簡稱 FG 本"一節的介紹。

3. 裕爾、考狄本

亨利・裕爾的合校本首次將頗節本、地理學會本和賴麥錫本合校。以頗節本爲底本，以地理學會本校勘，加入賴麥錫本中他認爲可靠的部分，譯成英文，並加以大量注釋和考證，書前還有長篇導言，對馬可・波羅的家族、生平、旅遊記、當時東方各國形勢、歐洲形勢、諸國戰艦、《遊記》成書過程、使用文字、版本流傳等各方面進行考證。⑨裕爾完成了馬可・波羅研究中最重要的三項工作：第一，完整可靠的文本；

---

① Marco Polo, William Marsden, *The travels of Marco Polo, a Venetian, in the thirteenth century*, London, Printed for the author, and sold by Longman, Hurst, Rees, Orme, and Brown [etc.] 1818.

② F. de F., Marco Polo, Review of Il Milione by Luigi Foscolo Benedetto, *The Geographical Journal*, Vol. 71, No. 3 (Mar., 1928), pp. 278-280.

③ 魏易譯：《元代客卿馬哥博羅遊記》，正蒙印書局 1913 年版。

④ Marco Polo, Manuel Komroff, *The travels of Marco Polo*, New York: H. Liveright, 1930.

⑤ 李季譯：《馬可波羅遊記》，上海亞東圖書館 1936 年版。陳開俊等譯：《馬可波羅遊記》，福建科學技術出版社 1981 年版。梁生智譯：《馬可・波羅遊記》，中國文史出版社 1998 版。

⑥ M. G. Pauthier, *Le Livre de Marco Polo, citoyen de Venise*.

⑦ Rédigé en français sous la dictée de l'auteur en 1295 par Rusticien [Rustico] de Pise, revu et corrigé, par Marco Polo Lui-même, en 1307, publié par G. Pauthiér en 1867, traduit en français moderne et annoté d'après les sources chinoises par A.J.H. Charignon: *Le Livre de Marco Polo citoyen de Venise*, Pékin: Albert NachbaurEditeur, 1924-1926.

⑧ 馮承鈞譯：《馬可波羅行紀》，商務印書館 1936 年第一版，1947 年第三版，中華書局 1954 年版，上海書店出版社 2001 年版。

⑨ Colonel Henry Yule, *The Book of Ser Marco Polo, The Venetian*, Vol. I, pp. xxxiii-clxi.

第二，對專名的詳盡注釋；第三，對馬可·波羅生平及波羅家族歷史的研究。因此意大利地理學會宣稱裕爾的工作在《馬可·波羅遊記》研究這一領域中已無人能夠超越，雖然他們遺憾完成這一工作的是英國人而非意大利人。[①]但亨利·裕爾校本有兩個缺點：其一，此本以頗節本而非 F 本為底本。雖然裕爾提出 F 本是最古老最完整的抄本（實際上根據貝内帶托的研究，F 本並非最完整的抄本），使用了最初作者使用的語言，也是最接近原本的抄本，但他認為 F 本文辭鄙俗、重複甚多、毫無修飾，而 FG 本對原本加以修飾，繁冗之處有所節略，譯名相異者有所取捨，頗節又進行了一些校訂，因此裕爾選擇了頗節本作為底本。但他也提到頗節本中有削删太過之處，並根據 F 本和 R 本進行了補充。[②]其二，由於當時還沒有發現 Z 本導致無法利用 Z 本內容，導致缺失了一些很有價值的段落。裕爾校本曾於 1871 年、1875 年和 1903 年出版了三版，最後一版經過法國漢學家亨利·考狄（Henri Cordier）的修訂，增加了考狄的注釋，是最為完善的一版[③]，之後又多次再版。1920 年，考狄出版了單行的補遺本。[④]

張星烺曾翻譯裕爾校本的第三版，但只譯了導言、序言和第一卷的大半部分。[⑤]

4. 貝内帶托本

貝内帶托校本是《馬可·波羅遊記》校注方面一個新的高峰。20 世紀 20 年代，意大利國家地理學會（Italian Geographical Society）和威尼斯市政府委託貝内帶托教授撰修一部新的國家版《遊記》。他訪問了全歐洲大約 50 家圖書館，搜尋和研究已知及未知的抄本，最終在裕爾的抄本列表中添加了近 60 種之前未知的抄本，並在這個過程中，發現了極有價值的 Zt 本，這使得他的工作有了《遊記》研究史上里程碑式的意義。[⑥]貝内帶托首次以地理學會本即 F 本為底本，同時利用他找到的經校勘後確信有價值的抄本進行校訂和增補，校訂後的 F 本內容作為主體，增補的內容以小字形式放在頁下方並標明出處，經過三年時間，最後於 1928 年完成了第一部合校本的工作。[⑦]在文本校訂完成之後他撰寫了一篇長達兩百多頁的導言，並附上一份詳細的抄本索引，因此全書由導言和文本兩部分組成。他使用了意大利對《遊記》的傳統稱呼，將此書

---

① Dana B. Durand, Review of *The Description of the World,* Vol. II by A. C. Moule; Paul Pelliot, Isis, Vol. 30, No. 1 (Feb., 1939), pp. 103-104.
② Colonel Henry Yule, *The Book of Ser Marco Polo, The Venetian,* Vol. I, pp. clix-clx.
③ Marco Polo, translated and edited, with notes, by Colonel Sir Henry Yule, *The book of Ser Marco Polo : the Venetian,* 3rd ed., revised throughout in the light of recent discoveries by Henri Cordier of Paris; with a memoir of Henry Yule by his daughter, Amy Frances Yule, London : J. Murray, 1903.
④ Henri Cordier, *Ser Marco Polo, Notes and Addenda to Sir Henry Yule's Edition, Containing the Results of Recent Research and Discovery,* London: John Murray, Albemarle Street, 1920.
⑤ 張星烺譯：《張譯馬哥孛羅遊記》，北美印刷局印刷，燕京大學圖書館發行，1929 年。
⑥ J. Homer Herriott, The "Lost" Toledo Manuscript of Marco Polo, *Speculum,* Vol. 12, No. 4 (Oct., 1937), p. 459.
⑦ Luigi Foscolo Benedetto, *Il millione,* Firenze : Olschki, 1928.

命名爲《百萬》（Il Milione）。該書在史上首次提供了經過校訂的完善的 F 本內容，並首次提供了 Z 本中的獨特段落。此外，該書的導言和抄本索引對於我們今天瞭解和利用《遊記》的抄本非常有用，慕阿德說：＂這篇導言對貝內帶托所見的所有抄本進行了描述和合理的分類。此項工作無疑在之前也有人進行過，譬如裕爾，但從未達到過這樣的程度。雖然以後有可能會對某些結論在某些方面作出一些修訂，但無疑這項工作經貝內帶托完成後無須再次進行了。＂但是由於成書比較倉促，慕阿德指出在版本介紹方面＂有不少錯誤和缺陷＂[1]。他曾專門撰文對這些錯誤進行了修訂。[2] 此外，貝內帶托在一些小的點上也推進了馬可·波羅研究，譬如在導言中他最終確定了《遊記》的書寫者名爲 Rustichello，而非之前認爲的 Rusticiano。[3]

可惜的是貝內帶托這個校本只印了三百部，現在已經很難找到，而且不懂意大利語的讀者想要利用貝內帶托校本和他對版本系統的研究成果也很困難。幸而本策再版弗拉普頓譯本時，對貝內帶托進行了詳細介紹，於是英語讀者也可以根據本策的介紹瞭解貝內帶托的版本介紹和分類法。[4]

合校本完成後，貝內帶托又將此本譯爲現代意大利語，其中包括校訂後的 F 本內容和來自其他抄本中比較重要的增補段落，但爲了追求整體感，各抄本的增補未標出處。這個譯本於 1932 年出版。[5] 意大利人里奇（Aldo Ricci）將該本譯爲英文，但在完成翻譯後不久突然去世。丹尼森·羅斯接手了里奇的工作，他協同貝內帶托對譯稿進行了詳細的校訂，尤其是貝內帶托的現代意大利文譯本中有一些出於敘述方面的考慮，對原本的明顯錯誤進行了修改，丹尼森·羅斯則出於版本的考慮將其改回和原本一致，並在註腳中說明貝內帶托教授的修訂，這一改動對於學術研究是很有意義的。[6] 該書附有丹尼森·羅斯撰寫的導言及索引，其中重點介紹了 Z 本的發現和價值。[7] 慕阿德評價里奇的這個英譯本＂流暢、平實、精確、完整，對於嚴謹的學術研究很有幫助＂[8]，其

---

[1] A. C. Moule, Review of Il Milione by Luigi Foscolo Benedetto, Bulletin of the School of Oriental Studies, University of London, Vol. 5, No. 1 (1928), pp. 173-175.

[2] A. C. Moule, Notes of Books, The Journal of the Royal Asiatic Society of Great Britain and Ireland, No. 3 (Jul., 1932), pp. 603-625.

[3] F. de F., Marco Polo: Review of Il Milione by Luigi Foscolo Benedetto, pp. 278-280.

[4] N.M. Penzer, The most noble and famous travels of Marco Polo.

[5] Il libro di messer Marco Polo, cittadino di Venezia, detto Milione, dove si raccontano le meraviglie del mondo; ricostruito criticamente e per la prima volta integralmente tradotto in lingua italiana da Luigi Foscolo Benedetto, Milano, Roma, Treves-Treccani-Tumminelli, 1932.

[6] C. E. A. W. O., Review of The Travels of Marco Polo by L. F. Benedetto; Aldo Ricci, The Geographical Journal, Vol. 79, No. 1 (Jan., 1932), pp. 69-70.

[7] E. Denison Ross, The travels of Marco Polo.

[8] A. C. Moule, Notes of Books, Review of Marco Polo, The Journal of the Royal Asiatic Society of Great Britain and Ireland, No. 3 (Jul., 1932), pp. 603-625.

《馬可·波羅遊記》海路部分譯注（一）

缺點是在意大利文和英文譯本中没有標出來自各抄本的内容。由於這個譯本是首次出版的包含了全部的 R 本、Z 本及其他重要抄本中重要内容的校訂本，因此多次被譯爲其他語言。張星烺曾將這個英譯本譯爲中文，但删去了絶大部分注釋，只保留了主要内容。①20 世紀中青木一夫將此本譯爲日文，題名爲《東方見聞録》②，後來愛宕松男又譯《東方見聞録》，用的也是這個版本。③

5. 慕阿德—伯希和本

大衛爵士于 20 世紀 30 年代發現並獲得了 Z 本原本後，決定利用這個最新發現的重要抄本出版一部全新的《遊記》校本。他促成了慕阿德教授和伯希和教授的合作，並最終出版了目前爲止最好的合校本，慕阿德、伯希和校本。原計劃全書分爲四卷，第一卷爲正文合校本，包括導言、翻譯、章節對比表、版本索引和各種檔案。第二卷爲大衛爵士找到的拉丁文 Z 本原本的排印本，第三卷爲研究篇，包括專名辭典、研究論文和參考書目，第四卷爲圖版和地圖，包括 60 頁圖版和 20 幅地圖，其中部分地圖由伯希和教授專門爲合校本《遊記》繪製。慕阿德主要負責第一卷和第二卷，即版本搜集、對比、正文校訂、翻譯，以及 Z 本的轉寫及整理；伯希和主要負責第三卷和第四卷，即專名注釋、研究和地圖的繪製。④

慕阿德共搜集了 143 種抄本和刊本，據他在導言中稱 "彼此均不相同"，其中有的僅有殘頁。⑤他重新研究了所有學界公認最重要的抄本，賴麥錫的刊本以及貝内帶托未能利用的 Z 本原本，在重新整理抄本的基礎上，以 F 本爲底本，參考貝内帶托 1928 年版校訂本和其他公認最爲重要的抄本和刊本進行合校工作。其中補充的詞、句、段落甚至章節主要來源於 F 之外的 17 個版本，包括衆所周知非常重要的 R 本和 Z 本。他宣稱 "絶大多數的校訂和補充都是根據抄本原件或照片、刊本第一次刊行的版本進行的，極少數情況下利用了貝内帶托教授校訂本中的内容"⑥。完成之後慕阿德把整理的全部文本進行英譯，命名爲《世界寰宇記》。⑦慕阿德爲該書撰寫了導言，介紹當時關於波羅家族、馬可·波羅的生平、波羅宅邸、《遊記》重要抄本和刊本等問題的最新研究成果。書後附有 143 種版本《遊記》的索引和 52 份關於馬可·波羅及波羅家族的檔

---

① 張星烺譯：《馬哥孛羅遊記》，商務印書館 1936 年版。
② 青木一夫訳：『東方見聞録』，東京校倉書房 1960 年版。
③ 愛宕松男訳注：『東方見聞録』2 卷，東洋文庫，平凡社 1978 年版。
④ J. J. L. D., Review of *The Description of the World,* vol. II by A. C. Moule; Paul Pelliot, *T'oung Pao,* Second Series, Vol. 34, Livr. 3 (1938), pp. 246-248.
⑤ A. C. Moule & Paul Pelliot, *The Description of the World,* vol.I, p.40.
⑥ A. C. Moule & Paul Pelliot, *The Description of the World,* vol.I, p.53.
⑦ A. C. Moule & Paul Pelliot, *The Description of the World,* vol.II, New York AMS Press, 1976.

案全文，其中有一些是從未發表過的。這一合校本是目前爲止內容最爲完整的校本，各抄本和賴麥錫刊本的增補內容用斜體字插入原文，在頁邊標明出處，來源不同的斜體部分之間以分隔號隔開，特異處以腳注說明，各種專名儘量按地理學會本及諸抄本的拼法擇善而從。如果把斜體的部分拿去，則恢復 F 本原貌。該本還有一個特點，即慕阿德在每一頁的頂端都用了一個長度合適的標題概括出該頁的內容，非常便於利用。相較而言，裕爾本的底本較差，所見抄本較少，沒有利用 Z 本；貝内帶托 1928 年校本未譯爲通用的現代語言，1932 年現代意大利文本和里奇的英譯本又沒有注明增補內容的出處，且未使用 Z 本原本。慕阿德本既便於研究亦便於閱讀，是目前爲止最優校本，可惜尚無中譯本出版。該書出版後，慕阿德在他的另一本著作《行在，及其他的馬可波羅注釋》（*Quinsai, with other Notes on Marco Polo*）中列出了一張 4 頁的勘誤表①，在利用此校本時應同時對照該表。第二卷 Z 本的內容亦由慕阿德教授進行整理，嚴格按照原本逐字轉寫，僅將部分縮寫恢復爲全稱。②

伯希和的《馬可波羅注》（*Notes on Marco Polo*）原計劃包括《遊記》的專名辭典、一系列研究論文、最新的中文資料目錄以及參考文獻，作爲《世界寰宇記》的第三卷出版。專名辭典的原意是確定魯斯蒂謙在《遊記》中所使用專名的正確形式，以便於校訂本統一使用正確的專名。③因此伯希和用了大量篇幅討論專名的拼寫和詞源，但同時他亦把大量的東方學研究成果放入了各詞條中，因此有的詞條長達百頁。伯希和爲了完成這部巨著，花費數十年的時間對中亞、蒙古、中國等地區進行研究，但他僅僅從 A 字頭的 Ahacan 進行到 C 字頭的 Çulficar，尚未完成 C 字頭的所有條目就去世了。該書原計劃的第四卷，包括 60 頁圖版和 20 張由伯希和專門爲此書繪製的地圖，也就沒能完成。④伯希和去世後，他的學生韓百詩將他留下的筆記進行整理，並附上索引，因此 C 字頭 Çulficar 之後的部分頗爲簡略。全書到 1973 年才全部出版⑤，整個過程耗時四十餘年。此書是研究《馬可·波羅遊記》最重要的參考書之一。

（三）《馬可·波羅遊記》的國內譯本

1. 魏易的《元代客卿馬哥博羅遊記》（馬爾斯登譯本）

---

① A. C. Moule, *Quinsai, with other Notes on Marco Polo,* New York: Cambridge University Press, 1957.
② J. J. L. D., Review of *The Description of the World,* Vol. II by A. C. Moule; Paul Pelliot, pp. 246-248.
③ Michael Gillett, Review of *Notes on Marco Polo* by Paul Pelliot, *The Geographical Journal,* Vol. 132, No. 3 (Sep., 1966), p. 406.
④ Dana B. Durand, Review of *The Description of the World.* Vol. II by A. C. Moule; Paul Pelliot, pp. 103-109.
⑤ Paul Pelliot, *Notes on Marco Polo,* Paris : Imprimerie nationale : A. Maisonneuve, 1973.

魏易的《元代客卿馬哥博羅遊記》譯自馬爾斯登本，即賴麥錫本的英譯本。[1] 魏易本人不懂歷史，因爲曾與林紓合作翻譯小說，所以頗有名氣，但此本翻譯錯誤很多，人名、地名都沒有做過考證，他的譯本參考價值不大。

2. 張星烺的《張譯馬哥孛羅遊記》（裕爾考狄合校本，未完）

張星烺翻譯的裕爾、考狄本《張譯馬哥孛羅遊記》[2]，包括導言和注釋都全部譯出，儘管譯文常有小誤，但很有參考價值，可惜原書四卷只翻譯了導言、序言18章和第一卷的30章（一大半），其導言作爲《馬哥孛羅遊記導言》，單獨出版。但張星烺認爲馬可·波羅與元代的樞密副使孛羅爲同一人，因此自行補入一章《中國史書上之馬哥孛羅原無今補》[3]，這一觀點已經被伯希和、馮承鈞等多人批評[4]，並不足信。

3. 李季的《馬可波羅遊記》（科姆羅夫譯本）

李季的《馬可波羅遊記》譯自科姆羅夫本。[5] 如前所述，科姆羅夫本是來自馬爾斯登本的一個普及版本，因此也是R本系統的譯本。該本將本來較長的章節分爲較短的幾章，一些過長的句子、古代的用詞和語法參考裕爾本做了修改，刪去一切注釋，因其簡潔、通俗而一再重印。李季翻譯的是科姆羅夫本1932年第9版。李季本人不是歷史學者，翻譯錯誤百出，選擇譯名非常隨意，人名、地名都未經考訂，這個本子學術價值很低。[6]

4. 馮承鈞的《馬可波羅行紀》（沙海昂譯頗節校本）

馮承鈞譯沙海昂譯注之頗節本的《馬可波羅行紀》出版於1936年。[7] 如前所述，頗節本僅參考了三個法語修訂本的抄本，沙海昂將其譯爲現代法語，並進行了一些考證。該本中R本、Z本的重要內容均未包括，遠未反映出《遊記》原貌。馮承鈞翻譯此書時，裕爾本和貝內帶托本均已出版，因此馮氏所選的底本並非上佳。然而馮承鈞史學修養上佳，該本的翻譯品質較好，譯名多選用元代史料中通用的譯名，因此這個譯本經過多次重印，是目前爲止國內最爲通行的譯本。馮承鈞在序言中說該

---

[1] 魏易譯：《元代客卿馬哥博羅遊記》，正蒙書局1913年版。
[2] 張星烺譯：《張譯馬哥孛羅遊記》，北美印刷局印刷，燕京大學圖書館發行，1929年。
[3] 〔英〕亨利·裕爾著，張星烺譯：《馬哥孛羅遊記導言》，北京中國地學會1924年版，第108—151頁。
[4] 馮承鈞譯：《馬可波羅行紀·序》，第2—3頁。
[5] 李季譯：《馬可波羅遊記》，上海亞東圖書館1936年版。
[6] 孟樹：《評李季譯馬可波羅遊記》，《天津益世報·讀書75》，1936年11月19日。余士雄：《〈馬可波羅遊記〉的外文版本和中文譯本》。余士雄：《談新譯〈馬可波羅遊記〉》，《讀書》1982年第10期。郭志嵩：《對新譯〈馬可·波羅遊記〉的一點質疑》，《徐州師範大學學報》（哲學社會科學版）1987年4期。
[7] 馮承鈞譯：《馬可波羅行紀》，商務印書館1936年第一版，1947年第三版，中華書局1954年版，上海世紀出版集團、上海書店出版社2001年版。

本注釋方面"好的注釋一概轉錄,牽合附會之文則不惜删削"①,同時還加入了一些裕爾、考狄的注釋和自己的考證。雖然底本選擇欠佳,但馮氏對照裕爾的合校本,加入了一些 R 本的內容,提高了這個譯本的可利用度,可惜增補的 R 本內容並不完全。馮承鈞在序言中把《遊記》刊本分爲頗節本之類的原寫本、賴麥錫本之類的改訂本和裕爾本之類的合訂本三類。②把賴麥錫本歸爲改訂本,説明他並未認識到這個版本的價值,這是非常可惜的。党寶海對此本進行了一些修訂補充③,使這個版本更爲完善。可惜即使如此,這也只能算是相對而言的較好譯本,未能達到便於研究和閱讀的目的。

5. 張星烺的《馬哥孛羅遊記》(里奇譯貝内帶托 1932 年本)

張星烺於 1937 年又出版了里奇英譯本的中文譯本。如前所述,里奇英譯本譯自貝内帶托 1932 年意大利文譯本④,包括了 R 本、Z 本和幾乎所有重要抄本中有價值的内容,所以這個譯本非常重要。這個譯本的缺點是:第一,只有原文,因爲英譯本就沒有翻譯注釋,張星烺在各地名後略作注釋,在公曆之下標注中國年代,其注釋多來自裕爾的考訂或沙海昂的法文本注。第二,亦由於意大利文本和英譯本的關係,各抄本補入的内容沒有標出來源。第三,印數太少,雖然後經兩次重印⑤,但現在仍很難找到。應該説,張星烺的學術眼光極佳,選擇翻譯的裕爾本和里奇英譯貝内帶托本都是當時最好最有價值的版本,但他在譯名選擇和翻譯品質方面均遜於馮承鈞,因此他的譯本沒有得到重視,這是很可惜的。

6. 陳開俊等《馬可波羅遊記》(科姆羅夫本)

陳開俊等人翻譯的科姆羅夫 1930 年版,比半個世紀前李季選擇的底本還要老舊。不僅如此,翻譯水準和譯名考證方面也沒有太多進步。⑥

7. 梁生智的《馬可·波羅遊記》(科姆羅夫本)

梁生智譯本也使用了科姆羅夫本。⑦雖然是最新譯本,但並無進步。學界已有學者對其進行批評。⑧如上所述,國內雖然有 4 種賴麥錫本的漢譯本,但任何一種都無法用於學術研究。

---

① 馮承鈞譯:《馬可波羅行紀·序》,第 2 頁。
② 馮承鈞譯:《馬可波羅行紀·序》,第 1 頁。
③ 馮承鈞譯,党寶海新注:《馬可波羅行紀》,河北人民出版社 1999 年版。
④ 張星烺譯:《馬哥孛羅遊記》,萬有文庫,商務印書館 1936 年版。
⑤ 張星烺譯:《馬哥孛羅遊記》,漢譯世界名著,商務印書館 1937 年版;人人文庫,臺灣商務印書館 1972 年版。
⑥ 陳開俊等譯:《馬可波羅遊記》,福建科學技術出版社 1981 年版。
⑦ 梁生智譯:《馬可·波羅遊記》,中國文史出版社 1998 年版。
⑧ 党寶海:《評梁生智譯〈馬可·波羅遊記〉》,《北京大學學報》(哲學社會科學版) 1999 年第 5 期。

8. 兩個蒙文譯本

除上述中文譯本外，國內還有兩個蒙文譯本，一個由塞亞東譯自李季譯本①，還有一個是葛爾東朝克圖根據青木一夫的日譯本翻譯的②。青木一夫的日譯本《東方見聞錄》，則是譯自里奇英譯的譯貝內帶托1932年意大利文本。

以往國內介紹版本的文章中的幾個常見誤解。第一，誤以爲貝內帶托本即Z本。③實際上貝內帶托1928年本是以F本爲底本，補入R本、Z本以及其他一切貝內帶托認爲有價值的抄本的內容，是一個合校本，其正文仍爲貝內帶托校訂後的F本，Z本和其他補入內容只是以小字放在頁腳。1932年現代意大利文本雖將Z本內容插入原文，但並不能反映Z本的面貌。而且貝內帶托本人並未見到Z本，他所找到和利用的只是Z本的一個抄本Zt本。第一個利用Z本原本進行合校的版本上是慕阿德、伯希和本。第二，誤以爲馮承鈞譯本是根據頗節本翻譯，補入了R本的內容。④實際上馮承鈞只是補入了部分他認爲有價值的R本內容，還有一些很重要的內容並未全部補入。例如R本記載三個伊利汗國的使者跟馬可·波羅、闊闊真等一起從海路返回伊利汗國時，有兩個在路上死去，馮承鈞本即無此內容，而這個內容對於證明馬可·波羅的確來過中國又是非常重要的。

（四）《馬可·波羅遊記》的日文譯本

日本很早就開始對《馬可·波羅遊記》進行研究，20世紀初已經開始翻譯《遊記》。如佐野保太郎的《マルコ·ポーロ東方見聞錄》⑤（該本譯自莫雷 [H. Morley] 英譯本⑥，莫雷本來自平克頓 [John Pinkerton] 的譯本，而平克頓則是利用賴麥錫本與 His Prussian Majesty's library 的一個抄本對照翻譯的⑦），生方敏郎的《マルコ·ポーロ旅

---

① 吉林人民出版社1977年版。
② 黑龍江人民出版社1978年版。
③ 余士雄：《〈馬可波羅遊記〉的外文版本和中文譯本》，《江西師範大學學報》（哲學社會科學版）1989年第4期。楊志玖：《百年來我國對〈馬可波羅遊記〉的介紹與研究》，《天津社會科學》1996年第1、2期。
④ 楊志玖：《百年來我國對〈馬可波羅遊記〉的介紹與研究》，《天津社會科學》1996年第1、2期。
⑤ 佐野保太郎訳：『東方見聞錄』，東京，赤城正藏，1914年。
⑥ *Voyages and Travels of Marco Polo,* From Pinkerton's edition, With an introduction by H. Morley, New York, 1886.
⑦ The curious and remarkable voyages and travels of Marco Polo, a gentleman of Venice, who in the middle of the thirteenth century passed through a great part of Asia, all the dominions of the Tartars, and returned home by sea through the islands of the East Indies, tr. John Pinkerton, *A General Collection of the Best and Most Interesting Voyages and Travels in all Parts of the World; Many of which are Now First Translated into English.* 17vols. Vol. 7, London, 1811.

行記》①（該本譯自《人人叢書》[Everyman's library]本,《人人叢書》本所用的則是湯瑪斯·懷特[Thomas Whright]編輯的馬爾斯登譯本,亦即賴麥錫本的英譯本,前有馬斯菲爾德[John Masefield]的介紹②）,深澤正策的《マルコ·ポーロ旅行記》（譯自科姆羅夫本,亦即馬爾斯登所譯賴麥錫本的普及本）③,青木富太郎的《マルコ·ポーロ旅行記》（譯自裕爾,考狄校本）④,青木一夫的《マルコ·ポーロ東方見聞録》（譯自里奇的英譯本）⑤,愛宕松男的《マルコ·ポーロ東方見聞録》（譯自里奇的英譯本）⑥。也就是説,日本比較常見和流行的也是賴麥錫本、裕爾考狄校本和貝内帶托校本,與國内翻譯的情況比較類似。

近年來主要研究意大利文學的學者高田英樹致力於翻譯和研究《馬可·波羅遊記》,他翻譯發表了賴麥錫書對馬可·波羅的介紹⑦以及R本《遊記》的部分内容⑧,還翻譯了貝内帶托1928年合校本中的長篇導言⑨,並計劃分别翻譯F本、R本和Z本的内容,因爲各種以F本爲底本的合校本只能看到F本的内容,以及其他版本有但F没有的内容,無法瞭解F本有但其他版本没有的内容,因此分别翻譯幾個重要版本也是很有意義的。

在介紹宫廷法文本一節中提到簡稱爲FA₂本的Fr.2810號抄本中有大量彩色圖版,日本學者曾將這個抄本影印出版。2002年,月村辰雄、久保田勝一將這個抄本譯爲日文,定名爲《驚奇之書》,2012年經過修訂後再版⑩,使我們可以瞭解該本的内容。單獨翻譯Fr.2810本當然是有意義的,尤其是我們可以由此看到這個豪華版抄本中的大量圖版。不過單論内容而言,這個譯本的内容與馮承鈞譯本並無太大差别。

---

① 生方敏郎訳:『マルコポーロ旅行記』,新潮社1914年版。
② Marco Polo, John Masefield, *The travels of Marco Polo, the Venetian*, Everyman's library, Travels and topography, no. 306, London : J.M. Dent ; New York : E.P. Dutton, 1908.
③ 深澤正策訳:『マルコ・ポーロ旅行記』,東京,改造社1936年版。
④ 青木富太郎訳:『マルコ・ポーロ旅行記』,東京,河出書房1954年版。
⑤ 青木一夫訳:『マルコ・ポーロ東方見聞録』,東京,校倉書房1960年版。
⑥ 愛宕松男訳:『マルコ・ポーロ東方見聞録』,東京,平凡社1970—1971年版。
⑦ 高田英樹訳:『ラムージョ「マルコ・ポーロの書序文」——ルコ・ポーロ伝記研究』,『大阪國際女子大學紀要』,19號,1993年,第299—311頁。
⑧ 高田英樹訳:『ラムージョ版「マルコ・ポーロ旅行記」』,『大阪國際女子大學紀要』,23號-1,1997年,第129—158頁,24號-1,1998年,第191—225頁。
⑨ 高田英樹訳:『ベネデット「マルコ・ポーロ写本」』(1-6),『大阪國際女子大學紀要』,24號-2,1998,第165—190頁,25號-1,1999年,第253—291頁,25號-2,1999年,第133—163頁,26號-1,2000年,第151—170頁,27號-1,2001年,第151—174頁,『國際研究論叢』16(2),2003年,第251—271頁,17(1),2003年,第163—181頁。
⑩ 月村辰雄、久保田勝一翻訳,フランソワ・アヴリル,マリー=テレーズ・グセ解説:『全訳マルコ・ポーロ東方見聞録:「驚異の書」fr. 2810写本』,東京,岩波書店2002年版,2012年。

二、《馬可·波羅遊記》海路部分譯注（一）

這部分譯注，正文來自上文所介紹的慕阿德、伯希和譯本，注釋部分則主要來自上文介紹過的亨利·裕爾譯本，伯希和的《馬可波羅注》以及其他相關書籍。正文中的宋體字部分爲 F 本底本內容，楷體字部分則來自其他版本，後面括弧裏的字母即其版本來源，格式與慕阿德、伯希和譯本《世界寰宇記》保持一致。頁下注爲《世界寰宇記》一書的原注，主要是對拼寫方面進行的説明。譯文之後的注則是來自各種書籍的注釋。目前北京大學的榮新江、党寶海等老師帶領的讀書班正在進行《世界寰宇記》一書的譯注，本文所作的工作即讀書班工作的一部分。

（一）第 158 節　　這裏他開始印度部分，他將描述該處一切奇跡以及當地人的風俗[①]

現在，由於我們已經告訴你陸地上的很多省、地區以及國家（LT），如上（Z）文所述，那麼我們將離開這些，並開始進入印度，講述該處一切奇跡，且我們將首先講述（Z）那些商人乘坐經過印度洋（P）往來於印度的巨（P）船。現在你將會知道那些船是這樣製造的，如我將要向你描述的那樣。我告訴你，它們絕大部分（P）使用一種被稱爲樅木的木頭和松木[1]製造（Z）。[②] 它們有一層地板，我們稱之爲（P）甲板，每一艘均有一層（Z），且在[③]這甲板上通常（P）有總數多達六十個小（VB）房間或艙房（P），有些更多（V），有些更少，根據船的大小有所不同（Z），在每一艘船上，商人都可以舒服地居住。船上有一個很好的（R）擺尾（sweep）或舵（helm），在方言中被稱爲（P）船舵（rudder），還有四個桅杆和四張帆（P），他們經常加上兩個另外的桅杆，上有二帆，根據天氣情況（VB）隨其意願[④]升降。[2] 一些船隻，即那些較大的船，另外還有多至十三個貨艙，彼此分隔，内部用嚴絲合縫的厚實木板製造，因此[⑤]若船隻在某處突然被撞破，即或是船撞在岩石上，或是一頭鯨魚撞擊船體，爲了

---

① De iors　Ft: des jors　FB: des gens　V: dele zente　Z: habitantium in ea 從第 161 節 (des maineres des ydres) 看來似乎 des idres 是正確的，但各抄本更傾向於 iens。
② VB : in sua lengua fu(?) chiamato beta el qual c como zapin.
③ VB，R："under".
④ P："但是前面的兩支桅杆是這樣排列的，即它們可以被很容易的升起或降下。" P 本中這些奇特之處在 VA 本並没有顯示。
⑤ Itaque(?) 讀作 ita quod　R: di modo, che.

尋找食物撞入船內。這種事經常發生，因爲若一艘船在夜間航行，泛起水波，駛過一頭鯨附近，鯨看到水紋隨船閃動，認爲那裏有食物，於是快速朝船遊去並撞擊船體，常常會把船某處撞破。然後水通過破洞進入不放置任何東西的船底。然後水手找出船破洞的地方，對應該處破損的貨艙將被騰空，貨物被搬進別的艙中，因爲水不能從一個貨艙流入另一個，這些貨艙關閉地非常嚴密；然後他們修好船隻，再把搬走的貨物放回去。(Z)[3] 它們其實 (Z) 是這樣固定起來；因爲他們都有襯裏，即他們有 (Z) 兩片板，一片疊在另一片上。它們 (Z) 四周均由一片板疊在另一片上做襯裏。船內外的船板因此嚴絲合縫，(P) 這就是我們的水手通常所説的，(P) 内外防水密封，且其内外 (L) 被很好地 (Z) 用鐵釘釘牢。他們不用瀝青塗，因爲在那些地區 (P) 没有瀝青。但我告訴你們，他們用油塗，因爲他們有另一樣東西，對他們來說更勝於瀝青。我告訴你，他們用石灰和麻，切細①碾碎，和從一種樹裏得來的油全部 (Z) 混在一起。等他們將其徹底碾碎，這三樣東西混在一起，我告訴你，它變得非常粘 (L)，就像粘鳥膠一樣。他們用這種東西塗抹船，就像瀝青一樣好用。[4] 此外，我告訴你，這些船，有的需要300水手，有些200水手，有些150，有些更多，有些更少，根據船的大小不同。這些船的載重也遠勝於我們的。以前，在過去，船比現在這些還要更大；由於大海的威力使各處島嶼消失，因此很多地方的水不夠承載如此巨大的船隻，因此他們現在製造較小的船；(Z) 然而這些船仍如此之大，能裝載多達五千筐胡椒，有些能載六千。② 此外我告訴你，他們通常 (P) 靠櫓 (sweep) 前進，船上有巨大的 (P) 櫓，每只由四個水手來划。[5] 且這些巨 (Z) 船有如此巨大的供應船，供應船可載多達1000筐胡椒。不過我也要告訴你，它們需要 40，50 (FB)，有些 60，有些 80，有些 100 (Z) 名水手，如果條件合適的話 (Z)，它們就靠槳③和水手 (P) 前進。而且它們經常幫忙用繩索，也就是纜繩 (Z) 拖拽大船，若風橫向吹來，當他們靠槳前進，亦當他們靠水手前進時，因爲小船在大船前面用繩索綁緊拖拽。但若風直吹就不這樣，因爲大船的水手要防止風趕上小船的水手，這樣大船就會壓到小船。(Z) 他們有兩三 (FB) 條這樣的大供應船，不過其中一條比其他的更大。此外還有我們稱爲 (P) 小艇的小船 (P)，他們也帶著多達十條，用來下錨、捕魚以及在很多其他方面 (P) 伺候大船。大船把小船繫在她的外側穿過水面 (Z)，必要的時候把它們放下水；(P) 但他們把兩艘大的拖在船後，每一艘都有它們的船員和水手，以及一切它們自己和他們需要的東西。(FB) 我還要告訴你，上述的 (L) 那兩艘大供應船也帶著小 (L) 艇。此

---

① P: Tortum autem canabum minutatim... cum aloe.
② TA: e di datteli vj^m. 誤爲 c de tel. vi^m.
③ armes FB, TA, Z, 以及 c. 支持正確形式 a remes。

外我再告訴你，當大船①想要粉刷，要修理時，當它經過了漫長的旅途或（VA）航行了整整（P）一年或更多，需要修理（Z）時，他們這樣修理。他們把另一塊板釘在整條船上之前提到原來（Z）的兩塊板上，根本不把之前的板拿下來，（L）於是整條船上處處都（FB）有三層板了，每一塊釘在另一塊上，（FB）那麼然後，在釘的時候，（FB）他們仍用之前提到的混合物（L）上油，進行防水密封。這就是他們所做的修理。並且在第二年末，（FB）在第二次修理時，他們還釘上另一塊板，並保留其他的板，（L）這樣就有四層。（VA）他們這樣每年（FB）修了又修（Z），直到爲數（Z）六層的板一層釘在一層上面。當他們有六層相互重疊釘在一起的板時，（FB）這艘船就退役了，從此（Z）他們不再駕駛著她進入深海，而只在好天氣裏做一些短途行駛，而且他們不讓它們超載，直到他們認爲它不再有任何價值，不能再繼續使用爲止。然後他們就拆毀它們。（FB）[6]且我們要告訴你，當任何一艘船要起航，他們怎樣確認在旅途中生意會順利還是不順。船上的人確實會有一個籠子，是用柳條製作的柵欄，籠子的每個角和面都綁著繩子，因此共有八條繩子，在另一端它們都繫著長索。他們再找一個蠢貨或醉鬼並把他綁在籠子上，這樣就不會有聰明人或正直的人使自己冒這種風險。當刮大風的時候做這件事。他們確實會把籠子迎著風放置，大風會把籠子吹起來升入空中，那個人就被長索拽著。若在空中籠子向風的方向傾斜，他們會朝他們稍微拉一下長索，這樣籠子就正了，然後他們再放開長索，於是籠子繼續升高。如果它又向下傾斜，他們就繼續這樣拉長索，直到籠子被擺正上升，然後他們放開一些長索，就這樣它會升地極高，高不可見，只要長索夠長。這種驗證就這樣進行，即如果籠子直直升上天，他們就說這場試驗所針對的船將會有一次既快又興旺的旅程，並且所有的商人爲了遠航蜂擁而來坐這艘船。如果籠子沒能升上去，那麼沒有商人會願意進入試驗所針對的這條船，因爲他們說她將無法完成航行，會被不祥所困。因此那艘船就要在港口呆一年。（Z）現在我要向你描述那些商人乘坐渡海（FB）往來印度的大船上的所有規則（FB），這些船載著大量貨物穿過印度大洋和印度各島。（FB）然後我們要放下關於船②的事，然後要告訴你關於印度，但還是（Z）首先，我想要告訴你現在我們所說的這片大洋上大量印度（L）島嶼。且這些島嶼在我們之前所說的那些地區的（L）東方，且我首先想要從一個名叫日本的島開始。

[1] 亨利·裕爾：松木［Pinus sinensis］在廣東和福建仍是主要的造船材料。在福

---

① FB: les ij.nefz.
② Cest maniere des nes B. 印刷爲 mainere de nes，但認爲正確形式應爲 matiere。證據是 des 以及 V: questa materia。

州，這種木材大量出口，雖然在這座城市主要燃料是一種樅木。在廣東多種松木也經過水運售賣。(*N. and Q. China and Japan*, I.170; *Fortune*, I.286; *Doolittle*.)

[2] 亨利·裕爾：再次注釋"一個船舵"(*supra*, Bk. I. ch. xix. Note3)。一個可移動的桅杆可能是船首斜桁，據 Lecomte 所說在中國人有時使用這種桅杆，非常輕，立在船首左舷。

[3] 亨利·裕爾：水密隔艙系統，這段描述我們要感謝賴麥錫本（譯者注：在本書中來自 Z 本，與賴麥錫本內容略有不同），此種系統在我們這個時代才進入歐洲，而中國人仍在繼續使用，不僅用於航海，也用於河運船。（參見 *Mid. Kingd.* II. 25; *Blakiston*, 88; *Deguignes*, I. 204-6）

[4] 亨利·裕爾：這種東西還在使用，麻、舊漁網和一種特定藤蔓的纖維用來製作填絮。所謂樹油產自桐木，我不知道這種樹跟緬甸若開(Arakan)及勃固(Pegu)的樹油是否一樣。(*Dipterocarpus Laevis*)

考狄：但今天在中國通常被稱爲"桐油"的是從桐樹仔中榨取的有毒的油。通常用來油漆或填塞船縫。(*Bretschneider, Hist, of Bot. Disc.* I. p. 4.)

[5] 亨利·裕爾：前往新加坡的中國帆船仍然使用這種櫓(*J. ind. Arch.* II. 607)。伊本·白圖泰所記載的每支需要的水手要多得多。根據他的描述，槳上繫著巨大的繩索，用繩索拉動，因爲木頭太大而無法抓握，類似於老式法國大帆船上，裝在槳上的杠杆或握把，用途相同。

[6] 當時的中國海船似乎比通常在歐洲航行的船要大。馬可在這裏提到需要 200 水手（或賴麥錫本的 300），這個數量對於一艘商船來說確實很多，但還不如鄂多立克所說的多，他提到他乘坐的從印度前往中國的船，甲板上有 700 人。中國帆船上的人有時候還要更多。"二月，1822 年，英國船印第安那號(*Indiana*)號的 Pearl 船長穿過加斯帕海峽(Gaspar Straits)，遇到了一艘失事貨船，救了 198 人，該船從廈門出發時共有 1600 人，他把他們送往坤甸(Pontianak)。這一高尚的行爲爲他挣得 11000 鎊。"(*Williams* 引自 *Chin. Rep.* vi. 149)

下面是一些其他的中世紀關於中國船運的描述，在主要事實上並無差別。

Friar Jordanus："他們開往契丹的船非常巨大，而且在船上有超過 100 個艙房，在好天氣裏他們帶著 10 張帆。它們非常龐大，用三層厚的木板製造，第一層就跟我們的大船一樣，第二層橫長，第三層縱長。真的，這可是超級强的傢伙！"

Nicolo Conti：他們製造的船比我們的大得多，能够裝載 2000 桶(vegetes)，有五支桅杆五張帆。下半部分用三層木板製造，以抵擋有可能遇到

的暴風雨的壓力。而且這種船被分成多個隔艙，這種使得即使船的某個部分破碎，其他地方仍保持正常，保證船隻能够完成旅途。

伊本·白圖泰：在中國海上只有中國船隻航行……共有三類：1. 大型，被稱爲 Junk；2. 中型，被稱爲 Zao；3. 小型，被稱爲 Kakam。每艘較大的船上有從十二張到最少三張帆不等。這些帆是用竹條編織成的一種席子；它們從不降下，它們隨著風向不同轉向不同方向。當這些船抛錨停泊時，船帆就被鬆開。每一艘船都有1000名船員，其中有600名水手和400名衛兵，其中有弓箭手、靶手和發射石腦油的弩手。每一艘大船都有三艘供應船，其分別被稱爲"半船"、"三分"、"四分"。這些船僅在中國泉州和廣東製造。它們這樣製造。他們建造兩面木牆，其用非常厚的木板連接，這邊那邊都用大長釘緊緊釘牢，這種大長釘每個都有三肘長。當這兩面牆用這些板連好後，他們再加上底板，裝好船體，就完成整個構造。這些木板在側面有設施可以通向水面，供船員到達底部進行清洗和其他工作。這些木板上還裝置著槳，大小跟桅杆一樣，每一個都需要10—15人使用。總共大約有20支槳，每支槳的劃槳手站成兩列面對面。這些槳上還有兩條結實的繩纜，每列劃槳手拉一根，一邊拉動繩纜，然後另一邊再拉動另一側的繩纜。這些劃槳手在工作的時候唱一首令人愉快的歌，通常唱著"拉拉！拉拉！"我們提到的三艘供應船也使用槳，需要的時候就拖拽大船。

"每一條船有四層甲板，還有供商人使用的艙房和公共房間。一些艙房帶有盥洗室和其他設施，而且還有鑰匙，這樣房客可以鎖上它們，然後讓他們的妻子或侍妾住在裏面。一些艙房的船員帶著他們的孩子，且他們在木桶中種植調味植物、生薑等。船長是一位大人物，當他登陸時，弓箭手和黑奴在他面前列隊，帶着長槍、刀劍、鼓、號角和喇叭。"（IV. pp.91 seqq. 和 247 seqq.）把這些非常有趣的描述與波羅所記的對比，我們發現它們基本相符，除了尺寸和甲板的數目。似乎忽必烈所鼓勵的，與印度貿易的繁榮，在他的繼任者的統治下繼續發展繁榮，或許馬可提到的之前時代更大的船隻又重新出現了。

（二）第159節　　這裏他講述日本島（Çipingu）[1]

日本是一個東方的島，在外海上距離蠻子（P）土地1500①里的地方。該處（Z）人白、相當時尚、美麗、舉止優雅（L）。他們是偶像崇拜者，自給自足，受他們自己

---

① V：1250.

的國王統治，(Z)不向其他任何人納貢(P)，且除了他們自己的之外沒有任何其他領主。此外我告訴你他們有極其豐富的黃金，因爲在那裏發現的黃金超出常規。此外我告訴你無人從那島上帶走黃金(Z)，因爲國王絕不輕易允許它從島上被帶走，因此(P)沒有商人這樣做，(Z)也無其他人從大陸前往那裏，因爲它太過遙遠，(FB)且船隻很少從其他區域前往那裏，(P)即使他諸物豐產，(V)且因此我告訴你他們有如此之多的黃金，令人震驚，(V)如我所告訴你的，因此他們不知道用它做什麼。(FB)[2]此外，我將告訴你一個關於國主皇宮中浩如煙海的驚人財富(Z)的大奇跡，他是此島的首(VB)領(Z)①，這是根據一個瞭解該國之人所説。(Z)我告訴你，非常確切，他有一巨大宮殿，全用純金箔片(VB)覆蓋。就像我們用鉛覆蓋我們的房屋和教堂一樣，這座宮殿就是這樣用純金覆蓋，因此(FB)它如此貴重，難以言説，這世上也無人能夠將其兑現。(FB)且除此之外，因(FB)我還要告訴你，上述宮殿所有大廳以及部分②(VB)房間的地面，其數目不少，同樣用純金，全做成巨大(FB)金磚，這些金磚尺寸(P)確實超過兩指厚。且宮殿所有其他部分和走廊和窗戶也同樣用黃金裝飾。我告訴你這座宮殿有如此難以估算的巨大(Z)價值，價值如此驚人，不管誰人用什麼方式(Z)來估算，也無法(FB)説出它的價值。[3]而且他們在這島上(Z)有數不清的(Z)大量白色大(G)珍珠，甚至(L)紅色珍珠，它們(L)非常美麗渾圓，個大價高。且(FB)它們的價值(P)與白的相等或更高。且在此島，當有人死去，有的土葬，有的火葬，但土葬者每人口中都放置一顆這樣的珍珠，這樣的風俗在他們中間保持着。(Z)他們那裏(Z)還有很多其他寶石。[4]因爲這個原因(P)這是一個如此(Z)富饒的島，無論如何(Z)無人能説清它有多少財富。此外我告訴你因爲有人告訴大汗，即在位統治的③最勇敢的君主(VB)忽必烈汗(FB)，在這座上述的(FB)島上有偉大的貴族和(L)財富，他説他希望奪取它，將其納入統治(Z)。於是他派出兩位他最著名的(VB)大(FB)將軍，帶領數量巨大的船隻，承載大批(FB)騎兵和步兵出征該島(Z)。其中一位將軍名叫 Abacan[5]，另一位名叫 Vonsamcin[6]。這兩位將軍睿智英勇。[72c]關於他們，我要告訴你什麼呢？他們率軍出發，來到刺桐港，之前我們提過此名，在那裏找到並用他們要在戰爭中的用到的設備和一切東西裝備了數量巨大的船隻，他們走上甲板，(VB)從刺桐和行在起航，駛向大海，航行了(Z)很多天(VB)，直到抵達此島，他們著陸並奪取了大片平原和

---

① *De ceste uille*，但 FA, FB, TA, LT, VA, P, Z, V 均有"島"一詞，同時 VB, L 沒有此詞，因此我們應當把 uille 改爲 ille 或 isle。

② FB: toutes9.

③ FB: qui adone Regnoit.

《馬可·波羅遊記》海路部分譯注（一）

許多村莊。① 但在他們尚未奪取任何城市或鎮子（FB）或堡寨時，如我將要告訴你的，一場災難突然降臨在身處平原的（FB）他們身上。現在你們應知，在這兩位將軍之間出現了巨大的猜忌，於是兩不（TA）相能。你必須知道，來自北方的風狂飆而來，對該島造成極大傷害，因爲那裏幾乎沒有港口。（FB）現在，就在某一天，來自北方的風② 極其狂暴，大汗的（FB）軍隊中的絕大部分（V）都無法承受——這裏指的是他們的船——於是（FB）他們乘船撤退。見證此事的其他人（V）說如果他們不離開，他們所有的船都將全（L）毁。然後他們全都上了船，啓航（FB）離開此島，駛入大海，因此他們無人留在島上。（VA）且我告訴你當他們航行了大約4里時，風的威力增強了，船隻數量太多，因此大量船隻彼此相撞損壞了；那些没有被其他的船撞毁的船在海上四散開來才逃脱海難。在那附近（Z）他們找到了另一個不太大的島，且無人居住（L）；那些逃出大海（FB）並且能够停靠（weather）該島的船隻逃出生天，而那些没能停靠（weather）③ 之，卻靠近海岸的（FB），則被大風吹向那邊，（Z）撞毁在島上，還有很多沉船中的人（Z）靠船隻的碎片游泳逃到島上，（P）這樣的人數目衆多，但那些無法到達此島的人全都沉入海底。然而當風的威力和海的狂怒平息之後，兩位將軍乘坐没有在開闊的海面上毁掉的船隻回到上述島上，這樣的船還有很多，然後帶上了所有有官職的人，即百户長、千户長、萬户長，因爲他們無法讓其他人上船，人實在太多了。然後他們離開那裏，返航歸家。（Z）共有超過三萬人逃生到此島，當他們發現自己在那島上如此危險，（FB）且他們距離日本國如此之近，（VA）他們仍在死亡威脅之下，因爲他們没有（FB）從船上搶救下（VB）食物（FB）或食物極少（VB），也没有武器（R），没有任何好計劃（FB），卻有巨大的煩惱，因爲雖然他們從風暴中逃生，但並未脱離險境，因爲（VB）他們看到他們無法逃走前往一個安全的港口（Z），因爲他們的船全都撞毁了，而（VB）他們看到當他們離開時（Z），另外一大批（L）逃脱海上風暴（L）的船離開，没有幫助他們，他們以極高速度盡可能快地（FB）前往他們的國家，没有任何跡象顯示要轉向他們的同伴來救助他們（FB）。且實際上（FB）他們這樣做了，如我告訴你的，他們航行了很遠回到他們的國土。④ 現在你應知

---

① casaus TA: delle choste 但其他抄本作 casaus。
② le lune 但 FA，FB，TA，LT，Z：風（wind）。下面的 uent 可能指吹（blow）——FB：comence a venter Z：flare incepit 但 LT：uenit TA：uenne。
③ Celz qe postrent monter celle isle escanpent mes celz qe ne postrent monter ronperent 法文字典無法證實我對 monter 的翻譯，但意大利文的話似乎更爲接近……
④ FB 本這裏加上了："這是他們如此行事的原因。因爲這兩位將軍，他們是全軍領袖，但他們彼此憎恨而非彼此喜愛，因爲他們飽受彼此之間仇恨的折磨。那個逃脱的人没有顯示出任何跡象要返回他的同伴和留在島上的人那裏，如你所聞。如果他願意的話，他可以很安全的回去，因爲暴風雨已經過去了，它持續時間並不長。但他没有這樣做，而是徑直走掉回到他的國家。"F 和 Z 本則説兩位將軍都逃脱了。

— 421 —

他們逃亡的島上無人居住，那裏除了他們沒有其他生物。（FB）現在讓我們停止講述（FB）這些乘船安然（FB）離去的人，我們回來講述那些在島上等死的人。

[1] 亨利·裕爾：Chipangu 即中文的"日本國"，日本是日文 Nippon 的中文發音，同時表示"日之原本"即日出之地。拉施德丁也用過 Chipangu 一詞。英文中的 Japan 大概來自馬來的 Japún 或 Japáng。

亨利·考狄：日本一名似乎最早在公元 670 年被日本政府作爲官方名稱使用。在那之前，對這個國家的稱呼是大和，這可能是某個中央省份的名稱。大和一詞現在仍用於詩歌和美文。日本還有另外的古名，有的長度驚人，如雷貫耳，如：豐葦原之千秋長五百秋之水穗國。（B. H. Chamberlain, *Things Japanese*, 3rd ed. P.222）

亨利·裕爾：值得一提的是，Nipon 一名最早以 Al-Náfún 的形式出現在 *Ikhwán-al-Aafá* 中，大概在公元 10 世紀。

亨利·考狄：George Collingridge 有一個奇怪的理論認爲 Zipangu 不是日本而是爪哇，見其所著 Cartography of Japan（*Geog. Jour*. May, 1894, pp.403-409）。F. G. Kramp 的 Japan or Java?，收入 *Tijdschrift v. het K. Nederl. Aardrijkskundig Genootschap*, 1894, 及 H. Yule Oldham（*Geog. Jour*., September, 1894, pp.276-279）已對其進行充分回應。

伯希和《馬可·波羅注》注 200，第 608 頁：

長期以來認爲 Çipingu 是日本國的音譯。然而日本一詞在第二個音節有一個 a，參見裕爾 Hobson-Jobson, 451。當然，理論上這裏也可以拼成 Cipingu, Çibingu 甚或 Çipungu，但 Çipingu 的拼法有 Z 本支持。不考慮考狄的意見（L'Extrême-Orient dans l'Atlas Catalan, p.9），Çipangu 不是一個閩南語發音，因爲"國"在閩南語中是顎音結尾。Fra Mauro 根據 Zurla 給出的讀音是 Cimpagu，而非 Hallberg 497-498 提出的 Zimpungu。

1375 年卡塔蘭地圖，根據考狄 Y₁, I, 301：日本島，威尼斯的馬可·波羅將其稱爲 zipangri。但波羅不可能知道 Japan 的現代形式，這是考狄的錯誤。

日本一名出現在拉施德丁書中（B₁, II, 498），形式是 Jimingu（母音不確定），這很明顯與波羅書來源相同，不過拉施德丁的拼法更容易確定。多桑蒙古史（II, 319）轉寫爲 Tchépangou（參見郭德梅爾，*Hist. des Mongols*, xci）這個寫法支持 Jipangu 或 Jibangu（原因不確定）。

在"Die älteste türkische Weltkarte"（*Imago Mundi*, 1935, 23, 27）

中，Herrmann 說早在 1076 年喀什噶里（Kāšyarī）書中就出現了日本，拼成 Djabanka=Jih-pên-kuo。我無法同意這種比定。文本和地圖中都寫著 Jābarqā，我認爲喀什噶里指的是通常認爲位於極西方的神奇國度，如 Brockelmann, 243, Zābarqa 條。不過喀什噶里把它放在了極東方。雖然該名不能被更正爲 Djabanka，但喀什噶里把 Jābarqā 的位置放在極東方可能與日本的傳聞有關，但這個語音對應無法讓人滿意，且沒有證據證明 11 世紀時中亞人知道日本這個名字。參見 *TP*, 1936, pp.361-362。

[2] 亨利・裕爾：文中簡短提到了保存如此大量和低價黃金直到進來開放交易的原因（參見 Bk. II. Ch.1 note 5）。Edrisi 也提及朝鮮（或日本）島上黃金數量極多，以至於狗項圈也用黃金鑄成。

[3] 這無疑是流傳已久的傳說。Amyot 所引用的一個中國故事中也這樣說："（日本）國王的宮殿非常壯觀，結構獨一無二。那是非常宏偉的建築，高的驚人。上面畫著九個故事，外表都是閃閃發光最純淨的黃金。"（*Mém. Conc. Les Chinois*, XIV. 55.）亦可參見 Kaempfer 講述的類似故事。（*H. du Japon*, I.139.）

[4] 亨利・裕爾：Kaempfer 提到發現了大量珍珠，主要在薩摩藩。不過 Alcock 說現在已經沒有那麼多了。（*Ib.* I.95; *Alcock*, I.200.）Kaempfer 並未提及寶石。

　　玫瑰色珍珠在蘇格蘭珍珠中經常出現。在巴黎，這種色澤的珍珠估價極高。這類珍珠在印度很可能也非常珍貴，因爲紅珍珠是裝飾佛祖神龕的七種寶物之一，而且被供奉在舍利塔中。（*Nat. Hist. of Prec. Stones*, etc., 263; *Koeppen*, I. 541.）

[5] 伯希和《馬可・波羅注》注 1，第 1 頁：

　　這個名字無疑誤寫了。頗節（*Pa*, 544）認爲 Abacan 肯定是將軍阿剌罕（頗節誤讀爲"阿剌罕"，Schlegel 於 1898 年糾正了他）。Schlegel 認爲 Abacan 是阿剌罕的文本訛誤，很多人認爲這個更正是可信的，如 *Y*, II, 596; III, 103; *RR*, 410; *B₁*, 437. 沙海昂（*Ch*, III, 123）也同意這個說法。這個訛誤是可能的，帕格尼尼的裴哥羅蒂也把 Balisci 寫成 Babisci。（參見 *Y₁*, III, 149, 154）

　　中文中阿剌罕的原型也可考察出來。《元史》卷 129 有阿剌罕傳，他的生平亦可見于虞集爲其子 El-temur 寫的碑文（《道園學古錄》卷 24，1—6 頁，四部叢刊本）。阿剌罕是扎剌亦兒人，也柳幹之子，拉施德丁提到一位 Alāqān 將軍，是 Jīlka bahādur 之子，因此我們可以認爲阿剌罕即 Alaqan, Gaubil 的 Argan（Hargan），Algan 是錯誤復原。（參見 *Hist. de Gentchiscan*, 161, 169, 191-192; *Y*, II, 261.）

也柳幹1258年在揚州戰死，阿刺罕生於1233年，繼承了他的軍隊。阿刺罕參加了忽必烈即位之戰，之後1262年的李璮之戰，之後平宋戰爭。1281年，他帶領四十萬蒙軍進攻日本，但死在寧波。拉施德丁書中提到他的名字，說他的名聲傳到波斯，此外，他的父親可能曾在波斯。屠寄認爲《元史》卷132的也里可和《元史》卷135的也里怯是阿刺罕的其他拼法。另一方面，拉施德丁書中記載多個Yeluga爲札刺亦兒人，但這一點在蒙文和中文史料中未曾提及。

阿刺罕的傳記與本紀和日本傳所載多有不符。例如，軍隊的數量，其他文本說是十萬，而非四十萬。衆所周知，《元史》中的傳是明初根據各種碑傳及家傳所編，本紀則更爲可信。從本紀可知[①]，1281年7月13日，以阿刺罕有疾，詔阿塔海統率軍馬征日本，阿刺罕同年7月22日死去。此後，1281年9月11日，以阿刺罕既卒，命阿塔海等分戍三海口。令阿塔海就招海中餘寇。一個月後，阿塔海乞以戍三海口軍擊福建賊陳吊眼，詔以重勞不從。阿塔海有一本傳，但未提及1281年聖旨，只提及之後1283年的任命，"二十年，遷征東行省丞相，征日本，遇風，舟壞，喪師十七、八"。屠寄認爲這是傳中寫錯了時間，我不這麼確定。1281年7月任命的話，阿塔海之後似乎沒有任何征日行爲，而只是出師福建。而在1283年1月之後，阿塔海受命帶著范文虎的300海船（命阿刺海領范文虎等所有海船三百艘，此處誤作"阿刺海"，但汪輝祖和屠寄均未指出，《元史》經常把刺和塔弄混。范文虎即波羅所謂的范參政，見Vosamcin條）傳記似乎認爲是1283年的一條新聖旨。另一方面，阿塔海的傳記中有不自然的脫漏，屠寄已經注意到了。這可能是因爲阿塔海征日後遇到了一些仕途挫折，在家傳中略去了，而《元史》編撰時採用了家傳。回到1283年夏天海戰的文本，《元史》卷12提到1281年2月19日，遣阿塔海戍曲先（實見於卷13，1283年）。這大概是另一個阿塔海，雖然汪輝祖沒有提到有兩個阿塔海，但也有可能是阿塔海臨時派了一個小任務，雖然他此前並未去中國西域出過任務。在放棄征日後，阿塔海準備前去援助占八和東京的軍隊，又與乃顔征戰，並在他死後獲得極高榮譽。

結論是，阿刺罕在參與征日戰爭之前已經死了。因此Abacan並非阿刺罕的音轉，而是來自阿塔海，後者親自登船出海，然後這樣對音更爲困難，而且兩者之中阿刺罕更爲有名。總的來說，我傾向於Abacan指的是阿刺罕（在《元史》卷11中，1280年時，二者阿刺罕和范文虎並提，正如波羅並提Alacan和

---

① ［宋］李燾：《續資治通鑑長編》卷五八，真宗景德元年十一月丁巳，中華書局1985年版，第1280—1281頁。

Vonsamcin），雖然波羅肯定在某種程度上弄混了阿剌罕和阿塔海，但我也不能把文本中的人名改爲 Alacan。無論實際情況如何，阿剌罕和阿塔海的生命結局均非悲劇，並不比范文虎更慘。波羅一貫如此，在大體事件和人名上很精確，但在個人細節上出錯了。

［6］伯希和《馬可·波羅注》注 378，第 871 頁：

該名長期以來讓人很懷疑是不是范文虎，這位在征日戰爭中扮演了重要角色的人物，沒有人解釋過名字的後半部分。裕爾（Y, II, 261）認爲可能是桑昆 sangun（見 Sangon 條），Ch, III, 261 和 B₁, 449 接受了這個觀點。然而波羅提到的桑昆並不指將軍，此外對音也不令人滿意。我已經在 RR, 438 中提出了正確的形式。第二部分 samcin 指的是參政。是元朝官制參知政事的簡稱，拉施德丁將其轉寫爲 sam-jing。蒙語中會把參讀爲 m 結尾的發音。所以 Vonsamcin 就是范參政。Von 其實也應是 Vom 或 Vam，但這裏可能是 Vō 或 Vā 的誤讀。范文虎的確曾是參知政事，雖然他在 1278 年已經升職爲中書左丞（《元史》卷 10），波羅仍然用他之前的官職稱呼他，這並不奇怪。

范文虎在《元史》中沒有傳記，屠寄卷 122 爲他作傳。他是宋將呂文德之婿，曾在宋朝一方參加蒙古包圍襄陽之戰，之後（1275 年）投降蒙古。《元史》中多處提到范文虎，我並未全部搜集。忽必烈認爲，與純種蒙古人相比，西域人和南人高層官員的管理才能更爲出色。1278 年，爲了強調這一點，他褒獎像阿合馬、阿里這樣的穆斯林和呂文煥、范文虎這樣的南人（《元史》卷 10），同時他也覺得范文虎投降得太快。

頗節認爲波羅所説的這支中國的無敵艦隊就是 1281 年被擊潰那支，沙海昂也同意他的意見。然而沙海昂又説范文虎在正史中沒有傳，這暗示他的結局並不光彩。這指的是波羅講的兩位將軍都被忽必烈下令處死。然而沙海昂的説法並無根據。在 1281 年之後很久，1285 年 1 月 3 日，范文虎得到了樞密院的更高職位，然後 1287 年升職兩次。1287 年稍晚時候，忽必烈被批評用了太多南人，沙不丁言："江南各省南官多，每省宜用一二人。"帝曰："除陳岩、呂師夔、管如德、范文虎四人，餘從卿議。"晚至 1293 年到 1294 年，范文虎仍然在職。

收稿日期：2015 年 8 月

美國國會圖書館藏《浙江輿圖》初步研究[①]

薛樵風　成一農

内容提要：美國國會圖書館藏《浙江輿圖》，表現清乾隆三十八年至道光初年浙江省的政區情況。圖上稱爲"衛"、"所"的地點，以閉合菱形符號表示，它們並不是明代的衛所，而是當時浙江省較爲重要的軍事要地。《浙江輿圖》城池的繪製采用形象繪法，以城牆的長度、形狀、城門的數量、城樓的有無相區別，包含一些寫實的因素，但主要目的在于強調城市的行政等級差異。將《浙江輿圖》所繪杭州、嘉興二府的道路距離與《大清一統志》記載的"四至八到"相比較，可以推定後者的"四至八到"表示的是道路距離。

關鍵詞：《浙江輿圖》　美國國會圖書館　《大清一統志》　四至八到

《浙江輿圖》，繪製者不詳，現藏美國國會圖書館。該圖紙本彩繪，色綾裝裱，圖幅縱 63 釐米，橫 101 釐米。

該圖的方位大致上南下北，采用形象畫法表現浙江省内山川、湖泊、海洋、島嶼、城池、關隘、塘汛、廟宇和名勝古迹等内容。山脉施以綠色，注有名稱，基本能表現浙江省的山地大勢；河流僅錢塘江和曹娥江注有名稱，其餘皆不注河名。按照浙江省所轄 11 府分區域設色，繪製有各級治所城池，用紅綫表示治所城池之間的道路並記注有里程。省界以虚綫表示，省外區域空白，僅記注相鄰府縣的名稱。錢塘江南北兩岸繪有海塘，南岸海塘西起蕭山縣之"程山"、東至鎮海縣之"招寶山"，北岸海塘西起杭州府六和塔之西、東至平湖縣"大營"之東，然後延伸至浙江省境外；海塘外側沿海的土地，按照淤積時間的先後，分區設色，以示區别。[②]

李孝聰教授在《美國國會圖書館藏中文古地圖叙錄》中對這一地圖進行了簡要的

[①] 本文獲得國家社科基金重大項目"地圖學史翻譯工程"（14ZDB040）的資助。
[②] 以上描述參考了李孝聰：《美國國會圖書館藏中文古地圖叙錄》，文物出版社 2004 年版，第 61 頁。關于圖中海塘的情況，可參見席會東：《中古代地圖文化史》，中國地圖出版社 2013 年版，第 267—268 頁。

介紹和研究，本文在其基礎上試對這幅地圖及其所反映的一些歷史問題進行初步探討。

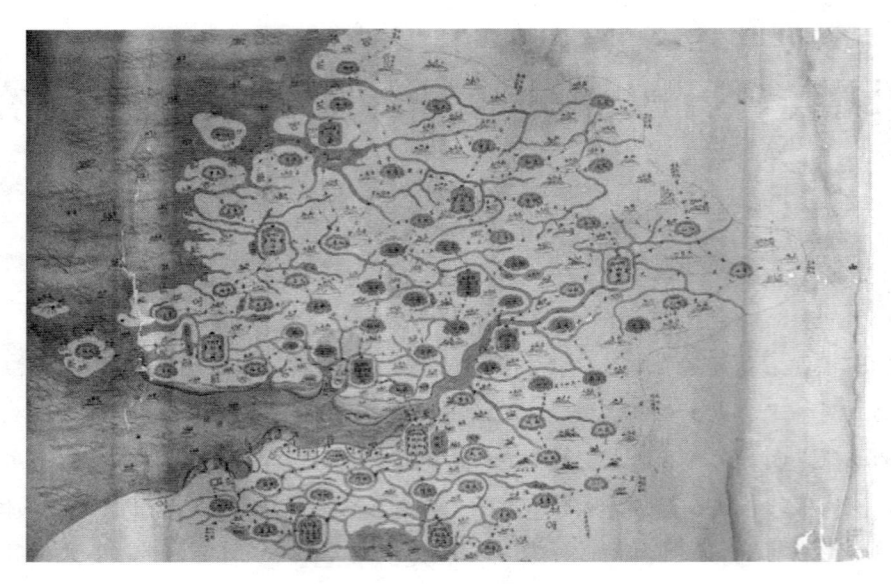

圖1 《浙江輿圖》

一、輿圖所反映的年代

李孝聰教授依據圖上已標繪有"海寧州"，安吉爲縣而不是州，石浦未置廳，"寧"字也没有因避諱而改寫，推斷此圖應繪製於乾隆三十八年後，至道光皇帝登基之前（公元1773—1820年）[①]。更準確地講，李孝聰教授所提出的應當是這一地圖所反映的年代，可能由于受到篇幅的限制，其考訂年代時所列舉的材料較少，因此本文進行一些補充。

首先，根據石門縣等縣名的變化，可以將這幅圖表現年代的上限限定在乾隆三十八年。檢《大清一統志》[②]：

> 石門縣……五代晉天福三年，吳越析置崇德縣……本朝康熙元年，改曰石門。[③]

---

① 李孝聰：《美國國會圖書館藏中文古地圖叙録》，第61頁。
② ［清］穆彰阿、潘錫恩等纂修：《大清一統志》，上海古籍出版社2008年版。
③ 《大清一統志》卷二八七《嘉興府·建置沿革》，第6册，第755頁。

> 鎮海縣……本朝康熙二十六年，別置定海縣於舟山，而改故定海爲鎮海縣。①
> 溫台玉環廳……本朝雍正八年，督臣李衛奏準展復，置溫台玉環同知。②
> 海寧州……明洪武二年，降州爲縣，仍屬杭州府。本朝因之。乾隆三十八年，升爲州。③
> 安吉縣……明正德元年，升爲安吉州，屬湖州。本朝乾隆三十八年，改爲縣。④

以上行政區劃變化後的情況在圖中皆有反映，因此可以將這幅輿圖所反映年代的上限限定在乾隆三十八年。

其次，圖中未能反映石浦廳和定海直隸州的設置，即：

> 道光三年，移寧波府海防同知駐石浦，爲石浦廳。二十一年，升定海縣爲定海直隸廳。⑤

因此，可將此圖繪製的下限限定在道光三年。

總之，依據清代浙江省行政建制的變化情況，可將圖上表現的行政區劃年代限定在乾隆三十八年至道光三年之間，由此也印證了李孝聰教授對於該圖所表現年代的考訂是正確的。

二、圖上的衛和所

值得注意的是，圖上還標注了幾處稱爲衛或者所的地名，即臨山衛、三江衛和蒲門所⑥、蒲岐所、前所。按照記載，雖然清朝初葉，衛所在浙江仍延續了一段時間，但這幾處衛所在清順治年間皆被裁撤。那麼，由此就產生了這樣一個問題，即爲什麼用於表現清中葉地理情況的輿圖中却繪出了清初就已經被裁撤的衛所？下面即對這一問

---

① 《大清一統志》卷二九一《寧波府·建置沿革》，第 7 册，第 290 頁。
② 《大清一統志》卷三〇六《玉環廳·建置沿革》，第 7 册，第 363 頁。
③ 《大清一統志》卷二八三《杭州府·建置沿革》，第 6 册，第 684 頁。
④ 《大清一統志》卷二八九《湖州府·建置沿革》，第 7 册，第 11 頁。
⑤ ［清］崑岡編：《欽定大清會典》卷一五二，新文豐出版公司 1977 年版，第 7083 頁。
⑥ 圖上誤爲"蒲岐所"。圖中繪有兩處"蒲岐所"，一處在溫州府平陽縣南，一處在台州府太平縣北。其中平陽縣南之"蒲岐所"當爲"蒲門所"之誤。

題進行分析。

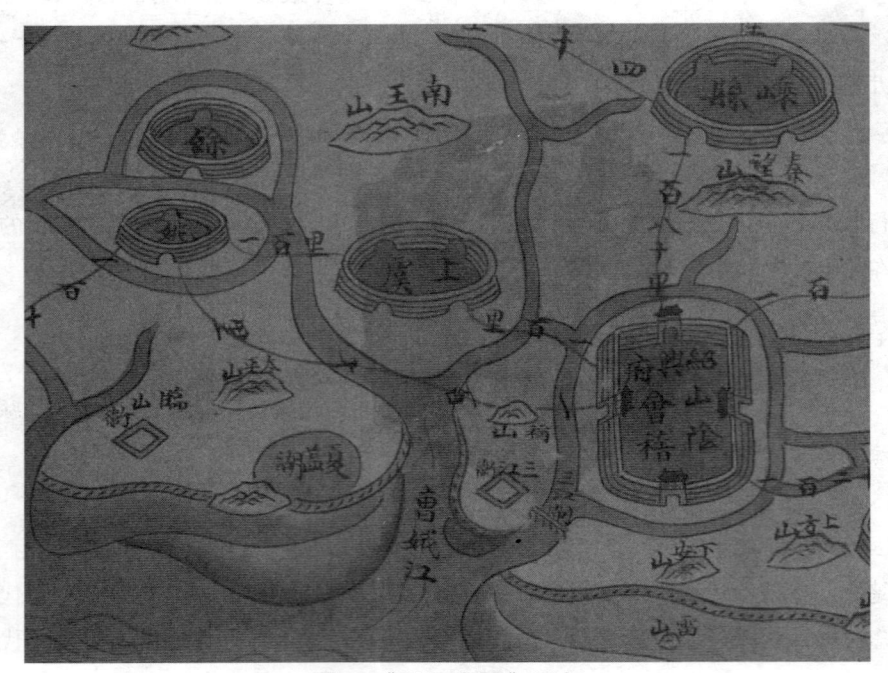

圖2 《浙江輿圖》局部

不同于府縣城池的形象繪法，這些衛、所在圖上皆以閉合菱形符號表示（參見圖2之臨山衛、三江衛）。以相同符號表示的還有石浦司、松浦司、四安鎮、老漫城、大營、澉浦等六處，説明它們的性質與以上幾座衛、所相近。成書于道光二十二年的《大清一統志》，時代與《浙江輿圖》接近，我們可以據此考察這些地點在當時的情况。

表1 《大清一統志》載《浙江輿圖》有關地點情况表

《浙江輿圖》注記名稱	《大清一統志》原文	出處
臨山衛	臨山衛，在餘姚縣西北五十里廟山上。明洪武二十年，湯和奏徙上虞故蒿城置衛，築城周五里，今設守備駐防	卷二九四《紹興府·關隘》，第7册，第118頁
三江衛	三江關，在山陰縣東北三十里，浮山之陽。明洪武二十年置三江所，築城周三里有奇，本朝順治十七年裁	同上
蒲門所	蒲門所，在平陽縣南一百二十里。明洪武二十年建千户所，築城周三里有奇。本朝順治中裁。又壯士守禦所，在縣東北五十里，明洪武二十年建千户所，築城周三里有奇，隆慶初併入蒲門所。今設浦門巡司	卷三〇四《温州府·關隘》，第7册，第319頁

續表

《浙江輿圖》注記名稱	《大清一統志》原文	出處
蒲岐所	蒲岐寨，在樂清縣界東三十里。明洪武二十年置蒲岐所，築城周三里，東渡江至楚門所二十里。本朝順治十七年廢所置寨，設兵戍守	卷三〇四《溫州府·關隘》，第7冊，第319頁
前所	前所寨，在臨海縣東九十里海門衛北。明洪武二十八年建前千戶所，築城周三里有奇，南臨椒江，與衛城僅隔一水。本朝改爲寨，設都司守備駐防，今增設巡司	卷二九七《台州府·關隘》，第7冊，第193頁
石浦司	石浦所，在象山縣西南一百里。明洪武二十年改石浦巡司，建前、後二千戶所，築城周不及五里，門三，外有濠，西北阻山。今所廢，仍設巡檢，又有千總防守。本朝乾隆五十九年又移守備一員駐此	卷二九一《寧波府·關隘》，第7冊，第70頁
松浦司	松浦鎮，在慈溪縣西北五十里。明洪武初置巡司，今因之	同上
四安鎮	四安鎮，在長興縣西南七十里四安山下，東去府城一百二十里，西去安徽廣德州六十里，以其保障吳興、宜興、廣德、安吉四處，故名。隋大業九年置鷹揚府，築城于此。宋時爲鎮，設官以監商稅。元亦設稅務于此。明初改置巡司。今因之，并有守備駐防	卷二八九《湖州府·關隘》，第7冊，第23頁
老漫城	無記載	無
大營	無記載	無
澉浦	澉浦鎮，在海鹽縣南三十六里。明初置巡司，後改建澉浦守禦千戶所，築城周八里有奇，移司于秦駐山，仍曰澉浦鎮巡司。本朝順治十七年裁所，後巡司亦裁	卷二八七《嘉興府·關隘》，第6冊，第762頁

　　以上記載俱見于各府"關隘"部之下。按照記載，上述各處皆曾築有城池，其中一些明代未嘗置衛所，由此可見圖中所繪菱形符號並非專門表示舊明代衛所。

　　顧誠先生研究了衛所制度在清代的變化歷程，認爲衛所"最後以併入或改爲州縣使衛所制度已化作歷史陳迹"[①]。制度的消失意味著原先有著實際意義的衛、所稱謂，變成了單純的地名，而不再對應著相應的等級或者駐軍，因此，人們對其稱呼的隨意性也逐漸增大。比如三江所，《浙江輿圖》記爲"三江衛"，而《大清一統志》則稱"三江關"，此外亦有稱寨、鎮者。這些地名原先擁有的等級意義已經消失，稱謂遂逐漸混淆。不過，衛所所在地點的軍事、交通價值並不會隨制度的消失而消亡，通過表1可以看出，這些地點在清代中葉大多不失其軍事價值，大都設置守備、巡司等進行控禦，而作爲一幅政區圖，轄境內重要的軍事地點，也是其著力表現的內容之一。因此，《浙江輿圖》上描繪的"衛"、"所"等地點並不表示明代設置的衛所在這一時期依然存在，而強調的是當時較爲重要的兵防要地。

[①] 顧誠：《衛所制度在清代的變革》，《北京師範大學學報》（社會科學版）1988年第2期。

三、城池形象及其反映的問題

城池是《浙江輿圖》表現的重要内容。清代乾隆、嘉慶時期浙江境内的治所城池，依等級可分爲省城、府城、州城、縣城以及一些這一時期依然以各種方式被使用的從明代留存下來的衛所城池。《浙江輿圖》中的城池以形象畫法繪製，繪有城牆、城門、城樓等。從繪製手法上説，有寫實的成分，如將城牆施以灰色，並用墨綫勾出磚縫，以表現城牆甃磚的形象；城樓細緻地繪出了房屋開間及屋脊上的螭吻。不過，這種表面上的"寫實"只是一種假像，下面根據城池的行政等級和繪製方式對這一問題進行分析。

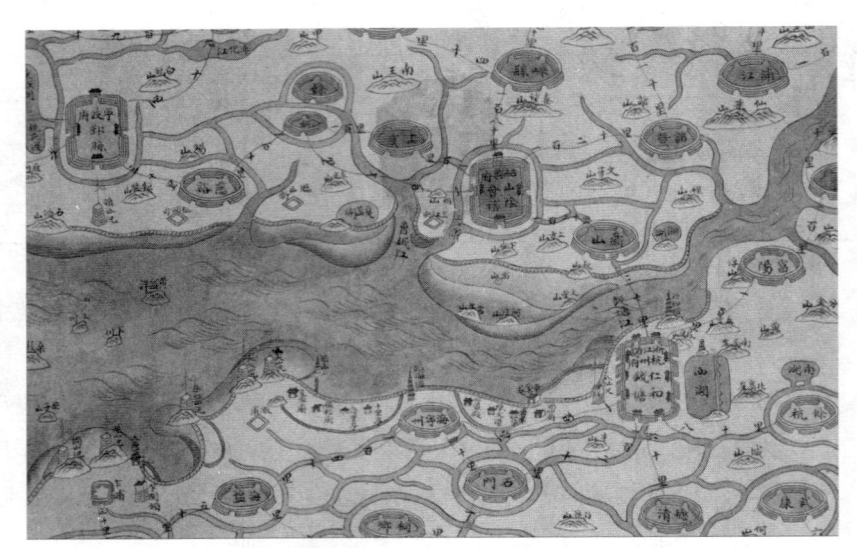

圖3 《浙江輿圖》局部：杭州府、紹興府及周邊地區

省城，1座，即杭州府城。圖上所繪城牆輪廓爲南北略長的矩形，是整幅地圖所有城池中所佔圖幅面積最大的。城門十座，皆繪有城樓（圖3）。《大清一統志》記載了杭州府城的實際情況："杭州府城，周三十五里有奇，西南屬錢塘縣治，東北屬仁和縣治，門十。"[①] 兩者相比，基本一致。

府城，共10座，這些府城皆被繪成南北略長的矩形，大小基本相同，面積小于

---

① 《大清一統志》卷二八三《杭州府·城池》，第6册，第685頁。

省城。所有府城都統一繪製有四座城門，城門上皆繪有城樓（圖2、圖3）。《大清一統志》對于這些府城城墻的情況記載如下：

  嘉興府城，周九里有奇，門四，濠南引駕鴛湖水，西引漕渠會于北門外，廣二十丈。①
  湖州府城，周十三里一百三十八步，門六，濠周其外。②
  寧波府城，周十八里，門六，水門二，北面濱江，三面爲壕。③
  紹興府城，周二十里有奇，門五，水門四。④
  台州府城，周十八里有奇，門五。⑤
  金華府城，周九里一百步，門七，南臨大溪，三面環濠。⑥
  衢州府城，周四千五十步，門六，三面浚濠，西阻溪。⑦
  嚴州府城，周八里二十三步，門五，東、西、北有濠。⑧
  温州府城，周十八里，門七，南臨河，北負江，東、西爲濠。⑨
  處州府城，周九里有奇，門六。⑩

由這些記載來看，這些府城城垣的周長差異極大，而且只有嘉興府城有四座城門，其他府城城門的數量大都超過四座。由此來看，圖上看似寫實的府城，其實是一種具象化的符號，城池的大小、城門數量等，都可以看作是表示城池等級的要素，而非對現實情況的描繪。

縣（屬州、屬廳）城，共63座，這些縣城皆被繪爲東西略長的橢圓形，面積小于府城，但所有縣城所佔圖幅的大小基本一致；每座縣城都繪有四座城門，但城門上没有繪製城樓（圖2、圖3）。由于縣城數量太多，無法一一列舉，因此選取《大清一統志》載金華府各屬縣城墻的實際情况來與地圖所繪進行對比。

---

① 《大清一統志》卷二八七《嘉興府·城池》，第6册，第756頁。
② 《大清一統志》卷二八九《湖州府·城池》，第7册，第12頁。
③ 《大清一統志》卷二九一《寧波府·城池》，第7册，第291頁。
④ 《大清一統志》卷二九四《紹興府·城池》，第7册，第104頁。
⑤ 《大清一統志》卷二九七《台州府·城池》，第7册，第184頁。
⑥ 《大清一統志》卷二九九《金華府·城池》，第7册，第219頁。
⑦ 《大清一統志》卷三〇一《衢州府·城池》，第7册，第257頁。
⑧ 《大清一統志》卷三〇一《嚴州府·城池》，第7册，第302頁。
⑨ 《大清一統志》卷三〇四《温州府·城池》，第7册，第313頁。
⑩ 《大清一統志》卷三〇五《處州府·城池》，第7册，第343—344頁。

  蘭溪縣城，周二里三百二十三步，門四。
  東陽縣城，周一千三百三十五丈，水陸門各四。
  義烏縣城，舊周三里有奇。明嘉靖中築石，門四，後增爲七門。
  永康縣城，無城，明末建東西二門，叠石爲樓，北倚山，南阻水爲固。
  武義縣城，周十里八步，門五，又小門四。
  浦江縣城，周五里一百二十步，門四，又偏門五。
  湯溪縣城，周三里，門三。①

  七座縣城中，永康縣没有城墻，而其餘各縣城城垣長度和城門數量也都存在差異。由此可見圖上所繪縣城形象，與府城性質一樣，是表示城池等級的符號。
  不過，圖上餘姚縣的畫法較爲特殊，該城被繪成兩座橢圓形小城，南北並列，各開二門。《大清一統志》對其城墻的記載如下：

  餘姚縣城，周九里，門五，水門二。元末築，四面皆引江爲濠。又有新城，在姚江南岸，亦名江南城，周八里有奇，明嘉靖中築，與舊城隔江相對。②

  餘姚縣南北雙城隔江相對，形態比較特殊，圖上對這一特點進行了表現；然而城門被繪爲四個，想來是爲了與圖中其他縣級城池的符號相一致。
  衛、所、司、鎮城，共12座。這些城池都不是行政治所城市，但在軍事上有一定重要性，統一用閉合菱形符號表示。不過，圖上在嘉興府平湖縣南部，繪有一座所佔圖幅面積爲縣城一半，開有四門，標注爲"乍浦"的方形小城，並繪有其至平湖縣的道路和距離，以這種形態繪製的城池全圖僅此一處（圖3之左下角）。
  《大清一統志》嘉興府"山川"部記載：

  乍浦在平湖縣東南二十里，與海鹽縣接界，舊有官河，匯諸水入海。元至正年間，番舶皆萃于此，今爲海口重地。③

  又"關隘"條記有"乍浦鎮"：

---

① 《大清一統志》卷二九九《金華府·城池》，第7册，第219頁。
② 《大清一統志》卷二九四《紹興府·城池》，第7册，第104—105頁。
③ 《大清一統志》卷二八七《嘉興府·山川》，第6册，第759頁。

乍浦鎮在平湖縣東南三十里，舊在縣西南二十七里。吴越設鎮遏使，南宋置水軍，設統制領之，元置市舶司。明洪武十四年，自故邑城徒巡司于此，改今名，十九年，移于東北，改建千户所，築城周九里有奇，外有池，東援金山，西衛海鹽，又築捍海石塘，聯絡擁衛。三十六年，增置水寨，爲海道三關之一。隆慶三年，革海口、澉浦二關，止留乍浦一關，轄白塔港、西海口、許山、羊山四哨。本朝順治十七年，所廢，仍設巡司及守備。雍正二年增設水師營游擊駐防，七年，又移杭州副都統及滿兵駐此，九年，改游擊，設參將，爲海口重鎮。今理事海防同知，俱駐劄于此。①

根據上述記載，乍浦雖然不是府、縣等正式的地方行政治所，但其在政治、軍事上的地位，却遠重于圖上其他 11 座以閉合菱形符號繪製的城池，且入清以來，其受重視程度，有不斷加重的趨勢。因此，圖上將乍浦特意用特殊的形象繪出，以突出其與衆不同的地位，不過另一方面乍浦城雖然周九里有奇，規模比浙江一些縣城還大，但圖上所繪城池大小僅及縣城一半，目的應該仍是爲了區别等級。

總體來看，《浙江輿圖》的城池形象，既非絕對的寫實，也不是單純的符號，而是糅合諸多因素後呈現出的形象。在圖中，一條條道路自府城伸出，將周圍各屬縣聯結起來，由中心及于四周，綱舉目張，主從分明，給人深刻印象。居于核心的府城，廣闊方正，門樓相望，儘管實際上它們大小各異，城牆輪廓也未必是矩形；居于末梢的縣城，橢圓形的小城形象少了些許威嚴，儘管實際上它們有的比某些府城還要大一些，有的則未築城墻。圖上杭州府城的城門數量與實際相合，對餘姚縣的雙城形態也有表現，這說明繪製者掌握了當時浙省城池的基本情況，進而完全可以把圖畫得更合于現實；然而，呈現在我們面前的却是一幅依照行政等級高低排列，主次分明的景象，這顯然是繪製者刻意爲之的結果。城墻，以及與之相關的城門、城樓在中國古代城市中的作用，除了防洪、防禦、維護治安等實用的一面之外，還具有一定的象徵意義，代表王朝在地方的統治權力和社會秩序。魯西奇教授認爲明清時代的城市形態呈現出兩個完全背離的趨勢，一方面是禮制的復興，造成一些城市形態規整而呆板；一方面是商業的繁榮，使得一些城市的形態呈現自由生長的態勢。② 現實中的城市受歷史、地理、政治、經濟等多種因素的影響，其形態往往很難與禮制完全相合；而地圖中的城市，就不存在這些限制了。《浙江輿圖》上的城池形象，表現的正是前一種趨勢的理想

---

① 《大清一統志》卷二八七《嘉興府·關隘》，第 6 册，第 762 頁。
② 參見魯西奇：《城墻内外：古代漢水流域城市的形態與空間結構》，中華書局 2011 年版，第 440—448 頁。

景象。

中國國家圖書館藏《江西輿地圖説》①,是一套繪製于明代萬曆時期的省級地圖集,圖上城池的繪法,與《浙江輿圖》頗多類似。以圖集之贛州府圖爲例,圖上用形象繪法,繪贛州府城一座,縣城十一座。贛州府城繪四門,此外還在城墻上繪有一座城臺;縣城皆繪四門,大部分被繪成橢圓形,大小相仿,面積不足府城的一半。這些形象與當時實際情況不符,如贛州府,當時應有五座城門,而府轄各縣,城門數量也從三座到六座不等,大小差異更爲懸殊。②可見《江西輿地圖説》所繪城池,同樣是以彰顯行政等級爲目的的産物。

此外,中國科學院圖書館藏清初《雲南輿圖》③、中國國家圖書館藏清康熙《江西省府縣分圖》④、中國國家圖書館藏清咸豐《盛京全省山川道里四至總圖》⑤等圖也採用了類似的城池繪法,可見這種繪法具有一定的普遍意義,可看作中國古代政區圖繪製的一種不成文的習慣。

四、圖上道路距離與"四至八到"

中國古代的志書中,多記有某府或某縣到周圍各府縣的距離,稱爲"地里"、"道里"、"八到"、"四至八到"等,但對于這種距離是否是道路距離,志書中大都語焉不詳。汪前進研究了《元和郡縣圖志》記載的"八到",認爲其里程"不是兩地直綫距離,而是路程(包括水陸路、陸路)"⑥。曹家齊在研究了《元和郡縣圖志》、《太平寰宇記》、《元豐九域志》與南宋諸志所記載的"四至八到"後,也認爲"其所據爲實際道路無疑"⑦。不過他們的研究都局限于唐宋,對于清代的情況未能涉及。

《浙江輿圖》詳細繪製了各府縣之間的道路。圖上道路以紅綫表示,並標注距

---

① 閆平、孫果清:《中華古地圖集珍》,西安地圖出版社1995年版,第63頁。另見孫果清:《明代省級地圖集——〈江西輿地圖説〉》,《地圖》2008年第4期。
② 具體可以參見嘉靖《贛州府志》卷五《創設·城隍》,《天一閣藏明代方志選刊》第38册,上海古籍書店1982年版。
③ 參見曹婉如等主編:《中國古代地圖集(清代)》,文物出版社1997年版,第2頁。
④ 參見曹婉如等主編:《中國古代地圖集(清代)》,第3頁。
⑤ 參見曹婉如等主編:《中國古代地圖集(清代)》,第10頁。
⑥ 汪前進:《現存最完整的一份唐代地理全圖數據集》,《自然科學史研究》1998年第3期。
⑦ 曹家齊:《唐宋地志所記"四至八到"爲道路里程考證》,《中國典籍與文化》2001年第4期。

離。道路可分爲陸路和水路，其中絕大部分是陸路；水路則如杭州府至石門縣、石門縣至嘉興府、紹興府至蕭山縣等，表示道路的紅綫被繪製于河道之中。由此，我們可以將圖上道路距離與《大清一統志》所記"四至八到"相比較，進而嘗試對後者的性質進行探討。由于圖上數據較多，這裏只選取杭州、嘉興二府的數據進行研究。

表2 《浙江輿圖》道路距離與《大清一統志》四至八到對比表（杭州府）

起點	終點	《浙江輿圖》所繪距離、方向	《大清一統志》中所載四至八到[①]	備注
杭州府城（錢塘、仁和縣附郭）	杭州府富陽縣	一百里 東北—西南方向	（錢塘縣）南至富陽縣界七十里 （錢塘縣）西南至富陽縣界六十五里 （富陽縣）在府西南九十里 （富陽縣）東至錢塘縣界二十五里 （富陽縣）東北至錢塘縣界五十里 ①東北—西南方向90里 ②東北—西南方向115里	①相差10里，10% ②相差15里，15%
杭州府城（錢塘、仁和縣附郭）	杭州府餘杭縣	八十里 東—西方向	（錢塘縣）西至餘杭縣界四十五里 （錢塘縣）西北至餘杭縣界四十里 （餘杭縣）在府西北七十里 （餘杭縣）東至錢塘縣界二十六里 （餘杭縣）東南至錢塘縣界三十里 ①西北—東南方向70里 ②東—西方向71里	①相差10里，12% ②相差9里，11%
杭州府城（錢塘、仁和縣附郭）	杭州府海寧州	一百里 東—西方向	（仁和縣）東至海寧州界六十里 海寧州在府東少南一百七里 （海寧州）西至仁和縣界四十七里 ①東—西方向107里	相差7里，7%
杭州府城（錢塘、仁和縣附郭）	紹興府蕭山縣	三十里 南—北方向	（錢塘縣）東南至紹興府蕭山縣界二十八里 （仁和縣）南至紹興府蕭山縣界二十八里 （仁和縣）東南至蕭山縣界二十八里 （蕭山縣）西至杭州府錢塘縣界二十三里 （蕭山縣）北至杭州府仁和縣界三十五里 （蕭山縣）西北至杭州府錢塘縣界十五里 ①北—東南方向43里 ②南—北方向63里	①相差13里，43% ②相差33里，110%
杭州府城（錢塘、仁和縣附郭）	嘉興府石門縣	一百二十里 東北—西南方向	（仁和縣）東北至嘉興府石門縣界一百二里 石門縣至嘉興府界無記載	無法比較

[①] 《大清一統志》卷二八三《杭州府·建置沿革》，第6冊，第683—685頁。

續表

起點	終點	《浙江輿圖》所繪距離、方向	《大清一統志》中所載四至八到	備注
杭州府城（錢塘、仁和縣附郭）	湖州府德清縣	六十里 南—北方向	（錢塘縣）北至湖州府德清縣界七十里 （仁和縣）北至湖州府德清縣界四十五里 （仁和縣）西北至德清縣界七十里 （德清縣）南至杭州府仁和縣界三十里 （德清縣）西南至仁和縣界十五里 ①南—北方向 75 里	相差 15 里，25%
杭州府富陽縣	嚴州府桐廬縣	一百里 東北—西南方向	（桐廬縣）東至杭州府富陽縣界四十五里 富陽縣至桐廬縣界無記載	無法比較
杭州府餘杭縣	杭州府臨安縣	三十里 東—西方向	（餘杭縣）西至臨安縣界十七里 （餘杭縣）西南至臨安縣界二十五里 （臨安縣）東至餘杭縣界十八里 （臨安縣）東北至餘杭縣界二十五里 ①東—西方向 25 里 ②東北—西南方向 50 里	①相差 5 里，16% ②相差 20 里，167%
杭州府餘杭縣	湖州府孝豐縣	四十里 西北—東南方向	（孝豐縣）東南至杭州府餘杭縣治一百十里 ①西北—東南方向 110 里	相差 70 里，175%
杭州府臨安縣	杭州府新城縣	五十里 東北—西南方向	（臨安縣）南至新城縣界四十里 （臨安縣）西南至新城縣界二十五里 （新城縣）北至臨安縣界七十里 （新城縣）東北至臨安縣界二十五里 南—北方向 110 里 東北—西南方向 50 里	相合
杭州府新城縣	嚴州府分水縣	一百五十里 南—北方向	（新城縣）東南至嚴州府分水縣界二十五里 （分水縣）東至杭州府新城縣界六十里 疑方向有誤	無法比較
杭州府昌化縣	杭州府於潛縣	三十里 南—北方向	（於潛縣）西至昌化縣界三十里 （於潛縣）西南至昌化縣界三十里 （於潛縣）西北至昌化縣界五十五里 （昌化縣）東至於潛縣界十五里 （昌化縣）東北至於潛縣界三十里 ①東—西方向 45 里 ②東北—西南方向 60 里	①相差 15 里，50% ②相差 30 里，100%
杭州府於潛縣	湖州府孝豐縣	四十里 東北—西南方向	（孝豐縣）西南至杭州府於潛縣治七十里 ①東北—西南方向 70 里	相差 30 里，75%
杭州府昌化縣	嚴州府淳安縣	一百八十里 南—北方向	（昌化縣）南至嚴州府淳安縣界七十五里 （昌化縣）西南至淳安縣界七十里 （淳安縣）北至杭州府昌化縣界一百五十九里 ①南—北方向 234 里	相差 54 里，30%

续表

起點	終點	《浙江輿圖》所繪距離、方向	《大清一統志》中所載四至八到	備註
杭州府海寧州	嘉興府石門縣	四十里 南—北方向	（海寧州）北至嘉興府石門縣三十里 （石門縣）南至杭州府海寧州界十里 ①南—北方向 40 里	相合
杭州府海寧州	嘉興府海鹽縣	一百四十里 東北—西南方向	（海寧州）東至嘉興府海海鹽縣界八十三里 （海寧州）東北至海鹽縣界七十八里 （海鹽縣）西至杭州府海寧州界六十三里 （海鹽縣）南至海寧州界五十里 （海鹽縣）西南至海寧州界五十里 ①東—西方向 146 里 ②東北—西南方向 128 里	①相差 6 里，4% ②相差 12 里，8%
杭州府昌化縣	徽州府績溪縣界	一百里 東北—西南方向	（昌化縣）西北至徽州府績溪縣界八十里 ①西北-東南方向 80 里	方向不合
杭州府於潛縣	寧國府寧國縣界	五十里 東—西方向	（於潛縣）北至安徽寧國府寧國縣界五十里 南—北方向 50 里	方向不合

表3 《浙江輿圖》道路距離與《大清一統志》四至八到對比表（嘉興府）

起點	終點	《浙江輿圖》所繪距離、方向	《大清一統志》四至八到、方向①	討論
嘉興府城（嘉興、秀水縣附郭）	嘉興府石門縣	一百里 東北—西南方向	無記載	無法比較
嘉興府城（嘉興、秀水縣附郭）	嘉興府桐鄉縣	三十里 南—北方向	（嘉興縣）西南至桐鄉縣界三十六里 （秀水縣）西至桐鄉縣界三十五里 （秀水縣）西南至桐鄉縣界三十里 （秀水縣）西北至桐鄉縣界四十五里 ①南—北方向 81 里	相差 51 里，170%
嘉興府城（嘉興、秀水縣附郭）	嘉興府海鹽縣	八十里 西北—東南方向	（嘉興縣）東南至海鹽縣界五十四里 （海鹽縣）西北至嘉興縣界四十里 ①西北—東南方向 94 里	相差 14 里，18%
嘉興府城（嘉興、秀水縣附郭）	嘉興府平湖縣	五十里 西北—東南方向	（嘉興縣）東至平湖縣界五十里 平湖縣至秀水縣界無記載	無法比較

---

① 《大清一統志》卷二八七《嘉興府·建置沿革》，第 6 册，第 755—756 頁。

續表

起點	終點	《浙江輿圖》所繪距離、方向	《大清一統志》四至八到、方向	討論
嘉興府城（嘉興、秀水縣附郭）	嘉興府嘉善縣	四十里 東一西方向	（嘉興縣）北至嘉善縣界二十二里 （嘉興縣）東北至嘉善縣界三十里 （秀水縣）東北至嘉善縣界四十五里 （嘉善縣）西至秀水縣界十八里 （嘉善縣）南至嘉興縣界十里 （嘉善縣）西南至秀水縣界三十六里 ①南一北方向32里 ②東北一西南方向81里	①相差8里，20% ②相差41里，102%
嘉興府城（嘉興、秀水縣附郭）	蘇州吳江縣界	三十里 南一北方向	（嘉興府）北至江蘇蘇州府吳江縣界三十里 ①南一北方向30里	相合
嘉興府桐鄉縣	湖州府城	一百二十里 東一西方向	無記載	無法比較
嘉興府海鹽縣	嘉興府平湖縣	五十里 東北一西南方向	（海鹽縣）北至平湖縣界三十六里 （海鹽縣）東北至平湖縣治四十里 ①東北一西南方向40里	相差10里，20%
嘉興府平湖縣	嘉興府嘉善縣	五十里 西北一東南方向	（嘉善縣）東南至平湖縣界三十六里 平湖縣至嘉善縣界無記載	無法比較
嘉興府平湖縣	乍浦	三十里 南北一方向	乍浦鎮在平湖縣東南三十里① ①西北一東南方向30里	相合
嘉興府嘉善縣	松江府金山縣界	九十里 東一西方向	無記載	無法比較

　　表2將圖上杭州府的24組道路距離和《大清一統志》所載"四至八到"進行了對比，表3則對比了嘉興府的12組數據。除去記載缺失和方向不合無法比較的數據之外，共有26組有效數據可以對比。26組數據中，完全相合的有4組，相差在10%以內的有4組，相差在10%至20%之間的有7組，相差20%至50%之間的有4組，相差50%至100%之間的有2組，相差一倍以上的有5組。考慮到當時測量手段造成的誤差較大，如果我們將二者相差在20%之內看作是可以接受的誤差範圍，那麼就有15組數據大體相合，也就是說，《大清一統志》杭州、嘉興二府有超過一半的"四至八到"與《浙江輿圖》道路距離基本一致。這一部分的"四至八到"，指的就是道路距離，應當是沒有問題的。

　　相差20%以上的數據，共有11組，這些數據中，《大清一統志》所載"四至八到"

---

① 《大清一統志》卷二八七《嘉興府·關隘》，第6冊，第762頁。

皆大于圖上的道路距離。顯然，道路距離必然要長于兩座縣城之間的直綫距離，而這些"四至八到"距離長于圖上道路距離，只能説明這些"四至八到"表現的同樣是道路距離，只不過或因測量的誤差，或因具體道路的行經所有不同，所以兩者才出現了差異。

因此，通過比較可以判斷，《大清一統志》記載的杭州、嘉興二府"四至八到"，應當是它們到達周邊各府縣的道路距離，由此也可以進一步推測《大清一統志》中的"四至八到"應當大都爲道路距離。

五、小結

《浙江輿圖》是一幅采用形象畫法表現清朝浙江政區地理的傳統輿圖。經過研究可以認爲，該圖所反映的年代大致在乾隆三十八年至道光三年之間。圖上繪製的衛、所，並不是明代的衛所，而是當時較爲重要的兵防要地。圖中城池的形象，對行政等級的强調一目了然，既非絶對的寫實，也不是單純的符號，而是糅合諸多因素後呈現出的形象，這種繪法在中國古代地圖中並不鮮見。此外，將圖上所繪道路距離與《大清一統志》記載的"四至八到"相比較，可以推定後者應當也是道路距離。

收稿日期：2015 年 10 月

道教聖地崆峒山考

何 海 燕

内容提要：崆峒山亦作"空同山"或"空桐山"，在道教傳説中乃黄帝問道廣成子之處，是道教的一處聖地。歷史上曾有六處，即所謂梁國虞城、平涼、肅州、岷州、汝州以及薊州等崆峒山被指爲黄帝問道處。本文對這六處崆峒山如何與道教傳説中之黄帝問道廣成子聯繫起來的歷史發展過程進行了系統梳理。

關鍵詞：道教名山　崆峒山　黄帝　廣成子

崆峒山亦作"空同山"或"空桐山"，在道教傳説中乃黄帝問道廣成子之處，是道教的一處聖地，"七十二福地"第七即爲"崆峒山"。[①] 隨著此傳説的不斷增衍流播，出現了很多冠以崆峒的地名，甚至成爲帶有某種神秘色彩的語彙。僅據《大明一統志》[②]，和《大清一統志》[③]統計，稱崆峒的地名就有十五處[④]，稱空桐有兩處[⑤]。其中崆峒山有十二處，歷史上曾被指爲黄帝問道處的崆峒山主要有六處，即所謂梁國虞城、平

[①] 見唐杜光庭《洞天福地嶽瀆名山記》："崆峒山，在夏州，黄帝所到。"按：《云笈七籤》卷二七"洞天福地"條引唐司馬承禎《天地宫府圖》無此條，而且地志中，就筆者所見，唐代夏州境内並無崆峒山記載，且據下文知唐代有原州、汝州、肅州及岷州四處崆峒山，所謂夏州恐怕是上述四者之一所訛，或者杜光庭别有所本，故本文未將夏州崆峒山單列。以上兩書載《正統道藏》第18册"洞玄部記傳類"及第36册"太玄部"，臺灣藝文印書館影印本1977年版。

[②] 《大明一統志》，三秦出版社影印本1990年版。

[③] 《嘉慶重修一統志》，中華書局影印本1986年版。

[④] 見於《嘉慶重修一統志》的崆峒山：宣化府赤城縣北獨石城東南十里（卷三九）；汝州直隸州西南六十里（卷二二四）；蘭州府狄道州東五十里（卷二五二）；鞏昌府岷州西（卷二五五）；平涼府平涼縣西（卷二五八）；吉安府吉水縣西北九十里（卷三二七）；贛州府贛縣南六十里（卷三三〇）；重慶府銅梁縣東南五十里（卷三八七）；龍安府平武縣西（卷三九九）。崆峒島：登州府寧海州北七十里（卷一七三）。崆峒岩：肇慶府陽春縣西南十五里（卷四四七）。崆峒洞：貴陽府貴定縣東南十五里（卷五〇〇）。别見於《大明一統志》的崆峒山：順天府薊州城東北五里（卷一）；鞏昌府西和縣南一百二十里（卷三五）；陝西行都指揮司肅州衛城東南六十里（卷三七）。

[⑤] 《嘉慶重修一統志》載歸德府虞城縣南有空桐澤和空桐亭（卷一九三及卷一九四）。

— 443 —

涼、肅州、岷州、汝州以及薊州等崆峒山。① 本文擬對這六處崆峒山如何與道教傳說中之黃帝問道廣成子聯繫起來的歷史發展過程作一番梳理，以求透過道教神秘的面紗顯現歷史的真實。

一、黃帝問道廣成子傳說的演變

　　黃帝問道廣成子的傳說出自《莊子·在宥》："黃帝立爲天子十九年，令行天下，聞廣成子在於空同之上，故往見之"云云。按莊子"以天下爲沉濁，不可與莊語"，往往借"廖悠之説，荒唐之言，無端崖之辭"②而縱談恣論，"著書十餘萬言，大抵率寓言也"③，托以黃帝與廣成子顯然是其著書立説一貫風格的表現。雖然《在宥》這段閎肆奇詭的長篇大論只不過是莊子借廣成子之口闡發其有關"至道之精"和"修身"的理論而已，但它所描寫的這位與"日月参光"，"天地爲常"。"人其盡死，而我獨存"，"修身千二百年"，"形未常衰"④，已達於至道的廣成子恰爲後世道教提供了一個絶好的神仙範本，得以擠身道教衆多虚虚實實的神仙之列。

　　魏晉時，嵇康摘録《莊子》，還只是將《廣成子》列入《聖賢高士傳》。⑤ 最早將廣成子列爲仙人的則是葛洪，《神仙傳》稱"廣成子者，古之仙人也。居崆峒山石室之中，黃帝聞而造焉"⑥云云；又在《抱朴子內篇》中載黃帝"西見中黃子，受《九加之方》，過崆峒，從廣成子受《自然之經》"及"昔圓丘多大蛇，又生好藥，黃帝將登焉，廣成子教之佩雄黃，而衆蛇皆去"⑦。另外，《太平廣記》引《神仙傳·老子》，或云老子"上三皇時爲玄中法師，下三皇時爲金闕帝君，伏羲時爲郁華子，神農時爲九靈老子，祝融時爲廣壽子，黃帝時爲廣成子，顓頊時爲赤精子，帝嚳時爲禄圖子，堯時爲尹壽子，夏禹時爲真行子，殷湯時爲錫則子，文王時爲文邑先生，一云守藏史。或云，在越爲范蠡，在齊爲鴟夷子，在吳爲陶朱公"。葛洪在文中雖力辯此説"皆由

---

① 按：本文收集資料範圍多限於各代總志，遺漏之處在所難免，如宋羅泌撰，羅苹注《路史》卷一四《後紀五·黃帝紀》上（影印文淵閣四庫全書第383册，臺灣商務印書館1986年版）注云："北方遵化南三十里亦有空桐、襄城，世謂帝謁廣成在此，非也。"諸如此類肯定不止於此，敬祈各位方家不吝賜教。
② [清] 郭慶藩：《莊子集釋》卷一〇下《天下》，中華書局1961年版。
③ 《史記》卷六三《老子韓非列傳》，中華書局點校本1959年版。
④ [清] 郭慶藩：《莊子集釋》卷四下。
⑤ [清] 嚴可均輯校：《全上古三代秦漢三國六朝文·全三國文》卷五二，中華書局影印本1958年版。
⑥ [晉] 葛洪：《神仙傳》卷一，上海古籍出版社1990年版。
⑦ 王明：《抱朴子內篇校釋（增訂本）》卷一八《地真》及卷一七《登涉》，中華書局1985年版。

晚學之徒，好奇尚異，苟欲推崇老子"及"淺見道士，欲以老子爲神異，使後代學者從之"而編撰出來的，"不出神仙正經，未可據也"①，但從中可知魏晉時道教中已開始流傳有黃帝時老子爲廣成子的説法。綜上所述，廣成子故事比《莊子》時敷衍出隱居修道於崆峒山並曾向黃帝授書、授藥以及老子化身等傳説。此爲以後道教編撰廣成子故事開了兩個先河，一是附會出多處崆峒山，二是老子應見（現）爲廣成子向黃帝傳授道經。關於後者，魏晉時尚屬存疑，到唐代漸成定論。隋末唐初陸德明《經典釋文》尚曰："廣成子或云：即老子也。"唐高宗時道士成玄英《南華真經注疏》已稱"廣成，即老子別號也"②。此説在杜光庭撰于唐昭宗天復元年的《道德真經廣聖義》中得到更爲詳細發揮，序引《珠韜玉札》云老子"自五太之首，逮殷周之前，爲帝王師，代代應見，即郁華、録圖、廣成、尹壽，因機表號是也"。其中在卷二《釋老君事蹟氏族降生年代》中杜光庭所開列老子歷代應見名號與《太平廣記》大同小異（增加中三皇時爲有古先生，神農時則稱大成子），且簡叙老子向歷代帝王所傳授的道術經教。其中"第十八崆峒演道者"即稱"黃帝時老君號廣成子，居崆峒山，黃帝詣而師之。爲説《道戒經》，教以理身之道，黃帝修之，白日升天"，卷五《釋疏題明道德義》又引《葛仙公内傳》云："黃帝時老君爲廣成子，爲帝説《道德經》及五茄之法。"③前蜀王衍乾德三年又于成都刻《玄元皇帝歷代應見圖序碑》，杜光庭撰文，知當時還繪有《玄元皇帝歷代應見圖》④。總之，杜氏雜引唐以前道書編撰老子乃三皇五帝之師，黃帝時應見爲廣成子，無非是爲了進一步抬高老子地位，以迎合自續爲老子苗裔的李唐王室所好而已。唐以後，廣成子傳説基本上没有太多發展，只是《三洞群仙録》引《廣記》稱老子"黃帝時出爲師號力牧子，消息陰陽，作《道誡經》"⑤，與今本《太平廣記》不同，可能是將傳説中黃帝之相力牧子與廣成子相混⑥。元趙道一編集的《歷世真仙體道通鑑》及《續編》和《後集》堪稱神仙傳

---

① ［宋］李昉等編：《太平廣記》卷一"老子"條（出《神仙傳》），中華書局1961年版。按今本《神仙傳》佚此條。
② 以上俱見《莊子集釋》卷四下《在宥》。
③ 以上見《道德真經廣聖義》，［唐］杜光庭撰：《正統道藏》第24册"洞神部玉訣類"。按：《珠韜玉札》，葛洪《神仙傳》曾引此經，見《太平廣記》卷一"老子"條，當爲魏晉時道書；《葛仙公内傳》乃葛玄之傳記，葛玄字孝先，三國時東吳道士，號葛仙公，後世尊稱太極左仙公，乃葛洪之從祖。《隋書·經籍志》［唐］魏徵、令狐德棻撰，中華書局1973年版）及《新唐書·藝文志》（［宋］歐陽修、宋祁撰，中華書局1974年版）並著録《太極左仙公葛君内傳》一卷，《隋志》不題撰人，《唐志》題吕先生。今《正統道藏》第11册"洞玄部譜録類"著録有《太極葛仙公傳》一卷，乃明正統年間後人據原傳改編而成，經查僅有太子孫登向仙公訪以至道，仙公以廣成子答黃帝所請者以答之一節，杜光庭所據之隋唐古本或有此内容。
④ 《寶刻類編》卷七《名臣十九·前蜀》，《叢書集成初編》本。
⑤ 《三洞群仙録》卷一"伯陽帝師仲尼真公"條。［宋］陳葆光撰：《正統道藏》第53册"正一部"。
⑥ 《史記》卷一《五帝本紀》，《集解》引班固曰："力牧，黃帝相也。"

記集大成之作，便稱廣成子"一號力默子，作《道成經》七十卷"①，力默子當承力牧子之說，《道成經》顯爲《道戒經》之訛。雖然道教徒大都熱衷於將廣成子說成老子化身，但亦有人不以爲然，如北宋碧虛子陳景元僅稱廣成子"古之得道人也"②，南宋武林道士褚伯秀亦云："廣成子或云老子，亦不必泥跡，但言古聖人也。"③

另外，與道教熱衷於宣傳"老子世世應見，爲帝王師，黃帝時爲廣成子"有異曲同工之處的，則是唐開元間汝州刺史盧貞感于"舊紀但以廣成子爲仙者"，其意有所闕，撰文論述廣成子之道通於孔子，應該與被歷代統治者奉爲帝王師的孔宣父一樣得到儒家祭祀。"不宰物而萬類蒙利，不致用而元功溥施，廣成子之大，吾無間然矣！經云：平天下在修其身，廣成子以修身之道授黃帝，而天下治，俾千百年，人畏其神，思其德，不曰協於教乎？祀典云：德施於民，能禦大災，捍大患，則祀之，黃帝率廣成子之法，以致天地之和，禦陰陽之災，捍刑殺之患，不曰宜祀於廟乎？廣成子與孔宣父，遭時不同，故教有精粗，跡有遠近耳，非殊途也。"④不僅僅以廣成子爲仙，而是欲將廣成子納入儒家系統，發展了嵇康等所持廣成子乃古聖人說法，其實這也是士大夫外儒內道的一種表現。可見黃帝問道廣成子傳說不僅爲道教所熱衷，亦爲儒家所稱舉。

至於黃帝問道廣成子之崆峒山到底位於何處，後世的爭論和附會頗多，其演變歷史詳見下文。

二、有關崆峒山的歷史演變

首先讓我們來考察一下歷代解《莊子》者對"聞廣成子在於空同之上"的闡釋。陸德明《經典釋文》引司馬彪注云空同"當北斗下山也。《爾雅》云：北戴斗極爲空同。一曰：在梁國虞城東三十里"。成玄英《南華真經注疏》云："空同山，涼州北界。"⑤其中司馬氏所注是現存最早和後人引用最多的一種說法⑥，這一派主張空同乃

---

① 《歷世真仙體道通鑑》卷二《廣成子》。[元]趙道一編：《正統道藏》第8冊"洞真部記傳類"。
② 《南華真經章句音義》卷八《在宥》。[宋]陳景元撰：《正統道藏》第26冊"洞神部玉訣類"。
③ 《南華真經義海纂微》卷三一《在宥》第二。[宋]褚伯秀撰：《正統道藏》第25冊"洞神部玉訣類"。
④ 以上見[清]董誥等編：《全唐文》卷三〇三盧貞《廣成宮碑記》，中華書局影印本1983年版。
⑤ [清]郭慶藩：《莊子集釋》卷四下《在宥》。
⑥ 如[宋]陳景元：《南華真經章句音義》卷八《在宥》、[明]羅勉道：《南華真經循本》卷一二《在宥》(《正統道藏》第27冊"洞神部玉訣類")等都本此說。

世間實有之山，北宋道士張君房甚至將《莊子》本文"空同之上"校改爲"空同之山"①。另一派則主張莊子別有寓意，並藉以闡發其微言大旨，如南宋褚伯秀不僅引吕惠卿注云："空同之上，無物而大通之處。"而且又自注云："空同一作崆峒。司馬舊注云：當北斗下山也，《爾雅》：北戴斗極爲崆峒山。自古雖有此山，似亦意有所寓。斗居天中，斡運萬化，山戴斗極，地之中也。空同當天地之中，喻人之一心處中以制外，善居之者，物莫不聽命焉。"②或許莊子是有所寓意，因爲黄帝問道廣成子本來就是莊子藉以闡發其修身之道的寓言。但是道教爲了讓世人相信神仙實有、神仙可學，並以此延攬信徒，最善於編造所謂神仙靈跡，幾乎每一處道教名山聖地都流傳有神奇美妙的得道成仙故事，何況先秦的典籍中又確有空同地和空同氏之説③，這也爲好道者附會廣成子傳説且指出多處黄帝問道之崆峒山創造了諸多可資依憑的根據，也可以説同樣也是《莊子》寓言的某種現實基礎，這方面資訊在地志中保存得特別多。

（一）梁國虞城空桐地

陸德明《經典釋文》引晉司馬彪注云空同"當北斗下山也。《爾雅》云：北戴斗極爲空同。一曰：在梁國虞城東三十里"。司馬氏認爲《莊子》與《爾雅》所指相同，並推測可能就是梁國虞縣之空桐，即其所著之《後漢書志·郡國志二》所載梁國虞縣"有空桐地，有桐地，有桐亭"。劉昭注云："《左傳》哀二十六年，宋景公死空桐。"④事見《左傳》哀公二十六年冬十月，宋景公"游於空澤。辛巳，卒于連中。大尹興空澤之士千甲，奉公自空桐入，如沃宫"，杜預注"梁國虞縣東南有地名空桐"。⑤《水經注·獲水》亦云"獲水又東經虞縣故城北……獲水又東南經空桐澤北。澤在虞城東南，春秋哀公二十六年冬，宋景公游於空澤"⑥云云。可見梁國虞縣空桐地主要因《左傳》而聞於世，祇是因爲司馬氏注《莊子》時將其備爲一説，所以後來解莊子者多沿用此説，在編撰黄帝仙傳的道書中有關廣成子一段又因多本《莊子》，亦承繼此説⑦，以及

---

① 《南華真經章句音義》卷八《在宥》。
② 《南華真經義海纂微》卷三一《在宥》第二。
③ 如《左傳》哀公二十六年，宋景公"游於空澤……卒于連中。大尹興空澤之士千甲，奉公自空桐入"；《爾雅·釋地》："北戴斗極爲空桐"；《史記·五帝本紀》：黄帝"西至於空桐，登雞頭"；《史記·殷本紀》："契爲子姓，其後分封，以國爲姓……有空桐氏"；《史記·趙世家》：趙襄子"其後娶空同氏"等。
④ ［晉］司馬彪撰，［梁］劉昭注補：《後漢書志》，中華書局1965年版。
⑤ ［晉］杜預集解：《春秋經傳集解》卷三〇，上海古籍出版社1988年版。
⑥ ［北魏］酈道元著，［清］王先謙校：《合校水經注》卷二三，巴蜀書社1985年版。
⑦ 如唐末閩州晉安縣主簿王瓘《廣黄帝本行記》自注，《正統道藏》第8册"洞真部記傳類"；［元］趙道一：《歷世真仙體道通鑑》卷一《軒轅黄帝》自注。

注《爾雅》者也有引此聊備一説的①。但在地志中並沒有絲毫將虞城空桐與廣成子聯繫起來的信息,若有提到的也都衹稱引宋景公之事,如《太平寰宇記》宋州虞城縣"崆峒亭在縣南五里。春秋哀公二十六年宋景公"②云云。《嘉慶重修一統志》卷一九三及卷一九四"歸德府山川門、古跡門"分別載有"空桐澤"及"空桐亭"二條,亦只是援引《左傳》、《郡國志》、《水經注》及《寰宇記》舊説。看來虞城空桐地歷史上從來就沒有真正成爲過祭祀廣成子的場所,衹是後人將司馬彪的推測當作不二之論一引再引而致。但從另一角度講,莊周是宋國蒙人,與梁惠王、齊宣王同時③。據《元和志》,宋州州治宋城縣(即今河南商丘縣)"春秋爲宋國都",有"小蒙故城,縣北二十二里。即莊周之故里"。又虞城縣(即今河南虞城縣1954年前舊址)"西南至州七十里。本虞國,舜後所封之邑"④。二者相距甚近,是《莊子》借用此空桐之名,還是司馬彪由此聯想及彼,不得而知。

(二) 平凉崆峒山

平凉崆峒山位於今平凉市區西15公里的涇河北岸,主峰翠屏山高2123米。山下問道宮20世紀70年代淪爲庫區,後重建於今址。⑤相傳爲上古軒轅時期廣成子成道之處,黄帝曾親往問道,秦皇、漢武慕黄帝之事亦曾至此。黄帝及秦皇、漢武西巡過空桐俱載《史記》,論者據此以平凉崆峒山爲真黄帝、廣成之跡,無敢質疑者。但實際上,平凉崆峒山被固定於現在位置上是有一個複雜的歷史發展過程的。

《史記·五帝本紀》主要是司馬遷根據古文(如孔子所傳《五帝德》、《帝系姓》等)及諸子百家,"擇其言尤雅者"論次而成,同時他又不拘泥於文獻資料,善於在旅途中採訪佚事舊聞,以相互發明。其述黄帝披山通道,未嘗寧居,"東至於海,登丸山,及岱宗。西至於空桐,登雞頭。南至於江,登熊、湘。北逐葷粥,合符釜山,而邑于涿鹿之阿"。篇末又自稱"余嘗西至空桐,北過涿鹿,東漸于海,南浮江淮矣",所到之處長老往往稱舉黄帝之事,他於是將這些傳説與古文記載相參證,以求恢復歷史的真實情況⑥。司馬遷在漢武帝時曾仕爲郎中,經常隨從出巡,元鼎五年武帝曾西巡

---

① [清]郝懿行:《爾雅義疏》卷中之五《釋地·四極》,《四部備要》本。
② [宋]樂史:《太平寰宇記》卷一二,臺灣文海出版社影印本1980年版。
③ 《史記》卷六三《老子韓非列傳》之《索隱》云:"《地理志》蒙縣屬梁國。劉向《别録》云宋之蒙人也。"
④ [唐]李吉甫:《元和郡縣圖志》卷七,中華書局1983年版。
⑤ 焦北辰主編:《中華人民共和國地名詞典》(甘肅省),"崆峒山"條,商務印書館1995年版;平凉市地方志編纂委員會編:《平凉市志》,第二十四卷第一章第一節"崆峒山",中華書局1996年版。
⑥ 以上見《史記》卷一《五帝本紀》。

至空桐，司馬遷當在扈從之列。因此可推知司馬遷將黃帝與漢武帝所登臨者視爲同一空桐，這就是說早在漢武帝時空桐民間即流傳有黃帝事蹟，再進一步推測，當時空桐野老中極有可能已流傳有黃帝問道廣成子故事，多半因司馬遷認爲《莊子》"大抵率寓言"，其文不够雅訓被論次掉了。

那麼漢武帝與司馬遷所登空桐位於何處呢？唐以前有人稱在隴右，但沒有更明確記載[①]，張守節據《括地志》始釋爲原州平高縣西百里[②]。而《括地志》原文祇稱是黃帝問道廣成子處，"笄頭山，一名崆峒山，在原州平高縣西百里，《禹貢》涇水所出。《輿地志》云或即雞頭山也。酈元云蓋大隴山異名也。莊子云廣成子學道崆峒山，黃帝問道于廣成子，蓋在此"[③]。上文雖未涉及漢武帝西巡，張守節很可能即是基於司馬遷自稱"余嘗西至空桐"及推測當是扈從武帝同往而互注。《括地志》之説承自《水經注》，其稱涇水所出之笄頭山，"大隴之山異名耳，莊子謂廣成子學道於崆峒之山，亦黃帝問道于廣成子，蓋在此山"[④]。而且將秦始皇二十七年"巡隴西、北地，出雞頭山，過回中"所至雞頭山亦指爲此山[⑤]，"涇水導源安定朝那縣西笄頭山，秦始巡地西出雞頭山即是山也，蓋大隴之異名"[⑥]。由此看來，唐代及以前與秦皇、漢

---

① 《漢書》（中華書局 1962 年版）卷六《武帝本紀》之"元鼎五年冬十月，行幸雍，祠五畤。遂逾隴，登空同"顏師古注引應劭《漢書音義》曰："山名也。"又《史記》卷一《五帝本紀》之黃帝"西至於空桐"《集解》引韋昭《漢書音義》曰："在隴右。"
② 見《史記》卷一二《孝武本紀》之"上遂郊雍，至隴西，西登空桐"及卷一《五帝本紀》之"太史公曰：……余嘗西至空桐"《正義》引。按：《元和志》卷四〇稱漢武帝所登崆峒山在肅州福禄縣，其説絶不可信，詳見下文。
③ 《史記》卷一《五帝本紀》之黃帝"西至於空桐，登雞頭"《正義》引。
④ [宋]李昉等：《太平御覽》卷四四《地部九·笄頭山》所引《水經注》原文，中華書局影印本 1960 年版。
⑤ 《史記》卷六《秦始皇本紀》。
⑥ 《太平御覽》卷六二《地部二七·涇水》所引《水經注》原文。按：《史記·秦始皇本紀·正義》引《括地志》云："雞頭山在成州上祿縣（今甘肅西和縣西北）東北二十里，在京西南九百六十里。酈元云蓋大隴山異名也。《後漢書·隗囂傳》云'王孟塞雞頭'，即此也。"張守節認爲此即秦始皇所出之雞頭山。其實問題關鍵在於弄清秦漢時翻越隴山至隴西的逾隴通道，當時主要有兩條路綫：一爲沿涇水上游彈筝峽越大隴山，即後漢隗囂使王孟所塞之雞頭道。另一爲沿渭水由汧縣（唐隴州汧源縣，今陝西隴縣）經隴關（漢隴關即大震關，在隴州汧源縣西六十一里，後周復置，漢武帝至此遇雷震，因名。見《後漢書》卷六《孝順帝紀》之"且凍羌寇武都，燒隴關"李賢注及《元和志》卷二《隴州汧源縣》西逾隴坻（即小隴山，東去大震關五十里。見《後漢書·郡國志》"漢陽郡隴縣"及《元和志》卷三九《秦州清水縣》）。據《後漢書》卷一三《隗囂傳》，建武八年春來歙由番須、回中（並在汧縣，見《後漢書·郡國志》"右扶風汧縣"）伐山開道徑至略陽，據其城。"囂出不意，懼更有大兵，乃使王元拒隴坻，行巡守番須口，王孟塞雞頭道。（李賢注云："雞頭，山道也。又'雞'或作'笄'，一名崆峒山，在今原州西。"）牛邯軍瓦亭（安定郡烏枝縣有瓦亭，瓦亭故關在原州平高縣南七十里，即隴山北垂。見《後漢書·郡國志》"安定郡烏枝縣"及《元和志》卷三《原州平高縣》）。"隗囂爲了阻截援兵逾隴所把守的即爲這兩條主要通道及來歙新開道。這兩條通道在歷史上一直是逾隴的主要路綫，今西蘭（西安—蘭州）及天隴（天水—隴縣）公路即由此通過。而成州雞頭山偏在渭河以南，根本不當逾隴要路，其妄甚明，《括地志》將《水經注》所稱乃"大隴山異名"之笄頭山亦即王孟所塞雞頭道誤爲成州雞頭山。由此看來，秦始皇及漢武帝西巡由原州笄頭山逾隴是有根據的。

武西巡乃至黄帝問道處聯繫在一起的是涇水所出之笄頭山。《水經注》將隴山分爲南北兩段，北段稱大隴山，南段稱小隴山。汧水"出汧縣（今陝西隴縣）之蒲谷鄉弦中谷，決爲弦蒲藪……水有二源，一水出縣西山世謂之小隴山"①。大小隴山即以汧水發源處爲界，略當於今華亭縣西南。② 華亭以北即大隴山，涇水發源於其東麓。但《括地志》所云笄頭山在原州平高縣西百里，與涇水源頭不合，因此要想確定笄頭山的位置，首先須明確《水經注》時代涇水上游發源地和流向。《水經注》原涇水篇已佚，謝鍾英輯補如下（按語爲本文作者所加）："涇水出安定涇陽縣（按《元和志》卷三《原州平涼縣》：漢涇陽縣故城在平涼縣［今平涼市］西四十里）高山涇谷（按《元和志》卷三《原州百泉縣》：縣西至原州平高縣（今寧夏固原縣）九十里，涇水出縣西南涇谷）。《山海經》曰：高山，涇水出焉，東流注於渭，入關謂之八水。《地理志》：涇陽縣西幵頭山，《禹貢》：涇水所出。涇水道源安定朝那縣（按《元和志》卷三《原州百泉縣》：漢朝那縣故城在百泉縣理西四十五里）西（原脱"西"字，據《御覽》原文補）笄頭山……涇水經都盧山（按《漢書·地理志》"安定郡烏氏縣"：都盧山在西。《元和志》卷三《原州百泉縣》及《寰宇記》卷一五一《渭州平涼縣》：可藍山一名都盧山，在百泉縣西南七十里，皆涇水源，與幵頭山連亙)，山路之內常如有彈箏之聲，行者聞之鼓舞而去。一名弦歌之山，峽口水流，風吹滴崖，響如彈箏之韻，因謂之彈箏峽"。③涇水又從彈箏峽口東流經平涼縣北一里。④此後涇水始大，東南流注於渭。由上文可知《水經注》以發源於笄頭山之彈箏峽爲涇水正源，從相關地物位置可推知彈箏峽當今涇河上游支流頡河，發源于固原縣六盤山東麓。因此笄頭山當在固原縣南，所謂"原州平高縣西百里"當以"南百里"爲是。⑤下至唐宋仍以其爲正源，並稱此笄頭山一名崆峒山或直呼爲崆峒山。⑥至遲唐開元時山上即爲廣成子建有廟宇。⑦

那麼，原州崆峒山自酈道元及張守節明確將其與黄帝問道廣成子處及秦皇、漢武西巡所經聯繫起來以後，何時爲平涼崆峒山所取代？據元至正十七年（公元1357年）《重修崆峒山大十方問道宮碑銘並序》云："維昔黄帝軒轅氏立……知崆峒隱者廣

---

① ［北魏］酈道元著，［清］王先謙校：《合校水經注》卷一七《渭水》。
② 《元和郡縣圖志》卷二《隴州華亭縣》：小隴山，在縣西四十里。
③ ［北魏］酈道元著，［清］王先謙校：《合校水經注》卷一九《渭水·謝補涇水》。
④ ［宋］樂史：《太平寰宇記》卷一五一《渭州平涼縣》。
⑤ 《嘉慶重修一統志》卷二五八《平涼府山川門》之"崆峒山"條業已指出此點。
⑥ 《新唐書》卷三七《地理志》一："原州平高縣有崆峒山。"
⑦ 盧貞《廣成宮碑記》云："禹跡之內，山名崆峒者有三焉……其一在安定……彼人亦各於其處爲廣成子立廟。"《太平寰宇記》卷三三"原州平高縣笄頭山"條："今此有柏堂在山之頂上，不知何代所置。"

成子真風遠煦，於是齋居三月而往見之……帝慕玄風，於其處築宮室，設像師事，置士居守焉。厥後歷代相承，遵仰聖道，頒璽書，禁樵采，遺跡具存。宋政和間，涇源經□□賢承旨張莊奉旨董修宮宇，命京兆天寧萬壽觀趙法師住持。"①可見平涼崆峒山問道宮始建年代有明確記載的即爲北宋徽宗政和年間（公元1111—1117年）。《崆峒山志》稱問道宮"唐時已有之"②，雖不足爲據，但是，宋徽宗亦不會憑空在崆峒山修建問道宮，因此在此之前民間有關平涼崆峒山乃黃帝問道處的傳説肯定已醖釀了一段時間。現存記述平涼崆峒山較確切的早期藝文爲宋游師雄所著十首五言詩，其中《廣成子洞》云："復聞廣成子，不爲外慮役。軒后屈至尊，稽顙請所益。至今洞猶存，峭壁宛遺跡。"③明萬曆十年吳同春遊覽崆峒山時，尚見有宋游師雄題名碑④。游師雄（公元1038—1097年），字景權，京兆武功人，主要活動于宋神宗和哲宗兩朝，往來於西夏和北宋邊境，致力於防禦外侵⑤。他可能即於此間遊歷崆峒山，當時民間已流傳有廣成子傳說，但尚無宮觀建設。至宋徽宗下令於此修建問道宮之始，平涼崆峒山才由民間傳說得到官方承認，故未被在此之前修成的《元豐九域志》所載⑥。因此不妨推測平涼崆峒山于宋政和間完全取代原州崆峒山，從此凡是與原州古笄頭山有關的歷史記載和傳說均相應轉嫁至平涼崆峒山，正如張伯魁《崆峒山志序》所稱"西連涇谷，形曾附乎山經。況黃帝、廣成子之所居，昔聞至道。秦皇、漢武之所到，代有仙蹤也"。《崆峒山辨》亦云："及考《史記》，黃帝西至崆峒，登笄頭山。又漢武帝好神仙慕黃帝之事，亦西登崆峒，出蕭關。漢都長安……平涼正其西也。且笄頭在崆峒之旁，蕭關在崆峒北一百二十里，俱屬平涼。"於是認爲"黃帝廣成之跡其爲平涼崆峒也必矣"，其他崆峒山都不能假冒。⑦以上均是借有關原州古笄頭山記載來比擬平涼崆峒山。

後世特別是明清爲了使平涼崆峒山能更好地與歷史記載相吻合，又竭力將平涼崆峒山與古笄頭山發生聯繫。因史載笄頭山爲涇水所出，一名崆峒山，故出現兩種觀

---

① 陳垣編纂，陳智超、曾慶瑛校補：《道家金石略》，文物出版社1988年版。
② ［清］張伯魁纂修：《崆峒山志》卷上《寺觀·問道宮》，嘉慶二十四年刊本，臺灣成文出版社1970年影印本。
③ 見［清］陳夢雷編纂，蔣廷錫校訂：《古今圖書集成方輿彙編山川典》卷七八《崆峒山部·藝文二》（中華書局、巴蜀書社影印本1985年版，其他九首分別爲《崆峒山》、《笄頭山》、《翠屏山》、《歸雲洞》、《西岩泉》、《琉璃泉》、《香爐峰》、《皂鶴洞》、《仙人石橋》等。《大明一統志》卷三五"平涼府山川門、關梁門"散錄以上詩句；北京大學古文獻研究所編：《全宋詩》卷八四三（北京大學出版社1993年版）著錄一首《著棋臺》（引自《永樂大典》卷二六〇四）即《仙人石橋》；《崆峒山志》卷下《詩賦》缺後兩首。
④ ［清］張伯魁纂修：《崆峒山志》卷下《記論》，吳同春《遊崆峒山記》。
⑤ 《宋史》卷三三二《游師雄傳》（中華書局1977年版）及《全宋詩》卷八四三。
⑥ 《元豐九域志》卷三渭州平涼縣"有笄頭山"，應即其附錄《新定九域史（古跡）》卷三《鎮戎軍》（唐原州平高縣）所載之"笄頭山，一名雞頭，一名崆峒；又按《漢書》：开頭山在涇陽西《禹貢》：涇水所出"。參見［宋］王存撰：《元豐九域志》，中華書局1984年版。
⑦ 以上見［清］張伯魁纂修：《崆峒山志》。

點：其一，指笄頭山即爲崆峒山某峰。因此既有人將崆峒山主峰翠屏山指爲笄頭山①，又有人稱笄頭山介在崆峒山絶頂大小馬鬃山南，"即古笄頭道，通隴右……乃漢建武中與隗囂相拒守處"。而"涇之源距此六十里（指白岩河源），其上有湫，名湫頭山，地僻在西南，非隴右通道，與史不合。蓋湫與笄聲相近，必訛湫爲笄"，此説以湫頭山非隴右通道完全正確，但不知白岩河並非古之涇水正源，平涼崆峒山亦非後漢王孟所塞雞頭道。以錯攻錯，衹能是無的放矢。不管怎樣，既然表面上已駁倒了涇水源頭之笄頭山，那麼對古史所謂涇水出笄頭山又作何解釋呢？於是便引出如下可笑推測，"或曰笄頭西二百步涇流從峽口湧出，望之若初發於源"，故晉郭璞注《山海經》以涇水發源處爲笄頭。②其二，認爲笄頭山在涇水源頭，此説誤在不知涇水正源已發生變遷。唐代及以前均以發源于原州笄頭山之彈筝峽爲正源，自宋以後地志中開始記錄有涇水另一源頭白岩河，即《寰宇記》卷一五一《渭州平涼縣》所載"白岩河從華亭縣（即今甘肅華亭縣）來，經望家山峽口（即今崆峒山峽。按今山前望駕山，舊傳黄帝駕臨故名，當爲望家山之訛，望家山或即平涼崆峒山原名），過州西十里"。至晚明代已以此爲涇水正源，彈筝峽則退爲涇水上游支流。《大明一統志》載平涼府"涇河自府城西南白岩發源"；"橫河在府城西三十里，源出華亭縣，流至此與境内大岔、南谷諸水俱入於涇河。"③亦即《大清一統志》所謂涇河二源之南源，"發自平涼府華亭縣西北，隆德縣東南界，二派合流，亦曰橫水，東流折東北，與北源會，即白岩河……乃涇水別源也"。所謂北源即指彈筝峽而言，"發自平涼府固原州南界，隆德縣東北界，二派會流，經瓦亭驛南……又東南經安國（原訛爲固，本書卷二五九"平涼府關隘門"爲安國鎮，據改）鎮，至府西北合南源，即所云出自笄頭及高山……乃涇水正源也"。近代"多以白岩河爲正源，與古不合"④。隨著白岩河成爲涇水正源，凡與涇水正源有關的地物位置亦移至白岩河，涇水發源處笄頭山便順理成章由原州移至平涼西南，《大明一統志》稱在崆峒山西，以形似名⑤。明萬曆十年吳同春《遊崆峒山記》稱去崆峒山西南三十里，蓋涇水發源所。清乾隆五十五年平涼府知府胡紀謨奉旨探視涇源，繪涇水源流及笄頭山二圖並述《涇源記》云："俶裝馳赴華亭，由西北行九十里，有大石山。邑志所載涇水發源於笄頭山之百泉……即此山也……形同佛手，又如冠髻，故名笄頭。水自峽中出，流入大川……詢之故老云：笄山土名涇河腦，又曰老龍潭……山左右俱土石小山，

---

① 《古今圖書集成方輿彙編山川典》卷七八《崆峒山部彙考》引《崆峒志·形勝考》。
② 以上見〔清〕張伯魁纂修：《崆峒山志》卷上《名勝·笄頭山》。
③ 《大明一統志》卷三五《平涼府山川門》。
④ 《嘉慶重修一統志》卷二六〇《涇州直隸州山川門》之"涇水"條。
⑤ 《大明一統志》卷三五《平涼府山川門》。

綿亙四五里，下有清泉數十穴，會注川內，百泉所由名歟？……其爲涇水真源已無疑義。餘復循流而下，北十五里至白岩河，又二十里自朱家峽東折，三十里歷空同山，又三十里由平涼郡西門外與大河合流，距笄山九十餘里。"①胡氏所探即當時涇水正源白岩河發源處，所謂笄頭山即今涇河源頭寧夏涇源縣六盤山東麓老龍潭。那麼又如何解釋笄頭山一名崆峒山？於是竟有人生生將平涼西三十里崆峒山移至白岩河源頭，稱崆峒山"在府城西南七十里，地屬華亭白岩里，俗名曰箕裘巘，即雞頭之僞"②。不管是指笄頭山爲崆峒山某峰，還是指笄頭山在涇水源頭（其地望沿白岩河距崆峒山或三、四十里或六、七十里，則視當時所探知白岩河源頭位置而定），本意都是爲了與古史相合以證明平涼崆峒山即《山海經》、《史記》、《水經注》等所載古之空桐、笄頭以及白岩河自古即爲涇水正源而已。但這些説法都難以逾越平涼崆峒山與當時涇水正源白岩河源頭根本不在一地的事實，所以才引出種種牽強附會説法。因此祇有將平涼崆峒山與原州笄頭山、白岩河與彈箏峽區別開，才能揭開籠罩在平涼崆峒山上層層似是而非、撲朔迷離的歷史與傳説。

平涼崆峒山上與黃帝、廣成子有關的主要建築即爲問道宮，始建于宋政和年間，至金，"殿廡俱燼"，元統一後，前平涼府長官元帥王鈞"慨然有復新志，遂遣使卑辭，遠致披云宋真人"，未竟而逝。到至元十七年（公元1280年），王鈞之孫王文順又請奉元丹陽宮道人姜公主持重修，創前後大殿曰體元、混元。至正十七年（公元1357年）立碑述興功之始末③。之後，明宣德中重修，萬曆十二年（公元1584年）韓王云岩復加增修④。平涼崆峒山雖以黃帝廣成子之故而名於世，號稱甘肅道教第一名山，實際上在道教進入平涼崆峒山之前早已有佛教活動，唐代即有仁智禪師于此創建明慧禪院⑤，道教祇是步其後塵而已。而且佛教勢力和影響亦遠大於道教，明成祖尊崇真武大帝，將元代寺宇依武當山規制改建爲真武殿，規定三月三日爲朝山之期，"而遠近鄉氓相沿舊俗，猶以四月八日爲釋迦佛會，供奉香燭净水，至今不改"⑥。可見佛教在崆峒山民間信仰基礎之深厚，非道教可比。

平涼崆峒山自唐宋佛道二教相繼進入其中活動以來，元明兩代是其大發展時期："乃于唐宋兵戈之際，久蕪没於斷梗荒榛，而自元明創建以來，遂大營乎！琳宮梵刹，

---

① ［清］張伯魁纂修：《崆峒山志》卷下《記論》。
② 《嘉慶重修一統志》卷二五八《平涼府山川門》引《平涼府志》。
③ 以上俱見《重修崆峒山大十方問道宮碑銘並序》。
④ 《古今圖書集成方輿彙編山川典》卷七八《崆峒山部彙考》。
⑤ 《崆峒山志》卷上《寺觀·真乘寺》："舊名淳沱寺。內有金大安中銅鍾一，銘曰：崆峒明慧禪院，開山祖師諱仁智，于大唐創建叢林，歷代六朝云。"
⑥ ［清］張伯魁纂修：《崆峒山志》卷上《寺觀》。

羽客緇衣，時往來而留寓。文人學士，多唱和以留題。"①並于明萬曆十三年（公元1585年）由李鶴岩創修《崆峒志》，嘉慶二年（公元1797年）及二十四年（公元1819年）又兩次重修②。足見其名聲和規模之宏大，絕非其他崆峒山所能比擬。

（三）肅州崆峒山

就目前所知《括地志》最早將肅州福祿縣（肅州治今甘肅酒泉市，福祿縣在州東南）東南六十里崆峒山與黃帝見廣成子聯繫起來③。《元和志》又將漢武帝元鼎五年所登之崆峒指爲此山④，其實完全不可能。武帝此次西巡，《史記》及《通鑑》稱"至隴西"（漢隴西郡治狄道，今甘肅臨洮縣）並"北出蕭關，從數萬騎，獵新秦中，以勒邊兵而歸"。⑤《漢書》稱"西臨祖厲河而還"⑥。不管怎樣，漢武帝此次肯定沒有遠跡至肅州。因此肅州崆峒山絕不會是武帝所登，所謂黃帝問道於此亦顯得毫無根據。所以唐開元間汝州刺史盧貞在《廣成宮碑記》中舉出海內有三座崆峒山自稱是黃帝問道處，並未將肅州包括在內。但《隋書·地理志》⑦、《通典》⑧及《寰宇記》⑨並記錄此山，蓋皆因舊傳，故互記之。宋以後肅州長期陷入外族統治，至明代已不能確指此山地望。⑩《大清一統志》沒有記載，看來肅州崆峒山只是在唐代熱鬧一時，宋以後基本上已是湮沒

---

① ［清］張伯魁：《崆峒山志序》。
② 見《崆峒山志》前附明羅潮《崆峒志原敘》及清閻曾履《重修崆峒志序》等。
③ 《史記》卷一《五帝本紀》之黃帝"西至於空桐，登雞頭"《正義》引《括地志》云："空桐山在肅州福祿縣東南六十里。《抱朴子內篇》云：'黃帝西見中黃子，受九品之方，過空桐，從廣成子受自然之經。'即此山。"
④ 《元和郡縣圖志》卷四〇，肅州福祿縣"崆峒山，在縣東南六十里，黃帝西見廣成子於崆峒。漢武帝行幸雍，祠五畤，遂登崆峒，並爲此山也"。
⑤ 分別見《史記》卷一二《孝武本紀》及卷三〇《平準書》。按：《資治通鑑》卷二〇將其並繫於元鼎五年。據《元和志》卷三原州平高縣，"蕭關故城，在縣東南三十里"。卷四麟州新秦縣（今陝西神木縣），"初，漢武帝徙貧人於關中以西及朔方以南，謂之新秦"。
⑥ 《漢書》卷六《武帝本紀》載"元鼎五年冬十月，行幸雍，祠五畤。遂逾隴，登空同，西臨祖厲河而還"。按《水經注》卷二，"河水東北經安定祖厲縣故城西北。漢武帝元鼎五年……西臨祖厲河而還，即於此也……又東北祖厲川水注之，水出祖厲南山，北流經祖厲縣而西北流注於河"。又《嘉慶重修一統志》卷二五三《蘭州府·古跡門》載漢安定郡祖厲縣故城在靖遠縣西南一百三十里。祖厲川水即今發源于甘肅會寧縣，西北流，由靖遠縣入黃河之祖厲河。
⑦ 《隋書》卷二九《地理志》上"張掖郡福祿縣"條。按：唐初更名酒泉縣。
⑧ ［唐］杜佑撰：《通典》卷一七四《州郡》四"肅州酒泉郡福祿縣"條，中華書局點校本1988年版。
⑨ ［宋］樂史：《太平寰宇記》卷一五二《肅州福祿縣》。
⑩ 按《大明一統志》卷三七《陝西行都指揮司·山川門》載"崆峒山，在肅州衛城東南六十里，舊屬福祿縣"。肅州衛城即唐代肅州州治酒泉縣，《元和志》卷四〇，肅州酒泉縣"本漢福祿縣也，屬酒泉郡，自漢至隋不改。義寧元年，分置酒泉縣"。而福祿縣"西至州一百里。本漢樂涫縣，屬酒泉郡……隋改縣爲鎮。武德二年置福祿縣，取舊名也。崆峒山，在縣東南六十里"。《明一統志》將唐福祿縣誤爲漢至隋之福祿縣，因此將崆峒山誤指爲酒泉東南六十里，據《元和志》推測應爲一百六十里左右。

無聞。

（四）岷州崆峒山

岷州（今甘肅岷縣）崆峒山被指爲黃帝問道廣成子處僅見于唐汝州刺史所撰《廣成宮碑記》所云"禹跡之内，山名崆峒者有三焉。其一在臨洮，秦築長城之所起也……彼人亦各於其處爲廣成子立廟"，而在歷代地志中均無此種提法。《隋書·地理志》只言臨洮郡臨洮縣有崆峒山[①]，《元和志》卷三九亦祗稱岷州溢樂縣"本秦漢之臨洮縣也……義寧二年改置溢樂縣；崆峒山，在縣西二十里；秦長城，首起縣西二十里"。《通典》[②]、《新唐書·地理志》[③]、《寰宇記》[④]、《方輿勝覽》[⑤]、《大清一統志》等並相沿《隋志》及《元和志》之說。今岷縣即古溢樂縣地，縣西之崆峒山現已不見記載。

（五）汝州崆峒山

汝州崆峒山位於今汝州市區南 24 公里，主峰玉犬峰，海拔 320 米，今山上有廣成廟遺址等遺跡。[⑥]汝州崆峒山之見於記載始于唐開元三年汝州刺史盧貞所撰《廣成宮碑記》。[⑦]盧貞在碑文中從多方面論證汝州崆峒山乃真正的黃帝問道處，其他都是假冒。他據以立論的根據有以下幾點：

1. "按《爾雅》：北戴斗極爲崆峒。其地絕遠，華夏之君所以不至"，認爲《爾雅》所指的崆峒山根本就不在華夏境内，因此否定了所有以《爾雅》爲立論依據的崆峒山。

2. 指出"禹跡之内，山名崆峒者有三焉。其一在臨洮，秦築長城之所起也；其一在安定。皆高大……彼人亦各於其處爲廣成子立廟"。但是他根據"莊生述黃帝問道崆峒，遂言遊襄城，登具茨，訪大隗。皆與此山接壤"，斷定"臨洮安定非問道之所明矣"。[⑧]此爲盧貞論證汝州崆峒爲真黃帝問道處最主要的論據，後世凡提及汝州崆峒山

---

① 《隋書》卷二九《地理志》上。
② 《通典》卷一七四《州郡》四"岷州和政郡溢樂縣"條。
③ 《新唐書》卷四〇《地理志》四"岷州和政郡溢樂縣"條。
④ [宋]樂史：《太平寰宇記》卷一五五《岷州溢樂縣》。
⑤ 《宋本方輿勝覽》卷七〇《西和州·山川門》載崆峒山位於古溢樂縣西二十步。按：二十步應爲二十里。[宋]祝穆、祝洙：《宋本方輿勝覽》，上海古籍出版社 1991 年版。
⑥ 尚世英主編：《中華人民共和國地名詞典》（河南省），"崆峒山"條，商務印書館 1993 年版。
⑦ 《全唐文》卷三〇三盧貞小傳僅稱"貞開元時官度支員外郎，授汝州刺史充本州防禦使"，據《寰宇記》卷八《汝州梁縣》所載"唐開元三年汝州刺史充本州防禦使盧貞立碑"知。
⑧ 以上引《全唐文》卷三〇三。

必以此爲據①。

　　黃帝游於襄城之野，遇牧馬童子的傳說出自《莊子·徐無鬼》，"黃帝將見大隗乎具茨之山……至於襄城之野，七聖皆迷，無所問途。適遇牧馬童子，問途焉……黃帝曰：'異哉小童！非徒知具茨之山，又知大隗之所存，請問爲天下。'"云云。②顯然這也是莊子借襄城小童之口闡發其治天下理論的寓言，嵇康將《襄城小童》同《廣成子》均列入《聖賢高士傳》。③葛洪《抱朴子内篇·地真》亦稱黃帝"西見中黃子，受九加之方，過崆峒，從廣成子受自然之經；北到洪隄，上具茨，見大隗君黃蓋童子，受神芝圖"④。襄城小童與廣成子傳說具出莊子，而且在以後有關黃帝的傳說中襄城小童又經常與廣成子並舉，盧貞據此認爲空同與具茨山及襄城相近也是自然的道理。陸德明《經典釋文》釋"大隗"："或云：大隗，神名也。一云：大道也"；釋"具茨"："山名也。司馬云：在滎陽密縣東，今名泰隗山"；成玄英《南華真經疏》云："今汝州有襄城縣，在泰隗山南，即黃帝問道之所也。"⑤隗、騩同音，大隗山即大騩山。《漢書》卷二八上《地理志》載河南郡密縣，"故國。有大騩山，溱水所出，南至臨潁入潁"。密縣乃"古密國也，《春秋》'諸侯伐鄭，圍新密'"即此⑥。司馬彪《後漢書·郡國志》亦載河南尹密縣"有大騩山"，劉昭注以爲即《山海經》之大騩之山。《山海經·中山經·中次七經》云："大騩之山，其陰多鐵、美玉、青堊。有草焉，其狀如蓍而毛，青華而白實……服之不夭，可以爲腹病。"⑦可見大騩山之名先秦時即已出現而且實有其地，莊子中具茨山很有可能是借大騩山之名。按《水經注·溱水》云："溱水出河南密縣大騩山，大騩即具茨山也。黃帝登具茨之山，升于洪堤之上，受神芝圖於黃蓋童子，即是山也。"⑧酈道元所注本《抱朴子内篇》，而且將大騩山與具茨山聯繫起來，以便更好地解釋此山確爲黃帝所登。關於這點，《元和志》所記則更爲明朗，河南府密縣有"大騩山，在縣東南五十里，本具茨山，黃帝見大隗於具茨之山，故亦謂之大騩山，溱水源出於此"⑨。至於襄城，《水經注·汝水》載"汝水又東南經襄城縣故城南，王隱《晉書地道記》曰：楚靈王築……後乃縣之……黃帝嘗遇牧童于其野，故嵇叔夜贊曰：

---

① 如《崆峒山志·崆峒山辨》云："莊子嘗言黃帝遊襄城問道於崆峒，後世遂以襄城爲據，以汝之崆峒爲真。"
② [清]郭慶藩：《莊子集釋》卷八中。
③ [清]嚴可均輯校：《全上古三代秦漢三國六朝文·全三國文》卷五二。
④ 王明：《抱朴子内篇校釋（增訂本）》卷一八。
⑤ 引自[清]郭慶藩：《莊子集釋》卷八中。
⑥ [唐]李吉甫：《元和郡縣圖志》卷五《河南府密縣》。
⑦ 袁珂校注：《山海經校注》之《山經柬釋卷五》，上海古籍出版社1980年版。
⑧ [北魏]酈道元著，[清]王先謙校：《合校水經注》卷二二。
⑨ [唐]李吉甫：《元和郡縣圖志》卷五。

'奇矣難測，襄城小童，倦遊六合，來憩茲邦也'"。①據《元和志》卷六"汝州襄城縣"條，"汝水經縣南，去縣一里，縣理廢汝州城，即古襄城，楚靈所築……莊子曰：'黃帝游於襄城之野，七聖皆迷，遇牧馬童子而問道焉。'亦此地也"。密與襄城均位於古代華夏民族活動的中心區域，春秋時乃楚、鄭之地，如果真有所謂黃帝游於襄城之野這件事的話，從地理上講倒是完全可信。

3. 認爲崆峒就是指山體內空而言，並不在於山之大小高低，因此汝州崆峒山雖小，但內含洞壑，完全符合崆峒本意。碑曰："仙經叙三十六洞天，五嶽不在其列，是知靈跡所存，不繫山之大小也。此山之下有洞焉，其戶上出，耆舊相傳云：洞中白犬，往往外遊，故號山塚爲玉狗峰。昔之守宰，以爲神居宓潔，懼樵牧者褻弄，因積壤封之。今升踐其頂，響通於下，甚深遠，亦焉知非靈人所舍乎？尋崆峒之言，以中含洞壑，不顯於外，則安在於崇岫連峰，凌霄蔽影，然後稱名山也哉！"正所謂"山不在高，有仙則名"也！

另外，盧貞叙述了他少時即常遊覽此地及出任汝州刺史時重修廣成宮的緣起，從中可知汝州廣成宮在唐初即已存在。碑曰："真南郭子舊居直山之北，少樂大道，早依門牆。年壯宦遊，出入二紀，揆才無補，晚歲懷歸。獲刺是邦，停輿授教，象設頹圮，半爲荒榛。遂命徹故宮，稍增前制，贏財而後事。"

但是，盧貞在碑文中並未具體指明汝州崆峒山地望，據唐末皇甫枚所撰《三水小牘》記載"汝州臨汝縣南十八里廣成坡之西垠，有小山，山曰崆峒，即黃帝問道之地，廣成子所隱也。祠在山東麓，堂上廣成子像戴獨角巾，被紫霞衣，二侍童而已。重門之右，有碑，刺史陸長源文。其顛洞穴如盎，將有大風雨則白犬自穴出，田夫以爲候，亦名山曰玉犬峰。耆老云：若九春三秋，天景清麗，必有素霧自岜起，須臾粉堞青甍彌亘數里，樓殿輚轇，花木煥爛，數息中，霧勢漫散，不復見矣。庸輩不知神仙窟宅，謂廣成化城，乃里談也"。②皇甫枚咸通末曾爲汝州魯山縣主簿③，想必是耳聞目睹。據《元和志》卷六，汝州梁縣"廣成澤，在縣西四十里……案此澤周回一百里"；又臨汝縣"東南至州六十里……貞元七年，刺史陸長源奏請割梁縣西界二鄉以益之"。可見上文廣成坡應爲廣成陂即廣成澤，崆峒山乃廣成澤西岸小山。皇甫枚稱有陸長源所撰碑，貞元七年陸氏方爲汝州刺史，顯然不是指盧貞所撰碑。陸氏所撰碑除此之外，未見著錄，不詳。

汝州崆峒山不見著錄于唐代地志，可能其時並不引人注意，唐以後地志始有記

---
① ［北魏］酈道元著，［清］王先謙校：《合校水經注》卷二一。
② 《三水小牘》卷下"崆峒山神仙靈跡"條，《叢書集成初編》本。
③ 《三水小牘》卷下"夏侯禎黷女靈皇甫枚爲禱乃免"條。

— 457 —

載，且多以盧貞所撰碑爲據，看來汝州崆峒山雖不肇端于盧貞，却是經其品評之後才顯名於世的。如《寰宇記》卷八載汝州梁縣有"廣成城，《九州要紀》云：廣成子爲黄帝師，始居此城，後於崆峒山成道，今此城猶有廟像存焉"；"崆峒山在縣西南四十里，有廣成子廟即黄帝問道于廣成子之所也。按唐開元三年汝州刺史充本州防禦使盧貞立碑，其略"云云。《新定九域志·古跡》卷一汝州梁縣"崆峒山，黄帝問道于廣成子之地；上有廣成子舊廟基，刺史盧貞撰碑"。《金史》卷二五《地理志》中："汝州梁縣，有崆峒山。"《大明一統志》卷三〇《南陽府·山川門》載"崆峒山，在汝州西南六十里。昔廣成子隱此，今有基存。相傳……（文出盧貞碑）。上有廣成廟及崆峒觀，下有廣成城"。《嘉慶重修一統志》卷二二四《汝州直隸州·山川門》亦載"崆峒山，在州西南六十里……唐汝州刺史盧貞碑"云云；卷二二五《祠廟門》載"廣成子廟，在州西南崆峒山"。《日下舊聞考》云汝州崆峒山"山下有廣成城、廣成澤，上有廣成觀。宋宣和中，汝守林時請于朝建立。説者謂襄城具茨，壤地相接，疑軒皇問道當於此地"[1]。綜上所述，汝州崆峒山自唐至清綿延千百年，香火不斷，主要建築即唐代廣成宫，宋以後稱廣成子廟，又有宋徽宗宣和間所建廣成觀，明代崆峒觀等。廣成城乃一古代石城遺址，至今舊址尚存，或許即因皇甫枚所描寫的海市蜃樓般的"廣成化城"奇景而名。

（六）薊州崆峒山

薊州崆峒山位於今天津薊縣城北 2.5 公里，主峰海拔 302.1 米，今名府君山，又名崆峒山、翁同山、福金山、無終山。山上有廣成子殿遺跡。[2]《大明一統志》卷一《順天府·山川門》載"崆峒山，在薊州城東北五里，一名翁同，舊傳黄帝嘗問道於崆峒"。曹學佺《大明一統名勝志》之《直隸名勝志》卷二亦稱此山，"相傳黄帝問道之所"[3]。薊州（今天津薊縣）崆峒山在明代還只是傳聞，尚未有人提出論證的依據，至清康熙年間朱彝尊編撰《日下舊聞》時才予以辯證。朱氏雖然没有把握論證其必是，但也提出了幾條旁證以證明其未必不是，連奉命增補其著作的臣僚們也贊其"未爲無見"。其主要觀點如下：

　　……然稽之《爾雅》，北戴斗極爲空桐，空桐之人武。司馬彪注《莊子》亦

---

① ［清］朱彝尊原著，于敏中等編纂：《欽定日下舊聞考》卷一一四《京畿·薊州》一，北京古籍出版社 1981 年版。
② 劉玉麟主編：《中華人民共和國地名詞典》（天津市），"府君山"條，商務印書館 1994 年版。
③ 《四庫全書存目叢書》影印明崇禎三年刻本，齊魯書社 1996 年版。

云：空桐當斗之山。則空桐宜在北矣。且問道之文載於《莊子》，其初往見廣成子，謂帝不足以語至道，退而築特室，席白茅，閒居三月，復往要之。廣成子南首而臥，帝順下風膝行而進。當日帝邑于涿鹿之阿，去薊甚邇，故不難復要之。又《寰宇記》，薊縣有笄頭山。空桐、笄頭相去不遠。而陳子昂《薊丘覽古》詩云："尚思廣成子，遺跡白雲隈。"然則薊之空桐，未可定其非黃帝問道之所也。①

朱氏立論首先根據《爾雅》及司馬彪《莊子》注認爲空同山應在北方，但北方之山衆多，何必一定在薊州，因此他又提出黃帝能再三見廣成子，肯定衹有相距不遠才有可能做到，衆所周知黃帝都涿鹿②，而薊州去涿鹿"甚邇"，這又爲薊州空同山增加了一分可信性。但是，文稱薊縣（今北京）有笄頭山③及陳子昂《薊丘覽古》詩④，則都是借幽州薊縣地物作薊州空同山之佐證。不知是朱氏將幽州薊縣與薊州混同⑤，還是有意借用，如爲借用，則未免太牽強附會，因爲就以上論述實在是若把空同山指爲幽州薊縣某山或許會更有説服力一些。

薊州崆峒山之説出現最晚，後人對此頗持疑問，乾隆年間錢坫據此注《爾雅》之"北戴斗極爲空桐"⑥，郝懿行認爲"恐亦未然"⑦；《崆峒山志》稱其"無前徵"，不足與論⑧；《清一統志》斷言即"翁同之訛"⑨，翁同山即古無終山。《寰宇記》卷七〇《薊州漁陽縣》載"無終山，一名翁同山，又名陰山，在縣西北四里"，並以爲此山即《水經注》之所謂帛仲理合神丹及陽雍伯種玉處。濡水，"又西南經無終山。即帛仲理所合神丹處也，又於是山作金五千斤以救百姓。山有陽翁伯玉田，在縣西北，有陽公壇社即陽公之故居也。《搜神記》曰：雍伯，洛陽人。至性篤孝，父母終殁，葬之於無終山，山高八十里，而上無水，雍伯置飲焉。有人就飲，與石一斗，令種之，玉生其田。北

---

① 《欽定日下舊聞考》卷一一四《京畿·薊州》一。
② 相傳今河北涿鹿縣東南四十里土城遺址即是黃帝所都，見《嘉慶重修一統志》卷四〇《宣化府·古跡門》。
③ [宋]樂史：《太平寰宇記》卷六九《幽州薊縣》。
④ 《文苑英華》卷三〇一《薊丘覽古贈盧居士藏用七首》序云："丁酉歲，吾北征，出自薊門，歷視燕之舊都……憶昔樂生、鄒子，羣（原訛作"郡"，從《全唐詩》卷八三及《四部叢刊》初編本《陳伯玉文集》卷二改）賢之游盛矣。因登薊丘……亦有軒轅之遺跡也。"第一首《軒轅臺》："北登薊丘望，求古軒轅臺。應龍已不見，牧馬空黃埃。尚想廣成子，遺跡白雲隈。"參見[宋]李昉等編：《文苑英華》，中華書局影印本1966年版。
⑤ 幽州治薊縣，古薊城位於今北京西南蓮花池一帶。薊州治漁陽縣，即今天津薊縣，開元十八年"析幽州之漁陽、三河、玉田縣置薊州，取古薊門關以名州"。薊之一名由此轉移到薊州，幽州成爲古薊城的通稱，不辨者有可能誤引。薊丘位在古薊城西南隅，可能即今北京白雲觀以西的高丘。以上參考侯仁之：《關於古代北京的幾個問題》，《歷史地理學的理論與實踐》，上海人民出版社1979年版。
⑥ 《錢氏四種·爾雅釋地四篇注》，中國書店影印本。
⑦ 《爾雅義疏》卷中之五《釋地·四極》。
⑧ 見[清]張伯魁纂修：《崆峒山志》之《崆峒山辨》。
⑨ 《嘉慶重修一統志》卷七《順天府·山川門》。

平徐氏有女，雍伯求之，要以白璧一雙，媒者致命，伯至玉田求得五雙。徐氏妻之，遂即家焉。《陽氏譜叙》言：翁伯是周景王之孫，食采陽樊。春秋之末，爰宅無終，因陽樊而易氏焉。愛人博施，天祚玉田。其碑文云：居於縣北六十里翁同之山，後路徙於西山之下，陽公又遷居焉……今猶謂之爲玉田陽"[1]。唐於漢無終縣地置玉田縣，當因此爲名。[2] 據《神仙傳》卷七：帛和，字仲理，"師董先生行氣斷穀術。又詣西城山師王君"，受命入山，於石室中，視壁三年，見《太清中經神丹方》、《三皇文》、《五嶽真形圖》，"乃作神丹，服半劑，延年無極。以半劑作黄金五十斤，救惠貧病也"。上文《寰宇記》所引《神仙傳》則云仙人帛仲理者，遼東人也。隱居無終山中，和神丹云云。魏晉時帛家道將帛和奉爲祖師，假托其名創教，無終山當時可能即爲帛家道活動地之一。陽雍伯故事亦見杜光庭《仙傳拾遺》，但稱"陽翁伯者，盧龍人也"[3]。其他略同干寶《搜神記》，翁同山或即以翁伯爲名。總之，翁同山魏晉時即有豐富的道教傳説，明清時又附會上名聲更大的黄帝問道廣成子傳説也就不足爲奇了。

雖然自明代已流傳有黄帝問道廣成子於薊州崆峒山的説法，但未見記録曾在山上建有相關祭祀場所。兹據清道光十一年沈鋭所修《薊州志》記載，"嘉慶十五年，州牧趙錫蒲以薊之龍脉聚於崆峒山之景，運關郡之盛衰，倡議重修。因藥王廟舊基爲廣成子殿，補前人所未及，且以存古跡。今廟宇俱坍廢"[4]。雖名重修，此似爲崆峒山創建廣成子殿之始。但不過二十幾年，便廟宇坍廢，足見在民間没有什麽信仰基礎，文人好事而已。

三、小結

黄帝問道廣成子傳説出於《莊子》，在魏晉時開始流行，可能與當時士大夫崇尚玄言，多借注釋老莊闡發其玄學思想，如何晏、王弼、向秀、郭象等，在社會上掀起的一股研究老莊熱潮有關。而且吸引了佛道二教參加辯論，特別是道教爲了取得上層社會的支持，亟待改變太平道和五斗米道等早期民間道教與社會對抗的特徵，積極向士

---

[1] [北魏] 酈道元著，[清] 王先謙校：《合校水經注》卷一四"鮑邱水"條。
[2] 據《舊唐書》卷三九《地理志》二：薊州玉田縣，本漢無終縣。武德二年分漁陽縣置，貞觀元年省，乾封二年復置，萬歲通天二年，改爲玉田縣。
[3] 《太平廣記》卷四"陽翁伯"條引。
[4] [清] 沈鋭纂修：《薊州志》卷二《方輿志·山川》之"崆峒山"條，道光十一年刻本。

大夫階層靠攏，更加注意對老莊的吸收和神化，這一過程到唐代達到了高潮。唐玄宗尊崇道教，於開元二十九年正月下令"兩京、諸州各置玄元皇帝廟並崇玄學，置生徒，令習《老子》、《莊子》、《列子》、《文子》，每年準明經例考試"；天寶元年二月又尊"莊子號為南華真人，文子號為通玄真人，列子號為沖虛真人，庚桑子號為洞虛真人，其四子所著書改為真經"[①]。史稱"道舉"，生徒必須通此五經。老莊在社會上的普及和神化，使莊子中頗具神仙色彩的廣成子傳說在唐代大為流傳，並造出多處崆峒山。已知即有原州、汝州、肅州、岷州四處，除原州承自前代，其他三處都為唐代新出。其中肅、岷兩處唐以後即無聞。宋徽宗是歷史上繼唐玄宗之後又一位佞道帝王，並以道教教主自居，其在位期間，宮觀盛極一時，創建了平涼崆峒山問道宮，從而完全取代了原州崆峒山（笄頭山），又恢復了曾一度毀棄的汝州崆峒山，掀起又一個小高潮。元以後是平涼崆峒山領盡風騷的時代，汝州及明清以後出現的薊州崆峒山均不能望其項背。至今薊、汝兩處已是遺跡依稀，而平涼崆峒山仍享有甘肅道教第一名山美譽。究其原因主要是平涼崆峒山通過與原州古笄頭山嫁接，承繼了這一地區早在漢武帝時即已流傳有黃帝事蹟的傳統及其以後有關秦皇、漢武的歷史記載，可謂源遠流長。同時亦不可忽視平涼崆峒山佛道二教並存，佛借道教宣傳黃帝問道廣成子以揚名，道借佛教深厚的民間信仰基礎而發展，彼此倚重，更容易擴大影響和發展有利因素。

收稿日期：2014年4月

[①] 以上見《舊唐書》卷九《玄宗本紀》下。

圖書在版編目（CIP）數據

中國社會科學院歷史研究所學刊. 第10集 / 中國社會科學院歷史研究所學刊編委會編. — 北京：商務印書館，2017
ISBN 978–7–100–12597–0

Ⅰ.①中… Ⅱ.①中… Ⅲ.①中國歷史—古代史—研究—叢刊 Ⅳ.①K220.7-55

中國版本圖書館CIP數據核字(2016)第231954號

權利保留，侵權必究。

ZHŌNGGUÓ SHÈHUÌ KĒXUÉYUÀN LÌSHǏ YÁNJIŪSUǑ XUÉKĀN
中國社會科學院歷史研究所學刊
第 十 集
中國社會科學院歷史研究所學刊編委會 編

商 務 印 書 館 出 版
（北京王府井大街36號　郵政編碼 100710）
商 務 印 書 館 發 行
三河市尚藝印裝有限公司印刷
ISBN 978–7–100–12597–0

2017年4月第1版　　開本 787×1092　1/16
2017年4月北京第1次印刷　印張 29 1/4

定價：100.00元